HISTOIRE
DE LA COMMUNE
DE PARIS
EN 1871

PARIS. — TYPOGRAPHIE LAHURE
Rue de Fleurus, 9

HISTOIRE DE LA COMMUNE DE PARIS EN 1871

PAR M. L'ABBÉ VIDIEU

VICAIRE A SAINT-ROCH

MEMBRE DE L'ACADÉMIE DE REIMS

PARIS

E. DENTU, LIBRAIRE-ÉDITEUR

PALAIS-ROYAL, 15, 17, 19, GALERIE D'ORLÉANS

—

1876

Tous droits réservés.

PRÉFACE

Pas un gouvernement qui ne frémisse, pas une nation, fût-elle libre comme la Suisse, immense comme la Russie, victorieuse et saoûle de gloire comme la Prusse, qui ne tremble au souvenir de la Commune de Paris, en 1871.

Il n'y a que nous qui nous fassions illusion sur la nature et la gravité du mal! Il n'y a que nous qui ayons l'espérance de vivre après avoir tout détruit : la tradition, la famille, Dieu ! Il nous reste, il est vrai, les apparences trompeuses d'une brillante civilisation ; mais la vie de la France est atteinte dans ses sources mêmes, et nos voisins ont encore devant eux l'avenir.

Serions-nous condamnés à périr?

Ce n'est pas la première fois qu'Épicure est dieu et l'égoïsme un dogme. « Le trouble et la confusion règnent dans tous les ordres de l'État, » écrivait le maréchal de Noailles à Louis XV, quelques années avant un grand désastre. « On ne compte plus sur d'autres moyens pour parvenir que ceux de l'intrigue, de la cabale, de la faveur ou de la protection. L'amour de la patrie et du nom français est devenu un ridicule. Il s'est introduit une fausse philosophie qui conduit à la mollesse, au luxe et à l'indolence.... Les choses sont arrivées à tel point qu'il est d'une nécessité absolue d'y apporter les plus prompts remèdes. »

Le remède, tout le monde le sait aujourd'hui, beaucoup le prévoyaient alors : c'était une révolution ! Mais aujourd'hui, est-ce encore une révolution qui doit nous sauver ? Faisant passer le pouvoir des mains de la nation à celles de l'ouvrier, et rétablissant bientôt en faveur de la nouvelle puissance les priviléges abolis de l'ancienne noblesse, cette révolution deviendrait le principe et la cause de nouvelles catastrophes. Une crise, il est vrai, peut sauver dans un péril extrême, mais quand les crises se multiplient, elles amènent infailliblement l'épuisement et la mort.

Le salut nous viendra-t-il d'un homme de génie, capable d'éteindre les haines et les passions ? Mais Bonaparte fut un sauveur au 18 brumaire ; Louis XVIII un libérateur en 1814 ; on acclamait Louis-Philippe en 1830 ; et la Constituante de 1848 vota des remerciements à Cavaignac, le vainqueur des insurgés de Juin ; on se rappelle l'accueil qui fut fait à Louis-Napoléon en 1852. Serait-il possible aujourd'hui de se faire illusion sur tous ces prétendus sauveurs ? Qui ne sait dans quels abîmes ils précipitent presque toujours les sociétés qui se livrent à eux ?

Le salut ne viendra pas davantage d'une forme quelconque de gouvernement. Depuis quatre-vingt ans, nous avons déjà renversé onze gouvernements et créé une vingtaine de constitutions. Nous pourrons renverser et créer sans terme et sans repos ; nous aurons les mêmes maux, aussi longtemps que nous aurons le même peuple, ce peuple matérialiste et athée qui, depuis cinquante ans, court entendre les folies de Fourier et de Saint-

Simon, ce peuple qui, hier encore, se levait tout entier pour applaudir aux plaisanteries sociales de Rochefort et aux démences politiques de Victor Hugo. Les divers gouvernements qui se sont succédé parmi nous ont toujours fermé les yeux à cette vérité ; ils n'ont pas vu qu'en flattant le peuple, en permettant toutes les fausses doctrines, en lâchant la bride à tous les mauvais instincts, ils préparaient une suite indéfinie de révolutions. On se ménage de terribles déboires, si on ne regarde pas au fond de la conscience publique pour y introduire un remède radical. C'est le peuple plutôt que les gouvernements qu'il faut changer, car l'ordre ne sera jamais qu'apparent et l'honnêteté superficielle, la paix ne sera jamais assurée, tant que l'esprit et les mœurs ne seront pas renouvelés. Sans nier les fautes des gouvernements, on peut même dire qu'ils ont moins failli en abusant de leur principe qu'en s'emparant des erreurs mêmes de la la nation.

Mais il n'y a que Dieu qui puisse refaire un peuple, parce que seul il est le maître de la vie et de la mort, seul il relève du fond de l'abîme les nations *qu'il a faites guérissables*. Revenir à Dieu, à son Christ, est pour la France le seul moyen de salut qui lui soit offert, c'est le seul moyen qui puisse la replacer au poste, qu'à titre de nation chrétienne, Dieu lui avait assigné dans le monde.

Les peuples comme les individus ont reçu de Dieu une mission ; et cette mission, observe un publiciste italien, commence à poindre avec le peuple lui-même, elle naît avec lui : c'est l'étoile qui brille au-dessus de son berceau. Ainsi en fut-il de la France. Une prière, un serment avaient fondé la nation des Francs sur le champ de bataille de Tolbiac, et la fille aînée de l'Eglise fut choisie de Dieu pour être employée aux grandes industries de son amour et aux œuvres de sa gloire.

Et tant qu'il fut fidèle à sa mission, ce royaume que Grotius appellait le plus beau après le royaume des cieux, le royaume de France grandit en prospérité et en puissance. Les guerriers de Clovis avaient dit vrai : *Le Christ aime les Francs !*

Mais lorsque se sont levés les apôtres du matérialisme et les maîtres de la philosophie contemporaine, répétant à la grande nation chrétienne ce qu'autrefois saint Remy avait dit aux tribus païennes : « Adore ce que tu as brûlé, et brûle ce que tu as adoré »; quand la grande nation chrétienne, les croyant, eut renoncé à sa vocation, abjuré sa foi, abandonné le Christ, le Christ aussi l'abandonna. La France a été trahie, battue, envahie, démembrée; trois fois, en un demi-siècle, les étrangers ont campé dans l'orgueilleux Paris. La France des rois très chrétiens fut-elle jamais soumise à de pareilles humiliations ?

Nous avions cependant des hommes d'État, des armées, des trésors, un commerce florissant, une civilisation opulente. C'était, pensions-nous, autant d'inexpugnables remparts derrière lesquels nous nous abritions pour jouir et blasphémer à l'aise. En quelques jours, que de déceptions et de ruines amoncelées ! Quels immenses périls et quelles poignantes angoisses ! Les ennemis qu'avait provoqués notre orgueil étaient encore là foulant notre sol, nous écrasant de leur pied, nous montrant le glaive, que les enfants de l'adultère s'étaient levés terribles, sauvages. Après avoir mis notre espérance dans la force, nous l'avons mise dans l'habileté politique ; nous avons oublié les principes qu'il fallait proclamer, et il nous a paru sage de ne rien demander à Dieu. Alors Dieu a parlé comme il parlait jadis aux villes coupables : par le feu. Sa justice a passé sur nous comme une tempête, renversant toutes nos prospérités, humiliant toutes nos grandeurs, creusant des abîmes, accumulant les ruines, jetant partout la stupeur et l'effroi ; qui pourrait le méconnaître? Ces événements ne sont-ils pas en dehors des proportions humaines? Leur grandeur, leur soudaineté, leur irrésistible puissance ne révèlent-elles pas le Dieu infiniment fort contre qui il n'y a ni prudence, ni conseil?

L'auteur inspiré du livre des *Machabées* disait, à l'occasion des désastres dont une guerre impie accablait depuis longtemps le peuple juif :

« Je conjure ceux qui liront cette histoire, de ne point s'étonner et se scandaliser de nos malheurs, mais de considérer que c'est pour son amendement et non pour sa ruine que ces malheurs sont arrivés à notre nation. Que Dieu ne permette pas aux pécheurs de suivre toujours leur volonté perverse, mais qu'il ne tarde pas à les punir, c'est la marque d'une grande bonté. Ainsi en est-il pour nous. Quant aux autres nations, Dieu attend avec patience ; il diffère leur punition jusqu'à ce qu'elles aient comblé la mesure de leurs iniquités, et ce n'est qu'au dernier jour qu'il fait éclater sa justice. Pour nous, au contraire, il n'attend pas pour sévir que nous ayons mis le comble à nos péchés. Ainsi, il ne retire jamais de nous sa miséricorde, en châtiant son peuple par l'adversité, et il ne l'abandonne pas. »

Telle est manifestement la conduite de Dieu envers la France. Les fléaux qu'il déchaîne sur elle sont une juste punition, une preuve de son amour, un appel qu'il lui adresse. Nous succombons par un concours inouï de toutes les circonstances les plus malheureuses, mais surtout par le manque d'une chose qui ne se trouve plus en nous et qu'il faut y remettre. Tout sera perdu jusqu'à ce que nous l'ayons retrouvée. Une victoire ne nous l'aurait pas rendue et cent victoires ne nous la rendront pas: Nous succombons par manque de Foi!

C'est pour démontrer aux plus sceptiques cette importante vérité que nous avons entrepris de raconter l'histoire de la Commune de Paris en 1871.

Vaste et profond, court mais rempli, instructif et terrible, un et présentant néanmoins mille phases diverses, ce sujet, qui causa tant de bruit, d'alarmes, de pleurs, de maux, se divise naturellement en trois parties : 1° les origines de la Commune; 2° son règne éphémère; 3° sa chute retentissante et épouvantable.

Pour retrouver la ténébreuse génération de ce monstre dont les pieds plongent à des profondeurs inconnues à la plupart de nos publicistes et de nos hommes d'Etat, dont la tête un instant put s'élever à la hauteur des têtes couronnées, nous avons dû fouiller les repaires et les antres, interroger tous les échos, scruter les archives des peuples et des sociétés secrètes, étudier les doctrines matérialistes et athées des philosophes de nos jours, leurs progrès rapides et constants. Puis, ainsi que le chasseur lorsque dans la forêt il poursuit le fauve, nous avons suivi la trace de la bête socialiste, grandissant à l'ombre de l'indifférence des nations, jusqu'à l'heure où, fortifiée par les encouragements du pouvoir, elle osa sortir de son obscure retraite.

Née de l'assemblage inouï de toutes les haines et de

toutes les convoitises, la Commune cependant n'aurait pu s'établir ni surtout vivre en France, si elle n'y avait trouvé un terrain tout préparé.

L'action a cessé ; la flamme des passions qui transforment l'homme n'a qu'un temps. La Commune d'ailleurs ne posséda jamais qu'une vie apparente, semblable à celle que communiquent parfois à la matière les mêmes courants qui produisent l'éclair, le tonnerre et la mort ; mais l'influence peut se rétablir et le mouvement recommencer ; opposons à cette vie factice la vie réelle et durable que Dieu donne aux nations qui l'ont choisi pour protecteur.

Contribuer, ne fût-ce que pour une bien faible part, à détruire les utopies, à substituer à l'égoïsme du riche l'amour des classes laborieuses, au scepticisme qui tue la foi qui fait vivre, tel est le devoir de tous ; et c'est pour accomplir ce devoir sacré que nous avons écrit ce livre.

Tout entier à cette œuvre de résurrection morale, nous avons concentré les forces de notre âme attristée sur les seuls objets d'adoration qui restent aux cœurs difficiles : la patrie et la religion. La politique, terrain brûlant, éternel champ de bataille, nous eût éloigné de notre but. Entre la République et les familles qui ont régné sur la France, nous n'avions pas à décider. La nation jugera. Prêtre de cette Église catholique que son origine et sa mission placent en dehors des partis, nous avons cru qu'il ne convenait pas à notre caractère de descendre dans une arène où la poussière, la fumée, les éclairs des glaives qui s'entre-choquent, obscurcissent et troublent la vue ; nous n'avons pas voulu nous mêler à un combat où la lutte acharne, où le sang versé vous retient, où les cris de douleur et de rage empêchent de distinguer la voix plus calme de la vérité, où le succès et le malheur influent également sur la conscience d'un juge.

Nous ne sommes pas l'homme d'un parti ; je me trompe ; nous avons embrassé, défendu le parti de la vérité, de l'ordre, de la justice ; mais celui-là, c'est l'objectif de tous les gouvernements : tous y tendent ou doivent y tendre. Nous avons apprécié comme nous le devions le règne de la Commune ; et si notre langage s'est ressenti parfois de l'horreur des crimes que nous avions à raconter, on n'aurait pas compris qu'il en fût autrement, sans soupçonner alors notre sincérité et notre foi. Ordinairement notre ton est calme et modéré. Ils étaient nos frères, les martyrs dont nous avons à redire la mort sanglante et glorieuse, mais il ne nous appartenait pas de maudire les bourreaux qu'ils ont bénis avant de mourir, ni d'appeler la vengeance de Dieu sur ceux pour lesquels ils prient maintenant.

HISTOIRE
DE
LA COMMUNE DE PARIS
EN 1871

PREMIÈRE PARTIE

LES ORIGINES ET LES DÉBUTS DE LA COMMUNE

En politique, aussi bien que chez les êtres organisés, un monstre ne saurait naître avant d'être conçu. La Commune de Paris a dû avoir une origine propre, comme tout ce qui a une forme, une vie à soi et une fin. Des faits d'une inconcevable imprévoyance l'ont aidée à sortir de terre, rien de plus incontestable; mais si, le 18 mars, elle a pu apparaître, et si elle s'est implantée au pouvoir pendant soixante-six jours, c'est que les organisateurs de cette orgie criminelle en avaient depuis longtemps préparé et combiné tous les éléments. Car ce n'est pas dans l'espace de deux mois seulement que les passions de plusieurs milliers d'individus ont été excitées et allumées jusqu'au délire. Il y a des années que l'œuvre infernale était étudiée dans tous ses détails par cette société qui a rempli le monde du bruit de ses congrès et de la discussion de ses théories : l'INTERNATIONALE.

Rechercher quelle part lui revient dans les origines de la Commune, et étudier les premiers actes de l'insurrection, tel sera l'objet de la première partie de cet ouvrage.

Elle se divise en neuf chapitres.

Le premier fait connaître l'Internationale et sa participation au mouvement qui se prépare.

Le second peint l'attitude de la population et du gouvernement en face de ses menées insurrectionnelles.

Le troisième expose les faits qui s'accomplirent dans la journée du 18 mars.

Le quatrième révèle le but et le caractère de la nouvelle révolution.

Le cinquième nous montre les maires intervenant pour amener une solution pacifique.

Le sixième nous initie à l'organisation civile et militaire du Comité central, ainsi qu'à ses principaux actes.

Le septième est une étude sur la constitution de la Commune.

Le huitième nous dévoile les hommes qui en firent partie.

Le neuvième recherche les causes qui préparèrent son avénement.

CHAPITRE I

L'INTERNATIONALE.
TENTATIVES INSURRECTIONNELLES DU 31 OCTOBRE
ET DU 22 JANVIER.
ORIGINE DU COMITÉ CENTRAL.
PARTICIPATION DE L'INTERNATIONALE AU DIX-HUIT MARS.

Commencements de l'Internationale. — Son developpement en 1862. — Force puissante de cette association. — Bien qu'elle pouvait faire. — Ce qui l'a perdue.— Son pacte fondamental est adressé par les membres du bureau parisien au préfet de police et au ministre de l'intérieur. — Son organisation simple et savante. — Son prodigieux succès. — Immense danger que créait pour l'ordre social européen une telle société. — Complaisance extraordinaire que lui montre le gouvernement impérial. — La doctrine de l'Association s'élabore dans les congrès. — Pourquoi l'Internationale a choisi notre pays pour faire l'application pratique de ses théories. — Réserve du parti socialiste de l'Association pendant toute la durée du premier siége de Paris. — Tentatives révolutionnaires du 31 octobre et du 22 janvier exclusivement imputables aux Jacobins. — Alliance de ces derniers avec les socialistes. — Apparition du Comité central et son intervention dans la situation. — Rôle de l'Internationale à ce moment, et influence qu'elle exerce sur les décisions du Comité.

I

D'où venait cette mystérieuse association que l'Empire caressa d'abord pour l'étouffer plus facilement ensuite? On a dit, et tout le monde l'a répété, que l'Internationale ne remonte pas, comme fondation, au delà de 1864. C'est une erreur, elle date de 1850. A cette époque, il y eut à Francfort, alors ville libre, un premier congrès. Nos révolutionnaires donnaient la main à ceux de l'Allemagne; il n'y avait *ni sang ni défaites entre eux*, on les appelait des « communistes ». C'était une association internationale, tout à fait internationale, et il y avait des Français dans le haut conseil. Le programme, qu'ils développèrent alors, portait ces mots en tête : « Prolétaires de tous les pays, unissez-vous. » Le manifeste de ce parti communiste, imprimé en 1851, renferme exactement, presque mots pour mots, le programme et les points principaux de la politique de l'Internationale actuelle. Il est évident qu'elle est née des illusions de juin 1848 et de décembre 1851, mais elle ne s'est développée que quatorze ans plus tard.

En 1862, lors de l'exposition universelle de Londres, des ouvriers français avaient été envoyés par leurs camarades en Angleterre, pour y étudier et comparer les diverses industries. C'est là, dans des réunions entre Français et Anglais, que fut reprise l'idée d'une grande association de travailleurs.

Il ne s'agit d'abord, dans ces premiers entretiens, que de grèves et de coalitions. Les ouvriers, dont le salaire n'était plus réglé, comme autrefois, par la coutume ou par le tarif officiel, mais seulement par le rapport qui existe entre les bras et les capitaux cherchant de l'emploi, s'étaient dit déjà, surtout en Angleterre : Pourquoi ne pas nous coaliser pour fixer le taux de nos salaires et l'imposer à nos maîtres, en nous mettant en grève, s'ils refusent nos conditions? En conséquence, ces grèves s'étaient multipliées de 1855 à 1862. Seulement, les ouvriers ne parvenaient pas à faire accepter leurs conditions, parce que les patrons, l'eussent-ils voulu, ne pouvaient pas les subir. La raison en est simple : la facilité des échanges internationaux est si grande aujourd'hui, que le monde entier ne forme plus qu'un seul marché. Il s'ensuit que le prix des marchandises doit être le même partout. Le fabricant ne peut donc augmenter le salaire sans augmenter le prix, ce qui l'empêcherait de vendre. De cette unité du marché commercial, il résultait qu'une grève locale ne pouvait jamais déterminer une hausse locale des salaires sans tuer l'industrie dans cette localité, et, par suite, sans enlever aux ouvriers le moyen même de subsister. Comment donc arriver au but qu'on poursuivait? L'esprit spéculatif des Français entrevit tout de suite, dans le mécanisme des *Trades-Unions*, ou sociétés de résistance, que l'association pouvait réunir, comme en un faisceau, les corporations ouvrières de tous les pays, et devenir le levier à l'aide duquel les travailleurs soulèveraient le monde.

C'est ainsi que, de conciliabules en conciliabules, on en vint à décider la création d'une *Société internationale de travailleurs*, dont le but était d'empêcher les ouvriers de se faire concurrence entre eux, de les rendre tous solidaires des grèves, en quelque pays qu'elles éclatassent, de rendre les grèves générales si cela était nécessaire dans l'intérêt de la cause. Il y avait une force puissante dans cette suppression, pour les classes ouvrières, de toute barrière entre les peuples; et si la nouvelle association avait su attendre la consécration du temps, sans lequel rien ne se fait de stable ni de définitif, nul doute qu'elle eût occupé une place remarquable dans l'évolution politique et sociale de l'Europe actuelle.

Au point de vue économique, elle pouvait solidariser toutes les caisses de résistance des classes ouvrières des différents pays, et intervenir dans les questions de salaire avec une force irrésistible. Au point de vue social, cette étude permanente par une classe des remèdes à présenter à ses maux, cette enquête constante, par les intéressés eux-mêmes, de leur situation matérielle et morale, eût apporté un puissant secours à la science, réduite à puiser dans les ridicules enquêtes administratives et dans les travaux dus à des efforts isolés. Au point de vue politique, la fédération des classes ouvrières de tous les pays était une protestation grandiose contre le militarisme armant les nations les unes contre les autres. C'est ce qui a séduit un certain nombre d'esprits élevés. Mais elle se trompa quand elle inséra dans son programme ces mots : *Affranchissement des travailleurs par les travailleurs eux-mêmes*. Ennemie des castes, elle créa une caste nouvelle qu'elle prétendit isoler de la société, et c'est ce qui la perdit et devint l'origine du plus épouvantable cataclysme.

Le pacte fondamental de l'Association fut rédigé en anglais, par trois ouvriers anglais : Odger, Cremer et Wecler. Peu après, il franchissait le détroit, et, le 8 janvier, les membres du bureau parisien, ouvert rue des Gravilliers n° 44, en adressaient des exemplaires au préfet de police et au ministère de l'intérieur.

Ces statuts donnaient à la Société une organisation qui nous fournit la clef de l'institution fédérale de la garde nationale, au 18 mars. Le Comité central, presque entièrement composé de membres de l'Internationale, n'eut qu'à appliquer aux bataillons armés les règlements de l'Association. Il importe donc de les faire connaître.

La direction suprême est confiée à un conseil ou comité directeur, peu nombreux, composé d'ouvriers des différentes nations. Il doit entretenir des relations avec les associations ouvrières de tous les pays qui adhèrent à l'Internationale. A la base de l'Association, on trouve la section que l'on a souvent comparée à la Commune, et qui est le pivot sur lequel roule le système. Il y a deux sortes de sections : les unes formées par les membres ayant adhéré individuellement à l'Internationale, et groupés sans distinctions de métiers par localités ; les autres formées par les associations ouvrières existantes, ou dont on a provoqué la formation. Certaines sections, par suite des accointances particulières, restent isolées ; mais, d'ordinaire, les sections d'une même région se relient en une seule *fédération*, qui sert d'intermédiaire entre la section et le comité directeur. Quoique le principe de l'Internationale soit l'annulation des nationalités, cependant la force même des choses a amené à embrasser toutes les fédérations d'un même pays sous le nom de branches. Les membres de chaque section choisissent entre eux des délégués chargés de les représenter, les uns au conseil fédéral, les autres au congrès, parlement universel des classes ouvrières, placé au-dessus de tous les rouages. Le congrès, à son tour, élit les membres du conseil général ; d'où il résulte que l'Association est toujours administrée par un gouvernement issu d'une élection à deux degrés. Le congrès se rassemble tous les ans, et décide souverainement des questions relatives à l'organisation de l'Association des travailleurs et des réformes sociales à adopter. Le siége des sessions du congrès n'est point déterminé à l'avance; chaque congrès doit, avant de se séparer, fixer la date et le lieu de la prochaine réunion.

Une telle société, même réduite aux simples proportions qu'elle affectait, créait pour l'ordre social européen un immense danger. Unis par l'affinité des intérêts, et surtout par la communauté des haines, les ouvriers allaient former un peuple nouveau qui embrasserait les salariés du monde entier. Ils allaient constituer un État dans l'État, et mettre une force inconnue au service de l'antagonisme qu'ils raviveraient nécessairement partout. On ne s'explique pas comment les politiques d'alors ne le comprirent pas. Le gouvernement impérial se montra d'une complaisance extraordinaire vis-à-vis de l'Internationale : les délégués furent reçus plusieurs fois par M. Rouher, qui voulut bien discuter avec eux leurs doctrines socialistes. Quel pouvait être le but de l'Empereur et de ses ministres, en secondant aussi ostensiblement une association dont les tendances, mal dissimulées, étaient de renverser l'ordre de choses existant? Espéraient-ils, en favorisant le mouvement ouvrier, le faire tourner à leur profit? Ou bien voulaient-ils laisser grandir l'Association internationale des travailleurs, pour avoir le prétexte de l'écraser avec fracas, et d'agiter de nouveau le spectre rouge aux yeux du bourgeois étonné? Quoi qu'il en soit, la nouvelle association profita de cette tendresse intéressée du régime impérial, pour acquérir une rapide extension.

De 1865 à 1869, chaque année voit éclore un nouveau congrès. C'est dans ces assemblées, et surtout dans la dernière, celle de Bâle, que l'on doit étudier les véritables doctrines de l'Association : la propriété continue d'être l'objectif de leurs attaques.

On propose d'abolir la propriété foncière, de déclarer que le sol appartient à la collectivité et est inaliénable. Les fermiers payeront désormais à l'État la rente qu'ils payent au propriétaire. On simplifie la question du domaine foncier, en confiant, dans chaque commune, l'administration des terres au conseil communal nommé par tous les habitants majeurs de la commune. Les Français s'efforcèrent d'atténuer ces propositions insensées ; ils voyaient que le but primitif de leur association allait être dépassé, et ils sentaient que des doctrines exagérées leur aliéneraient la population des campagnes, dont l'appui leur était nécessaire. Comme il l'avait déjà fait à Bruxelles, M. Tolain défendit la propriété individuelle ; il était sincère. Néanmoins ses paroles semblaient plutôt des paroles de conciliation, destinées à modérer les uns pour laisser aux autres le temps de les rejoindre : il marchait par étapes ; mais on avait hâte d'arriver, et cinquante voix sur soixante-cinq votants déclarèrent que *la société a le droit d'abolir la propriété individuelle, pour la transformer en propriété collective, et qu'il y avait nécessité d'opérer le plus tôt possible cette transformation.* Dans la même séance, la réunion vota contre l'abolition de l'héritage, sans trop bien voir qu'elle se déjugeait, qu'elle tombait dans la contradiction. Une seule bonne idée sortit du congrès de Bâle : celle de l'examen, à chaque réunion annuelle, des documents fournis par les sociétés locales de tous les pays, sur la situation des travailleurs et sur leurs vœux. En se séparant, les Internationaux s'ajournèrent pour l'année suivante à Paris, bien persuadés que l'année 1870 devait amener en France la révolution et la liberté.

Mais pourquoi donc l'Internationale a-t-elle choisi notre pays de préférence à tous les autres, pour être le théâtre de cette effroyable crise ? Dans son livre : *Simple récit* d'un membre du gouvernement de la Défense nationale, M. Jules Favre attribue à différentes causes l'éloignement de la classe ouvrière, en Danemark, en Suède, en Angleterre, etc., pour les doctrines socialistes. Les principales sont :

1° Les institutions politiques, qui garantissent à tous une parfaite égalité de droits ;

2° La diffusion universelle de l'instruction publique, qui est restée avant tout chrétienne et patriotique ;

3 Le rapprochement, au sein des unions ouvrières, d'hommes appartenant à tous les rangs de la société, et l'échange réciproque d'idées et de sentiments qui s'y accom-

plit sous l'action de lectures, de conférences, de conversations de tous les jours et de toute nature;

4° Enfin, les conditions économiques satisfaisantes où se trouve le travailleur, telles que l'élévation relative des salaires, l'absence des écarts subits entre l'offre et la demande, qui se produisent fréquemment dans les grands centres de production, entraînant avec eux les grèves et les chômages.

Mais l'égalité civile règne cependant chez nous, dans le sens le plus absolu; l'égalité politique est consacrée par le suffrage universel; l'égalité sociale existe aussi complète qu'on peut la concevoir, avec les distinctions inévitables qui se rencontrent dans toutes les réunions d'hommes, et qui renaîtraient naturellement le jour même où l'on croirait les avoir supprimées. Depuis trente ans, ce qui nous restait de vieilles lois, contraires à la liberté du travail, a été amendé ou aboli. On a multiplié les institutions, les combinaisons bienveillantes et utiles; et, quoique tout ne soit pas pour le mieux, il n'existe pas un pays au monde où l'on observe moins qu'en France des causes légitimes de haines ou de révolutions sociales. Comment donc, encore une fois, la France a-t-elle eu, entre toutes les nations, la confiance du socialisme européen?

La véritable raison, c'est que dans une monarchie fondée, comme l'Empire, sur le suffrage universel, le souverain qui veut conserver sa popularité fait tous les sacrifices pour écarter les concurrents qui viendraient détourner à leur profit la source de son pouvoir. Il leur emprunte même certaines parties du programme qu'ils lui opposent, croyant désarmer par ce moyen ses adversaires; mais s'il conserve les suffrages qui l'ont élu, s'il maintient l'ordre matériel, il compromet sûrement l'ordre moral et la grande discipline des idées. C'est là ce qui est arrivé en France. Voilà pourquoi le socialisme y a été plus redoutable qu'ailleurs; et c'est aussi ce qui fit que l'année 1870 fut fixée comme le terme fatal où le gouvernement, étant devenu incapable de donner aux foules tout ce qu'on leur promettait, on passerait du scrutin à l'action.

Quelques mois avant cette date fatale, on prévoit, on annonce partout la révolution qui se prépare ; elle est dans l'air, elle se révèle aux moins clairvoyants. Au mois de février 1870, paraissait une proclamation socialiste, signée, où il était dit : « Ce qui importe avant tout, c'est d'assurer le succès de la révolution, et, tout en ayant conscience de notre force, nous nous recueillons ; la coupe reste pleine, elle ne tardera pas à déborder; à la révolution de choisir son heure. »

Cluseret, qui avait fait à Sainte-Pélagie la connaissance des membres de la seconde commission de l'Internationale, apprenant le meurtre d'Auteuil et les troubles dont l'enterrement de Victor Noir fut l'occasion, écrit à Varlin, le 17 février, une lettre prophétique qui démontre clairement la préméditation des crimes de la Commune. Le futur *général* prévoit que le moment est peu éloigné où l'action appartiendra aux internationaux, et il dit : « Ce jour-là, nous ou le néant !... Mais ce jour-là, je vous l'affirme, Paris sera à nous, ou Paris n'existera pas. »

Dans les réunions qui eurent lieu à Paris, à propos du plébiscite, la présidence honoraire était presque toujours déférée à un Jacobin fanatique, à Mégy, qui venait d'assassiner l'agent de police chargé de son arrestation. Ce fut dans une de ces réunions de travailleurs que l'on adopta l'acte de fédération des sociétés ouvrières parisiennes, et que l'on chargea un comité de rédiger un manifeste antiplébiscitaire. Rien n'égale la violence des formules proposées : « Le bon Dieu a fait son temps, disait-on dans l'une, en voilà assez.... Nous sommes la force et le droit, c'est contre l'ordre juridique, économique et religieux que doivent tendre nos efforts. »

L'abîme se creuse de plus en plus; chacun en sonde avec épouvante la profondeur ; le gouvernement seul s'obstine à l'ignorer. Il fallut pour lui ouvrir les yeux le complot des bombes Orsini. Les hommes poursuivis à cette occasion figureront sur les listes du Comité central et de la Commune : Villeneuve, Flourens, Guérin, Fontaine, Tony-Moilin, Mégy, Cournet, Tridon, Rigault, Jaclard, etc. Et si l'on y joint les nom des Jacobins impliqués dans le procès de Blois, qui suivit la découverte du complot, on aura la série complète des auteurs du 18 mars. Mais l'opinion publique, absorbée alors par la question politique, fit peu d'attention à ces ouvriers obscurs; personne ne prévoyait que bientôt ils effrayeraient le monde par les plus exécrables forfaits.

II

Après le 4 septembre, les socialistes de l'Internationale ne prirent que très-peu de part aux manifestations révolutionnaires ainsi qu'aux tentatives du 31 octobre et du 22 janvier. Ils se tenaient sur la réserve, ne voulant ni s'épuiser contre le pouvoir en escarmouches inutiles, ni s'emparer niaisement de l'Hôtel de ville, tout juste pour avoir la honte d'ouvrir à l'ennemi les portes de Paris affamé.

Il n'en fut pas ainsi du parti jacobin de l'Association. Il n'avait vu dans le siége qu'un moyen d'armer la révolution, de se faire nourrir et payer pour remplir un devoir, devenu illusoire par la résolution bien arrêtée de ne pas se battre, si ce n'est contre le gouvernement de la Défense, toutes les fois qu'il parlait d'arrangement. C'est une remarque qu'on a faite avant nous : chacune des tentatives de bouleversement qui mirent Paris et la France dans un péril suprême, durant cette odieuse guerre de 1870-71, correspondit à une tentative de conciliation. Les dates et les événements le témoignent assez.

Le 31 octobre au matin, le gouvernement annonçait le retour de M. Thiers qui, en grand patriote, venait de parcourir l'Europe pour l'intéresser aux désastres de la France. Il communiquait en même temps la proposition faite aux belligérants par quatre grandes puissances neutres[1], d'un armistice qui devait avoir pour objet la convocation d'une

---

1. L'Angleterre, la Russie, l'Autriche et l'Italie. C'est à la suite de l'audience que donna à M. Thiers le prince Gorstchakof, et durant laquelle notre illustre homme d'État plaida de la manière la plus attendrissante la cause de la France, que fut résolue cette proposition.

assemblée nationale, et pour conditions, le ravitaillement proportionné à sa durée et l'élection de l'assemblée par le peuple tout entier. Aussitôt, et malgré une forte averse, des compagnies de la garde nationale, sans armes, bravant la pluie, arrivent et se massent devant la grande porte de l'Hôtel de ville, voisine de la rue de Rivoli. Ils sont porteurs d'un écriteau sur lequel on lit :

Pas d'armistice!
Vive la République!
Résistance à mort!

Vers une heure et demie, la foule qui entre sous la voûte, trouve à droite et à gauche les mobiles rangés en bon ordre. Sur les marches conduisant à la cour d'honneur se tient le général Trochu qui veut parler; il est hué. Dans la salle du conseil envahie les maires et adjoints finissaient de formuler cette décision où se reflète leur émoi, et qui est une concession à l'émeute : « Pas d'armistice! le citoyen Dorian est nommé président du gouvernement provisoire de la défense nationale. Les élections de la Commune auront lieu dans les quarante-huit heures. »

Ce gouvernement provisoire se compose de sept membres : MM. Dorian, Louis Blanc, Félix Pyat, Victor Hugo, Blanqui, Gustave Flourens, Delescluze.

La confusion est bientôt effroyable. On se bouscule, on se presse, il y a même des hommes qui se promènent sur les pupitres des conseillers municipaux et les défoncent. Tout le monde crie, gesticule. Dans chaque grande salle de l'Hôtel de ville se produisaient des scènes analogues. On y faisait un gouvernement dont on jetait la liste au peuple par les croisées, et sur toutes figuraient invariablement les noms des meneurs : Flourens, Blanqui, Delescluze, Félix Pyat, à la tête desquels on voit toujours l'ubiquiste M. Dorian comme président. Partout est proclamé :

1° La déchéance du gouvernement de la Défense, déclaré traître à la patrie.

2° La levée en masse et le refus de tout armistice.

3° L'établissement immédiat de la Commune révolutionnaire.

Flourens apparaît ici, comme il l'a fait dans les autres salons : il est l'âme du mouvement grâce à l'appui du bataillon de Belleville qu'il commande et qui occupe les abords et les cours de l'Hôtel de ville. L'arrivée de Rochefort, qui ne pouvait manquer à cette fête, met le comble au tumulte. Il monte sur une table qui sert de tribune et essaye de parler; les uns l'applaudissent, un plus grand nombre le couvrent de huées ; il renonce à la lutte.

Vers trois heures et demie, le général Trochu se montre en uniforme à l'entrée de la salle des délibérations du gouvernement. La foule l'entoure en criant: « A bas les Trochu !.... A bas les incapables !... Qu'as-tu fait au Bourget? A bas Trochu ! » La porte de la galerie au buste se ferme derrière lui, le peuple s'y jette et s'écrie : « Ils ne sortiront plus ! » En effet, ce salon splendide, où grouille une multitude hideuse, se transforme aussitôt en salle de jugement, et devient le théâtre des scènes les plus violentes. Les cris, les menaces se croisent. Les siéges de la table du centre sont pris de vive force, et ceux qui les occupent interpellent avec vivacité MM. Jules Favre, Garnier-Pagès, Jules Simon, Jules Ferry, Trochu qui sont assis autour : « La déchéance ! la déchéance ! » crie-t-on de tous parts. En vain M. Jules Favre veut prendre la parole, des cris confus couvrent sa voix. M. Garnier-Pagès, affreusement pâle, s'efforce de répondre à la motion de Maurice Joly, Lefrançois et Vermorel qui parlent tous à la fois de la Commune et des élections. « Assez, assez, hurle-t-on !.... Faites-le donc rentrer dans son faux-col !.... » s'écrie un gamin placé à cheval sur un des magnifiques candélabres d'angle.

C'en est fait du gouvernement du 4 septembre, quand survient un coup de théâtre. Vers neuf heures du soir, le 106° bataillon, clairon en tête, se fait ouvrir les portes de l'Hôtel de ville et monte droit aux appartements. Il ne reste plus, à l'entrée des officiers dans la salle, que des tirailleurs du corps Tibaldi qui sont désarmés et renvoyés chez eux aux éclats de rire des gardes du 106°. L'auteur de ce merveilleux dénoûment était M. Picard, qui, ayant pu s'échapper adroitement de l'Hôtel de ville, avait fait battre la générale, convoqué des bataillons et pris l'usurpation dans un filet, au moment même où ses agents appelaient les électeurs au scrutin pour l'élection d'une commune[1].

Nous ne pouvons rapporter les alertes, les échauffourées secondaires provoquées à tout propos pour agiter l'opinion et fatiguer la garde nationale à bout de force et de sacrifices, et nous arrivons tout de suite à la journée du 23 janvier, qui fut le pendant du 31 octobre avec des cadavres en plus.

Gustave Flourens, persistant à se dire major de la garde nationale et à porter les insignes de colonel, avait été arrêté avec une poignée de Bellevillois, à la suite de manifestations destinées à insurger la troupe. Mais, dans la nuit du 21 au 22 janvier, il fut délivré par une bande de sacripants. Composée à ce moment de cent cinquante individus tout au plus, cette troupe se grossit sans cesse, en roulant dans les rues au son du tambour, et en emmenant triomphalement Flourens et les autres qu'elle a délivrés. Elle descend aussitôt le faubourg Saint-Antoine et monte la rue de la Roquette pour aller s'emparer de la mairie de Belleville. Pendant cette manœuvre, les meneurs ordinaires de l'insurrection prêchent en plein vent l'avènement inévitable cette fois de la Commune. Dans l'après-midi, quand ils croient l'opinion suffisamment préparée, trois ou quatre cents émeutiers arrivent sur la place de l'Hôtel de ville par la rue de Rivoli et la rue du Temple et font retentir les cris de : « Vive la Commune ! A bas les Bretons ! » Après des agitations de plus en plus menaçantes, ils essayent d'ébranler la grille. Par la porte de gauche, dite porte des bureaux, sortent trois officiers : MM. Vabre, de Legge commandant du 3ᵉ bataillon du Finistère, et l'adjudant-major Bernard, du même bataillon, qui demandent aux émeutiers ce qu'ils viennent faire. Ils ont à peine dit quelques mots qu'un coup de fusil est tiré des rangs de l'émeute. M. Bernard est frappé de trois balles et tombe sur le trottoir. Alors, les fenêtres de tous les étages s'ouvrent précipitamment, les mobiles paraissent et cou-

---

1. L'affiche était signée de MM. Dorian, V. Schœlcher, Étienne Arago, Ch. Floquet, Ch. Hérisson, Henry Brisson et Clamageran.

chent en joue les insurgés qui s'enfuient dans toutes les directions. Les plus braves se cachent derrière les tas de sable, les piédestaux des candélabres ou dans l'embrasure des portes, et jusque dans les vespasiennes pour tirer, ainsi abrités, sur les fenêtres. La fusillade dure une demi-heure environ, jusqu'à ce que paraissent, dans l'avenue Victoria, un brancardier volontaire qui agite un mouchoir blanc, et un officier de la garde nationale qui porte un mètre de calicot au bout de son sabre. La troupe cesse le feu, et l'on parvient à faire une cinquantaine de prisonniers parmi les émeutiers. Mais, comme d'habitude, les chefs échappèrent à la justice qui ne frappa que des instruments secondaires. On dut se contenter de condamner à mort, par contumace, Gustave Flourens, Blanqui et Félix Pyat.

Les événements du 22 janvier venaient à peine de se produire, qu'une nouvelle terrible plongea tout à coup Paris et la France dans la stupeur. Le lendemain de l'attaque glorieuse de Buzenval, qui n'avait abouti qu'à une hécatombe d'héroïques citoyens, une affiche annonçait la capitulation. « L'armistice accordé à Paris, disait M. Jules Favre, s'étendait à toute la France et devait forcément entraîner la paix. » Nous n'essayerons pas de dépeindre la colère qui s'empara de tous les cœurs : nous l'avons tous éprouvée. Certes, on n'avait pas marchandé la souffrance et les sacrifices, on comprend qu'il était difficile de s'incliner de bonne grâce devant ce dernier, cet irréparable coup de la fortune. « Le gouvernement de la Défense s'est trouvé alors dans une position unique, bien périlleuse, bien douloureuse!... On accablait ses membres d'invectives, on leur mettait la corde au cou, on leur disait: « Vous y êtes, vous y resterez; c'est vous qui nous avez vendus, vous resterez afin que nous ayons le droit de vous juger [1]. »

Les élections, qui vinrent faire diversion aux tristesses de l'armistice, ne firent au contraire qu'accroître le discrédit du gouvernement. En France, où le suffrage universel devrait être pour toutes les opinions une arme de combat

---

1. Déposition de M. Jules Favre; Enquête du 18 mars.

sérieuse et respectable, on vote en manière de protestation. Les gens d'ordre, exaspérés de ce que Paris avait capitulé avec deux cent cinquante mille hommes de troupes et deux cent cinquante-mille gardes nationaux, refusèrent nettement leur concours. Les clubs retentirent des motions les plus violentes. Les meneurs jacobins, vaincus au 31 octobre et au 22 janvier, s'allièrent plus ouvertement avec les chefs de l'Internationale pour exploiter à leur profit les malheurs de la France.

III

Le jour même où s'ouvrait le scrutin, le 8 février, les électeurs purent lire sur les murs de Paris un réquisitoire du Comité central pour demander la mise en accusation de tous les membres du gouvernement. Cette affiche était signée : Raoul Rigault, Lavalette, Tanguy, Henry Verlet. C'est la première apparition officielle du Comité central qui allait jouer un si grand rôle dans l'insurrection. Son origine qu'il importe de connaître remonte aux premiers jours du siége.

Sous prétexte de surveiller les administrations municipales et de pourvoir aux nécessités de la défense, il s'était formé alors un comité directeur qui ne tarda pas à s'emparer de la haute direction du mouvement révolutionnaire à Paris. Il voulut avoir des représentants auprès de chaque municipalité ; et dans chaque arrondissement, des révolutionnaires plus ou moins exaltés, quelquefois des ouvriers obscurs, vinrent, au nombre de quatre à cinq, s'installer dans les mairies et y former un comité de vigilance. Le Comité directeur prit d'abord le titre de *Délégation communale des vingt arrondissements de Paris*, plus tard celui de *Comité central de la délégation des vingt arrondissements*, il siégea à la place de la Corderie, sous la présidence de M. Lévy, qui avait été envoyé par le club de l'École de Médecine [1].

Il y eut donc dans chaque mairie, à côté de l'administra-

---

1. Déposition de M. Héligon.

tion officielle nommée, au lendemain du 4 septembre, par le maire de Paris, M. Etienne Arago, une municipalité extra-légale, qui contrôlait, quand elle ne les dictait pas, les actes du maire et des adjoints. Or, et c'est un fait des plus importants à rapporter ici, les nécessités du siége avaient donné aux magistrats municipaux de Paris, qui n'avaient guère été jusque-là que des officiers de l'état civil, une autorité politique tout à fait anormale et sans précédents. Ils durent veiller à l'organisation de la garde nationale, s'occuper de la création des bataillons, de l'élection des officiers, des questions d'armement, d'équipement, de solde, présider à l'achat et à la distribution des vivres. A mesure que le siége avançait, le rationnement, les réquisitions, les cantines vinrent encore compliquer leurs attributions.

L'autorité municipale devint alors une véritable dictature concentrée dans les mains du Comité directeur, qui délibérait sur toutes les questions importantes, faisait afficher ses décisions, et avait acquis une sorte de pouvoir officieux que nul ne songeait à contester. Toutefois, maître de l'administration réelle de Paris, le Comité ne disposait pas à son gré de la force armée qui était restée entre les mains de l'autorité militaire. Il songea à dominer aussi la garde nationale. Sous prétexte de résister aux Prussiens et de maintenir la République, mais dans le but réel de s'emparer d'une force active et de la mettre au service de la révolution sociale, quand l'heure serait venue, il constitua entre les divers bataillons une sorte de fédération, à l'aide de délégués nommés dans chaque bataillon.

Un autre pouvoir dirigeant s'était déjà formé dans la garde nationale, sous le titre de *Comité fédéral républicain*. Des chefs de bataillon et des officiers de tous grades, réunis pour s'occuper d'une question de solde, avaient essayé, eux aussi, d'établir une entente entre les divers groupes de la garde nationale. Une réunion générale de ces officiers, présidée par le commandant Raoul du Bisson et annoncée par les journaux, eut lieu au commencement de mars. Le Comité central y envoya trois délégués : Arnold, Bergeret et Viard, qui n'eurent pas de peine à démontrer l'inconvénient de deux directions et la nécessité de grouper toutes les forces en vue d'une action commune. La fusion s'accomplit par l'admission de plusieurs délégués des officiers de la garde nationale au sein du Comité central, et par l'adjonction de deux membres du Comité fédéral républicain à sa commission exécutive. Ainsi fut constituée la Fédération républicaine de la garde nationale, à la tête de laquelle resta comme pouvoir dirigeant le Comité central, qui représentait aussi l'Internationale par son union avec le *Conseil fédéral* de l'Association internationale des travailleurs, dont il avait admis quatre membres dans son sein.

Il suffit d'un mois pour donner à l'organisation son entier développement.

Le 15 février, une assemblée générale, tenue au Tivoli-Vaux-Hall, nommait par acclamation une commission chargée de la rédaction des statuts.

Le 24, l'assemblée, plus nombreuse, adoptait les statuts, et une commission provisoire était chargée d'exercer les pouvoirs du Comité central.

Le 10 mars, Arnold, sergent-major au 70e bataillon, futur membre de la Commune et rapporteur de la commission, exposa en détail le but et les principes de la fédération.

Le 15, une quatrième réunion assembla les délégués de deux cent quinze bataillons sur deux cent soixante, mais un tiers à peine des compagnies fut représenté. Arnold annonça l'adhésion du Comité fédéral républicain, et proclama les noms des membres élus pour composer « *le Comité central de la fédération républicaine de la garde nationale* ».

Le faisceau était formé; trois jours après, Paris appartenait à la fédération républicaine qui nommait à l'élection quatre assemblées : l'assemblée générale, le Comité central, le conseil de légion, le cercle de bataillon.

Au-dessous, les délégués des compagnies.

La marche rapide des événements ne permit pas à l'assemblée générale, qui ne devait se réunir qu'une fois par mois, d'exercer son contrôle. Restait donc une hiérarchie de pouvoirs à quatre degrés [1], représentant successivement la compagnie, le bataillon, la légion et enfin l'ensemble de la fédération ; hiérarchie dans laquelle le Comité central était le conseil supérieur, jugeant en dernier ressort, et le seul qui pût imprimer aux vingt arrondissements une même impulsion.

Rien de plus sage et de plus modéré en apparence que ces juridictions successives, si l'on s'en tient aux termes des statuts [2]. Contenues les unes par les autres, entourées de respect et d'estime, faisant triompher partout la justice, réprimant les abus, donnant l'exemple de la moralité, du patriotisme, de l'intégrité, elles eussent représenté l'idéal des conseils de famille dans le sens noble et touchant du mot.

Mais il ne s'agissait pas seulement de questions de vivres, de solde, d'habillement, de charité, toutes choses qui avaient été réglées pendant le siége, sans ce luxe de délégués et de réunions.

Il y avait aux statuts une déclaration préalable : « La République est le seul gouvernement possible, elle ne peut être mise en discussion ; » et chaque membre du Comité central recevait, dès son élection, le mandat impératif suivant : « *S'opposer à l'enlèvement des canons, s'opposer à toutes tentatives de désarmement, repousser la force par la force.* » Ce programme était affirmé, le 10 mars, dans une lettre adressée à l'*Opinion nationale*, et déjà ce Comité central, non constitué encore par des suffrages réguliers, s'était érigé en représentant des intérêts de la cité, sous les yeux du gouvernement qu'il insultait et qu'il défiait.

IV

Quel fut alors le rôle de l'Internationale et quelle influence exerça-t-elle sur les décisions du comité ? S'il est vrai,

---

1. *Journal Officiel* de la Commune, p. 15 et 16.
2. Voir aux Archives les notes manuscrites.

comme l'a dit M. Martial Delpit, et après lui M. le général Appert, que, depuis le 4 septembre, les circonstances avaient dispersé l'Association, les ouvriers déjà imbus de ses doctrines n'en étaient pas moins préparés par elle à la guerre sociale. Le bataillon était devenu pour eux un centre nouveau, qui leur offrait la possibilité d'exercer une action immédiate sur les événements. Si les réunions particulières leur manquaient pour propager leurs idées, ils trouvaient dans les bivouacs, dans les clubs, les questions sociales sans cesse à l'ordre du jour.

Du reste, dans la première quinzaine de janvier, au moment où chacun prévoyait que le siége allait finir, les chefs de l'Internationale parisienne se préoccupèrent de reconstituer le gouvernement de l'Association, en réorganisant les sections et en se procurant dans la presse un organe de leurs idées et de leurs intérêts. Dans sa séance du 12 janvier, le conseil fédéral nomma un comité de rédaction, composé de dix membres, et qui fut chargé de tout ce qui concernait la création, le choix et la rédaction d'un journal. Dans celle du 19, un membre insista sur la nécessité de réveiller le zèle des sections et de les reconstituer là où elles étaient dissoutes : « On a fait, dit-il, des conseils de vigilance dans les arrondissements ; cela a pu être utile en son temps, mais aujourd'hui il est urgent que tous viennent se grouper autour du conseil fédéral. »

Ce travail d'organisation se poursuit activement dans le mois de février, et, le 1ᵉʳ mars, Varlin fait auprès du conseil fédéral une démarche au nom du Comité central de la garde nationale qui venait de se reconstituer : « Il serait urgent, dit-il d'abord, que les internationaux fissent leur possible pour se faire nommer délégués dans leurs compagnies et pour siéger aussi au Comité central. » Puis il demande la désignation de quatre membres, qui auraient mission de se rendre au sein du Comité, de juger en quoi l'Internationale doit s'associer à lui et de venir ensuite renseigner le conseil fédéral. Six jours plus tard, on pouvait lire dans le *Cri du Peuple :* « Nous apprenons avec une véritable joie patriotique que tous les comités de la garde nationale fusionnent ensemble, et doivent associer leurs efforts à ceux de la fédération socialiste qui siége rue de la Corderie. » Ces menées occultes n'échappèrent pas au préfet de police, M. Cresson. Pendant les derniers mois du siége, il ne cessa de les signaler à M. Jules Favre, mais sans lui fournir du reste aucune preuve formelle à l'appui de son opinion.

Il est vrai, comme le prouve le procès-verbal de la séance du 15 mars, qu'à cette date les internationaux, pas plus que les chefs du mouvement révolutionnaire qui étaient des Jacobins, n'espéraient être les maîtres, le 18. Le 15 mars, en effet, après une communication des citoyens Gambon et Félix Pyat au sujet de l'attitude de l'Assemblée nationale à Bordeaux, le conseil fédéral décida que « Pyat, Gambon, Malon, Tolain, Millière, Ranc, Tridon, Rochefort et Langlois seraient invités à se présenter, le mercredi 25, pour discuter la conduite à tenir. Mais, si les chefs ne savaient encore ni quand, ni comment, ni à l'aide de quel prétexte ils parviendraient à provoquer l'insurrection, ils n'en avaient pas moins la conviction que le jour était proche, et ils prenaient toutes leurs mesures. Il n'y a donc pas lieu de croire, comme le fait M. Martial Delpit, qu'en arrêtant les membres du Comité central, on aurait pu prévenir le mouvement. Il aurait fallu d'ailleurs un pouvoir assez fort pour l'oser, et, eût-il existé, le parti socialiste qui avait réservé son action militaire pendant la guerre, en vue d'éventualités politiques, n'eût pas facilement déposé les armes. L'ardeur avec laquelle il engagea et soutint la lutte nous paraît le démontrer suffisamment.

Nous pensons donc, cela nous paraît même incontestable, malgré l'opinion contraire de M. Martial Delpit et du général Appert, que la révolution du 18 mars fut principalement l'œuvre de l'Internationale. Il y eut dans ce mouvement deux actions, qui, au premier aspect, paraissent séparées, mais qui en réalité se confondent. Le Comité central, instigateur de la révolte, n'était qu'une émanation de la grande Société. Ce fut elle qui lui donna la plupart de ses célébrités, inspira tous ses actes, mais d'abord secrètement, parce qu'elle doutait encore du triomphe; et c'est ce doute du succès qui dicta la lettre de Karl Max, aux internationaux de Paris, sous la date du 12 mars : il les dissuadait de tenter un mouvement. Mais ceux-ci, qui se savaient en mesure, refusèrent cette fois d'obtempérer aux ordres de leur chef; ils agirent néanmoins avec autant de prudence que de vigueur.

CHAPITRE II

ATTITUDE DE LA POPULATION PARISIENNE ET DU GOUVERNEMENT
EN FACE DE CES MENÉES INSURRECTIONNELLES.
FORCES RESPECTIVES DES COMBATTANTS.

Nouveau péril : Entrée imprévue et séjour des Prussiens dans la capitale. — La fédération républicaine organise des groupes qu'elle dissipe bientôt. — Incident relatif aux armées et aux canons. — Sa haute gravité. — Les canons sont rassemblés au Cours-la-Reine et sur un mot d'ordre venu du Comité central dirigés triomphalement sur Montmartre. — Plaisanteries et alarmes des Parisiens. — Quiétude du gouvernement. — Il recule encore devant l'émeute. — Les maires de Paris représentants de la Seine reviennent à leur poste. — M. Clémenceau négocie auprès du Comité central la restitution des canons. — Inutilité de ses démarches. — L'Assemblée décide qu'elle quittera Bordeaux pour se rendre à Versailles. — Ce vote est exploité par la presse démagogique et les orateurs des réunions publiques. — Six journaux sont supprimés par ordre du Gouverneur de Paris, et les réunions interdites. — Ce qui se disait dans les clubs à la veille du 18 mars. — D'autres causes ajoutées aux fautes du pouvoir empêchent la population parisienne de se mettre en campagne. — Patriotique appel de M. Thiers à tous les partis. — Démission de plusieurs députés de l'extrême gauche. — Forces respectives des combattants. — M. Thiers à Paris. — Il se décide à employer la force.

I

Ces menées socialistes étaient pour la capitale un bien grave sujet de préoccupation, mais il en surgissait un autre d'une nature plus inquiétante encore. On venait d'apprendre que, contrairement à l'engagement pris, les Prussiens entreraient à Paris, le 3 mars, et y séjourneraient environ trois jours pour humilier la fière cité, uniquement vaincue par la faim.

Pour conjurer le péril qui pouvait naître d'un incident si imprévu, le gouvernement s'efforçait soit d'empêcher le roi

Guillaume de donner suite à son projet, soit du moins d'en atténuer la portée, en localisant l'occupation sur la lisière d'un seul quartier. D'un autre côté, une proclamation aux habitants de Paris fut envoyée de Bordeaux. Elle était signée de MM. Thiers et Jules Favre, et contresignée par M. Picard. On y faisait appel au patriotisme et à la sagesse des citoyens. On insistait surtout sur le danger qui pouvait résulter d'un obstacle opposé à la marche de l'ennemi, et cela en un langage des plus touchants et tout à fait conforme à la grandeur de nos infortunes.

« Si cette convention n'était pas respectée, disait la proclamation, l'armistice serait rompu : l'ennemi, déjà maître des forts, occuperait de vive force la cité tout entière; vos propriétés, vos chefs-d'œuvre, vos monuments, garantis aujourd'hui par la convention, cesseraient de l'être. Ce malheur atteindrait toute la France. Les affreux ravages de la guerre, qui n'ont pas encore dépassé la Loire, s'étendraient jusqu'aux Pyrénées. Il est donc absolument vrai de dire qu'il s'agit du salut de Paris et de la France. N'imitez pas la faute de ceux qui n'ont pas voulu nous croire, lorsqu'il y a huit mois nous les adjurions de ne pas entreprendre une guerre qui devait être si funeste. »

Quelques heures à peine avant le moment présumé, M. Ernest Picard renouvelait ces recommandations par une seconde affiche, où il articulait un fait qui atténuait un peu notre honte. « Les négociateurs allemands, disait-il, avaient proposé de renoncer à toute entrée dans Paris, si l'importante place de Belfort leur était concédée définitivement. Il leur a été répondu que si Paris pouvait être consolé dans sa souffrance, c'était par la pensée que cette souffrance valait au pays la restitution d'un de ses boulevards tant de fois et naguère encore illustré par la résistance de nos soldats. »

Le paragraphe relatif à la place de Belfort, et surtout l'attitude des journaux, qui prirent l'engagement de ne point paraître pendant tout le temps que durerait l'occupation, contribuèrent à calmer les esprits. La population protesta contre la présence de l'étranger par la marque d'un éclatant dédain. Les commerçants tinrent leurs boutiques et leurs magasins fermés, et les habitants, sauf une centaine de filles de mauvaise vie, qui allèrent au-devant du vainqueur, restèrent enfermés dans leurs maisons. Mais cette dignité ne répondait pas à l'attente des faubourgs. Les bataillons de Montmartre et de Belleville, dont la lâcheté avait été signalée par des mises à l'ordre du jour et des peines disciplinaires peu honorables, brûlaient cette fois du désir de se mesurer avec les Prussiens pour les exterminer. Il y avait évidemment là-dessous une consigne. A la première amorce brûlée, l'ennemi accourrait en force; le mont Valérien incendierait les plus beaux quartiers, tous les autres forts brûleraient la ville, et, pendant ce temps, on pêcherait librement en eau trouble. De plus, la bourgeoisie serait tout à la fois châtiée et ruinée, et c'était là le premier besoin de leur cœur.

On vit donc, pendant deux nuits consécutives, des débris de bataillons pouvant former un effectif de trente mille hommes, envahir, pour réaliser ce programme, la longue ligne des Champs-Élysées. Tous étaient en armes, et la plupart suivis des canons et des mitrailleuses fondus par voie de souscription pendant le siége. On formait des groupes toujours encombrés de discoureurs extrêmement hostiles au gouvernement de la Défense nationale, à M. Thiers, à la bourgeoisie.

On reconnaissait là l'esprit du Comité central. Un instant, il eut la pensée d'amener une collision à laquelle la ville entière n'eût pas manqué de prendre part. Des ordres même, émanés de la fédération républicaine, avaient prescrit aux chefs de se tenir en permanence. Mais les faubourgs, qu'avait médiocrement impressionnés une affiche du général Vinoy, recommandant l'abstention dans tout le périmètre de la ville, le furent bien autrement par les menaces des gazettes allemandes. Elles prétendaient que s'il y avait lutte dans Paris, le roi Guillaume, pressé d'en finir avec les embarras de la situation, occuperait la ville et ramènerait de force Napoléon III aux Tuileries. Alors, la fédération républicaine changea de jeu. Elle se mit à dissoudre les groupes qu'elle avait elle-même organisés; on se prit à dire que le Prussien était si vil dans son triomphe qu'il valait mieux le mépriser que le combattre.

Dans une deuxième affiche, le Comité central, qui entrait de nouveau en scène, redoutant de voir le roi de Prusse « renverser la République, » s'opposa alors à la démonstration armée, et recommanda avec une sollicitude spéciale aux citoyens d'avoir à garder leurs armes, fusils et canons; c'était même la chose sur laquelle on appuyait le plus. On devait en avoir besoin plus tard contre les réactionnaires et les privilégiés.

Cette question des armes était un incident tout nouveau et de la plus haute gravité. Personne, si ce n'est le Comité central, n'avait songé aux canons; et ils étaient réclamés maintenant par une force de cent cinquante mille gardes nationaux étroitement unis et prêts à tout. « Les canons sont à nous, c'est par nous et avec notre argent qu'ils ont été fondus, il ne faut pas qu'ils tombent entre les mains de l'ennemi. »

Si le gouvernement fût resté à Paris, et qu'il eût été doué de la plus vulgaire clairvoyance, il n'aurait pas hésité un instant à résoudre la difficulté, et il pouvait le faire non par le sabre, mais diplomatiquement. Du reste, devait-il attendre ce jour pour remiser les canons? On était au 3 mars, et la capitulation de Paris avait eu lieu le 28 janvier. Le général Vinoy avait bien donné des ordres pour faire rentrer tout ce qu'il était possible du matériel de guerre qui se trouvait dans l'enceinte de nos travaux extérieurs; mais dans cette opération, exécutée par des hommes découragés, au milieu d'une émotion et d'un trouble indescriptibles, on abandonna sur divers points, non-seulement des provisions de bouche considérables, mais des batteries d'artillerie d'une grande importance. A la veille de l'entrée des Prussiens, il existait encore dans le périmètre de la barrière d'Italie, de Montrouge à la place Wagram, plusieurs parcs qui allaient ainsi devenir la proie de l'étranger. Ce fut cette négligence qui servit de prétexte aux gardes nationaux pour les enlever, et, chose que les générations futures refuseront de croire, nul ne s'opposa à leur projet. Il était écrit que nous roulerions jusqu'au fond de l'abîme, et que nous ne sortirions des mains des incapables du 4 septembre que pour tomber dans celles des aveugles et des sourds de Bordeaux. M. Thiers, lui-même, si perspicace cependant, mais tout préoccupé des termes du traité de paix, ne vit pas que s'il est dangereux de donner trois cent mille fusils aux habitants de Paris, il l'est mille fois plus de laisser cent cinquante mille prolétaires jouer publiquement avec un arsenal de deux cent cinquante canons et mitrailleuses.

Il a été dit que le colonel Schœlcher, commandant de l'artillerie, chercha à faire dériver le danger, et s'offrit de remiser les pièces des sections et des bataillons de marche au parc de la garde nationale, mais on se rit d'une telle offre. Les deux cent cinquante canons et mitrailleuses, disposés par files de cinquante, furent rassemblés au Cours-la-Reine et, sur un mot d'ordre venu du Comité central, dirigés triomphalement sur Montmartre.

Dès le premier moment, on s'épancha en épigrammes sur cette fantaisie bizarre de bataillons devenus belliqueux depuis qu'il n'y avait plus à se battre. Des journaux satiriques, la plaisanterie sur cette manie de faire une forteresse pour rire, passa comme toujours dans la conversation. « A quoi songez-vous donc, monsieur? disait une femme à la mode, en s'adressant à son cavalier. Vous n'avez pas encore pensé à me mener voir les canons de Montmartre. » Et ces fines moqueries avaient en définitive pour résultat d'endormir Paris sur un oreiller tout bourré de dards et d'obus. Mais, après deux ou trois jours, on cessa tout à coup de rire pour prendre l'alarme. Ceux qui descendaient de la rue des Martyrs faisaient d'effrayants récits : « Sur la crête de la butte on avait improvisé une sorte de Gibraltar. Deux cent cinquante pièces d'artillerie, pièces de douze, de sept, et mitrailleuses tournées contre la ville, formaient un étrange point d'interrogation. Et le tout était gardé par cinq cents hommes armés, lesquels se relayaient sans cesse, à heure dite, avec une ponctualité toute militaire. » Or, dans notre pays, rien n'est plus contagieux qu'une panique. On ne s'occupait plus de rien. L'argent se cachait. On ne faisait plus de commandes; on ajournait les transactions.

Jusqu'à quel point le gouvernement se préoccupait-il du mouvement insurrectionnel qui se prononçait ainsi de plus en plus? Le maire de Paris, M. Jules Ferry, écrivait à M. Jules Simon qui faisait à Bordeaux les fonctions de ministre de l'intérieur : « Le Comité central de la garde nationale continue d'agir, mais il serait fort simple d'y couper court ; d'Aurelles est arrivé, c'est un grand point, je ne crois plus au péril. »

Dès que le vainqueur de Coulmiers se fut mis en rapport avec les officiers de la garde nationale, il s'aperçut bien vite de la gravité de la situation et de l'imminence du péril : « Il ne pouvait y avoir de doute pour personne, a-t-il dit; ce pouvait être une question de jours, de moments, mais il était évident pour tous que l'insurrection devait avoir lieu. » En vain, il rendait compte jour par jour à M. Jules Simon de ce qui se passait, lui signalait les réunions clandestines d'abord, et ensuite tout à fait ouvertes de comités nommés par la garde nationale, et fournissait des listes de tous les conspirateurs, il n'obtenait aucune arrestation. « Ce n'est rien, disait le confiant ministre, on est habitué à cela. — Vous savez ce que c'est que la population de Paris. » Il ne réussit pas mieux à faire partager aux ministres les craintes qui l'animaient. L'esprit de vertige était partout, dans les régions du pouvoir comme dans les rangs de la garde nationale. Cependant la situation s'aggravait tous les jours.

Le 4 mars, le gouvernement reculait encore devant l'émeute; la caserne de la rue Mouffetard était évacuée par la garde républicaine qui se repliait rue de Tournon ; vingt-neuf obusiers furent pillés au troisième secteur, celui de la Chapelle-Saint-Denis, les magasins du bastion 25 furent vidés et les munitions emportées[1].

Le 5 mars, le ministre de la guerre envoya des renforts au général Vinoy. Les maires de Paris représentants de la Seine, pressés par M. Jules Favre, quittèrent Bordeaux et l'Assemblée pour revenir à leur poste. MM. Tirard, maire du IIe arrondissement, Arnaud de l'Ariége, maire du VIIe, Clémenceau, maire du XVIIIe, arrivèrent à Paris dans la soirée du 5, deux jours après le général d'Aurelles. Le lendemain, les maires et leurs adjoints furent convoqués au ministère de l'intérieur.

---

1. Journal militaire du général Vinoy.

I. ORIGINES ET DÉBUTS.

Au lieu de faire arrêter immédiatement les membres du Comité central, comme le conseilla si sagement M. Vautrain, maire du IVe arrondissement, ils reculèrent devant les moyens énergiques; il fut décidé seulement qu'on essayerait de reprendre les canons à l'amiable, et M. Clémenceau se chargea de négocier auprès du Comité central leur restitution aux bataillons souscripteurs.

On se présenta au jour fixé, mais les canons ne furent pas livrés : l'un des adjoints du maire de Montmartre dit aux envoyés du général d'Aurelles : « Demain on peut se représenter, la garde nationale consent. » Soit que M. Clémenceau eût été trompé, soit qu'il eût trop présumé de son influence, les canons ne furent pas plus livrés la seconde fois que la première, et les attelages de l'artillerie attendirent inutilement toute la journée sur la place de la Trinité. Il ne restait plus au gouvernement qu'à reprendre par la force ce qu'on refusait de lui rendre à l'amiable. Mais il fallait avant tout que l'Assemblée se rapprochât du théâtre des événements; et le 10 mars, sur les instances de M. Thiers, elle décida qu'elle quitterait Bordeaux pour se rendre dans la ville et dans le palais de Louis XIV. La presse démagogique, qui voulait avoir l'Assemblée sous la main pour en faire l'instrument ou la victime de la révolution sociale qu'on préparait, accueillit cette résolution avec fureur. Exploitée et représentée par elle comme un acte d'hostilité et d'ingratitude, elle contribua encore à irriter la capitale, et à y accroître les ferments de révolution.

Il y eut des rapports de police. Le chef du pouvoir exécutif sut que le génie des sociétés secrètes était dans la conjuration. Il décida de frapper, et il voulut que les premiers coups fussent appliqués sur la presse et les réunions publiques. Le 11 mars, les journaux démocratiques furent supprimés par ordre du Gouverneur de Paris. C'étaient le *Cri du peuple*, de Jules Vallès, le *Vengeur*, de Félix Pyat, le *Mot d'ordre*, de Henri Rochefort, le *Père Duchêne*, de Vermesch, la *Caricature* et la *Bouche de fer*, d'inconnus. La mesure, que prescrivait cependant la prudence la plus vulgaire, fut vue de mauvais œil; on disait que supprimer des feuilles, quelles qu'elles fussent, était un mauvais précédent qui se retournerait, un jour, contre le parti de l'ordre. Quant à l'édit qui fermait les clubs, il fut accueilli avec une faveur marquée. Depuis longtemps, les réunions populaires n'étaient plus que le rendez-vous d'aboyeurs vulgaires, qui ne s'arrêtaient même pas aux bagatelles de la politique. Il n'y avait plus à l'ordre du jour qu'une seule question : celle de la propriété ; mais celle-là était débattue sous mille formes diverses, toutes extrêmement hostiles à l'état de choses actuel, et devant une foule immonde.

Paris ressemble au fleuve qui le baigne : Quand le ciel est pur, la Seine reflète les monuments qui ornent ses rives ; vienne un orage, ses eaux se troublent, la boue remonte à la surface, et ce n'est plus qu'un flot fangeux. Notre capitale, comme toutes les grandes villes, renferme dans son sein une population ignoble de repris de justice, de chevaliers d'industrie, d'escrocs et de voleurs de profession, etc.... C'étaient les hôtes habituels des réunions provoquées par les sociétés secrètes, défalcation faite des curieux.

Pour donner une idée de ce qui se passait dans les clubs, à la veille du 18 mars, nous croyons devoir rapporter le discours suivant, prononcé à la cour des Miracles par un ancien sous-diacre :

« En 1848, au Luxembourg, le citoyen Louis Blanc disait, ou bien l'histoire lui a fait dire aux ouvriers : *Vous êtes les rois de l'époque.* Il est des hommes sans entrailles qui, à ces mots, ont hoché la tête, ou bien se sont mis à rire. Vingt ans se sont écoulés, et la prophétie de l'orateur est sur le point de s'accomplir. L'ouvrier va devenir le roi du monde moderne, puisqu'il en est l'âme. L'ouvrier est tout, car il n'y a rien sans le travail. Que feraient les riches de leurs trésors si l'ouvrier ne les faisait pas fructifier? Prenez donc un sac de pièces d'or, faites un trou en terre ; jetez le sac dans ce trou ; arrosez, engraissez, rien ne poussera, ni racine, ni fleur, ni fruit. L'ouvrier vient, il prend le sac, il s'en sert pour travailler, et ce sac devient dix sacs. N'est-ce pas le prodige dont nous sommes témoins tous les jours? En revanche, les dix sacs gagnés, que donne-t-on à l'ouvrier? de quoi ne pas mourir de faim, de froid et de soif, et c'est tout au plus ; et cela seulement quand l'ouvrier est jeune. Car, du jour où il vieillit, le maître trouvant qu'il n'a plus assez de vigueur pour la besogne, lui crie en lui montrant la porte : *Va-t'en, je ne veux plus de toi.* Et l'ouvrier en est réduit au dépôt de mendicité ou bien à aller crever sur un grabat d'hôpital, mais encore à la condition que son squelette appartiendra aux carabins et leur servira d'étude pour guérir les riches. »

Un des auditeurs s'étant hasardé à parler des caisses pour la vieillesse, des salles d'asile et des écoles gratuites pour l'enfant du pauvre, etc., il fut hué par la salle entière, et l'ancien sous-diacre put revenir à la charge : « Belle poussée que ce qu'on vient de vous dire, citoyens! Des cautères sur des jambes de bois! Jamais avec ces simagrées la situation du travailleur ne changerait. Mais il est conforme aux lois de la justice que cela change et cela va changer. A l'avenir, ce ne sera plus le travail qui sera l'humble serviteur du capital; non, ce sera le capital qui deviendra l'esclave du travail. Autre conséquence : tous les outils dont l'ouvrier se sert appartiendront à l'ouvrier. Même chose pour le local, même chose pour la terre. »

Ces doctrines sont devenues, en quelque sorte, la charte de la Révolution du 18 mars. Jamais on n'a si effrontément nié le principe de la propriété ; jamais on n'a dit plus souvent, surtout dans la région du pouvoir, que l'ouvrier était tout et que tout lui appartenait de plein droit. De telles harangues ne pouvaient que communiquer aux faubourgs le virus socialiste, et ce fut en effet ce qui arriva. La contagion faisait des progrès rapides quand parut l'ordonnance du général Vinoy; mais les clubs n'en subsistèrent pas moins. Le soir venu, on se réunissait en plein air, par groupes de deux cent cinquante ou de trois cents personnes. Sur les boulevards on recommandait le calme, on prêchait le travail qui seul était en état de nous aider à renaître ; mais à Belleville on n'entendait que ces paroles : « A bas les traîtres du 4 septembre, qui ont vendu la France à Bismark. » Le nom de M. Trochu était le plus honni. Un soir, une sorte de géant, semblable à une outre gonflée d alcool, hissé sur une charrette sans ridelles, se déchaîna contre le général qui, avec cinq cent mille hommes, seize forts, huit cents pièces d'artillerie, une enceinte imprenable et quatre cents barricades, n'avait pas trouvé le moyen de *flanquer une tripotée* aux Prussiens. « Est-ce que le dernier caporal venu n'aurait pas mieux fait cent fois? demandait-il. Eh bien ! ce n'est pas là le seul crime de Trochu. Après avoir tout fait pour que Paris capitule, et il a capitulé, ce moine déguisé en reître a menti impudemment. Rappelez-vous les paroles fameuses : *le Gouverneur ne capitulera pas !* non sans doute, puisqu'il cédait la place à un autre chargé de faire l'horrible besogne pour lui. Citoyens, ne pas battre l'ennemi et mentir cyniquement au peuple, n'est-ce pas commettre un double crime? Vous autres, vous êtes le jury du peuple. Je vous soumets la question. Réfléchissez et dites si Trochu n'a pas mérité la mort. » A mort Trochu ! s'écria la foule. Du haut de son haquet, l'orateur réclame un vote que formulent mille mains en l'air. « Le général Trochu est condamné à mort par le peuple souverain, reprit l'accusateur inconnu, cette sentence sera signifiée au coupable. »

Aux Folies-Montmartre, un garde national monta sur la petite voiture d'un marchand des quatre saisons, et prononça un violent réquisitoire contre le gouvernement du 4 septembre. « Si ces J.... F..... n'étaient pas des coquins, s'écriait-il, leur premier soin aurait été de fournir du pain, du travail et des garanties d'avenir aux citoyens qui ont souffert des rigueurs du siége. Au lieu de ça, qu'a-t-on vu? un kilomètre de ruban rouge et des croix distribuées à profusion aux anciens *petits-crevés*. (Applaudissements.) Jamais on n'aura bariolé tant de boutonnières. Bonaparte se servait de ce moyen pour corrompre la nation; c'était son métier de corrompre. Trochu, Jules Favre et leurs assesseurs ont dépassé, sous ce rapport, l'ogrelet de Corse. (Rires.) Savez-vous comment ils justifient cette averse de cordons? En disant que les aristocrates se sont bien battus à Châtillon, à Champigny et à Montretout; ils ont bien défendu le sol. Fort bien citoyens. Mais, entre nous, qu'y a-t-il de si étonnant là-dedans? Ils défendaient les châteaux où ils sont nés, les parcs où ils se promènent, les bois où ils chassent, les étangs où ils pêchent. Par contre, objectent-ils, nous, prolétaires, nous ne nous levions pas avec le même empressement; nous nous réservions pour défendre la République. — Que voulez-vous? on défend ce qu'on a et ce qu'on aime; la République, c'est notre patrimoine, à nous; elle nous tient lieu de châteaux, de parcs, d'étangs et de forêts, et nous jetterons à bas par tous les moyens possibles et impossibles ceux qui voudraient nous l'enlever. » (Applaudissements frénétiques.) L'orateur concluait en disant : « Mais il faut que les indignes payent le prix de leur trahison. Je demande que le peuple condamne à mort Trochu, Jules Favre et le fanfaron Ducrot, qui devait ne revenir que mort ou victorieux, et qui a la honte de se montrer publiquement vivant et vaincu. » En ce moment, comme à Belleville, toutes les mains se levèrent : La sentence de mort était prononcée.

Ces faits, rapportés dans Paris, y alarmaient chaque jour davantage ceux qui tiennent à de grands intérêts. Mais certaines causes, à ajouter aux fautes du pouvoir, contribuaient à faire qu'on ne se mît que froidement en campagne. Entre autres griefs, on critiquait partout le projet de loi de M. Dufaure sur les échéances. Par l'article 5 de ce projet de loi, on fixait irrévocablement l'échéance de tous les effets de commerce, échus du 13 août 1870, au 12 mars 1871 : à sept mois, date pour date. C'était là une décision désastreuse pour des négociants que l'arrêt complet des affaires, pendant de longs mois, avait mis dans l'impossibilité de faire honneur à leur signature. « Que nous importe l'émeute, disaient les petits commerçants, puisque nous voilà ruinés et sans une rallonge qui puisse nous aider ! »

II

Pendant que ces choses se passaient à Paris, M. Thiers s'efforçait de concilier des antipathies que nul n'a jamais pu fondre, si ce n'est dans le creuset de l'opposition. Il s'adressait à tous les partis, mais de préférence aux républicains, les conjurant de l'aider dans le difficile labeur de la reconstruction politique et sociale de la France. Quoique sa vie, ses œuvres, son passé, son nom, sa fortune, ses alliances eussent appartenu à la monarchie constitutionnelle, l'intérêt du pays était le seul mobile auquel il obéissait en ce moment; il n'avait en vue que de refaire la France, à l'aide de l'expédient gouvernemental qu'on s'était donné, le 4 septembre.

« Quant à moi, disait-il, je jure devant mon pays et devant l'histoire de ne tromper aucun de vous, de ne préparer aucune solution constitutionnelle à votre insu ; ce serait une sorte de trahison. Je vous le dis à tous, monarchistes, républicains, ni les uns ni les autres vous ne serez trompés ! Nous ne nous occuperons que de réorganiser le pays. Si nous sortions de cette tâche, nous nous diviserions, et vous aussi. Cependant qu'il me soit permis de dire aux hommes qui ont donné leur vie à la République : Soyez justes ; — la réorganisation de la France se fera avec la forme républicaine. — Tous les actes émanés du Gouvernement s'accomplissent au nom de la République. Je suis dépositaire du pouvoir exécutif de la République. En un mot, si la réorganisation se fait, ce sera au profit de la République. La République est dans vos mains ; elle sera le prix de votre sagesse, et pas d'autre chose. »

Il y avait quelque chose de touchant à voir cet homme illustre, arrivé au sommet de la vie où, comme dit Sénèque, l'on n'a plus rien à espérer, faire montre de tant de dévouement. Pendant cette guerre, que seul il a désapprouvée, il avait eu l'attitude d'un grand patriote auprès des princes de l'Europe dont il sollicitait la médiation pour la France vaincue et agonisante. A l'heure présente, ce sont les élus de la démocratie parisienne qu'il supplie d'épargner à la patrie de nouveaux désastres, en repoussant toute solidarité, même involontaire, avec les meneurs des faubourgs. Tout le monde applaudit ce langage, mais cela n'empêcha pas trois membres de l'extrême gauche de donner leur démission, sous prétexte de protester contre les tendances trop réactionnaires des *ruraux;* c'étaient MM. Henri Rochefort, Malon et Tridon (de la Côte-d'Or). Leur exemple fut bientôt suivi par Victor Hugo, Félix Pyat, Delescluze, Razoua, Cournet et Millière. La montagne se dégarnissait; il devint bientôt évident aux yeux de tous que la tempête allait éclater.

III

Quelles étaient de part et d'autre les forces des combattants? Le noyau déjà insuffisant de troupes armées, que la capitulation avait permis de garder dans Paris, était encore diminué par la nécessité où l'on se trouvait d'occuper les forts du Sud, abandonnés par les Prussiens. On y envoya la brigade Daudel, composée des meilleurs régiments de la ligne, le 113e et le 114e. Le 119e dut se rendre à Versailles qui venait enfin d'être évacué par les Prussiens; et, tandis que le petit nombre de soldats ayant conservé leurs armes était insuffisant pour garantir l'ordre à Paris, plus de cent mille hommes désarmés couraient les rues du matin au soir, en proie à toutes les tentations du désordre. On les voyait partout mêlés à la populace, paraître au club, aux réunions, à la suite de parents, d'amis, de connaissances faites au cabaret.

Pour enlever à l'insurrection ces trop dangereuses recrues, le général Vinoy, dès qu'il put leur faire distribuer quelques jours de vivres, les rangea en trois colonnes et les fit conduire à Orléans, à Chartres et à Évreux. Mais il dut prendre aux secteurs les généraux et les officiers qu'il plaça à leur tête, et il acheva ainsi de désorganiser ces centres militaires qui auraient certainement permis d'opposer plus de résistance à l'insurrection.

Elle aussi se préparait activement au combat. Le nombre des engins de guerre, dont elle pouvait disposer, était réellement formidable. En voici le détail, d'après des documents certains : Aux buttes Montmartre, il y avait 91 pièces nouveau modèle; 76 mitrailleuses et 4 pièces de 12. Aux buttes Chaumont, on ne comptait pas moins de 52 pièces, modèle ancien et nouveau, dont 2 obusiers. A la Chapelle, se trouvaient 12 canons et 8 mitrailleuses; à Clichy, 10 bouches à feu; à Belleville, 16 mitrailleuses et 6 pièces transformées; à Ménilmontant, 22 mitrailleuses, 8 pièces de 12 et 6 pièces de 7. Enfin, la salle dite de la Marseillaise renfermait 31 pièces ancien modèle, calibre de 12 et de 16, provenant des remparts, et la place des Vosges, 12 mitrailleuses et 18 pièces de canon.

Le 15 mars, une réunion de la fédération de la garde nationale eut lieu au Wauxhall. Deux cent quinze bataillons y étaient représentés par des délégués. Le Comité central y rendit compte de ses actes et se fit investir de pleins pouvoirs. Il se mit aussitôt à l'œuvre en cherchant à ôter toute influence aux chefs de bataillon qu'il savait en désaccord avec lui. Des émissaires furent envoyés aux principales villes de la province pour y fomenter des troubles, au moment même où Paris devait engager la lutte. En même temps, on vit accourir des aventuriers de toutes les nationalités, aux costumes bizarres, aux allures suspectes, recrues stipendiées de toutes les révolutions, messagers sinistres de tous les bouleversements. Et toutes ces menées se faisaient au grand jour, avec la publicité la plus entière, en face de ministres aussi impuissants à réprimer qu'inhabiles à prévoir.

Temporiser n'était plus possible. Précédant l'Assemblée nationale qui commençait à quitter Bordeaux pour s'installer à Versailles, le Gouvernement vint faire à Paris une halte indispensable; c'était le 15 mars. A peine arrivé, M. Thiers et tous ses ministres avisèrent au moyen de supprimer, sans plus de retard, ce nouveau mont Aventin, et comme autrefois Menénius Agrippa, ils essayèrent sinon des apologues, du moins des pourparlers avec ceux qui détenaient les canons : quelques-uns voulaient les rendre, d'autres s'y refusaient, et ceux-là l'emportaient toujours au dernier moment.

On a déjà vu la tentative échouer deux fois à Montmartre, malgré les promesses de M. Clémenceau; le même fait se reproduisit, le 16 mars, à la place Royale, mais cette fois par la faute du Gouvernement.

Lorsque antérieurement il avait été question de rendre

ces canons à l'arsenal, le général Porion, commandant du premier secteur, avait fait écrire au Gouverneur de Paris pour lui demander quel jour il serait procédé à leur enlèvement. Il ajoutait que, pour éviter toute difficulté, il les confierait ce jour-là à la garde d'un bataillon sur lequel on pourrait compter. Jamais il ne fut répondu à cette lettre, remise cependant au Gouverneur par M. P. Gautreau, un des officiers de l'état-major du général.

Le 15 mars, les bureaux du premier secteur furent transportés à la mairie du IVe arrondissement, place Baudoyer, et le général Porion fut remplacé comme commandant par le lieutenant-colonel baron d'Orgeval; la direction des secteurs passait, à dater de ce jour, sous les ordres du général d'Aurelles de Paladine, qui ne s'entendit en aucune manière avec le général Vinoy : c'est le 17 mars que ce dernier envoya des bataillons de la garde républicaine pour enlever les canons de la place des Vosges et du boulevard Mazas. Ceux qui les gardaient, n'étant nullement prévenus, et leur chef pas plus que l'état-major n'ayant reçu d'ordre, refusèrent de les remettre.

M. Thiers annonça alors la résolution d'enlever les canons par la force. Son avis prévalut dans le conseil, bien que tout le monde, au dire d'un des témoins de l'enquête, eût été pour la temporisation[1].

Depuis le 18 mars, nous avons souvent entendu des gens, de très-bonne foi d'ailleurs, regretter que le Gouvernement ait cru à cette époque qu'il y avait quelque chose à faire : « On a, disent-ils, provoqué maladroitement une collision. La garde nationale dissidente se serait à la longue fatiguée de garder les canons; elle les aurait rendus et certainement cela aurait fini tout seul. » C'est une erreur que les événements subséquents ont dû dissiper complètement. Il y avait là une sourde et puissante conspiration; les meneurs comprenaient que l'heure du triomphe avait sonné, et ils n'auraient jamais, sous aucun prétexte, consenti à perdre une si belle occasion.

1. M. Martial Delpit.

CHAPITRE III

JOURNÉE DU 18 MARS.

Proclamation de M. Thiers et des ministres. — La garde nationale refuse de se battre contre la garde nationale. — Exécution du plan adopté la veille. — Une très-grave négligence de l'état-major. — Aveuglement des chefs, inertie de l'intendance et indiscipline de l'armée. — La troupe lève la crosse en l'air et fraternise avec l'émeute. — Le 88ᵉ de ligne. — Nouvelle proclamation de M. Thiers à la garde nationale. — Raison de son abstention. — M. Thiers décide que le Gouvernement et l'armée quitteront Paris pour se rendre à Versailles. — Sagesse de cette détermination. — Négligence et désertion presque complète des fonctionnaires supérieurs. — Dévouement et fidélité des serviteurs subalternes de l'État. — Ordre donné au général Vinoy de rallier toutes les troupes à Versailles. — Repentir des Parisiens. — Assassinat des généraux Lecomte et Clément Thomas. — Scènes sauvages. — Conduite de M. Clémenceau; ce qu'il faut en penser. — Toute la partie haute de la ville est en ébullition. — Charles Lullier se met à la tête de la garde nationale. — Assi à l'Hôtel de ville. — L'insurrection s'empare des gares de chemins de fer. — Arrestation du général Chanzy. — Concessions du Gouvernement. — Destitution du général d'Aurelles. — Nouvelle affiche des ministres. — Le ministre de l'intérieur délègue l'administration provisoire de la ville de Paris à la réunion des maires. — M. Thiers annonce ces événements à la France. — Il fait occuper le Mont-Valérien.

I

Le 18 mars, dès la pointe du jour, une proclamation, signée par M. Thiers et par tous les ministres, était affichée sur les murs de Paris. On y faisait d'abord l'exposé de la situation :

« Des hommes mal intentionnés, sous prétexte de résister aux Prussiens, qui ne sont plus dans nos murs, se sont constitués les maîtres d'une partie de la ville, y ont élevé des retranchements, y montent la garde, vous forcent à la monter avec eux, par ordre d'un comité occulte qui prétend commander seul à une partie de la garde nationale, et méconnaît ainsi l'autorité du gouvernement légal institué par le suffrage universel.

« Ces hommes, qui ont causé déjà tant de mal, que vous avez dispersés vous-mêmes, au 31 octobre, affichent la prétention de vous défendre contre les Prussiens, qui n'ont fait que paraître dans vos murs, et dont ces désordres retardent le départ définitif; braquent des canons qui, s'ils faisaient feu, ne foudroieraient que vos maisons, vos enfants et vous-mêmes; enfin, compromettent la République au lieu de la défendre, car, s'il s'établissait dans l'opinion de la France que la République est la compagne nécessaire du désordre, la République serait perdue. Ne les croyez pas, et écoutez la vérité que nous vous disons en toute sincérité.»

Puis, venait un appel à la raison et au patriotisme de la population:

« Dans notre intérêt même, dans celui de notre cité comme dans celui de la France, le Gouvernement est résolu à agir. Les coupables qui ont prétendu instituer un Gouvernement à eux, vont être livrés à la justice régulière; les canons dérobés à l'État vont être rétablis dans les arsenaux et, pour exécuter cet acte urgent de justice et de raison, le Gouvernement compte sur votre concours. Que les bons citoyens se séparent des mauvais, qu'ils aident à la force publique au lieu de lui résister! Ils hâteront ainsi le retour de l'aisance dans la cité, et rendront service à la République elle-même que le désordre ruinerait dans l'opinion de la France. »

La proclamation se terminait par quelques paroles plus fermes qui semblaient indiquer qu'on se passerait au besoin du concours demandé:

« Parisiens, nous vous tenons ce langage parce que nous estimons votre bon sens, votre sagesse, votre patriotisme; cet avertissement donné, vous nous approuverez de recourir à la force, car il faut à tout prix, et sans un jour de retard, que l'ordre, condition de votre bien-être, renaisse entier, immédiat, inaltérable. »

Cependant, on avait si peu de confiance dans la garde nationale qu'on informa seulement trente chefs de bataillon, sur deux cent soixante, du mouvement projeté. Et comme le général d'Aurelles, qui les avait convoqués chez lui, la veille, à onze heures du soir, leur demandait si on pouvait compter sur leurs hommes, tous lui répondirent : « La garde nationale ne se battra pas contre la garde nationale. »

Le plan arrêté, le 17, en conseil des ministres, consistait à se porter sur les points stratégiques que les fédérés avaient transformés en véritables parcs d'artillerie, et à y arriver au moment où, par suite des fatigues de la nuit, les canons seraient le moins bien gardés. Vers deux heures du matin, Montmartre devait être cerné par un cordon de troupes. De ce côté, les opérations militaires seraient dirigées par les généraux Susbielle, Lecomte et Paturel. Le général Faron devait se porter sur la place de la mairie à Belleville ; le général Wolf occuperait celle de la Bastille ; le général Henrion garderait la Cité et le général Bocher l'esplanade des Invalides. Quant au général en chef Vinoy, il se réservait de surveiller l'ensemble des mouvements, sans se porter sur un point particulier.

Tout marcha bien d'abord. A l'heure fixée, les buttes avaient été entourées à leur base par des pelotons du 88e régiment de marche, qui devaient attendre et garder toutes les entrées des rues, des ruelles et des rampes conduisant au sommet. A trois heures, le général Lecomte se met en mouvement avec deux colonnes d'infanterie, d'un effectif d'environ trois cent quarante hommes chacune, qui devaient arriver ensemble, l'une sur le plateau inférieur, l'autre sur le plateau supérieur, de façon à surprendre simultanément les postes préposés à la garde des canons.

L'opération habilement menée donna les résultats attendus. Quelques factionnaires de la garde nationale tirèrent un petit nombre de coups de fusils auxquels les tirailleurs ripostèrent, et ce fut tout. Avant que les postes des gardes nationaux eussent eu le temps de se mettre en défense, ils étaient entourés, les positions enlevées, les canons repris, et, capture bien autrement importante, on avait arrêté une douzaine d'individus délégués ou membres des comités, et saisi leurs papiers. Tout avait été pour le mieux, car on avait évité l'effusion du sang. Quelques hommes seulement étaient légèrement atteints, et un seul garde national paraissait plus grièvement blessé.

Dès que ces prisonniers furent désarmés, on les enferma dans la maison n° 6 de la rue des Rosiers, qui borde le plateau supérieur de Montmartre. Le général répartit ensuite ses troupes autour des buttes, et fit faire le recensement des pièces d'artillerie. On en compta cent soixante et onze sur les deux plateaux. Enfin, on fit combler une grande tranchée, afin de faciliter l'enlèvement des canons, pour lequel on attendait l'arrivée des chevaux d'attelage.

L'expédition pouvait être ainsi complétement terminée avant six heures, mais les chevaux ne vinrent pas, et on les attendit vainement de cinq à six heures et demie du matin. Ce retard donna à la populace le temps d'accourir et de former des groupes.

Certes, il ne nous appartient pas de traiter à fond les questions militaires, mais l'impartialité de l'histoire nous fait un devoir de constater qu'on ne se pénétra pas assez, à l'état-major, de la gravité de la situation et des difficultés que présentait l'entreprise. Si le petit nombre des troupes dont on pouvait disposer et la topographie, en raison des buttes de Montmartre et de Belleville, ne permettaient de tenter qu'une surprise, il fallait être en mesure. Le général Vinoy a prétendu que le nombre des canons était tel que pour leur enlèvement il fallait trois jours afin de réunir les avant-trains nécessaires, et que ces préparatifs auraient donné l'éveil aux fédérés qu'on voulait surprendre. Ce raisonnement conduit à deux conséquences également inadmissibles : puisqu'il fallait des chevaux pour emmener les canons pourquoi ne s'être pas procuré les attelages nécessaires? Pourquoi, n'ayant pas le nombre voulu de chevaux, s'emparer des canons?

A ce moment — il était environ six heures — les généraux, voyant que les chevaux n'arrivaient pas, donnèrent l'ordre de procéder au déplacement, des pièces avec les moyens insuffisants dont on disposait. Il y avait à faire descendre dans

Paris cent soixante et onze canons, mitrailleuses et mortiers ; on en emportait à grand'peine sept ou huit. Çà et là des attroupements s'étaient formés. On fit tirer en l'air une vingtaine de coups de fusils pour les disperser. Grâce à ce jeu, les pièces d'artillerie étaient descendues, mais avec une extrême lenteur : Les chevaux glissaient dans la boue gluante et sur le pavé gras des voies à pic. On arriva, à la fin, en bas des buttes, sur l'ancien boulevard extérieur ; là, il fallut dételer pour remonter et aller chercher d'autres canons, en laissant les premiers sous la garde de quelques artilleurs. Une heure s'écoula ainsi, et les attelages ne venaient pas, ni les renforts non plus. A Montmartre comme en Alsace, l'aveuglement des chefs et l'incurie de l'intendance ont involontairement servi d'auxiliaires à l'ennemi. Tout a été perdu et perdu sans retour, en raison des minces circonstances que nous venons de rapporter.

Pendant ce temps le tocsin sonnait, le rappel était battu dans les quartiers de Montmartre, les fédérés de Clignancourt commençaient à se réunir, leurs baïonnettes reluisaient au petit jour, et quand ils se virent assez nombreux, ils se précipitèrent au pas de charge sur les buttes, où ils furent reçus à coup de fusils. En voyant tomber quelques gardes nationaux, une femme et un enfant, les rangs des agresseurs et de la troupe de ligne se mêlent et fraternisent. Les femmes de Montmartre hâves, sales, hargneuses, qui n'osaient pas trop s'aventurer d'abord, s'enhardirent peu à peu, après avoir vu de près les soldats, tous très-jeunes, et avoir causé avec eux. Une commère se mit à sonder les artilleurs occupés à garder les huit pièces. « Ce sont des enfants, dit-elle ; ainsi ils ne sont pas à craindre. » Une autre interpella un brigadier : — « Tiens, beau brun, reste donc avec nous. » L'autre répondit : — « Me donnerez-vous à manger ? — Oui, oui à manger et à boire ! » Le brigadier accepta un gâteau qu'on lui tendit ; puis on s'empressa de lui verser un verre d'eau-de-vie : — « A la santé de la République démocratique et sociale ! » Ce n'était là qu'un fait isolé, mais il était clair qu'on se disposait à le répéter sur tous les points où camperait l'armée de Vinoy.

A sept heures, les soldats étaient de plus en plus entourés et pressés par des masses compactes qui formaient une espèce de barricade vivante entre eux et la garde nationale. Le général Lecomte se trompa sur les intentions de cette foule dont il pouvait voir l'agitation, et les paroles rassurantes de M. Clémenceau, abusé lui-même sur les dispositions du peuple de Montmartre, le confirmèrent dans cette erreur : que les hommes d'ordre seuls couraient aux armes, au bruit toujours croissant du tocsin et de la générale. Il se borna donc à empêcher le transport du garde national blessé, qu'un imprudent voulait ramener chez lui, afin de ne pas donner de prétexte aux agitateurs, mais il ne prit aucune des précautions nécessaires pour empêcher les scènes abominables qui vont suivre.

Vers huit heures, la place Saint-Pierre, que l'on voyait distinctement du haut des buttes, était remplie de gardes nationaux, de femmes, d'enfants, parmi lesquels on apercevait aussi quelques soldats. A huit heures et demie environ, les gardes nationaux parvinrent, on ne sait comment, à déboucher par une petite ruelle sur le plateau supérieur. Ils étaient en armes, la crosse en l'air et demandaient à parlementer. On les repoussa et ils se retirèrent, mais en menaçant les troupes de les faire descendre plus vite qu'elles n'étaient montées. Le général fit alors avancer deux compagnies de chasseurs, et les échelonna en face de la place Saint-Pierre. Il ne s'occupa pas des rues et ruelles situées sur les flancs et sur les derrières, les croyant gardés par le 88e régiment de marche, et, de sa personne, il se plaça non loin des chasseurs.

Bientôt une multitude immense assaillit le plateau par les rues, les ruelles, les pentes, les maisons, les jardins, entraînant avec elle des rangs entiers de soldats hébétés, qu'elle avait arrachés à leurs pelotons, et qui se présentaient à leurs camarades, la crosse en l'air. Le général refusa plusieurs fois de faire commencer le feu et donna l'ordre de repousser seulement les assaillants, avec la baïonnette. Les soldats se préparaient à obéir, mais les femmes, prenant leurs enfants dans leurs bras, les interpellent : « Est-ce que vous tirerez sur nous, sur ces innocents? » disaient-elles en criant. Quelques officiers virent l'hésitation des leurs; l'un d'eux menaça sa compagnie en mettant le revolver au poing. Il y eut un moment de tumulte. Quelques groupes s'enfuirent; mais des femmes entourent l'officier, et les soldats, hésitant de nouveau, mettent la crosse en l'air. C'en était fait de la discipline, l'armée n'obéissait pas. Plus loin cet exemple était suivi de la compagnie qui entourait le cabaret appelé la Tour de Solférino. Les gardes nationaux fédérés applaudissent à tout rompre; la foule crie : vive la ligne! La voix des officiers est méconnue, les soldats du 88e fraternisent avec les 152e et 228e bataillons de la garde nationale. On leur distribue du pain, du vin et de la viande; les groupes s'animent sur toute la ligne.

On a coutume dans notre armée de fatiguer le soldat quatre ou cinq heures d'avance, de le charger outre mesure, et, grâce à l'intendance, de le laisser par trop longtemps à jeûn. Si une partie de la troupe leva la crosse en l'air, aux buttes Montmartre, ce fut moins pour fraterniser avec le peuple que dans le but pratique de calmer sa faim et sa soif. Si prosaïque que paraisse cette cause de la défection des troupes, elle est incontestable. Les premiers mots furent : j'ai faim. Le verre en main ou la bouche pleine, les soldats, sur pied et à jeûn depuis une heure du matin, regardèrent avec indifférence arrêter le général Lecomte. Plusieurs même se réunirent aux gardes nationaux et conduisirent leur général au Château-Rouge, salle de bals publics située rue Clignancourt, où se trouvait un poste de réserve de la garde nationale fédérée. Ils descendirent ensuite par le boulevard Ornano au boulevard Rochechouart, à l'angle duquel était rangé le 88e. Ce régiment attendait là, depuis cinq ou six heures, par une pluie fine et glaciale, les canons qui ne venaient pas; il fraternisa, lui aussi, avec la garde nationale, quand il vit arriver ses camarades, la crosse en l'air et au milieu des insurgés.

Ces diverses troupes remontent alors du côté de la place Pigalle, où s'était replié le général Susbielle, à la tête de son état-major, et suivi de gardes républicains à cheval et d'un escadron de chasseurs. Le flot de gardes nationaux, de peuple et de soldats gagnés à l'émeute s'avance, menaçant de tout submerger. La foule se pousse, à étouffer, sur les trottoirs et à l'entrée de la rue Rochechouart. Le général se présente et est accueilli par des cris hostiles. Il ordonne alors aux chasseurs de charger. Ceux-ci hésitent et rentrent trois fois leurs sabres au fourreau. Leur capitaine s'élance bravement en avant, ses hommes le suivent. Mais les fusils de la garde nationale s'abaissent, des coups de feu retentissent, l'officier tombe, ainsi qu'un capitaine de la garde républicaine. Le général Paturel reçoit une blessure au visage, deux aides de camp et quelques soldats sont atteints. Plusieurs chevaux, lancés au galop, se heurtant contre le trottoir, roulent à terre avec leurs cavaliers.

Dans ce désordre indescriptible, et profitant d'un moment d'indécision de la garde nationale, le général Susbielle, qui juge la lutte impossible, se retire avec ses troupes du côté du boulevard Clichy. Le coup était manqué, en effet.

La tentative faite aux buttes Chaumont n'avait aussi qu'imparfaitement réussi. On avait occupé ces hauteurs sans difficulté, mais on n'avait pu mettre la main sur les membres du Comité central, qu'on aurait dû arrêter avant tout, pour paralyser l'émeute. Le redoutable Comité, prévenu des recherches dont il était l'objet, avait passé la nuit en permanence. Dès cinq heures du matin, il avait fait tirer le canon des buttes Chaumont, pour avertir ses adhérents et leur donner le signal de la résistance.

A peine sut-on sur toute l'étendue des buttes que l'armée avait pactisé avec l'émeute, que les groupes s'animèrent peu à peu. « Ils vont revenir ! s'écria une voix; protégeons nos canons, faisons des barricades ! » Aussitôt on se mit à dépaver, à creuser, à couper, de façon à intercepter toutes les issues. Il y eut, au bout de deux heures, une trentaine de retranchements s'étendant depuis le boulevard Rochechouart jusqu'au nouveau collége Chaptal, tout près du chemin de fer de Batignolles. Toute cette agitation ne suffit bientôt plus à la fureur populaire : on ne criait plus : *A bas Vinoy! A bas Thiers!* mais bien : *A mort Vinoy! A mort le petit*

Thiers! L'hyène était déchaînée, il lui fallait une proie à dévorer. Deux soldats, reconnus pour être des anciens sergents de ville, furent assommés de coups de crosse, lacérés, épilés, insultés et salis, surtout par des femmes, et laissés pour morts au coin de la rue des Rosiers. Près de la rue Houdon, un capitaine d'artillerie, rien que pour avoir fait un geste avec son sabre, reçut dans la poitrine une blessure mortelle. Et la foule criait toujours : *A mort le petit Thiers!*

Les amis de cet homme d'État venaient à lui. « Convoquez donc la garde nationale, » disaient-ils. — Mais le chef du pouvoir exécutif hochait la tête et répondait tristement : « On a battu le rappel trois fois, cette nuit, et elle n'est pas venue. » Cependant il fit rédiger par M. Picard et afficher, vers midi, une nouvelle proclamation.

« Le Gouvernement, disait le ministre, vous appelle à défendre votre cité, vos foyers, vos familles, vos propriétés. Quelques hommes égarés, se mettant au-dessus des lois, n'obéissant qu'à des chefs occultes, dirigent contre Paris les canons qui avaient été soustraits aux Prussiens. Ils résistent par la force à la garde nationale et à l'armée. Voulez-vous le souffrir? Voulez-vous, sous les yeux de l'étranger prêt à profiter de nos discordes, abandonner Paris à la sédition? Si vous ne l'étouffez pas dans son germe, c'en est fait de la République et peut-être de la France. Vous avez leur sort entre vos mains. Le gouvernement a voulu que vos armes vous fussent laissées. Saisissez-les avec résolution. »

Mais les cent cinquante mille citoyens qui, au 31 octobre et au 22 janvier, avaient fait leur devoir ne s'émurent pas, ils demeurèrent spectateurs inactifs des événements, qui menaçaient pourtant d'une manière bien grave leurs intérêts les plus chers. Soit aveuglement, soit insouciance; chez certains, un sentiment moins avouable encore; ils devaient bientôt se repentir, trop tard, hélas! de leur regrettable abstention.

M. Thiers, jugeant alors la situation en homme d'État, et avec l'expérience de nos révolutions, fut d'avis que le Gouvernement et l'armée devaient quitter Paris pour se rendre à Versailles. Le général Vinoy et le ministre de la guerre partagèrent presque seuls l'avis du chef du pouvoir exécutif :

la plupart des autres ministres croyaient qu'il fallait rester à Paris et qu'on pouvait encore dominer l'insurrection. Ils pensaient qu'abandonner la capitale à l'émeute, lui laisser ses immenses ressources, ses armes, ses munitions, ses monuments, était un acte désespéré qui pouvait perdre la France. Ils demandaient qu'on se retranchât sur un point stratégique, facile à défendre. M. Thiers leur répondit que la troupe régulière, atteinte par la démoralisation, était plus un danger qu'un secours, qu'on n'avait pas à compter sur elle tant qu'elle serait à Paris, exposée au contact de la population soulevée. Il répéta plusieurs fois qu'en restant à Paris il découvrait, il sacrifiait peut-être l'Assemblée. « C'est moi, s'écria-t-il, qui l'ai décidée à venir à Versailles; je lui ai fait une violence patriotique; je me le reprocherais éternellement si, en agissant de la sorte, je l'avais fait tomber dans un piége. Elle représente la France, c'est à elle que tout doit être sacrifié; nous devons l'entourer, la protéger, lui faire un rempart de nos corps. Je suis navré, mais résolu. Je n'abandonne pas la partie, je la sauve. Si Louis-Philippe eût quitté Paris, en février 1848, il y serait rentré huit jours après, sa dynastie serait debout et de grands malheurs nous auraient été épargnés. Je ne veux pas commettre la même faute. Nous sommes en face de la démagogie, l'Assemblée est notre dernier espoir. Elle est convoquée à Versailles, elle y sera après-demain ; c'est à Versailles que nous devons nous rendre. »

La majorité du conseil se rangea alors à cette opinion. A trois heures et demie, M. Thiers montait en voiture, accompagné des ministres des finances, de la justice, des travaux publics, de la marine et du commerce. Le général Vinoy avait envoyé à l'avance un escadron de cavalerie s'assurer de la porte du Point-du-Jour. Les ministres de la guerre, de l'instruction publique et des affaires étrangères promirent de rejoindre leurs collègues le lendemain, si, d'ici là, nul événement nouveau n'autorisait un changement de résolution.

Ce fut pour tout le monde un grand sujet d'étonnement que cette prompte retraite. Paris avait bien appris, dans le milieu du jour, ce qui s'était passé rue Lepic et place Moncey ; il connaissait quelques-unes des particularités relatives à l'affaire des canons, mais comme il était loin de supposer que les circonstances eussent cette gravité, il refusa de croire à la réalité d'un tel fait. Il ne s'était rien vu de semblable, en France, depuis le jour où Anne d'Autriche, chassée par les Frondeurs, s'était enfuie à Saint-Germain-en-Laye avec Louis XIV enfant. Des reproches pleins d'amertume furent adressés au pouvoir fugitif par le parti de l'ordre qui avait refusé de le défendre : « M. Thiers déserte, disaient les gros bonnets de la Bourse et de la halle aux grains ; il n'a jamais été, corps et esprit, qu'un fort petit politique. » D'autres, au contraire, virent dans son éloignement le dernier mot de l'habileté : en livrant momentanément aux émeutiers la capitale, où il les enfermait, M. Thiers délivrait Paris de la traînée de poudre communarde qui y avait été semée.

Pour nous, appréciant plus exactement la situation et plus loyalement surtout les visées du chef de l'État, nous ne voyons, dans cette résolution, que le résultat de la nécessité, la seule chance de salut qui restât encore à Paris et à la France ; et c'est là le véritable jour sous lequel l'histoire doit placer ce fait si important.

Assurément, les ressources militaires du Gouvernement, sans être très-considérables, auraient suffi pour vaincre l'émeute, si l'esprit et le moral des troupes eussent été plus affermis. Les mobiles des départements ayant regagné leurs foyers ou étant sur le point de le faire, les forces gouvernementales se composaient de la garde républicaine, ancien corps des gendarmes de la garde impériale, troupe d'élite, sur laquelle on pouvait compter ; des gardiens de la paix publique, parmi lesquels se trouvaient un certain nombre d'anciens sergents de ville ; enfin, de quatre brigades, qui devaient former la garnison de Paris. Ces derniers corps, qui avaient fait partie de l'armée de Chanzy et de Faidherbe, logeaient, en grande partie, sous la tente et étaient disséminés sur plusieurs points de la ville. Sur la physionomie des hommes qui en faisaient partie, se révélaient des traces de fatigue et d'épuisement. On s'apercevait qu'ils n'étaient pas encore remis des épreuves d'une rude campegne d'hiver. Le Gouvernement ne pouvait donc compter sur eux, — il avait pu s'en convaincre à Montmartre, — et, où la troupe avait tourné, la garde nationale, désorganisée par la démission de Clément Thomas, pouvait-elle tenir? Un homme d'un grand talent l'a dit alors : « Les gardes nationaux se divisent en deux camps bien distincts : les mauvais et les bons ; les mauvais attaquent la société, les bons ne la défendent pas. » L'histoire doit donc reconnaître que cette détermination a sauvé la France.

Ce qui est moins justifiable, c'est la précipitation avec laquelle furent abandonnées presque toutes les administrations; l'oubli d'une partie des troupes laissées à Paris sans ordre et sans direction ; l'abandon de sommes considérables au ministère des finances, à l'Hôtel de ville. Sans doute, on peut attribuer, en partie, cette brusque retraite à la situation morale de Paris, à la désorganisation complète de tous les services administratifs, à l'oubli déjà ancien de toute hiérarchie, comme de toute discipline; mais ces différentes causes ne suffisent pas pour excuser une telle incurie.

En regard de cette incroyable négligence et de la désertion presque complète des fonctionnaires supérieurs, il est juste de mettre le dévoûment et la fidélité des serviteurs subalternes de l'État. La plupart restèrent à leur poste du consentement formel ou tacite de leurs chefs. Leur conscience n'était pas engagée dans les services tout matériels que pouvaient exiger d'eux les usurpateurs des fonctions publiques, et eux seuls pouvaient protéger utilement de précieux intérêts. Placés entre leurs anciens et leurs nouveaux chefs, leur rôle était d'autant plus délicat qu'ils étaient seuls juges de la mesure qu'ils devaient y apporter. Ils se sont généralement acquittés de leurs difficiles devoirs avec autant de prudence que de fermeté. Ils ont veillé jusqu'à la fin sur le matériel des établissements publics et sur le mobilier personnel des fonctionnaires en fuite. Les grandes institutions, qui ne dépendent pas ou qui ne dépendent qu'indirectement de l'État, comme la Banque, ont trouvé, dans leurs membres ou dans leurs employés, le même courage et le même zèle pour leurs intérêts.

M. Thiers quitta le ministère des affaires étrangères à trois heures et demie. Avant de partir, il donna au général Vinoy 'ordre de rallier toutes les troupes à Versailles. Alors la grande cité du siége et des luttes contre les Prussiens, se trouva tout d'un coup livrée à elle-même, ne sachant plus où elle était, ni où elle allait. Et, ce que personne n'eût peut-être osé faire, ce que Mirabeau seul avait conseillé au commencement de la Révolution, après les journées des 5 et 6 octobre 1789, les événements venaient de le faire sans phrases, avec cette force instinctive qui leur appartient : le siége du Gouvernement n'était plus à Paris; et ce n'était ni l'Assemblée nationale qui l'avait décrété, ni M. Thiers qui l'avait voulu, c'était l'insurrection qui l'avait décidé par l'expulsion du Gouvernement.

Les Parisiens se repentirent à ce moment de ne pas avoir répondu au triple appel battu pendant la nuit. Mais ils n'étaient encore qu'au début de l'effroi. D'heure en heure, les événements prenaient une tournure de plus en plus sinister. Un bruit, descendant de Montmartre, commençait à courir, et cette rumeur glaçait la ville d'épouvante. On rapportait que deux généraux venaient d'être massacrés, rue des Rosiers, sur les buttes. On citait les noms des victimes : le général Clément Thomas, ancien commandant de la garde nationale, et le général Lecomte, officier d'une grande valeur, attaché au corps de Vinoy. Les raffinements de cruauté inouïe, avec lesquels ces deux généraux avaient été égorgés, ne faisaient qu'accroître l'anxiété qui étreignait déjà la ville entière.

II

Un témoin oculaire du crime, M. le capitaine Beugnot, a laissé un émouvant récit de ces scènes affreuses. Nous le suivons, mais en le complétant à l'aide des documents officiels. Attaché au ministère de la guerre, cet officier avait été envoyé sur les lieux pour y observer les événements. Fait prisonnier par les insurgés, à neuf heures du matin, en haut du boulevard Magenta, on l'avait amené de force, avec mille menaces de mort, d'un cantonnement à l'autre, à la recherche du Comité central. C'était à ce mystérieux tribunal qu'on adressait les prisonniers, et il décidait souverainement de leur sort. Au Château-Rouge, M. Beugnot s'était trouvé avec plusieurs personnes de distinction, qui étaient tombées de même entre les mains de ces misérables; c'étaient : M. de Pouzargues, chef du 18e bataillon de chasseurs à pied ; un jeune capitaine, M. Franck, et le général Lecomte.

Vers une heure, un mouvement de mauvais augure se produisit dans le jardin. Des gardes nationaux formaient la haie et mettaient la baïonnette au canon. Le capitaine Mayer, du 109e bataillon, vint prévenir le général et les autres prisonniers qu'il avait ordre de les faire conduire aux buttes Montmartre, où se tenait, leur dit-il, le Comité central qu'on cherchait inutilement depuis le matin.

Qui avait donné cet ordre ? Le porteur était un inconnu ; le mandat émané du Comité central n'avait aucun caractère régulier, et Mayer livrait indignement ceux qui lui avaient été confiés. Prisonniers de la garde nationale, les officiers auraient dû être gardés par elle au Château-Rouge, ou conduits à la mairie du XVIIIe arrondissement, si leurs gardiens ne s'étaient pas senti la force de les protéger. Mais, loin de les défendre contre la fureur de la foule, les gardes nationaux qui faisaient la haie insultaient les prisonniers et les menaçaient d'une fin prochaine. Des femmes, si on peut appeler ainsi ces furies, leur montraient le poing, les accablaient de huées et d'imprécations. Le capitaine Mayer ne les suivait pas. Un lieutenant de la garde nationale fédérée, qui portait presque le même nom, Meyer, du 79e bataillon, leur fit plusieurs fois un rempart de son corps. Ils traversèrent ainsi tout le quartier et gravirent le calvaire de Montmartre, redevenu véritablement, pour eux, la montagne des martyrs.

Arrivés au sommet de la butte, les prisonniers entrèrent

dans une petite maison de la rue des Rosiers, composée d'un rez-de-chaussée et de deux étages. Une foule immonde s'engouffra avec eux dans la cour, mais tous ces misérables ne purent y pénétrer, car ils étaient près de deux mille ; à ce moment on tira un coup de feu, mais aucun des prisonniers ne fut atteint.

Le général demanda, de nouveau, à voir ce Comité dont on faisait tant de bruit et qui ne se trouvait nulle part. La foule ne répondit que par un redoublement d'injures et de menaces. Certains officiers de la garde nationale, à l'exception d'un vieux capitaine nommé Garcin et d'un docteur en uniforme, tous deux acharnés contre les prisonniers, essayaient de calmer les clameurs du dehors.

Une heure se passa ainsi. Quant au Comité, nul ne savait où il siégeait.

Cependant, au premier étage de la maison, quelques individus s'arrogeaient une sorte d'autorité. Il y avait là un autre dépôt de prisonniers arrêtés sous prétexte d'espionnage. Un certain Kazdanski leur faisait subir un semblant d'interrogation. Ce Kazdanski, Polonais exilé de Russie à la suite d'une condamnation, n'était à Paris que depuis le matin ; il arrivait d'Autun et venait d'être nommé commandant de place par le nommé Jaclard, adjoint de la mairie de Montmartre.

Une grande heure s'écoula, pendant laquelle, les menaces les plus violentes ne cessèrent d'être proférées contre le général et ses compagnons. C'était une scène à rendre fou, bien qu'ils eussent tous fait le sacrifice de leur vie.

Il était cinq heures. Une clameur immense domina bientôt toutes les autres, un tumulte effroyable se produisit dans la cour et les prisonniers virent tout à coup jeter au milieu d'eux un vieillard, à barbe blanche, vêtu d'habits bourgeois et coiffé d'un chapeau à haute forme. Ils ne savaient quelle était cette nouvelle victime, et ils plaignaient sans le connaître cet homme vénérable qui n'avait certainement plus que quelques instants à vivre.

C'était le général Clément Thomas. Vers trois heures de l'après-midi, il descendait de voiture, place Pigalle, et se dirigeait vers le boulevard Rochechouart. Des gardes nationaux le reconnurent. On le signala à leur colère, comme ayant fait déporter les citoyens en 1848, et comme ayant, disait-on, montré au temps du siége, la sévérité la plus excessive. Aussitôt il fut entouré, saisi et arrêté par des groupes d'hommes du 152ᵉ bataillon, et notamment par le capitaine Aldenoffe, qui sortit de son rang tout exprès.

Aldenoffe le conduisit au capitaine Ras qui commandait, ce jour-là, le bataillon par intérim à défaut du chef titulaire, démissionnaire. Ras, heureux de jouer ce rôle, fier d'être contemplé par la foule qui allait le voir passer, conduisant un général détesté au tribunal du peuple, Ras ne prit aucun souci des périls courus par son prisonnier et l'amena rue des Rosiers. Déjà, le matin, du reste, il avait arrêté un lieutenant du 88ᵉ qui n'avait pas voulu suivre ses soldats embauchés.

Pendant le trajet, il laissa insulter et bousculer Clément Thomas jusqu'à la maison n° 6, où celui-ci rejoignit le général Lecomte. Plus de deux mille individus l'avaient escorté. Tout ce monde voulut pénétrer dans la maison et se pressa bientôt dans la chambre même dont le lieutenant Meyer avait réussi jusque-là à interdire l'entrée. C'est alors qu'un nommé Herpin-Lacroix, ex-capitaine de francs-tireurs, grimpa sur une marquise du premier étage, fit faire un roulement par le tambour Poncin, et demanda à cette foule rugissante de former une cour martiale pour procéder au jugement. On ne l'écouta pas. Kazdanski lui-même voulut protester contre l'exécution des menaces de mort que proféraient presque toutes les voix. On ne l'écouta pas davantage, on lui arracha même ses galons. Enfin, vers cinq heures, une violente poussée du dehors fit envahir la chambre des prisonniers par la porte et par la fenêtre; en une seconde, plusieurs fusils couchèrent en joue les généraux, un sergent d'infanterie, resté inconnu, se précipita sur le général Lecomte, lui mit le poing sous le nez et lui dit qu'il voulait lui f.... le premier coup de fusil pour « lui apprendre à le coller trente jours en prison »; un caporal de chasseurs et quelques autres soldats, plus spécialement remarqués par les gardes nationaux, crièrent aussi : « A mort! Qu'on les fusille! Ils nous fusilleront demain! » La foule, bête furieuse et déchaînée, veut du sang : celui de Clément Thomas coule le premier.

Vingt hommes s'avancent et le prennent au collet, malgré la résistance du lieutenant Meyer et de quelques autres citoyens courageux qui retombent épuisés. On le pousse dans le jardin à coups de pied et à coups de crosse. Pendant le trajet, quelques coups de feu, à bout portant, l'atteignent et le couvrent de sang, sans cependant le faire tomber.

Il alla jusqu'au mur où on l'accula. Dans cette heure horrible et suprême, le vieux général fit preuve de la plus héroïque fermeté d'âme : il était debout, en face des exécuteurs et tenant son chapeau à la main. « Vous êtes un misérable, lui dirent-ils, vous nous avez trahis pendant le siège, vous nous avez vendus et fait tuer inutilement. » Et comme Clément Thomas dédaignait de répondre : « Oseriez-vous jurer que vous n'avez jamais trahi la France ni la République? » lui demanda-t-on. — Le général haussa les épaules. Deux coups de feu partirent; il ne fut pas atteint, il salua ses assassins. Au lieu de le fusiller par un seul feu de peloton suivant l'usage militaire, ses bourreaux tirèrent sur lui l'un après l'autre. A chaque balle reçue, le corps de la victime était agité d'un tressaillement convulsif, mais restait ferme en place comme une statue. De nouveaux coups de feu, tirés de tous côtés, le firent enfin tomber sur le côté droit, la tête au mur et le corps plié en deux. Les misérables se ruèrent alors sur son cadavre; à coups de fusils, à coups de crosse et de bottes, ils le mutilèrent.

Pendant ce temps, le général Lecomte était encore dans la chambre; il entendait les coups de feu et comprenait que lui-même allait mourir. Il conserva tout son calme, remit son argent au commandant de Pouzargues, lui fit des recommandations pour sa famille et marcha devant ses assassins avec une dignité si ferme que plusieurs officiers le saluèrent. Il leur rendit leur salut : mais son noble courage trouva pas grâce devant ces bourreaux.

A peine avait-il fait dix pas dans le jardin qu'un coup de feu l'atteignit et le fit tomber sur les genoux. Un groupe le releva à moitié et le traîna jusqu'au cadavre du général Clément Thomas. Là, une douzaine de coups de feu à bout portant l'achevèrent. Son cadavre subit les mêmes outrages que celui de son infortuné compagnon, et deux soldats déchargèrent encore leurs armes sur lui; puis, les enfants et les femmes, ivres de sang et de fureur, se jetèrent sur ces débris saignants pour en arracher les dépouilles, et dansèrent à l'entour à demi nus et hurlant.

On a vu par ce qui précède qu'il n'a été procédé à aucun simulacre de jugement, et que ce n'est pas, comme on l'a dit, par un feu de peloton que l'assassinat fut consommé.

Après ce double crime, une sorte de stupeur s'empara de la foule. Un garde national, qui avait été témoin du meurtre, indigné de ce qui se passait, s'écria : « Ah ! j'aime mieux retourner au bagne, c'est moins dégoûtant. » En même temps, plusieurs de ceux qui avaient pris part à l'assassinat, recouvrant tout à coup un peu de sang-froid, furent saisis d'une soudaine épouvante. L'un d'eux, jetant son fusil à vingt pas de lui, s'enfuyait en courant à toutes jambes, éperdu, affolé, ne s'arrêtant qu'à la brasserie des Martyrs : « Qu'ai-je fait là ? s'écriait-il en se parlant à lui-même. J'ai assisté à un assassinat ! Je suis un assassin ! » Et à peine assis, il disparaissait. Un autre, gagnant les anciens boulevards, s'arrêtait à un cabaret de la Villette, en disant : « Remarquez bien l'heure; j'aurai peut-être besoin d'établir un alibi. Un grand crime vient d'être accompli. Vous verrez qu'on fera un procès pareil à celui qu'on a fait après la mort du général Bréa. » Sa figure ruisselait de sueur et exprimait une indicible épouvante.

Tous sont effrayés du sanglant spectacle auquel ils viennent d'assister; ils font sortir les autres prisonniers et forment autour d'eux une escorte plus serrée.

Le récit du capitaine Beugnot renferme quelques autres détails qu'il n'est pas permis d'omettre : « A peine avions-nous fait quelques pas pour redescendre les buttes que nous voyons accourir effaré et très-pâle un homme vêtu de noir et portant en sautoir une écharpe tricolore. « Où menez-vous ces officiers? » s'écria-t-il. Il croit qu'on nous mène au supplice, et le malentendu, qui s'engage entre lui et notre escorte, nous fait perdre du temps, ameute encore la foule et manque de nous devenir fatal! Nous demandons quel est cet homme. On nous répond que c'est M. Clémenceau, maire du dix-huitième arrondissement et député de Paris. Depuis, M. Clémenceau a expliqué à la tribune de l'Assemblée nationale sa conduite dans cette journée. Nous tenons seulement à constater qu'il n'a paru, au milieu de ces scènes honteuses et sanglantes, qu'il aurait pu peut-être empêcher, qu'à six heures du soir, après l'assassinat des deux généraux. »

L'inaction de M. Clémenceau ne paraît pas douteuse, mais la véritable responsabilité de ce double assassinat doit retomber sur les hommes du Comité central qui, n'ayant qu'un ordre à donner, ne le donnèrent pas ou le donnèrent trop tard. Ils affectèrent cependant de protester devant deux des officiers qu'ils épargnèrent[1], de leur empressement à contenir les meurtriers des généraux. Mais Paris ne s'y trompa pas. Quand deux heures après l'événement, l'historique de ces scènes sauvages fut rapporté en ville, personne ne voulut d'abord y croire. Un semblable retour à la barbarie ne pouvait se supposer au milieu du dix-neuvième siècle. La population de la Haye a bien égorgé les deux frères de Witt, mais le forfait de la rue des Rosiers a de beaucoup dépassé en horreur ce sombre drame. En prêtant l'oreille à ce que l'on racontait à ce sujet, les hommes rougissaient, les femmes fondaient en larmes, les vieillards de l'un et de l'autre sexe disaient en pâlissant : « Voilà 93 qui revient. » Tout le monde se demandait ce qu'avaient fait ces deux hommes? L'un était un vieux soldat qui venait de se battre contre l'ennemi, qui n'avait jamais figuré dans les répressions parisiennes. L'autre avait dignement commandé la garde nationale pendant tout le siége; c'était certes un républicain de vieille date.

---

1. MM. de Montebello et Douville de Maillefeu.

Voilà où conduisent les passions en temps de guerre civile, et ce qui a pu arriver dans ce Paris qui n'avait connu durant cinq mois que les viriles et généreuses émotions de la lutte contre un ennemi étranger. Quant à ceux qui ont accompli l'œuvre sinistre, ils ne se sont pas doutés qu'ils marquaient à jamais cette insurrection, dont ils étaient les obscurs instruments, d'une tache indélébile.

III

Cette dramatique exécution fut comme le prologue de l'horrible tragédie qui, commencée par une échauffourée sanglante, devait finir par une révolte ouverte contre la loi et la négation de la souveraineté populaire personnifiée dans l'Assemblée. Dès ce moment, Paris présente un spectacle indescriptible. Toute la partie haute de la ville : Montmartre, Belleville, Batignolles, la Villette, la Bastille, les Buttes-Chaumont, Clichy, Ménilmontant, est en ébullition ; partout retentit le son du tocsin et de la générale, et l'émeute gagne sans opposition les quartiers les plus paisibles et les moins populeux.

Un œil superficiel se méprendrait à ce chaos ; mais une tactique y préside. Il s'agit de jeter l'affolement dans la ville et de s'emparer de positions parfaitement désignées à l'avance par les membres du Comité central. Ceux-ci ne dévient pas de leur plan. Favorisés par un désarroi qui gagne promptement les commandants de la force régulière et le Gouvernement lui-même, ils n'hésitent pas, quoique obscurs, à se rendre maîtres de toutes les administrations.

Un chef audacieux, Charles Lullier, ancien lieutenant de vaisseau, honteusement chassé de la marine, est mis à la tête de toutes les forces disponibles de la garde nationale, avec mission de prendre, le plus rapidement possible et par tous les moyens qu'il jugerait convenables, possession de Paris. Lullier a raconté lui-même ses faits et gestes dans une lettre, écrite de la Conciergerie, le 28 mars. Parti avec douze gardes nationaux et trois ordonnances seulement du siège du Comité central, rue de Barroy n° 11, il rallie sur sa route les bataillons épars de la garde nationale qu'il rencontre, et occupe successivement la place Vendôme, les Tuileries et la Préfecture de police. Il ne s'y trouvait pas une sentinelle. Plus ils avançaient sur d'autres points, plus les Montmartrois étaient émerveillés : partout même absence de baïonnettes. Dans la journée, en effet, le général Vinoy avait traversé la Seine avec son état-major et toutes les troupes placées sous ses ordres, pour s'installer sur la rive gauche. Cette résolution du commandant en chef de l'armée de Paris ne s'explique que trop facilement par les dispositions manifestes des soldats qui, partout où l'occasion s'en présentait, témoignaient d'un parfait accord de sentiments avec les perturbateurs. Il était impossible de compter sur eux pour l'œuvre de répression, et, en les y employant, on risquait peut-être qu'ils n'allassent grossir avec leurs armes et leurs munitions les rangs des émeutiers.

Pour obéir à la tradition de toutes les secousses politiques, on courut en même temps à l'Hôtel de ville. M. Jules Ferry avait sollicité l'honneur de le défendre ; il s'était préparé à la résistance. Mais à dix heures, le général Vinoy envoyait l'ordre d'évacuer, et M. Jules Ferry télégraphiait cette dernière dépêche :

« Les troupes ont évacué l'Hôtel de ville, tous les gens de service sont partis. Je sors le dernier. Les insurgés ont fait une barricade derrière l'Hôtel de ville et arrivent en même temps sur la place en tirant des coups de feu. »

Quelques instants après, au moment où les vainqueurs se reposaient à table des fatigues de la journée, en contemplant les magnificences rassemblées autrefois dans ce palais par le baron Haussmann, le citoyen Assi, le grand inspirateur du mouvement et, pour cette raison, le président de cet étrange sanhédrin, fit cette remarque : « Nous n'avons eu qu'à nous présenter sur la place de Grève pour voir s'ouvrir les portes de l'Hôtel de Ville. »

Que devint pendant la nuit du 18 au 19 mars ce grand et bel édifice, déjà souillé de tant d'ordures, au 31 octobre ?

Une nuée d'aventuriers de tous les pays envahit sans pudeur la salle des membres du corps municipal et la salle Saint-Jean. Dans l'expansion d'une joie crapuleuse, la foule tacha les tapis d'Aubusson avec son vin, et se livra ensuite à la curée des fonctions administratives, des titres, des moindres sinécures.

Chacun, suivant ses instincts ou ses aspirations, s'improvisa délégué ou général ; chacun, profitant de son influence sur tels ou tels bataillons, dans tels ou tels quartiers, et usurpant les fonctions civiles et militaires, se mit à l'œuvre.

L'unité de but, la communauté de danger suppléèrent à l'unité d'action. Lullier fut général en chef; Bergeret général commandant la place.... Il y eut des délégués aux différents ministères.

Mais l'ivresse du triomphe n'aveugla pas l'insurrection déjà maîtresse de Paris, moins deux ou trois autres points. Elle ne savait s'il était vrai ou non que M. Thiers, ses ministres et ses généraux fussent tous partis pour Versailles. On se disait qu'il ne serait pas impossible qu'il y eût, de la part du pouvoir régulier, un retour offensif.

L'Hôtel de ville devint le réduit d'un véritable camp retranché défendu par de nombreuses barricades et plusieurs bataillons. Le cas même où l'on se trouverait cerné par « une insurrection » fut prévu, et les provisions de bouche, indispensables à un blocus de quelques jours, furent réunies dans les caves. Les Tuileries, la place Vendôme, furent occupés militairement. De là, on se dirigea sur les postes qui pouvaient donner passage à un retour offensif de l'armée, puis sur les forts.

A l'intérieur de Paris, les gardes fédérés, réunis dans les arrondissements occupés, s'organisaient en véritables colonnes mobiles et s'emparaient des postes militaires, des ministères, des grands établissements publics les plus à leur portée. Dès le 19 mars, l'administration des télégraphes, rue de Grenelle, le ministère de l'intérieur, l'Élysée, l'Imprimerie nationale et le *Journal Officiel*, c'est-à-dire tous les points d'une utilité immédiate, tombaient entre les mains du Comité.

Partout les délégués s'entouraient d'une force armée respectable ; c'est ainsi que Régère se présente au Crédit foncier, à la tête du 33e bataillon, Melvil-Bloncour au ministère de la marine, à la tête de cinq cents hommes ; partout ils brisent toutes les résistances, révoquent et remplacent sur l'heure les administrateurs et les chefs de service.

On appréhendait qu'Orléans, Nevers, Moulins et surtout Bourges n'envoyassent à toute vitesse des renforts. Ces considérations firent naître la pensée de s'emparer des gares de chemins de fer, moins celle du Nord dont l'occupation pouvait faire naître un conflit avec leurs amis les Prussiens. Le Comité central fit occuper la gare de Lyon, la gare d'Orléans qui étaient non-seulement des points de défense, mais les deux grands affluents du Midi, par où devaient revenir les membres de l'Assemblée nationale quittant Bordeaux. Il voulait retarder ainsi le plus possible leur réunion à Versailles, et surtout mettre la main sur le général Chanzy dont il redoutait justement la popularité et la valeur militaire.

Durant la journée, en effet, le général, pour être à même de remplir son mandat de député, revenait de Tours afin de se diriger sur Versailles. A côté de lui, se trouvait un de ses collègues à l'Assemblée nationale, M. Turquet (de l'Aisne), qui voyageait pour le même motif. Le train qui les amenait s'arrêta, comme d'habitude, en avant de la gare, pour permettre aux contrôleurs de recueillir les billets des voyageurs. Le Comité central, averti de l'arrivée du général et de celle de la personne qui l'accompagnait, envoya au-devant de lui plusieurs individus le revolver au poing. Comme le général Chanzy était en petite tenue, il n'y avait pas à se méprendre sur son identité. On lui dit : « Citoyen, vous êtes le général Chanzy ? Nous vous sommons de nous suivre, vous et le citoyen qui vous accompagne. » Ne sachant pas d'abord de quoi il s'agissait, l'ancien commandant de l'armée de la Loire et M. Turquet se levèrent et descendirent. Depuis quatre heures du soir, la gare d'Orléans était occupée militairement par un des bataillons de Montmartre. Toute résistance eût été inutile. Les deux prisonniers furent envoyés au Château-Rouge, en voiture et sous bonne escorte. Aux questions qu'ils firent on se borna à répondre : « Citoyens, vous verrez bientôt ce qu'on fera de vous. » Et, en souriant, l'antagoniste de Frédéric-Charles ajouta : « Ah çà, auriez-vous le dessein de nous assassiner comme on l'a fait pour Lecomte et Clément-Thomas? » L'escorte ne répondit rien. Mais le citoyen Assi aurait dit d'un ton goguenard : « Nous imitons les Prussiens, nous voulons des ôtages. »

A quelques jours de là, le récit de cet incident fut complété à Versailles par M. Turquet que les insurgés avaient cru devoir mettre en liberté. « Sur notre passage, disait le député de l'Aisne, la foule criait : A mort Ducrot! à mort le traître! — Ce n'est pas Ducrot! m'écriai-je, c'est le général Chanzy! — Mais on me répondit par le cri : *A mort le Prussien!* — J'avais malheureusement sur la tête une calotte d'officier bavarois. Nous arrivons à la mairie du XIIIe arrondissement; nous y sommes reçus par M. Léo Meillet, maire, qui nous déclare qu'il répondait de nous sur sa tête. Nous nous étions déjà assis, lorsque intervint un nouveau personnage. — « Citoyen général, dit le nouvel arrivant à Chanzy, au nom des lois de la guerre, je vous fais prisonnier. — Je suis à vos ordres, répond le général Chanzy. — Je m'adressai alors au personnage, qui nous dit être le général Duval. Je suis député de l'Aisne, lui-dis-je, je tiens à être arrêté avec le général Chanzy. »

Conduits de la prison du IXe secteur à la mairie du XIIIe arrondissement, les deux ôtages furent ensuite menés en compagnie du général Langourian à la prison de la Santé. Mais sur la route, des soldats de l'armée dételèrent les chevaux, maltraitèrent le général et quelques-uns même s'écrièrent : « il faut le fusiller! » M. Léo Meillet eut alors un de ces mots qui sauvent les situations : « Fusillez-les vous-mêmes, » dit-il à la foule qui s'écarta enfin, et les deux généraux purent parvenir jusqu'à la Santé.

Ce nouvel épisode, qu'on racontait avec terreur dans tout Paris, contribua encore à assombrir la physionomie de la malheureuse ville. Les membres du cabinet, ne se trouvant plus en sûreté au ministère des affaires étrangères, se réunirent secrètement, vers neuf heures, chez M. Calmon, rue

Abbatucci. L'inquiétude et l'agitation étaient extrêmes, M. Picard tombait de l'excès de la confiance dans la plus triste réalité. On discuta bien inutilement des propositions qui n'émanaient pas des chefs du mouvement, et l'on accorda le remplacement immédiat du commandant de la garde nationale. C'était une concession grave, et au moins inutile. L'histoire de toutes nos révolutions prouve que les concessions *in extremis* n'ont jamais sauvé aucun gouvernement; celle-ci ne devait pas avoir un meilleur résultat. La destitution du général d'Aurelles, laissait sans chef et sans direction les bons bataillons de la garde nationale, et la popularité de son successeur, le colonel Langlois, ne devait pas suffire à rallier les mauvais.

Dans cette nuit du 18 au 19, quelques minutes avant leur départ de l'École-Militaire, les ministres rédigèrent, sous l'empire de l'émotion la plus vive, une dernière affiche destinée à favoriser l'action du nouveau commandant de la garde nationale. Revenant sur les actes du Comité central, dont ils avaient le tort d'ignorer l'importance et la composition, ils rappelaient les crimes déjà commis, et conjuraient les citoyens de sortir enfin de leur inconcevable torpeur. « Voulez-vous, ajoutaient les ministres, prendre la responsabilité de leurs assassinats et des ruines qu'ils vont accumuler? Alors demeurez chez vous! Mais, si vous avez souci de l'honneur et de vos intérêts les plus chers, ralliez-vous au Gouvernement de la République et à l'Assemblée nationale. »

Il ne suffisait pas d'engager la garde nationale à se ranger sous le drapeau de l'ordre, il fallait lui donner des moyens de ralliement, et la facilité de pourvoir à la solde de ceux qui répondraient à l'appel. Dans la journée du 19, vers une heure, le secrétaire général du ministère de l'intérieur, M. Labiche, qui représentait seul le Gouvernement à l'Hôtel-Beauveau, se rendit à l'assemblée des maires; il leur apportait un bon de 500 000 francs sur la Banque de France, et la délégation suivante :

« Le ministre de l'intérieur, vu les circonstances dans lesquelles se trouve la ville de Paris; considérant que l'Hôtel de ville, la Préfecture de police et les ministères ont dû être évacués par l'autorité régulière; considérant qu'il importe de sauvegarder les personnes et de maintenir l'ordre dans Paris, délègue l'administration provisoire de la ville de Paris à la réunion des maires. »

Cette délégation était regrettable à tous égards; elle était incompatible avec l'unité de direction; elle faisait prévaloir des influences qui ne représentaient ni l'esprit du Gouvernement, ni surtout celui de l'Assemblée. Les municipalités s'étaient désorganisées après le siége, comme la garde nationale elle-même. Parmi les maires et les adjoints les plus attachés à l'ordre, plusieurs avaient donné leur démission; après le 18 mars, d'autres se retirèrent par respect de la loi. L'esprit radical dominait ainsi dans ce qui restait de l'élément municipal.

Comment une telle autorité aurait-elle pu rallier les hommes d'ordre? Ils restèrent sourds à toutes les objurgations du Gouvernement. Plus de deux cent mille individus bouclèrent leurs valises en poussant le cri de *sauve qui peut*. On voyait les plus jeunes s'échapper, dans la crainte du recrutement forcé, on entendait les plus riches se répéter : « A présent, c'est une lutte entre Français; je ne m'en mêle plus. » Et ils disparaissaient. D'autres cédaient à un sentiment plus réfléchi. L'impuissance complète où ils se sentaient de rien faire pour le bien public les justifiait, à leurs yeux, de pourvoir, avant tout, à leurs intérêts personnels et au salut de leurs familles. Parmi les plus généreux et les plus droits, beaucoup estimaient qu'il n'y a qu'une façon honorable de protester contre des crimes que l'on ne peut empêcher : c'est de ne pas les autoriser en quelque sorte par sa présence. Tel semblait être en effet le rôle humiliant auquel étaient réduits les honnêtes gens que leurs devoirs, leurs intérêts, la médiocrité de leur fortune ou une certaine insouciance retenaient dans Paris. Ainsi fut abandonnée par tous cette grande et malheureuse cité; on fit la place vide aux bataillons fédérés et à la tourbe qui leur servait d'auxiliaires.

C'était là un grand événement; il fallait cependant l'annoncer à la province, déjà épouvantée de la gravité de l'insurrection. Par une dépêche, en date du 19 mars, 8 h. 25 m. du matin, M. Thiers apprit aux départements que le Gouvernement et l'armée étaient réunis à Versailles. L'armée y était effectivement arrivée dans la matinée du 19. Toutes les administrations qui avaient reçu l'ordre de venir y joindre le Gouvernement, s'y casaient à la hâte. Les députés y étaient convoqués pour le 20. Ceux qui se trouvaient à Versailles se réunirent, le 19, dans une des salles du rez-de-chaussée du palais.

L'abandon de Paris et surtout celui des forts étaient l'objet de toutes les conversations. M. Thiers exposa les motifs de la grave détermination qu'il avait dû prendre : Le salut de l'armée lui promettait celui de la France, et il avait voulu, avant tout, soustraire les soldats à la contagion de l'émeute. Tout en approuvant le parti pris, les députés insistèrent pour qu'on occupât les forts du Sud et celui du Mont-Valérien; mais M. Thiers, persuadé que cette forteresse était suffisamment gardée, ne se rendit pas à leurs instances, pour ne pas disséminer ses forces. En vain, le soir venu, quelques-uns d'entre eux allèrent au nom de leurs collègues supplier de nouveau le chef du pouvoir exécutif de retirer l'ordre d'évacuer les forts; il s'y opposa de nouveau. Ce ne fut que dans la nuit, à une heure du matin, à la suite d'une entrevue avec le général Vinoy, que M. Thiers donna enfin l'autorisation d'envoyer au Mont-Valérien, qui était à la fois la clef de Paris et le rempart de Versailles, le 119e de ligne, dont on était sûr, et quelques troupes d'artillerie et du génie.

Il était temps; le 20 mars, à 9 heures, par suite du départ du 23e et du 21e bataillons de chasseurs qui s'étaient mutinés la veille, le fort n'était plus gardé que par vingt-huit hommes, lorsque se présenta un sergent-major de la garde nationale fédérée. Il annonçait, au nom du Comité central, l'approche de deux bataillons des Ternes et des Batignolles, qui venaient en prendre possession; mais à neuf heures et demie le premier bataillon du 119e arrivait de Versailles, et la position était sauvée. Le soir, une forte colonne de gardes nationaux fédérés, venant de Paris, se présenta au Mont-Valérien, pour le sommer de se rendre. Elle se retira bientôt devant la réponse énergique et la ferme attitude du commandant, le brave lieutenant-colonel Lockner. Il dit au chef, qui la commandait, qu'il lui accordait, à lui et à ses hommes, dix minutes pour redescendre, et que ce délai passé, il les foudroierait avec son artillerie. C'est à ce trait de présence d'esprit et de bravoure qu'a été due la conservation d'un poste capital. S'il était tombé au pouvoir des insurgés, la prise de Paris devenait impossible; Versailles lui-même n'aurait pu tenir.

CHAPITRE IV

BUT ET CARACTÈRE DE LA RÉVOLUTION DU 18 MARS.
SA FORME COMMUNALE.
CE QU'IL Y AVAIT DE LÉGITIME ET DE PERNICIEUX
DANS SES REVENDICATIONS.

Rapports de l'insurrection avec la guerre des paysans et l'orgie religieuse des Anabaptistes. — Son caractère communiste et matérialiste. — Jugement de J. Mazzini. — Le nouveau gouvernement s'empare de l'imprimerie nationale. — Sa première communication. — Son manifeste. — Il convoque les électeurs pour le 22 mars. — Son programme s'accentue avec le succès. — Le 18 mars considéré dans les faubourgs comme l'avénement du prolétariat. — *Véritable but des insurgés; inanité de leurs théories.* — Elles ont toujours surgi dans les grandes crises de l'humanité. — Pourquoi les chefs du mouvement jugèrent l'autorité communale nécessaire, et pourquoi cette révolution voulut être et s'appeler la Commune. — Différence de cette Commune d'avec celle qui avait été mise en avant pendant le siége, et qui a fonctionné en 1793. — D'où vint aux auteurs du 18 mars l'idée d'une fédération ? — Furent-ils inspirés et influencés par la Prusse ? — Comment la Commune montagnarde des vieux Jacobins s'est-elle ainsi transformée ? — Description de la Commune *autonome* d'après les doctrinaires de l'Hôtel de ville. — Les institutions communales considérées en France. — Ce qu'il y avait de légitime dans la revendication des franchises municipales et de pernicieux dans l'idée de la Commune autonome.

I

Ceux qui prennent plaisir à construire des analogies historiques, ont vu dans l'insurrection du 18 mars un pendant, soit à la guerre des paysans, soit à l'orgie des Anabaptistes soulevés par Jean de Leyde, le prophète. Au point de vue des inexplicables atrocités qui les caractérisent, les événements dont Paris a été, il y a cinq ans, le théâtre, présentent plus d'un lien de parenté avec ces deux insurrections farouches et sanglantes; mais la ressemblance s'arrête aux faits proprement dits. Il y avait, dans la levée des fourches et des torches de Jacques Bonhomme contre les seigneurs, un point de revendication sociale, qui ne justifie en rien l'horrible caractère de cette guerre effroyable, mais qui, aux yeux de l'histoire, lui donne une raison d'être. La révolte des Anabaptistes, qui devait aussi finir par des actes d'une cruauté sans nom, eut pour point de départ le fanatisme biblique et l'idée d'une transformation morale. Mais à Paris, en 1871, il n'y eut rien pour les idées, rien pour l'esprit. Pendant deux mois, la noble capitale, asservie par tout ce qu'il y a de plus ignoble, a perdu tout son prestige. Son histoire ne présente que des faits résultant de l'abus de la force. Celui de nos contemporains qui s'est toujours montré le plus favorable aux aventures révolutionnaires, J. Mazzini, n'y a vu qu'un recul vers la barbarie, qu'un pas fait en avant du côté de la bestialité des masses; et tout porte à croire que ce jugement sera ratifié par l'histoire. Elle dira que, du commencement à la fin, le mouvement des hommes de l'Hôtel de ville a été communiste et matérialiste. Ils se sont jetés sur toutes les branches de l'administration comme les sauterelles, dans les campagnes de l'Afrique, au temps de la moisson; ils ont remplacé par des mangeurs les parties prenantes au budget.

On a écrit qu'en descendant des buttes, les vainqueurs ne savaient pas du tout ce qu'ils allaient faire ni le principe qu'ils invoquaient. C'est une erreur profonde. Très-peu de temps après s'être installé à l'Hôtel de ville, dix minutes au plus après avoir constaté qu'il ne serait contrecarré par aucune résistance, le Comité central avait pris soin de mettre la main sur un auxiliaire indispensable : l'imprimerie nationale. Une compagnie, commandée par un des chefs du mouvement, s'empara de l'établissement entier, en réquisitionnant les ouvriers, les ateliers et les machines, pour faire sur-le-champ le premier placard de l'insurrection. Dans cette proclamation, le nouveau gouvernement, exposant à sa manière les faits de la veille, racontait son arrivée au pouvoir comme un triomphe pour la République. Il disait préparer une combinaison propre à fermer « pour toujours l'ère des révolutions et des guerres civiles. » Mais il ne faisait pas mention de franchises municipales; cette revendication eût été, d'ailleurs, fort inopportune, car, à ce moment même, le Gouvernement et l'Assemblée nationale étaient d'accord pour organiser sur les bases de l'élection les conseils municipaux de Paris et de Lyon. Ainsi, ce ne fut pas tout d'abord l'idée de commune qui arma les foules parisiennes, et ce ne fut point pour conquérir à Paris l'exercice des droits municipaux, consentis dès le premier jour, que tant de révolutionnaires étrangers, Polonais, garibaldiens et autres, vinrent grossir les rangs de l'insurrection. Non, il s'agissait uniquement alors de réaliser l'avènement du *prolétariat*.

Bientôt après, cependant, comme si le Comité avait conscience de l'usurpation qu'il venait de commettre, en regard d'un gouvernement légal, issu d'une Assemblée régulièrement sortie du suffrage universel, il déclarait vouloir convoquer le peuple dans ses sections pour faire les élections communales.

« Citoyens, » disait-il, « le peuple de Paris a secoué le joug qu'on essayait de lui imposer.

« Calme, impassible dans sa force, il a attendu, sans crainte comme sans provocation, les fous éhontés qui voulaient toucher à la République.

« Cette fois, nos frères de l'armée n'ont pas voulu porter la main sur l'arche sainte de nos libertés. Merci à tous, et que Paris et la France jettent ensemble les bases d'une république acclamée avec toutes ses conséquences, le seul gouvernement qui fermera pour toujours l'ère des invasions et des guerres civiles.

« L'état de siége est levé.

« Le peuple de Paris est convoqué dans ses sections pour faire ses élections communales.

« La sûreté de tous les citoyens est assurée par la garde nationale.

« Hôtel de ville, Paris, ce 19 mars 1871.

« Le Comité central de la garde nationale. »

(Suivaient les signatures.)

Comme complément de cette communication du gouvernement qui venait de s'emparer de la ville de Paris, et comptait bien s'imposer à la France, on afficha dans la journée une sorte de manifeste dont le titre portait : « Fédération républicaine de la garde nationale, organe du Comité central. » Cette pièce, conçue en termes emphatiques, se terminait ainsi :

« Nous, chargés d'un mandat qui faisait peser sur nos têtes une terrible responsabilité, nous l'avons accompli sans hésitation, sans peur, et dès que nous voici arrivés au but, nous disons au peuple qui nous a assez estimés pour écouter nos avis, qui ont souvent froissé son impatience : Voici le mandat que tu nous as confié. Là où notre intérêt commence, notre devoir finit. Fais ta volonté, mon maître, tu t'es fait libre. Obscurs, il y a quelques jours, nous allons rentrer obscurs dans tes rangs, et montrer aux gouvernants que l'on peut descendre la tête haute les marches de ton Hôtel de ville, avec la certitude de trouver en bas l'étreinte de ta loyale et robuste main. »

Nous ne savons si, à cette heure, il survint des conseillers, si on souffla aux membres du Comité l'expédient d'un pouvoir municipal à constituer. Cela est possible; toujours est-il que, loin de s'effrayer des suites de leur témérité, comme on l'a écrit, ils s'enhardirent au point de publier un décret, ils disaient un arrêté, tant ils allaient encore doucement. Mais si, naguère, ils avaient cherché, en quelque sorte, à s'excuser, en démontrant que l'obscurité de leurs noms et l'humilité de leurs situations sociales étaient les seules fautes réelles qu'on pût leur imputer, cette fois, ils montraient des griffes de lion en édictant une loi :

« Le Comité central de la garde nationale,

« Considérant :

« Qu'il y a urgence de constituer immédiatement l'administration communale de la ville de Paris,

« Arrête :

« 1° Les élections du Conseil communal de la ville de Paris auront lieu mercredi prochain, 22 mars.

« 2° Le vote se fera au scrutin de liste et par arrondissement. Chaque arrondissement nommera un conseiller par chaque vingt mille habitants ou fraction excédante de plus de dix mille.

« 3° Le scrutin sera ouvert de huit heures du matin à six heures du soir. Le dépouillement aura lieu immédiatement.

« 4° Les municipalités des vingt arrondissements sont chargées, chacune en ce qui la concerne, de l'exécution du présent arrêté.

« Un avis ultérieur indiquera le nombre de conseillers à élire par chaque arrondissement.

« Hôtel de ville, Paris, 19 mars 1871.

« Le Comité central de la garde nationale. »

(Suivaient les signatures.)

On reconnaît bien dans le premier acte officiel du Comité central l'influence d'un élément nouveau, celui des hommes du 31 octobre déjà pressés de prendre sa place. Mais comme les adhésions augmentaient avec la durée du succès, les vainqueurs s'enhardirent encore. Dans la nuit du dimanche au lundi, le programme s'accentua davantage. C'était une révolution qu'on voulait consacrer par les lois, et non pas seulement par les faits. Et quand on interrogea trois d'entre eux sur les *postulata* des vingt membres, ils répondirent :

« Ils veulent que la garnison de Paris soit casernée dans les forts, et non dans la ville. Ils veulent en outre que cette garnison soit réduite au nombre d'hommes strictement nécessaire pour le service des forts. Ils veulent la suppression absolue des sergents de ville ou gardiens de la paix, des gendarmes ou gardes municipaux de Paris, etc. Ils veulent que la police extérieure soit tout entière confiée à la garde nationale. Ils veulent en élire le commandant supérieur. Ils veulent enfin que l'Assemblée nationale réintègre Paris. Un *ultimatum* dans ce sens a dû lui être adressé par le Comité central, qui lui accorde un délai maximum pour y obtempérer, sinon, on marchera sur Versailles. Ce délai expirera jeudi prochain, 23 mars. Voilà ce qu'ils veulent. Quant aux ministères, quant au pouvoir, ils ne les réclament pas. Ils consentent à ce que M. Thiers et les ministres continuent à gouverner la France et à traiter avec les Puissances étrangères. »

Il est évident qu'il n'y avait dans ce langage rien d'acceptable. Mais il cachait encore d'autres visées qui s'accusaient clairement dans les faubourgs. Là, on regardait le 18 mars comme l'avénement du prolétariat; les ouvriers déclaraient qu'ayant chacun un chassepot à la main, ils ne rentreraient plus à l'atelier afin d'y engraisser des maîtres. Il n'y a maintenant, et il ne doit y avoir, disaient-ils, qu'un programme, celui qui posera le travailleur comme souverain maître et comme couronnement des sociétés modernes.

Se faisant l'écho de cette pensée, le Comité central insérait le 20 mars, dans son *Journal officiel*, une longue note où on lisait ce qui suit.

« Les travailleurs, ceux qui produisent tout et ne jouissent de rien, ceux qui souffrent de la misère au milieu des produits accumulés, fruit de leurs labeurs et de leurs sueurs, devront-ils être sans cesse en butte à l'outrage? Ne leur sera-t-il jamais permis de travailler à leur émancipation sans soulever contre eux un concert de malédictions? La bourgeoisie, leur aînée, qui a accompli son émancipation, il y a plus de trois quarts de siècle, qui les a précédés dans la voie de la révolution, ne comprend-elle pas aujourd'hui que le tour de l'émancipation du prolétariat est arrivé? Les désastres et les calamités publiques dans lesquels son incapacité politique et sa décrépitude morale et intellectuelle ont plongé la France devraient pourtant lui prouver qu'elle a fini son temps, qu'elle a accompli la tâche qui lui avait été imposée en 89, et qu'elle doit, sinon céder la place aux travailleurs, au moins les laisser arriver à leur tour à l'émancipation sociale. »

La nouvelle révolution n'était donc pas, au fond, une révolution politique, c'était surtout une révolution sociale. Elle avait pour but non pas de donner leur vol à toutes les initiatives, leur essor à toutes les facultés individuelles, mais de plier toutes les aptitudes sous le joug d'un communisme dictatorial et intolérable. Elle ne songeait pas, comme elle le disait hypocritement, à faire participer tous les citoyens aux richesses communes, aux avantages sociaux, à abolir simplement le salariat en faisant de tous les producteurs ou échangistes des commanditaires et des associés, propriétaires de leurs instruments de travail ou d'une part indivise du capital social, mais à retourner le monde, à faire du riche un pauvre, du patron un salarié. Si elle n'avait eu pour objet que de venger l'honneur de Paris et de notre malheureuse et chère patrie, vaincue et démembrée, hélas! par l'incapacité bien plus que par la trahison, que de rendre à Paris ses franchises municipales, et aux maires certaines prérogatives, plus flatteuses pour la vanité qu'utiles à l'accomplissement du mandat, la lutte aurait été moins acharnée, et elle aurait pu finir par une transaction qui aurait satisfait les prétentions de la magistrature urbaine et conservé intact le droit du Parisien. Mais il s'agissait d'une réforme plus positive, plus radicale; il s'agissait, non pas d'être gouverné par tel ou tel maître, par telle ou telle classe mais de n'être plus gouverné du tout, de tuer l'autorité et le pouvoir de l'État pour fonder, non pas seulement la liberté et le pouvoir du citoyen, mais la licence. Il ne s'agissait pas seulement d'amener progressivement l'effacement des classes par l'extinction chimérique du paupérisme, d'assurer l'indépendance civique par l'indépendance économique, d'en finir avec l'exploitation par la propagation de l'enseignement, de l'association et du crédit, d'augmenter le bien-être de chacun, la richesse publique, l'activité de la circulation par la diminution des frais généraux, l'utilisation de toutes les aptitudes et la suppression de tous les emplois ou fonctions dont l'utilité n'est pas incontestablement démontrée; il s'agissait aussi de ne plus prélever sur le prix du produit consommable une prime destinée à payer les charges de l'État.

Cette révolution était donc celle des contribuables de tout ordre contre les subventionnés du budget, celle des administrés contre les dépositaires de la souveraineté. C'était la révolution faite par tout ce qui travaille, produit, échange, contre « tout ce qui vit d'exploitation sous les mille formes

que lui donnent la centralisation et le budget de l'État. »
C'est pour cela que la lutte s'est poursuivie avec tant d'énergie, de patience, d'ardeur opiniâtre, de vigueur passionnée. C'était une guerre d'intérêt encore plus que de religion ; c'était le combat du désordre contre l'ordre, de l'individualisme contre l'autorité.

Telles sont les théories insensées, les programmes menteurs, au nom desquels s'est faite l'insurrection du 18 mars, et dont la réalisation ferait reculer l'humanité de plusieurs siècles. Le monde connaît ces idées depuis qu'il existe. Elles ont toujours surgi au milieu des grandes crises de l'humanité, en Orient et en Occident, chez les anciens comme chez les modernes. Elles s'épanouirent en Égypte, au troisième et au quatrième siècles, concurremment avec l'école philosophique d'Alexandrie. Il y avait au moyen âge en France, dans le seizième siècle en Allemagne, dans le dix-septième en Angleterre, des hommes qui pensaient et voulaient agir comme les socialistes de nos jours. Des volumes ont été composés sur tous les problèmes sociaux. Utopistes, philosophes et penseurs de tous les pays ont eu la prétention de les résoudre. Ce qui est nouveau, ce n'est donc pas le socialisme contemporain, mais la forme qu'il a revêtue en 1871.

II

Pour rendre possibles ces réformes radicales, les chefs du mouvement jugèrent l'autorité communale nécessaire, fatale, parce qu'avec elle seule ils croyaient pouvoir procéder à l'organisation positive et expérimentale exigée par le socialisme moderne ; parce qu'avec elle seule, ils s'imaginaient pouvoir créer l'ordre de choses résultant de la communion des idées et de l'union des volontés ouvrières. Ils pensaient que si le peuple n'est pas souverain et maître chez lui, dans sa cité, il lui est impossible d'obtenir aucune des satisfactions auxquelles il aspire depuis si longtemps ; que si les hommes politiques continuent à le gouverner, il lui faudra subir encore les *fatalités économiques qui l'écrasent, et divisent en plusieurs classes des citoyens qui sont faits pour vivre en associés.*

L'insurrection du 18 mars eut donc un caractère local, à la différence des autres révolutions, qui ont toujours pris en France un caractère central et national; elle voulut être et s'appeler la Commune. Ce mot cabalistique était du reste admirablement choisi en raison de son ambiguïté même, pour devenir le symbole d'une coalition dans laquelle on devait d'autant mieux s'entendre, qu'on s'expliquerait moins. La Commune, en effet, représente une idée de liberté municipale toujours populaire, comme toutes les libertés, d'autant plus populaire que Paris sortait d'une autocratie de près de vingt ans. La Commune! cela exhalait un parfum qui rappelait Chaumette et Marat, et qui ravissait tous ceux, et ils sont nombreux, qui n'ont lu qu'un seul livre : la Révolution, et qui l'ont mal lu. La Commune, enfin, est dérivée de la même source que communauté, communisme. Le mot seul exprimait et réalisait une coalition.

Cette coalition était cependant toute autre chose que la Commune mise en avant, pendant le siége, par le parti révolutionnaire. La Commune, réclamée alors avec tant de passion, était tout simplement la fameuse Commune insurrectionnelle de 1793, qui faisait la loi à la Convention, poussait aux mesures violentes et jouait le rôle de pouvoir exécutif du club des Jacobins; elle était l'un des ressorts les plus énergiques de la centralisation despotique, qui prétendait sauver la République une et indivisible par une dictature sanglante. Les franchises municipales, dont on a fait tant de bruit depuis lors, n'avaient point de place sur son programme, puisqu'elle tenait sa force de la confusion de toutes les attributions, et qu'elle voulait être un corps politique pour la France entière, dictant ses volontés à la représentation nationale, et la forçant au besoin à se mutiler elle-même. C'est bien une Commune semblable que réclamaient les clubs et les journaux extrêmes, pendant le siége; ils voulaient la faire nommer directement par le suffrage universel de Paris, pour opposer un pouvoir élu au Gouvernement improvisé du 4 septembre, amoindrir celui-ci et le dominer. L'assemblée populaire devait être chargée de la conduite de la guerre : A elle de décréter la fameuse levée en masse, de remplacer les généraux, de frapper les absents, de rationner et réquisitionner sans merci les assiégés, d'écraser les anciens partis, de déclarer la lutte à outrance. C'est bien là ce que demandaient tous les jours les Blanqui et les Delescluze, ce qui faisait le fond de toutes les harangues de Belleville et de Montmartre, ce qui faillit réussir au 31 octobre. Il n'était pas même question de la fédération républicaine et de la belle invention de Paris libre, c'est-à-dire isolé ; on s'en tenait à la vieille théorie jacobine du salut public, et on comptait bien l'imposer à la province par des apôtres en écharpe rouge.

Après le 18 mars, tout changea : la Commune ne fut plus que la consécration de l'idée fédérative poussée à l'extrême. Contradiction étrange ! les montagnards professèrent le girondisme, les unitaires farouches devinrent séparatistes, et ne parlèrent plus que des franchises de Paris. On a dit que cette idée de l'isolement absolu était due à l'imagination du citoyen Assi, qui fut le grand inspirateur du mouvement à ses débuts, et serait un partisan enthousiaste des républiques italiennes au moyen âge. Le livre, où M. Edgard Quinet a retracé leur histoire, aurait été sa lecture favorite, et aurait fait de lui au dix-neuvième siècle une sorte de Florentin au quatorzième ; mais le rêve de ce maniaque a une autre origine.

Au mois d'août 1870, on imprimait à Leipzig un écrit dont voici le titre : *Aux habitants de la France, particulièrement aux habitants de l'Alsace, de la Lorraine et de la Bourgogne : un mot d'éclaircissement pour amener la paix.* Nous y lisons : « La France a trop souvent sacrifié sa liberté à ses dominateurs dans Paris. Il est donc à souhaiter que le peuple français ait soin de ne plus recommencer. Pour cela, il est à désirer que les départements de France se constituent en une république intérieure, indépendante de Paris, s'unissant, toujours indépendamment de Paris, selon les bassins de la Seine, de la Loire, de la Gironde et du Rhône, avec un conseil provincial[1]. » Il est vraisemblable que l'écrivain de Leipzig exprimait ce vœu, alors de si extravagante apparence, sous l'influence de la Prusse; mais les meneurs, quoique inspirés par cette Puissance, avaient un tout autre mobile.

Nous nous rappelons bien le subside, relativement important, envoyé sous l'empire aux grévistes du Creuzot par M. de Bismark. Nous avons noté aussi les signes d'intelligence échangés entre Saint-Denis et l'Hôtel de ville, les étranges paroles de M. de Bismark, reconnaissant à la tribune du parlement « un grain de bon sens » dans la révolution parisienne, la facilité avec laquelle les membres de l'Internationale se jetaient à la face certaines épithètes, lorsqu'ils avaient des démêlés. Ces indices épars, si l'on parvenait à les compléter, conduiraient peut-être[2], par des ramifications ténébreuses, à quelque horrible rencontre de la

---

1. La pièce est en allemand; elle porte cette date : Leipzig, le 18 août 1870, et cette signature : Heïnrich Dietz.
2. M. Philibert Audebrand dans son *Histoire intime de la Révolution du dix-huit mars* est beaucoup plus affirmatif. Mais il ne connaissait pas encore la déposition de M. Thiers sur les négociations qui durent être engagées avec les Prussiens et sur le rôle que ces derniers ont joué pendant la Commune :

« Il n'est pas vrai, comme on l'a prétendu, que j'eusse beaucoup de difficultés avec le Gouvernement prussien à propos de la Commune, et qu'il eût pour elle la moindre prédilection. Il y eut seulement quelques dépêches désagréables échangées à ce sujet avec M. de Bismark.

« La Commune qui joignait à la prétention d'un patriotisme implacable celle d'être en faveur auprès de la Prusse, avait répandu le bruit de ses relations amicales avec les généraux prussiens. Des écrivains imprudents en avaient tiré des suppositions offensantes pour le cabinet de Berlin, et tout à fait calomnieuses.

« M. de Bismark, avec beaucoup de raison, démentait ces bruits, se plaignait de ce que nous ne les démentions pas nous-mêmes, en quoi il avait tort; il offrit publiquement des secours contre la Commune, secours que évidemment nous ne pouvions pas accepter. Il nous pressait lui-même d'en finir, et à cet égard joignait ses impatiences à celles d'un certain nombre de députés qui auraient voulu substituer leurs idées aux nôtres sans connaître la situation et les difficultés. »

Cette déclaration du chef du pouvoir exécutif se ressent certainement de l'occupation allemande et du traité signé avec M. de Bismark, mais il n'en est pas moins vrai, comme le fait observer avec beaucoup de justesse M. Thiers, que « malgré ces démêlés, malgré le traité qui limitait à 40 000 hommes l'armée de Paris, M. de Bismark consentit à une augmentation qui fut d'abord de 100 000 hommes, puis de 130 000. » Il nous en fournit lui-même les moyens en nous renvoyant un nombre assez considérable de nos prisonniers dont il avait suspendu le retour par suite des contestations survenues.

Commune surprise en flagrant délit de complicité avec l'invasion, mais ils ne sont pas une explication suffisante de la forme communale adoptée par l'insurrection.

Il est certain que si le Comité de la garde nationale était parvenu à renverser l'Assemblée des représentants de la France, il eût, malgré les suggestions de la Prusse, fait une révolution sur l'ancien modèle : il eût dicté ses lois d'une frontière à l'autre, et se serait soucié fort peu des franchises municipales des départements. Il proclama Paris libre ne pouvant pas le proclamer dictateur; n'ayant pas à sa disposition le télégraphe pour réformer le pays, il fit de nécessité vertu, et déclara qu'il n'avait jamais songé à dépasser le mur d'enceinte. Il se rabattit un moment sur la fédération des villes, le meurtre abominable du préfet de Saint-Étienne, contre lequel il ne protesta pas, lui ayant donné quelque espoir; mais il se vit bientôt obligé d'y renoncer. Chaque défaite nouvelle ranimait son enthousiasme pour l'idée fédérative et les franchises municipales qui signifiaient, selon lui, le droit pour le conseil élu de faire à Paris, et de Paris, absolument ce qu'il voudrait. Forcé de reconnaître que la Salente, qu'il comptait édifier à sa guise, s'arrêtait aux fortifications, il protesta qu'il n'avait jamais eu d'autre pensée, et que c'était la plus belle chose du monde. C'est ainsi que la Commune montagnarde des vieux Jacobins se transforma sous l'influence des événements, et éleva son échec complet en France à la hauteur d'un principe.

Mais il faut bien le remarquer, ce ne fut que le 19 avril, c'est-à-dire après une série non interrompue d'insuccès, que l'insurrection expliqua à la France le sens de ce mot : Commune, en publiant le programme suivant, qui peut être considéré comme le document le plus important qui soit sorti de ses presses :

« La Commune a le devoir d'affirmer et de déterminer les aspirations et les vœux de la population de Paris, de préciser le caractère du mouvement du 18 mars, incompris, inconnu et calomnié par les hommes politiques qui siègent à Versailles.

« Cette fois encore Paris travaille et souffre pour la France entière, dont il prépare, par ses combats et ses sacrifices, la régénération intellectuelle, morale, administrative et économique, la gloire et la prospérité. — Que demande-t-il ? La reconnaissance et la consolidation de la République, seule forme de gouvernement compatible avec les droits du peuple et le développement régulier et libre de la société. — L'autonomie absolue de la Commune étendue à toutes les localités de la France et assurant à chacune l'intégralité de ses droits, et à tout Français le plein exercice de ses facultés et de ses aptitudes comme homme, citoyen et travailleur. — L'autonomie de la Commune n'aura pour limites que le droit d'autonomie égal pour toutes les autres communes adhérentes au contrat, dont l'association doit assurer l'unité française.

« Les droits inhérents à la Commune sont : le vote du budget communal, recettes et dépenses, la fixation et la répartition de l'impôt, la direction des services locaux, l'organisation de la magistrature, de la police intérieure et de l'enseignement, l'administration des biens appartenant à la Commune. — Le choix par l'élection ou le concours, avec la responsabilité et le droit permanent de contrôle et de révocation, — des magistrats, des fonctionnaires communaux de tous ordres. — La garantie absolue de la liberté individuelle, de la liberté de conscience et de la liberté du travail. — L'intervention permanente des citoyens dans les affaires communales par la libre manifestation de leurs idées, la libre défense de leurs intérêts, garanties données à ces manifestations par la Commune, seule chargée de surveiller et d'assurer le libre et juste exercice du droit de réunion et de publicité. — L'organisation de la défense urbaine et de la garde nationale, qui élit ses chefs et veille seule au maintien de l'ordre dans la cité.

« Paris ne veut rien de plus à titre de garanties locales, à condition bien entendu, de retrouver dans la grande administration centrale, délégation des communes fédérées, la réalisation et la pratique des mêmes principes.

« Mais à la faveur de son autonomie et profitant de sa

liberté d'action, Paris se réserve d'opérer comme il l'entendra, chez lui, les réformes administratives et économiques que réclame sa population, de créer des institutions propres à développer et à propager l'instruction, la production, l'échange et le crédit, à universaliser le pouvoir et la propriété suivant les nécessités du moment, le vœu des intéressés et les données fournies par l'expérience.

« La révolution communale, commencée par l'irritation populaire du 18 mars, inaugure une ère nouvelle de politique expérimentale, positive, scientifique. C'est la fin du vieux monde gouvernemental et clérical, du militarisme, du fonctionnarisme, de l'exploitation, de l'agiotage, des priviléges, des monopoles, auxquels le prolétariat doit son servage, la patrie ses malheurs et ses désastres.

« C'est à la France à désarmer Versailles par la manifestation de son irrésistible volonté. Appelée à bénéficier de nos conquêtes, qu'elle se déclare solidaire de nos efforts, qu'elle soit notre alliée dans ce combat qui ne peut finir que par le triomphe de l'idée communale ou par la ruine de Paris.

« Quant à nous, citoyens de Paris, nous avons la mission d'accomplir la révolution moderne la plus large et la plus féconde de celles qui ont illuminé l'histoire. »

Le trait saillant de ce programme, qui a été élaboré et discuté comme un papier d'État, c'est la description de la Commune, de la Commune *autonome*, selon la formule des doctrinaires de l'Hôtel de ville. Après tous les malheurs que nous avions subis, la réalisation de cette utopie était le dernier qui nous menaçât. Mais tout peuple possède en lui un instinct de conservation nationale qui lui sert de guide mystérieux, obscur et invisible, dans les grandes crises de son existence. Voilà pourquoi la nation française, qui a tant besoin de force et d'unité, d'homogénéité pour reprendre son rang dans le monde, ne voulut pas consentir à se diviser elle-même, à se morceler de gaieté de cœur en douze ou quinze États disparates, à se mettre pour ainsi dire en lambeaux, en face de la race allemande qui la contemplait et qui, elle, se soumet à toutes les exigences du despotisme plutôt que de ne pas s'assurer le bienfait énorme de l'unité.

III

Toutefois, on ne peut s'empêcher de reconnaître que les institutions communales sont à la liberté ce que les écoles primaires sont à la science : elles la mettent à la portée du peuple, elles lui en font aimer l'image paisible et l'habituent à s'en servir. Sans institutions communales, une nation peut se donner un gouvernement libre, mais elle n'a pas l'esprit de la liberté. Des passions passagères, des intérêts d'un moment, le hasard des circonstances peuvent lui donner les formes extérieures de l'indépendance, mais le despotisme refoulé dans l'intérieur du corps social reparaît tôt ou tard à la surface [1].

C'est en méconnaissant pour la France ce qu'il y a de vrai dans cette idée de la Commune, c'est surtout en voulant faire de la capitale une Commune qui fût encore moins libre que les autres, que les divers pouvoirs ont fourni l'idée qui a tout brouillé et tout confondu. Le contrôle de l'État est devenu si minutieux, la tutelle qu'il exerce sur l'administration des communes est si odieuse, que les maires se sont jetés à corps perdu dans la politique, et quelle politique ! On n'a pas compris que le maire ne pouvait être à la fois l'agent du Gouvernement et le premier magistrat de la commune, et que cette déplorable confusion était la cause de tous les conflits qui éclatent entre les municipalités et les préfets. Pour ce qui est de Paris, on a cru qu'il devait être d'autant moins communal qu'il était plus gouvernemental. On lui a ôté du côté de la liberté tout ce qu'on lui donnait du côté de la souveraineté. Personne n'osait plus faire de Paris une vraie commune, une commune naturelle, parce qu'on ne savait comment résoudre le double problème qui se présente dans cette ville comme dans tous les grands centres de population : le bon ordre et la liberté communale. Les hommes d'État n'ont pas vu qu'il n'y avait qu'à fractionner

---

1. A. de Tocqueville. *De la démocratie en Amérique.*

les municipalités urbaines et à les assimiler à nos diverses circonscriptions administratives. L'analogie qui eût été la base de cette réforme n'aurait-elle pas été parfaite? Est-ce qu'un canton n'est pas une union de communes? un département une union de cantons? la France une union de départements. De cette manière on aurait pu, et on pourrait encore, malgré les affirmations contraires, détruire le mal qui se fait sentir dans les villes populeuses et qui dérive d'une cause unique : le centralisme municipal [1].

Ainsi, soit par principe, soit par dépit de se voir ravir une attribution qui appartenait à toutes les autres communes, Lyon excepté, soit par un sentiment de réaction contre certaines mesures reprochées au régime autoritaire, la majorité de la population parisienne en était venue à placer en tête de ses vœux politiques la restitution des droits électoraux pour la composition de son Conseil municipal. Il était donc naturel qu'au lendemain d'une révolution qui ramenait la République, la pensée de reconstituer le municipe parisien fût accueillie avec empressement, et que ce simple mot : *Commune*, fût accepté comme un mot d'ordre, sans être autrement expliqué. Il y eut, de la part des meneurs révolutionnaires du 18 mars, une grande habileté à l'inscrire sur leur drapeau et à se présenter aux yeux de la population comme les défenseurs d'un droit que les partis de l'opposition, sous l'empire, avaient réclamé avec tant d'énergie pendant vingt ans. En outre, comme l'extension des libertés locales figurait dans tous les programmes politiques, les révolutionnaires parisiens adressèrent généreusement le plan de leur Commune libre aux principales villes des départements, où ils trouvèrent naturellement des adhésions et recrutèrent de nombreux auxiliaires.

Mais il y a loin des franchises municipales que revendiquent avec raison Paris et la province, aux souverainetés

---

[1]. Sait-on pourquoi la ville de Londres, qui possède une population plus considérable que celle de Paris, n'est jamais devenue un foyer révolutionnaire. C'est que les municipalités y sont fractionnées par paroisses ou quartiers, ce qui n'empêche nullement les intérêts généraux d'y être représentés par une sorte de syndicat ou conseil général.

communales que l'intelligence ne saurait comprendre, et la réalité souffrir. La Commune telle qu'elle existe partout ailleurs en Europe, n'est qu'une partie du grand Tout qui s'appelle la nation. Elle a droit à la liberté pour la gestion des intérêts matériels locaux, elle doit pouvoir choisir par l'élection ou des concours les agents auxquels est confiée la charge de ses intérêts. Ses attributions ne s'étendent pas au delà. La nation conserve souverainement le droit et le devoir de diriger l'organisation militaire et l'instruction publique, de fixer les impôts, de régler la législation et de prescrire toutes les mesures d'intérêt général. La Commune autonome, au contraire, brise le lien national et supprime la grande patrie. Aussi elle a été condamnée et presque flétrie par un écrivain qui jouit d'une notoriété révolutionnaire incontestable [1].

Nous avons déjà fait connaître l'opinion de M. Mazzini sur l'insurrection du 18 mars : « Elle était tout imprégnée de matérialisme, et elle avait présenté un programme qui, s'il pouvait être adopté, ferait reculer la France aux temps du moyen âge, et lui enlèverait toute chance de résurrection, non point pendant des années, mais pour des siècles. »

M. Mazzini développe longuement les motifs de cet arrêt. — Politiquement, dit-il, le système aboutissait à l'anéantissement de la nation, qui deviendrait la proie de discordes multipliées à l'infini et serait livrée un jour à la conquête étrangère. Comment concevoir une ligue de trente-six mille communes, indépendantes et souveraines, divisées de sentiments et d'intérêts, inégales en étendue, en puissance et en richesse, fatalement condamnées à mort par suite de leur isolement? La France, ainsi pulvérisée, perdrait la sainte notion de la nationalité, elle n'aurait plus aucune influence sur le progrès général de la civilisation, elle serait perdue pour le monde; il n'y aurait plus de France. Au point de vue social, on irait directement contre les tendances de l'esprit moderne en substituant l'individualisme au principe

---

1. *The Commune in Paris*, article publié à Londres par M. J. Mazzini. (*Contemporary* Review, juin 1871.)

fécond de l'association. L'égalité elle-même serait profondément atteinte, car les supériorités naturelles ou factices se maintiendraient ou s'établiraient plus aisément dans l'étroit périmètre de chaque commune. Sous le rapport économique, la production et la consommation seraient embarrassées par les entraves que les intérêts ou les caprices locaux apporteraient au mouvement des échanges. Bref, le programme considéré dans son ensemble « est rétrograde, immoral, contraire au bien de l'humanité. » La nation qui consentirait à l'accepter commettrait un suicide. Telle es la conclusion de M. Mazzini.

Si l'on tente d'échapper à cette conséquence de quarante mille souverainetés, en bornant la fédération à une ligue des villes en dehors des campagnes, on ne fait que tomber d'absurdités en absurdités, d'impossibilités en impossibilités. Comment régulariser au point de vue politique, au point de vue économique, au point de vue législatif, au point de vue administratif, cette sécession d'un nouveau genre entre les villes et les campagnes, entre l'industrie et l'agriculture?

Si l'on creuse encore davantage la matière, on verra qu'il y a encore plus loin des libertés municipales à la Commune telle que la rêvaient les adeptes, et qui serait devenue, après une période très-courte de transition, la Commune propriétaire. La Commune propriétaire! c'est la destruction de toute propriété individuelle, de toute initiative individuelle. Dans cet absurde système, l'hérédité étant abolie, tous les biens, tous les capitaux des habitants d'une commune appartiennent à la commune elle-même, dont les chefs municipaux, c'est-à-dire les tyrans, distribuent à leurs serfs, travailleurs associés ou non, l'obole destinée à leurs besoins et à ceux de leur famille.

Il suffit de réfléchir un instant à ce système social pour comprendre qu'il tend à reproduire la féodalité tant décriée, ces anciens jours où l'on était attaché à la glèbe; qu'il renouvelle, en les aggravant, tous les abus renversés par la révolution de 1789. Il ne peut même dans son application, — si toutefois il est applicable, — qu'encourager la paresse et détruire toute émulation. Quel tableau présenterait une société fédéralement organisée de la sorte, et privée par ses maîtres de toute consolation religieuse (car les adeptes suppriment tous les cultes), condamnée peut-être même dans leur pensée dominatrice à voir briser les liens de la famille? La Commune propriétaire! c'est la barbarie, c'est un couvent du moyen âge sans la foi!

Certes, l'infirmité humaine est grande, l'esprit de l'homme est aussi bien incomplet; mais qui se serait attendu à voir à la fin du dix-neuvième siècle présenter cette prétendue invention comme un progrès, ce retour sous un autre nom à un passé qu'on s'est tant glorifié d'avoir détruit? Et voilà les belles conceptions qu'on a voulu substituer à cette grande unité française où se fondent sans s'effacer tant de diversités puissantes, à tout ce qui est notre civilisation, à tout ce qui est notre force, à tout ce qui est notre gloire, à tout ce qui est la France!

Sans admettre explicitement les dernières conséquences de ce système communal, des hommes, séduits par le côté libéral du fédéralisme, objectent, le croirait-on? l'exemple des Gaulois qu'unissaient seulement de *libres amitiés*. Sans les suivre jusque-là, nous nous rappellerons seulement que cette fédération permit la conquête romaine. Ils citent encore l'Union américaine et la Confédération helvétique. Mais ces deux républiques se sont formées par l'agrégation d'États préexistants, et on les voit dans leur développement historique resserrer de plus en plus le lien fédéral, tendre de plus en plus à l'unité. L'union française se formerait par la décomposition de l'unité nationale! et, sous l'action du principe qui l'aurait enfantée, elle tendrait invinciblement à se dissoudre de plus en plus. Autant vaudrait se joindre aux communeux pour réaliser immédiatement leur idéal de république universelle.

On ne peut toutefois condamner d'une manière absolue le régime fédéral, il a été une nécessité historique pour certains peuples; mais dans notre pays il n'engendrerait que des périls et des divisions éternelles. Ce qu'il faut à la France, c'est la décentralisation, c'est-à-dire le retour à une organisation de la commune, du canton et du département, ou de la région, qui leur donne le droit d'élire leurs conseils et assemblées, de nommer leurs fonctionnaires, de gérer leurs affaires locales *conformément aux lois* qui, au Nord comme au Sud, à l'Est comme à l'Ouest, conservent les idées, les institutions, les mœurs dont se compose l'édifice merveilleux encore, malgré les ruines partielles, de l'unité française. Et pour maintenir cet accord de la Commune et de l'État, il suffirait de substituer, au contrôle incessant des préfets, la responsabilité matérielle de la Commune, qui serait déchue temporairement du droit de s'administrer, de percevoir ses revenus, et soumise à l'occupation militaire, dans le cas où elle négligerait de remplir ses engagements avec l'État. Cette émancipation des communes permettrait enfin au gouvernement de séparer radicalement les affaires administratives des affaires politiques; les maires renonceraient alors forcément au rôle de tribuns ou de roitelets qu'ils ont assumé dans tant de localités.

Tel était le problème que la Commune avait à résoudre. Il n'a pas été compris ainsi par les chefs du mouvement, mais, du reste, — c'est une triste justice à leur rendre, — ils s'en souciaient bien peu [1].

---

[1]. Dans notre pays où la routine domine, où le fait du jour passionne et absorbe toutes les forces intellectuelles, on s'étonnera peut-être que nous ayons tant insisté sur cette question, mais que sont auprès d'elle les incidents parlementaires et les querelles journalières des partis?

CHAPITRE V

INTERVENTION DES MAIRES.
PREMIERS ACTES D'OPPOSITION DE LA PART DES PARISIENS.
MANIFESTATION DE LA PLACE VENDOME.
CONCESSIONS DU GOUVERNEMENT ET DE L'ASSEMBLÉE.

Prétexte des insurgés pour commettre leurs empiétements politiques. — Résistance des maires. — Ils essayent de se constituer en une sorte de gouvernement. — Leurs efforts pour arriver à la conciliation. — Premiers pourparlers avec les délégués du Comité. — Apparition de personnages sinistres. — Murmures contre le nouvel état de choses. — Protestations courageuses de la presse. — L'amiral Saisset. — Proclamations de l'Assemblée. — Son ordre du jour. — La réunion municipale délègue à l'Hôtel de ville MM. Lockroy et Clémenceau. — Ils échouent dans leur mission. — Grande manifestation des hommes d'ordre annoncée pour le 22. — Affiche menaçante du Comité. — Catastrophe de la place Vendôme. — Ses conséquences. — Lettre du général Fabrice. — Réponse de M. Jules Favre. — L'amiral Saisset nommé par les maires commandant en chef de la garde nationale. — Concessions du Gouvernement. — Proposition faite à l'Assemblée au nom des maires par M. Arnaud de l'Ariége. — Elle est acceptée. — Note échangée entre l'armée allemande et le Comité central. — Concours de la jeunesse des écoles. — Adresse de l'amiral Saisset à la population de Paris. — Réponse et restrictions du Comité. — Proclamation des généraux de la Commune annonçant l'ouverture de la guerre civile. — Les élections avancées par le Comité. — Fausse nouvelle. — Transaction des maires désapprouvée par l'Assemblée. — Désorganisation du parti de l'ordre. — Départ de l'amiral. — Insuffisance d'hommes, d'armes et de munitions pour continuer la lutte. — Triomphe et railleries du Comité.

I

La municipalité à constituer n'était et ne pouvait être pour les gens de Montmartre, dégagés de tout scrupule et affranchis par eux-mêmes de tout lien moral, qu'un prétexte, le moyen d'organiser une insigne tromperie. Ils ne voyaient dans le mot qu'un point de départ pour commettre leurs empiétements politiques, qui avaient déjà amené l'éloignement de deux cent mille citoyens, l'évanouissement du capital, la suppression des affaires, la fermeture de quinze cents usines et fabriques, la paralysie du commerce, l'apparition de la misère à toutes les portes, les transes ou les larmes dans cinq cent mille familles, et qui devaient aboutir à l'incendie de la capitale. Malheureusement rien ne put faire obstacle à leur projet, ni l'intervention des maires, ni la courageuse attitude de la presse.

La retraite de M. Thiers et de ses ministres ne laissait dans Paris d'autre autorité légale que celle des maires; c'était un devoir pour les magistrats municipaux de se constituer en une sorte de gouvernement localisé dans la grande ville. Le 18, dans la journée, ils essayèrent de se réunir, avec quelques représentants de la Seine, à la mairie du troisième arrondissement; mais, faute d'avoir été prévenus, un bien petit nombre de maires et de députés s'y rendirent. On s'ajourna pour le soir, à six heures, à la mairie du deuxième arrondissement, rue de la Banque. Cette fois l'assemblée fut nombreuse. Elle se composait de trois éléments distincts et peu faits pour s'accorder. Un certain nombre de membres étaient absolument avec la Commune ; d'autres, une dizaine environ, absolument contre la Commune. Puis il y avait un intermédiaire très-nombreux qui était près de la Commune et lui servait d'auxiliaire[1]. Il croyait qu'il fallait s'entendre avec le Comité central bien plutôt qu'avec le Gouvernement de Versailles[2].

Ils passèrent la nuit en délibération. M. Jules Favre a dit : « Peut-être auraient-ils pu, comme le leur conseillaient quelques citoyens hardis, devenir les maîtres du mouvement en se rendant à l'Hôtel de ville. » Mais c'est bien peu connaître l'audace et les visées du Comité central que de penser que ses émissaires n'auraient pas osé le leur disputer. Quoi qu'il en soit, les allées et les venues se multipliaient, les

---

1. Déposition de M. Desmarest.
2. Déposition de M. Héligon.

projets les plus contradictoires étaient débattus, l'influence de ceux qui voulaient organiser la résistance était incessamment contrariée par des hésitations ou le mauvais vouloir des conciliateurs à tout prix ou des ennemis cachés. De son côté, le Comité central comprenait l'énorme avantage d'attirer à lui la municipalité, dans laquelle il avait déjà des complices, et de l'absorber. Quatre de ses membres, Varlin, Antoine, Arnaud et Moreau vinrent, à onze heures du soir, demander aux maires de faire cause commune avec l'Hôtel de ville. L'assemblée municipale ne voulut pas accéder à cette proposition, et elle ne consentit même à entrer en arrangement avec le Comité qu'à la condition formelle qu'il livrerait l'Hôtel de ville, tous les ministères, la place Vendôme et que les gardes nationaux fédérés rentreraient doucement chez eux. Les délégués du Comité ne dissimulaient pas que leur proposition de partage devait être acceptée sur l'heure, parce qu'ils n'étaient pas sûrs de les faire maintenir si l'on discutait longtemps. La discussion se prolongea néanmoins; elle fut vive et animée : « Vous parlez de votre élection, disaient MM. Schœlcher et Peyrat contestant l'origine du Comité central, rien ne la constate, où est votre titre ? » A quoi Jourde répondit : « Vous demandez un titre, nous avons d'abord la force[1]. »

Les délégués de l'Hôtel de ville voulaient que les maires, d'accord avec le Comité, convocassent les électeurs pour le 22 mars, à l'effet d'élire un conseil communal. Ils demandaient de plus que les maires et les députés de la Seine décidassent que tous les grades de la garde nationale seraient donnés à l'élection y compris celui de général en chef. Mais sur la proposition de M. Louis Blanc, ils proposèrent de rédiger en commun une affiche, pour annoncer à la population que les élections seraient différées jusqu'au vote de l'Assemblée nationale sur la loi municipale, qui allait lui être proposée. Signer cette affiche eût été reconnaître le Comité central et laisser l'autorité indivise entre l'insurrection et les municipalités, en ajournant la restitution de l'Hôtel de

---

1. Déposition de M. Ducuing.

ville, des ministères et de l'état-major ; les maires s'y refusèrent. Ils s'arrêtèrent à une affiche, dans laquelle ils annonçaient qu'un projet de loi accordant l'élection de tous les chefs de la garde nationale et l'établissement d'un conseil municipal élu par les citoyens, allait être rédigé par les députés de Paris et déposé sur le bureau de l'Assemblée. Les délégués du Comité promirent de s'en contenter et de rendre le lendemain matin, à dix heures, l'Hôtel de ville aux maires. Mais dans l'intervalle eut lieu, rue de la Corderie où siégeait l'Internationale, une réunion du Comité des délégués des vingt arrondissements.— C'était le Comité de vigilance qui reprenait ici son titre de Comité directeur. — On y avait décidé que l'Hôtel de ville resterait entre les mains du Comité central. Ce fut le citoyen Viard qui se fit l'interprète de cette décision, lorsque les délégués des maires : MM. Bonvallet, André Murat et Denizot se présentèrent à l'Hôtel de ville pour en prendre possession, comme cela avait été convenu la veille. Les maires, informés de ce qui venait de se passer, au lieu de rompre tout à fait avec le Comité central, envoyèrent des délégués à Versailles prévenir les députés de Paris ; ceux-ci se firent illusion au point d'espérer qu'ils arrêteraient la révolution en déposant le projet de loi suivant sur le bureau de l'Assemblée :

« Art. 1er. Il sera procédé dans le plus bref délai à l'élection d'un conseil municipal pour la ville de Paris.

Art. 2. Le conseil sera composé de quatre-vingts membres.

Art. 3. Ce conseil nommera dans son sein son président, qui aura le titre et exercera les fonctions de maire de Paris.

Art. 4. Il y aura incompatibilité entre les fonctions de conseiller municipal et celles de maire ou adjoint de l'un des vingt arrondissements de Paris[1]. »

---

[1]. Les signataires étaient : MM. Schœlcher, Louis Blanc, Henri Brisson, Tolain, Tirard, Lockroy, Clémenceau, Langlois, Edgard Quinet, Brunet, Millière Martin Bernard, Greppo, Bernard, Cournet, Floquet, Razoua, Farcy.

II

Tandis que ces efforts de conciliation impossible étaient tentés à Paris et à Versailles, les membres du Comité central essayèrent, comme on vient de le voir, de rassurer les esprits en justifiant une usurpation qu'il n'était pas facile cependant de motiver. Ils semblaient, dans leurs proclamations, dont nous avons déjà cité plusieurs passages, vouloir restreindre la révolution à un rôle purement municipal ; mais les vagues généralités dans lesquelles ils se tenaient ne pouvaient satisfaire la population parisienne.

Elle s'étonna surtout des noms qui se trouvaient rassemblés au-dessous de toutes ces pièces, sous le titre collectif de « Comité central de la garde nationale » Semblables à ces Romains du temps de Cicéron qui demandaient aux passants quelle république on avait le matin, les groupes se formaient et s'interrogeaient au lendemain du 18 mars : « Qu'est-ce « que le citoyen Assi ? — un ouvrier mécanicien connu par « les grèves du Creuzot. — Le citoyen Billioray ? — un peintre « sans talent. — Le citoyen Ferrat ? — un homme de peine. « — Le citoyen Babick ? — un parfumeur ayant quelque peu « étudié la médecine. — Le citoyen Moreau ? — un placier. « — Le citoyen Mortier ? — un inconnu. — Le citoyen Du-« pont ? — un teneur de livres. — Le citoyen Varlin ? — un « relieur. — Le citoyen Boursier ? — un marchand de vins. « — Le citoyen Goulins ? — un inconnu. — Le citoyen Lava-« lette ? — un apprenti ingénieur. — Le citoyen Jourde ? — « un comptable. — Le citoyen Rousseau ? — un inconnu. — « Le citoyen Lullier ? — un officier de marine devenu fou. — « Le citoyen Blanchet ? — un ancien capucin. — Le citoyen « Grollard ? — un inconnu. — Le citoyen Baron ? — même « chose. — Les citoyens Geresme, Fabre, Bergeret ? — tous « absolument ignorés. » Voilà ce qui se disait ; et, la réponse faite, on commençait à rougir des maîtres qu'on ne s'était pas donnés, mais qu'on avait laissé usurper le droit.

En même temps se dessinaient, sous les yeux des curieux

consternés, des silhouettes sinistres. C'étaient des corps garibaldiens venus à Paris à la suite des préliminaires de la paix, et mariés à tout ce qu'il y avait d'aventuriers dans nos murs. On ne voyait sortir de l'Hôtel de ville et de la place Vendôme que chemises rouges, chapeaux à plumes, nouveaux *hussards de la mort*, costumés d'une manière mélodramatique, avec un crêpe au bras, des revolvers à la ceinture, un grand sabre au côté. Tout cela traversait sans cesse les rues, sur des montures fantastiques. Les jurons et même les menaces sortaient à tout propos de leurs bouches. « Est-ce que tout ce monde-là est payé pour nous vexer? » se demandèrent les bons bourgeois. Et sur la réponse que le Comité central, le pistolet au poing, avait déjà fait à la banque de France plusieurs réquisitions forcées de 500 000 francs, la colère succéda enfin à l'épouvante, et l'on s'ameuta pour protester hautement contre cet état de choses. Quelquefois, au passage des patrouilles fédérées, on entendait crier : « Vive l'ordre ! à bas les masques ! pas de carnaval ! » On disait ironiquement : « Ils recommencent les sergents de ville ! Où sont vos casse-têtes ? » Dans tous les lieux publics, la réprobation s'exprimait sous la forme la plus vive. Des discussions animées s'engageaient devant les barricades entre leurs gardiens armés et les hommes d'ordre sans armes, qui savaient souvent se faire écouter. Le *Journal officiel* signalait lui-même les « groupes de vingt-cinq, cinquante et même cent personnes » qui se formaient sur les boulevards et s'y tenaient « en permanence, discutant, gesticulant et gênant la circulation » — « Chaque groupe, ajoutait-il, possède quatre ou cinq orateurs en plein vent, qui tiennent l'attention des auditeurs. Ces orateurs, *presque tous réactionnaires*, s'appuient sur ce thème, que ce qu'il faut maintenant c'est le travail, et que le nouveau Gouvernement est incapable d'en donner. »

Ces premiers actes d'opposition trouvèrent un écho dans la presse, non-seulement sous forme de critiques plus ou moins acerbes, mais sous celle d'une protestation collective à laquelle eurent le courage de s'associer les organes de toutes les opinions avouables, depuis les plus rétrogrades jusqu'aux plus radicales. Le terrain commun sur lequel se plaçaient tous ces journaux, c'était le respect de la souveraineté nationale, que représentait seule l'Assemblée réunie à Versailles. Ils ne se laissaient ni effrayer par les menaces, ni duper par la feinte modération du pouvoir de fait qui siégeait à l'Hôtel de ville. Ils refusaient des mains de ce pouvoir des élections municipales qui ne seraient que la consécration de la révolte.

Voici la teneur de cette déclaration, qui fut signée chez M. Guéroult, dans la soirée du 20 mars, et affichée le 21 :

« Attendu que la convocation des électeurs est un acte de souveraineté nationale; — que l'exercice de cette souveraineté n'appartient qu'aux pouvoirs émanés du suffrage universel ; — que, par suite, le Comité qui s'est installé à l'Hôtel de ville n'a ni droit ni qualité pour faire cette convocation ; les représentants des journaux soussignés considèrent la convocation, affichée pour le 22 du courant, comme nulle et non avenue, et engagent les électeurs à n'en pas tenir compte. »

Les journaux signataires furent : le *Journal des Débats*, le *Constitutionnel*, le *Siècle*, l'*Électeur libre*, le *Paris-Journal*, la *Vérité*, le *Figaro*, le *Gaulois*, la *Petite Presse*, l'*Union*, le *Petit-Journal*, la *France Nouvelle*, la *Presse*, la *Liberté*, le *Pays*, le *National*, la *France*, l'*Univers*, l'*Opinion nationale*, la *Cloche*, le *Petit Moniteur*, le *Français*, le *Journal des villes et des campagnes*, le *Journal de Paris*, la *Gazette de France*, le *Messager de Paris*, le *Temps*, le *Soir*, le *Moniteur universel*, le *Monde*.

Il fallait un chef à la résistance, on songea à l'amiral Saisset. Le courage et l'énergie dont il avait fait preuve pendant le siége, et la mort de son fils, jeune et brillant officier de marine, tué par un obus prussien, l'avaient rendu populaire et sympathique. Reconnu, le 19, sur le boulevard à la hauteur de l'Opéra, l'amiral avait été acclamé, et de nombreux citoyens lui avaient offert le commandement de la garde nationale qu'il ne voulut accepter que sur un ordre exprès du Gouvernement légal. M. Thiers ne donna pas et ne pouvait pas donner d'instructions précises à l'amiral ; il se borna à lui dire : « Faites tout ce que vous pourrez, au moyen de votre popularité, pour tâcher de conjurer les horreurs de la guerre civile, je n'ai pas d'instructions à vous donner; les maires de Paris ont mes pleins pouvoirs. »

Dès son arrivée, l'amiral expédia aux bataillons de Passy l'ordre de venir, dans la nuit, le joindre à son hôtel de la rue de Ponthieu. Il se proposait d'occuper le palais de l'Industrie, l'Élysée et le ministère de l'intérieur qu'il savait mal gardés. Il conservait ainsi le cours de la Seine et assurait ses communications avec Versailles; mais les bataillons de Passy, très-déterminés à se défendre chez eux, montrèrent fort peu d'empressement à sortir de leur arrondissement. Adoptant alors une nouvelle combinaison, l'amiral se rendit à la gare Saint-Lazare, où il se maintenait en relation avec Versailles, et en cas de besoin s'assurait un moyen de retraite. Mais le Gouvernement, absorbé par la nécessité de reconstituer l'armée, ne put lui donner les troupes de soutien nécessaires pour garder la ligne de chemin de fer et le poste des Batignolles. Forcé d'abandonner ce second plan, l'amiral s'établit au Grand-Hôtel pour se rapprocher du centre où se trouvaient les bataillons les plus fidèles, et reprendre avec leur concours la place Vendôme. Mais là, comme à la gare Saint-Lazare, comme à la rue de Ponthieu, il ne parvint pas à grouper des forces suffisantes. Le plus grand nombre des officiers de la garde nationale refusaient, il est vrai, de suivre le Comité central, mais ne se mettaient pas franchement à la disposition de l'amiral pour marcher contre l'émeute.

Pendant ce temps, l'Assemblée nationale, réunie à Versailles depuis la veille, adoptait une proclamation au peuple et à l'armée. Le rédacteur, M. Vitet, répondant aux préoccupations les plus vives de tous les honnêtes gens, leur disait dans ce noble et ferme langage dont il avait le secret : « Ne craignez pas de nous ces faiblesses morales qui aggraveraient le mal en pactisant avec les coupables. Nous vous conserverons intact le dépôt que vous nous avez commis pour sauver, organiser, constituer le pays, le grand et tutélaire principe de la souveraineté nationale. » Vainement,

MM. Tirard et Clémenceau poussèrent l'Assemblée dans la voie des concessions, et firent les plus grands efforts pour obtenir le vote immédiat de la loi municipale qu'ils avaient proposée. L'Assemblée se borna, et c'était tout ce que sa dignité lui permettait de faire, à adopter à l'unanimité l'ordre du jour suivant : « L'Assemblée nationale, résolue, d'accord avec le pouvoir exécutif, à reconstituer, dans le plus bref délai possible, les administrations municipales des départements et de Paris sur la base des conseils élus, passe à l'ordre du jour. »

Le soir même de cette séance, l'une des plus mémorables de la session, M. Tirard rendit compte aux maires et aux députés de Paris, réunis sous la présidence de M. Vautrain, de ce qui s'était passé à Versailles, et, après cette communication, la réunion municipale délégua MM. Lockroy et Clémenceau à l'Hôtel de ville pour inviter le Comité central à ne pas faire procéder aux élections. Mais le Comité, qui sentait sa force, accueillit mal les délégués et ne leur donna aucune réponse.

III

Cependant, la courageuse protestation de la presse, la résistance des maires et de la plupart des députés de la Seine avaient réveillé les hommes d'ordre. Ils commençaient à sortir de la torpeur des premiers jours.

Le 21 mars, par l'initiative d'un courageux citoyen, le tailleur Bonno, se forma sur le boulevard des Capucines une première manifestation qui attira l'attention du Comité[1]. Viard demanda énergiquement qu'on fît cesser toutes ces excitations, et Lullier, dont l'énergie ou plutôt la folie furieuse commençait à se révéler, fut chargé du maintien de l'ordre. En même temps, le *Journal officiel* tonnait contre « les groupes de vingt-cinq à cent personnes, gesticulant et gênant la circulation sur les boulevards, et leurs orateurs

---

1. Conciliabules de l'Hôtel de ville — 21 mars, p. 6.

en plein vent, presque tous réactionnaires. » Le lendemain, prévenu qu'une seconde manifestation se préparait, le Comité constate que la réaction plus puissante lève la tête, qu'elle veut arriver à troubler la paix publique en descendant dans la rue, et il ordonne à Lullier et à Moreau de prendre les mesures les plus énergiques pour empêcher sans effusion de sang, *si faire se peut*, la réunion projetée [1].

Ces menaces n'empêchèrent pas les hommes d'ordre de se rassembler dans la journée, place du Nouvel-Opéra, pour prendre part à la manifestation décidée la veille. A une heure, ils étaient plus de huit mille, portant chacun des rubans bleus à la boutonnière, comme signe de ralliement. Nous étions au milieu d'eux et nous pouvons raconter toutes les scènes de ce lugubre épisode.

La colonne, composée comme celle du jour précédent, d'hommes sans armes, bourgeois, artisans, gardes nationaux, soldats, mobiles, se dirigea, précédée de son drapeau, vers la place Vendôme, quartier général des bataillons de la Commune. S'engageant dans la rue de la Paix, compacte, énergique, mais calme, elle ne rencontra d'abord aucune résistance sérieuse de la part de la compagnie fédérée qui gardait l'entrée de la rue. « Nous venons à vous sans armes, nous sommes vos frères! » criait-on aux gardes nationaux de la Commune, et les soldats ainsi que les officiers, par un premier mouvement, remettaient sabres et baïonnettes au fourreau. Mais sur la place Vendôme, les officiers, qui de loin considéraient ce flot de peuple envahissant la rue de la Paix, s'en effrayèrent et firent battre le tambour. Ce mouvement n'avait pas échappé aux amis de l'ordre formant la tête de la colonne : plusieurs d'entre eux s'arrêtèrent incertains, et cette hésitation, remarquée par les fédérés de la place, leur donna le temps de se ranger en bataille. Cinq ou six cents personnes, se détachant de la colonne, se portèrent cependant en avant; une avant-garde les précédait de quelques pas. Les défenseurs de la Commune, voyant cette petite troupe s'avancer résolument malgré leurs démonstrations

---

1. Conciliabules de l'Hôtel de ville — 22 mars, p. 6 et 7.

hostiles, croisèrent la baïonnette et se mirent en défense, comme s'ils craignaient que les gens qu'ils voyaient devant eux désarmés n'eussent des armes cachées. Les modérés parlementaient et cherchaient à leur faire comprendre qu'ils occupaient indûment un arrondissement qui n'était pas le leur. « Laissez-nous libres chez nous, disaient-ils, et nous n'irons pas vous inquiéter chez vous. Vive la liberté pour tous! Vive la République! » Ces paroles semblaient ébranler quelques-uns des fédérés, mais la plupart conservaient une attitude farouche. Derrière eux se trouvait un capitaine fort exalté qui brandissait son sabre. Le tambour exécutait des roulements qui ressemblaient à ceux qui précèdent les sommations.

L'amiral Saisset marchait à la tête de la colonne, espérant par l'annonce officielle des concessions faites par Versailles, ramener les esprits aux sentiments de l'ordre. Mais il avait à peine prononcé quelques paroles que plusieurs coups de feu éclatèrent. Alors s'accomplit un acte d'héroïsme que nous ne pouvons nous empêcher de rapporter : nous vîmes le courageux citoyen qui portait le drapeau tricolore couvrir l'amiral de son corps, en criant : « Si vous voulez tuer quelqu'un, tuez-moi! » La foule ne bougea pas. Mais d'autres coups de feu partirent de l'extrémité, puis de tous les rangs indistinctement, et frappèrent au hasard ceux qui étaient devant, amis et ennemis. C'est alors seulement que la manifestation battit en retraite. Les gardes s'étaient presque tous repliés en tirant; l'un d'eux s'enfuit jusque dans la rue du Marché-Saint-Honoré, où il fut berné par les femmes du quartier et finalement laissé pour mort. Les officiers, quelques hommes de sang-froid, seuls, restés au milieu de la chaussée, essayèrent de faire cesser le feu. Un jeune homme revint, tenant le drapeau de la manifestation, la flèche brisée. Deux ou trois gardes seulement accueillirent par des vivats ce triste trophée. Les rues étaient jonchées de corps tués ou blessés. Sept personnes avaient été mortellement frappées dans la rue des Capucines; dans la rue de la Paix, un soldat de la ligne, qui tenait le drapeau, était tombé à côté d'un vieillard qui avait eu la tête fracassée, et d'une malheureuse cantinière. Les blessés étaient nombreux. Ils se traînaient ou on les traînait de tous côtés. Le dernier coup tiré, le fut par un homme qui, froidement, se masquait derrière deux camarades, épaulait son fusil, lentement comme à la cible, et tirait, mais sur des blessés ou sur ceux qui cherchaient à se relever. Les gamins, ces hideux et féroces gnomes de toutes les émeutes, ne manquaient pas à cette fête. Nous avons vu un jeune homme, presque un enfant, à qui on passait des fusils chargés, et qui, sans interruption, fusillait tout devant lui.

Cette affreuse catastrophe, dont le bruit et les conséquences avaient jeté l'épouvante sur la ligne des boulevards, plongea la ville dans le deuil et la terreur. L'effusion du sang, commencée rue des Rosiers, se continuait place Vendôme; il était bien évident, désormais, que les fédérés ne reculeraient devant aucun excès pour rester maîtres du terrain qu'ils avaient conquis. Si l'on avait pu en douter, l'attitude et les paroles du Comité, siégeant à l'Hôtel de ville, auraient pu facilement détruire toute illusion à cet égard. Ainsi lorsqu'un officier d'état-major, délégué du poste central de la place Vendôme, vint, dans la séance du 22 mars, annoncer au Comité réuni le résultat de la manifestation de la journée, le citoyen Avoine proposa de voter des remercîments au général Bergeret et à tout l'état-major, qui avaient bien mérité de la patrie; et cette proposition fut adoptée à l'unanimité. Le Comité ne pouvait montrer avec plus de cynisme sa satisfaction de l'accomplissement du crime qu'il avait préparé. Que lui importaient treize cadavres, des mourants, des passants inoffensifs frappés par les balles! On avait fait peur à cette résistance loyale et gênante qui disputait Paris à la révolution!

Le mouvement insurrectionnel triomphait, mais ses succès ne mettaient pas seulement en question l'existence du Gouvernement; ils faisaient craindre à la France épuisée le danger d'une reprise immédiate des hostilités de la part des Prussiens. Nos intéressés vainqueurs voulaient, avant tout, conserver le gage de leur créance. Le 22, le général de Fabrice, commandant supérieur des forces allemandes, menaçait d'agir militairement contre la capitale de la France. M. Jules Favre avait répondu : « Nos engagements seront tenus; Votre Excellence ne voudra pas, en présence de notre déclaration formelle, infliger à la ville de Paris, protégée par les préliminaires de paix, les calamités d'une exécution militaire. »

Ces deux pièces furent communiquées à l'Assemblée nationale d'abord, puis au maire du IIe arrondissement, M. Tirard, pour « l'éclairer sur les dangers que faisait courir à Paris la sanglante saturnale de l'Hôtel de ville », et le prier de donner connaissance de la négociation à ses collègues. Dans une seconde dépêche, du même jour, le ministre écrivait à M. Tirard : « Ai-je besoin de vous dire que nous voulons aller à votre secours? Que la garde nationale se réunisse sous les ordres de l'amiral Saisset, nous nous mettrons en communication avec lui, et nous ferons tous nos efforts pour rallier tous les éléments de la défense qui nous permettront de dominer la situation. »

Conformément aux instructions de M. Jules Favre, les maires et adjoints nommèrent d'urgence, dans la nuit du 22 mars, l'amiral Saisset, commandant supérieur de la garde nationale, le colonel Langlois, chef d'état-major général, et le colonel Schœlcher, commandant en chef de l'artillerie, en attendant, disaient-ils, la promulgation de la loi qui devait conférer à la garde nationale de Paris son plein droit d'élection. Ils avaient les pleins pouvoirs de M. Thiers. Le lendemain, en effet, leur conduite était approuvée par le chef du pouvoir exécutif. M. Desmarest, qui était allé dans la nuit à Versailles avec MM. Alphonse de Rothschild, Charles Ferry, Alfred André, Fabre et Vautrain, rapporta une lettre dans laquelle M. Thiers disait : « Messieurs les maires, vous n'êtes pas en désaccord avec le Gouvernement, en supposant que, dans les circonstances actuelles, il ratifiera toutes les mesures de pardon et d'oubli que vous croirez devoir prendre, pour ramener à la cause de l'ordre les hommes qui se sont laissé engager dans la sédition, et qui ne sont coupables que d'égarement. » Dans une autre lettre, M. Picard promettait que la loi relative aux élections municipales serait votée immédiatement, et que les élections pourraient avoir lieu le 3 avril. Enfin la nomination de l'amiral Saisset, comme commandant de la garde nationale, était confirmée.

C'était là évidemment tout ce que l'on pouvait demander, et M. Thiers allait à la limite extrême des concessions. Les maires et les adjoints n'en vinrent pas moins à Versailles le 23, et entrèrent dans une des tribunes de la Chambre, revêtus de leurs insignes. Il y eut là, entre eux et les députés, une scène fâcheuse qui rappelait les plus mauvais jours de la Convention. Pour dissiper l'impression qu'elle avait produite sur la chambre, le président présenta l'incident comme le résultat d'une méprise, et M. Arnaud de l'Ariége proposa au nom des maires la résolution suivante :

« 1° L'Assemblée se mettra à l'avenir en communication plus directe et plus intime avec les municipalités de Paris ; 2° elle autorisera les maires à prendre les mesures que les circonstances exigeront ; 3° les élections de la garde nationale auront lieu avant le 28 mars, et l'élection du conseil municipal avant le 3 avril ; la condition du domicile sera réduite à six mois ; enfin, les maires et les adjoints procéderont aussi de l'élection. »

Comme le Gouvernement, l'Assemblée alla à l'extrême limite de ce qu'elle pouvait accorder, en prononçant à l'unanimité l'urgence de cette proposition. La situation de la France vis-à-vis de l'étranger ne motivait que trop cette ligne de conduite envers l'insurrection. Le mouvement de retraite des Allemands était arrêté, les négociations suspendues, et le crédit si paralysé qu'il devenait impossible de se procurer les sommes nécessaires pour payer les premiers termes de l'énorme contribution de guerre imposée par les vainqueurs. Le Comité, du reste, n'avait pas à s'en préoccuper. Le 23 mars, il faisait insérer à l'*Officiel* et publier en gros caractères, comme s'il se fût agi d'un triomphe pour lui, une dépêche adressée par le chef du quartier général prussien au commandant de Paris, et dans laquelle il l'informait que les troupes allemandes avaient reçu l'ordre de garder une attitude amicale, tant que les événements, dont Paris était le théâtre, ne prendraient pas un caractère hostile à l'égard de l'armée de l'occupation. Mais tout ce qui avait conservé à Paris la fibre patriotique ne partagea pas la quiétude du Comité. Le 23 et le 24, la résistance s'accentua dans le quartier latin. Les élèves des diverses Écoles publièrent, eux aussi, une affiche dans laquelle on lisait : « La jeunesse des Écoles, assemblée dans l'amphithéâtre de l'École de médecine, considérant que le Comité central a porté atteinte au suffrage universel, déclare qu'elle fait cause commune avec les représentants et les maires de Paris, et qu'elle est prête à lutter avec eux par tous les moyens possibles contre ce Comité sans mandat populaire. »

Le 24 au soir, les étudiants se rendirent au Grand-Hôtel et se mirent à la disposition de l'amiral Saisset qui les fit armer et caserner au troisième étage. C'est ce jour-là que parut la fameuse adresse de l'amiral à la population de Paris : « Je m'empresse de porter à votre connaissance que, d'accord avec les députés de la Seine et les maires élus de Paris, nous avons obtenu du Gouvernement et de l'Assemblée nationale : 1° la reconnaissance complète de nos franchises municipales ; — 2° l'élection de tous les officiers de la garde nationale, y compris le général en chef ; — 3° des modifications à la loi des échéances ; — 4° un projet de loi sur les loyers, favorable aux locataires, jusques et y compris les loyers de 1200 francs. »

On a reproché à l'amiral l'étendue de ces concessions, mais les membres de l'Assemblée, qui tenaient ce langage facile sur les bancs ou dans les couloirs de la Chambre, ne songeaient pas assez aux difficultés des circonstances, et oubliaient qu'au point de vue politique les maires seuls avaient les pleins pouvoirs de M. Thiers, et par conséquent la responsabilité. Peut-être — et c'est encore fort contestable — peut-être, l'amiral s'est-il trompé, mais il eut toujours des paroles énergiques pour repousser toute attache de parti. Le cœur brisé de la douleur d'avoir perdu son fils unique, il était venu simplement faire son devoir. En tous cas, la guerre entre habitants d'une même ville est chose assez affreuse pour qu'il soit excusable d'avoir tout tenté pour la prévenir.

Le même jour, le Comité qui ne pouvait refuser de telles conditions, mais qui ne voulait à aucun prix s'entendre avec le Gouvernement, envoya deux délégués à la mairie du deuxième arrondissement, avec mission d'accepter les propositions faites par l'amiral, mais aussi de maintenir les élections au 26 mars. Il savait bien que cette date, trop rapprochée, ne permettait pas aux maires de faire des élections sérieuses, et qu'ils la repousseraient; c'est en effet ce qui arriva. Ce fut un tort. Le seul compromis légitime eût été de prendre au mot le Comité central, en permettant sous toutes réserves les élections dont il s'était engagé à respecter l'arrêt, quel qu'il fût. Il n'était pas question pour le pouvoir légal de prendre un engagement semblable; il ne se fût pas obligé à reconnaître un conseil municipal irrégulièrement élu : il n'eût fait que laisser à la population honnête de Paris un moyen pratique de manifester ses sentiments. Ce parti fut la dernière mais trop tardive ressource des maires et des députés, la veille même des élections, lorsqu'ils eurent perdu tout espoir d'en obtenir l'ajournement.

Le Comité central, qui ne pouvait procéder au vote qu'après avoir brisé ou vu céder toute résistance, déclare aussitôt les négociations rompues et confie le pouvoir militaire à Brunel, Duval et Eudes auxquels il confère le titre de généraux, en attendant l'arrivée de Garibaldi acclamé comme général en chef. On a dit que son opiniâtreté à refuser tout projet d'arrangement provenait des surexcitations soufflées par M. de Bismark et de l'argent semé par des mains bonapartistes. Ce bruit ne fut-il qu'une rumeur forgée par les partis? Nous l'ignorons, mais ces causes souterraines, en supposant même leur existence, n'influèrent pas sérieusement sur le refus du Comité. Il résista aux prières des hommes qui paraissaient se rapprocher le plus de ses idées et aux concessions si étendues du pouvoir, uniquement, nous l'avons dit, afin de réaliser l'orgie sociale que ses membres rêvaient depuis si longtemps. M. Thiers avait bien vu juste dans ce jeu, mais avant de tout oser, il fallait tout reconstituer.

Les nouveaux généraux publièrent sur-le-champ une proclamation qui annonçait clairement l'ouverture de la guerre civile : « Tout ce qui n'est pas avec nous, disaient-ils, est contre nous ! » Et pour envenimer encore la situation déjà si tendue par le refus des maires, ils attaquent, vers deux heures, la mairie du premier arrondissement (celle du Louvre), à la tête de quatre bataillons fédérés et de quatre pièces d'artillerie. Brunel se présente comme délégué du Comité central ; il veut d'abord qu'on lui remette la mairie, et sur le refus du maire, M. Méline, appelé en toute hâte, il exige que les élections de la commune soient fixées au 26 ; le tout, sous menace de bombardement. MM. Méline et Adam étaient hors d'état de lutter contre les forces du Comité central ; ils demandèrent à MM. Dubail et Schœlcher, l'autorisation de traiter. M. Dubail, en sa qualité de membre de la commission de permanence à la réunion des maires, M. Schœlcher comme colonel de l'artillerie de la garde nationale, les autorisèrent à accorder, pour éviter l'effusion du sang, les élections au 3 avril, ce qui était, d'ailleurs, accepté par le Gouvernement. Mais le Comité refusa aux maires cet ajournement, même à si court délai, et ils furent obligés d'accepter la date du 30 mars. Une transaction fut signée entre eux et les citoyens Brunel et Protot. On ajourna les questions de détail à une nouvelle réunion, qui aurait lieu le soir, à neuf heures, et dans laquelle les membres du Comité viendraient s'aboucher avec les maires.

Le Comité central sent que le terrain glisse sous ses pas. Il comprend que si l'Assemblée nationale accorde à Paris l'élection d'un conseil municipal, il n'aura plus de raison d'être, et que la population lui échappera. Il s'empresse de désavouer ses agents et d'exiger une concession entière ou le combat immédiat. Les délégués qu'il chargea de cette triste mission étaient Rouvier et Arnold. Ils ne se présentèrent qu'assez tard, dans la nuit, à la mairie du deuxième arrondissement, et déclarèrent tout d'abord que Brunel et Protot n'avaient pas qualité pour traiter et que les élections resteraient fixées au 26, parce que telle était la volonté du Comité central.

La réunion, bien que très-divisée au fond, refusa de revenir sur ce qui avait été décidé dans l'après-midi, et maintint l'engagement pris pour le 30. La discussion fut vive. M. Vautrain traita les délégués du Comité de « misérables et de fourbes parlant de liberté et n'entendant agir que par l'oppression ». Le maire du dixième arrondissement, M. Dubail, dit à ceux qu'il croyait favorables au parti de l'insurrection : « Si vous êtes ici pour résister avec nous, c'est bien ; mais si non, il faut partir ». Le principe de la résistance triomphait. Malheureusement ce langage si ferme ne représentait que l'opinion d'un certain nombre de maires ; le parti de la faiblesse devait l'emporter le lendemain et entraîner M. Vautrain lui-même.

Le 25, à onze heures du matin, les députés de Paris, de retour de Versailles, venaient d'arriver à la réunion des maires, lorsque Rouvier et Arnold entrèrent dans la salle des délibérations. On reprit la discussion au point où elle était la veille : « Voulez-vous, disaient les délégués du Comité, convoquer les électeurs pour le jour que nous avons choisi ? Nous vous rendrons vos mairies et les élections seront faites par vos soins. Dans le cas contraire, nous nous passerons de vous. »

L'heure était solennelle ; on sentait que cette conférence était la dernière et que le sang ne tarderait pas à couler. Les maires du parti de la résistance étaient prêts à se retirer plutôt que d'accepter la transaction proposée. A ce moment, entrent MM. Clémenceau et Floquet ; ils disent qu'ils arrivent de Versailles et que, dans les couloirs de l'Assemblée, il était question de proclamer le duc d'Aumale lieutenant-général du royaume. Alors, sur ce bruit faux semé perfidement pour irriter leurs consciences républicaines, les maires se jettent sur les plumes et signent le fatal compromis. En voici le texte officiel, tel qu'il fut signé par six représentants de la Seine, sept maires et trente-deux adjoints de Paris, et, à leur suite, par les deux délégués du Comité central.

« Les députés de Paris, les maires et les adjoints élus, réintégrés dans les mairies de leurs arrondissements, et les membres du Comité central fédéral de la garde nationale, convaincus que le seul moyen d'éviter la guerre civile, l'effusion de sang à Paris, et en même temps d'affermir la République, est de procéder à des élections immédiates, convoquent pour aujourd'hui, dimanche, tous les citoyens dans les colléges électoraux. — Les bureaux seront ouverts à huit heures du matin et seront fermés à minuit. — Les habitants de Paris comprendront que dans les circonstances actuelles, le patriotisme les oblige à venir tous voter, afin que les élections aient le caractère sérieux qui, seul, peut assurer la paix dans la cité. Vive la République! »

L'usurpation était consommée, du consentement de ceux qui avaient été les derniers représentants du droit. Quoique extrêmement favorable aux visées du Comité, ce texte ne le satisfit pas cependant, il crut devoir l'altérer. La proclamation, affichée par ses ordres, portait : « Le Comité central de la garde nationale auquel se sont ralliés les députés de Paris, les maires et adjoints.... » et elle était signée par le Comité tout entier. De sorte que c'était le Comité insurrectionnel qui convoquait les électeurs, et non plus les maires et les députés de Paris. Il se permit même d'ajouter sur l'affiche, ainsi falsifiée, les signatures de plusieurs magistrats municipaux qui n'avaient pas souscrit le compromis. L'acte original était intitulé :

Seul texte authentique de la convention signée entre les maires, adjoints, représentants de la Seine présents à la séance, et MM. Rouvier et G. Arnold, délégués du Comité central.

Il était signé :

Les maires et adjoints de Paris :

1er *arrond.* Adolphe Adam, Méline, adjoints.
2e — Émile Brelay, Loiseau-Pinson, adjoints.
3e — Bonvalet, maire; Charles Murat, adjoint.
4e — Vautrain, maire; de Châtillon, Loiseau, adjoints.
5e — Jourdan, Collin, adjoints
6e — A. Leroy, adjoint.
9e — Desmarest, maire ; E. Ferry, André, Nast, adjoints.
10e — A. Murat, adjoint.
11e — J. Mottu, maire; Blanchon, Poirier, Tolain, adjoints.

12ᵉ	—	Grivat, maire; Denizot, Dumas, Turillon, adjoints.
13ᵉ	—	Combes, Léo Meillet, adjoints.
15ᵉ	—	Jobbé-Duval, Sextus-Michel, adjoints.
16ᵉ	—	Chaudey, Sevestre, adjoints.
17ᵉ	—	François Favre, maire; Malon, Villeneuve, Cacheux, adjoints.
19ᵉ	—	Devaux, Satory, adjoints.

Les représentants de la Seine présents à Paris :
Lockroy, Floquet, Tolain, Clémenceau, V. Schœlcher, Greppo.

Les délégués du Comité central de la garde nationale :
G. Arnold et Rouvier.

On ne peut s'empêcher de remarquer que, sur quarante-trois députés de la Seine, six seulement prirent part à cet acte. Quant aux municipalités, quatre arrondissements n'étaient pas représentés dans la liste des signataires. Sur vingt maires, sept seulement avaient adhéré et sur quatre-vingts adjoints, trente-deux avaient signé. Le compromis n'avait donc été consenti que par la minorité de la réunion des maires et des adjoints de Paris. Mais comme, en révolution, ce sont les minorités qui font la loi, il n'en aida pas moins l'insurrection à tromper la population de Paris et à lui faire croire que les élections de la Commune étaient légales, puisque les maires reconnus par le Gouvernement les autorisaient.

La plupart de ceux qui avaient adhéré à cette sorte de capitulation, le comprirent si bien, que dans une réunion qui eut lieu chez M. Alfred André presque immédiatement après, ils déclarèrent n'avoir transigé que pour éviter l'effusion du sang. Un adjoint, après avoir essayé de justifier sa signature, s'écria : « Ah! je ne me le pardonnerai jamais! »

Dans la séance du 25, M. Louis Blanc sollicita de l'Assemblée une approbation, ou tout au moins un bill d'indemnité pour la conduite des municipalités, et proposa de déclarer par un ordre du jour motivé, « qu'en prenant en toute connaissance de cause le parti que leur imposait la plus alarmante des situations, les maires et adjoints de Paris avaient agi en bons citoyens. » Mais, dans la séance du 27 mars, l'Assemblée décida, à la presque unanimité, que cette proposition ne serait pas prise en considération. Pouvait-elle souffrir, en effet, qu'une minorité factieuse prétendît se substituer au pouvoir légal qu'elle avait constitué? Les signataires de la convention se défendent, en disant qu'ils ont été jusqu'à la limite du possible, qu'ils ont tenu huit jours le Comité central en échec, et que ces huit jours ont permis au Gouvernement d'organiser son armée et de vaincre ensuite l'émeute qui l'aurait emporté si la lutte avait commencé plus tôt. Assurément, cette allégation n'est pas dénuée de fondement, mais elle n'excuse nullement la faiblesse de la municipalité parisienne devant l'insurrection et sa défaillance finale. Les maires représentaient seuls le pouvoir légal, ils ne devaient pas pactiser avec l'émeute. S'ils avaient refusé de se prêter à des élections mensongères, il est bien possible que le Comité les eût faites quand même, mais elles n'auraient pas présenté ce caractère légal dont les a revêtues leur fatale condescendance, et qui a eu des conséquences terribles.

La plus immédiate fut la désorganisation de ce grand parti de l'ordre qui s'était levé à la présence de l'amiral Saisset. Témoin de la connivence des maires avec les insurgés, l'amiral, à qui une partie de la Chambre, froissée de sa proclamation, avait attribué la pensée de se mettre à la tête du mouvement, partit le même jour, à quatre heures du soir, pour Versailles. Il a été raconté alors que, sur la prière de ses amis, il avait dû se mettre des lunettes vertes, dissimuler son uniforme sous un habit civil, et, un numéro du *Père Duchêne* à la main, user de ruse pour sortir de Paris sans être inquiété.

Avant de partir, l'amiral laissa au colonel Tréves l'ordre suivant, qui devait être transmis à la garde nationale : « J'ai l'honneur d'informer MM. les chefs de corps, officiers, sous-officiers et gardes nationaux de la Seine que je les autorise à rentrer dans leurs foyers, à dater du samedi 25, sept heures du soir. » Les uns ont blâmé fort cette conduite, mais la résistance était-elle encore possible? L'amiral Saisset a déclaré qu'il y avait insuffisance d'hommes, d'armes et de munitions. Or, quand des hommes, dont le courage et l'autorité militaire sont hors de question, sont si affirmatifs, comment se prononcer contre eux? D'autres, il est vrai, en particulier le colonel Quevauvillers, ont soutenu qu'il y avait de quinze à vingt mille hommes sous les armes, mais « ne sachant à qui obéir, et ne sachant pas quand ils se trouvaient près d'un bataillon, s'il était favorable à l'ordre ou non. » MM. Dubail, Tirard, Héligon, membres de la commission de permanence de la réunion des maires, avaient concentré à la mairie du II⁰ arrondissement une force d'environ dix mille hommes d'élite bien armés, et très en état de répondre aux attaques des troupes mal organisées du Comité central. Ils y faisaient venir des mitrailleuses; ils y accumulaient les armes et les engins de défense. De plus, ils avaient institué à la Bourse un service de payement de la solde de la garde nationale pour désorganiser l'insurrection et rallier les gardes nationaux au parti de l'ordre. Mais tous ces efforts ne pouvaient converger à une action commune. Les gardes nationaux voulaient bien défendre leurs quartiers, mais ils répugnaient à en sortir. D'un autre côté, tout point d'appui extérieur leur manquait. Pour ne pas éparpiller ses forces, le gouvernement se refusa à occuper la gare Saint-Lazare, l'École militaire et d'autres positions stratégiques telles que les hauteurs de Passy et du Trocadéro, gardées jusqu'au 28 mars par les bataillons fidèles. Or, comment admettre que la garde nationale, partagée entre le Gouvernement de l'insurrection et celui de Versailles, pût triompher seule d'obstacles devant lesquels le Gouvernement et l'armée s'étaient retirés?

Quoi qu'il en soit, l'amiral parti, c'en était fait pour deux mois de notre honneur et de notre paix. On le comprit si bien à l'Hôtel de ville que toute la nuit s'y passa en fêtes et en railleries sur l'étrange faiblesse du grand parti de l'ordre. « Ils sont aussi bêtes que caducs! » osait dire l'incapable Assi; et, tout en vidant un verre de Bordeaux, il ordonna à la musique d'un bataillon, de garde sous les fenêtres, de jouer le vieil air :

La victoire est à nous!

CHAPITRE VI

ORGANISATION MILITAIRE ET CIVILE DU COMITÉ CENTRAL.
SES PRINCIPAUX ACTES.

I

Le Comité triomphant s'occupa aussitôt de l'organisation militaire et civile.

Il restait trente-cinq mille gardes nationaux environ, répartis inégalement entre deux cent dix bataillons, dont les cadres se trouvaient largement éclaircis. Tout était à refaire. En haut de l'échelle, au contraire, il y avait surabondance de généraux, de colonels, de commandants, etc., partant, pas de direction. Il fallut suspendre, destituer les uns, donner des compensations aux autres, et, le lendemain des élections seulement, à la veille de remettre ses pouvoirs, le Comité décrétait en vue de projets ultérieurs dont nous verrons le développement, la création de vingt-cinq bataillons de marche, de vingt batteries de 7, de quinze batteries de mitrailleuses de marche, devant former le noyau d'une armée propre à tenir la campagne.

A Lullier, emprisonné après une scène violente au Comité, le 24 mars, succédèrent : Brunel, Eudes et Duval, réunis en commission militaire sous le contrôle du Comité.

« Ils avaient juré de rétablir l'entente sociale, » sans déguiser leurs moyens : « On n'hésitera pas, disaient-ils, à affamer le peuple en séquestrant la Banque et la manutention; nous agirons et punirons sévèrement. Tout ce qui n'est pas avec nous est contre nous. »

Ces trois hommes avaient seuls les pouvoirs militaires. L'exécution appartenait à Bergeret qui, tous les matins, commandait le service aux légions et bataillons, après approbation du Comité.

Pendant que les ressources des différents parcs étaient inventoriées, des ordres sévères étaient donnés pour faire rentrer toutes les armes pillées dans les différentes casernes et à la Préfecture de police.

Les effets disponibles et trente mille paires de souliers étaient distribués. Varlin, toujours à court d'argent, parait à tous les besoins au moyen de bons de réquisition.

Enfin, des mesures étaient prises pour éliminer des bataillons tous les éléments hostiles et douteux. On exigeait de tous les gardes soldés une déclaration d'adhésion, et les réfractaires étaient désarmés sans délai.

L'organisation civile fut plus simple et resta à l'état d'ébauche informe.

Les ministères, les grandes administrations se trouvaient à peu près évacués le 19 mars, et il ne restait qu'un petit nombre d'employés, les uns dévoués au nouvel ordre de choses, les autres chargés de veiller à la conservation des archives les plus importantes et d'en surveiller l'emploi.

Devant ce départ en masse, attribué au « complot monarchique », le Comité annonça qu'il allait reconstituer les services publics. Il put, en effet, installer dans les différentes administrations, des chefs convenablement rétribués, mais les employés de second ordre firent longtemps complétement défaut.

Ces places modestes, ces travaux assidus ne tentaient personne. On promit en vain l'affranchissement aux « opprimés des grandes administrations », on menaça inutilement ces réfractaires d'un nouveau genre de destitution irrémissible, s'ils n'étaient pas rentrés à leur poste avant le 25 mars.

Les « opprimés » dédaignèrent les promesses et les menaces, et les services publics péchèrent toujours par la base.

II

Le Comité crut pouvoir suppléer à ce défaut d'organisation par une activité fébrile. Voici les principales dispositions, arrêtées par lui, depuis le 20 mars jusqu'au 28 :

L'état de siége est levé dans le département de la Seine.

Les conseils de guerre de l'armée permanente sont abolis.

Amnistie pleine et entière est accordée pour tous les crimes et délits politiques.

Il est enjoint à tous les directeurs de prisons de mettre immédiatement en liberté tous les détenus politiques.

Le directeur général des télégraphes est autorisé à supprimer jusqu'à nouvel ordre la télégraphie privée dans Paris.

Interdiction formelle d'exporter les vins existant dans les entrepôts, spécialement à Bercy. Toute voiture chargée de fûts est arrêtée à la barrière, les factures sont examinées minutieusement. Si l'acheteur est à Paris, un garde national monte à côté du cocher et va livrer la marchandise; si au contraire l'acheteur est en province, le chargement est saisi et le propriétaire déféré au tribunal du Comité central[1].

Nomination du citoyen Theisz à la direction des postes en remplacement de M. Rampont[2].

Arrestation et mise en accusation des journalistes coupables d'avoirs poussé à la révolte et au mépris de la souveraineté populaire.

Arrestation et mise en jugement du citoyen Clémenceau, maire du XVIIIe arrondissement.

Nomination de Menotti Garibaldi au commandement supérieur des forces de la Commune de Paris.

---

1. Le tort fait au commerce des vins par ce décret, rigoureusement appliqué, fut évalué à plus d'un demi-million par jour.
2. M. Rampont, obligé par une démonstration armée de céder la place, enleva et emmena son personnel. Il s'ensuivit une suspension momentanée des services pour Paris et une interruption complète des communications avec le dehors.

Mise en jugement des membres du Gouvernement. Occupation énergique et par tous les moyens des arrondissements dissidents.

Suppression successive de tous les journaux coupables d'hostilité envers le Comité.

En face de l'attitude de la réaction et du Gouvernement de Versailles, il est bon d'assurer l'avenir de la République et de la Commune. Dans ce but, tous les gardes nationaux, qui voudront conserver leurs armes et leur solde, devront faire, chez leur sergent-major, et sur un livre spécial, une déclaration d'adhésion au Comité.

Tous les réfractaires seront immédiatement désarmés. Des souliers, des effets d'habillement seront distribués à ceux qui en manquent. Les secours continueront à être payés aux gardes nationaux nécessiteux.

Les gardes nationaux adhérents au Comité seront seuls employés à la garde de la cité.

Les agents de police sont supprimés.

Les services spéciaux de sûreté générale et de mœurs sont supprimés temporairement, et ne pourront être rétablis que dans le but de garantir la sûreté publique et avec de profondes modifications, la sûreté du pays ne devant pas contrarier la liberté particulière.

Sur la proposition du citoyen Assi, le citoyen de Fonvielle (Wilfrid), coupable d'attentat contre la Commune, est décrété d'accusation et condamné à mort par contumace.

Le citoyen Rigault est chargé de la surveillance de la ville et de la sécurité de la République. En attendant que le conseil soit régulièrement installé, le citoyen Rigault restera aux ordres du Comité.

Le citoyen Duval a droit de requérir la force publique pour tout ce qui concerne la sûreté publique. Il est autorisé à faire les perquisitions nécessaires pour s'assurer des gens hostiles à la République et à la Commune qu'il saurait être dangereux.

Saisie des caisses des revenus de l'octroi; perception des revenus de la ville, y compris le produit de l'entrepôt des vins, au profit du gouvernement insurrectionnel. Remplacement des employés de l'octroi par des fédérés. Occupation et exploitation de la manufacture des tabacs, de la manutention militaire, de la caisse des dépôts et consignations, du timbre (avec rétablissement du timbre sur les affiches). En un mot, prise de possession de toutes les caisses publiques et application de leurs fonds à la fédération.

Condamnation à mort des *traîtres* Thiers, Picard et Jules Favre.

Condamnation à mort du traître Villemessant.

Perquisition, réquisition et apposition des scellés sur les caisses des compagnies d'assurances sur la vie : *la Nationale, la Générale, le Phénix, l'Urbaine* et *l'Union.*

Convocation des électeurs.

CHAPITRE VII

ÉLECTION ET INSTALLATION DES MEMBRES DE LA COMMUNE.
DISCOURS D'OUVERTURE.
ORGANISATION ET PREMIERS ACTES DU NOUVEAU GOUVERNEMENT.
INSIGNES ET DRAPEAU.

Habileté du Comité central. — Ses procédés électoraux. — Conseil qui résulte de ce vote. — La nouvelle municipalité proclamée, le 28, sur la place de l'Hôtel de ville. — Description de la parade extérieure rapprochée de ce qui se passait ce jour-là même à l'intérieur de l'Hôtel de ville. — Première séance de la Commune. — Discours d'ouverture. — On tronçonne l'assemblée communale en comités. — Dénomination des différentes commissions. — Démission de plusieurs membres. — Élections complémentaires. — Insignes des membres du Comité central et de la Commune. — Leur indemnité. — Drapeau de la Commune.

I

Le Comité avait décidé que les élections communales seraient faites le 26 mars. Il l'annonçait, le 25, à la ville de Paris. Cette mesure, désintéressée en apparence, était seulement habile. Elle répondait à une attente presque générale et semblait manifester le respect des membres du Comité pour le vœu des populations, pour la légalité, et leur ferme intention de se retirer bientôt devant les élus du suffrage universel.

Remarquons, toutefois, dans quelles conditions inouïes, sans parler du désordre de la situation générale, la population parisienne se trouva appelée à élire ses quatre-vingt-quatorze conseillers. On a souvent jeté à la face de l'empire ses procédés électoraux; mais, jamais il n'en a employé d'aussi scandaleux que ceux dont usa le Comité dans le vote du 26 mars et dans la validation des élections. On ne peut pousser plus loin ce mépris de la légalité qui rendit dans la suite tous les attentats possibles. Tout d'abord la précipitation même du vote l'a rendu illusoire. C'est le samedi, à midi, que Paris apprit qu'il devait voter le lendemain matin : nulle entente n'était possible sur les candidats, le temps manquait pour l'affichage des professions de foi. Ce n'était plus qu'une affreuse loterie, excepté pour les chefs du mouvement, qui avaient disposé les lots de manière à tirer à coup sûr. La candidature officielle s'est épanouie dans toute sa gloire par ce beau jour de dimanche. Les divers sous-comités avaient fait afficher leurs listes de candidats à la porte des mairies; l'élection marchait à la baguette, sauf dans trois ou quatre sections. Par une manœuvre indigne, le Comité directeur fit placarder le jour même du vote la nouvelle, qu'il savait fausse depuis la veille, d'une insurrection à Lyon. En même temps, de nombreux canons et mitrailleuses furent braqués sur divers points et chargés jusqu'à la gueule contre des ennemis imaginaires de la paix publique. En temps ordinaire, ces diverses circonstances eussent été invoquées comme des cas de nullité. Mais ce jour-là, il ne fut déposé à aucune mairie de protestation écrite, sauf à la mairie du Xe arrondissement.

Nous passons sur ces irrégularités, et même sur ce point qui eût entraîné, sous un autre gouvernement, des annulations formelles : le Comité, adoptant les dispositions électorales de la loi de 1849, avait décrété qu'un huitième des électeurs inscrits donnait une majorité suffisante; il admit cependant tous ceux de ses candidats qui étaient nécessaires pour former son nombre municipal, quoiqu'une partie n'eût pas le huitième exigé. Mais nous ne pouvons nous empêcher de faire remarquer que ce vote a toujours été nul et de toute nullité, à cause de son origine. Il provenait du sang versé par l'assassinat, il ne pouvait enfanter que la violence et le crime. Toutefois, aux yeux de la majorité des habitants qui voyaient entrer aux mairies et sortir librement les électeurs, cette sacrilége comédie se revêtait d'un caractère légal. Délaissés par les uns, terrifiés par les autres,

I. ORIGINES ET DÉBUTS.

sans discipline d'aucun genre, ne comprenant pas bien les périls, au milieu desquels on les poussait, les Parisiens, en voyant des noms abhorrés jusque-là, acclamés maintenant par plus de cent quarante mille électeurs, perdirent le sens moral. Où se trouvait désormais la loi, l'autorité? Le penseur, le chrétien n'hésitèrent pas, mais la foule des simples et des illettrés s'égara à travers tant de débris et d'événements contradictoires. On entendit alors la même parole qu'au lendemain du 2 décembre 1851, après l'élection de Louis-Napoléon Bonaparte : « *Ils sont maintenant le Gouvernement, puisque le suffrage universel vient de les élire!* » Mais en réfléchissant un peu, pouvait-on appeler suffrage universel les 229,197 votants qui avaient pris part aux élections? La dernière liste électorale, dressée régulièrement, portait plus de 481,970 électeurs inscrits dans les vingt arrondissements de Paris ; il y eut donc près de 267,773 abstentions, soit 54 pour 100.

Voici le tableau de l'étrange conseil résultant de ce vote :

1ᵉʳ *arrondissement.* — *Louvre.*

Électeurs inscrits, 22,000. — Votants, 11,056.

Adam.	7.272	voix
Méline.	7.251	—
Rochard.	6.629	—
Barré.	6.294	—

2ᵉ *arrondissement.* — *Bourse.*

Électeurs inscrits, 22,858. — Votants, 11,148.

Émile Brelay.	7.025	voix.
Loiseau-Pinson.	6.932	—
Tirard.	6.386	—
Cheron.	6.018	—

3ᵉ *arrondissement.* — *Temple.*

Électeurs inscrits, 26,600. — Votants, 11,400.

Demay.	9.004	voix.
A. Arnaud.	8.912	—
Pindy.	8.095	—
Murat.	5.904	—
Clovis Dupont.	5.752	—

4ᵉ arrondissement. — Hôtel-de-Ville.

Électeurs inscrits, 32,060. — Votants, 13,910.

A. Arnould (élu dans le 8ᵉ a opté pour le 4ᵉ).....	8.608	voix.
Lefrançais.................................	8.619	—
Clémence..................................	8.163	—
Gérardin...................................	8.104	—
Amouroux.................................	7.950	—

5ᵉ arrondissement. — Panthéon.

Électeurs inscrits, 21,632. — Votants, 12,422.

Régère.....................................	7.469	voix.
Jourde.....................................	7.310	—
Tridon.....................................	6.469	—
Blanchet...................................	5.994	—
Ledroyt....................................	5.848	—

6ᵉ arrondissement. — Luxembourg.

Électeurs inscrits, 24,807. — Votants, 9,499.

Albert Leroy...............................	5.800	voix.
Goupil.....................................	5.111	—
Robinet....................................	3.904	—
Beslay.....................................	3.714	—
Varlin (élu dans le 17ᵉ et le 12ᵉ).............	3.602	—

7ᵉ arrondissement. — Palais-Bourbon.

Électeurs inscrits, 22,092. — Votants, 5,065.

Parisel....................................	3.367	voix.
E. Lefèvre.................................	2.859	—
Urbain.....................................	2.803	—
Brunel.....................................	2.163	—

8ᵉ arrondissement. — Élysée.

Électeurs inscrits, 17,825. — Votants, 4,396.

Raoul Rigault..............................	2.173	voix.
Vaillant....................................	2.145	—
A. Arnould (a opté pour le 4ᵉ)................	2.114	—
Alix..	2.028	—

9ᵉ arrondissement. — Opéra.

Électeurs inscrits, 26,608. — Votants, 10,340.

Ranc.......................................	8.950	voix.
Ulysse Parent..............................	4.770	—

I. ORIGINES ET DÉBUTS.

Desmarest	4.232	—
E. Ferry	2.732	—
Nast	3.691	—

10ᵉ arrondissement. — Enclos Saint-Laurent.

Électeurs inscrits, 28,801. — Votants, 16,765.

Gambon	13.734	voix.
Félix Pyat	11.813	—
Henri Fortuné	11.364	—
Champy	11.042	—
Babick	10.934	—
Rastoul	10.738	—

11ᵉ arrondissement. — Popincourt.

Électeurs inscrits, 42,153. — Votants, 25,183.

Mortier	21.186	voix.
Delescluze (élu dans le 19ᵉ, a opté pour le 11ᵉ).	20.264	—
Assi	19.890	—
Protot	19.780	—
Eudes	19.276	—
Avrial	17.944	—
Verdure	17.351	—

12ᵉ arrondissement. — Reuilly.

Électeurs inscrits, 19,990. — Votants, 11,328.

Varlin (élu par le 17ᵉ et le 6ᵉ a opté pour le 6ᵉ).	9.843	voix.
Geresme	8.896	—
Theisz (élu par le 18ᵉ, a opté pour le 12ᵉ)	8.710	—
Fruneau	8.629	—

13ᵉ arrondissement. — Gobelins.

Électeurs inscrits, 16,597. — Votants, 8,010.

Léo Meillet	6.531	voix.
Duval	6.482	—
Chardon	4.669	—
Frankel	4.080	—

14ᵉ arrondissement. — Observatoire.

Électeurs inscrits, 17,769. — Votants, 6,570.

Billioray	6.100	voix.
Martelet	5.912	—
Descamp	5.835	—

15ᵉ arrondissement. — *Vaugirard.*

Électeurs inscrits, 19,681. — Votants, 6,467.

Clément..	5.025	voix
J. Vallès...	4.403	—
Langevin...	2.417	—

16ᵉ arrondissement. — *Passy.*

Électeurs inscrits, 10,731. — Votants, 3,732.

Marmottan...	2.036	voix.
De Bouteiller......................................	1.909	—

17ᵉ arrondissement. — *Batignolles.*

Électeurs inscrits, 26,574. — Votants, 11,394.

Varlin (élu par le 6ᵉ et le 12ᵉ, a opté pour le 6ᵉ).	9.356	voix.
Clément..	7.121	—
Ch. Gérardin.......................................	7.142	—
Chalin..	4.545	—
Malon..	4.199	—

18ᵉ arrondissement. — *Montmartre.*

Électeurs inscrits, 32,962. — Votants, 17,443.

Blanqui (a opté pour le 20ᵉ)......................	14.953	voix.
Theisz (a opté pour le 12ᵉ).......................	14.950	—
Dereure..	14.661	—
Clément..	14.183	—
Ferré..	13.784	—
Vermorel...	13.402	—
Paschal Grousset...................................	13.359	—

19ᵉ arrondissement. — *Belleville.*

Électeurs inscrits, 28,270. — Votants, 11,282.

Oudet..	10.065	voix.
Puget..	9.547	—
Delescluze (a opté pour le 11ᵉ)...................	5.846	—
J. Miot..	5.520	—
Ostyn..	5.065	—
Flourens (élu par le 20ᵉ)..........................	4.100	—

20ᵉ arrondissement. — *Ménilmontant.*

Électeurs inscrits, 21,960. — Votants, 16,792.

Bergeret...	15.290	voix.
Ranvier..	15.049	—
Flourens (élu par le 19ᵉ)..........................	14.069	—
Blanqui (a opté pour le 20ᵉ)......................	13.859	—

Sauf dans trois arrondissements, le II⁰, le VI⁰ et le IX⁰, les modérés furent complétement battus. Et comme les élus de cette catégorie se démirent dès le jour même du dépouillement du scrutin, il ne resta plus debout, comme prétendu pouvoir municipal, bientôt comme unique pouvoir, que les auteurs de la révolution nouvelle. Il se présenta aussi cette particularité, que, treize seulement des trente-neuf membres du Comité central étant sortis de l'urne, la majorité de ce que l'on appellerait la Commune devait être composée de républicains formalistes, c'est-à-dire imitateurs de 93. A leur yeux, la révolution qui venait de s'accomplir avait un caractère plus politique que social. Or, c'était tout le contraire que se proposaient les auteurs du mouvement, les candidats de l'Internationale et de la fédération républicaine. Un instant, même, ils eurent la pensée de tenter un coup d'État, mais craignant de compromettre leur premier succès, ils firent mine de battre en retraite, comme ils l'avaient promis, mais pour rentrer bientôt en scène.

Le 27 mars, le Comité se déclara dissous et prêt à remettre ses pouvoirs à la Commune de Paris. Toutefois, un sous-comité, composé par les soins d'Assi, devait expédier les affaires jusqu'à l'installation définitive du conseil communal.

Le 28, eut lieu, avec un grand apparat, sur la place de l'Hôtel de ville, la proclamation de cette étrange municipalité. Sur les quais, dans les rues adjacentes, se pressait une foule curieuse. Éloignée du sanctuaire, elle se bornait à contempler de sa place les apprêts de la solennité qui ne manquaient point d'ailleurs de pittoresque. Une estrade, garnie de fauteuils en velours rouge, était disposée devant l'entrée du palais au-dessous de la statue de Henri IV. Ce *souvenir monarchique*, dit le *Siècle*, était caché par une tenture rouge, à crépines d'or, sur laquelle ressortait un buste de la République entouré de drapeaux rouges. Le drapeau tricolore avait été complétement oublié ; encore deux jours, et il sera déclaré séditieux, réactionnaire, par un décret instituant le drapeau rouge seul drapeau national. Au premier plan de l'estrade, était une table carrée, devant laquelle devaient prendre place les membres du Comité. Au centre, se trouvait un siége plus large et plus élevé, c'était le trône du citoyen Assi.

A une heure, apparaissent les premiers bataillons du Comité. Leurs délégués, le bras ceint d'un ruban rouge, marchent en tête. Trois heures sont remplies par ces préparatifs de cérémonie. On n'entend que bruit de tambours, fanfares de clairons; et les cris de : Vive la République! Vive la Commune! poussés de toutes parts avec frénésie font diversion à ce défilé monotone. Mais bientôt la place est trop petite. Les nouveaux arrivants sont obligés de s'arrêter dans les voies adjacentes. Les rues Saint-Antoine, du Temple, de la Verrerie, de Rivoli, le boulevard Sébastopol, les quais et la rue de Turbigo en sont encombrés, et c'est un flot toujours grossissant de têtes et de baïonnettes.

Vers quatre heures, un roulement de tambours annonce l'arrivée du Comité qui, magistralement, son président en tête, descend les degrés de l'Hôtel de ville et prend place sur l'estrade; de chaque côté se rangent les porte-drapeaux. Les canons, placés sur le quai de Grève, ouvrent la séance par des salves répétées, suivies d'applaudissements et des cris de plus en plus frénétiques de : Vive la Commune! Vive la République! L'émotion populaire est à son comble, tous les képis s'agitent à la pointe des baïonnettes. Ces démonstrations bruyantes nuisent au discours du citoyen Assi qui ne peut dominer le tumulte et parvenir à se faire entendre.

Après cette harangue, qui manque son effet, le président proclame le nom des élus. L'appel de chaque vote d'arrondissement est accueilli par l'air de la *Marseillaise* que jouent toutes les musiques de la garde nationale. Viennent ensuite les discours de circonstance, discours où la population, congratulée autant qu'elle peut l'être, est portée aux nues par les orateurs du Comité; où la République est encensée avec non moins de profusion et couronnée des immortelles de l'éloquence la plus étrangement fleurie. Enfin, les orateurs se taisent, et alors a lieu le défilé des milices fédérées, au bruit du canon. Chaque bataillon, en passant devant l'estrade, présente les armes aux membres de la Commune, dont les noms sont acclamés de nouveau.

Nous avons vu passer cette multitude armée, et nous avons été frappés de la diversité d'éléments dont elle était composée. Elle renfermait un grand nombre d'ouvriers intelligents et de petits boutiquiers, et ce qui est remarquable, elle comptait dans ses rangs un grand nombre d'hommes d'un certain âge. Des vétérans à cheveux blancs, qui avaient peut-être servi sous le roi-citoyen, marchaient à côté de jeunes gens qui auraient pu être leurs petits-fils. Ils représentaient ce que le mouvement renfermait de sincérités politiques, ils étaient « les volontaires de la liberté » les « penseurs avancés » nourris de la phraséologie, pour eux toujours jeune, de la première révolution. Ils étaient venus « pour sauver la France » et affirmer les principes de 89. Là aussi était naturellement toute la fine fleur des gredins de Paris ; jamais on ne vit une collection de figures aussi sinistres. Ces hommes étaient toujours plus ou moins ivres ; depuis le 18 mars jusqu'à la chute de la Commune, ils n'ont peut-être pas cessé de l'être.

A six heures, la foule s'écoule lentement par les quais et les rues, et la place, vide de bruit et de spectateurs, reprend cet air maussade et hérissé qui rappelle si bien les jours tourmentés de la Ligue ou de la Fronde.

Il faut rapprocher la description de cette parade extérieure du tableau que M. Tirard, l'un des élus de la Commune, a fait à la commission d'enquête de ce qui se passait, ce jour-là même, à l'intérieur de l'Hôtel de Ville. « Je m'y rendis le lundi soir, a-t-il dit. C'était un bacchanal effroyable ; on mangeait dans tous les couloirs ; il y avait des orgies dans toutes les salles, il s'exhalait partout une odeur de vin, c'était quelque chose d'affreux. La réunion avait lieu dans la salle du conseil municipal ; à peine y étais-je entré qu'un membre se leva pour demander ma mise en accusation, en disant que j'étais un traître. » Un autre membre proposa de déclarer à l'assemblée municipale de se former en conseil de guerre ; un autre prétendit que la Commune de Paris avait un pouvoir constituant qui s'étendait à toute la France, et il demanda qu'on envoyât partout des délégués ou des commissions. — A propos de la vérification des pouvoirs, M. Tirard entendit proclamer que la Commune ne reconnaissait aucune des lois antérieures, qu'il n'y avait pas d'autres lois que celles qu'elle ferait. Le nouveau gouvernement se mettait dès le premier jour au-dessus des lois.

II

La première séance de la Commune eut lieu le mercredi 29 mars, que les fanatiques amateurs du passé dataient du 8 germinal, an LXXIX.

Un vieillard, dont le renom de probité était universel, le citoyen Charles Beslay eut à présider la première séance en qualité de doyen d'âge. Honnête et naïf, il s'imagina d'abord qu'on n'avait voulu qu'un conseil municipal, et, dans le discours d'ouverture, il le dit nettement. Cette pièce est trop curieuse, pour qu'elle ne trouve pas sa place dans une histoire de la Commune; la voici:

« Citoyens,

« Depuis cinquante ans, les routiniers de la vieille politique nous bernaient avec les grands mots de décentralisation et de gouvernement du pays par le pays. Grandes phrases qui ne nous ont rien donné.

« Plus vaillants que vos devanciers, vous avez fait comme le sage qui marchait pour prouver le mouvement; vous avez marché, et l'on peut compter que la République marchera avec vous!

« C'est là, en effet, le couronnement de votre victoire pacifique. Vos adversaires ont dit que vous frappiez la République; nous répondons, nous, que si nous l'avons frappée, c'est comme le pieu que l'on enfonce plus profondément en terre.

« Oui, c'est par la liberté complète de la Commune que la République va s'enraciner chez nous. La République n'est plus, aujourd'hui, ce qu'elle était aux grands jours de notre Révolution. La République de 93 était un soldat qui, pour combattre au dehors et au dedans, avait besoin de centraliser sous sa main toutes les forces de la patrie; la République de 1871 est un travailleur qui a surtout besoin de liberté pour féconder la paix.

« Paix et travail! Voilà notre avenir! Voilà la certitude de notre revanche et de notre régénération sociale, et, ainsi comprise, la République peut encore faire de la France le soutien des faibles, la protectrice des travailleurs, l'espérance des opprimés dans le monde et le fondement de la République universelle.

« L'affranchissement de la Commune est donc, je le répète, l'affranchissement de la République elle-même; chacun des groupes sociaux va retrouver sa pleine indépendance et sa complète liberté d'action.

« La Commune s'occupera de ce qui est local.

« Le département s'occupera de ce qui est régional.

« Le Gouvernement s'occupera de ce qui est national.

« Et disons-le hautement : la Commune que nous fondons sera la Commune modèle. Qui dit travail, dit ordre, économie, honnêteté, contrôle sévère, et ce n'est pas dans la Commune républicaine que Paris trouvera des fraudes de quatre cents millions.

« De son côté, ainsi réduit de moitié, le Gouvernement ne pourra plus être que le mandataire du suffrage universel et le gardien de la République.

« Voilà, à mon avis, citoyens, la route à suivre; entrez-y hardiment et résolûment. Ne dépassons pas cette limite fixée par notre programme, et le pays et le gouvernement seront heureux et fiers d'applaudir à cette révolution si grande et si simple, et qui sera la plus féconde révolution de notre histoire.

« Pour moi, citoyens, je regarde comme le plus beau jour de ma vie d'avoir pu assister à cette grande journée, qui est pour nous la journée du salut. Mon âge ne me permettra pas de prendre part à vos travaux comme membre de la Commune de Paris; mes forces trahiraient trop souvent mon courage, et vous avez besoin de vigoureux athlètes. Dans l'intérêt de la propagande, je serai donc obligé de donner ma démission; mais soyez sûrs qu'à côté de vous, comme loin de vous, je saurai, dans la mesure de mes forces, vous continuer mon concours le plus dévoué, et servir comme vous la sainte cause du travail et de la République.

« Vive la République! Vive la Commune! »

Ses collègues applaudirent à outrance, mais le sourire aux lèvres. « Vieil as de pique », murmurait, à vingt pas de lui, un ex-romantique; « oui, nous voulons un conseil municipal, mais avec ses annexes et dépendances. » Le septuagénaire s'aperçut bientôt qu'on l'avait cajolé, et parla de se démettre. Mais on le supplia de rester; les membres de l'assemblée tenaient à conserver une sorte d'enseigne à leur sénat qui ne se composait guère que de fous furieux. On lui promit de s'occuper d'attributions municipales, et M. Beslay se laissa persuader; mais, pour se délivrer de ses remontrances incommodes, on le délégua à la banque de France. Heureuse idée, puisque, grâce à elle, l'honnête vieillard put empêcher le vol à main armée des lingots en réserve et l'incendie par le pétrole de ce grand établissement financier.

Outre le président, il y avait au bureau de l'assemblée communale deux secrétaires et deux assesseurs. Raoul Rigault et Ferré furent les premiers secrétaires de la Commune; Bergeret et Duval les premiers assesseurs. Pour que chacun des membres arrivât à présider à son tour, il était admis que le président et ses assesseurs tirés au sort changeraient à chaque séance. Quand l'assemblée fut ainsi constituée, le citoyen Eudes demanda, uniquement pour la forme, de donner au nouveau conseil municipal le nom de Commune de Paris, dénomination qui fut votée par acclamation. Puis, il déclara que les membres du Comité central avaient bien mérité, non-seulement de Paris, mais de la France et de la République universelle. Et certes, c'était justice.

III

Nous avons vu le Comité central multiplier à l'infini certains faits qui avaient pour but et pour résultat de renouveler l'effroi des hommes de 93. Les jacobins, déjà prépondérants dans la nouvelle assemblée, ne se montrèrent que trop leurs pastiches fidèles.

Dès la première séance de la Commune, ils en revinrent aux traditions révolutionnaires. Ils firent passer sous les yeux de Paris stupéfait toutes les friperies de la terreur : Vésinier fut chargé de biffer, en tête de l'*Officiel*, le style de l'almanach grégorien, pour y substituer les termes du calendrier républicain, imaginé, comme on sait, par Fabre d'Églantine ; avril devint germinal ; 1871 fut l'an 79 de la liberté. Et comme tout pouvoir nouveau a soif de constitution, on tronçonna l'assemblée communale en comités correspondant à peu près aux attributions des divers ministères, sauf celui des cultes dont le budget fut déclaré supprimé. Mais on eut soin de faire reparaître, en guise d'étiquettes, les dénominations du temps de la Convention :

1° COMMISSION DES FINANCES.

Elle avait pour attributions d'établir sur de nouvelles bases le budget de la ville de Paris ; de traiter les questions se rapportant aux finances, aux loyers, aux échéances, à la Banque de France, au Mont-de-Piété, de recouvrer l'impôt, d'examiner rigoureusement la situation financière, de contrôler les demandes de fonds établies par les autres commissions, avant de les soumettre à l'approbation et au visa de la Commune.

Elle se composa, du 29 mars au 21 avril, de : Victor Clément, Varlin et Jourde ; du 29 mars au 5 avril, de : Beslay et Régère ; du 5 au 21 avril, de : Theisz et Frankel ; du 21 avril jusqu'à la fin de la Commune, de : Billioray, Lefrançais et Félix Pyat.

2° COMMISSION DES SUBSISTANCES.

En prévision d'un blocus définitif de la ville de Paris, elle inventoriait les denrées de consommation appartenant à l'Etat, et soumettait leur distribution à un contrôle sévère, pour mettre fin au gaspillage.

En même temps, elle passait des marchés pour les fournitures militaires, elle encourageait les importations en ouvrant des entrepôts, garantissant la propriété des marchandises aux négociants, et laissant liberté complète de sortir de la ville à tous marchands ayant contribué à l'approvisionnement.

Firent partie de cette commission, du 29 mars au 21 avril : Dereure, Champy, Ostyn, V. Clément, E. Clément, Fortuné, Henri; du 29 mars au 12 mai : Parisel; du 21 avril jusqu'à la fin de la Commune : Varlin et Arthur Arnould.

3° COMMISSION DES RELATIONS EXTÉRIEURES.

Elle était chargée des rapports avec les communes de France, avec l'étranger, et surtout avec la Prusse.

La difficulté des communications avec l'extérieur empêcha cette commission d'apporter un concours très-efficace à la Commune, en trompant les populations des grandes villes et en provoquant des mouvements analogues à celui de Paris. Il ne reste donc que le côté plaisant d'un ministère des affaires étrangères lançant dans le vide deux ou trois circulaires.

Ses membres furent, du 29 mars au 5 avril : Ulysse Parent; du 29 mars au 6 avril : Ranc; du 29 mars au 21 avril : Delescluze, Arthur Arnould; du 29 mars jusqu'à la fin de la Commune : Ch. Gérardin; du 21 avril au 25 mai : Meillet, Amouroux, Johannard, Vallès.

4° COMMISSION DU TRAVAIL ET ÉCHANGE.

L'organisation du travail, les intérêts des travailleurs la concernaient exclusivement. Elle s'en tint aux programmes, aux promesses.

Les travaux de cette commission devaient cependant laisser des traces durables, visibles encore dans Paris, grâce à la criminelle initiative d'une sous-commission, dite scientifique, et présidée par le membre de la Commune, Parisel.

Firent partie de cette commission, du 29 mars au 21 avril : Clovis Dupont, Avrial, Loiseau-Pinson, Eug. Gérardin, Pujet; du 3 au 21 avril : Lefrançais; du 21 au 24 avril : Chalain; du 12 mai jusqu'à la fin de l'insurrection : Charles Gérardin.

5° COMMISSION DE LA JUSTICE.

Elle devait organiser et administrer la justice d'une manière démocratique et sociale ; et comme la Commune n'avait à sa disposition ni magistrats, ni greffiers, ni huissiers, ni notaires, ni juges de paix, ni procureurs, elle prit plusieurs mesures d'où résultèrent différentes promotions.

Réformes importantes à noter : la nomination des magistrats devait se faire à l'élection, tous les officiers publics devaient dresser gratuitement les actes de leur compétence.

Deux tribunaux furent installés : le jury d'accusation des otages et un tribunal civil.

Le président du jury, tiré au sort parmi les délégués de la garde nationale, ne résumait pas les débats. Un procureur et quatre substituts nommés par la Commune soutenaient l'accusation.

Les juges, nommés et non élus, au tribunal civil, furent installés le 17 mai seulement. Ils devaient siéger, pour la première fois, le 23 mai.

Firent partie de cette commission : du 29 mars au 6 avril : Ranc; du 29 mars au 14 avril : Babick ; du 29 mars au 21 avril : Léo Meillet, Vermorel, Ledroyt; du 3 au 21 avril : Blanchet, Geresme : du 17 avril jusqu'à la fin de la Commune : Gambon; du 21 avril jusqu'au dernier jour : Dereure, Clémence, Langevin, Durand.

6° COMMISSION DES SERVICES PUBLICS.

Elle s'occupait du service des postes, des télégraphes, des voiries, des chemins de fer, des relations avec les services de province. Elle devait étudier les moyens de mettre les chemins de fer aux mains des communes, sans léser les intérêts des compagnies.

Ses membres furent, du 29 mars au 21 avril : Billioray, Clément (Jean-Baptiste), Martelet, Mortier; du 13 avril au 21 : Babick; du 21 avril au 2 mai : Ant. Arnaud; du 29 mars jusqu'à la fin : Ostyn et Rastoul; du 21 avril jusqu'à la fin de l'insurrection : Pottier.

7° COMMISSION DE L'ENSEIGNEMENT.

Elle devait réformer l'instruction, préparer un projet de décret sur l'instruction gratuite, obligatoire et exclusivement laïque.

Ses membres furent : du 29 mars au 6 avril : Lefèvre ; du 29 mars au 7 avril : docteur Goupil ; du 29 mars au 21 avril : Urbain, Demay, docteur Robinet ; du 29 mars jusqu'à la fin : Jules Vallès, Verdure, Jules Miot ; du 1er avril jusqu'à la chute de la Commune, J. B. Clément : du 21 avril jusqu'au dernier jour : Courbet.

8° COMMISSION DE SURETÉ GÉNÉRALE. (Ministère de l'intérieur.)

Elle devait s'occuper de la police générale, de l'ordre et de la sécurité publics, de la surveillance des suspects, des cultes. Mais cette délégation est une des plus effacées. La Préfecture de police, l'administration indépendante des arrondissements, enfin l'action des chefs militaires sur la population lui enlevaient toute initiative.

Elle se composait de : Raoul Rigault, Ferré, Assi, Cournet, Oudet, Chalain et Gérardin.

9° COMMISSION MILITAIRE.

Elle était chargée de la discipline, de l'armement, de l'habillement, de l'équipement de la garde nationale. Elle assurait, de concert avec la commission de sûreté générale, la sécurité de la Commune. Elle élaborait les projets de décrets relatifs à la garde nationale.

Ses membres étaient : Pindy, Eudes, Bergeret, Duval, Chardon, Flourens et Ranvier.

10° COMMISSION EXÉCUTIVE.

Elle exécutait les décrets de la Commune et les arrêtés des autres commissions, ne prenait aucune mesure sans en référer à la Commune ; elle siégeait à l'Hôtel de ville.

Elle se composait de : Eudes, Tridon, Vaillant, Lefrançais, Duval, Pyat et Bergeret.

Certains conflits d'attributions, le défaut de contrôle sur les actes des commissions, et surtout de la commission exécutive, amenèrent la réforme de l'organisation du pouvoir exécutif. Il fut confié à titre provisoire, dans les séances du 20 et du 21 avril, aux délégués des neuf commissions.

On procéda ensuite à l'élection des délégués aux divers ministères, et le scrutin donna les résultats suivants : *Guerre*, Cluseret ; *Finances*, Varlin ; *Subsistances*, Parisel ; *Relations extérieures*, Paschal Grousset ; *Enseignement*, docteur Roussel ; *Justice*, Protot ; *Sûreté générale*, Grelier ; *Travail et échange*, Léo Frankel ; *Services publics*, Andrieu.

Les délégués devaient se réunir chaque soir, et prendre à la majorité des voix les décisions relatives à chacun de leurs départements. La commune statuait ensuite, en comité secret, sur les mesures arrêtées par eux.

Les archives de la justice militaire ont reconstitué les tableaux nominatifs des diverses administrations, ministères ou services de la Commune. Le général Appert en donne dans son rapport les extraits les plus intéressants. Ces tableaux permettent de se faire une idée de la masse des efforts tout individuels qui furent tentés en faveur de l'insurrection, et du grand nombre d'individus coupables d'usurpation de fonctions et complices de la tentative criminelle de 1871. Mais il faut se prémunir contre la pensée fausse qu'une organisation homogène, complète, image de la nôtre, ait été créée en si peu de temps par le gouvernement insurrectionnel.

Non, ces listes ne sont qu'un étalage des vanités et des appétits qu'il avait excités ; chacun, selon son tempérament, s'était improvisé en remplacement des fonctionnaires et employés supérieurs retirés à Versailles, chef de bureau, chef de division, chef de service, inspecteur, etc., colonel, général, etc. Chacun travaillait à sa manière au triomphe de la révolution, mais sans direction, sans principes arrêtés, n'ayant personne au-dessous de soi dans les emplois inférieurs, et guidé par une ambition impatiente qui le portait à empiéter sur les services voisins, à accaparer l'autorité et les places.

En même temps qu'elle s'efforçait de réorganiser à sa manière les administrations et les services publics, la Commune inaugurait par une mesure habile son rôle d'assemblée souveraine. Mieux avisée que l'Assemblée nationale, elle vota tout d'abord le célèbre décret sur les loyers, aux termes duquel remise générale était faite aux locataires des termes d'octobre 1870, janvier et avril 1871. Toutes les sommes payées par eux, pendant les neuf mois, seraient imputables sur les termes futurs, et tous les baux seraient résiliables par les locataires, pendant une durée de six mois, à partir de la promulgation du décret.

Une autre mesure, non moins absolue, fut également prise sur la proposition de la commission militaire et de celle des finances. La conscription fut abolie, et la garde nationale déclarée seule force armée régulière.

Enfin, la Commune décréta que, comme elle était le seul pouvoir légalement constitué, seraient révoqués et considérés comme coupables, les fonctionnaires qui reconnaîtraient l'autorité inconstitutionnelle de Versailles. Elle ôtait son masque, et elle indiquait ainsi ses véritables tendances à se considérer comme gouvernement et non plus seulement comme conseil municipal. Mais un certain nombre de ses membres n'acceptèrent pas, dans cette ampleur, le rôle qu'on les avait appelés à jouer. De nombreuses démissions firent presque immédiatement un vide important dans le sein de la Commune. Par contre, les citoyens Charles Delescluze et Cournet avaient écrit à M. Grévy, président de l'Assemblée nationale, dont ils faisaient partie, pour l'informer qu'ils optaient pour le nouveau mandat qui leur était confié, et qu'ils entendaient rester uniquement membres du conseil municipal de Paris.

La Commune essaya, depuis, de se compléter; de nouvelles élections eurent lieu le 16 avril. Les démissionnaires furent remplacés, ce jour-là, par Andrieu, Arnold, Briosne, Courbet, Cluseret, Dupont, Durand, Garibaldi (Menotti), Joannhard, Lonclas, Longuet, Philippe, Pillot, Pottier, Rogeard, Sicard, Sérailler, Trinquet, Vésinier et Viard.

Les citoyens Briosne, Garibaldi, Rogeard se détachèrent

de ce nouveau groupe, dont les élections étaient nulles comme n'ayant pas obtenu le huitième des voix des électeurs inscrits. Mais, la commission, nommée pour la validation, passa sur ce léger détail, en concluant qu'il fallait se contenter de la majorité absolue sur le nombre des votants, attendu que dans certains quartiers un grand nombre d'électeurs s'étaient soustraits par la fuite à leurs devoirs de citoyens et de soldats. La légalité ne devait jamais être le fort de ce gouvernement qui, se composant de quatre-vingt-quatorze membres, ne compta jamais plus de soixante-seize votants. Ce nombre même devait encore diminuer : Flourens fut tué; Allix, enfermé comme fou; Blanchet, incarcéré; Bergeret et Assi subirent quelque temps le même sort; enfin, vingt-trois membres se séparèrent à un certain moment de la Commune, et déclarèrent être résolus à ne plus assister à ses séances. Ainsi réduit, le gouvernement de l'Hôtel de ville restait donc effectivement composé de quarante et un membres, c'est-à-dire moins de la moitié des élus.

C'est cette minorité violente qui va diriger les destinées de Paris et mener la guerre civile. Nous allons bientôt la voir à l'œuvre.

IV

La modestie et le désintéressement firent également défaut aux membres de la Commune. Comme chez les peuples primitifs, les galons, les ceintures, les couleurs éclatantes ont joué sous leur règne un rôle prépondérant. Cluseret reprochait aux fédérés d'être trop amoureux du galon et des insignes, mais il ne parvenait pas à leur inspirer le goût de la simplicité. L'ardeur de ces hommes se dépensait en vains ornements, et, à ce moment d'égalité à outrance, c'était à qui se distinguerait de son voisin. Nous en avons vu plusieurs surchargés de ceintures et d'écharpes, portant à la fois la marque distinctive des membres du Comité central et celle des membres de la Commune.

Les membres du Comité central avaient une écharpe rouge à franges d'argent, et portaient une décoration ayant la forme d'un triangle attaché à un ruban rouge et noir. Les membres de la Commune mettaient à leur boutonnière une rosette rouge sur un ruban rouge garni de franges d'or. L'écharpe était la même que celle du Comité, mais elle était ornée de glands d'or. Ils recevaient une indemnité de quinze francs par jour.

La bannière de la Commune était nécessairement le drapeau rouge.

Ce drapeau est d'origine fort ancienne : c'était celui des Gaulois; les Francs marchaient sous une enseigne couleur de safran; les rois de France prirent d'abord pour étendard la chape de Saint-Martin, puis ils adoptèrent l'oriflamme, qui n'est autre chose que le drapeau rouge.

Abandonné dans la suite, le drapeau rouge reparut en juillet 1791. D'après la loi martiale, rendue contre les attroupements par la Constituante, en 1789, l'autorité municipale devait, en cas de résistance aux sommations, déployer contre l'émeute un *drapeau rouge*. On arbora ce sinistre étendard lors du massacre du Champs-de-Mars. Un an plus tard, en juillet 1792, le peuple insurgé contre la royauté prit des drapeaux rouges portant cette inscription : *Loi martiale du Peuple contre la rébellion du pouvoir exécutif*.

En 1848, le peuple voulut consacrer sa victoire en arborant cette couleur symbole de la justice qu'il s'était faite. Lamartine l'en empêcha en prononçant une phrase célèbre : « *Le drapeau tricolore a fait le tour du monde, le drapeau rouge n'a fait que le tour du Champ-de-Mars traîné dans le sang du peuple.* » C'est à cette occasion que Blanqui adressa au Gouvernement provisoire la protestation suivante : « La couleur rouge flotte sur Paris; elle doit être maintenue. Le peuple victorieux n'amènera pas son pavillon. »

Après le 18 mars, on se souvint de ces paroles, et le drapeau rouge prévalut; il est maintenant l'emblème de la révolte et du désordre.

CHAPITRE VIII

LES HOMMES DE LA COMMUNE.

Paris avait donc enfin le bonheur de posséder une *Commune*, ce mythe socialiste si longtemps rêvé, si ardemment attendu par les gens de bonne ou de mauvaise foi, dupes ou fripons, trompeurs ou trompés mais au fond, quels étaient ces hommes dont plusieurs, comme on le voit, avaient obtenu une double élection? Quelles étaient leurs doctrines? Quel système politique appliqueraient-ils?

De tout temps, il s'est rencontré des paresseux et des incapables qui se bornaient à se croiser les bras, en regardant passer ceux qui pouvaient et voulaient rester fidèles au devoir. Malheureusement, ce métier de dédaigneux suffit rarement à celui qui s'y voue, et le condamne toujours à une existence obscure, s'il est né riche, et à la mendicité pour le moins, s'il est né pauvre. Ces minces résultats, comparés à la considération et à la fortune qu'entraîne toujours avec lui le travail utile et consciencieux, ont, à toutes les époques de l'histoire, mis en éveil cette tourbe de fainéants qui, bien que résolus à demeurer toute leur vie les bras croisés, revendiquent aussi leur part de renommée et de richesse. En 1871, ils partirent de ce principe que, pour obtenir quoi que ce soit d'un homme, il suffit de lui déclarer qu'on le trouve fort au-dessus de sa situation; ils firent choix d'une vache à lait presque inexploitée jusque-là, toujours méprisée et toujours méprisable : la populace. Mais comme ce nom ne représente guère que l'ensemble des repris de justice du présent et de l'avenir, on l'appela le peuple, et on se mit à exploiter ces audacieuses énergies qui sont l'apanage de tous les bandits qui n'ont rien à perdre. Si bien que nos paresseux et nos impuissants, jusque-là dépourvus de l'aisance et de la notoriété que donne le travail, découvrirent le moyen de gagner l'une et l'autre en disant simplement qu'ils aimaient le peuple, et le peuple les crut. Ils furent délégués à un ministère, ministres, souverains même, puisque chacun dans sa sphère était un despote irresponsable.

L'attrait de ce carnaval et la curée de ce pouvoir n'attirèrent pas seulement les oisifs et les sots. Jusqu'au 18 mars, les bataillons de l'émeute ne se recrutaient guère que dans la populace. Cette fois, à la tête de ce gouvernement de parodie, nous voyons apparaître un certain nombre de noms appartenant par leurs origines au monde civilisé, aux Lettres, aux Sciences, aux Écoles, mais ayant tous quelque grief contre la société. On a dressé la statistique des carrières libérales qui ont fourni des membres à la Commune. La médecine et l'enseignement libre s'y rencontrent avec la peinture à côté de professions inavouables, qui abondent. Le journalisme, le pamphlet, le roman même, se coudoient dans cette troupe qui a donné, pendant deux mois, ses représentations lugubres à l'Hôtel de ville. Mais ce qui domine surtout ce sont les incapables, les fous et les coquins vulgaires. Paris, l'Athènes moderne, la ville de l'art, du goût, de l'esprit, de l'élégance, du beau langage et du talent fut, pendant deux mois, choqué par le contact de tant de natures incorrectes ou bizarres. En aucun temps, on n'avait vu une telle bigarrure d'excentriques, d'insensés et de sots poussés par le vent des révolutions au sommet du pouvoir. Le grotesque a pu être accumulé, pendant soixante-six jours, à l'Hôtel de ville comme dans un musée.

D'après l'ouvrage *la Troisième Défaite du prolétariat*, par Malon, membre de la Commune et de l'Internationale, dix-sept membres du nouveau gouvernement appartenaient à la redoutable Association; treize au Comité central; quinze au parti bourgeois, comme on disait alors. Ces derniers étaient : MM. Desmarest, E. Ferry, Nast, A. Adam, Méline, Rochard, Baré, Brelay, Loiseau-Pinson Tirard, Chéron, A.

Leroy, Ch. Murat, Marmottan et de Bouttelier. Ils n'acceptèrent pas le mandat qui leur était imposé et donnèrent presque tous leur démission sans avoir siégé. Les autres appartenaient au parti Blanquiste, à la presse révolutionnaire, aux orateurs des clubs.

Les membres de l'Internationale, nommés à la Commune, étaient :

Adolphe-Alphonse-Assi[1]. Il devait sa réputation aux grèves du Creuzot. Cette usine était paternellement dirigée par M. Schneider, qui toutefois eut le tort de vouloir se réserver la gestion d'une caisse de secours fondée avec les retenues faites sur le salaire des ouvriers. Ceux-ci réclamèrent pour eux le droit de nommer le gérant de cette caisse et désignèrent Assi. M. Schneider le renvoya aussitôt devant tous ses camarades. Ce fut le signal d'une grève qui prit l'importance d'un événement politique, et qui, malgré l'incapacité d'Assi, le rendit bien vite populaire. On a beaucoup exalté et beaucoup attaqué cet homme, mais il ne mérite ni cet excès de louanges, ni cet excès d'insultes. Nature énergique, il a pu être lancé en avant comme dans l'affaire du Creuzot et du Comité central, par les meneurs habiles qui le dirigeaient. Mais, esprit faux et ignorant, il retombait dans la masse des incapables dès qu'il était livré à lui-même.

Malon. Il avait été tour à tour homme de peine, portefaix et ouvrier teinturier. Il s'était fait condamner à deux mois de prison comme membre du deuxième bureau de l'Internationale ; c'est à cette époque que commença sa réputation. Il organisa alors, de concert avec Varlin, le mouvement des sociétés ouvrières qui se groupèrent sous le nom de fédération ; mais sa véritable notoriété date du mois d'avril 1870, où il dirigea la grève du Creuzot, sous le couvert du nom d'Assi. Compromis dans le troisième procès de l'Internationale (juin 1870), Malon fut arrêté et enfermé à Mazas sous la prévention

---

1. Assi et quelques autres membres de l'Internationale faisaient partie du Comité central. Mais leur notoriété dans l'Association était telle que nous avons cru devoir les placer en tête de ceux de ses membres qui furent nommés à la Commune.

d'avoir fait partie d'une société secrète. Il fut condamné à un an d'emprisonnement, auquel l'arracha la Révolution du 4 septembre. Élu adjoint au XVIIe arrondissement et nommé, le 7 février, à l'Assemblée nationale, Malon se démit bientôt de ce dernier mandat pour reprendre à Batignolles ses fonctions administratives, où le trouva le 18 mars.

Varlin. Ouvrier relieur, il avait travaillé chez Lenègre et chez Kauffmann, où il essayait déjà d'organiser des grèves. Il n'y a pas eu, en effet, de plus actif agitateur que Varlin. Sociétaire correspondant de la fédération ouvrière, il étendit sa propagande à Lille, au Creuzot, à Rouen, à Marseille, à Lyon et à toute la France. C'est lui qui empêcha l'Internationale de se désorganiser après le jugement qui la frappa, en 1868 ; grâce à lui, elle continua de vivre, de fonctionner comme par le passé, en empruntant différents noms, différentes formes, sans bureau officiellement constitué, recourant à des stratagèmes, à des biais, pour déjouer la vigilance de l'autorité. Varlin fut encore un de ceux qui eurent l'idée de créer, à côté de l'Internationale, une association distincte, destinée à être un jour fondue dans l'Internationale ; nous voulons parler de la fédération ouvrière, dont les projets de statuts furent adoptés dans une réunion tenue le 28 mars 1869. Cette fédération des sociétés ouvrières mettait dans les mains des chefs de l'Internationale une force puissante et tout organisée ; ils s'en servirent pour accomplir la révolution de 1871. Après le 4 septembre, Varlin reprenant son allure sournoise, agit sans bruit, comme il l'avait fait pour la réorganisation de l'Internationale. Membre des plus influents de la réunion de la Corderie-du-Temple, où il siégeait comme membre de la fédération ouvrière et comme membre du Comité central de la garde nationale, Varlin, fédéraliste convaincu, peut revendiquer une large part dans le mouvement du 18 mars. « C'était une intelligence remarquable à qui il n'avait manqué qu'une éducation et une situation différentes pour en faire un esprit des plus élevés et des plus modérés. »

Charles Beslay. Ingénieur distingué, il s'est beaucoup occupé des questions sociales, qu'il a mêlées aux questions industrielles, et ses études l'ont amené à une complète adhésion au socialisme et à l'Internationale. Utopiste convaincu, il voulut fonder dans le quartier Popincourt un atelier de construction de machines, dans lequel il associa ses ouvriers; mais cet essai fut si infructueux, qu'il y perdit une fortune considérable.

Émile-Victor Duval. Ouvrier fondeur en fer, il était doué d'une nature ardente et plein d'un dévouement absolu, aveugle, à la cause révolutionnaire, à laquelle il consacra son existence et jusqu'à sa vie. Ce fut lui qui organisa, il y a six ans, la célèbre grève des ouvriers fondeurs. Il fut délégué par les grévistes à Londres, auprès du conseil de l'Internationale, dont il obtint d'importants subsides, qui permirent aux ouvriers de tenir longtemps tête à leurs patrons. Duval fut aussi envoyé par les ouvriers fondeurs à la chambre fédérale des sociétés ouvrières; et c'est à ce double titre de membre de l'Internationale et de membre de la chambre fédérale, qu'il dut d'être impliqué dans le procès de 1870, dirigé contre l'Association. Malgré la part qu'il prit à la proclamation de la République, au mouvement du 31 octobre et du 22 janvier, à la révolution du 18 mars, qui le nomma commandant militaire de la Préfecture de police, à côté de Raoul Rigault, Duval ne fut jamais un faiseur de politique. C'était, comme l'a dit M. Jules Clère, un de ces hommes ardents, emportés, dont l'intelligence ne savait pas aller au-delà du dévoûment et de l'abnégation aveugle pour une cause qui représentait à leurs yeux l'avénement et la réalisation de doctrines mal définies. Il fut victime de ces aspirations vagues qui grisent si facilement les cerveaux faibles, et que savent si bien exploiter à leur profit les intrigants politiques.

Demay, ancien ouvrier sculpteur, surnommé le bon Dieu de la Commune à cause du respect dont on entourait sa vieillesse; *Theisz,* ouvrier ciseleur; *Avrial,* mécanicien; *Langevin,* tourneur sur métaux; *Frankel,* bijoutier, né à Bude; *Antoine Arnaud,* ancien employé de chemin de fer; *Pindy,* ouvrier menuisier; *Chalain,* tourneur en cuivre; *Clémence,* ouvrier relieur; *Clovis Dupont,* ouvrier vannier; *Dereure,* cordonnier; *Eugène Gérardin*, honnête ouvrier, qui se montra toujours plein de modération. Ils n'étaient connus que par leur affiliation à l'Internationale et la part plus ou moins active qu'ils avaient prise au développement de cette société. Tous, sauf Demay, avaient été impliqués dans les procès qui lui furent intentés sous l'empire et condamnés à plusieurs mois de prison ; c'est ce qui fit leur célébrité. La révolution du 4 septembre les avait rendus à la liberté.

Le Comité central envoya à la Commune :

Jules Bergeret. D'abord sergent de voltigeurs, il était devenu ouvrier typographe, puis commis de librairie. Au 18 mars, il fut mis à la tête d'une colonne pour prendre possession de la place Vendôme, qu'il occupa sans coup férir, et où il s'installa comme général. Il joua sous la Commune un rôle militaire si ridicule, qu'on ne peut mieux le comparer qu'aux ducs de la Marmelade et de la Cassonnade, qui amusèrent tant nos pères lors de la première révolte de Saint-Domingue.

Gabriel Ranvier. C'était un habile peintre en laque. Il habitait Belleville, paisible et heureux, au milieu de sa jeune et honnête famille, lorsqu'un malheur vint bouleverser sa vie. Un de ses ouvriers ayant reproduit sur un meuble un dessin qui était la propriété de l'éditeur Goupil, celui-ci intenta un procès à Ranvier, qui fut condamné à une forte amende. Comme il ne put la payer, il se détermina à se mettre en faillite. A partir de ce jour, le découragement et la colère s'emparèrent de Ranvier. Il ne travailla plus et fréquenta les clubs, dont il devint bientôt, quoique dépourvu d'instruction et de talent, l'un des orateurs les plus populaires. Emprisonné pour un délit de réunion dans les derniers jours de l'empire, il reparut, le 4 septembre, aux yeux de ses fanatiques admirateurs, avec le prestige que donne l'auréole du martyre. Nommé chef du 141e bataillon de la garde nationale, il organisa avec Flourens, cette autre idole de Belleville, le mouvement insurrectionnel du 31 octobre, et se fit porter sur la liste du gouvernement provisoire, élaboré dans cette nuit. Révoqué comme chef de bataillon et incarcéré à la suite de l'échauffourée, Ranvier, quoique prisonnier, fut élu maire du XXᵉ arrondissement; et le Gouvernement, qui eut la maladresse de faire annuler son élection « parce qu'un failli ne peut exercer de fonction publique », ne fit par cette mesure qu'augmenter sa popularité. Cet homme, quoique d'un caractère faible, a poussé si loin le fanatisme révolutionnaire, qu'il n'a pas hésité à ordonner les actes les plus violents et les plus horribles : ce sera lui qui présidera au massacre de l'archevêque de Paris. « Il est du reste à remarquer, dit M. Jules Clère, qu'il n'y a pas d'hommes plus cruels et plus impitoyables que les caractères faibles, quand ils sont dominés par cet esprit de parti qui fait taire chez eux tout sentiment, et étouffe dans leur cœur jusqu'aux impressions les plus irrésistibles et les plus naturelles, auxquelles cèdent cependant quelquefois les hommes les plus endurcis dans le crime. »

Alfred-Édouard Billioray. Ce n'est pas, comme on l'a écrit, le joueur de flûte si connu des Parisiens, mais bien un peintre d'un médiocre talent. Orateur des clubs de la rue Maison-Dieu et du théâtre Montparnasse, Billioray se trouva porté aux élections communales sur la liste du Comité central, dont il était membre, et bien que complétement inconnu jusqu'alors; c'est à ce titre qu'il dut son élection dans le quatorzième arrondissement.

Babick. Il était parfumeur et avait quelque peu étudié la médecine. Il professait une religion inventée par M. de Toureil, le fusionisme, sorte de mysticisme composé de toutes les croyances.

Émile-François Eudes. C'est une des figures les plus curieuses de la révolution du 18 mars. Il avait fait autant de métiers que Gil Blas; il avait été successivement employé dans une maison de blanc, aide-pharmacien, correcteur d'imprimerie, apprenti journaliste. On avait fait de lui le signataire de la *Liberté de penser*, petit journal matérialiste qui paraissait, tous les samedis, au pays Latin. On se rappelle l'émeute qui eut lieu à la Villette, vers le milieu d'août 1870, quinze jours au plus avant le 4 septembre. Ce jour-là, un pompier, une femme et un enfant furent tués; Eudes, arrêté un fusil à la main, fut accusé du fait et condamné à mort ; il allait être exécuté, quand la révolution qui survint le délivra. Pendant le siége de Paris, il fut nommé chef de bataillon, vu ses premières prouesses, et collabora à la *Patrie en danger*, de Blanqui, avec Brideau et Cana. Au 31 octobre, Eudes fut naturellement de ceux qui envahirent l'Hôtel de ville. Privé de son grade et emprisonné à la suite de cette affaire, il fut bientôt relâché et acquitté, et il partit pour Bruxelles. Mais, le 19 mars, il était à Paris, se mettant à la disposition du Comité central, qui voulut utiliser son activité révolutionnaire, en faisant de ce courtaud de boutique un de ses premiers généraux.

François Jourde. Ancien élève de l'école Turgot, il en était sorti pour entrer dans une maison de banque, où il s'habitua au maniement de grandes sommes d'argent, ce qui le prépara à ses nouvelles fonctions. Il est, avec Varlin, une des rares capacités que la révolution du 18 mars ait mises en lumière. Jourde possède un véritable talent oratoire qui lui permet de rendre les discussions financières accessibles à tous les esprits.

Blanchet. Ce n'était point le nom du membre de la Commune élu dans le Ve arrondissement ; il s'appelait *Panille*, et ressemblait à un chartreux en rupture de cloître. Il avait été secrétaire de commissaire de police à Lyon, novice dans un couvent de capucins à Brest et ensuite dans une maison du même ordre à Laroche, en Savoie. Revenu à Lyon, il y donna des leçons, fut traducteur interprète au palais de justice, entra de nouveau dans un commissariat, et, n'ayant pas obtenu un avancement qu'il avait demandé, donna sa démission, qui fut acceptée. C'est après ces événements qu'il vint à Paris. Ayant été condamné à six jours de prison pour banqueroute à Lyon, il avait changé de nom, afin de ne pas tomber sous le coup de la loi, qui interdit au failli de signer un article de journal.

Antoine-Magloire Brunel. Ancien sous-lieutenant de cavalerie, il exerçait les fonctions de commandant du 107e bataillon (11e régiment de marche) de la garde nationale pendant le siége de Paris. Irrité de la capitulation, il essaya, avec le lieutenant-colonel Piazza, de soulever la garde nationale, et de s'opposer à toute négociation avec les Prussiens. Mais la garde nationale ne répondit pas à leur appel. Piazza et Brunel furent arrêtés, le 29 janvier, et traduits devant un tribunal militaire. Le conseil les acquitta sur le chef d'excitation à la guerre civile, mais les condamna à deux mois de prison pour avoir, le 28 janvier, sans droit et sans motifs légitimes, usurpé le titre et les fonctions de général. Délivré peu de temps après par des gardes nationaux qui brisèrent les portes de sa prison, Brunel se déroba aux poursuites du Gouvernement, et devint un de ses plus acharnés adversaires. Le Comité central le nomma général.

Hubert Geresme, ouvrier, *Henry Mortier*, commis architecte et *Henry Fortuné*. Ils naquirent à la vie politique avec le Comité central. C'étaient des incapables qui cherchaient à cacher leur ineptie sous des motions violentes et même souvent cruelles.

Antoine Arnaud et *Clovis Dupont*. Ils faisaient aussi partie du Comité central, mais à cause de leur affiliation à l'Internationale, dans les rangs desquels nous les avons placés.

Des clubs et des réunions publiques sortaient :

Charles Amouroux, un des plus jeunes et des plus populaires d'entre les membres de la Commune. Il était venu à Paris comme ouvrier chapelier, et s'était mêlé de bonne heure au mouvement politique et social auquel les ouvriers prenaient alors une part si active. Sa figure toute juvénile, un esprit ardent et audacieux en firent bientôt un des favoris des réunions publiques. Président ou assesseur de nombreuses réunions tenues à la *Jeune Gaule*, à la Redoute et à la salle Molière, il résista souvent aux injonctions des commissaires de police et refusa de dissoudre les assemblées malgré leurs ordres et leurs menaces. Condamné plusieurs fois à la prison, et en particulier le 2 mars, 1870, pour excitation à la haine et au mépris du gouvernement, il s'enfuit à Bruxelles, où il se lia avec des réfugiés politiques et des membres de l'Internationale. Après la révolution du 4 septembre, il servit dans l'artillerie et fut nommé membre du comité d'armement, fonction dont il se démit le 31 octobre. Il fit une constante opposition au Gouvernement de la Défense, et se trouva naturellement désigné par ses antécédents révolutionnaires aux suffrages des partisans de la commune.

Jules Allix. C'est le type le plus étrange de la Commune. Pour se consoler de son échec à l'Assemblée constituante, il se donna tout entier à une grotesque invention : la télégraphie escargotique, qu'il voulait substituer à la télégraphie ordinaire. Il fallait choisir des escargots sympathiques, et en mettant l'un d'eux sur la lettre d'un alphabet spécial, le second escargot se plaçait immédiatement sur la même lettre de l'alphabet correspondant. Ce nouveau mode de correspondance, trouva, dit-on, quelque faveur auprès de M. Émile de Girardin, chaud partisan des idées de M. Allix, mais conduisit plus tard ce dernier à Charenton. Il en sortit au moment des élections de 1869, et, pour se faire élire, il organisa des conférences socialistes à Belleville, mais sans succès. Arrêté le 22 janvier 1871, il se fit de cette circonstance un petit piedestal auprès du parti révolutionnaire ; et Allix, orateur insipide des réunions publiques, qui eût certainement échoué à Belleville, où l'on connaissait son aptitude, eut l'heureuse pensée de se porter dans le IX⁰ arrondissement, où il était complétement inconnu.

Paul Émile Rastoul et *Parisel.* Médecins tous les deux, ils avaient cherché longtemps une clientèle, mais sans pouvoir jamais la trouver. Après le 18 mars, ils se vengèrent de l'indifférence du public parisien en le soumettant à la cruelle expérience de leur médication sociale.

Théodore Régère de Montmore. Né le 15 avril 1826 à Bordeaux, il y fonda la *Tribune de la Gironde* dont la publication lui valut d'être proscrit après le coup d'État. Il n'a pas été toujours aussi radical que le feraient supposer son élection et son rôle à la Commune. On l'accuse de cléricalisme, et non sans raison. Aux plus mauvais jours de cette triste époque, alors que la plupart des églises de Paris étaient fermées au culte, il pria M. le curé de Saint-Étienne du Mont de vouloir bien admettre sa fille à la première communion, il y assista même avec la plus vive émotion. Ce qui donnerait à penser que ce n'est pas un de ces révolutionnaires farouches qui ont fait litière de tout sentiment et de toute croyance.

Léo Meillet, Raoul Urbain et *Gustave Lefrançais.* Après s'être livrés quelque temps à l'enseignement, ils s'étaient jetés à corps perdu dans le mouvement des réunions populaires et s'y étaient fait connaître par l'extrême violence de leur langage.

Henry Champy, ouvrier ciseleur; *Émile Clément,* cordonnier; *Charles Gérardin,* ancien comptable; *Charles Ledroyt,* ouvrier déjà âgé; *Martelet,* peintre de décors; *Ostyn,* employé; *Émile Oudet,* peintre sur porcelaine; *Descamp,* mouleur en fonte; *Chardon,* ouvrier chaudronnier. Ils étaient bien peu connus et bien peu dignes de l'être. Leur incapacité absolue, leur nullité radicale rendent tout examen de leur personnalité impossible, et en tout cas inutile.

A la Commune, la plupart des hommes de ces trois groupes n'en formèrent qu'un seul, celui des socialistes. Ils avaient un programme arrêté: ils ne voulaient pas comme les politiques la domination, mais la destruction de la société. Toutefois, ayant pour principe de sacrifier l'intérêt personnel à l'intérêt général, ils furent réduits à s'associer aux Blanquistes. Avec eux arrivent donc nécessairement:

Blanqui. La mort de Mgr. Darboy a remis plus vivante et plus sombre cette figure dans l'imagination publique. C'est pour Blanqui que Mgr Darboy est mort, sans racheter assurément par la vertu de ce sacrifice la cruelle personnalité du conspirateur monomane, depuis longtemps d'ailleurs condamné à mort. On sait, et nous le verrons plus loin, que la vie et la liberté de l'archevêque de Paris, incarcéré à Mazas par les communeux, répondaient de la vie et de la liberté de Blanqui, détenu dans les prisons du Lot par le Gouvernement. Voilà la balance de la révolution, c'est-à-dire l'inégalité la plus cynique mettant, sous prétexte d'égalité, Blanqui dans un plateau, l'archevêque dans l'autre. — Depuis le déclin du carbonarisme jusqu'à la dernière explosion communiste, Blanqui, libre ou en prison (et il a été prisonnier vingt-huit ans), n'a cessé de troubler le sommeil du pays et de tous ses gouvernements, soit en personne, soit par insufflation.

Homme d'action souterraine, incessante, persévérante, il s'efforce depuis tantôt quarante ans d'enlacer la société dans une immense conspiration populaire, rattachant patiemment les fils qui viennent à se briser, nouant et reformant les mailles rompues. Ce qu'il veut, c'est la révolution sociale, c'est le renversement de la pyramide, la base prenant la place du sommet ; c'est l'avénement de la classe ouvrière au pouvoir, la suprématie du travail sur le capital, la domination des membres sur l'estomac, c'est l'aristocratie des ouvriers qui doit remplacer l'aristocratie des bourgeois, comme elle a remplacé elle-même, en 89 et en 1830, l'aristocratie des nobles. Révolution imprévoyante, bouleversement inique, et que cependant il a failli réaliser ; car, sans exagérer l'influence et la popularité de Blanqui, on ne peut nier que l'effroyable tempête qui a menacé d'engloutir Paris n'ait été amenée par lui et déchaînée par ses adeptes. Pendant la période du siége, il dépopularisa dans les faubourgs le Gouvernement du 4 septembre, en lui reprochant journellement sa faiblesse, sa timidité, ses incertitudes, ses allures réactionnaires, sa défiance à l'égard du peuple ; il prépara ainsi, avec Félix Pyat, les tentatives communeuses du 31 octobre et du 22 janvier. Ces mouvements ayant échoué, et les pouvoirs assumés par les hommes de la Défense nationale ayant été ratifiés par un plébiscite parisien, Blanqui écrivit, dans la *Patrie en danger* du 5 novembre, ces lignes, où la colère et la menace percent sous l'ironie : « La démagogie est désarmée. La Bourse et la sacristie sont maîtresses. On va les voir à l'œuvre. Pays fini à moins d'un retour qui le délivre de ces deux pestes. » Et dans le numéro du 7 novembre : « Six semaines de résistance avaient inspiré l'admiration, un seul jour nous précipite dans le mépris universel. » A partir de ce moment, Blanqui ne prend plus la peine de cacher son programme socialiste ; il le formule nettement, énergiquement : « La société française n'est pas la nation française, écrit-il le 25 novembre. Ne confondons pas deux êtres distincts et ennemis. La société, c'est le capital, la nation, c'est le travail. Le maître et l'esclave. — On répète souvent : Pourquoi cette division antagoniste de deux choses inséparables ? — Inséparables, en effet. Point d'esclaves sans maîtres. » Élu membre de la Commune, il en eût été nommé président, quoique prisonnier au château du Taureau, sans les protestations énergiques de Delescluze.

Charles Delescluze. Sorti du peuple, petit de taille, assez mal tourné, il n'avait rien de ce que Salluste exige chez un tribun pour remuer les multitudes. Le front était sans noblesse, l'œil fixe, mais sans puissance de fascination. N'étant plus jeune, il montrait un visage fendillé de rides profondes et de ces zigzags étranges qui accusent, dit Balzac, les défaites de la vie intime. Sa bouche sans sourire laissait échapper une voix frémissante, toujours orageuse, et qui, par instants, faisait venir à l'esprit l'idée des grincements d'une porte de prison. Il avait le teint jaune comme Brutus. Mais comment aurait-il pu avoir un extérieur agréable, cet homme qui n'avait parcouru jusqu'à ce jour que des chemins remplis des plus rudes aspérités ? Sa vie n'avait été qu'un long et terrible combat : combat du journaliste et du conspirateur contre les gouvernements établis, contre la royauté, contre la république, contre l'empire; combat du proscrit contre la misère; combat du transporté politique contre des souffrances et des outrages partagés avec les forçats; combat du sectaire contre le Gouvernement de la Défense et le pouvoir sanctionné par l'Assemblée nationale. En novembre, au cœur de l'hiver, les membres de la Défense l'avaient fait jeter en prison; il en sortit à la suite d'une ordonnance de non-lieu, blessé au cœur, atteint d'une laryngite aiguë, faisant sans cesse le total de ses souffrances passées ajoutées aux souffrances du jour. Il eût été un héros ou un saint, s'il eût oublié les dernières persécutions qu'il venait d'endurer! il aima mieux mettre le tout sur le compte de la société, aussi fut-il l'âme de la révolution du 18 mars. Digne descendant des fanatiques du seizième siècle, il fut un véritable sectaire, impassible, froid, sacrifiant tout à ses idées. Sa vie et la vie des autres n'étaient rien pour lui. Honnête homme de par sa conscience, mais Jacobin sinistre, il eût fait fusiller son père!

Félix Pyat. C'était l'homme le plus connu de la Commune. Ancien auteur dramatique, journaliste, commissaire général du Cher, représentant du peuple, proscrit, conspirateur, exilé de retour, nul ne s'est plus agité, n'a plus cherché à mettre sa personnalité en relief. S'il eût agi obscurément, sa tenue eût été celle d'un héros. Ceux qui le connaissent, comme Rochefort, pensent qu'il n'a jamais travaillé que pour le bénéfice de sa vanité. Peu d'hommes ont, du reste, été aussi bien reçus dans la vie. En 1831, à 21 ans, il débuta par une très-grande hardiesse pour le temps, par un drame en prose sur la vie intime des Romains, sujet que la tradition exigeait qu'on ne traitât qu'en vers. D'une page de Tacite, il avait tiré une tragédie familière, intitulée : *une Révolution d'autrefois ou les Romains chez eux*. C'était la mort de Caligula, tué par Traséas et ayant Claude pour successeur. Venant juste après les journées de juillet, cette *Révolution*, exposée à l'Odéon devant un parterre d'étudiants, obtint une quadruple explosion de bravos, mais fut interdite, le lendemain, par ordonnance du préfet de police. Félix Pyat eut un nom fait en vingt-quatre heures. Les dons les plus précieux de la nature achevaient de lui ménager partout un bon accueil. Une figure harmonieuse, bien sculptée, de très-grands yeux, la bouche souriante, la parole sympathique, tel était l'homme. Jules Janin, qui l'avait pris en très-vive amitié, lui facilitait l'entrée dans les journaux et chez les libraires. Mais, quand le grand critique le vit, dans un autre drame, *Ango* (le corsaire de Dieppe, qui mettait le pied sur la gorge du vainqueur de Marignan), travestir ainsi la vérité historique, afin de faire de la prédication républicaine, il s'emporta contre son Éliacim d'autrefois. Foudroyé et furieux, Félix Pyat en voulut désormais à la critique et à la censure, qui prit texte d'*Ango* pour ressusciter. « En tout, dit M. Philibert Audebrand, il s'est posé comme un Prométhée au petit format, qui prend son orgueil blessé pour un crime social, et qui en accuse les dieux et les hommes[1]. » En 1848, il fut naturellement un de ceux qui étaient appelés à fonder la République et à la compromettre. Décrété d'accusation à la suite de la manifestation du 13 juin (Conservatoire des Arts-

---

1. *Histoire intime de la Révolution du 18 mars.*

et-Métiers), il quitta la France, et résida tantôt en Prusse, tantôt à Londres. L'âge, au lieu de corriger ses instincts, comme cela arrive d'ordinaire, n'a fait que les aigrir; Félix Pyat est devenu ultra-socialiste. Mais celui qui prendrait au sérieux ses proclamations révolutionnaires, ses solennelles adjurations et ses malédictions romantiques, se tromperait singulièrement. Tous ses actes soi-disant politiques ne sont que des inspirations, des préoccupations, des ressouvenirs de mélodrame : soit qu'il parle, soit qu'il écrive, soit qu'il agisse, le démagogue Pyat transporte au théâtre. Comédien émérite, il connaît mieux que personne les tours et les détours de la scène politique ; il en a étudié toutes les trappes,— les trappes surtout, si commodes quand le dénoûment s'accélère et que besoin est de disparaître rapidement. — Il sait par expérience que, s'il y a du mérite à faire ses entrées au bon moment, il faut plus de talent encore pour réussir ses sorties. Au reste, nul ne se farde et ne se grime plus habilement que lui. Il joue, d'ordinaire, les traîtres, mais, à l'occasion, il fait très-bien les Géronte, les Cassandre, voire les Sganarelle ou les Scapin. Ce matamore cassant et farouche n'est, en vérité, qu'un fantoche gonflé de vent. Il a trouvé, dans le grand drame révolutionnaire de 1793, un canevas à sa convenance; il se l'est, pour ainsi dire, approprié, croyant habile de ressusciter cette grande époque, de l'ajuster à sa taille et de se créer un rôle dans sa parodie sinistre. Il nous a révélé, lui-même, le personnage qu'il a eu la prétention de remettre en scène : « Je suis l'ami du peuple, du peuple en danger. Je n'ai d'autre intérêt que son salut. Je n'ai pas l'énergie de Marat, et je n'aurai certes pas l'honneur de sa mort; mais j'ai sa vigilance, et je dis à ce peuple : « Ma foi « est démocratie; ma loi, République ; mon titre, fran- « chise; ma vie, exil; mon but, ta vie. »

Auguste Vermorel. Il était une des notoriétés de la presse démocratique. Sa vie politique, qui datait de ces dix dernières années, a été l'une des plus agitées et des plus malheureuses ; il y perdit une modeste aisance et y gagna de nombreux procès, d'interminables emprisonnements. On ne se serait pas attendu à le voir figurer longtemps, lui homme d'esprit, plein d'affabilité et de douceur, dans cette Commune, d'où Ranc s'est bien vite retiré, tandis que Vermorel est resté, jusqu'au dernier jour, solidaire par sa présence de cette assemblée, dont il a presque constamment blâmé les folies et les cruautés. C'est là, pour tous ceux qui l'ont connu, une énigme, dont on ne peut trouver l'explication que dans son caractère ambitieux et dans son désir de montrer aux révolutionnaires, qui avaient douté de son honnêteté politique, la fausseté de leurs attaques.

Raoul Rigault. C'est le personnage qui a le plus caractérisé le mouvement communal, puisqu'il est demeuré en place du 18 mars au 23 mai, toujours armé du même pouvoir. Socialement parlant, c'était un fils chassé par son père et dont son père même redoutait la cruauté pour son propre compte. Intellectuellement, ce n'était pas un incapable, comme on l'a écrit : il avait fait de brillantes études au collège de Versailles. Quant au physique, c'était un jeune homme petit de taille, à la barbe noire et épaisse, au regard inquisiteur, voilé par un lorgnon qu'il ne quittait jamais. Il avait la monomanie de ce qu'il a été, un Tristan l'Ermite de la basse démagogie. Fruit sec de toutes les écoles, Rigault avait puisé dans des déconvenues d'examens ce sentiment d'envie qui le portait à tout détruire. Mais, pour se prémunir contre le danger d'un radicalisme insensé, il aimait à faire de la police, deux sentiments qui l'absorbaient tout entier. Ami et disciple de Blanqui, on prétend qu'il tenait ces goûts étranges du Mazzini français. Il porta cet esprit au journal *la Critique*, et passa le temps qu'il pouvait ravir aux brasseries, pour lesquelles il eut toujours une prédilection marquée, à pérorer dans les réunions publiques. Il se fit une certaine popularité dans celle du Pré-aux-Clercs, où il attaqua Jésus-Christ et la religion, en des termes qui lui valurent une forte condamnation pour outrage à la morale publique et à la religion. Sa tenue devant le tribunal fut pleine d'arrogance, et, quand l'avocat impérial réclama pour lui l'indulgence que méritait son jeune âge, Rigault se leva et répondit : « Monsieur l'avocat général, messieurs les juges, je ne veux pas de votre indulgence, le jour où nous serons au pouvoir, nous ne vous en accorderons pas. » On rit de cette boutade, comme de ses menaces, qu'il ne réalisa que trop librement, de faire couper des milliers de têtes, quand il serait chef du Gouvernement. Au 4 septembre, Rigault n'eut qu'une préoccupation, ce fut de courir à la Préfecture de police mettre la main sur les dossiers et prendre la place de l'ancien chef de la police politique sous l'empire. Mais le Gouvernement de la Défense ne jugea pas prudent de l'y maintenir. Il rentra alors dans la vie privée et se fit élire chef d'un bataillon, qu'il ne commanda jamais. Au 31 octobre, il tenta, mais en vain, de s'emparer de la Préfecture. Plus heureux au 18 mars, il s'y installa et montra ce dont il était capable. On vit alors cet insensé, qui n'avait de respect pour rien et qui se plaisait à assouvir ses goûts autoritaires et sanguinaires, commencer par attenter à la liberté individuelle et finir par commettre les plus lâches assassinats. Ce qu'il y a de plus horrible, c'est que Rigault n'avait aucune conviction, et qu'il commettait froidement ces actions infâmes pour s'amuser et occuper ses loisirs. Un soir, au café Soufflot, tout en choquant son verre avec ses amis, il dit tout haut et en riant que, pour régénérer révolutionnairement la France, il fallait un bouquet de trois cent mille têtes coupées à déposer aux pieds de la statue de la Liberté! Il paraît que cette sorte de madrigal fut le mot de la soirée.

Jules Ferré. Il était d'une taille à peu près minuscule, et il avait la figure presque couverte d'une barbe et de favoris, d'où émergeaient deux verres de binocles abritant deux prunelles du noir le plus foncé. Il s'était révélé lors de la manifestation Baudin. Au milieu du recueillement des assistants, on entendit tout à coup pousser des cris de « Vive la République! la Convention aux Tuileries! la Raison à Notre-Dame! » et l'on vit que l'auteur de ces intempestives déclamations c'était le nain Ferré, juché sur un monument voisin de la tombe. On le retrouva depuis dans les réunions publiques, où il récolta plus de jours de condamnations que d'applaudissements. Ses discours n'étaient que des appels à la violence pour la restauration des institutions de 93: l'injure y surabondait toujours. Lors du procès de Blois, il ne voulut ni défenseur, ni témoins à décharge. Il insulta les témoins qui se présentèrent et essaya de se défendre lui-même, mais avec un tel luxe d'injures qu'on fut obligé de lui retirer la parole et même de le faire sortir de la salle des séances. Cet être vipérin, qui, à l'exemple de Marat, dont il avait fait son modèle, avait parfois des accès de rage épileptique, qui le syncopaient, dit, après son acquittement prononcé faute de preuves, une phrase sinistre, à laquelle on ne fit pas attention, mais qui devait être tristement prophétique. Ses amis l'entouraient et le félicitaient : « Ils m'ont acquitté, leur cria Ferré; quand nous serons les plus forts, nous les fusillerons. » Cette parole est authentique, et on sait s'il l'a tenue.

Protot. Révolutionnaire de la veille, il avait passé sa jeunesse à conspirer et à défendre les conspirateurs. Sa renommée a commencé avec le procès de Mégy, arrêté pour le meurtre d'un agent. Chargé par lui du soin de le défendre, il eut à subir à ce propos une arrestation arbitraire, contre laquelle protesta le barreau de Paris, et Protot relâché prononça devant la haute cour de Blois la défense de Mégy. Au lendemain du 4 septembre, il fut élu chef de bataillon et se distingua comme un des plus ardents adversaires du Gouvernement de la Défense nationale. Envoyé à la Commune par le XIe arrondissement, nommé presque à l'unanimité délégué à la justice, Protot présentera plusieurs projets de décrets entre autres la cruelle loi des otages et le jury d'accusation. Il votera constamment les mesures révolutionnaires proposées à la Commune, dont il se montrera un des membres les plus radicaux. Protot est d'un tempérament froid, d'une nature concentrée; il a étudié la révolution dans laquelle il se jeta par raison plus que par sentiment. Il est du reste un des rares hommes instruits qui aient fait partie de ce gouvernement d'incapables et d'énergumènes.

Jules Vallès. Sa vie est si complexe, si multiple, si désordonnée qu'on a peine à le suivre dans toutes ses courses et qu'on parvient difficilement à noter les travaux qu'il a entrepris, puis laissés un moment et repris ensuite, sans les achever la plupart du temps. Jules Vallès a passé sa jeunesse au quartier latin, où il a écrit dans de nombreux journaux. Pour se faire une idée exacte du talent de ce bizarre écrivain il faut lire son article les *Réfractaires*, qui remplit tout un numéro du *Figaro*. En lui s'agite un pêle-mêle incroyable d'idées et de mots, les unes heurtant les autres, et tout cela se mêlant, formant un concert qui, malgré des notes parfois discordantes ne manque point de verve et d'originalité. Pour se donner des airs de penseur, il criait contre tout ce qui s'est fait depuis la création du monde, surtout depuis les époques historiques. C'est lui qui disait : « Jésus-Christ est une réputation surfaite. » Il disait encore : « J'admire les ânes qui trouvent le *Misanthrope* un chef-d'œuvre ; le dernier vaudeville du Palais-Royal vaux mieux que ça. » Et encore : « Dans l'intérêt bien entendu des Lettres, il faudrait brûler jusqu'au dernier exemplaire de la dernière édition de Molière. » Au point de vue politique, Vallès est un ignorant et un incapable qui se laisse aller aux entraînements de son tempérament et à ceux du milieu dans lequel il vit ; il n'a ni conviction, ni énergie.

Paschal Grousset. Il était le plus élégant des membres de la commune, dans laquelle il représentait l'élément boulevardier et léger. Républicain par ambition, il est loin d'avoir été toujours aussi radical que le feraient supposer ses déclarations révolutionnaires de la Commune. Il a passé, avant d'être journaliste républicain, par les camps les plus opposés, sans s'arrêter dans aucun, parce qu'il n'y a point obtenu la position aisée qu'il ambitionnait et qu'il a cru trouver dans la révolution du 18 mars. Il s'imagina probablement racheter son passé en se montrant l'un des membres les plus intolérants de la Commune.

Miot. A voir sa figure si patriarcale, on l'aurait pris pour un des sages de la Commune. Mais, cette tête, ornée d'une si belle barbe blanche, était dépourvue de tout jugement et il n'en sortait qu'un vieux radotage révolutionnaire. Cet ex-pharmacien de la Nièvre, auquel un pamphlet de Claude Tellier avait jadis tourné la tête, avait passé dans les prisons une partie de sa vie qui finira, dit-on, à Charenton ou aux Incurables.

Gambon. Il s'était fait une grande réputation dans les masses, parce qu'un jour, à Sancerre, dans le Berri, il avait joué à demi le rôle d'Hampden. Il a refusé, en effet, de payer l'impôt; mais au lieu de se faire tuer pour son idée comme le patriote anglais, il a livré au percepteur une vache, sa fameuse vache, point de départ de sa popularité.

Auguste-Joseph Verdure. Philanthrope enthousiaste, il fut un des piliers du *Crédit au travail*, créé dans un but généreux, mais géré par des gens trop enthousiastes et trop confiants dans les résultats de la coopération. Envoyé à l'Hôtel de ville par les électeurs du onzième arrondissement, Verdure, que son passé aurait fait ranger parmi les modérés de l'assemblée, s'est montré dans les derniers temps l'un des membres les plus violents de la Commune.

Jean-Baptiste Clément. D'abord garnisseur en cuivre, puis chansonnier, socialiste et révolutionnaire, il quitta bientôt la poésie pour la politique. Il écrivait dans le *Pavé*, les *Tablettes de Paris*, le *Casse-tête*, la *Réforme*, le *Cri du Peuple*. En politique, dit M. Jules Clère, J. B. Clément est un poëte doublé d'un sectaire, c'est un admirateur enthousiaste de la Révolution, qui a tous les emportements d'un fanatique et commet toutes les fautes, quitte à les regretter ensuite. En littérature, c'est un fantaisiste d'idées et d'expressions. Son style imagé est plein d'une vive originalité qui donne à ses articles un cachet tout particulier.

Frédéric Cournet. Ses opinions politiques le rangeaient d'avance dans le parti communaliste. Il avait été, sous l'empire, de toutes les conspirations, de tous les complots, de toutes les sociétés secrètes, dont beaucoup échappaient aux investigations de la police. Ami de longue date de Delescluze, il était de son école, de cette petite Église qui ne voulait innover en rien, et qui croyait assurer le triomphe des idées nouvelles, en répétant toute une phase, et la plus terrible de notre histoire, comme si l'histoire se répétait.

Gustave Tridon. Polémiste de talent, disciple de Blanqui, il était l'un des révolutionnaires les plus connus et les plus poursuivis sous l'empire. Il mit sa plume et sa fortune au service de la république sociale. Mais son courage n'a jamais été à la hauteur de ses convictions. Tridon était, du reste, un garçon maladif, d'un tempérament peu propre à l'action.

Arthur Arnould. Il est intelligent, il a l'œil vif, un front élevé, et il eût été dans une assemblée législative un orateur disert, élégant, agréable à entendre; mais il est sans principes arrêtés et n'a jamais montré les qualités d'un homme d'action.

Gustave Flourens. Il avait été jeté dans l'opposition la plus ardente par son exaltation naturelle encore plus que par la mesure bien légitime qui le priva de ses fonctions de suppléant au collége de France, à raison de ses opinions matérialistes et révolutionnaires. A partir de ce jour, il mena une vie errante, romanesque, follement périlleuse; mais il était un des hommes les plus capables, les plus intelligents, et aussi des plus honnêtes qui furent compromis dans la formidable insurrection du 18 mars.

Voilà les principaux Blanquistes qui vont entrer en scène. Ils avaient fait, pour arriver au pouvoir, une alliance avec les membres de l'Internationale qui ne tarda pas à être brisée, et leur rivalité d'influence, comme leur antagonisme d'opinions a rempli le règne de la Commune.

Avec eux, tous les drames de la révolution doivent repasser indéfiniment sous nos yeux. Nous reverrons le renversement des statues royales, les razzias de suspects, les arrestations arbitraires, les perquisitions domiciliaires, les suspensions de journaux. Nous reverrons la Conciergerie encombrée de prisonniers; nous reverrons des jacobins et des hébertistes; nous reverrons la Commune tournant ses canons contre l'Assemblée nationale, et pour que rien ne manque au programme, nous entendrons gronder au fond du théâtre, comme la furie traditionnelle, le Comité de salut public. L'histoire, qu'ils ne connaissent que par la déclamation, les pousse et les égare; ils croient que les générations se ressemblent et se copient, et qu'il suffit d'être un plagiaire plus ou moins fanatique pour être un grand politique.

Ces hommes, socialistes ou Jacobins, ont eu le pouvoir

pendant soixante-six jours, le pouvoir sans limites. Jamais une souveraineté absolue n'a rencontré moins d'entraves, n'a eu moins de comptes à rendre. Qu'ont-ils fait? Ah! s'ils avaient une idée, si réellement ils représentaient, comme ils en avaient l'impudente prétention, le socialisme et tout ce qu'il contient en germe; si enfin ces gens avaient été capables seulement de définir une fois leur propre pensée, de définir leurs théories, ils le pouvaient faire tout à leur aise. Jamais si belle occasion ne leur pouvait échoir. Eh bien! en parcourant la collection des lois, arrêtés et décrets du Comité central, de la Commune et du Comité de salut public, l'œil du plus bienveillant philosophe ne peut découvrir, dans le testament de cette infernale trilogie, une parcelle de raison, un atome de vérité, un semblant de justice. Ils se sont comparés aux Jacobins, mais on chercherait en vain dans les dossiers pourtant volumineux des révolutionnaires de la première heure, un seul acte qui dénote une absence de raison aussi complète que dans tout ce que nous avons vu pendant deux mois.

Ils n'ont su que faire revivre les mots de 1793, sans y faire passer le souffle qui les animait. Dans leurs ternes séances, qu'ils n'osèrent pas rendre publiques, et dont ils hésitèrent longtemps à donner le compte rendu, il n'y avait nulle trace de cette éloquence enflammée qui devait, suivant un de ses membres, faire « écumer la multitude », et rappeler « Danton débraillé et tonnant ».

C'est qu'il ne s'agissait pas, pour les hommes du 18 mars, de doctrines à faire prévaloir, mais de détruire une société qui, régie par les lois de la morale et du devoir, ne pouvait leur donner la place qu'ils ambitionnaient. Et nous les avons vus, pendant soixante-six jours, essayer de pousser la France vers l'abîme, et, dans l'exaspération de leur défaite, travailler à l'anéantissement d'une ville pour se consoler de n'avoir pu faire crouler le pays tout entier. Plutôt que de ne pas régner, ils auraient volontiers régné sur des ruines.

Tels étaient les chefs.

Si, comme le plongeur qui se précipite dans l'abîme pour étudier le fond de la mer, on examinait maintenant les masses fédérées, couche par couche, que ne trouverait-on pas? On verrait défiler successivement les paresses ignominieuses, les jalousies, les impuissances folles, les ambitions devenues féroces. Quels chefs et quelle armée! Où se recrute-t-elle? Parmi tous ceux qui, à Paris, ont fait naufrage, dont la civilisation n'a su ni reconnaître le génie, ni utiliser « les magnifiques énergies », et qui se sont perdus corps et âme dans cette tempête sans éclair. Il y a là les prolétaires, les déclassés, les ouvriers ne travaillant pas, les vagabonds, les femmes déliées de chaînes légales, les enfants des quartiers sombres, ce que les Romains appelaient *Plebescula*, ce que Mirabeau nommait le *popule*. Il y a dans cette tourbe tant de crimes, de vices, de défauts, de tares au physique et au moral, qu'ils rappellent trait pour trait ce portrait de Salluste :

« Dans une ville si peuplée et si corrompue, Catilina avait rassemblé sans peine des troupes d'infâmes scélérats qui, rangées autour de lui, semblaient composer sa garde. Tous les hommes perdus de vices et de débauches, tous ceux qui s'étaient ruinés en festins, au jeu ou avec les femmes; ceux qui s'étaient surchargés de dettes... tout ce qu'il y avait de parricides, de sacriléges, de gens condamnés ou qui craignaient de l'être; tous ceux qui, pour vivre, faisaient trafic du sang des citoyens ou du parjure; enfin, les malheureux que l'infamie, l'indigence et les remords poussaient au désespoir; voilà quels étaient les amis et les confidents de Catilina. »

Le tableau est exact; il n'y a rien à retrancher ni rien à ajouter. La Commune de Paris, c'est la haine et la convoitise, la passion de la révolte combinée avec la fièvre de l'argent.

CHAPITRE IX

CAUSES DE LA RÉVOLUTION DU 18 MARS.

CAUSES ACCIDENTELLES : L'armement formidable de la garde nationale et son genre de vie pendant le siège ; — l'humiliation et la déception causées par l'armistice; — les souffrances du commerce et de l'industrie ; — la licence effrénée de la presse et des clubs ; — la concentration de tous les pouvoirs entre les mains des municipalités. — CAUSES DIRECTES : Le coup d'état du 2 décembre ; — l'accumulation des masses d'hommes dans nos grandes villes ; — l'annexion des populations urbaines ; — la démoralisation du pays par le luxe et le plaisir ; — la loi imprévoyante des coalitions ; — le droit de réunion. — CAUSES MORALES ET PRIMITIVES : L'esprit insurrectionnel de notre tempérament national ; — notre amour du pouvoir révolutionnaire ; — l'absence d'une autorité morale ; — la haine du christianisme ; — l'aspiration aux biens et aux jouissances de ce monde. — Cet état révolutionnaire a été développé par les historiens de la révolution, le roman moderne, la philosophie positiviste, la science expérimentale.

I

L'entraînement qui a précipité une partie de la population dans le mouvement insurrectionnel, l'inertie qui paralyse l'autre, semblent, au premier aspect, absolûment inexplicables; on les croirait impossibles s'ils n'étaient une triste réalité. Il importe donc d'en découvrir la raison d'être, afin de se préserver à la fois de défaillance ou d'emportement. Ce sont des Français, dont la veille nous admirions l'héroïsme, qui sont tombés dans ces égarements. Nous ne devons jamais l'oublier, et la juste horreur, que nous inspirent les forfaits de quelques scélérats, est un motif de plus de rechercher avec impartialité par quel monstrueux prodige leurs excès ont pu se produire.

1. ORIGINES ET DÉBUTS.

Or, en étudiant les faits, on voit que les causes de l'insurrection sont à la fois accidentelles et générales; elles tiennent aux événements du siége et à notre état social. Sans sa fièvre généreuse de résistance à l'ennemi, la population de Paris ne se serait pas soulevée; sans le désordre moral qui règne depuis longtemps dans les âmes, une révolte, si elle eût éclaté, n'aurait jamais présenté les caractères sauvages qui ont marqué celle de la Commune.

Les circonstances exceptionnelles où Paris avait été jeté, depuis de longs mois, ressortent du premier chapitre de cette histoire. On peut les classer sous les chefs suivants : l'armement formidable de la garde nationale et le genre de vie qu'elle a mené pendant le siége; — l'humiliation et la déception causées par l'armistice; — les souffrances du commerce et de l'industrie; — la licence effrénée de la presse et des clubs; — la concentration de tous les pouvoirs entre les mains des municipalités, qui étaient comme le germe de la Commune.

On sait qu'après le 4 septembre, au moment où allait commencer le siége, des armes de précision furent données à tout le monde, sans distinction et sans discernement. Il était difficile de faire autrement. L'ennemi approchait, et l'opinion publique, préoccupée du seul intérêt de la défense, imposait ce qu'elle a injustement blâmé depuis. L'existence tout à fait anormale des gardes nationaux pendant le siége ne tarda pas à les démoraliser. Ils s'habituèrent à vivre sans rien faire, l'État les habillait, les nourrissait. Il faut ajouter que la nourriture saine faisant défaut, on était obligé de consommer plus d'alcool que de pain.

Quant à la formation des nouveaux bataillons, elle fut presque toujours l'œuvre des révolutionnaires. Un petit nombre de sectaires ardents, en général tous affiliés ou adhérents de l'Internationale, se réunissaient, se distribuaient entre amis à peu près toutes les épaulettes, depuis celles de commandant jusqu'à celles de sous-lieutenant; puis, on allait quérir dans le quartier quelques centaines de gens naïfs qu'on amenait à entrer dans le nouveau bataillon. Chacun d'eux avait la bonhomie de croire que des élections régulières avaient été faites avant son incorporation, et qu'en définitive il n'obéissait qu'à des chefs élus par ses camarades ; en réalité, il se trouvait enrôlé dans un corps organisé uniquement par le parti révolutionnaire, en vue de la prochaine guerre sociale, et non pas de la lutte actuelle avec les Prussiens. Si, comme cela arrivait presque toujours, la masse des hommes ainsi surpris était ignorante des choses de la politique, indifférente et facile à subir les impressions, le bataillon tout entier était bientôt gagné à la cause de la révolution. Mais, quand on se trouvait en face d'une majorité honnête et intelligente, l'embauchage avortait, et celle-ci finissait par se débarrasser des personnages qui s'étaient mis à sa tête. C'est ainsi que le sieur Sappia, cet energumène qui périt dans l'insurrection du 23 janvier, fut, dans les premiers jours du mois d'octobre 1871, arrêté par son bataillon qu'il voulait entraîner à l'assaut de l'Hôtel de ville. Mais en général, les honnêtes gens avaient toutes les peines du monde à faire lâcher prise aux officiers soi-disant élus par eux. Les divers comités de vigilance, de surveillance, d'armement, d'habillement créés dans chaque arrondissement, et, en grande partie, composés aussi de révolutionnaires, aboutirent à cette fédération de la garde nationale, pouvoir rival du pouvoir légal, qui fit le 18 mars. Enfin l'élément étranger s'introduisit dans la garde nationale par les corps francs et acheva de faire de l'armée de l'ordre celle du désordre.

On a vivement reproché au Gouvernement de la Défense de n'avoir pas désarmé ces diverses troupes après la capitulation. C'est ce qui a fait surtout la gravité de l'insurrection, ce qui a nécessité le second siége de Paris. Le rapport et les documents de l'Enquête le démontrent jusqu'à l'évidence. Un homme, assurément très-compétent, M. l'amiral Pothuau, a soutenu devant la commission que le désarmement de la garde nationale était possible : « On y serait arrivé en faisant venir les bataillons les uns après les autres, et, au besoin, en faisant intervenir la force armée. » Mais cette appréciation a été justement combattue par MM. Jules Favre et Le Flô. « Il était certainement difficile de se faire illusion sur les conséquences que devait avoir, dans un avenir plus ou moins prochain, le maintien de l'armement de la garde nationale. Mais pour la désarmer, il aurait fallu livrer une bataille dans Paris qui aurait au moins duré trois jours, et l'on avait trois jours de vivres; par conséquent, la famine au bout de ces trois jours, et deux cent cinquante mille Prussiens qui nous enserraient. Nous étions donc réduits à avoir dans Paris, en présence des Prussiens qui ne demandaient qu'à intervenir et à se faire nos alliés, une bataille de trois jours avec la famine étreignant une ville de deux millions cinq cent mille habitants, c'est-à-dire tout ce qu'on peut rêver de plus horrible. » Cependant, si le désarmement total était impossible, il fallait du moins faire rentrer dans les arsenaux l'immense artillerie confiée à la garde nationale, enlever les poudres, les cartouches, les bombes et les munitions. Le Gouvernement le pouvait dans les premiers jours qui suivirent l'armistice : il ne s'en préoccupa pas assez. A vrai dire, il n'existait plus que de nom, l'armistice lui avait porté le dernier coup.

Cette désaffection de la population parisienne pour un pouvoir, qu'elle avait naguère acclamé avec tant d'enthousiasme, s'explique suffisamment.

Nous avons indiqué dans le premier chapitre les effets produits sur elle par cinq mois de séquestration, l'affaissement physique et moral qui résultait de souffrances et de privations endurées pendant si longtemps. Nous n'y reviendrons pas, non plus que sur l'exaltation développée dans tous les rangs par les fausses nouvelles répandues chaque jour, et par les espérances irréalisables entretenues jusqu'à la dernière heure. Mais si, dans les hautes régions du Gouvernement et de l'armée, on était arrivé à considérer le siége comme une *héroïque folie* qui ne pouvait plus être justifiée par le concours devenu improbable de la France entière, il n'en était pas ainsi de la masse de cette bourgeoisie parisienne qui avait enduré sans secours d'aucun genre et sans murmures de bien douloureuses privations. Trompée par les proclamations pompeuses du Gouvernement et par ses bulletins officiels, elle avait conservé jusqu'au bout l'espérance. Elle ne comprenait pas qu'après avoir rendu la ville imprenable, les membres de la Défense et les chefs de l'armée cédassent sans avoir tenté un suprême effort. On croyait toujours à la possibilité de percer les lignes prussiennes. La garde nationale dans son ensemble partageait cette illusion, qu'explique la déposition du général Le Flô : « On aurait pu, a-t-il dit devant la commission d'enquête, on aurait pu employer plus sérieusement les deux cent cinquante mille gardes nationaux, et ils l'auraient parfaitement accepté. » Nous ne nous arrêterons pas à discuter ce sentiment ; mais nous croyons devoir insister sur l'humiliation profonde que causa l'armistice, parce qu'il mit le comble à l'exaspération de notre malheureuse cité. Couronnant les violences savamment calculées de l'invasion, il révélait le dessein arrêté de l'ennemi d'abaisser et d'appauvrir la France, il enlevait à la patrie une portion vivante d'elle-même pendant qu'il la pressurait sans merci. Si une pareille convention indigne les hommes qui réfléchissent dans le silence du cabinet, que dut-elle produire sur les âmes qui ne disputent rien à la passion du moment ? Cet odieux traité ne restait pas pour Paris à l'état de pur acte diplomatique réalisé loin de ses yeux. Non, il prenait corps devant lui, grâce à la stipulation qui ouvrait une porte de la ville à l'armée allemande. Ce que cette profanation de notre cité par un ennemi qui ne l'avait vaincue que par la faim, souleva de fureurs dans tous les cœurs, nul ne peut le savoir qui n'a subi cette épreuve. Nous eûmes la honte et la douleur de les voir s'avancer en chantant, couverts de rameaux de buis arrachés à nos taillis en guise de lauriers ; les musiques militaires jouaient leurs marches les plus triomphales. Un soleil magnifique éclairait ce cortége et semblait railler notre opprobre. On comprend que la population parisienne ait été jetée hors d'elle-même, que son patriotisme ait été une proie facile à saisir par les démagogues qui n'oublient jamais leur jeu.

Certes nous sommes loin de chercher des excuses pour la bande cosmopolite qui a promené sur Paris ses torches incendiaires ; mais, pour expliquer l'égarement de cette masse infortunée qu'elle a conduite à sa perte, nous ne pouvons nous dispenser de rappeler les faits, ainsi que les torts qui incombent à chacun, sans en excepter même l'Assemblée nationale.

De quelque mauvais œil qu'elle eût vu les préliminaires de paix, la ville se taisait cependant. La certitude d'entrevoir un terme à ses maux la poussait à reprendre de jour en jour ses allures, ses mœurs, son insouciance et tout son train de vie d'autrefois. On rouvrait les usines, on recrépissait les maisons ébréchées par les obus. Mais on redemandait des théâtres, on cherchait à reprendre les belles toilettes; c'était à peu près ce qui s'était passé au 9 thermidor, quand on s'efforçait d'oublier de longues souffrances.

A ce moment, parut une loi qui ajournait les échéances de tous les effets de commerce. L'Assemblée nationale, la plus honnête assurément qui ait jamais représenté la France, mais aussi la plus timide, se proposait de calmer les esprits et de soulager momentanément les souffrances. Ce fut justement le contraire qui arriva. Le siége de Paris avait troublé profondément les relations commerciales et industrielles. Tous les débouchés étaient fermés, toutes les industries paralysées, la production et la vente forcément interrompus; et cela dans un centre industriel et commercial de l'importance de Paris! Un délai pour les échéances était donc une excellente et indispensable mesure, mais l'Assemblée l'accorda beaucoup trop court. En fixant le 12 mars, elle plaça une grande partie des habitants de Paris en présence d'une faillite inévitable et d'une ruine complète. La plupart des commerçants, qui étaient par intérêt comme par habitude des hommes d'ordre, ne songèrent pas à faire remonter la responsabilité de la loi à l'empire, qui déjà, avant le 4 septembre, avait touché au droit commun. Les uns, sans se rendre compte de la situation, se détachèrent d'un Gouvernement qui ne les sauvait pas du déshonneur; les autres se laissèrent dévoyer aux idées les plus étranges.

La question des loyers intéressait encore davantage la classe ouvrière et la masse de la garde nationale. La solde des trente sous par jour, les cantines, les secours de tout genre accordés aux femmes et aux enfants, avaient suffi jusqu'ici aux ouvriers et leur suffisaient encore pour vivre médiocrement, mais ils ne payaient et ils n'avaient payé aucun terme de loyer. Ils voyaient maintenant avec terreur approcher l'échéance d'une dette accumulée, et ils auraient voulu que l'Assemblée éloignât la menace qui pesait sur eux. Placé entre la ruine et la révolution sociale, on acceptait les promesses de la Commune, espérant y trouver l'occasion d'échapper au déshonneur.

Grâce à ces diverses circonstances, le mouvement insurrectionnel se développa de plus en plus. En vain, le Gouvernement essaya de l'arrêter en fermant les clubs, comme nous l'avons vu, et en frappant six journaux qui exploitaient le mécontentement public, et poussaient ouvertement à la guerre civile; l'agitation ne fit que s'accroître.

En face de cette tourmente qui menaçait de tout emporter, un seul pouvoir était encore intact et respecté, c'était celui des maires. En d'autres mains et légalement exercé, il aurait pu sauver la situation; il ne fit que l'aggraver et préparer les esprits au dénoûment fatal.

On sait qu'après le 31 octobre, les municipalités furent soumises au suffrage universel. Dans quelques arrondissements, les choix furent très-bons, mais non pas dans tous, et sous prétexte de conciliation, les électeurs choisirent trop souvent les adjoints parmi les hommes les plus avancés. Certes, il serait injuste de méconnaître le dévoûment que montrèrent la plupart des magistrats municipaux de Paris et la part importante qu'ils prirent à la défense. Ils créèrent des bataillons de garde nationale, les armèrent, les habillèrent, les firent vivre. Ils nourrirent, chauffèrent, éclairèrent la population parisienne, et, pendant la période du bombardement, ils logèrent ceux qui n'avaient plus de domicile. Mais cette administration irrégulière, qui réunissait et confondait dans les maires tous les pouvoirs, contribua encore à égarer les esprits et prépara les événements du 18 mars. Les réunions de l'Hôtel de Ville, où, sous la présidence du maire de Paris, prenaient place tous les magistrats municipaux, et où se discutaient les questions économiques et même politiques, présentèrent souvent un caractère d'assemblée révolutionnaire. On aurait dit une image anticipée de la Commune.

Telles furent les causes matérielles et immédiates du 18 mars. Mais, pour qu'elles aient produit une aussi épouvantable catastrophe, il faut qu'elles aient trouvé un milieu tout préparé. Un peuple ne tombe pas tout à coup du faîte des grandeurs à un tel degré de décadence. Si la France a subi les horreurs de la Commune, c'est parce qu'elle était arrivée à un état de prostration morale qui avait pour cause prochaine l'accouplement du régime impérial et d'un certain socialisme.

II

Au commencement de décembre 1852, la France, fatiguée de provisoire et d'incertitude, avait une soif ardente de repos et de conservation; elle ne voulait pas abdiquer cependant les aspirations révolutionnaires qu'elle couve et caresse depuis près d'un siècle. Or, l'empire réunissait et conciliait à ses yeux le pouvoir matériel et la révolte morale, et il répondait ainsi à la fois aux intérêts des conservateurs comme aux instincts révolutionnaires du pays. Le coup d'État, qui aurait dû faire réfléchir ces empiriques à courte vue, était un acte de violence qui leur parut excusable, parce que cette fois il venait d'en haut. Ils ne comprirent pas que le Gouvernement, en renversant la constitution au nom du suffrage universel, ouvrait une brèche par laquelle la démagogie ne pouvait manquer de passer tôt ou tard. Le nouveau régime le sentit si bien qu'il se préoccupa de son vice d'origine; au lieu de s'appuyer sur les grands intérêts qui l'avaient porté au pouvoir, il ne leur donna jamais qu'une satisfaction incomplète. Il les alarmait sur un point quand il les rassurait sur un autre, et semblait garder toujours comme en réserve le spectre rouge de la démagogie. A la fois autoritaire et révolutionnaire, il fut amené par le double caractère de sa politique à favoriser l'abaissement des hautes classes et la corruption des classes inférieures; pour les dominer plus sûrement, il leur accorda en jouissances matérielles ce qu'il refusait en liberté. L'impulsion une fois donnée, une soif effrénée de bien-être s'empara de la population entière. L'ambition de la richesse remplaça toutes les autres. La spéculation dépassa toute limite, il fallait faire fortune et une fortune rapide. Le scandale des succès financiers démoralisait la nation, et des manœuvres inavouables compromettaient le crédit public en amenant devant la justice des noms qui auraient dû rester honorés. Ainsi disparaissait de plus en plus ce que l'on appelle à juste titre le ciment de l'édifice social, le respect.

Le gouvernement impérial crut fermer la porte à la révolution, en travaillant à l'amélioration du sort des classes pauvres. Mais il ne vit pas que leur premier capital est la probité, l'ordre et la tempérance. Au lieu de songer à mettre à leur portée tout ce qui est bon et honnête, il chercha à faciliter leur accession rapide au bien être, à la richesse relative, en exagérant les travaux, ce qui attire les ouvriers de tous les pays dans la capitale. Or, il est un résultat de notre civilisation moderne qui ne contribue pas peu à la fréquence de l'émeute, c'est l'accumulation des masses d'hommes dans nos grandes villes. Là se forme et s'accroît sans cesse une armée composée d'éléments divers, mais qui, à un moment donné, unissent leurs efforts et concourent au même but, le renversement de l'État. Elle comprend d'un côté cette tourbe nombreuse d'aventuriers de toute espèce, gens ruinés ou déclassés auxquels se mêle la lèpre toujours envahissante des repris de justice; et de l'autre la portion de la classe ouvrière qui, errante et sans foyer de famille, se laisse facilement gagner par les mœurs dissolues des grandes cités. Ce qu'ils veulent, les uns et les autres, c'est une participation directe et complète aux jouissances matérielles dont ils sont chaque jour les témoins envieux et mécontents. Tels sont les deux groupes qui ont fait le 18 mars, en lui constituant une armée.

Ce mal de l'agglomération excessive des ouvriers dans la capitale s'est singulièrement accru depuis vingt ans, mais il remonte plus haut. En 1840, les travaux gigantesques des fortifications obligèrent de concentrer dans Paris une véritable armée d'ouvriers qui, après la révolution de février, devinrent les soldats de l'insurrection de juin. Sous l'empire, le désir d'occuper une foule de bras et aussi de faire, en quelques années, ce qui devait être l'ouvrage de plusieurs siècles, augmenta dans une proportion effrayante le chiffre de ces populations qui vivent au jour le jour, en dehors des conditions normales de la vie de famille, de l'influence religieuse et par conséquent de la moralité.

On ne se borna pas à exagérer les constructions, — Paris fut démoli, bouleversé. Les vieilles rues s'effondrèrent partout. Relégués dans les faubourgs, les ouvriers ont vécu tout à fait séparés des classes riches restées au centre, et sont peu à peu arrivés à n'avoir pour elles que de l'envie et de la haine.

D'un autre côté, l'annexion des populations urbaines, en les mettant en contact avec ces nouveaux habitants des faubourgs, a changé complétement leur aspect. Excellentes en 1848, elles venaient avec enthousiasme au secours de l'ordre, tandis qu'elles ont fourni le principal élément en 1871. A un autre point de vue, les Parisiens, noyés dans un flot d'étrangers, devinrent eux-mêmes étrangers à Paris Plus de lien de quartier, plus de relations professionnelles ; « chacun a vécu comme l'Arabe sous sa tente, et Paris s'est transformé en un vaste caravansérail où toutes les nations de l'Europe ont pu camper, mais où toute tradition de vie municipale, de mœurs locales, tout respect de famille, ont nécessairement disparu [1]. »

C'est ainsi que sous les pieds du Gouvernement impérial l'abîme se creusait chaque jour plus profond ; mais, ébloui par le luxe, Napoléon III ne voulut jamais voir que ce monde, si brillant en apparence, était secrètement miné par un mal étrange, multiple de formes et d'une contagion irrésistible. Et cependant, s'il eût prêté l'oreille, il aurait pu entendre déjà comme le bruit vague d'une chute prochaine.

---

1. M. Delpit : 18 mars.

Ah ! sans doute, le Paris de M. Haussmann, le bois de Boulogne vu un jour de courses, la richesse de la France étalée devant les yeux jaloux de l'Europe, enfin l'excès des dépenses prodiguées par la main d'un pouvoir imprévoyant, avec la complicité irrécusable d'une grande partie de la nation, tout cela pouvait alors faire illusion. Mais il y avait dans ces splendeurs je ne sais quoi d'artificiel et de provoquant qui appelait l'écroulement. Ces joies insensées, ces frivolités malsaines, cette fièvre de plaisir, cette fureur de fortune étaient comme un défi à Dieu qui ne souffre pas les prospérités immodérées et qui les châtie par leurs excès mêmes.

Dans cette démoralisation générale de notre pays, y a-t-il eu système et parti pris comme on l'a souvent écrit ? Il est injuste de le prétendre, mais il est vrai de dire que, par faiblesse et pour complaire à une société affolée de sensualisme, l'empire toléra souvent et protégea même quelquefois l'immoralité dans les arts et dans les Lettres. Des productions qui auraient dû être flétries, méritèrent plus d'une fois à leur auteur des distinctions et des récompenses, tandis qu'on abandonnait au sarcasme d'une presse éhontée, ce qu'il y a de plus respectable et de plus sacré chez un peuple : ses croyances ! La loi elle-même contribua à démoraliser les travailleurs. La loi imprévoyante sur les coalitions encouragea le mécontentement et la révolte des ouvriers contre les patrons, sans régler les droits légitimes des uns et des autres. En favorisant les grèves, elle poussait à une guerre sociale ; en supprimant les livrets, elle enleva une garantie à l'ouvrier honnête et laborieux.

Que dire de ces réunions publiques que le pouvoir déchaîna contre la société déjà si menacée pour échapper aux responsabilités ? Pour ceux qui les ont suivies, il a été facile de mesurer les ravages que les doctrines démagogiques et anti-religieuses ont faits par ce moyen dans les masses, et de connaître la cause des troubles qui ont ensanglanté notre pays. Grâce à elles, furent mis en lumière ces tribuns d'estaminet qui n'avaient encore exercé leur talent que devant un auditoire spécial, en vue d'une popularité restreinte, et qui eurent sur la révolution du 18 mars une influence directe. Ils s'étaient d'abord formés dans les cafés appelés littéraires, on ne sait pourquoi. Il paraît que c'est là que se sont préparés plusieurs épisodes de notre triste histoire. Dans le récit des derniers événements, on n'a pas tenu assez de compte de cette éducation de bavardage excentrique, de ce noviciat de l'extravagance parlée. Écoutons un de ceux qui ont le mieux connu, pour les avoir pratiquées à fond, ces mœurs étranges. « Après avoir pataugé toute la journée dans la boue, ils reviennent s'enfoncer dans la discussion jusqu'au cou, faire brûler leur petit verre et flamber leur paradoxe, montrer qu'on aime les mal chaussés, les mal vêtus ; ils en valent bien d'autres, *ils ont quelque chose là*. Les vaincus du matin deviennent les vainqueurs du soir. La vanité y trouve son compte, ils s'accoutument à ces dissertations sans fin, aux témérités héroïques.... De cette table d'estaminet ils font une tribune, ils parlent là, sous le gaz, les livres qu'ils devraient écrire à la chandelle ; les soirées s'achèvent, les jours se passent : ils ont causé trente chapitres et n'ont pas fait quinze pages [1]. »

On ne s'est pas assez défié de cette génération politique qui a fait son apprentissage dans les cafés du quartier latin ou des boulevards, et que l'on vit surgir tout à coup dans les clubs. Ceux qui ont suivi ces réunions, avec quelque attention et une douloureuse sollicitude pour les symptômes du mal dont le pays était attaqué, ont pu remarquer que les orateurs les plus applaudis étaient de deux espèces, des ouvriers intelligents mais qui avaient lu au hasard, sans direction, surchargeant leur mémoire de tirades injustes et de déclamations anti-sociales, et des étudiants de dixième année, vieux bohèmes qui avaient depuis longtemps cessé d'entretenir tout rapport avec l'école de Droit ou de Médecine, pour se vouer à la politique transcendante de la régénération humanitaire.

Ajoutez à ce groupe quelques médecins sans clientèle, quelques avocats sans causes, des professeurs sans élèves,

---

[1]. Jules Vallès : *Les Réfractaires.*

des rédacteurs de journaux qui paraissent une fois, tous les déclassés des carrières libérales; vous avez l'état-major de ce pouvoir occulte, de cette société moitié secrète, moitié publique, politico-sociale qui, établie en France sous la protection de l'empereur et des princes de sa famille, avait acquis bientôt assez de force pour repousser tout appui. C'étaient les chefs de l'Internationale : il ne s'agissait pas pour eux d'ôter, comme dans les précédentes insurrections, le pouvoir aux uns pour le donner aux autres. La société était tout simplement condamnée dans ses institutions, dans son existence; on lui demandait de disparaître corps et biens pour faire place à un ordre nouveau.

Voilà les causes directes de l'insurrection. Nous avons d'abord indiqué les circonstances qui en furent les causes accidentelles; il est temps maintenant de rechercher les causes morales et primitives. Elles sont exactement les mêmes que celles qui ont amené les désastres de l'invasion. On ne peut le contester aujourd'hui : les capitulations de Paris, de Metz et de Sedan se tiennent par un lien étroit. Oui, si la France a été vaincue, si elle a subi les douleurs de la guerre allemande et de la Commune de Paris, c'est qu'elle était tombée dans un état de défaillance morale qui a sans doute pour cause prochaine le régime impérial, mais dont il faut, pour être juste et vrai, chercher plus haut l'origine.

III

On a, avec raison, reproché à l'empire le coup d'État qui fut son vice originel, et la perverse influence qu'il exerça sur l'esprit public, par l'apologie qu'il en fit faire. Mais il faut remonter à quatre-vingts ans, pour trouver dans la société française le point de départ de cette erreur politique, qui fut si largement exploitée le 2 décembre 1851, et qui consiste à accepter le désordre et l'insurrection comme moyens de progrès social. Au lieu de se borner à réaliser, par le seul fait de la loi, les réformes inscrites dans les mémorables cahiers de 1789, la première Constituante glorifia le droit de révolte dans la personne des gardes françaises, et le sanctionna en quittant elle-même Versailles. Depuis, nous avons fait quatorze révolutions, nous avons essayé de toutes choses : de la république, de l'empire, de la monarchie constitutionnelle ; sans cesse, nous recommençons nos essais. Et cependant de nos jours, sous nos yeux, dans trois des plus grands États du monde, ces trois mêmes gouvernements, la monarchie constitutionnelle en Angleterre, l'empire en Russie, la république dans l'Amérique du Nord, durent et prospèrent. Pour nous, infatigables dans notre manie de changement, nous acceptons le gouvernement que la première émeute nous impose, sans nous préoccuper de la perte plus ou moins grande de richesses, de sang, de dignité et d'honneur national qu'elle nous occasionne.

Cet esprit insurrectionnel est devenu comme le fond de notre tempérament; et malgré cela, chose singulière! nous avons la superstition du pouvoir, mais du pouvoir révolutionnaire. Nous attendons tout de ceux qui nous gouvernent; et dès que nous sommes mécontents, nous voulons les changer. Or « toute révolution est propre à pervertir la génération qui l'accomplit. Ces brusques revirements de fortune, ces élévations et ces ruines inopinées, ce renversement des coutumes et des règles établies troublent les mœurs, déracinent le respect, excitent les convoitises et désorientent les consciences [1]. » Et quand les révolutions se succèdent, sous prétexte de guérir le mal, elles ne font que l'accroître dans la plus effrayante et la plus irréparable proportion. C'est ainsi que nous avons descendu le chemin douloureux de la décadence, et que de crise en crise nous avons été amenés à la dernière, à la plus honteuse et à la plus incompréhensible de toutes, à l'insurrection du 18 mars.

Nous avons indiqué le caractère et le but de cette dernière révolution; il ne s'agissait plus, pour les hommes qui l'accomplirent, d'arriver au pouvoir, d'améliorer l'état social, pas même d'en modifier les bases. Ce qu'ils voulaient,

---

1. *L'empire et la révolution,* par M. le vicomte de Meaux.

c'était le renverser : « La vieille société est mauvaise, déclaraient-ils sur tous les tons ; il faut la détruire. » En 1789, on agissait au nom des intérêts moraux ; ici, il n'est question que d'appétits. Comment, de politique qu'elle était d'abord, la question est-elle devenue sociale? et dans cet ordre d'idées, comment avons-nous pu descendre si bas?

Nos pères ont eu raison d'introduire des réformes, devenues indispensables, dans l'ordre politique et légal; mais ils se sont trompés, en méconnaissant que toute autorité vient de Dieu. Il n'y a pas de société possible sans le frein d'une autorité morale; et l'autorité morale, nous ne pouvons la concevoir et la maintenir qu'avec l'autorité divine. Si vous enlevez au peuple ses croyances, si vous le laissez seul avec ses passions, en présence d'un pouvoir qui n'a plus pour lui que la force, n'arrive-t-il pas un jour où cette force fait défaut, aux heures des plus terribles cataclysmes?

La haine du christianisme, et, par suite, comme on vient de le voir, la destruction de toute autorité, la négation de tout frein moral, le droit égal de tous aux biens et aux jouissances de ce monde, voilà l'un des signes et des résultats de la Révolution française.

M. Jules Favre en signale justement un autre, dans son intéressant ouvrage, *Simple récit*[1] : « Le grand mouvement de 89 a fait l'unité politique, administrative, judiciaire. Jusqu'ici, il n'a rien changé au fonctionnement social. J'ai tort : il l'a aggravé : le tiers État, en se rapprochant de la noblesse, ne lui a point enlevé ses prétentions et ses préjugés, et lui-même il a oublié son origine; il s'est accoutumé à se considérer comme seul digne du pouvoir, et il s'ingénie à le conserver; au lieu de se confondre avec la nation, il a voulu se retrancher dans un camp privilégié. S'y maintenir est sa première préoccupation, et il pense de bonne foi que tout serait perdu s'il était débordé. Il veut sincèrement le bien public, mais il ne le croit possible qu'à la condition de tenir les classes laborieuses en tutelle. De là un système de législation, de gouvernement, de finances, absorbant toute

---

[1]. IIIe volume, p. 454.

initiative au profit de l'État, et froissant ceux qui voudraient librement se conduire eux-mêmes. »

Telles sont les causes lointaines et générales qui ont préparé l'insurrection du 18 mars, en affaiblissant de longue date toutes les forces vitales, en déshabituant peu à peu notre nation, d'aimer et de respecter l'ordre social établi.

Au lieu de réagir contre cette conséquence nécessaire de notre état révolutionnaire, nous avons tout fait pour la développer. Il y a eu comme un concours malheureux d'efforts, pour fausser chez nous la notion du droit politique, et affaiblir de plus en plus le sentiment religieux.

Les historiens de la Révolution ont présenté les mesures les plus iniques comme des nécessités qui sauvaient le pays. La Terreur, une nécessité! le Comité de salut public, une nécessité! et, qui pis est, les plus féroces Jacobins les plus grands hommes de la France! Tel qui n'était qu'un poltron sanguinaire nous apparaît sous la figure d'un fougueux tribun, capable de toutes les audaces et de toutes les témérités. Cet autre, à qui la nature ingrate avait refusé toute inspiration généreuse, tout noble élan, et qui régna par la terreur sur la Convention affolée, nous est présenté comme un sage, comme un homme sans passions, d'un naturel doux et de mœurs austères. Nous avons tous été nourris avec ces grands mots. Il y aurait à remonter bien haut dans l'histoire de notre éducation nationale, pour retrouver les origines des sentiments révolutionnaires confondus dans notre esprit avec les premières impressions intellectuelles. Nous ne savons que deux sortes d'histoires : celle de l'antiquité classique et celle de la Révolution française. Tout le reste s'est graduellement effacé; mais ces deux groupes d'événements et de personnages se meuvent et vivent dans notre imagination; ils se détachent avec un étonnant relief sur un fond vague de souvenirs languissants. Les héros des républiques antiques se mêlent à ceux de notre récente histoire. C'est une sorte de compagnie illustre qui hante nos esprits dans des allures choisies, avec des vertus sublimes. Tout y est grand, plus grand que nature, tout y est surhumain par les sentiments exaltés, par la fierté indomptable.

Le roman moderne a eu aussi sa part et sa lourde part dans cette altération du sentiment national. Qui pourrait nier que l'auteur de *la Comédie humaine* ait créé une émulation funeste, autour des types tristement fameux qu'il a consacrés? Les jeunes générations littéraires ont ressenti son influence dans leurs idées et les passions les plus secrètes. Il a été un des agitateurs les plus puissants de l'imagination et des convoitises contemporaines. Parcourez tous les cercles de cet enfer social, dont Balzac serait le nouveau Dante : Quelle puissance dévore tous ces visages de damnés qui s'agitent, qui hurlent dans ce tourbillon de Paris? La passion et, selon Balzac, la passion moderne se résout dans ces trois mots : la richesse et le pouvoir, qui sont le moyen; le plaisir, qui est le but. Que de cervelles il a troublées par ces mirages d'une fortune soudaine, ou d'un ministère invraisemblable! Combien ont cru voir se réaliser cette féerie, le jour où la Commune est née. Voilà ce qui a surexcité jusqu'au crime les vanités d'abord inoffensives, puis envieuses, à la fin démoniaques.

Cette propagande du mal, par le roman, au lieu de s'affaiblir, depuis Balzac, n'a fait qu'augmenter de force et d'intensité. A l'heure présente ce n'est plus uniquement dans les feuilles quotidiennes que l'on répand les fausses et dangereuses doctrines. La librairie à bon marché est devenue la succursale infatigable de cette croisade de scandales. Une multitude de romans illustrés, à vingt centimes, sortent journellement des presses et inondent Paris et la province. Ces œuvres circulent dans toutes les mains. L'enfant les lit au collége, l'ouvrier les emporte dans son atelier, et le père de famille, le plus religieux, ne peut pas défendre sa maison contre cette peste nouvelle à laquelle tout semble donner du succès.

Dans la plupart de ces romans, c'est toujours le même tableau dans des cadres peu variés, c'est-à-dire le monde peint comme une caverne de brigands, la société représentée comme composée de fripons et de dupes, de victimes et de bourreaux : Toutes les femmes sont adultères, tous les hommes vils ou féroces; c'est un incroyable entassement de crimes possibles et impossibles, d'horreurs invraisemblables, de dépravations sans nom. Pour Frédéric Soulié, comme pour Eugène Sue, la loi de ce monde, c'est le triomphe du mal, le vice règne ici-bas. Bien plus, à les en croire, le bonheur et l'estime sociale dont jouit un homme sont toujours en raison directe de sa corruption; sa misère et son opprobre donnent la mesure exacte de sa vertu. Beau critérium moral! Doctrine bien faite pour relever les âmes défaillantes, et défendre la civilisation épouvantée contre un socialisme menaçant.

Cette influence délétère du roman s'accrut encore par le théâtre, où elle prit en quelque sorte chair et os. Grâce à elle la scène française descendit peu à peu cette pente qui conduit à l'abîme, au fond duquel il n'y a plus ni mœurs, ni Lettres. Elle y est aujourd'hui si complétement plongée que ce serait une chose difficile de dire honnêtement tout ce que l'on joue. Il n'est plus possible d'y conduire une jeune fille sous peine de flétrir cette âme candide à la vue de ces turpitudes. Le théâtre moderne fait parade du sensualisme le plus abject et du matérialisme le plus effréné.

A relire ces choses sans valeur, rêves fébriles de cerveaux aigris, on s'étonne, dit M. Jules Janin, de voir que les doctrines, qui naguère encore ont mis la France à deux doigts de sa ruine définitive, et qui ont justifié si cruellement cette admirable parole de Tacite, lorsqu'il parle du penchant des multitudes à se ruer dans l'esclavage absolu : *Ruere in servitutem*, sortent justement de ces beaux drames faits pour le peuple et par le peuple. Voilà pourtant le berceau des socialistes! Voilà le point de départ du droit au travail! Voilà les spectacles qui ont soulevé toutes ces haines effrayantes et ces instincts féroces de vengeances inassouvies, dont l'explosion est devenue aujourd'hui l'effroi du genre humain! Non, ce n'est pas Proudhon et sa fameuse formule dont on n'avait jamais entendu parler avant 1848; non, ce ne sont pas les philosophes et les déclamateurs qui ont porté la corruption et la colère dans ces âmes faciles à subir toutes les empreintes, ce sont les drames et les mélodrames mauvais, c'est la chose jouée en chair et en os; la chose en action, revêtue à peine de quelques haillons et râlant la faim, le froid, l'hiver, l'injustice, le cachot, le bourreau! Voilà le berceau de nos guerres! Voilà le commencement de ces déclamations pareilles à des *lampes brûlantes sur des gerbes de blé*, disait le ministre Saurin, le théâtre étant de nos jours une chaire, une tribune et la seule chaire où les âmes soient attentives, et la seule tribune où la parole soit suivie à l'instant même d'un effet réel[1].

Une autre influence avec laquelle il faudra compter dans l'histoire morale de ces derniers temps, c'est celle des singulières philosophies qui ont envahi le domaine de la littérature. Pour les désigner de leur vrai nom, c'est l'athéisme. Les collaborateurs du 18 mars, leurs amis des différents degrés avaient adopté certaines théories qui s'annonçaient bruyamment dans leurs journaux et dans leurs livres. Une nuée de petites feuilles prétendues littéraires, paraissant et disparaissant à divers intervalles, et cachant sous différents noms la même rédaction monotone, la même doctrine mille fois rabâchée, avait précédé la grande œuvre qui s'avançait à pas lents et graves, l'encyclopédie de la nouvelle école. « Là, dit M. Caro, sous les auspices d'un personnage trop fameux (M. Mottu), le capitaliste de la secte, encore ignoré du grand public, mais désigné à de grandes destinées par la vénération du parti, s'étaient groupées les fortes têtes de l'école, les penseurs, tous ceux qui avaient poussé assez loin leurs études pour manier impunément de dangereuses formules. Réunis aux enfants terribles du positivisme, aux enfants perdus de la science expérimentale, ils formaient un bataillon nombreux préparé aux luttes intellectuelles, en attendant l'heure des luttes politiques[1]. »

L'enseignement de cette école ne resta point à l'état purement théorique, enfermé dans les feuilles spéciales que personne ne lisait, ou dans ce monument encyclopédique où peu de clients avaient pénétré. Il descendit avec des allures plus vives, plus dégagées, dans les journaux politiques

---

1. Jules Janin, *Histoire de la littérature dramatique*, t. Ier, p. 203.
2. *Revue des Deux-Mondes.*

du parti, et jusque dans les clubs populaires; mais là il ne put paraître avec avantage qu'à la condition de se transformer. La science expérimentale du physicien, les dissertations de l'athée sur le ridicule des causes premières ou le néant des causes finales, les raisonnements des médecins sur les conditions physiologiques des phénomènes qu'ils appellent l'âme, les expériences du chimiste faisant toucher du doigt l'éclosion de la vie sans aucun recours à l'hypothèse qu'on nomme Dieu, les évaluations du critique sur la quantité de bile et de sang qu'il faut pour faire un poëme, un drame ou un sermon, toutes ces lourdes doctrines passèrent au creuset de l'esprit parisien. Elles s'évaporèrent bientôt après, en je ne sais quelle nuée légère, qui retomba en un déluge de fines ironies et de traits acérés contre les vieilles croyances, les vieilles superstitions, les Prud'hommes de la philosophie, les dieux démodés.

Tout cela ne parut pas très-dangereux au pouvoir. Mais s'il était descendu de quelques échelons dans la hiérarchie des journaux et des esprits, s'il avait suivi, avec l'attention qu'il devait, cette dégradation de l'idée religieuse, depuis la littérature des cercles élégants jusqu'à celle des bouges, il aurait compris qu'on ne travaille pas impunément à démoraliser le peuple, à détruire en lui toute foi, tout idéal, à faire le vide dans son âme inquiète, et qu'il faut la remplir autrement que d'appétits et de jouissances malsaines.

DEUXIÈME PARTIE

RÈGNE DE LA COMMUNE

———

A peine installée, la Commune devint une véritable machine à décrets ; elle ne cessa d'assumer le rôle d'une assemblée législative. Jamais le papier n'a supporté de pareilles folies ; si la Commune avait exécuté tout ce qu'elle votait, la désorganisation sociale eût été sans mesure.

Il faut distinguer dans ces décrets ceux qui étaient les armes de la lutte à outrance, et ceux qui étaient destinés à reconstituer la société sur « sa véritable base ». Ces derniers révèlent toute l'insanité de l'entreprise, car ils ont pour la plupart une portée si vaste qu'ils dépassent non-seulement la compétence d'un conseil municipal quelconque, mais encore celle d'une assemblée nationale. Ils ne se contentent pas, en effet, de régler les intérêts généraux du pays, comme s'ils avaient force de loi de la Manche aux Pyrénées ; ils portent encore atteinte sans pudeur à ces droits primordiaux devant lesquels l'État doit toujours s'arrêter, parce qu'ils constituent cette liberté individuelle qu'il a pour principale mission de protéger. Aussi, plus la Commune croyait avoir fait merveille par la grandeur des réformes qu'elle promulguait, plus elle rendait son œuvre absurde et s'enlevait à elle-même toute raison d'être. Tous ces socialistes réunis n'ont pas révélé une seule idée nouvelle ou pratique, ils n'avaient pas même un mauvais système. Ils ne savaient qu'unir Babœuf à Chaumette, associer le communisme à l'impiété intolérante, en essayant de ressusciter le terrorisme au profit de cette glorieuse fusion. Il n'était pas possible au socialisme populaire d'échouer plus tristement, de donner une plus piteuse idée de sa science économique, qui se réduit à s'emparer du bien d'autrui.

C'est là ce qui résulte de toute cette seconde partie. Elle embrasse douze chapitres.

Dans le premier, nous voyons la Commune provoquer la guerre civile et manifester, par le décret des otages, le ressentiment que lui inspirent ses premières défaites.

Dans le deuxième, elle persécute les prêtres.

Dans le troisième, elle s'attaque à la liberté individuelle.

Dans le quatrième, elle soumet les otages à toutes les rigueurs du régime cellulaire.

Dans le cinquième, elle négocie avec Versailles l'échange des prisonniers.

Dans le sixième, elle poursuit la série de ses attentats contre la propriété, la patrie, la famille.

Dans le septième, elle provoque les énergiques protestations de la presse qu'elle persécute, et supprime les journaux.

Dans le huitième, elle tente de régénérer la société par l'instruction communale et les clubs.

Dans le neuvième, elle voit s'accentuer de plus en plus les progrès de l'armée de Versailles.

Dans le dixième, elle a de nouveau recours à des tentatives de conciliation, et voit s'ourdir contre elle des complots.

Dans le onzième, elle décrète la terreur.

Dans le douzième, elle révèle les causes de sa durée.

CHAPITRE I

ÉLÉMENTS DES TROUPES COMMUNALES.
PREMIÈRES OPÉRATIONS MILITAIRES.
DÉCRET DES OTAGES.

La Commune provoque la guerre civile. — Dénombrement des forces communales. — État embryonnnaire de l'armée de Versailles. — Combat de Neuilly. — Déroute des insurgés. — Ils marchent sur Versailles. — Le mont Valérien. — Échec sur la route de Rueil. — Sérieuse action de Meudon. — M. l'abbé Ducastel, curé de Puteaux. — Défaite des fédérés. — Mort de Duval et de Flourens. — Garibaldi refuse le commandement des troupes de la Commune. — Ovation faite à l'armée de Versailles. — Découragement et fureur de la Commune. — Elle entoure la mort des victimes d'une mise en scène imposante. — Décret du 2 avril contre MM. Thiers, Favre, Picard, Dufaure, Simon et Pothuau. — Décret des otages. — Iniquité de cette mesure — 1871 comparé à 1793.

I

Dans l'organisation de la Commune, deux commissions disposaient de la garde nationale, et pouvaient, dès le début, la faire mouvoir à leur gré, en vertu de leurs attributions spéciales : c'étaient la commission militaire et la commission exécutive.

La première se composait de Bergeret, Duval et Eudes, les trois généraux du Comité; de Chardon, chef d'état-major de Duval, le 19 mars; Pindy, commandant militaire de l'Hôtel de ville à la même date; Ranvier, membre du Comité central, et Flourens qui accepta le commandement d'une colonne d'attaque, tous hommes d'énergie et d'action, membres du Comité central ou dévoués à ses vues.

La commission exécutive, qui pouvait contrôler les actes de la commission militaire et arrêter l'exécution de ses ordres, se composait encore de : Eudes, Bergeret, Duval; de Félix Pyat, sur le caractère duquel il est inutile d'insister; de Vaillant et Tridon qui, tous les deux, votèrent plus tard l'application de la loi des otages, et dont le premier écrivait dans l'*Officiel de Paris* du 27 mars : « La société n'a qu'un devoir envers les princes : la mort; elle n'est tenue qu'à une formalité : la constatation d'identité. » Enfin de Lefrançais, le seul qui fût relativement modéré, et qui donna sa démission de membre de cette commission.

Les plans les plus audacieux du Comité central devaient donc revivre dans ces commissions; et le compte rendu de la séance du 24 mars, séance dans laquelle le Comité décida qu'il romprait toute négociation avec les maires et qu'il ferait seul les élections, nous apprend ce qu'il pensait de l'éventualité d'une guerre civile. Assi, son président, résumait la discussion en disant : « La guerre civile peut être un crime civique.... dans les circonstances actuelles, elle est une nécessité fatale !... » Et Bergeret s'écriait : ».... Oui, rompons les négociations et préparons la lutte à outrance[1]. »

A partir de ce jour, ces hommes ne perdent pas un instant. Du 28 au 31 mars, les ordres se succèdent avec rapidité. Les bataillons se réorganisent et envoient à la place leurs états d'effectif. Des renforts et des vivres, des munitions, sont expédiés à Courbevoie; un officier supérieur est chargé spécialement du secours et de la surveillance des avant-postes, de Courbevoie au Point-du-Jour. Les portes de Passy, Saint-Cloud, Auteuil, gardées encore par la garde nationale d'un arrondissement douteux, sont occupées, de gré ou de force, par des troupes dévouées; les autres portes sont fermées; le mouvement des trains suspendu; des réserves de dix-huit cents à deux mille hommes sont massées sur la place de l'Hôtel de ville et sur la place Vendôme. Bergeret adjoint à son état-major un escadron de cavaliers, pour faire le service d'estafettes, et stimule l'ardeur des gardes nationaux dans une proclamation emphatique:

---

1. Conciliabules de l'Hôtel de ville, 24 mai, séance de nuit, p. 12 et 13.

« .... Vous avez bien mérité de la patrie, je le proclame bien haut ; en présence de ce que vous venez de faire, avec des hommes tels que vous, Paris, animé du vrai souffle révolutionnaire, sera capable des plus grandes choses. »

Les peines les plus sévères sont édictées pour abandon de poste, et contre les traînards. D'un autre côté on cherche à séduire les masses, à embaucher les nombreux soldats qui, surpris par l'évacuation de la ville, n'ont pu rejoindre leurs corps. Mais, il faut le dire à l'honneur de notre armée, la plupart d'entre eux restent sourds aux promesses et aux menaces.

La tentative réussit mieux auprès des ouvriers. Félix Pyat leur dit dans le *Vengeur* : « Cette abolition des loyers, prenez-la. Ce n'est qu'un commencement, mais c'est un bon commencement. Bientôt on vous donnera vos outils. A un homme pour travailler, il faut l'outil et le champ. Vous aurez d'abord l'outil, le reste viendra. »

Ces promesses et ces prédications exaltent les travailleurs ; presque tous pauvres et la plupart irrités ils croient trouver dans la nouvelle révolution le terme de leurs souffrances. C'est pour eux la terre de Chanaan, et ils s'apprêtent à la conquérir le fusil à la main. Une seule chose peut les faire hésiter, c'est l'incertitude où ils se trouvent sur la réussite du mouvement. Mais si la révolution de 1830 et de 1848 avait vaincu, comment celle du 18 mars ne triompherait-elle pas avec une armée composée de deux cent quinze bataillons, formant un contingent de cent quatre-vingt mille hommes environ, des fortifications et une artillerie formidable ?

Il est vrai que les forces communales se composaient d'éléments peu propres à inspirer une grande confiance. Le dénombrement en a été fait par un de ceux qui, n'ayant d'autre mobile que l'amour de la vérité, n'ont aucun intérêt à amoindrir ni à exagérer l'importance d'une situation.

Suivant ces renseignements, il y avait d'abord à l'état de volontaires, obéissant à *l'Internationale* ou prenant le mot d'ordre du Comité central, un contingent de trente mille adhérents, pour la plupart fanatisés. C'était, à bien prendre, la meilleure portion des troupes de la Commune, l'état-major dans lequel on choisissait des chefs. Si, en regard de ce chiffre, on place les esprits faibles ou ignorants que l'influence pernicieuse du voisinage et de décevantes doctrines entraînent toujours après elles, on trouve un autre élément qui ne s'élève pas à moins de vingt mille hommes. Immédiatement après, arrivent les déclassés, les fruits secs des diverses professions, avocats sans causes, médecins sans clientèle, journalistes sans public, peintres sans nom, ingénieurs de tabagie, officiers rebutés, commerçants ayant mis la clef sous la porte, faillis non réhabilités, ivrognes incorrigibles. Cela fait encore vingt mille hommes. On porte à trente mille la section des ouvriers sans épargne, des contre-maîtres peu avancés, des commis sans asile, des teneurs de livres jetés nécessairement sur le pavé par un chômage forcé, et qui ont considéré comme une providence le hasard de la révolution du 18 mars avec la solde de 1 fr. 50, la haute paye pour les femmes légitimes ou non, et le subside pour les enfants.

D'après le savant M. Frégier[1], la portion la plus importante et de toute façon la plus redoutable s'est recrutée dans un monde terrible, c'est-à-dire parmi les repris de justice, les forçats libérés, en rupture de ban ou tolérés, dans les existences excentriques, les bateleurs, les mendiants, les voleurs de profession et les receleurs. Il a dû sortir de cet ensemble pour défendre le drapeau rouge, trente-cinq mille combattants.

Vers le milieu d'avril, c'est-à-dire au plus fort de la lutte engagée contre Versailles, la Commune imagina, pour renforcer sa milice décimée, un nouveau mode de recrutement. Les citoyens Protot, Raoul Rigault et Ferré, revêtus d'écharpes rouges, se rendirent dans les prisons renfermant les détenus condamnés pour délits communs, les sodomites, les voleurs, les faussaires, les assassins. Des képis, des vareuses, des pantalons à bandes rouges furent donnés à ces réclusionnaires en échange de l'uniforme abject qu'ils portaient. On leur remit ensuite des fusils en disant : « Vous

---

1. *Histoire des classes dangereuses de la société.*

voilà redevenus citoyens ; vous êtes purifiés, mêlez-vous maintenant à ceux qui défendent la Commune aux remparts. »

Au contingent déjà connu, il convient d'ajouter l'écume de l'Europe. En 1871, la fumée de la guerre avec l'Allemagne, excitant le besoin d'aventures, avait amené tout à coup dans la grande et malheureuse capitale, des représentants de toutes les races européennes. Tant que cela était de mode, ces volontaires s'étaient fort animés contre la Prusse. Après que la guerre civile eut succédé à la guerre étrangère, les souffrances de la patrie ne pouvaient les toucher comme nous-mêmes. Les utopies les intéressent bien plus que nos destinées. Aussi, dans la crise qu'a développée le 18 mars, leur adhésion fut-elle soudaine. Il y eut dans le Comité central des échantillons d'Allemands, de Russes, d'Italiens ; et, pendant la résistance militaire, l'armée de Versailles avait surtout en face d'elle des Polonais, des Russes, des Valaques, des Piémontais, des Grecs, en un mot des aventuriers venus de tous les points du continent, formant un total de quinze à vingt mille hommes.

Pendant le siége prussien, Paris avait eu ses corps francs ; sous la Commune, il y eut aussi quelques corps spéciaux : celui qui s'intitula les *Vengeurs de Flourens* montra seul quelque fermeté au feu. Parmi les autres, il faut citer les *Enfants du père Duchesne*, les *Zouaves de la Commune*, et enfin les *Pupilles de la République*. Ces derniers étaient des enfants de quatorze à seize ans, la plupart sans famille, et que le besoin avait jetés dans la révolution.

Il fut également question de former des bataillons de femmes, bizarre souvenir des Vésuviennes de 1848. Les journaux de la Commune, surtout le *Cri du Peuple*, le *Vengeur* et *le Père Duchesne*, excitaient l'ardeur guerrière parmi le sexe faible. Une légion de citoyennes fut même organisée, et Gambon, membre de la Commune, la mena à l'Hôtel de ville : nous nous rappellerons toujours avoir vu arriver ces amazones, drapeau rouge en tête !

Les bataillons des fédérés avaient tous, du reste, des cantinières portant en bandoulière d'un côté, le petit bidon plein d'eau-de-vie, et de l'autre, le chassepot, dont quelques-unes se servaient volontiers au moment de l'action.

Composées de tels éléments, les troupes communales ne pouvaient être très-solides, mais elles faisaient illusion par le nombre. Il y avait lieu d'ailleurs de compter sur deux grandes causes de succès : Lyon, Marseille, Toulouse se soulevaient, la fièvre était partout; d'autre part l'armée de Versailles était à l'état embryonnaire, et quelques rassurantes que fussent les proclamations du pouvoir exécutif, elle renfermait tout au plus douze mille hommes dans lesquels on pût avoir confiance.

II

La Commune, pleine de confiance, résolut donc de prendre l'offensive.

Le 30 mars, elle mit en marche soixante-dix mille gardes nationaux pourvus de huit jours de vivres.

Le 31, le mouvement de ses troupes se dessina et, pendant la journée du premier avril, diverses concentrations se manifestaient au nord-ouest et au sud de Paris.

Après s'être assuré qu'il n'y avait rien de sérieux dans une démonstration opérée par les insurgés vers Châtillon, le général Vinoy dirigea tous ses efforts sur la presqu'île de Genevilliers. On y signalait, en effet, la présence de bon nombre de fédérés qui, après avoir pris et barricadé le pont de Neuilly, s'étaient répandus dans Courbevoie et Puteaux et poussaient jusqu'à Nanterre et Rueil.

Le corps expéditionnaire de Versailles était formé de deux brigades d'infanterie : l'une, la brigade Daudel, de la division Faron; l'autre, celle de Bernard de Seigneurens, de la division Bruat. Éclairé sur la gauche par la brigade de cavalerie de Galiffet, de la division du Barral, sur sa droite par deux escadrons de la garde républicaine, il se mit en marche le 2 avril, à six heures du matin.

Ce fut le Dimanche des Rameaux, le premier jour de la semaine où le Christ institua le grand mystère d'amour, que s'ouvrit entre Versailles et Paris la lutte fratricide !

Une colonne s'avançait par Rueil et Nanterre, l'autre par Vaucresson et Montretout. La jonction de ces deux détachements s'opéra sans encombre au rond-point des Bergères. C'est de là que les troupes partirent pour attaquer et enlever les positions barricadées de Courbevoie, défendues par quatre bataillons d'insurgés. En tête de la colonne marchaient les gendarmes. Leur conduite, pleine d'élan et de résolution, fit disparaître l'hésitation qui d'abord se manifestait parmi les soldats de la ligne. Aussi la caserne fut-elle bientôt prise par les régiments de marine, et la grande barricade céda-t-elle aux efforts du 113° de ligne. Le pont ne tarda pas à être dégagé, et les abords de Courbevoie furent entièrement abandonnés par les fédérés. Le général Vinoy fit cesser le feu, et les troupes de Versailles regagnèrent leurs cantonnements, vers quatre heures de l'après-midi.

Les bataillons de la Commune, qui avaient eu à soutenir le choc, étaient le 93° du faubourg Saint-Antoine, le 113° de Belleville et le 119° du Val-de-Grâce. Le 93°, qui occupait le pont de Neuilly, et dont les hommes pour la plupart n'étaient armés que du fusil à piston, eut beaucoup à souffrir de cette attaque, qui occasionna d'abord une véritable déroute. La retraite cependant put être couverte grâce à l'appui des 218°, 152° et 170° bataillons, qui occupaient diverses positions en dehors des remparts.

La première victime de cette horrible lutte avait été le docteur Pasquier, chirurgien en chef de la gendarmerie, qui s'était avancé en parlementaire et qui fut tué d'un coup de revolver par un garde national. Le premier sang est un appât terrible! Après celui-là des torrents allaient couler.

Cet échec, au début des opérations, irrita vivement la Commune. On dissimula cependant avec effronterie les intentions des généraux et leur déroute complète. Les journées du 2 et du 3 avril devinrent des faits d'armes où l'héroïque garde nationale avait repoussé les Versaillais. — La modération de l'armée française dans sa poursuite des fédérés devint la preuve de sa défaite. Voici du reste la proclamation du *Journal officiel de la Commune :*

« Les conspirateurs royalistes ont attaqué. Malgré la modération de notre attitude, ils ont attaqué; ne pouvant plus compter sur l'armée française, ils ont attaqué avec les zouaves pontificaux et la police impériale....

« *La commission exécutive,*

« *Signé :* Bergeret, Eudes, Duval. »

Dans la soirée, on afficha, pour rassurer les esprits, que tout allait bien et que « Bergeret lui-même était à Neuilly, » phrase bouffonne dont le public parisien s'est amusé longtemps, et qui jeta un peu de gaîté sur ces tristes jours.

La Commune ne fut pas dupe de cette comédie, elle sut ce qui s'était passé. Dans le conseil de guerre qui suivit l'échauffourée, il fut décidé que, sans plus attendre, l'attaque décisive sur Versailles serait exécutée le lendemain au point du jour.

Les fédérés devaient être divisés en trois colonnes. La première, commandée par Bergeret, ferait sur la route de Rueil une importante démonstration. La seconde, sous les ordres de Duval, prendrait par le Bas-Meudon, Chaville et Viroflay. Le fort d'Ivry et la redoute des Moulineaux devaient la protéger de leurs feux. La troisième, conduite par Eudes, opérerait par la route de Clamart en traversant Villacoublay et Velizy. Ce corps s'appuierait sur le fort de Vanves. Donc l'objectif étant Versailles, le plan se résumait ainsi : diversion sur le mont Valérien; attaque de front par Clamart; mouvement tournant par le Bas-Meudon.

Ce plan, on le voit, ne manquait pas d'audace; il pouvait avoir quelque chance de réussir s'il avait été mis à exécution par des chefs expérimentés, mais il fut suivi sans esprit d'ensemble, sans lien entre les diverses troupes, sans commandement sérieux, surtout sans discipline.

Les ordres une fois transmis, on vit de tous les quartiers de Paris les bataillons des gardes nationaux se diriger, en quelque sorte fiévreusement, vers les divers points qui leur avaient été assignés, les uns du côté des portes du sud, les autres sur le champ de Mars où 30,000 hommes se groupèrent. Toutes ces troupes étaient accompagnées d'une artillerie assez nombreuse, présentant des pièces de tous les calibres et de toutes les provenances. Les pièces étaient traînées par des chevaux d'omnibus et conduites par de très-jeunes gens, presque des enfants, souvent en blouse et en sabots. Quelques artilleurs suivaient, mais ils étaient en petit nombre. Rien de plus étrange d'ailleurs que l'aspect de ces bataillons où l'adolescent coudoyait le vieillard, tous dans des costumes et avec des armes d'une pittoresque variété. Le crayon de Callot bien mieux que celui de Charlet eût pu convenablement reproduire l'aspect de ces cohortes de la Commune, que suivaient de nombreuses tapissières et voitures de déménagement remplies de munitions et de vivres.

A minuit, la concentration du corps de Bergeret est terminée dans l'avenue de Neuilly et les rues adjacentes. A une heure du matin, le lundi, un détachement envoyé en éclaireur vient annoncer que le rond-point de Courbevoie a été évacué, la veille, par les troupes de Versailles. Sept à huit bataillons, formant une colonne de 4000 hommes à peine, passent alors la Seine et vont se porter sur la position où, le 2 avril, les artilleurs marins avaient amené leur batterie. Déjà fatigués, accablés de sommeil, les fédérés se roulent tant bien que mal dans leurs couvertures et s'établissent sur le pavé de la place. Le reste du corps de Bergeret, constituant la réserve de l'aile droite, se range en bataille sur la rive opposée du fleuve. A quatre heures, le *général*, assis dans une voiture découverte, attelée de deux chevaux, traverse l'avenue de Neuilly, entouré de son état-major et précédé d'un turco lui servant d'ordonnance. En arrivant, il donne le signal de l'action. Les tambours battent, les clairons sonnent, les faisceaux sont rompus sur toute la ligne. Les 4000 hommes, désignés pour marcher les premiers, forment leurs rangs. La voiture de Bergeret vient se placer au centre. Douze canons sont rangés autour d'elle. Enfin l'ordre est donné, et la colonne s'ébranle. Elle avance sur la route de Rueil en criant : « A Versailles! à Versailles! » A la sortie de Courbevoie, le mont Valérien se dresse morne et sombre, et fait courir au sein des insurgés un frisson involontaire. On hésite, le pas se ralentit. Mais Bergeret encourage ses hommes, et dans les rangs, les chefs de bataillon, les officiers répètent ses exhortations.

« Rien à craindre mes amis ! crie le *général*. Le fort est occupé par les marins; les marins sont pour le peuple. Le fort est donc à nous ! En avant et vive la Commune ! »

Les fédérés, pleins de confiance, continuent à avancer, et la tête de la colonne arrive au-dessous de la forteresse, dont la route de Rueil n'est qu'à huit cents mètres environ. Il paraît que l'armée de Versailles avait reçu ordre de prendre la fuite afin d'attirer les agresseurs. Durant toute la matinée, il n'y a eu que d'insignifiants engagements. A la nuit tombante l'action devient tout à coup plus chaude; à six heures et demie, quelques feux de peloton sont échangés entre l'avant-garde et les tirailleurs échelonnés sur la crête. Puis, on entend cinq ou six détonations lourdes et vibrantes. C'est la redoute des Gibets, et, presque simultanément, les bastions supérieurs du fort qui viennent de lâcher une première bordée de leurs grosses pièces. La terreur, une terreur inconsciente, irrésistible s'empare des fédérés. Quelques-uns, atteints par les obus, sont tués ou blessés grièvement. D'autres se jettent immédiatement à plat ventre. Le plus grand nombre stupéfait, affolé, est mis dans un complet désarroi.

Bientôt après, la masse des bataillons est disloquée par l'entrée en ligne des brigades Garnier, Dumont et Daudel, tandis que deux batteries de 12, de réserve, les canonnent vigoureusement. Devant ces trois attaques inopinées, l'armée de la Commune se débande. La retraite se change en déroute lorsque la division de cavalerie de Preuil menace de couper la route par laquelle il est possible de rentrer dans Paris. La plaine est jonchée de morts; un grand nombre de prisonniers tombent aux mains de la ligne.

Ce n'est pas sans nous sentir le cœur serré que nous racontons ces luttes fratricides rendues plus atroces encore par le degré d'acharnement et le caractère implacable qu'elles revêtaient.

Nous avons à rapporter ici un de ces épisodes horribles qui ne se produisent qu'aux époques néfastes des guerres civiles. Nous donnons le récit de Versailles qui n'enlève à cet événement rien de ce qu'il a de douloureux :

« Vers huit heures du matin, les fédérés qui occupaient la gare de Rueil se dirigèrent sur Chatou ; mais le pont ayant été coupé, leur mouvement dut nécessairement s'interrompre. Quelques hommes seulement passèrent la Seine en bateau, annonçant que la troupe allait suivre. On ne sait pas au juste le but qu'ils poursuivaient ; car, surpris par les escadrons de chasseurs qui descendaient de Saint-Germain, ils furent sur-le-champ passés par les armes. »

Nous allons flétrir bientôt les représailles exercées par la Commune, nous ne pouvons que déplorer l'exécution sommaire des prisonniers fédérés. Mais ce ne fut là qu'un fait isolé, depuis on ne fusilla plus que les soldats qui avaient déserté l'armée pour servir le gouvernement insurrectionnel.

Pendant que se passait ce sombre drame, les autres gardes nationaux attendaient sur la rive opposée, irrésolus, sans direction. Tout à coup ils sont enveloppés et chargés par la gendarmerie à cheval. Une dispersion presque générale en résulte. L'un des chefs du mouvement, Flourens, abandonné par les siens, se réfugie avec son aide de camp Cypriani, dans la gare du chemin de fer. Il y est poursuivi par un gendarme. Flourens saisit son revolver et s'apprête à faire feu, lorsque le capitaine de gendarmerie, Desmarest, accouru au secours du soldat mis en joue, fend d'un coup de sabre la tête du célèbre agitateur.

Ainsi finit cet homme étrange, dont il est difficile de définir la personnalité, mais qu'on aime mieux croire égaré que pervers. « On est tenté, dit avec raison M. Jules Favre, d'être reconnaissant envers le sort qui lui a procuré la faveur d'un trépas militaire, et qui a fermé ses yeux au moment où ils se seraient ouverts sur tant de turpitudes et de crimes [1]. »

Pendant que le mouvement des fédérés échoue sur la route de Rueil, ils essayent un mouvement parallèle par Clamart et Meudon, sous la protection des forts du Sud. De ce côté le combat dure jusqu'au soir. Il provoque surtout

---

1. *Simple récit*, t. III, p. 306.

un vif engagement d'artillerie entre les batteries d'Issy, de Vanves, de Montrouge, des Moulineaux, appartenant aux fédérés, et les ouvrages de Châtillon, Meudon et le bas Meudon occupés par les troupes de Versailles. A quatre heures et demie du matin, les troupes, devant composer le centre et l'aile droite des fédérés, se divisent en deux colonnes; l'une s'engage sur la route de Clamart, l'autre descend la crête du fort d'Issy et vient se masser en avant de la redoute des Moulineaux. Le centre, très-peu compacte, est composé de cinq bataillons à peine, soutenus par deux batteries. Le *général* Duval dirige l'attaque sur Clamart, il a pour aides de camp le chef de bataillon Razoua et le commandant du 79e; le *général* Eudes dirige la colonne chargée de tourner Meudon.

A six heures du matin, le premier coup de canon part du fort d'Issy. C'est le signal de la marche en avant. Il est salué par des hourrahs frénétiques. Bientôt la fusillade crépite dans le bois du bas-Meudon. L'action commence entre les gardes nationaux et les soldats de Versailles. La voix sourde des batteries de Meudon vient bientôt faire sa partie dans ce triste concert. Trois fois les fédérés se déploient en tirailleurs devant les lignes de l'armée, trois fois ils sont repoussés. Ils se reforment cependant et se mettent en colonne. Les obus pleuvent alors au milieu de leurs rangs, semant dans les bois des panaches de fumée, éclatant de toutes parts, tuant et blessant beaucoup de monde.

A ce moment, c'est-à-dire au plus fort de l'action, un modeste héros, le curé de Puteaux[1], arrive sur le champ de bataille. Il va d'un blessé à l'autre, relevant celui-ci, exhortant celui-là, prodiguant aux agonisants les consolations les plus touchantes. De tous côtés les malheureux s'écrient à la fois : « A moi, monsieur le curé, à moi ! » Et le digne homme se multiplie; il court vers ceux dont les souffrances réclament un plus prompt soulagement. Après avoir parcouru ainsi une partie du champ de bataille, donnant à boire à l'un, aidant l'autre à s'asseoir, il prend sur son dos un blessé, l'y installe le mieux qu'il peut et le transporte, non

---

1. M. Ducastel, aujourd'hui curé de Saint-Jacques.

loin de là, derrière une maison effondrée, au-dessus de laquelle flotte le drapeau de la convention de Genève, et où un chirurgien fait les premiers pansements. Après avoir déposé son précieux fardeau, il retourne sous le feu, au champ de bataille, il recommence jusqu'à quatorze fois ce pénible voyage, et ne s'arrête, quoique accablé de fatigue, qu'à la tombée de la nuit. A Puteaux, à Courbevoie et à Nanterre il n'y eut qu'un cri d'admiration pour ce prêtre courageux.

Cependant les fédérés tiennent bon sous la canonnade, et avancent insensiblement en tournant le viaduc de Val-Fleury. Mais là, ils sont accueillis par une fusillade si intense et si bien nourrie, qu'ils commencent à plier. Le fort d'Issy, armé seulement depuis la veille d'une batterie de grosses pièces de siége, et remis au commandement du *général* Cluseret qui venait d'arriver à Paris, fait rage contre Meudon. Mais il ne parvient pas à contrebattre cette position; et son aide est insuffisante pour soutenir les fédérés qui se voient exposés à découvert aux coups incessants des canons de la terrasse, tandis que, maladroitement pointés, les obus de la redoute des Moulineaux les prennent à revers, et secondent au lieu de la combattre l'action meurtrière de cette batterie. A quatre heures, reconnaissant l'impossibilité d'avancer davantage, les chefs font sonner la retraite.

En réalité, les bataillons de Duval avaient infiniment mieux tenu que ceux de Bergeret, mais leur défaite n'était pas moindre. Le résultat de la journée fut doublement favorable au Gouvernement de Versailles. Pour la première fois depuis sa défection du 18 mars, on venait d'essayer l'armée avec succès; les fédérés étaient désorganisés. De leurs quatre généraux, les deux plus braves avaient succombé : Flourens avait été tué, comme nous l'avons dit, et lors de l'enlèvement de la redoute de Châtillon par les troupes régulières, le *général* Duval avait été pris et fusillé. Il était tombé en criant : Vive la Commune!

Un officier, témoin de cette exécution, a dit que Duval est mort en *fanfaron*. Pourquoi refuser le courage à un ennemi vaincu? La valeur ne manquait pas aux troupes fédérées : ce qui leur a fait complétement défaut, ce sont les chefs. La plupart n'avaient pas la moindre connaissance militaire ; ils ne possédaient pas non plus cet ascendant qu'inspirent la confiance et la discipline. La direction supérieure elle-même manquait d'ensemble et de vigueur. Aussi la confusion la plus grande régnait-elle dans tous les engagements. Longtemps la Commune, qui le savait bien, espéra mettre à la tête de ses troupes un homme dont le nom exerçait un grand prestige auprès des masses et qui n'était pas étranger à l'art militaire. Cet homme, c'était Garibaldi. Tous les jours elle faisait annoncer l'arrivée du célèbre agitateur. Mais le rusé Italien, plus fin politique qu'on ne le croit généralement, avait pressenti toutes les difficultés de la situation, et il déclina habilement l'honneur qu'on lui offrait. Tout adouci qu'il était dans la forme, son refus jeta le découragement parmi les soutiens de la Commune.

Versailles au contraire, en s'emparant de Châtillon, venait de compléter ses succès. Le Gouvernement désira faire une ovation aux troupes victorieuses. On ramena triomphalement les armes, les canons pris sur l'ennemi ; on fit traverser à un millier de prisonniers souillés de boue, noirs de poudre, les vêtements mis en lambeaux, mais le front haut, les avenues et les rues de Versailles encombrées de la foule qu'attire toujours un pareil spectacle. Nous avons vu prodiguer les injures et les outrages à ces malheureux, et les soldats qui les ramenaient durent faire des efforts pour les soustraire aux mauvais traitements des fuyards parisiens, sans dignité à ce moment, comme ils étaient naguère sans courage.

Ne pouvant pas, comme fit le Gouvernement de Versailles, exciter l'enthousiasme en promenant dans Paris de longues files de prisonniers, la Commune chercha à frapper les esprits en faisant aux morts de pompeuses funérailles. Elle pensait qu'une mise en scène imposante devait impressionner vivement les imaginations.

Une grande cérémonie eut lieu le 5 avril. Un avis de l'Hôtel de ville portait : « Tous les citoyens sont conviés à l'enterrement de nos frères assassinés par les ennemis de la République, dans les journées des 3, 4 et 5 avril. »

Près de cent mille personnes se donnent rendez-vous à l'hôpital Beaujon où doit se former la réunion funèbre. A trois heures et demie, trois grands corbillards contenant chacun de douze à quinze cercueils se mettent en marche vers le Père-Lachaise. Ils sont recouverts d'un drap de velours noir, frangé d'argent, et garni de bandes de crêpe. Chacun est traîné par quatre chevaux caparaçonnés avec des housses noires, semées d'étoiles d'argent, et conduits par autant de piqueurs des pompes funèbres. Les quatre coins du char sont ornés d'un trophée de drapeaux rouges cravatés de crêpe, et portant une couronne d'immortelles jaunes et noires. Derrière le dernier char, marchent en tête du cortége les délégations de la Commune et du Comité central, où l'on se montre les citoyens Delescluze, Félix Pyat, Bergeret, Jules Allix, Tridon et Vermorel. Les familles éplorées, les jeunes filles, les enfants, les veuves, les yeux rouges de larmes, puis la foule des gardes nationaux et de la population complètent cet immense et imposant cortége qui suit le boulevard Haussmann, la place et le boulevard de la Madeleine, les boulevards des Capucines, des Italiens, etc. C'est comme un convoi de haine et de malédiction qui défile à travers la ville sacrilége. Chacun salue avec tristesse la dépouille de ces malheureux tombés sans espérance et sans bénédiction. Au cimetière, au moment où l'on jette la dernière pelletée de terre, un homme de petite taille, vêtu de noir, pâle, malade, mais toujours animé d'une ardeur fébrile se détache du groupe des délégués de la Commune ; c'est le citoyen Delescluze. Il prend la parole et, en quelques mots, il prononce l'oraison funèbre des soldats fédérés morts au delà des remparts. « Pas de longs discours, dit-il ; vous ne les aimez pas plus que moi. Citoyens, citoyennes, ce que je vais vous dire se résume en ceci : vengeance contre les assassins de Versailles. » Le reste du discours n'est qu'une paraphrase de ces préludes.

Ce premier deuil n'était pas le dernier que devait mener la Commune, en attendant de conduire le deuil de Paris. Mais cette cérémonie était bien faite pour exaspérer certaines natures.

II. RÈGNE DE LA COMMUNE.

A partir de ce moment, les mesures les plus rigoureuses et les plus tyranniques furent adoptées par les hommes de l'Hôtel de ville.

Le 2 avril, ils décrètent déjà la mise en accusation du chef du pouvoir exécutif et celle des ministres, et la saisie de leurs biens, jusqu'à leur comparution devant la justice du peuple.

Le 5, paraît au *Journal officiel* un décret qui a dû faire tressaillir d'aise les mânes de Robespierre et de Saint-Just, et aux termes duquel toute personne, prévenue de complicité avec le Gouvernement de Versailles, sera immédiatement mise en accusation, incarcérée et maintenue comme otage.

On se rappelle encore cette bande d'assassins qui, à quelques kilomètres d'Athènes, firent prisonniers, il y a deux ans, des touristes anglais et un diplomate étranger, en promenade, et massacrèrent ceux qu'une énorme rançon ne vint pas à temps délivrer de leurs mains. Ce n'est plus dans la plaine de Marathon, c'est au sein de Paris que vont se passer des scènes analogues. La ville la plus civilisée, la plus brillante, la plus aimable du monde, est devenue comme un lieu pestiféré d'où chacun cherche à s'enfuir. Les malheureux, qui ne peuvent s'échapper, sont réduits à invoquer sur le sol de la patrie l'appui des puissances neutres, ils vont demander aide aux consulats étrangers; et il en est, maintenant, de la capitale de la France comme de ces lointains pays de l'Orient, où il faut des capitulations pour protéger les Européens contre la barbarie des coutumes locales et les atrocités des indigènes. Comment caractériser autrement la manière de faire des hommes qui, sous prétexte d'opposition politique, arrêtent les femmes, les enfants et les prêtres et en retiennent un grand nombre comme otages : la Commune osa bien donner ce nom aux malheureuses victimes de son cannibalisme.

L'otage est une personne que l'on remet volontairement à ceux avec qui l'on traite pour la sûreté et en garantie de l'exécution du traité conclu. On n'emploie proprement ce mot que dans les affaires d'État à État. Or, les bandits de la Commune ont mis la main sur les honnêtes gens qu'ils haïssent plus vivement et qu'ils veulent dépouiller; ils menaceront ensuite de les assassiner lorsqu'ils se verront battus sur tous les points.

Comprenant, cependant, l'émotion que causerait en France et en Europe l'extrême iniquité de cette mesure, la Commune fit la déclaration suivante :

« Chaque jour les bandits de Versailles égorgent ou fusillent nos prisonniers, et pas d'heure ne s'écoule sans nous apporter la nouvelle d'un de ces assassinats.

« Les coupables, vous les connaissez, ce sont les gendarmes et les sergents de ville de l'empire, ce sont les royalistes de Charette et de Cathelineau, qui marchent contre Paris au cri de : *Vive le Roi!* et drapeau blanc en tête.

« Le Gouvernement de Versailles se met en dehors des lois de la guerre et de l'humanité, force nous sera d'user de représailles.

« Si, continuant à méconnaître les conditions habituelles de la guerre entre peuples civilisés, nos ennemis massacrent encore un seul de nos soldats, nous répondrons par l'exécution d'un nombre égal ou double des prisonniers.

« Toujours généreux et juste, même dans sa colère, le peuple abhorre la guerre civile; mais il a le devoir de se protéger contre les attentats sauvages de ses ennemis, et quoi qu'il lui en coûte, il rendra œil pour œil et dent pour dent. »

Cette communication, destinée à inaugurer l'établissement du règne de la Terrreur, était suivie de ce décret, afin qu'aucun doute ne subsistât :

« Considérant que le Gouvernement de Versailles foule ouvertement aux pieds les décrets de l'humanité comme ceux de la guerre; qu'il s'est rendu coupable d'horreurs dont ne se sont pas souillés les envahisseurs du sol français;

« Considérant que les représentants de la Commune de Paris ont le devoir impérieux de défendre l'honneur et la vie de deux millions d'habitants qui ont remis entre leurs mains le soin de leurs destinées; qu'il importe de prendre sur l'heure toutes les mesures nécessitées par la situation;

« Considérant que des hommes politiques et des magistrats de la cité doivent concilier le salut commun avec le respect des libertés publiques.

« Décrète :

« Art. 1ᵉʳ. Toute personne prévenue de complicité avec le Gouvernement de Versailles sera immédiatement décrétée d'accusation et incarcérée.

« Art. 2. Un jury d'accusation sera institué, dans les vingt-quatre heures, pour connaître des crimes qui lui seront déférés.

« Art. 3. Le jury statuera dans les quarante-huit heures.

« Art. 4. Tous accusés, retenus par le verdict du jury d'accusation, seront les otages du peuple de Paris.

« Art. 5. Toute exécution d'un prisonnier de guerre ou d'un partisan du Gouvernement régulier de la Commune de Paris sera, sur-le-champ, suivie de l'exécution d'un nombre triple des otages, retenus en vertu de l'article 4, et qui seront désignés par le sort. »

Et pour que les portes de la ville restassent « fermées » sur les otages qu'on avait en mains, il était interdit de sortir de Paris sans un permis de circulation. Les permis s'obtenaient à l'ex-Préfecture de police ; mais un arrêté du citoyen Raoul Rigault faisait savoir à ceux qui iraient en demander, que s'ils étaient soupçonnés de vouloir se soustraire au service de la garde nationale ou d'avoir des rapports avec Versailles, ils seraient arrêtés, séance tenante, et détenus jusqu'à ce que le jury d'accusation eût statué sur leur sort.

Voilà les principes d'équité que proclamait, au dix-neuvième siècle, la Commune de Paris, et elle comptait sur de pareils sentiments pour se rendre favorables les puissances étrangères. Il n'est pas besoin de le démontrer : au point de vue de l'opinion et de la conscience publiques, prendre des otages c'est faire acte d'impuissance et surtout d'injustice, car on punit assurément un innocent pour celui que l'on croit coupable; c'est faire preuve aussi de haine, de dépit et de colère. Il n'y a qu'un mot dans la langue française pour qualifier cette nature et ce degré de passion : prendre des otages c'est commettre une insigne lâcheté.

Le décret du 5 avril n'était pas seulement inique au fond, il était mensonger dans ses imputations, car le Gouvernement n'avait jamais poussé la Commune au moindre excès, et l'armée de Versailles ne s'était jamais montrée impitoyable et cruelle envers ses prisonniers. « Vous êtes les seuls, a dit dans un mouvement d'éloquente indignation le commandant Rustan devant le quatrième conseil de guerre, vous êtes les seuls à ne pas connaître son caractère essentiellement loyal et généreux. S'il en était besoin et sans sortir de France, j'appellerais à cette barre tous ceux qui sont morts en nous combattant, et je leur dirais : « Levez-vous, Espagnols et Anglais qui nous avez vus à Toulouse! Levez-vous, Autrichiens et Russes qui nous avez vus à Champaubert et à Montmirail! Et vous, Prussiens, qui nous avez vus si souvent, hélas! à Sedan, à Coulmiers, à Belfort et à Champigny, et venez affirmer ici si le soldat français, vainqueur ou vaincu, ne s'est pas toujours montré loyal et généreux envers ses ennemis! »

Pour excuser cette loi des otages, la Commune s'autorisa de l'exemple de la Prusse et prétexta les mêmes nécessités révolutionnaires que la Convention. Nous ne savons que trop, aujourd'hui, qu'il ne faut plus remonter aux guerres de Thrace et de Macédoine, ni même au moyen âge, pour retrouver l'emploi de ce moyen inique qu'on a fait entrer, de nos jours, dans les combinaisons stratégiques de la force. Quant à l'exemple de 1793, la prise d'otages fut alors considérée comme un accident, et non comme un principe. Les circonstances, d'ailleurs, étaient loin d'être les mêmes. En 1793, au fond des âmes les plus féroces, il y avait l'amour de la France, le culte de la patrie. Les proscriptions étaient terribles, mais c'étaient des hommes, dévoués à l'unité nationale, qui arrêtaient des hommes soupçonnés de s'entendre avec l'étranger, et de rêver fédéralisme en présence des armées ennemies. En 1871, c'étaient des fédéralistes de la pire école, des amis de l'étranger, eux-mêmes en partie étrangers, qui proscrivaient l'unité française. En 1793, la terreur n'était qu'un moyen; la victoire était le but. En 1871, la terreur était à elle seule le but de ceux qui l'appliquaient, ou bien si elle était un moyen, c'était le moyen d'assurer le pillage et de protéger l'assassinat. En 1793, la Commune et la Terreur étaient sorties comme par explosion, des susceptibilités nationales exaspérées par les résistances intérieures, surexcitées par les dangers du dehors. En 1871, la Commune et la Terreur, se reproduisant au lendemain de nos désastres pour souscrire obséquieusement au traité de paix, ne furent que le résultat d'un guet-apens, prémédité à froid par des condottieri sans pitié.

CHAPITRE II

ARRESTATION DE L'ARCHEVÊQUE ET D'UN GRAND NOMBRE
DE PRÊTRES.

PILLAGE ET FERMETURE DES ÉGLISES.

PERSÉCUTION DIRIGÉE CONTRE LES COMMUNAUTÉS.

RAISON DE LA PERSÉCUTION RELIGIEUSE SOUS LA COMMUNE.

La Commune décrète la séparation de l'Église et de l'État. — Arrestation de l'Archevêque. — M. l'abbé Lagarde l'accompagne spontanément à la Préfecture de police. — Violente apostrophe de Rigault. — Arrestation de Mlle Darboy, du personnel de l'archevêché, de M. Deguerry et d'un grand nombre de prêtres. — Ferme attitude de M. le curé de Saint-Roch. — Lettre de Charles Beslay à Rigault. — Protestations de MM. les pasteurs protestants de Pressensé et Monod. — Pourquoi la Commune a persécuté les catholiques et non pas les protestants. — Prétexte imaginé pour les perquisitions dans les églises. — Sainte-Geneviève enlevée au culte. — Notre-Dame fermée et pillée après un article de Rochefort. — La fête de Pâques en 1871. — Arrêté courageux de M. Bayeux-Dumesnil, maire du IXe arrondissement. — Notre-Dame-de-Lorette pendant la Commune. — Fermeture des églises de la Madeleine, de Saint-Augustin, de Saint-Philippe, etc. — Les quatorze cadavres de Saint-Laurent. — L'orgie communale à N.-D.-des-Victoires. — Les communeux à l'école Sainte-Geneviève, au séminaire Saint-Sulpice, chez les Frères des Écoles chrétiennes, rue Oudinot, au couvent des Augustines, rue de la Santé, chez les Carmélites, avenue de Saxe, au couvent de Picpus, chez les Dominicains d'Arcueil. — Raison de la différence de l'insurrection de 1871 et des autres phases révolutionnaires, au point de vue religieux.

I

A la lutte des 2, 3 et 4 avril succède une période de calme relatif aux avant-postes. A Versailles, les corps d'armée, les batteries s'organisent pour l'attaque définitive; les troupes avancent peu à peu, à coup sûr, et serrent de près les ouvrages avancés, défendus par l'insurrection. A Paris, la Commune essaye de faire œuvre de gouvernement, d'appliquer à la capitale ses idées et ses théories en matière de religion, de liberté, de finances, de presse, d'enseignement, etc., secondée et suppléée par ses délégués et ses commissions.

Les premiers efforts ont l'Église pour objectif.

Dès le 2 avril, pendant le terrible combat de Courbevoie et de Neuilly, la Commune avait rendu le décret suivant :

« La Commune de Paris,

« Considérant que le premier des principes de la République française est la liberté ;

« Considérant que la liberté de conscience est la première des libertés ;

« Considérant que le budget des cultes est contraire au principe de la liberté de conscience, puisqu'il impose les citoyens contre leur propre foi ;

« Considérant en fait que le clergé a été le complice des crimes de la monarchie contre la liberté,

« Décrète :

« Art. 1er L'Église est séparée de l'État.

« Art. 2. Le budget des cultes est supprimé.

« Art. 3. Les biens dits de main morte, appartenant aux congrégations religieuses, meubles et immeubles, sont déclarés propriétés nationales.

« Art. 4. Une enquête sera faite immédiatement sur ces biens. »

Il apparut aussitôt au regard le plus superficiel que l'Église touchait à l'une de ces heures solennelles de crise et d'épreuve que Dieu lui ménage dans le cours du temps, pour lui rappeler qu'elle est fille du Calvaire, et, aussi, pour faire éclater, devant les hommes distraits et légers, son indestructible vitalité.

Le lendemain de ce décret, et, comme pour en faire voir la signification, la Commune procédait à l'arrestation du vénérable Archevêque de Paris, sans pitié pour son âge et les défaillances journalières d'une santé depuis longtemps altérée. Mgr. Darboy avait été prévenu du danger qui menaçait sa liberté ; on le pressait de s'éloigner, de ne pas donner à de tels ennemis l'avantage de tenir dans leurs mains sans scrupules un otage aussi précieux. Il repoussa avec fermeté ces prévoyantes sollicitations, il revendiqua, comme le privilége de son rang dans le clergé de Paris, l'honneur de souffrir le premier pour le Christ et pour l'Église.

Lorsque le désordre semble triompher pour une heure, lorsque le cri de la révolte a trouvé partout des échos dociles, lorsque l'appât du sang a dompté la faible raison d'un peuple abusé, ou plutôt lorsque le vrai peuple a disparu pour laisser la place publique à une poignée de factieux, lorsque les chefs impuissants voient les soldats faiblir devant l'émeute et se refuser à l'austère devoir de défendre la patrie contre des compatriotes, il est beau de voir l'évêque lever la tête vers le ciel, dans sa confiance et dans sa fierté, résolu à tout souffrir plutôt que d'abandonner son troupeau au gouvernement du mal, au règne de la force inintelligente!

Nous devrions maintenant raconter en détail l'arrestation et l'incarcération du vénérable prélat. Mais le seul récit, qui pourrait nous guider sûrement, celui de l'unique témoin qui ait accompagné l'Archevêque en ces douloureuses circonstances, n'a pas encore été publié; et, pour ne point nous exposer, comme tant d'autres, à être inexact, nous nous bornerons à rapporter quelques faits dont nous garantissons l'authenticité.

L'Archevêque reçut la horde tumultueuse des prétoriens de la Commune avec cet air d'affabilité pleine de dignité qu'il portait toujours avec lui, avec ce visage éclairé d'un sourire bienveillant, auquel le signe manifeste d'une souf_france chrétienne, refoulée par la volonté, ajoutait comme une grâce de plus. Un instant déconcerté par la dignité et la douceur de cette attitude, le capitaine Révol, que la Commune avait chargé d'arrêter Monseigneur, lui présenta avec quelque hésitation le mandat dont il était porteur, et qui était ainsi conçu :

Ordre est donné au citoyen Révol, capitaine adjudant de place, attaché à la place de Paris, de se rendre à l'Arche-

vêché pour y arrêter le sieur Darboy, se disant Archevêque de Paris, et y faire ensuite les plus minutieuses perquisitions.

Mais, pour atténuer ce qu'avait de brutal une pareille injonction, le sieur Révol s'empressa d'affirmer qu'il s'agissait seulement d'une visite au Préfet de police et de renseignements à lui fournir sur un coup de fusil tiré de la rue des Postes. Sans ajouter, naturellement, beaucoup de foi à cette allégation, Monseigneur en fit part à M. Lagarde, et lui demanda de l'accompagner : « Vous, au moins, vous reviendrez, ajouta-t-il. » Le vicaire général accepta cette proposition avec empressement, quoiqu'il ne se fît pas la moindre illusion sur son retour, mais il avait l'espoir d'adoucir pour l'Archevêque les rigueurs de la captivité.

Un singulier spectacle les attendait tous les deux à la Préfecture de police : ils aperçurent en entrant dans la cour un immense fouillis d'hommes criant et gesticulant, tous sales, avinés, abrutis ou féroces. C'était le bataillon de Rigault, gens de sac et de corde, prêts à déployer dans n'importe quelle mission un zèle effrayant. Ils ne parurent pas, cependant, se préoccuper beaucoup de la présence de Monseigneur et de son grand vicaire, qu'ils regardaient d'un air hébété et ils les auraient laissés se retirer, si ces vénérables personnages l'avaient voulu.

Conduit au cabinet du délégué, Monseigneur trouva le *magistrat* assis dans un fauteuil, et la tête couverte de l'inévitable képi galonné.

« C'est vous, lui dit Rigault, qui êtes le citoyen Darboy, à notre tour ! »

Et se renversant :

« Vous nous embastionnez (textuel) dans vos superstitions, il faut que cela cesse, vos chouans massacrent nos frères, il faut que nous vous fusillions. »

Monseigneur répondit : « Voyons, mes enfants... » Mais il fut interrompu aussitôt par des trépignements et des gestes impossibles à rendre.

Nous ne savons quel sentiment fit battre, dans ce moment, le cœur du vénérable prélat, mais, à coup sûr, il n'a pas souri, comme on l'a écrit, et rien ne provoqua cette nouvelle menace : « Vous serez fusillé ! »

— Et vous, qui êtes-vous ? demanda ensuite le farouche procureur à M. Lagarde.

— J'ai l'honneur d'être le vicaire général de Monseigneur, et j'ai aussi l'honneur de l'accompagner.

— Allons, ne prenez pas vos airs, vous aussi ! »

Monseigneur pressentant les intentions de Rigault, intervint à ce moment :

« Je vous prie en grâce de lui rendre la liberté ; il n'a pas été arrêté.

— Il est pris et il reste pris [1]. »

Et se tournant vers M. Lagarde :

« Votre nom ? »

Après quoi, il donna l'ordre de les emmener tous les deux au dépôt, et séparés. Mais le capitaine, auquel il s'adressait, portant la main à sa moustache blanche, lui dit courageusement :

« Citoyen, je suis militaire et je ne me charge pas de pareilles missions.

— Lieutenant, debout ! » s'écria Rigault, qui ne put dissimuler son mécontentement !

Et l'on vit un homme, plongé dans l'ivresse, se lever avec peine et dire encore plus difficilement, en portant la main à son képi : « *A... a... avec* plaisir, mon commandant. » Mais son état était tel qu'il ne pouvait diriger les prisonniers ; le greffier Kahn survint heureusement presque aussitôt, il congédia bien vite le lieutenant aviné et permit aux deux captifs de rester ensemble jusqu'à six heures et demie [2].

Dès qu'il furent seuls, Monseigneur demanda pardon à M. Lagarde de l'avoir amené avec lui, et exposé ainsi à par-

---

1. C'est de cette manière sommaire qu'on procédait à la Préfecture de police. M. l'abbé Miquel, s'y étant présenté quelques jours après l'arrestation de Monseigneur pour avoir de ses nouvelles, fut arrêté et emprisonné séance tenante pour ce seul fait.

2. Les marques d'humanité que M. Kahn se plut à donner aux premiers et et aux plus éminents otages de la Commune, l'archevêque de Paris, M. l'abbé Lagarde, le curé de la Madeleine, le président Bonjean, amenèrent bientôt son arrestation. Ce fut uniquement pour ce motif qu'il passa de son bureau dans une cellule, où il resta quarante jours.

tager les dangers qui menaçaient son archevêque, et sur lesquels il ne pouvait se faire illusion.

Pendant que cette saisissante et dramatique scène se passait à la Préfecture, le sieur Journaut, capitaine d'une compagnie de marche qui commandait le détachement resté à l'archevêché, posait des sentinelles partout et procédait à une perquisition odieuse. Dans la nuit, sur de nouveaux ordres venus de Rigault, il arrêta successivement Mlle Darboy, M. Petit, secrétaire général, et Mgr Surat. Ce dernier, à cause de son état de santé, ne fut emmené au dépôt que le lendemain, vers trois heures. On fit également prisonniers la femme de chambre de Mlle Darboy, le concierge et un des domestiques. M. Jourdan et M. Schœffer furent maintenus à l'archevêché, mais gardés à vue. M. Bayle, le promoteur, ne fut arrêté que quelques jours après, en sortant de Saint-Germain-l'Auxerrois.

Dans la même nuit qui suivit l'arrestation de Mgr Darboy, une douzaine de gardes nationaux, conduits par un jeune officier, se présentèrent devant la maison attenant à l'Assomption et qui servait de presbytère au vénérable curé de la Madeleine. Après avoir en vain agité la sonnette et frappé la porte à coups de crosse, ils allèrent chercher une pierre pour l'ébranler, et les coups redoublèrent entremêlés de jurons et de cris de colère. Les carreaux de la maison volaient en éclats. Les battants s'ouvrirent enfin... Mais dans le vestibule régnait une obscurité complète; on dut aller se procurer une lanterne et on se mit en devoir d'enfoncer la seconde porte. Elle céda bientôt, et l'on trouva derrière une vieille femme, plus morte que vive, qui cependant refusa de fournir aucun renseignement sur son maître. Les gardes nationaux se répandirent alors dans la maison dont les fenêtres s'éclairèrent tout à coup, et procédèrent au déménagement des objets précieux. Les ornements du culte, l'argenterie, le linge furent emballés et placés dans une voiture réquisitionnée à cet effet. Les perquisitions se continuèrent jusqu'à six heures et demie du matin, du grenier à la cave. Pendant ce temps, M. Deguerry, qui avait pu sortir du presbytère, était reconnu par un garde national dans la rue Saint-Honoré et reconduit à son domicile. On eut beau chercher, on ne trouva pour l'accuser que ce fait, qu'il avait en sa qualité de prêtre présidé à la communion du fils de l'Empereur et confessé l'Impératrice. Pourtant, les hommes, qui l'arrêtèrent, le traitèrent, du moins en paroles, avec une brutalité révoltante. Ils ne se contentèrent pas d'outrager grossièrement ses sentiments religieux, ils se complurent à faire croire à ce respectable vieillard que sa vie était en danger immédiat : « Nous allons bientôt vous procurer votre paradis » disait l'un. « S'il faut quelqu'un, ajouta un autre (capitaine de la garde nationale), pour exécuter ce criminel, on n'a qu'à m'appeler, je les *descendrai* volontiers tous. » Il était évident que des hommes, qui tenaient ce langage, étaient prêts à réaliser leurs menaces, et que, lorsque le moment serait venu, l'Archevêque de Paris, et tout prêtre, dont ils s'empareraient, pouvait s'attendre à quelque chose de pire encore que d'être emprisonné dans la cellule d'un malfaiteur. Mais cette sinistre éventualité, clairement entrevue par le clergé de Paris, ne l'empêcha pas de rester inébranlablement attaché à son poste.

Quelques heures après l'arrestation de M. Deguerry, M. l'abbé Mauléon, curé de Saint-Séverin, était, sous le plus frivole prétexte, saisi à son domicile et conduit à la Préfecture.

Le lendemain, jeudi saint, la Commune, désireuse de tenir entre ses mains le pieux et bon curé de Saint-Eustache, mais, n'osant pas le faire appréhender à cause de la grande popularité dont il jouissait dans sa paroisse, le manda au dépôt. C'était sous le faux prétexte de délivrer un des ses prêtres arrêté sans motif le matin. Elle l'y retint malgré les énergiques protestations des dames de la halle, qui vinrent réclamer leur pasteur pour les fêtes de Pâques. Nul n'a rapporté la verte réponse que fit l'orateur de la démonstration à Raoul Rigault. Le procureur de la Commune lui demandait :

« Et si je vous refusais votre calotin?

— Alors, on te viderait à la première occasion sur une dalle au marché aux poissons, comme un joli merlan que tu es. »

Il est dit dans les Actes des Apôtres que lorsque Pierre fut pris et chargé de chaînes, les fidèles priaient sans cesse pour lui. C'était le jour des Azymes, Hérode voulait garder son prisonnier jusqu'au jour de Pâques et le faire paraître devant le peuple assemblé pour la fête. Mais pendant la nuit, un ange vint trouver Pierre, fit tomber ses chaînes et le rendit à la liberté. La paroisse de Saint-Eustache priait, à l'exemple des premiers fidèles, et Dieu, quoiqu'il n'y eût pas d'anges parmi les membres de la Commune, sut bien, encore cette fois, rendre le pasteur à son troupeau. Le matin même de ce grand jour, M. l'abbé Simon était mis en liberté, et, quelques heures plus tard, il célébrait les saints mystères, au milieu des témoignages de tendresse et de respect qui débordaient de toutes les âmes.

La persécution n'en continua pas moins contre les autres membres du clergé de Paris. Le 8, était arrêté M. l'abbé Planchat, directeur du patronage des jeunes apprentis de Sainte-Anne, à Charonne. Ce n'était pas cependant ce digne ecclésiastique que se proposait de faire prendre la Commune, mais M. l'abbé de Broglie, attaché à la même œuvre et otage beaucoup plus important, puisqu'il était le frère du député, envoyé comme ambassadeur à Londres par M. Thiers. Prévenu par M. Icard, directeur du séminaire Saint-Sulpice, M. de Broglie avait pu se soustraire aux recherches dont il était l'objet, et l'on dit que M. Planchat s'offrit volontairement à sa place.

Le 9, ce ne fut plus à des prêtres isolés que s'en prit la Commune. Ce jour-là, tout le clergé de Montmartre fut mis en état d'arrestation. Les gardes nationaux, qui se rendirent coupables de cet attentat, en donnèrent les motifs suivants, que nous reproduisons, textuellement, d'après la pièce curieuse qu'ils ne rougirent pas d'afficher, le lendemain, sur les portes de l'église :

« Attendu que les prêtres sont des bandits, et que les repaires où ils ont assassiné moralement les masses, *en courbant la France* sous la griffe des infâmes Bonaparte, Favre et Trochu, sont les églises,

« Le délégué civil des Carrières près l'ex-préfecture de police ordonne que l'église de Saint-Pierre (Montmartre) soit fermée, et décrète l'arrestation des prêtres et des ignorantins.   « 10 avril 1871.   « Le Moussu. »

(Ici les deux cachets du Comité.)

Fier de cet exploit qui sème la terreur sur son passage, ce misérable s'érige, désormais, en détrousseur d'églises et de couvents.

Le 11 avril, à la tête d'un bataillon de Montmartre, il envahit l'église de Notre-Dame-de-Lorette. L'abbé Sabatier s'y trouvait seul. C'était la douce et sainte victime que Dieu avait jugée digne de représenter les vicaires de Paris dans la grande immolation qui se préparait.

« Qui cherchez-vous, dit-il, en souriant, au délégué de la Commune.

— Les curés! hurle le bandit, désespéré de n'avoir pu mettre la main sur le vénérable M. de Rolleau que sa distinction et sa vertu désignaient naturellement à la haine de la Commune.

— Eh bien me voici! » et il se livre à eux.

« Alors, dit M. l'abbé Laurençon, son collègue et son ami, se passa une scène touchante : on l'emmenait avec violence ; mais les enfants, qu'il aimait tant et que la curiosité avait attirés, se précipitent sur lui, s'accrochent à sa soutane et cherchent à l'arracher aux méchants qui se rient de leurs efforts et les repoussent brutalement, tandis que le futur martyr leur sourit, les bénit et les rassure. »

Nous sommes en pleine persécution : les arrestations se succèdent et s'opèrent même simultanément. Il n'y a pas que les prêtres des quartiers agités qui deviennent les prisonniers de la Commune, les centres les plus paisibles vont essuyer la tempête.

Le 13, on arrêtait M. Lartigues, curé de Saint-Leu, avec tout son clergé, et M. Bécourt, curé de Bonne-Nouvelle ; le 14, M. l'abbé Millault, curé de Saint-Roch.

Appartenant nous-même au clergé de cette paroisse, qui s'est particulièrement distingué par son dévouement et son courage sacerdotal, à cette époque néfaste, nous croyons intéresser le lecteur, en publiant quelques détails inédits sur l'arrestation de M. Millault et les persécutions dont il fut encore l'objet, après sa mise en liberté.

« Le vendredi, 14 avril, vers trois heures et demie de l'après midi, dit M. le curé de Saint-Roch, dans une relation, écrite pour sa famille, j'avais été lire mon office dans une galerie haute de mon église, afin d'y être plus tranquille, lorsque redescendant dans la nef, à quatre heures, je fus étonné de la voir entièrement déserte. Je me rendis vivement à la sacristie. Là, je trouvai un commissaire, le pistolet au poing, une vingtaine de gardes nationaux armés, et mon frère qui était venu me voir par hasard, et qu'on avait saisi pour le conduire en prison si je ne paraissais pas. Je fus immédiatement appréhendé, et du reste, je ne cherchais pas à fuir. M. l'abbé Chartrain, second vicaire, qui se trouvait présent « s'écria : Je ne quitte pas mon curé ; si on l'emmène, qu'on m'emmène avec lui ! » On le prit donc, ainsi qu'un autre prêtre de la paroisse, M. l'abbé Herpin, descendu à la sacristie pour quelque besoin du service.

« Quand nous parûmes dans la rue, nous la vîmes remplie d'une foule compacte, très-sympathique, qui criait : « Vive M. le curé, » et agitait ses mouchoirs ; et quand nous fûmes montés en voiture, beaucoup s'approchèrent et vinrent nous serrer la main. Je pensais qu'on allait nous mener à la Préfecture, et je fus étonné de voir qu'on nous conduisait à Montmartre. Arrivés en ce quartier, au commissariat des Grandes-Carrières, on nous fit descendre et on nous plaça dans une petite salle où nous fûmes trois heures sans voir personne....

« Vers neuf heures un quart, le jeune commissaire, qui nous avait saisis, revint, nous fit décliner nos noms, âges et qualités, et, sans autre interrogatoire, nous livra à des soldats armés qui nous conduisirent, à pied, jusqu'au poste de police, situé à un quart d'heure de distance. Nous étions suivis de la multitude, mais il faisait nuit, elle n'était pas très-nombreuse, et je dois le dire, elle ne se montra pas hostile. Ce poste était établi dans les écoles élevées charitablement, pour l'éducation de la jeunesse pauvre, par M. l'abbé Le Rebours, par l'entremise de M. Olmer, vicaire de Montmartre : on voyait encore là un autel brisé, et les vestiges d'une chapelle. On nous mit tous les trois dans un petit réduit, sans lumière, avec une chaise à chacun pour y passer la nuit. A côté de cette pièce, il y avait une salle plus grande où on mettait les gens pris de vin et autres vagabonds ramassés sur la voie publique ; et nous eûmes bientôt la mesure de ceux qui nous gardaient. Car l'un deux, faisant entrer un homme ivre dans cette salle, dit : « En voilà encore un au clou : du reste, quand j'étais à Cayenne, combien de fois j'y ai été moi-même, au clou. »

« On nous avait dit que le commissaire viendrait le lendemain, samedi 15 avril, à huit heures, et l'espoir de célébrer la sainte messe nous fit rester à jeun jusqu'à midi. Alors nous prîmes quelque nourriture, attendant toujours le commissaire qui ne vint qu'à cinq heures du soir. Il nous fit conduire en voiture à la Préfecture. Les abords en étaient encombrés d'un grand nombre de gardes d'un aspect sinistre; au dedans régnait un tumulte épouvantable, et nous fûmes étonnés de voir que tous ceux, qui y exerçaient quelque autorité, étaient de tout jeunes gens, à peine âgés de dix-neuf à vingt ans.

« Après une heure environ d'attente, nous subîmes un interrogatoire : « Citoyen, me dit le président de cette sorte de tribunal, trois charges pèsent sur vous : 1° vous avez cherché à échapper par la fuite aux mains de la justice; 2° vous avez voulu à votre départ exciter une sédition parmi vos paroissiens; 3° vous avez prétendu que les biens meubles de votre église vous appartenaient en propre. » Le fond de ma défense fut : 1° J'ai si peu cherché à m'échapper que c'est de moi-même que je suis venu me mettre entre les mains du commissaire; 2° les marques de bienveillance qui m'ont été données, lors de mon départ, n'ont point été provoquées par moi, et si je me suis découvert devant ces saluts sympathiques, si je n'ai pas refusé ma main à ceux qui voulaient me la presser, personne ne peut m'en faire un crime, et vous-même bien probablement, monsieur le président, vous auriez fait comme moi; 3° il est vrai que j'ai refusé positivement de donner l'état des vases sacrés et autres biens meubles de mon église, mais ce n'était pas que je les regardasse comme ma propriété personnelle. Je voulais seulement dire qu'ils appartenaient à un corps légalement constitué, qu'on appelle la fabrique, et non pas à l'État, que je n'en étais que le dipositaire, et que, par conséquent, il m'était impossible de les livrer. »

« Les interrogateurs se retirèrent pour délibérer sur mes

réponses, et après un quart d'heure, un membre de la Commune, revêtu de ses insignes et accompagné de deux assesseurs, vint nous notifier notre mise en liberté. Je retournai à Saint-Roch, où je croyais devoir être dorénavant libre. Mais je trouvai l'église et le presbytère envahis par de nombreux gardes. J'étais gardé à vue ; on fit chez moi une visite domiciliaire des plus rigoureuses, jusqu'à une heure du matin, et, à huit heures, j'eus une peine infinie à obtenir de sortir trois quarts d'heure, sur parole, pour aller dire la sainte messe (dimanche 16 avril 1871). Cependant cette consigne s'adoucit un peu, et nous pûmes célébrer le saint sacrifice et entendre les confessions dans la chapelle de nos chers et courageux frères de la doctrine chrétienne. Quant aux baptêmes et aux convois, ils se faisaient à Notre-Dame-des-Victoires, où nous trouvâmes le plus cordial et le plus fraternel accueil. Enfin, après six jours, le jeudi suivant 20 avril, les clefs de notre église nous furent rendues ; mais hélas ! dans quel état était cet édifice. Tout avait été saccagé, les troncs, les caisses, les armoires avaient été forcés. On avait laissé la plupart des vases sacrés, mais tout l'argent monnayé avait été enlevé jusqu'au dernier sou. Heureusement que nous avions mis d'avance à l'abri nos principales valeurs. Dès le lendemain, vendredi 21, l'église fut rouverte et nous reprîmes immédiatement, comme en pleine paix, les fonctions de notre ministère, et ce calme dura pendant quinze jours.

« Le vendredi, 5 mai, je fus averti que, le soir, des gens devaient se présenter pour faire de mon église un club, et les avis devinrent si multipliés et si graves que je crus devoir aller à la mairie trouver le délégué de la Commune (il s'appelait Pillot), faisant les fonctions de maire, pour lui demander si je pouvais compter sur quelque protection de sa part. J'attendais dans la grande salle qui précède son cabinet, et j'entendis un officier de la garde nationale tenir aux employés les propos suivants. Je cite textuellement :
« C'est la modération qui nous perd, tant qu'on n'aura pas
« vu sept ou huit mille têtes rouler sur la place du
« Louvre, les choses n'iront pas bien ; » et prenant son sabre,

l'orateur ajoutait : « Quel plaisir de leur enfoncer ça dans « le ventre ! » Ces discours ne m'étaient pas d'un augure très-favorable ; aussi voici en substance la réponse du maire : « Je ne puis résister aux aspirations du peuple, ne « comptez pas sur ma protection pour empêcher un club. « Nous sommes propriétaires de l'édifice, nous vous en lais- « sons la jouissance, durant le jour ; de sept heures à mi- « nuit, le club s'y tiendra. Ayez soin que les portes soient « ouvertes, que l'édifice soit éclairé, et que vos employés « soient là pour le service. »

« A mon retour, je rassemblai MM. les vicaires pour les consulter, et je donnai ordre qu'à partir de ce jour toutes les portes fussent, dès six heures du soir, solidement fermées.

« Le lendemain (samedi 6 mai), j'allai dès le matin soumettre à mes supérieurs ecclésiastiques la ligne de conduite que je comptais suivre, et, à mon retour, j'écrivis à M. le délégué, exerçant les fonctions de maire, la lettre suivante :

« Monsieur le Délégué,

« Je suis prêt, tout en protestant contre la violence qui « m'est faite, à délivrer les clefs de l'église Saint-Roch de- « vant un ordre écrit, signé d'un des délégués de la Com- « mune au Ier arrondissement, se portant comme proprié- « taire du monument, ordre qui restera entre mes mains. « — Quant à apporter moi-même un concours quelconque « à ce que je regarde comme la profanation de mon église, « je me laisserai plutôt tuer.

« S. Millault, curé de Saint-Roch. »

« Cependant, une protestation se rédigeait dans la paroisse ; des listes parcouraient les principales rues, et se couvraient spontanément, en quelques heures, de près de trois mille signatures. Tous les négociants, tous les hommes considérables de la paroisse s'y étaient inscrits. Le soir, une multitude résolue de fidèles se plaçaient dans la rue Saint-Honoré devant l'église, ce qui du reste avait déjà eu lieu la veille. Vers neuf heures, deux messieurs (M. Brun, ancien notaire,

M. Bois-Gaultier, avocat) qui, dans l'après-midi, avaient été porter courageusement la protestation au Comité de salut public siégeant à l'Hôtel de ville, étaient chez moi, m'entretenant du résultat de leur mission, lorsqu'on sonna avec violence ; j'allai ouvrir et aussitôt un commandant, l'épée nue et suivi d'une trentaine d'hommes, me fit cerner et me somma de livrer les clefs de l'église. Je répondis que j'étais prêt à les remettre, mais sur un ordre écrit, signé, officiel et qui resterait entre mes mains. Il n'en avait pas; il se saisit donc de moi et même des deux messieurs qui étaient venus me visiter, M. Brun et M. Bois-Gaultier; et, accompagnés d'un nombreux cortége, nous fûmes conduits à pied par la rue Saint-Honoré jusqu'au poste du Palais-Royal. Là, après une demi-heure d'attente, l'ordre écrit et revêtu des signatures et timbres officiels me fut délivré, et mes deux compagnons d'infortune furent mis en liberté. On me ramena à l'église, je délivrai les clefs, et alors je fus témoin d'une horrible scène : les portes intérieures étaient brisées avec fracas, les sépultures étaient ouvertes et profanées, on faisait, dans des linges malpropres, des paquets d'ossements que je retrouvai plus tard au poste du Palais-Royal. Excepté le vol que les chefs interdirent, la violence fut portée aux dernières limites. De l'église on se transporta chez moi pour une nouvelle visite domiciliaire, qui s'exécutait au même moment chez M. de Roquefeuil et M. Chartrain premier et second vicaires. Il était deux heures du matin. Je fus ramené au poste, et je m'attendais à être de là conduit ou à Mazas ou à la Conciergerie. Je fus donc agréablement surpris, quand on m'annonça qu'on allait me reconduire au presbytère, et que j'y serais seulement consigné jusqu'à nouvel ordre. »

Nous regrettons que les bornes de ce livre ne nous permettent pas d'indiquer ici les noms de tous ceux de nos confrères qui eurent l'honneur d'être emprisonnés en haine de la foi, ni de reproduire les scènes émouvantes qui accompagnaient d'ordinaire leur arrestation.

Le 16 avril, leur nombre dépassait cent vingt! A cette date, la Commune avait déjà eu la pensée de faire arrêter le clergé de Paris tout entier, comme cela résulte d'une lettre fort curieuse de Beslay à Raoul Rigault[1] :

« Mon cher Raoul Rigault,

« En vrai Breton, je suis têtu et ne me lasse point ; comme républicain et dans l'intérêt de notre cause, je reviens à la charge pour la mise en liberté, du moins pour aujourd'hui, du curé de Saint-Eustache. Croyez-moi : comme je vous l'ai dit hier soir, *vous ne pouvez arrêter tous les prêtres de Paris,* vous ne sauriez où les mettre, et, s'il y a faveur, que ce soit pour ceux qui passent pour libéraux et ne s'occupent pas de politique.

« A vous cordialement,
« CHARLES BESLAY ».

Cette lettre ne fut pas étrangère à la délivrance du curé de Saint-Eustache, mais elle ne mit pas fin à la persécution religieuse. A mesure que l'armée approchait, la tourmente devenait plus terrible pour le clergé, et surtout pour les curés qui étaient restés au milieu de leurs ouailles.

Le premier vicaire de Saint-Germain-l'Auxerrois, M. l'abbé Brunies, a bien voulu nous communiquer d'intéressantes notes, sur l'arrestation de M. l'abbé Legrand, son curé. Ces deux vénérables ecclésiastiques, que la sympathie de leurs paroissiens avait préservés jusque-là des fureurs de la Commune, furent saisis vers la fin de l'insurrection, et jetés au fond des caves de la mairie du premier arrondissement. Ils y passèrent quelques jours sans lumière, sans matelas et presque sans nourriture, et ne durent leur salut qu'à l'arrivée des soldats de l'ordre.

Voilà le cas que faisait la Commune de la liberté de conscience ! Et il faut le dire pour la confusion de la population parisienne, de pareils attentats contre la plus précieuse des libertés soulevèrent à peine quelques protestations. Il y en

---

1. Cette lettre, peu connue, a été publiée pour la première fois par M. l'abbé Coullié, deuxième vicaire de Saint-Eustache, aujourd'hui promoteur diocésain, dans son intéressante brochure : *Saint-Eustache pendant la Commune.*

eut deux, cependant, qui furent très-remarquées, et qui font grand honneur à ceux qui les ont écrites. Ce sont les lettres suivantes de MM. de Pressensé et Guillaume Monod, pasteurs protestants, adressées au *Temps* et au *Journal des Débats*.

« Paris, 11 avril.

« Monsieur le rédacteur,

« Permettez-moi, en m'associant à vos généreuses protestations contre un état de choses sans pareil dans notre histoire contemporaine, d'insister sur l'une des plus graves atteintes qui aient été portées à la liberté depuis le 18 mars : je veux parler de l'injuste incarcération de l'Archevêque de Paris et de quelques-uns des membres les plus éminents de son clergé.

« Appartenant à une Église qui n'est pas la sienne et s'en distingue par son principe même, je suis d'autant plus poussé par ma conscience à déclarer que tous les chrétiens, je dirai plus, tous les amis de la liberté religieuse, sont atteints par le coup qui a frappé le clergé catholique de Paris.

« Nous avons défendu en toute occasion le droit sacré de la conscience ; nous ne nous tairons pas quand il est foulé aux pieds avec tant d'autres dans notre malheureuse cité. Nous portons notre protestation au grand tribunal de la conscience publique, qui finira bien par se faire entendre.

« Recevez, etc.

« E. DE PRESSENSÉ, pasteur. »

« Paris, 11 avril 1871.

« Monsieur le directeur,

« Permettez-moi d'emprunter la voie de votre journal pour exprimer la douleur avec laquelle j'ai appris l'incarcération de l'Archevêque de Paris et d'un assez grand nombre de prêtres entourés de l'estime publique.

« J'appartiens à une Église dont les pasteurs et les fidèles furent dans un temps mis en prison, ou à mort en France, ou forcés à l'exil ; mais je me souviens que l'un des premiers actes de l'Assemblée des représentants de la France et de la révolution de 1789, fut de rappeler les protestants exilés ou leurs enfants, et je me fais gloire d'être moi-même un de ces enfants des exilés.

« Comment ne protesterais-je pas quand des chrétiens français, appartenant à une communion différente de la mienne, sont traités par des concitoyens comme s'ils étaient des malfaiteurs ? Ainsi, si quelque ministre de la religion, protestant ou catholique, avait commis un délit, ce n'est pas moi, ni, je pense, aucun des prêtres dont je parle, qui demanderais qu'il ne fût pas jugé. Mais, en voyant frapper sans jugement et même sans accusation des hommes que vénère la France, je sens que c'est la France que l'on frappe et je m'indigne, et je prie pour eux et pour la France.

« Si j'ai pleuré sur mon pays quand l'étranger le foulait aux pieds et l'ensanglantait, je pleure plus amèrement quand ses propres enfants le déchirent et le poussent à se déchirer de ses propres mains.

« Si quelqu'un me reprochait ma douleur, si l'on m'en faisait un crime, je répondrais : Emprisonnez-moi, si vous le voulez, à la place de ceux dont je prends la défense ; je continuerai à prier pour la France, et je prierai aussi pour vous comme je crois que le font ces prêtres eux-mêmes, et je demeurerai persuadé que le salut de la France est dans la constitution d'une république unie au vrai christianisme, celui de la repentance, de la foi et de la charité.

« G. Monod, pasteur. »

Quelque sincères que soient notre respect et notre gratitude pour les auteurs de ces deux belles lettres, nous ne pouvons nous empêcher de répondre ici avec une égale franchise à la question qui nous a été souvent posée, à leur occasion : Pourquoi la Commune a-t-elle persécuté les catholiques et non les protestants ? C'est que le protestantisme, en consacrant le libre examen, l'émancipation de la pensée, est essentiellement favorable à la Révolution. Aucun système politique ou religieux ne nous conduit aussi directement à la licence de l'esprit, au dogme de la liberté absolue, c'est-à-dire au mépris de l'autorité et en dernier ressort au socialisme avec lequel, par nature, il doit être disposé à fraterniser, puisqu'il n'est lui-même qu'un socialisme religieux. Le catholicisme, au contraire, se présente à la Révolution, non plus avec la licence de la pensée nécessaire à ses principes anarchiques, mais avec la résistance invincible de ses dogmes éternels, sur lesquels ni menaces, ni séductions ne peuvent le faire transiger. Voilà pourquoi la France, ayant abandonné de fait la pratique du catholicisme, se trouve en contradiction avec ses antiques croyances. Voilà pourquoi les hommes les plus avancés, se repliant sur eux-mêmes et passant de l'ordre social à l'ordre religieux, font logiquement la guerre à l'Église et non aux dissidents.

II

On ne pouvait espérer qu'après avoir frappé des coups si audacieux contre les ministres du sanctuaire, les membres de la Commune gardassent quelque ménagement envers l'autel. La population chrétienne de Paris se rappellera longtemps le dégoût et l'indignation qu'elle ressentait quand, troublée tout à coup dans le recueillement de sa prière, elle se voyait assaillie d'une foule sans nom, déguenillée, qui se répandait dans le temple, le képi sur la tête, le sabre nu à la main, la menace et le blasphème à la bouche. Les fidèles étaient chassés ou retenus selon le caprice du chef de bande, les portes gardées militairement, les troncs forcés, le marbre des autels soulevé, les tombes profanées. Heureuses encore les églises qui ne furent pas indignement souillées par des genres de profanation que la plume se refuse à décrire !

Rien de plus enfantin que le prétexte imaginé pour ces perquisitions. On fouillait, disait-on, les églises afin d'y découvrir des chassepots, de la poudre et même des canons. C'est à faire rire ou à faire rougir. Le temps de la Ligue est loin de nous, le prêtre ne se montre plus la robe retroussée, la hallebarde au poing ou le mousquet sur l'épaule, la satire Ménippée n'a rien à raconter de nos jours ; le clergé possède des armes bien autrement puissantes, le confessionnal et l'école; et ce n'est pas en le poursuivant de mesquines colères qu'on les lui arrachera des mains.

La première église enlevée au culte fut, comme toujours, Sainte-Geneviève. Depuis que la première révolution a souillé les caveaux de cette église des cendres immondes de Marat, il semble qu'aucune révolution ne puisse s'accomplir sans dédier le Panthéon « au culte des grands hommes ». La Commune suivit la tradition, et une grande cérémonie qui dura deux jours, marqua la prise de possession du monument. Les quatre gardes nationaux, qui l'occupèrent, à partir de ce moment, y ont commis les plus scandaleux dégâts. Ils ont troué de balles les quatre grandes peintures de Gros qui décoraient les piliers du dôme, percé de coups de baïonnette les copies des stanzes de Raphaël par les frères Balze, mutilé les deux groupes de marbre de Maindron qui ornaient le péristyle, et enfin violé et brisé la châsse de Sainte-Geneviève.

Après l'église de la sainte patronne, l'antique et vénérable métropole était naturellement désignée à la profanation. Le vendredi saint, à trois heures de l'après-midi, un délégué de l'ex-Préfecture de police, suivi d'une bande de gardes fédérés, entra dans la basilique d'un air arrogant, la tête couverte, ayant sur les lèvres le sourire malsain de l'homme qui commet inpunément une mauvaise action. Arrivé à la sacristie, il procéda à l'ouverture du trésor de Notre-Dame. Vases sacrés, ornements sacerdotaux, objets d'art ancien, etc., tout fut compté avec un soin minutieux. On s'empara ensuite des troncs dans lesquels se trouvaient les offrandes des fidèles, et le partage s'en fit avec délire. Pendant ce temps quelques fédérés ouvraient, à l'aide d'un instrument, le caveau des archevêques qui recélait, leur avait-on dit, des armes et des munitions. Ils cherchèrent, la pipe à la bouche, dans tous les coins du caveau, inconscients de la triste besogne dont on les avait chargés; mais les tombes des prélats ne furent pas profanées, on respecta leurs cendres.

Toutefois, cette œuvre impie n'eut pas le succès attendu par les pillards. Pendant qu'on transportait dans une voiture, requise à cet effet, le mobilier de Notre-Dame, les membres de la Commune étaient prévenus de ce qui se passait à leur insu par un capitaine de la garde nationale. Aussitôt un des leurs, le citoyen Lavalette accourut, réprouva hautement ce qu'on venait de faire, et ordonna de remettre dans les sacristies tout ce qui avait été enlevé ! L'heure du pillage de la basilique n'avait point encore sonné à l'Hôtel de ville; mais Notre-Dame était fermée et les cérémonies saintes interdites. Environ un mois après, la Commune, dont les ressources diminuaient à mesure que croissaient son ambition et son audace, se souvint des fameux trésors qu'elle s'était réservés et dont elle pensait tirer grand profit. Mais avant de les réquisitionner, elle eut soin d'y préparer l'opinion publique par un article de Rochefort dans le *Mot d'ordre* :

« Notre croyance éternelle sera que, Jésus-Christ étant né dans une étable, le seul trésor, que Notre-Dame doit posséder dans sa trésorerie, c'est une botte de paille. Quant aux saints ciboires enrichis d'émeraudes et aux émeraudes enrichies de saints ciboires, nous n'hésitons pas à les déclarer propriétés nationales, par ce seul fait qu'elles proviennent des générosités de ceux à qui l'Église a promis le paradis ; et la promesse faite de bénéfices imaginaires, pour extorquer des valeurs quelconques, est qualifiée escroquerie par tous les codes. »

Ce fut le signal du pillage. Le 26 avril, les scellés furent brisés, et l'on transporta d'abord à la Préfecture toutes les richesses de Notre-Dame : bronzes, ornements, vases sacrés. Désirant tirer parti de tous ces objets inutiles à leurs yeux, ne pouvant d'ailleurs les utiliser autrement, les chargés d'affaires de la Commune ne tardèrent point à les envoyer à la Monnaie. Mais après l'épreuve du poinçon, il leur fut déclaré que ces pièces, d'un grand prix aux yeux de l'art, avaient à peine assez de valeur réelle pour couvrir les frais de la main-d'œuvre nécessaire à leur nouvelle destination. Cette réponse, qui ne dut satisfaire qu'à demi la cupidité des pillards, nous conserva du moins des objets précieux qui, dès lors, furent déposés au garde-meuble où on les a retrouvés depuis.

Le saint jour de Pâques, Saint-Pierre de Montmartre, Saint-Jean-Saint-François ainsi que beaucoup d'autres églises restèrent fermées ; et le lendemain, on lisait dans le

Rappel, feuille de Victor Hugo, que rédigeaient ses compères, en l'absence du grand homme parti pour la Belgique : « Hier, jour de Pâques, il n'y a pas eu de grande messe à Sainte-Lorette. Probablement il en a été de même dans la plupart des paroisses de Paris. Les curés absents avaient laissé à leurs vicaires le soin de louer Dieu. »

Au milieu de ces scandales officiels, un maire eut le courage de faire respecter la justice, et prit l'arrêté suivant :

« L'administration déléguée à la mairie du IXe arrondissement,

« Considérant que l'occupation par la garde nationale de certains édifices de l'arrondissement, consacrés au culte, n'a plus de raison d'être, par suite des perquisitions que la sûreté générale y a fait opérer ;

« Après en avoir conféré avec le délégué de la sûreté générale, arrête :

« Les églises, temples et synagogues du IXe arrondissement, qui pourraient être occupés par la garde nationale, devront être évacués par elle dans la journée du 29 avril.

« L'exécution du présent arrêté est confiée au colonel de la 9e légion.

« Paris, le 29 avril 1871.

« Bayeux-Dumesnil. »

Cet arrêté pouvait être le premier pas d'une réparation, il ne fut que le signal de nouveaux sacriléges, aussi bien dans le IXe arrondissement que dans tous les autres.

Après l'arrestation de M. l'abbé Sabatier, aucune abomination n'avait été épargnée à Notre-Dame de Lorette. Les troncs avaient été forcés, ou plutôt défoncés, les tabernacles des chapelles à peu près détruits, le baptistère privé de sa piscine, plusieurs toiles, dues au pinceau de nos grands maîtres, percées à coups de baïonnette, les statues du Christ décapitées et jetées à terre, les candélabres et les croix brisés ou tordus. Mais dans les premiers jours de mai, il se commettait de telles profanations, qu'une personne notable de la paroisse fit appel au zèle sacerdotal d'un prêtre polonais M. l'abbé Postawka. Après d'orageux pourparlers, ce digne ecclésiastique put pénétrer dans la sacristie de droite qu'il trouva encombrée de fusils et de baïonnettes. En passant dans la grande nef, il vit avec douleur que le maître autel était démoli, le tabernacle profané et toute l'église dans la désolation. Mais la statue de la Vierge, mutilée depuis, était encore intacte. Sur son autel deux cantinières étaient assises, les pieds appuyés sur des chaises, et elles étaient entourées de gardes, qui causaient et riaient avec elles, tout en fumant leurs pipes. Quand M. Postawka parvint à la deuxième sacristie, il fut arrêté par le Moussu, qui s'élança sur lui, et, le saisissant par la soutane, l'apostropha en ces termes : « Comment osez-vous porter cet habit infame ? » Le prêtre ne répondit que ces mots : « Je viens réclamer les saintes huiles et le Saint-Sacrement, choses qui n'ont pour vous aucune valeur, et qui sont les plus chères pour moi. « A quoi Le Moussu répliqua : « Si vous avez besoin d'huile pour la salade, allez en chercher chez l'épicier (textuel). »

Dans la plupart des rares églises encore ouvertes, le jour de l'Ascension, cette fête se passa plus triste et plus sombre même que celle de Pâques. Ce jour-là, eut lieu, de midi à deux heures, le pillage régulier de la Trinité. Les lampes, les chandeliers, les candélabres, les encensoirs, les croix, tout ce qui parut bon à emporter fut entassé dans des voitures que des soldats en guenilles avaient amenées dans la rue latérale. Les aubes rouges des enfants de chœur furent suspendues aux corniches, en guise de drapeau. Les azymes disparurent, et, chez les marchands de vins, on parodia nos saints mystères. Émues de tant d'impiété, des âmes chrétiennes purent recueillir quelques-unes de ces hosties qu'elles croyaient consacrées ; et, obligées de se dérober par la fuite à la tyrannie qui opprimait les consciences, elles les déposèrent pieusement entre les mains de l'évêque de Meaux.

Le même jour, furent également fermées les églises de la Madeleine, de Saint-Augustin et de Saint-Philippe, malgré l'énergique résistance des prêtres dévoués qui les avaient desservies, jusque-là, avec le zèle le plus courageux.

Tous ces pillages et toutes ces fermetures d'églises pouvaient indisposer la population ; la Commune sentit le besoin de l'irriter contre le clergé. Elle inventa les quatorze cadavres de Saint-Laurent.

En soulevant le tapis qui recouvrait l'escalier, à l'entrée de la nef de cette église, on vit une dalle mal scellée percée de deux trous : c'était une bouche de calorifère. On fouilla, on trouva trois cadavres de femmes. Ainsi vint l'idée de visiter l'église de fond en comble.

Après bien des recherches, on découvrit sous l'autel de la Vierge un trou béant, obstrué à l'entrée par des bouts de cierges, des décombres, des ossements humains. Douze ou quinze marches conduisent à un souterrain dont les voûtes sont soutenues par deux énormes piliers. C'est une cave demi-circulaire, placée juste sous l'autel de la Vierge et en reproduisant les contours. Il fut trouvé là quatorze squelettes. Afin d'exciter au plus haut point l'opinion publique, on porta sur l'un des squelettes un de ces petits vers blancs qui n'apparaissent que sur les chairs en décomposition et l'on y attacha une chevelure blonde, achetée chez un coiffeur qui a reconnu depuis l'avoir vendue à cette époque. Afin que le public ne pût pas s'apercevoir de la fraude, on l'empêchait de s'approcher de trop près ; et la chevelure, placée pour ce motif dans un endroit écarté, était même gardée par plusieurs soldats fédérés.

La pièce ainsi montée, Jules Vallès se chargea de la lancer.

« On apprenait, disait-il dans le *Cri du peuple*, que des faits étranges se passaient dans l'église Saint-Laurent. Un officier d'état-major reçut la mission de s'y rendre et de les vérifier exactement.

« A son entrée dans l'église, il vit différents souterrains ouverts, et grand fut son étonnement quand il aperçut un espace de plus de vingt mètres cubes rempli d'ossements humains.

« Plus loin, quelques squelettes, qui remontaient à une date plus récente, furent trouvés ; après une minutieuse perquisition, on remarqua que ces cadavres appartenaient au sexe féminin. Un d'eux surtout avait encore une chevelure abondante d'un blond cendré.

« On se souvient qu'il y a environ dix années, une histoire de séquestration de personnes pesa sur le curé de Saint-Laurent ; un homme oublié et endormi dans l'église avait été réveillé par des gémissements.

« L'affaire, rapportée dans la presse, souleva l'indignation générale, des rumeurs circulèrent ; mais le parti clérical, aidé par les écrivains du trône et de l'autel, soudoya des médecins qui firent passer le spectateur de cette scène pour un halluciné.

« Il y a là un mystère qu'il faudra éclaircir, une série de crimes qu'il faudra dévoiler pour l'édification des timorés et la confusion des hypocrites et des gens de mauvaise foi qui blâment la mesure relative à la fermeture des églises. »

La calomnie lancée, toutes les feuilles de la Commune prirent feu.

Voici, entre autres, le récit que publiait l'une d'elles :

« C'est ici l'autel de la Vierge, une petite église dans l'église, le tabernacle du Dieu femme, au pied duquel les femmes viennent prier. Elle est debout, la madone, dans sa parure blanche, avec l'enfant Jésus entre ses bras. Sur sa tête se déroule l'inscription suivante : *Notre-Dame des douleurs, priez pour nous*. Des tableaux, des statues, des fleurs, des cierges entourent la consolatrice des affligés. A travers les vitraux rougis, le soleil de mai la caresse de ses chaudes lumières. Ah ! si ce lieu tient ce qu'il promet, il doit être doux de venir s'agenouiller ici. Sans doute, les âmes brisées y trouveront la force de vivre encore et l'oubli ou le don d'espérer.

« *Autel privilégié*. Cette inscription flamboie au-dessus des saintes et des anges, et des plaques de marbre dans le mur la confirment en lettres scellées d'or. Par la voix des mères reconnaissantes et des petits enfants sauvés de la mort, elle semble déclarer que tout dans ce coin salutaire est douceur, paix, sainteté.

« Mais quel est ce trou béant qui s'ouvre sous l'autel, obstrué à l'entrée par des bouts de cierges, des décombres, des ossements humains ? Douze, quinze marches, deux énormes piliers qui soutiennent les voûtes ; et, au fond de tout cela, un souterrain. C'est une cave demi-circulaire, placée juste sous l'autel de la Vierge, et en reproduisant les contours. Une odeur fade, indéfinissable monte de là par bouffées. D'épaisses ténèbres, des murs étroits qui semblent vouloir se rapprocher pour se fermer autour de vous et faire au visiteur un manteau de pierre, à la mesure de son corps. Pourtant, des jets de lumière se détachent sur les murs, des lampes brillent, des voix d'hommes se font entendre. Ils déblayent les cendres sans doute : il doit y avoir là des tombeaux de saints, des os de martyrs.

« Eh bien, non. Il y a quatorze cadavres, quatorze squelettes méthodiquement alignés ; quatorze squelettes de femmes ! des femmes jeunes, enfouies ici depuis dix ans, quinze ans au plus ! C'est l'opinion unanime des médecins de toute nation, français, anglais, américains, qui ont contemplé ce spectacle terrible. On a encore retrouvé un peigne et une chevelure blonde que les visiteurs peuvent voir et toucher. Tous ces squelettes ont la même attitude : les jambes écartées, les genoux serrés l'un contre l'autre comme par un mouvement convulsif, les mains rapprochées sur le ventre comme si elles avaient été liées.

« Mais l'horrible, le monstrueux, ce qui défie toute description, c'est l'effort des muscles du cou, ce sont ces crânes tournés en sens contraire du corps, ces bouches ouvertes, béantes, affreusement grimaçantes dans un suprême effort pour aspirer le jour, la lumière, la vie !

« La voyez-vous, cette scène horrible, ces jeunes femmes, ces jeunes filles liées, scellées, murées vives ? Dans ces ténèbres, dans cette horreur, adossées à des cadavres avant de devenir cadavres elles-mêmes, se sentant lentement mourir, et râlant, et hurlant, sans que personne entende, sans que personne vienne, pendant que là-haut, dans la rue, les voitures roulent, le soleil brille sur les vieilles murailles ; pendant que les enfants chantent, et que l'homme de Dieu, les yeux baissés, les bras étendus, bénit les âmes dévotes agenouillées au pied de l'autel.

« Le certain, c'est qu'il y a eu crime. Quiconque verra cela, dira : *ces femmes sont mortes ici ; elles ont affreusement souffert avant de mourir*. Aucune d'elles n'a été déposée dans un cercueil car le bois fût-il pourri, on aurait retrouvé les clous et les ferrures.... !

« Et maintenant ces vierges et ces anges, ces *ex-voto*, ces tableaux de saints, ces fleurs en carton, bons petits Jésus, petits agneaux mystiques, toute cette défroque hypocrite, tout cet appareil jésuite et félin, soulève le cœur et le remplit de dégoût. Mères de familles crédules, vous qui confiez aux prêtres l'honneur et la vie de vos enfants, vous pour qui toute attaque contre le clergé est calomnie ou blasphème, venez voir ce que renferme dans ses hideux caveaux la vieille église de Saint-Laurent. Ici le catholicisme est à l'œuvre : Contemplez-le. »

En même temps, un rapport fut publié par les soins de la mairie du Xe arrondissement ; il se terminait ainsi :

« Après avoir vidé l'ossuaire, après avoir dégagé l'humus enveloppant ces restes terrifiants, la science calme et froide est venue constater que ces débris appartenaient tous à des infortunées enterrées depuis moins de dix ans. Or le règne du dernier curé en a duré dix-sept. »

La conclusion était facile à tirer.

La science eut beau démontrer, par la plume de plusieurs de ses plus illustres membres, que ces restes humains appartenaient à des personnes de tout sexe et de tout âge et remontaient à des époques, dont la plus récente était d'un siècle, et la plus reculée de sept siècles, les clameurs des compères et des sots n'en continuèrent pas moins, redoublant à chaque exhibition nouvelle. Et durant plusieurs jours on entendit des voix éraillées qui criaient : « Demandez l'histoire des femmes enterrées vivantes par les curés de Saint-Laurent[1]. »

Malgré tout, cette comédie, qui n'était qu'un appel à l'assassinat, avait manqué. On la renouvela bientôt à Notre-Dame-des-Victoires. Cette église devait être odieuse à l'Hôtel de ville parce qu'elle était en vénération parmi les

---

[1]. Ne sont-ce pas les mêmes qui disaient sur la butte Montmartre, le 16 juin 1875 : « Demandez la médaille bénie par Mgr. l'archevêque »?

fidèles, et par ses riches ex-voto elle devait tenter les avidités de la Commune.

Ce fut le *Réveil du peuple*, le propre journal de Delescluze, « ce diamant de la démocratie », qui attacha le grelot.

« Des bruits singuliers, disait-il, couraient depuis quelques jours sur les singuliers miracles qui s'accomplissaient dans l'église Notre-Dame-des-Victoires. On parlait de mystérieux assassinats, de crimes rappelant ceux de Saint-Laurent.

« Hier, à six heures, le 159e bataillon de la garde nationale a cerné l'église. Le citoyen le Moussu, commissaire de police délégué, accompagné de trois membres de la municipalité du IIe arrondissement et de deux médecins, a fait ouvrir les portes de l'église et immédiatement pratiquer des fouilles. A l'heure où nous écrivons, on a déjà déterré plusieurs cadavres, et tout fait prévoir des découvertes nouvelles.

« Au pied de l'autel de la Vierge, on a trouvé un cercueil en chêne où était enseveli un prêtre. D'après les renseignements donnés par le curé actuel, ce corps avait été déposé là depuis dix ans.

« Dans un caveau, près du même autel, les travailleurs ont mis au jour plusieurs caisses d'argenterie et d'objets précieux. A côté de ces caisses, est une tête de femme avec de longs cheveux blonds.

« Dans un autre caveau, on a découvert quatre cadavres de femmes dont l'ensevelissement est récent.

« A gauche de l'entrée de l'église, sous une chapelle latérale, est un petit caveau où les travailleurs ont trouvé deux bracelets de femme en or. Sur le mur de ce caveau, on remarqua l'empreinte d'un bras orné d'un bracelet. Cette empreinte ne peut s'être produite que pendant une lutte, et alors que la peinture du caveau était fraîche.

« Dans toute l'église, on sent une odeur cadavéreuse qui fait présager de nouvelles découvertes.

« Quatre prêtres de Notre-Dame-des-Victoires ont été arrêtés.

« Au dernier moment, nous apprenons que les cadavres,

trouvés à l'église en question, sont à cette heure exposés à la porte de l'église. »

Comme à Saint-Laurent, la calomnie produisit un immense effet. L'émotion du peuple fut profonde, surtout lorsqu'on exhiba un squelette d'une prétendue jeune femme, morte à la fleur de l'âge. Sa magnifique chevelure blonde, restée intacte, provoqua une recrudescence de lamentations, et ne cessa d'attirer un grand nombre de visiteurs sur le parvis de l'église. Or il est acquis à l'histoire que cette splendide chevelure était une queue achetée à un perruquier de Paris, dont le nom est au dossier de la Commune, à Versailles. Il l'a reconnue comme sortant de sa fabrique, et il a déclaré l'avoir vendue à l'époque de la profanation des reliques de Sainte-Aurélie, de Sainte-Aurélie elle-même! car ce squelette, si indignement violé et exploité, était celui de la Sainte, doublement vénérable désormais[1]. Quant à la présence d'ossements sous les dalles de Notre-Dame-des-Victoires, aussi bien que dans les cryptes de Saint-Laurent, elle n'avait rien que de très-normal. Avant 1791, avant la création de vastes nécropoles, chaque église, chaque chapelle avait son cimetière, et les personnages de distinction avaient le privilége d'être inhumés dans l'église même. Aussi les squelettes dans Paris se comptent-ils par milliers, abstraction faite de ceux qui sont rangés en allées dans les catacombes. Quand on remue le sol autour d'un ancien édifice religieux, on trouve des ossements avec plus de certitude que des hydroscopes ne découvrent des sources.

N'avons-nous pas vu, lorsque la rue Ollivier fut prolongée jusqu'à la rue Lafayette, mettre à découvert, aux environs de l'ancienne chapelle de la rue Notre-Dame-de-Lorette, des monceaux de crânes, de tibias, de péronés, de vertèbres et de dentelés, etc...? Nous défions d'en trouver en fouillant autour de la nouvelle église de Notre-Dame-de-Lorette, de

---

1. Le misérable auteur de cette sacrilége exhibition ne craignit pas, au moment de l'entrée des troupes à Paris, de se joindre aux défenseurs de l'ordre qui occupaient la mairie, située en face même de l'église. Reconnu et dénoncé par un jeune homme qui passait là providentiellement, et duquel nous tenons le fait, il fut aussitôt passé par les armes.

Sainte-Clotilde, de Saint-Eugène, de la Trinité et de Saint-Augustin. Indépendamment des morts obscurs, on peut exhumer sous le pavé de nos églises : Pierre Corneille, à Saint-Roch; le musicien Lulli, aux Petits-Pères; Voiture, Vaugelas, Furetière, le grand Colbert, à Saint-Eustache; Gumault, à Saint-Louis-en-l'Isle; Blaise Pascal, Rollin, Lesueur, Tournefort, Charles Perrault, Lemaistre de Sacy, à Saint-Étienne-du-Mont. Les gens de la Commune n'avaient donc pas lieu de s'étonner que les caveaux des Petits-Pères renfermassent des cercueils, et ils n'auraient pas eu l'idée de les profaner, s'ils n'avaient eu l'intention de dépouiller l'église de ses richesses.

Une rage vraiment infernale fut déployée dans cette orgie communeuse. Satan s'est abattu là comme chez Job. Les tabernacles furent arrachés, les autels démolis, les confessionnaux renversés, les dalles du temple brisées. Outre le corps de sainte Aurélie, qui reposait sous l'autel de la Vierge, celui du vénérable M. Des Genettes, ancien curé de la paroisse et fondateur de l'archiconfrérie, exhumé au pied du même autel, fut profané aussi. Les caveaux renfermant les ossements des religieux augustins, qui étaient morts dans cet ancien couvent, furent violés. En même temps, on volait l'argent des troncs, on dépouillait l'église de tous ses ornements sans exception, on dévalisait les sacristies; la fureur des pillards s'arrêta lorsque le sanctuaire ne présenta plus que l'aspect de la ruine. Alors commença une autre orgie non moins navrante. L'argent trouvé dans l'église avait été partagé entre les gardes nationaux; il servit à payer les frais d'une ripaille à laquelle prirent part des cantinières et d'autres femmes de mœurs douteuses. Ces revenants de quatre-vingt-treize se revêtirent des ornements sacerdotaux, et simulèrent des cérémonies religieuses où l'odieux était mêlé au grotesque. La saturnale ne cessa que lorsque la fatigue et l'ivresse eurent vaincu les héros de cette sacrilége comédie. Les chefs se réservèrent tous les objets précieux, les calices, les ciboires, les riches couronnes offertes par le Pape à Notre-Dame-des-Victoires, le trésor complet de l'église, toutes les valeurs et le linge. Ils n'envoyèrent au Garde-

Meuble que des objets inutiles pour eux et d'une valeur insignifiante, comme les objets en bronze, les lustres, les lampadaires, les candélabres et un certain nombre de cœurs en cuivre.

Telle fut la destinée de Notre-Dame-des-Victoires, à l'époque de la seconde Terreur. Toutefois, et contrairement à ce qui arrivait en pareil cas dans les autres églises, l'envahissement et la profanation ne s'accomplirent pas sans provoquer les plus courageuses protestations. A peine l'église était-elle occupée militairement qu'on fut témoin d'une scène digne des premiers âges du christianisme. On défiait les baïonnettes et les revolvers des envahisseurs; on les traitait avec une noble audace de sacrilèges et de maudits; on se groupait autour de l'autel de la Sainte Vierge comme pour lui faire un rempart de son corps; enfin nos héroïques fidèles, se cramponnant aux balustrades de la chapelle, demandaient comme une grâce de mourir sous le regard protecteur de Marie, plutôt que de laisser profaner son illustre sanctuaire. Un administrateur de la Banque de France, M. de Benque, et un négociant en fleurs artificielles, M. Blot, se signalèrent entre tous par leur dévoûment et leur courage.

Les autres édifices consacrés au culte ne furent pas le théâtre de pareilles impiétés; mais on en dévalisa un très-grand nombre, du 11 au 30 avril. Pendant cette période, nous citerons : Saint-Eustache, envahi le 11 avril; Saint-Vincent-de-Paul, Saint-Jean-Saint-François, le 9; Saint-Martin, le 24; Saint-Pierre, le 10; Notre-Dame-de-Clignancourt, le 12; Saint-Bernard, Saint-Roch, le 14; Saint-Honoré, Saint-Médard, Saint-Jacques-du-Haut-Pas, la chapelle Bréa, le 15 et le 16; Notre-Dame-de-la-Croix, le 17; Saint-Ambroise, le 22; Notre-Dame-de-Bercy, Saint-Lambert, Saint-Christophe, Saint-Germain-l'Auxerrois, Saint-Pierre-de-Montrouge, du 28 au 30 avril.

On a bien retrouvé dans les magasins du quai d'Orsay des lampes endommagées, des lustres brisés, des fragments d'autels, des croix tordues et en général tout ce qui n'était pas or et argent; les églises ont recouvré aussi un certain nombre d'ornements, parmi lesquels il y en avait d'assez riches. Les employés du Garde-Meuble en ont pu sauver plusieurs, en trompant les gens de la Commune sur la valeur des broderies; mais la plupart étaient lacérés et souillés. Ils n'arrivèrent au dépôt qu'après une station à la Préfecture de police. Les sauvages qui occupaient cet antre avaient déployé leur rage et leur insolence, en les recevant : ils les avaient déchirés et couverts de crachats, ils les avaient même traînés par terre. Ce ne fut qu'après s'en être ainsi amusés qu'ils s'en dessaisirent. On les chargea sur des charrettes et on les porta au quai d'Orsay. Là, les honnêtes ouvriers qui les reçurent ne purent retenir leurs larmes. Ils se disaient entre eux : « Puisqu'on en vient là, les gens de bien sont perdus. Qui peut maintenant se flatter d'être en sûreté et de posséder quelque chose? » Ils accueillirent avec respect ces saintes dépouilles et les rangèrent de leur mieux.

Le délégué aux domaines, le citoyen Fontaine, s'indigna des soins que l'on prenait de ces « guenilles. » Il voulait les voir à terre, en tas dans un coin. Il rudoya les braves gens qui les avaient étalées sur des planches. « Si la Commune savait cela, leur dit-il, elle vous ferait fusiller. » Du haut en bas, toute la bande ne parlait jamais que de fusiller. Elle n'avait que cet argument et que cette science. Hélas! elle a pu se convaincre qu'ils suffisaient, et qu'un peuple qui se vante de ne plus obéir à aucune loi du ciel ni de la terre sait parfaitement obéir à la gueule du fusil.

III

Quoiqu'elles pratiquassent dans toute sa perfection le culte persécuté par la Commune, les congrégations religieuses n'en vivaient pas moins dans cette fraternité véritable et cette communauté de biens qui est le rêve socialiste. A ce titre, elles auraient dû trouver grâce aux yeux de la nouvelle révolution. Et cependant, les hommes du 18 mars poursuivirent de leur haine les établissements religieux plus encore que les paroisses. La Révolution n'ignore pas qu'ils sont les postes avancés de l'Église, et qu'on la frappe au cœur en les détruisant. Elle connaît la puissance des préjugés, et elle savait que tous les excès lui seraient pardonnés dès qu'elle aurait prononcé ce mot terrible : *Jésuites*.

Aussi ce fut par les religieux de cette compagnie que commença la persécution contre les couvents. Dans la nuit du lundi au mardi saint, 4 avril, vers une heure du matin, une bande de fédérés faisait irruption dans l'institution de Sainte-Geneviève, tenue par les révérends Pères, rue Lhomond, 18. Pour se faire annoncer, les gens de la Commune tirèrent bruyamment plusieurs coups de fusil, et menacèrent d'employer le canon, si l'on hésitait un seul instant à leur ouvrir à deux battants les portes de l'établissement. Une fois entrés, et sans autre mandat que leur bon plaisir, ils déclarèrent tous les Pères en état d'arrestation, fouillèrent la maison de fond en comble, brisèrent à coups de crosse portes et meubles, et mirent enfin au pillage cette maison qu'auraient dû faire respecter la science et le dévoûment de ceux qui l'habitaient. Les vases sacrés furent découverts et pour la plupart volés. Enfin, la horde de brigands descendit dans les caves, but principal de leur visite, et, pendant plusieurs heures, ils se gorgèrent du vin destiné aux élèves et au personnel de la maison.

A cinq heures du matin, le clairon sonne le rappel; c'est le signal du défilé et du départ pour la Préfecture de police. Les prisonniers sont rangés entre deux haies de gardes nationaux, le P. recteur en tête, — c'était le P. Ducoudray, — il marche un peu en avant de tous les autres; derrière lui, viennent les PP. Ferdinand Billot, Émile Chauveau, Alexis Clerc, Anatole de Bengy, Jean Bellanger, Théodore de Régnon et Jean Tanguy; les FF. Benoît Darras, Gabriel Dedébat, René Piton, Pierre le Falher et sept domestiques.

Cette sainte phalange s'avance, toute joyeuse d'avoir été jugée digne d'être outragée pour le nom du Christ. A la hauteur du pont Saint-Michel, vers l'entrée de la Cité, le P. Ducoudray se retourne, et, d'un air radieux, dit au P. Chauveau qui se trouvait plus près de lui : « Eh bien ! *ibant gaudentes*, n'est-ce pas? » — « Que vous a-t-il dit? » demandent à ce dernier les gardiens inquiets. Le P. Chauveau répète la phrase suspecte, qui est loin de les rassurer.

En arrivant à la Préfecture de police, les clairons sonnent aux champs pour annoncer le succès de l'expédition et la riche capture qu'on a faite. Les prisonniers ont à traverser des groupes nombreux de gardes nationaux, au milieu des risées, des huées générales. A leur entrée, un chef de bataillon nommé Garreau, jeune encore et d'une figure assez douce, les accueille par ces paroles qui ne l'étaient guère : « Pourquoi donc m'amenez-vous ces coquins-là ? Que ne les avez-vous fusillés sur place ? » Il les fait entrer dans son cabinet, et là, le revolver au poing, il demande d'abord le directeur.

Le P. Ducoudray avance et répond : « Me voici.

— Vous avez des armes dans votre maison, je le sais.

— Non, monsieur.

— Je le sais de source certaine.

— S'il y en a, c'est à mon insu.

— Vous avez une volonté de fer. Nous irons voir cela tous les deux, et si nous n'en trouvons pas, vous ne reviendrez pas ici. Du reste, vous avez commis bien des crimes.... »

Ici commence toute une énumération de forfaits : empoisonnement des malades et des blessés à l'ambulance, perversion de la jeunesse, complicité avec l'*infâme* gouvernement de Versailles.... Puis, passant tout à coup de la violence à l'ironie, le citoyen Garreau se tourne vers ses satellites : « Ces messieurs s'en donnaient, pendant que nous mourions de faim ! Aujourd'hui les rôles sont changés. Et d'abord, ces messieurs doivent être fatigués, nous avons dérangé leur sommeil ; vous allez leur donner des sommiers élastiques. — Oui, oui, rembourrés de noyaux de pêche ! » s'écria un garde national, pour faire chorus avec son chef.

« Quant à vous, ajouta ce dernier en s'adressant au P. Ducoudray, je vais vous donner un écrou serré. »

La liste des prisonniers est dressée. Le tour du P. de Bengy venu : « Anatole de Bengy ! s'écrie le noble Garreau ; c'est bien, voilà un nom à vous faire couper le cou.

— Oh! j'espère, répond le Père sans s'émouvoir, que vous ne me ferez pas couper le cou à cause de mon nom.

— Et quel est votre âge?

— Quarante-sept ans.

— Vous avez assez vécu. »

Sans autres formalités, le P. recteur est renfermé seul et au secret dans une cellule de la Conciergerie. Tous les autres sont conduits à la prison du dépôt, dans une salle commune destinée jusque-là aux femmes sans aveu que la police ramasse, la nuit, dans les ruisseaux de la capitale. Nous aurons à revenir bientôt à la Conciergerie, mais afin de suivre l'ordre des temps et des faits, voyons ce qui se passait à la maison de la rue de Sèvres.

La journée du 4 avril allait finir par une scène moins bruyante que celle du matin, mais aussi fatale dans ses conséquences. Vers six heures et demie, des gardes nationaux de Montrouge, accompagnés d'un commissaire de police, le citoyen Lagrange, et d'un membre de la Commune, le docteur Goupil, délégué à l'instruction publique, se présentaient, tambours en tête, à la maison du même ordre, rue de Sèvres. Les portes n'étaient point fermées. Une partie des fédérés pénétra dans la maison; le reste établit devant la façade un cordon coupant la rue dans toute sa largeur. Ces gardes stationnèrent là jusqu'à onze heures et demie du soir, car la perquisition dura trois heures. Le prétexte était de rechercher des armes et surtout de l'argent. Mais l'entretien absolûment gratuit d'une nombreuse ambulance avait épuisé les dernières ressources des Pères, et depuis assez longtemps ils ne vivaient plus que d'emprunts. Alors le citoyen Lagrange, furieux de sa déconvenue, s'écria : « Nous sommes volés! » Et au nom de la Commune il arrêta le supérieur et l'économe : c'étaient les PP. Olivaint et Caubert. En vain le P. Lefèvre le supplia en grâce de l'emmener avec ses frères : « Non, non, lui fut-il répondu, vous êtes trop *gentil* (textuel); restez ici et gardez cette maison au nom de la Commune. » Dans le fait, la sentence du citoyen Lagrange est devenue prophétique, et la maison gardée par le P. Lefèvre a été épargnée par lui.

Le premier pas était fait ; les autres congrégations religieuses allaient avoir le même sort.

Le mardi de la semaine sainte, 4 avril, le jour même où tout le clergé de Paris se vit frappé dans le libre exercice de son ministère par l'arrestation de Mgr Darboy et de ses vicaires généraux, les séminaristes de Saint-Sulpice, qui s'étaient empressés, dès le lendemain du siége, de reprendre leurs études, furent invités par leurs maîtres à fuir au plus tôt le danger. Ils y réussirent tous, à l'exception de sept qui, le jeudi, vers une heure, furent retenus prisonniers à la Préfecture où ils allaient sans défiance chercher leurs passeports. C'étaient MM. Delfau, Barbequet, Déchelette, Gard, Raynal, Guitton et Seigneret.

Le même jour, cinq gardes nationaux se présentèrent au séminaire Saint-Sulpice et se saisirent de M. Icard, directeur de la maison. Ils le conduisirent au dépôt, mais pour le ramener bientôt après au séminaire, où ils firent une perquisition qui ne servit qu'à faire arrêter M. Roussel, économe du séminaire. On les écroua tous les deux à la prison de la Santé, où, par une faveur spéciale, ils eurent chaque jour, depuis le jeudi de Pâques, la consolation de pouvoir célébrer les saints mystères.

Cependant le séminaire restait libre et ouvert ; mais à partir du 22, il devint une caserne où logèrent jusqu'à quatre bataillons à la fois, entre autres le 231e, de Belleville, et le fameux bataillon des Vengeurs. Les cellules des séminaristes ont porté longtemps la triste trace de leur passage.

La position devenait de jour en jour plus intenable pour les professeurs qui n'avaient pas craint de rester à leur poste. C'étaient MM. Bacuès, Sire et Hogan. Les têtes des gardes nationaux se montaient à la nouvelle des revers successifs qu'essuyaient les armes de la Commune. Le dépit qu'ils en conçurent fut tel, qu'il se traduisit aussitôt par de nouvelles vexations. Le samedi, 6 mai, et le lendemain, 7, il n'y eut plus aucune sécurité pour les directeurs. On consigna d'abord dans la même chambre, et puis on conduisit à la Préfecture maîtres et serviteurs, tous ceux que l'on put saisir ; M. Siré seul parvint à s'échapper avec un des domestiques de la maison. M. Hogan, réclamé par l'ambassade anglaise, fut relâché, mais obligé de quitter Paris dans les vingt-quatre heures.

Resté libre, mais sans cesse exposé au péril d'un mandat d'arrêt, M. Sire eut dès lors à veiller de loin, par des correspondances secrètes, sur les propriétés du séminaire, et à continuer seul auprès de ses confrères, des élèves et des domestiques prisonniers, ce doux ministère d'assistance et de consolation que, jusqu'à ce jour, il avait partagé avec d'autres : avec M. de Cambis, M. Gramidon, et M Hogan surtout, plus libre, en sa qualité d'étranger, d'affronter les périls et de suivre les inspirations de son cœur. Dès le début, ce sympathique directeur de Saint-Sulpice avait trouvé les plus inappréciables secours, en la personne de M. l'abbé Amable, du clergé de l'église Saint-Antoine, et dans une femme dévouée qui habite le voisinage de Mazas; il adoucit souvent par leur entremise les souffrances des otages.

Après tant d'actes arbitraires et odieux, la Commune eut la folie de s'attaquer à un vieillard, connu de tout Paris, populaire entre tous, et qui, par les incomparables services rendus pendant la guerre, a couronné d'un éclat sans pareil une popularité déjà immense, acquise par de longues années de dévoûment, nous voulons parler du frère Philippe.

Le 11 avril, à deux heures et demie du matin, au moment où se terminaient les visites et les pansements des malades et des blessés recueillis depuis le siége à la maison mère des Frères des Écoles chrétiennes, le sieur Rivault, commissaire central de police, ceint d'une écharpe, s'y présenta avec deux citoyens. Après avoir cerné la maison et placé en sentinelles, à chacune des issues de l'intérieur, les gardes nationaux d'une compagnie du 164ᵉ bataillon, il demanda le supérieur général, et, en son absence, le frère Callixte, vieillard de soixante-quinze ans, son premier et plus ancien assistant. La recherche des armes servait de prétexte, mais la saisie et le vol de la caisse (elle pouvait contenir deux mille et quelques francs), des calices, des ciboires et de l'ostensoir furent l'unique but de cette sacrilége violence. Loin de se préoccuper des malades et des blessés, qui ne leur épargnèrent ni les protestations ni les injures, les envahisseurs s'empressèrent de visiter la cuisine, la cave, la caisse, la sacristie, la chapelle où ils se firent ouvrir les tabernacles pour s'emparer des ciboires. Le vol accompli, les pillards revinrent avec leur butin, et se placèrent dans la cour principale, entourés des gardes nationaux qui quittèrent alors leur poste de faction. Un fiacre requis attendait dans la rue; on eut peur de l'émotion populaire, et on le fit entrer. Au dehors stationnait une foule indignée, les femmes pleuraient; au dedans retentissaient d'énergiques protestations contre le jeune commissaire (il pouvait avoir de vingt-quatre à vingt-cinq ans) quand de sa voix rauque il intimait brutalement ses ordres au vénérable assistant. Un instant même, le commissaire se vit dans l'impossibilité d'emmener son prisonnier. En vain il menace d'envoyer quérir un bataillon; en vain il donne l'ordre d'arrêter un frère qui proteste avec trop de force, des cris de réprobation s'échappent de toutes les consciences, et il ne parvient à les dominer qu'en promettant de rendre promptement le frère Calixte à la liberté.

La Commune ne fit pas même grâce de ses visites armées à ces saintes femmes qui passent leurs jours et une partie de leurs nuits dans le travail, la pénitence et la prière. Leur dévoûment et leur caractère vénérable l'impressionnèrent cependant quelquefois. Ainsi au couvent du Roule, à celui des Oiseaux, au Sacré-Cœur de la rue de Varennes, ses gens furent convenables et ne réquisitionnèrent pas. La visite faite aux Petites-Sœurs-des-Pauvres du faubourg Saint-Antoine, commencée sous de terribles auspices, s'acheva par ces mots du commandant :

« Je ne savais pas ce que c'était que les Petites-Sœurs; c'est bien beau, ce que vous faites, se dévouer ainsi à tous ces vieux!... »

Rue de la Santé, la supérieure des Dames Augustines, femme d'esprit autant que d'énergie, sut en imposer aussi aux gardes visiteurs par sa bonne grâce et sa dignité. Elle conduisit elle-même les réquisiteurs à travers la maison; et, chemin faisant, elle parla si bien, qu'elle décida la plupart d'entre eux à accepter des médailles. Ce n'était pas, assurément, ce qu'ils étaient venus prendre. L'opération finie, le capitaine ne put s'empêcher de balbutier des excuses et tendit sa main à la supérieure, comme pour réparer la brutalité de son invasion. Depuis ce jour, il se présenta à plusieurs reprises pour faire visite à sœur Sainte-Victoire, et lui offrit avec chaleur sa protection en ces temps de calamités. C'est par son intermédiaire que cette habile et charitable dame faisait parvenir à Mgr l'archevêque de Paris, à Mazas, ainsi qu'à Mlle Darboy, sa sœur, à la Conciergerie, du linge et des douceurs que ces malheureux prisonniers ont reçus avec reconnaissance. Intrigué de l'ascendant qu'elle avait pris sur le capitaine fédéré, le farouche Rigault vint, lui aussi, deux fois, frapper à la porte du couvent. Il se montra exquis de politesse et d'urbanité. Grâce à lui, Mme Sainte-Victoire put continuer ses envois à Monseigneur, et faire partir de Paris six capucins et quarante-six prêtres !

Dans l'avenue de Saxe, non loin des Invalides, est situé le monastère des dames carmélites, fondé rue du Bouloy, en 1644, par Marie-Thérèse, reine de France, épouse de Louis XIV. Là, de saintes et douces femmes passent leurs jours et leurs nuits dans le travail, la pénitence, la prière et le chant des psaumes sacrés. Toutes leurs pensées, toutes leurs aspirations sont constamment tournées vers cette demeure d'en haut, inaccessible aux révolutions d'ici-bas. Mais quoique les bruits du chemin n'arrivent à leurs oreilles que comme un imperceptible bourdonnement, leur cœur n'est pas insensible aux maux de la patrie. Pendant les longs mois du siège, une ambulance fut établie dans le monastère par les soins de la supérieure, et constamment remplie de blessés. Toutefois, le dévoûment et l'austérité des saintes recluses ne les mirent pas à l'abri des soupçons de la Commune. Le mercredi, 26 avril, le monastère fut cerné par des gardes nationaux. Deux d'entre eux, dont l'un était délégué de la Commune, pénétrèrent dans la maison et se firent ouvrir brutalement la porte du cloître; ils visitèrent d'abord une partie du rez-de-chaussée, et puis le reste de la maison. Là le délégué s'arrêta et ordonna à la révérende mère Sophie de Saint-Élie de jurer qu'elle n'avait rien de compromettant chez elle.

« Monsieur, répondit la mère avec timidité, je vous assure que nous n'avons rien de suspect dans la maison.

— Mais jurez donc! reprit avec emportement le délégué.

— Monsieur, ajouta la digne supérieure, je vous le jure. »

Alors, ne se contenant plus, il s'approcha vivement de la mère prieure, et lui dit d'un ton sauvage :

« Jurez donc carrément, en levant la main, et devant Dieu, et sur votre honneur et conscience que vous dites la vérité!

— Monsieur, je jure devant Dieu, et sur mon honneur et conscience, que je dis la vérité. »

La perquisition se continua quelque temps encore, mais ni le chœur, ni les cellules des religieuses ne furent visités. Le délégué jugea inutile de pousser plus loin ses investigations, et se retira presque honteux de son premier emportement.

Toutefois, cette modération relative n'était pas du goût de la Commune. Pour justifier les violations de domicile, ainsi que les attentats plus graves encore qu'elle méditait, il lui fallait un prétexte quelconque.

Il circule depuis longtemps, dans le peuple, de mystérieuses légendes, des histoires fantastiques sur les couvents et sur les maisons religieuses. L'imagination populaire, à cet endroit, est toujours éveillée : il s'agissait de la surexciter. Les cryptes des maisons conventuelles devinrent tout à coup le théâtre des exhibitions les plus odieuses. La chapelle du couvent de Picpus fut plus particulièrement le siége d'abominables profanations.

A la fin d'avril, des bruits étranges circulaient sur cette communauté. Le peuple était invité, soit par affiches, soit verbalement, à la visiter.

Le couvent de Picpus, dans lequel le travail manquai comme partout ailleurs, avait nourri cependant un certain nombre de gardes qui, après avoir mangé bien vite les provisions faites après le siége, exigèrent qu'on leur livrât les vases sacrés et autres objets servant au culte. Contraintes d'obéir, les religieuses furent encore l'objet de perquisitions incessantes, la nuit comme le jour.

En cherchant, sans succès, des souterrains dans lesquels douze ou quinze mille chassepots avaient, disait-on, été déposés, les gardes nationaux finirent par découvrir, dans une petite dépendance de la maison, trois pauvres filles aliénées, mais inoffensives. Ayant surtout besoin d'air et de liberté, ces religieuses habitaient un pavillon d'assez pauvre apparence, situé à l'extrémité du jardin. Pour qu'elles ne pussent se nuire ou se frapper la nuit, deux des lits étaient entourés d'une grille en bois sans clef. L'une d'elles, au dire des citoyens, aurait témoigné le désir de sortir du couvent; c'était, du reste, sa monomanie. Après l'avoir interrogée, sans que ses compagnes pussent assister à l'instruction, on la conduisit dans une caserne du faubourg. Le lendemain, sans prévenir personne, et sans laisser davantage aux religieuses la liberté de s'approcher des deux autres aliénées, on réussit à en emmener une seconde; la troisième s'échappa deux fois, au moment où on allait lui faire franchir la porte du couvent, et se retira toute tremblante dans l'intérieur de la communauté.

Pour intéresser le peuple en faveur de ces infortunées que l'on avait soustraites à leurs habitudes, bien différentes de celles d'une caserne, on défonça la cave située au-dessous du pavillon qu'elles habitaient, et on fit accroire aux visiteurs que c'était là qu'elles vivaient depuis dix ans et plus. Pendant trois jours, une affluence considérable viola le seuil de cette maison de retraite et de prière pour aller voir les prétendus cachots. Comme toute liberté fut donnée à la foule, elle monta aussi dans le grenier situé au-dessus du même pavillon, où l'on avait déposé, depuis quinze à vingt ans, des lits orthopédiques employés par l'ordre des parents pour le traitement de la taille de quelques élèves. Personne ne connaissant l'usage de ces lits, on conclut et on répéta sur ce sujet les choses les plus absurdes et les plus outrageantes.

Le mardi, 2, le concours du peuple fut plus nombreux encore que les jours précédents. La foule envahit les jardins et l'établissement tout entier, sans que les gardes nationaux de faction pussent l'empêcher de forcer les portes et les fenêtres et de se précipiter comme un torrent par toutes ces ouvertures avec un tumulte effroyable. Ce ne fut pas sans peine que deux délégués de la Commune, arrivés à ce même moment, parvinrent à faire évacuer la maison. Pour donner à cette visite un caractère plus saisissant encore, on avait placé, sur le passage des curieux, deux têtes de morts que les fouilles de la nuit précédente avaient fait découvrir dans l'emplacement d'un ancien cimetière.

Dans .cette campagne héroïque contre des femmes sans défense, un homme surtout se distingua : ce fut Rochefort, avec son *Mot d'ordre*. Il se rendit lui-même au couvent, et voici l'étrange relation qu'il fit de sa visite :

« Plusieurs des honorables gardes nationaux, chargés par la Commune d'occuper le couvent de Picpus, et de garder les vingt ou trente religieuses qui sont restées dans cet établissement, ont tenu à nous faire constater, *de visu*, l'exactitude des renseignements qu'ils nous avaient transmis. Sur leur invitation, nous nous sommes rendu à la communauté, située faubourg Saint-Antoine. C'est une immense propriété, composée de plusieurs corps de bâtiments et d'immenses jardins potagers et fruitiers.

« Nous sommes allé visiter la prison où les religieuses de Picpus tenaient séquestrées, depuis dix ans, leurs trois malheureuses compagnes. Qu'on se représente une espèce de chenil situé tout au centre de ces immenses jardins. Dans ce chenil, humide et peu aéré, une grille en bois forme deux cages, un peu moins hautes et beaucoup plus petites que celles où l'on enferme les léopards du Jardin des Plantes. Chacune de ces cages a près d'un mètre soixante-quinze de long sur un mètre de largeur, et un mètre soixante de hauteur, juste de quoi placer un misérable grabat sur lequel les malheureuses sequestrées ont passé neuf ans de leur vie.

« Nous sommes sorti de ce local immonde, le cœur plein d'indignation et de dégoût, pour avoir sous les yeux quelque chose d'encore plus affreux. Les gardes nationaux qui nous accompagnaient nous ont conduit dans une petite chapelle située plus au fond du jardin. Là, tout près d'un autel en bois surmonté d'une petite statuette vêtue d'une robe bleue, et sur le fronton duquel on lit cette inscription : *Sainte Anne, priez pour nous!* nous avons vu des instruments bizarres dont nous allons essayer de donner une idée à nos lecteurs.

« Ce sont d'abord deux sommiers étroits et déchirés, longs d'un mètre cinquante environ, et couverts de crochets et de courroies en cuir; il est tout d'abord assez difficile de s'expliquer l'usage auquel pouvaient servir ces sommiers particuliers, mais on commence à comprendre, quand on a vu, près de l'un de ces sommiers, un tout petit berceau qui n'a pu évidemment recevoir que des nouveaux-nés. L'autre, par exemple, ne paraît pas avoir eu la même destination : il offre une construction un peu différente, et on nous a montré, tout auprès, une couronne de fer, toute rouillée, avec un crochet qui pouvait la fixer à ce lit singulier, un carcan étroit, et une longue tringle au milieu de laquelle se trouve une espèce de poids; cette tringle est terminée par une fourche en fer évidemment destinée à assujettir le menton. Tout à côté, nous avons vu aussi, fixé sur un volet représentant un carré d'environ cinquante centimètres de côté, un corset de fer rouillé, *sans bourrelets aucuns*, avec des courroies en cuir pour le boucler sur la poitrine; ce volet, formé de deux planches grossièrement clouées, est fixé lui-même sur deux tringles reposant sur un support d'un genre tout particulier, dans lequel on fixait probablement les pieds de la patiente; ce support est muni d'un ressort et d'un tourniquet auquel s'adapte une longue courroie qui ne paraît pas avoir eu d'autre usage que de rejoindre la fourche ou la couronne de fer que nous avons déjà décrite.

« Ce nouvel instrument — corset, volet et support — pouvait également se tenir debout ou s'adapter au fameux sommier, à l'aide des courroies dont celui-ci était garni. Disons, en terminant la description de toutes ces horreurs, que la chapelle où on les a découvertes, située au fond des jardins, est séparée des habitations du voisinage par d'immenses terrains vagues, et qu'aucun cri, si poignant fût-il, n'est jamais sorti de cette solitude.

« A quoi les religieuses employaient-elles tout cet attirail, qui rappelle assez bien ce qu'on a trouvé plus d'une fois à Rome ou en Espagne, dans les caves de l'Inquisition? C'est ce qu'établira peut-être l'enquête à laquelle il est actuellement procédé par ordre de la Commune.

« Des fouilles, opérées dans un caveau situé tout près du chenil où l'on avait enfermé la sœur Bernardine et ses deux compagnes de captivité, ont, à ce que nous ont affirmé les gardes nationaux, amené la découverte de quelques ossements, que le médecin de l'établissement lui-même aurait dû reconnaître pour des ossements humains. D'autres perquisitions ont amené la découverte d'environ deux cents robes de toute étoffe et de toutes couleurs, et d'un souterrain qui faisait communiquer le couvent des sœurs de Picpus avec un établissement de religieux situé tout en face, de l'autre côté de la rue.

« Nous allions nous retirer, lorsqu'en traversant une cour nous nous rencontrâmes avec une sœur blanche, qui, sur notre demande, nous introduisit dans une grande salle qu'elle nous a dit être le parloir. Déjà âgée, petite et pâle, avec des yeux bleus clignotants, elle paraissait fort effrayée et répondait avec un extrême embarras aux questions que nous lui adressions, le plus courtoisement possible. Elle ne sembla un peu rassurée que quand elle vit arriver à son secours deux ou trois autres sœurs, dont l'une, grande, brune et taillée en hercule, paraissait être le cardinal Richelieu de la troupe, bien qu'elle ne fût que l'économe de la maison.

« Nous ne pûmes nous empêcher d'entamer avec cette terrible nonne une sorte de dialogue, qui ne tarda pas à ressembler à un interrogatoire dans lequel chacun de nous posait ses questions. Nous lui avons tout naturellement parlé d'abord de cette espèce de resserre que nous avons vue adossée au mur du jardin, et dans laquelle sont établies deux cages garnies chacune d'un grabat sans draps et sans couvertures, et tellement exiguës qu'il n'est même pas possible d'y faire tenir une chaise.

« Est-ce bien, lui demandâmes-nous, dans ce cloaque
« sans cheminée, et où on ne logerait pas une bête du Jardin

« des Plantes, que sont restées neuf ans les trois religieuses
« en question?

« — C'est bien dans cette chambre qu'il vous plaît d'appe-
« ler une cage, répondit-elle avec calme; mais elles avaient
« la permission de se promener dans le jardin, une heure
« par jour; elles rentraient, le soir, et couchaient dans la
« maison commune. »

« Le Richelieu, dont nous parlons, avait compris tout ce
qu'il y avait de grave à avouer que trois vieilles femmes
dormaient ainsi, à peu près en plein air, sur une affreuse
paillasse. Il ne nous fut pas difficile de lui démontrer que,
le lit tenant à lui seul toute la cage, il était évident que non-
seulement la prisonnière passait la nuit, mais forcément
aussi toute la journée, sur cet affreux grabat.

« La sœur économe vit qu'elle se fourvoyait, et elle n'insista pas.

« Nous nous enquîmes alors des causes pour lesquelles
trois Françaises, vivant à Paris, sous la protection des
lois, avaient été séquestrées pendant plus de neuf années.

« Sœur Bernardine et sœur Victoire étaient folles, nous
« répondit-elle, et nous ne pouvions pas les garder avec les
« autres religieuses; c'est pourquoi nous leur avions donné
« une habitation à part.

« — Mais, fîmes-nous, si elles sont folles, quand elles sont
« entrées dans votre couvent, elles ne l'étaient pas, car on ne
« les y aurait pas reçues; et quand elles le sont devenues,
« au lieu de leur donner les soins qui auraient pu empêcher
« que leur état ne s'aggravât, on les a enfermées, pendant
« neuf ans, dans une niche à chien. Voilà une singulière fa-
« çon de soigner les malades. »

« La sœur essayait d'échapper à de plus longues investigations, en protestant de sa sincérité bien connue; mais
nous tenions à savoir quel motif elle pouvait bien alléguer
relativement à la séquestration de la sœur Stéphanie, qui,
elle, jouit de tout son bon sens et se trouve actuellement à
la caserne de Reuilly, sous la protection des braves gardes
nationaux qui l'ont tirée de cet enfer.

« Quant à la sœur Stéphanie, dit-elle, c'est autre chose,
« elle avait l'esprit d'indépendance.

« — L'esprit d'indépendance, fit un de nous, mais c'est là
« le meilleur des esprits; et quel crime cet esprit d'indépen-
« dance lui a-t-il fait commettre, pour qu'elle ait été soumise
« à une aussi épouvantable punition?... »

« Le reste de la conversation porta sur les diadèmes de fer
rouillé, les sommiers munis de boucles et de courroies rappelant le matelas sur lequel était étendu Damiens, et le corsage de fer pouvant se serrer de façon à couper la respira-
tion la plus robuste.

« Ce sont des instruments d'orthopédie, répondit inva-
« riablement la sœur économe. Nous avons eu ici des enfants
« contrefaits, et c'est au moyen de ces instruments que nous
« tâchons de les redresser.

« — Mais ce corsage en fer implique une poitrine de femme,
« et non une taille d'enfant?

« — Ce sont des instruments d'orthopédie.

« — Et ce petit berceau d'enfant nouveau-né qui a été dé-
« couvert dans le bâtiment situé au fond du jardin, comment
« l'expliquez-vous?

« — C'était un berceau destiné à recevoir un petit Jésus de
« plâtre. C'est ce que nous appelons « faire des crèches ». Au
« reste, vous pouvez interroger notre médecin. »

« Nous ne pûmes tirer aucun autre éclaircissement de ces
filles de Dieu, qui se lançaient de temps en temps des regards
en dessous où perçait une malice mêlée d'inquiétude. Nous
ne faisons aucune difficulté d'avouer que le Bismarck féminin, auquel nous avons eu affaire, était une femme forte sous
tous les rapports et dans toute l'acception du mot.

« Avant de remonter en voiture, nous descendîmes dans
une cave bondée de futailles et coupée de compartiments
pleins de légumes, et notamment de pommes de terre.

« — Diable! fit un assistant, pendant que les mères de
« famille mouraient de faim à Paris, vous vous nourrissiez
« bien, vous autres! »

« Cette réflexion, qui nous a paru résumer toute la moralité des corporations religieuses, termina notre visite. Trois

des religieuses de Picpus nous accompagnèrent presque jusqu'à la porte... pour être bien sûres que nous nous en allions ; mais nous avons tout lieu de croire qu'elles n'auraient pas demandé mieux que de nous imiter, si la foule qui grondait dans la rue et le bataillon qui gardait leur seuil ne leur avaient fait comprendre qu'après avoir si bien emprisonné les autres, elles étaient, jusqu'au jour où la justice prononcera, prisonnières à leur tour. »

Les correspondants de certains journaux anglais, n'écoutant que leur haine de sectaires, se mirent aussi de la partie et confirmèrent tous les détails de ce récit. Les feuilles catholiques de l'étranger s'émurent de ces articles, et le rédacteur de la *Gazette de Francfort* écrivit au supérieur général de Picpus, qui lui fit adresser la réponse suivante [1] :

« Monsieur,

« Vous désirez connaître la vérité sur l'affaire du couvent de Picpus. Notre Très-Révérend Père me charge de vous la dire, et je suis heureux de remplir ce devoir, sachant quelle parfaite estime notre vénéré supérieur professe pour vous.

« Les journaux qui nous attaquent essayent de trouver des preuves contre nous, principalement dans trois faits qu'ils affirment et interprètent à leur fantaisie :

« 1° L'histoire des trois sœurs folles ;

« 2° Les lits orthopédiques ;

« 3° Les communications entre la maison des Pères et le couvent des religieuses, qui portent le même vocable et suivent la même règle que nous.

I

« Il est vrai que les religieuses du Sacré-Cœur gardaient chez elles trois de leurs sœurs devenues folles non point par

---

1. Cette lettre n'a pas été publiée en France. Elle nous a été communiquée par un obligeant religieux de Picpus, le P. Perdereau, professeur de morale au grand séminaire de Versailles.

suite de mauvais traitements qu'elles auraient subis au couvent, mais par des causes qui appartiennent à l'infirmité de la nature et relèvent de la médecine. Au jugement de tout esprit sain, les religieuses ne sauraient être responsables de ces cas pathologiques. C'était du reste, comme l'insinue, monsieur, votre excellent journal, uniquement par charité qu'elles gardaient ainsi leurs pauvres sœurs. Elles les ont toujours entourées des soins de la plus exquise délicatesse.

II

Les dames du Sacré-Cœur, institutrices de la jeunesse en même temps que religieuses et adoratrices du Saint-Sacrement, faisaient de leurs lits orthopédiques l'emploi le plus convenable dans l'intérêt des jeunes élèves confiées à leurs soins. — Nous affirmons sur l'honneur que les idées émises dans le *Mot d'ordre*, et autres journaux non moins tristes, ne sont que le produit d'imaginations immondes et d'âmes vouées au vice et à la corruption.

III

Il n'y a point de communication entre les maisons. Des communications ont pu exister lorsque les deux maisons appartenaient au même propriétaire. Mais depuis longtemps il n'en existe plus aucune. Du reste, le terrain qui sert de passage pour aller au cimetière et qui sépare les deux communautés n'appartient ni aux sœurs, ni à nous.

Les communeux n'ont point trouvé de souterrain parce qu'il n'y en a pas. La clef du caveau dont ils ont parlé servait à ouvrir un petit compartiment de notre cave, muré en prévision de ce qui est arrivé. Ces hommes altérés ont eu bien vite épuisé nos modestes provisions.

En France, l'*Univers* et la presse honnête ont déjà fait justice de ces calomnies impuissantes, etc., etc. »

Les anciennes élèves du couvent de Picpus protestèrent également, ainsi qu'un certain nombre de parents. Elles signèrent leur protestation, ce qui était un acte de courage, la Commune n'entendant pas qu'on se permît d'entraver ses petites manœuvres.

Tels sont les crimes et les mystères du couvent de Picpus d'après le récit même des écrivains de la Commune. On y a trouvé, en résumé, trois religieuses folles, deux vieux lits orthopédiques et une crèche. C'était d'ailleurs tout ce qu'il fallait à Paris, à cette époque, pour être pillé, volé, emprisonné.

Pauvre congrégation de Picpus ! avec quel acharnement les sbires de l'hôtel de ville se sont rués sur elle ! Avant de piller les religieuses et de les enfermer comme ils le firent à Saint-Lazare, au nombre de quatre-vingt-quatre, ils en avaient pillé et emprisonné les religieux. Nulle part ils n'ont autant volé, montré autant de fureur, commis autant de sacrilèges. Dans l'église des religieux, ils ont mutilé une statue de la Sainte Vierge, fusillé une statue de saint Pierre et une statue de saint Joseph, brisé les reliquaires, enlevé les ostensoirs et les vases sacrés. Dans les cellules, ils ont coupé les bras des crucifix, décapité les images pieuses, brûlé papiers et livres. Ils ont arrêté tous les Pères et les ont tenus sous les verrous. Ils ont enfermé pendant deux jours dans un cachot le frère Liévin-Jacob, infirme. Ils ont mis le revolver sur la poitrine d'un autre (le frère Brunet) et l'ont sommé de jurer qu'il n'y a pas de Dieu : « Eh bien, a dit tranquillement le frère, je jure qu'il y a un Dieu ! » Et ils ne l'ont pas tué, ont-ils dit, pour ne pas faire un martyr.

Un seul établissement religieux semblait avoir échappé au pillage et aux audacieuses violations. C'était l'école d'Albert-le-Grand, tenue par les dominicains d'Arcueil et transformée en ambulance dès le début du siége de Paris. Les fédérés blessés y avaient trouvé, durant deux mois, abri, secours et dévoûment. La croix qui, pendant le premier siége, flottait sur les murs de l'école ne s'était point abaissée; et, fidèle au sens que lui a donné la convention de Genève, elle avait été le drapeau de la neutralité entre l'armée de la tyrannie révolutionnaire et l'armée de la liberté nationale, comme elle l'avait été entre les soldats de la Prusse et ceux de la France. Chacun dans cette ambulance avait fait son devoir avec un zèle et une abnégation qui ne permettaient pas aux plus égarés d'ignorer quels cœurs recouvrait le froc blanc de saint Dominique. Il se trouva cependant un bataillon, le 101ᵉ, qui, cantonné dans le voisinage, accablait de vexations les ambulanciers ses voisins; il les accusait d'avoir des intelligences avec Versailles. Composé en grande partie d'étrangers et de repris de justice dressés à tous les crimes, ce bataillon était commandé par Cerisier. C'est là une des figures les plus sinistres de cette triste époque.

Il avait passé la plus grande partie de sa vie militaire dans les compagnies de discipline, en Afrique. Avant la guerre, il menait l'existence la plus éhontée au milieu de ce que Paris renferme de plus ignoble et de plus corrompu. Industriel hardi et habile, et cependant toujours à court d'argent, sous des dehors fanfarons et bruyants, il cachait la plus insigne lâcheté. Tout cela se lisait sur sa face, tantôt illuminée par l'eau-de-vie, tantôt abrutie par l'absinthe. Il injuriait, il menaçait; ses injures et ses menaces redoublèrent, à la suite de plusieurs événements dont s'émurent et s'inquiétèrent les insurgés. A l'avenue Rapp, c'est-à-dire à six kilomètres au moins d'Arcueil, une capsulerie faisait explosion. Dans la vallée de la Bièvre, divers postes avaient été enlevés à la baïonnette. Enfin, à quelques pas de l'école, le château de M. de La Place, transformé en caserne et occupé par les fédérés, avait été incendié. On trouva tout naturel de rendre responsables de faits si dissemblables les Dominicains d'Arcueil.

Ainsi donc, le 19 mai, sous prétexte que les Pères avaient mis le feu au château pour donner à l'ennemi un signal convenu, leur maison reçut la visite des citoyens: Léo Meillet et Lucy Pyat, envoyés de la Commune de Paris et revêtus de l'écharpe rouge, Thaler, Prussien, sous-gouverneur du fort de Bicêtre, et du commandant Cerisier. Sur l'ordre de Léo Meillet, le P. Captier, supérieur de la maison, dut comparaître. On lui présenta un mandat de la Commune n'alléguant ni plainte, ni motif légal, mais signifiant à toutes les personnes de la maison, depuis le prieur jusqu'à la dernière servante de la cuisine, d'avoir à se mettre à la disposition des délégués. Une demi-heure fut accordée pour les préparatifs indispensables.

Alors s'organisa le fatal voyage. Les religieuses et les femmes au service de la maison furent dirigées d'abord sur la Conciergerie, puis sur la prison de Saint-Lazare, dernière station des femmes perdues. Quant aux Pères, aux professeurs et aux domestiques, on les conduisit au fort de Bicêtre où ils furent enfermés dans une casemate. Ils y restèrent huit jours sans autre lit qu'un peu de paille, sans autre nourriture que du pain et de l'eau. Le 23 et le 24 mai, leur situation s'aggrava encore : ces infortunés furent privés de toute nourriture pendant deux jours. Le 24, l'abbé Féron, aumônier de Bicêtre, tenta courageusement une demande auprès de Léo Meillet en faveur des infortunés religieux il fut repoussé et faillit être victime de l'incroyable sauvagerie de ces bandits.

Pendant que Léo Meillet se retranchait derrière une impuissance simulée pour refuser la liberté des Dominicains, le pillage de leur maison s'exécutait par ses ordres. Vers midi, le 120e bataillon, aidé par deux cents hommes du 160e, enlevait les scellés, brisait les portes, chargeait une douzaine de prolonges d'artillerie et huit voitures de réquisition avec les meubles, les vêtements, la caisse, etc., en un mot toutes les valeurs estimées quatre-vingt mille francs environ, et les expédiait sur le fort de Bicêtre.

Telles sont les persécutions sur lesquelles la Commune de Paris s'est chargée de fonder la liberté de conscience. Ce qui est grave, ce n'est pas qu'un certain nombre de sectaires aient osé, dans l'ivresse de leur éphémère triomphe, commettre d'aussi nombreux attentats ; c'est qu'ils aient pu le faire impunément, en face d'une population de près de deux millions d'âmes, dont une partie applaudissait et l'autre partie se résignait. Le mal est profond, mais il faut presque rendre grâce à la Commune de l'avoir si clairement révélé.

IV

Pourquoi cette haine de la religion, cette proscription absolue du prêtre qui est peut-être le caractère le plus saillant de la révolution du 18 mars? Est-ce seulement, comme il est dit dans les considérants du décret du 2 avril, parce que « le clergé a été le complice des crimes de la monarchie, contre la liberté? » Non, assurément. Bien que l'on ait accusé le clergé de s'être montré favorable au coup d'État de 1851, on ne saurait dire que pendant les dernières années de l'Empire, sous l'influence des affaires de Rome, son attitude fût plus bienveillante envers le régime déchu qu'elle ne l'avait été envers la monarchie de juillet. Ce n'était donc pas, comme l'ont écrit plusieurs écrivains catholiques et en particulier M. l'abbé Lamazou, ce n'était pas un sentiment de rancune ou de vengeance politique qui déchaînait contre la religion et ses ministres les colères de la Commune. Cette hostilité systématique tient à des causes plus sérieuses et remonte plus haut. Il faut voir là un symptôme de la maladie qui afflige notre temps, un acte réfléchi du matérialisme qui, pour cheminer dans les masses, invoque les traditions révolutionnaires de 93 et les dépasse même.

C'est aussi là ce qui explique la différence qui existe entre l'insurrection de 1871 et les phases par lesquelles a passé l'esprit révolutionnaire dans ses rapports avec la religion. Les hommes de 93 avaient bien aboli le culte catholique et persécuté les prêtres, mais ils ne prétendaient pas supprimer l'idée religieuse, ni même le culte, qui est l'expression et le signe de toute religion. Ils croyaient à l'Être suprême, ils célébraient des jours de fêtes. La révolution de 1830, accomplie par les classes moyennes, respecta la religion et s'abstint de persécuter le clergé, bien qu'elle reprochât à ce dernier de s'être associé trop intimement à la politique du régime qui venait de tomber. En 1848, le peuple de Paris, tout frémissant encore d'une victoire qui l'étonnait lui-même, s'inclina devant un crucifix porté par un jeune élève de l'École polytechnique, et demanda respectueusement aux prêtres la bénédiction des arbres de la liberté. Les barricades s'étaient à peine abaissées que le P. Lacordaire, remontant dans la chaire de Notre-Dame, voyait se presser autour de lui une foule inconnue, nouvelle, encore armée, qui, malgré la gravité du lieu, saluait par des applaudissements les accents de sa libre et fière éloquence. Et quand l'horizon se fut assombri, quand les faubourgs s'agitèrent de nouveau, quand l'ouvrier égaré par de détestables doctrines parla de ressaisir les armes, ce ne fut pas contre l'Église que se tournèrent les menaces de l'insurrection prête à éclater. Les excitations de quelques fanatiques restèrent sans écho. C'est que, à cette époque, le parti révolutionnaire français était plutôt politique que socialiste, il se contentait d'attaquer le Gouvernement sans s'inquiéter des choses religieuses et sans prendre part aux discussions mystiques qui agitaient les démocrates d'un autre pays. Mais après 1848, les révolutionnaires français tournèrent rapidement au socialisme : ils reconnurent que le sentiment religieux est essentiellement rebelle à la prétendue régénération sociale. Ce fut l'exemple de la jeune Allemagne qui les poussa dans cette voie nouvelle. Dès 1840, cette dernière, qui avait établi ses quartiers généraux à l'abri de l'hospitalité helvétique, inscrivait dans son programme l'athéisme pur et simple. Les doctrinaires avaient compris que le socialisme rencontrerait dans l'idée religieuse l'adversaire le plus redoutable, et que pour préparer son triomphe, il devait tout d'abord supprimer Dieu [1]. Comment ont-ils été conduits logiquement à cette conséquence? c'est ce qu'il est aussi intéressant qu'indispensable de rechercher.

En présence du spectacle complexe des choses humaines il y a toujours eu des hésitations dans l'humanité. Tantôt l'ordre et la beauté du monde élèvent l'âme sur les ailes de la foi et de la prière vers cet être invisible que toute chose

---

1. Rien de plus instructif à cet égard que les publications fort nombreuses de la jeune Allemagne et les comptes-rendus des réunions fréquentes qu'elle tenait en Suisse, principalement à Lausanne, de 1840 à 1848. Le complot contre Dieu se déroule avec un cynisme absolu.

annonce et révèle. Tantôt le désordre et le mal, la misère et la brièveté du présent nous troublent, nous attristent, nous poussent à la défiance, au murmure, au désespoir. Dans cette hésitation, dans cette épreuve de la raison et de la volonté, les uns, soutenus par l'instinct légitime de la nature humaine ou pour mieux dire par le contact de Dieu à la racine de l'âme, vivent résignés à l'inévitable souffrance, maintiennent en eux l'idéal de la foi en la perfection infinie, substantielle, actuelle et vivante qu'ils espèrent posséder un jour. Les autres, malgré l'horreur qu'éprouve leur âme et les remords de leur raison, laissent étouffer en eux l'idéal par le spectacle de l'accident, la foi par la vue de l'obstacle, et, en réponse au doute, choisissent la négation. Ce sont là les deux races morales et intellectuelles qui aujourd'hui plus que jamais se partagent le monde. Il y a des esprits et des cœurs qui affirment, ce sont les chrétiens; il y en a qui nient, ce sont les socialistes. Et comme là est toute la question : Dieu ou non, oui ou non, les socialistes ont fait la guerre à Dieu sous le règne de la Commune, ils ont voulu, comme ils le disaient eux-mêmes, le fusiller dans la personne de ses ministres, espérant, les insensés! changer ainsi l'ordre de choses qui repose sur son adorable et immuable volonté.

CHAPITRE III

ATTENTATS CONTRE LA LIBERTÉ INDIVIDUELLE.
GARANTIES DÉRISOIRES DONNÉES AUX DÉTENUS.
RAISON DU DESPOTISME DE LA COMMUNE.

Décrets de suspicion. — Système d'espionnage et de dénonciation. — Arrestation du gouverneur des Invalides. — Stupeur des Parisiens. — Raccolement forcé. — Deuil des familles. — Lugubre tableau au cimetière de l'Est. — Garanties dérisoires données par la Commune à la liberté individuelle. — Formation de la cour martiale. — Sa procédure. — Extrême rigueur et exécution immédiate de ses arrêts. — Décret réglant la formation du jury d'accusation. — Protestation. — Raison du despotisme et de l'anarchie simultanées de la Commune.

I

Lorsqu'ils persécutaient la religion avec tant de maladresse, les hommes de la Commune faisaient foin et litière du seul principe qui pouvait être pour eux un droit et une force, le seul que les sociétés modernes reconnaissent et qu'ils avaient eux-mêmes mille fois proclamé, la liberté. Devant une telle violation, les Parisiens se demandèrent, avec une inquiétude légitime, quelles garanties leur seraient laissées, puisqu'on ne respectait pas même la liberté la plus sacrée de toutes, puisqu'il n'était plus permis d'honorer le Dieu, en qui l'on croit, de tel ou tel culte, lorsque ce culte ne trouble pas la paix publique.

Tout se tient dans l'ordre de la liberté; quand on s'en écarte une fois, on n'y peut plus rentrer et l'on arrive au despotisme de l'anarchie ou du trône. Dès qu'elle se mit à fermer les livres de prière et les églises, la Commune ne tarda pas en effet à fermer les codes et les tribunaux. Les maîtres de l'Hôtel de ville ne se bornèrent pas à l'arrestation des prêtres ou des religieux, ils rendirent des décrets de suspicion, ils proclamèrent la menace. Un pouvoir multiple, partagé entre une Commune que désavouait un tiers de ses membres élus, un Comité central qui fonctionnait sans aucune apparence de mandat, et une Commission exécutive qui s'était nommée elle-même, régissait despotiquement la capitale et voulait faire la loi à la France. Contre la force aveugle au service d'une puissance occulte, il n'y avait plus aucune sécurité pour les citoyens paisibles qui ne reconnaissaient qu'une autorité en France, celle de l'Assemblée nationale. Pour eux, il n'y avait plus ni lois, ni tribunaux, ni défense : la prison seule leur restait avec la perspective de la mort. La liberté individuelle, ainsi que toutes les autres libertés qui avaient fait le prétexte de l'insurrection du 18 mars, n'existaient plus que dans les colonnes du *Journal officiel* ou dans les proclamations affichées. Babick a pris soin de nous l'apprendre, dans une dépêche du 23 mars :

« Agissez avec fermeté contre la réaction ; ne craignez pas d'arrêter, car vous serez dans l'esprit du Comité central.... Prenez en tout une bonne initiative [1]. »

Les délégués n'y manquaient pas, secondés par la préfecture de police réorganisée par Duval. La prison était la conséquence forcée de l'installation d'un état-major ; Bergeret avait à la place Vendôme sa geôle et son tribunal, sous la direction d'un sieur Dubois « dont les forces étaient épuisées le 31 mars, après les interrogatoires de jour et de nuit [2]. »

Assi disait encore en séance :

« Tout être qui attaquerait la Commune par un moyen quelconque n'aurait droit qu'à un coup de fusil [3]. »

Le 29 mars, on commence à dresser des listes de proscription avec l'assentiment du Comité, en relevant dans tous les arrondissements les adresses de ceux que l'on supposait

---

1. Dépêches. — Archives. — Comité central.
2. Dépêches. — Archives. — État-major général, 31 mars.
3. Conciliabules de l'Hôtel de ville, p. 29.

ennemis de la République[1], et le même jour Duval, aidé de Raoul Rigault, fut autorisé à requérir la force publique pour maintenir l'ordre et « faire les perquisitions nécessaires pour trouver les gens hostiles qu'il jugera dangereux[2] »

Voici le texte littéral de quelques notes, prises au hasard dans le registre de la mairie du huitième arrondissement.

« Le citoyen Migeon, chargé du recensement du huitième arrondissement, *demeure* rue du Rocher, est venu informer, que le nommé.... tenant le café du chalet, au Rond Point a refusé, sur sa demande, de signer la feuille du recensement. Il y a dans cette maison un personnel de sept ou huit jeunes gens, dont le plus âgé peut avoir environ trente ans. Vu la nullité des affaires dans ce quartier, il y a urgence de voir pourquoi un personnel aussi nombreux. — » Informer (En marge est écrit : Voir à six heures du soir.)

Plus loin : « Le citoyen Cormier, 45, rue du Rocher, est venu prévenir qu'à l'ambulance du presbytère de Saint-Augustin, il existe avec Versailles des relations journalières entre les sœurs et dames de cette ville. — Informer. »

Tous les jours des prêtres, des magistrats, des gendarmes, des citoyens de toutes les classes étaient enfermés dans les prisons, sans mandat, sans motif et sans droit. L'insulte, les menaces, les mauvais traitements ne leur étaient pas épargnés; et ce ne fut pas seulement en vertu des ordres de la Préfecture de police, dirigée par Raoult Rigaul, que tant de citoyens furent arrachés de leurs demeures, — tous les commissaires de police, les chefs de poste, de simples gardes nationaux, sur de vagues indices, une dénonciation anonyme, un propos, ordonnaient l'incarcération.

Une arrestation odieuse, entre toutes, fut celle du brave gouverneur des Invalides. Sans aucun égard pour ce glorieux vieillard, qui avait consacré à son pays quarante-cinq ans de son existence, qui comptait vingt-neuf campagnes effectives, plusieurs blessures, qui avait été chef d'état-major général de l'armée de Crimée, de l'armée d'Italie, on le jeta bruta-

---

1. Conciliabules de l'Hôtel de ville, p. 20.
2. Conciliabules de l'Hôtel de ville, p. 21.

lement en prison sans se préoccuper si la privation des soins qu'exigeaient ses infirmités ne serait pas pour lui un arrêt de mort.

Un tel état de choses plongeait les Parisiens honnêtes dans la stupeur. Leur angoisse s'accrut encore lorsqu'ils virent la Commune s'efforcer de remplacer la conscription par le raccolement arbitraire et forcé. Partout on traquait les hommes, même ceux de la province de passage à Paris et jusqu'aux étrangers, pour les incorporer de force dans les bataillons de la garde nationale. Malheur à qui résistait : rue de Trévise, un passant ainsi arrêté faisait observer au prétorien qu'il avait dépassé l'âge de la garde nationale. Pour toute réponse, celui-ci lui passa sa baïonnette à travers le corps et le cloua au mur. Toutes les polices étaient sur pied, tous les citoyens étaient invités à la dénonciation. La cour martiale, dont l'institution était sans doute une liberté nouvelle, avait pour but de soutenir le zèle de tous, d'effrayer les officiers qui refusaient le service et de les obliger à contraindre les hommes qui ne voulaient pas marcher au combat. Qu'importait que les fusils placés entre leurs mains fussent des armes fratricides chargées et dirigées contre l'honneur même de la France, contre son autonomie et sa puissance !

Peut-on concevoir une tyrannie à la fois plus exécrable et plus inepte ? Ce n'était pas seulement en face de la patrie que la Commune plaçait les soldats contraints à entrer dans sa milice, elle les mettait en présence de leurs parents et de leurs frères et elle leur ordonnait de tirer sur eux. Elle n'avait aucun droit pour commander. Elle se croyait la force, elle n'admettait pas de refus. Elle prétendait que des citoyens paisibles qui avaient protesté par leur abstention contre le nouvel ordre de choses, et qui ne l'avaient jamais reconnu, des hommes qui estimaient l'Assemblée le vrai gouvernement de la patrie, et qui tenaient l'armée de Versailles pour une armée française, marchassent contre cette armée et contre ce gouvernement et s'empressassent même, à l'occasion, de combattre et d'égorger leurs frères avec leurs concitoyens.

Que lui importait le deuil des familles, la désolation de la foule qui, après chaque combat, se pressait dans les cimetières et cherchait un des siens parmi les victimes non encore reconnues! Nous n'oublierons jamais le lugubre tableau qui s'est offert un jour à nos yeux dans le cimetière de l'Est. Sur une longue ligne, dans une profonde tranchée, étaient rangés des cercueils dont le nombre s'accroissait à chaque instant. Un accès était ménagé, sous la surveillance des gardes nationaux aux parents et aux amis qu'une poignante inquiétude amenait à cet endroit. Ces visiteurs anxieux défilaient silencieusement, levaient les couvercles des cercueils, en bois blanc extrêmement mince, et cherchaient des traits connus. Un gémissement profond, un cri d'angoisse indiquait qu'un père, un fils, un frère venait d'être retrouvé. La plupart des corps étaient ceux d'hommes d'un certain âge, pères de famille. Presque tous étaient affreusement mutilés, criblés de balles, hâchés par des éclats d'obus.

Ces victimes et cette douleur ne faisaient qu'accroître la rage de suspicion, de dénonciation et d'arrestation qui ne se produisit pas seulement au dehors de la Commune. Dans son propre sein on vit des membres se surveiller, s'emprisonner et se condamner à l'envi. Assi, Lullier, Bergeret, Clément, Allix passaient tour à tour de l'Hôtel de ville à Mazas pour y rentrer bientôt à la sourdine, comme par la porte des artistes de leur comédie. Un jour la Commune, effrayée, reconnaissait dans un de ses membres un capucin défroqué. La Convention avait toléré Chabot, la Commune expulsa Panille, dit Blanchet, et le remit en cellule pour crime d'ex-capucinade. Une autre fois, c'était Rossel arrêté et remis en garde au citoyen Gérardin. Une heure après, le geôlier et son prisonnier s'échappaient ensemble, et Bergeret offrait de les poursuivre espérant sans doute les reprendre et s'évader avec eux. Cluseret, Brunel, Mégy, Mortier, Clémence, Lebeau, Lemaçon, chef d'état-major au ministère de la guerre, et autres, goûtèrent tour à tour des douceurs de la Conciergerie, de Mazas et du Cherche-Midi. On n'épargnait même pas les républicains les plus sincères : M. Schœlcher ayant commis l'imprudence de venir de Versailles, pour juger l'état de Paris dont il était le représentant, fut emprisonné et n'obtint qu'après de grandes difficultés son élargissement.

Quelles garanties avaient sous la Commune ces détenus qui devenaient chaque jour plus nombreux ? Il semblait naturel qu'on s'empressât de leur en donner quelqu'une. Il n'en fut pas ainsi ; et les hommes de l'Hôtel de ville se contentèrent, par le décret suivant qu'ils firent attendre plus de huit jours, de remettre au délégué à la justice le soin d'interroger l'individu arrêté et de le faire écrouer ou relâcher :

« La Commune de Paris,

« Considérant que s'il importe pour le salut de la République que tous les conspirateurs et les traîtres soient mis dans l'impossibilité de nuire, il n'importe pas moins d'empêcher tout acte ambitieux ou attentatoire à la liberté individuelle,

« Décrète :

« Art. 1er. Toute arrestation devra être notifiée immédiatement au délégué de la Commune à la justice, qui interrogera ou fera interroger l'individu arrêté, et le fera écrouer dans les formes régulières s'il juge que l'arrestation doit être maintenue.

« Art. 2. Toute arrestation qui ne sera pas notifiée dans les vingt-quatre heures au délégué de la justice sera considérée comme une arrestation arbitraire, et ceux qui l'auront opérée seront poursuivis.

« Art. 3. Aucune perquisition ou réquisition ne pourra être faite qu'elle n'ait été ordonnée par l'autorité compétente ou ses organes immédiats, porteurs de mandats réguliers, délivrés au nom des pouvoirs constitués par la Commune.

« Toute perquisition ou arrestation arbitraire entraînera la mise en arrestation de ses auteurs.

« Paris, le 14 avril 1871. »

On le voit, les garanties données à la liberté individuelle par ce décret étaient dérisoires ; les détenus se trouvaient à la merci d'un seul homme, et cet homme était le citoyen Protot, l'homme selon le cœur du Père Duchêne. Le délégué à la justice, qui se heurtait d'ailleurs au délégué à la sûreté générale, toujours disposé à trouver les arrestations trop peu nombreuses, se borna à faire mettre en liberté un certain nombre d'individus, arrêtés avant le 18 mars pour délits de droit commun. Quant à l'art. 2 du décret du 14 mars, qui menaçait de poursuites les auteurs d'arrestations arbitraires, il resta lettre morte pendant toute la durée de la Commune ; le premier garde national venu était libre d'arrêter qui il voulait, et jamais ses excès de zèle ne lui attiraient le moindre reproche, à moins qu'un haut personnage de la Commune ou du Comité central n'en fût l'objet.

Le premier tribunal régulier fut établi par le citoyen Cluseret, délégué à la guerre ; c'était une cour martiale composée du colonel Rossel, président, du colonel Henry, du colonel Razoua, du lieutenant-colonel Collet, du colonel Chardon et du lieutenant Boursier, membre du Comité central.

Cette cour martiale, formée le 16 avril, à cause « des nécessités de la guerre », et en présence « de l'impossibilité de traduire devant le conseil des légions, non encore existant, les cas exceptionnels, qui exigent une répression immédiate, » avait une procédure sommaire qui fut réglée par un arrêté en date du 17 avril[1].

---

1. « TITRE PREMIER. — *De la procédure devant la cour martiale.*
« Art. 1er. La police judiciaire martiale est exercée par tous magistrats, officiers ou délégués, procédant de l'élection, dans l'exercice des fonctions que leur assigne leur mandat.
« Art. 2. Les officiers de police judiciaire reçoivent, en cette qualité, les dénonciations et les plaintes qui leur sont adressées.
« Ils rédigent les procès-verbaux nécessaires pour constater le corps du délit et l'état des lieux. Ils reçoivent les déclarations des personnes présentes ou qui auraient des renseignements à donner.
« Ils se saisissent des armes, effets, papiers et pièces, tant à charge qu'à décharge, et, en général, de tout ce qui peut servir à la manifestation de la vérité.
« Art. 3. Ils sont autorisés à faire saisir les inculpés, les font conduire, immédiatement, à la prison du Cherche-Midi, et dressent procès-verbal de l'arrestation, en y consignant les noms, qualités et signalement des inculpés.
« Art. 4. Les officiers de police judiciaire martiale ne peuvent s'introduire dans une maison particulière, si ce n'est avec l'assistance du juge de paix, ou de son suppléant, ou du maire, ou d'un adjoint, ou du commissaire de police.
« Art. 5. Chaque feuillet du procès-verbal, dressé par un officier de police judiciaire martiale, est transmis sans délai, avec les pièces et documents, à la cour martiale.
« Art. 6. Les actes et procès-verbaux, dressés par les officiers de police judiciaire martiale, sont transmis sans délai, avec les pièces et documents, à la cour martiale.

Ces dispositions n'étaient pas une vaine menace. La cour martiale exista et fonctionna aussitôt. Ses arrêts, d'une extrême rigueur, étaient irrévocables et exécutés sur l'heure.

Elle débuta par l'affaire d'un sieur Gigot, chef du 74e bataillon, qui avait refusé, disait-on, de se rendre à la porte Maillot pour combattre. Comme l'accusé n'avait pas de défenseur, un avocat de province, M. Barse, qui était venu à la séance d'ouverture des audiences de la Cour pour étudier sur le vif ce qui allait se passer devant cette juridiction terrible, s'offrit spontanément. On le présenta à un jeune homme, dont l'attitude était grave, et qui avait une certaine vivacité dans le regard.

« Inscrivez-vous, dit-il, il nous faut des défenseurs ; l'homme qu'on vient d'amener n'en a pas. Voulez-vous être le sien?

— Déjà, sans instruction ?

— Aussitôt pris, aussitôt jugé.

« Art. 7. La poursuite des crimes et délits a lieu d'office, d'après les rapports, actes ou procès-verbaux dressés conformément aux articles précédents.

« Art. 8. La cour désigne pour l'information soit un de ses membres, soit un rapporteur qu'elle choisit; l'information a lieu d'urgence et sans aucun délai.

« Art. 9. L'accusé est défendu.

« Le défenseur choisi par l'accusé ou désigné d'office a droit de communiquer avec l'accusé; il peut prendre, sans déplacement, communication des pièces de la procédure.

« Art. 10. Les séances sont publiques.

« Art. 11. Le président a la police des audiences, les assistants sont sans armes.

« Les crimes ou délits commis à l'audience sont jugés séance tenante.

« Art. 12. Le président fait amener l'accusé.

« Art. 13. Le président fait lire par le greffier les pièces dont il lui paraît nécessaire de donner connaissance à la cour.

« Art. 14. Le président fait appeler ou amener toute personne dont l'audition paraît nécessaire ; il peut aussi faire apporter toute pièce qui lui paraît utile à la manifestation de la vérité.

« Art. 15. Le président procède à l'interrogatoire de l'accusé et reçoit les dépositions des témoins.

« Le rapporteur est entendu.

« L'accusé et son défenseur sont entendus ; ils ont la parole les derniers.

« Le président demande à l'accusé s'il n'a rien à ajouter pour sa défense, et déclare que les débats sont terminés.

« Art. 16. La culpabilité est résolue à la majorité des membres présents; en cas de partage, l'accusé bénéficie du partage.

« Art. 17. L'arrêt est prononcé en séance publique.

« Art. 18. Tout individu acquitté ne peut être repris ou accusé à raison du même fait.

— Et sera-t-il aussitôt pendu ? »

Le jeune homme regarda son interlocuteur sévèrement?

« Voulez-vous défendre cet homme, voyons?

— A qui ai-je l'honneur de parler? demanda à son tour l'avocat.

— Au président de la Cour martiale, le commandant Rossel. »

L'avocat comprit que c'était sérieux.

« Je ne demande pas mieux, citoyen président, dit-il, que de défendre cet homme ; mais, je vous le répète, veuillez ordonner une instruction ou, du moins, faites-moi communiquer son dossier ; donnez-moi l'autorisation de le voir lui-même à la prison, et je viendrai à la barre au jour fixé. »

Rossel haussa imperceptiblement les épaules, et riposta sèchement :

« Vous ne vous rendez donc pas compte de ce qu'est la *Cour martiale*, Monsieur ? Cet accusé a commis une infraction, aujourd'hui, à cinq heures du soir ; on l'a emprisonné

« Art. 19. Tous frais de justice sont à la charge de la Commune.

« Art. 20. Le rapporteur fait donner lecture de l'arrêt à l'accusé par le greffier, en sa présence et devant la garde rassemblée sous les armes.

« Art. 21. L'arrêt de condamnation est exécuté dans les vingt-quatre heures après qu'il a été prononcé, ou, dans le cas de condamnation à mort, dans les vingt-quatre heures après la sanction de la commission exécutive.

« Art. 22. Toutes assignations, citations et notifications aux témoins, inculpés ou accusés sont faites par tous magistrats, officiers ou délégués procédant de l'élection, requis à cet effet par le rapporteur.

« Titre. II. — *Des crimes, des délits et des peines.*

« Art. 23. Les peines qui peuvent être appliquées par la cour martiale sont :
« La mort,
« Les travaux forcés,
« La détention,
« La réclusion,
« La dégradation civique,
« La dégradation militaire,
« La destitution,
« L'emprisonnement,
« L'amende.

« Art. 24. Tout individu condamné à la peine de mort par la cour martiale est fusillé.

« Art. 25. La cour se conforme, pour les peines, au Code pénal et au Code de justice militaire.

« Elle applique en outre la jurisprudence martiale à tous faits intéressant le salut public. »

à sept heures ; on va le juger à dix heures, et demain matin, à cinq heures, il sera fusillé.

— Quoi ! condamné d'avance !
— L'infraction est flagrante !
— Alors pourquoi une défense ?
— Il en faut une.
— Pour la forme ?
— Soit. Comprenez ceci : nous sommes en marche militaire, nous siégeons sur des caisses de tambour. On n'en finirait pas s'il fallait instrumenter et avocasser.
— C'est trop raide !
— C'est de la fermeté ! dit Rossel avec aplomb. Un militaire qui n'a pas obéi à un ordre, je n'en fais pas plus de cas que d'un chien, d'un lièvre, d'un loup ou d'une brute dont il faut se défaire. Si l'on avait été comme cela pendant le siége, Paris n'aurait pas eu besoin de se rendre. »

La séance fut ouverte, et les formes ordinaires de la justice pour ce qui touche la tenue des séances, c'est-à-dire les formes extérieures de la tenue orale, les bagatelles de la porte, furent observées.

Mais le plaignant, le témoin et l'accusateur n'étaient qu'un seul et même individu, celui qui, en qualité de supérieur, avait donné l'ordre auquel l'accusé n'avait pas obéi, qui avait fait la dénonciation et requis l'arrestation ; celui enfin qui portait la parole et demandait la condamnation.

L'accusé était un ouvrier du faubourg Saint-Antoine ; il fit valoir, en termes grossiers, les motifs de son refus d'obéir à un ordre mal libellé. C'était un amphigouri comique qui provoquait à chaque instant les rires de l'auditoire.

Rossel, qui présidait, vêtu en bourgeois, ne riait pas. « Citoyens ! s'écria-t-il, je ne veux pas de ces interruptions tout au plus bonnes dans un club ! » Et il reprit en peu de mots l'accusation. Le malheureux était coupable d'avoir fait manger la soupe à ses hommes sur la place Vendôme, et d'avoir perdu ainsi une heure, au lieu d'aller immédiatement à la porte Maillot.

Rossel emmena la Cour dans la chambre des délibérations, et, revenant peu de temps après, il se couvrit d'un petit chapeau rond et lut un jugement condamnant l'accusé Gigot, à la peine de mort, pour refus d'obéir à un ordre, en présence de l'ennemi.

La Commune, sur la demande de plusieurs de ses membres, se contenta de le faire emprisonner. Et comme les arrestations continuaient malgré le décret du 14 avril, dont le citoyen Protot s'inquiétait fort peu d'assurer l'exécution, elle ne put faire autrement que d'entendre les plaintes qui s'élevaient de tous les côtés ; le 20 avril, un de ses journaux officieux disait :

« Dans sa sollicitude pour la liberté individuelle, la Commune, outre sa commission de justice (qui ne faisait absolument rien pour protéger les détenus), a institué une commission d'enquête, composée des citoyens Breslay, Gambon, Miot, pour visiter les prisons, les maisons de refuge et les hospices d'aliénés. »

Parler de la sollicitude de la Commune pour la liberté individuelle, à l'occasion d'une commission qu'on savait d'avance ne devoir rien faire, l'épigramme était dure. Ce fut seulement le 22 avril, que fut voté un décret réglant la formation du jury d'accusation, institué depuis le 7 avril ; le voici :

« La Commune de Paris,

« Considérant que si les nécessités de salut public commandent l'institution de juridictions spéciales, elles permettent aux partisans du droit d'affirmer les principes d'intérêt social et d'équité qui sont supérieurs à tous les événements :

« Le jugement par les pairs ;

« L'élection des magistrats ;

« La liberté de la défense,

« Décrète :

« Art. 1er. Les jurés seront pris parmi les délégués de la garde nationale, élus à la date de la promulgation du décret de la Commune de Paris, qui institue le jury d'accusation.

« Art. 2. Le jury d'accusation se composera de quatre sections, comprenant chacune douze jurés tirés au sort, en séance publique de la Commune de Paris, convoquée à cet effet. Les douze premiers noms sortis de l'urne composeront la première section. Il sera tiré en outre, pour cette section, huit noms de jurés supplémentaires, et ainsi de suite pour les autres sections. L'accusé et la partie civile pourront seuls exercer le droit de récusation.

« Art. 3. Les fonctions d'accusateur public seront remplies par un procureur de la Commune et par quatre substituts, nommés directement par la Commune de Paris.

« Art. 4. Il y aura auprès de chaque section un rapporteur et un greffier nommés par la Commission de justice.

« Art. 5. L'accusé sera cité à la requête du procureur de la Commune; il y aura au moins un délai de vingt-quatre heures entre la citation et les débats.

« L'accusé pourra faire citer, même aux frais du trésor de la Commune ses témoins à décharge. Les débats seront publics. L'accusé choisira librement son défenseur, même en dehors de la corporation des avocats. Il pourra proposer toute exception qu'il jugera utile à sa défense.

« Art. 6. Dans chaque section, les jurés désigneront eux-mêmes leur président pour chaque audience. A défaut de cette élection, la présidence sera dévolue par la voie du sort.

« Art. 7. Après la nomination du président, les témoins à charge et à décharge seront entendus. Le procureur de la Commune ou ses substituts soutiendront l'accusation. L'accusé et son conseil proposeront la défense. Le président du jury ne résumera pas les débats.

« Art. 8. L'examen terminé, le jury se retirera dans la chambre de ses délibérations. Les jurés recevront deux bulletins de vote portant;

Le premier, ces mots : l'accusé est coupable; le second, ces mots : l'accusé n'est pas coupable.

« Art. 9. Après sa délibération le jury rentrera dans la salle d'audience. Chacun des jurés déposera son bulletin dans l'urne; le scrutin sera dépouillé par le président; le greffier comptera les votes et proclamera le résultat du scrutin. L'accusé ne sera déclaré coupable qu'à la majorité de huit voix sur douze.

« Art. 10. Si l'accusé est déclaré non coupable, il sera immédiatement relaxé.

« Art. 11. Toutes citations devant le jury et toutes notifications quelconques pourront être faites par les greffiers des sections du jury d'accusation. Elles seront libellées sur papier libre et sans frais. »

Ce décret ne passa pas sans protestation. On demanda que, pour offrir une réelle garantie aux accusés, les jurés fussent, non pas pris parmi les délégués de la garde nationale, mais nommés par les électeurs. La réponse du délégué Protot fut incorrecte, mais nette: « Nous nous adressons à la garde nationale, se trouvant être (sic) les citoyens les plus intelligents et les plus dévoués à notre cause. » Un seul membre de la Commune, Arthur Arnould, montra dans cette circonstance une lueur d'humanité et de bon sens. Il demanda que les circonstances atténuantes fussent admises, et qu'on ne votât pas en bloc et à la première lecture un décret de onze articles, qui intéressait la vie des citoyens; mais la Commune passa outre.

III

Comme toutes les révolutions, le mouvement du 18 mars, s'était fait au nom magique de liberté, mais jamais moins qu'alors ce mot n'exprima une réalité; jamais chez aucun peuple il ne fut plus ironiquement interprété.

Un poëte a comparé la liberté à une forte femme qui marche au pas de charge et qui fait des barricades. Les Américains se la représentent volontiers assise sur une balle de coton avec un traité de commerce à la main. Les Espagnols la font consister à jouer de la guitare en chantant faux, les Turcs à fumer dans une pipe en regardant le Bosphore. En France, l'opinion la plus répandue c'est que la liberté n'est que le droit de vexer le prochain.

Sous tous les gouvernements, il en a été ainsi; avec la Commune ce fut bien autre chose. Ses partisans se donnèrent en deux mois toutes les libertés de leurs rêves. On avait promis non-seulement « la garantie absolue de la liberté individuelle, de la liberté de conscience », mais toutes les autres libertés. On avait proclamé « la liberté du travail » et les ouvriers furent contraints par la force d'abandonner l'atelier pour aller faire le coup de feu; « l'intervention permanente des citoyens dans les affaires communales pour la libre défense de leurs intérêts », et aux réunions publiques qui essayèrent de se tenir on opposa les baïonnettes; les journaux voulurent parler, et, comme nous allons le voir, on leur imposa silence par la suppression et les arrestations. On avait annoncé « la fin du militarisme et du fonctionnarisme, » Paris ne fut plus régi que par la loi militaire; les affiches comminatoires signées de mille et un fonctionnaires couvrirent les murs; la personne et le domicile des citoyens furent à la merci du premier venu qui s'intitulait délégué de la Commune.

La Commune, cependant, avait un besoin de liberté, c'était son but, et un besoin d'autorité, c'était son moyen. D'où vient que, la crise étant donnée, l'autorité entre ses mains est allée jusqu'au despotisme et la liberté jusqu'à l'anarchie? D'où lui est venu ce double accès despotique : cet accès dictatorial et cet accès anarchique?

« Blâmez, répond Victor Hugo, pour expliquer ce fait monstrueux qu'il appelle une oscillation prodigieuse, blâmez, si vous voulez, mais vous blâmez l'élément. Ce sont des faits de statique sur lesquels vous dépensez de la colère. La force des choses se gouverne par A plus B et les déplacements du pendule par le compte du mécontentement.

« Ce double accès despotique, despotisme d'assemblée, despotisme de foule, cette bataille inouïe entre le procédé à l'état d'empirisme et le résultat à l'état d'ébauche; cet antagonisme inexprimable de but et de moyen, la Convention et la Commune le représentent avec une grandeur extraordinaire. Elles font visible la philosophie de l'histoire.

« La Convention de France et la Commune de Paris sont deux quantités de révolution. Ce sont deux valeurs, ce sont deux chiffres : C'est l'A plus B dont nous parlions tout à l'heure. Deux chiffres ne se combattent pas, ils se multiplient. Chimiquement, ce qui lutte se combine Révolutionnairement aussi.

« Ici l'avenir se bifurque et montre ses deux têtes. Il y a plus de civilisation dans la Convention et plus de révolution dans la Commune. Les violences que fait la Commune à la Convention ressemblent aux douleurs utiles de l'enfantement.

« Un nouveau genre humain, c'est quelque chose. Ne marchandons pas trop qui nous donne ce résultat.

« Devant l'histoire, la révolution étant un lever de lumière venu à son heure, la Convention est une forme de la nécessité, la Commune est l'autre; noires et sublimes formes vivantes, debout sur l'horizon, tant de clarté derrière tant de ténèbres, l'œil hésite entre les silhouettes des deux colosses.

« L'un est Léviathan, l'autre est Béhémoth. »

L'enfantement d'un nouveau genre humain ! Votre amour de l'antithèse vous égare, ô poëte! Ce qu'il y a de vrai dans ces lignes léviathanesques, que vous avez eu le courage d'écrire au moment où le canon grondait, où la fusillade crépitait, où le sang inondait les rues de l'infortuné Paris, c'est que ce double accès, despotisme et anarchie, fut, sous la Commune athée, une forme de la nécessité. Dès qu'on a ôté à l'homme le droit divin, plus rien ne le couvre et ne protége sa liberté; nul droit humain ne lui reste, il est impunément insulté, il sera bientôt immolé et profané. Coupez la dernière attache qui lie la loi civile à Dieu, cette loi tout humaine ne garde rien d'humain. Le naturalisme prétend vainement, en politique comme en religion, refaire l'homme bon et libre de la nature, il ne produit que l'homme fauve et l'homme esclave : nous venons de contempler à l'œuvre la démocratie sans Dieu. Encore quelques jours, et 1871 étonnera 1793.

CHAPITRE IV

LES PRISONS SOUS LA COMMUNE.
SÉRÉNITÉ DES PRISONNIERS.

Régime de la Conciergerie. — Madame Coré adoucit par sa charité le sort de l'Archevêque et des autres otages. — Ils sont transférés à Mazas. — Règlement de cette prison. — Souffrances de la vie cellulaire. — Aucune distinction n'est faite entre les otages et les malfaiteurs de droit commun. — On aggrave pour Monseigneur les rigueurs de ce triste séjour. — Ses tortures morales. — Sa santé décline rapidement. — Sa force d'âme. — Sérénité des autres prisonniers. — Lettres du P. Olivaint, du P. Caubert, du P. Radigue, du P. Clerc, du P. Ducoudray, de Paul Seigneret.

I

Dans les âges héroïques de l'Église, entre deux persécutions, entre celle qui finissait et celle qui pouvait surgir, les chrétiens employaient leur temps à rechercher pieusement les traces des martyrs, à visiter les lieux témoins de leur supplice, à recueillir les paroles tombées de leurs lèvres et consacrées par la mort. Ainsi faisons-nous à cette heure, nous, prêtre de cette Église de Paris qui vient de renouveler son antique splendeur dans le sang de ses ministres, répandu pour témoigner que la cruauté inepte des bourreaux, aussi bien que la vertu et le courage des apôtres, est de tous les temps.

Après le grossier interrogatoire qu'on lui avait fait subir, l'Archevêque de Paris fut écroué avec M. l'abbé Lagarde au dépôt de la Préfecture, et, en même temps que Monseigneur et son grand-vicaire, M. le président Bonjean et divers ecclésiastiques : M. Deguerry, les PP. jésuites, deux prêtres des Missions étrangères et plusieurs séminaristes de Saint-Sulpice.

La Conciergerie fut donc la première station des otages dans la voie douloureuse. Il n'est pas sans intérêt de s'y arrêter un instant avec eux.

« Les cellules de cette prison, dit M. l'abbé Dignat, qui a eu l'honneur d'y séjourner à cette époque, ont toutes la même dimension, et l'ameublement de l'une ne diffère en rien de l'autre. On peut y faire six pas en long et deux pas et demi en large, ce qui représente une superficie de neuf à dix mètres environ ; elles ont trois mètres d'élévation, et elles sont légèrement cintrées au plafond. A droite, en entrant, en forme d'amphore et soudé au mur, est un objet de première nécessité, mais fort incommode, parce que l'aération n'est pas suffisante. Un peu plus loin, se trouve un lit de fer également attaché au mur. La couche se compose d'une paillasse très-mince, d'un matelas plus mince encore, d'un traversin et de deux couvertures, couleur de cachot. Chacun de ces objets porte écrit, en grosses lettres, le mot : Prisons. Au fond de la cellule, à un mètre et demi du parquet, deux petits vasistas à charnières s'ouvrent par le haut de l'extérieur à l'intérieur ; mais comme la coulisse en fer qui les retient ne permet qu'une ouverture de vingt centimètres, le soleil ne visite jamais les prisonniers.

« Au coin de gauche et au fond, est un petit calorifère pour l'hiver ; en revenant vers la porte, sous le bec de gaz, se trouve une petite étagère, à charnières, qui sert de table et qui peut se rabattre ; il y a enfin, un tabouret en bois, attaché au mur avec une grosse chaîne qui permet de l'avancer jusqu'auprès de l'étagère, quand elle est relevée, mais pas plus loin. Comme on a pu le remarquer, tout est enchaîné dans la cellule, pour rappeler sans cesse au prisonnier qu'il est lui-même privé de liberté. La vaisselle est aussi simple que le mobilier : un petit pot de terre noire, contenant un demi-litre pour mettre le vin qu'on achète à la cantine quand elle passe, un petit gobelet de ferblanc, une cuiller en bois et un bidon plein d'eau. A mi-hauteur de la porte et, en dedans, est une petite étagère surmontée d'un guichet qui s'ouvre en dehors. Le guichet est percé au milieu d'un petit trou évasé en dedans, qui permet au gardien de voir, sans ouvrir la cellule, ce que fait le détenu.

« Quant à la nourriture des prisonniers, elle est insuffisante. A l'aube du jour, un gardien entre dans la cellule pour éteindre le gaz ; il est suivi d'un domestique qui enlève les balayures réunies par chaque détenu sur le seuil de la chambre, et place en même temps un bidon rempli d'eau pour la journée. A six heures et demie, on fait passer aux prisonniers un pain de munition à travers le guichet. A neuf heures, on leur verse dans un vase en fer-blanc deux doigts d'une eau chaude et presque claire qui a l'odeur de pois ou de haricots, et qui annonce la ration de trois heures après-midi. Une fois ou deux par semaine, ce bouillon aux herbes est remplacé par un liquide froid qui a un peu le goût de viande, et les légumes du soir par un morceau de bœuf froid salé. »

Tels sont la règle et l'ordinaire de la maison ; heureusement qu'ils furent adoucis par la charité chrétienne.

Une femme dévouée, Mme Coré, dont le mari était, avant le 18 mars, directeur du dépôt de la Préfecture, se mit à la disposition des otages pour leur faire avoir du linge, des aliments, de l'argent. Elle s'attacha surtout à être utile à l'Archevêque et à sa sœur. Grâce à elle, l'infortuné prélat était dans des conditions matérielles aussi bonnes que possible en prison.

Monseigneur et la plupart des otages ne firent que passer à la Conciergerie. Le 6 avril, assez tard dans la soirée, une voiture cellulaire, partagée en huit cases soigneusement fermées et séparées les unes des autres, emportait à Mazas l'Archevêque, M. l'abbé Lagarde, M. Bonjean, M. Allard, M. Crozes, et les PP. Ducoudray, Clerc et de Bengy. Quant à la sœur de l'Archevêque, elle fut conduite à Saint-Lazare, beaucoup plus tard.

Les Parisiens connaissent les voitures de la Préfecture, ils les ont vues quelquefois circuler dans les rues ; mais ils ne se doutent guère des souffrances qu'éprouvent les personnes qui y sont enfermées. Être enserré dans une case où l'on manque d'air, où le moindre mouvement vous fait heurter une des quatre planches qui vous étreignent, c'est se sentir encore vivant dans un cercueil, et pour peu que le trajet soit long, le malheureux reclus peut perdre connaissance.

Tel fut cependant le traitement qu'on ne rougit pas d'infliger à l'Archevêque de Paris! Ses misérables persécuteurs se refusèrent absolument de lui épargner cette cruelle humiliation. Mais la main secourable qui avait déjà fait éprouver à Monseigneur sa généreuse assistance, adoucit encore pour lui les nouvelles rigueurs de la Commune. A dater de ce jour, nous croyons écrire un épisode des catacombes. L'Église est bien toujours féconde en âmes généreuses; mais c'est l'épreuve surtout qui met à nu le fond des cœurs, et si d'une part, il y a dans le martyre une patience plus grande que dans toutes les douleurs, il y a dans les chrétiens une charité plus forte que la mort.

Aussitôt que Mme Coré apprit que l'Archevêque allait quitter la Conciergerie, elle voulut le voir; elle parvint, après de grandes difficultés, jusqu'à sa cellule.

« Monseigneur, lui dit-elle, vous partez pour Mazas.

— Je le sais, répondit-il.

— Du courage, Monseigneur; ne vous formalisez pas de ce que je vais vous dire. Vous êtes sans doute sans argent?...

Sur un signe affirmatif de l'Archevêque :

— Voulez-vous me faire le plaisir et l'honneur de partager avec moi? »

Il accepta et lui dit :

« Merci, mon enfant; je laisse ma sœur captive ici, pouvez-vous me promettre d'être sa sœur pendant la durée de ces terribles événements? »

Elle lui en donna l'assurance formelle, et, tout en larmes, se mit à genoux.

L'Archevêque étendit la main et lui donna sa bénédiction.

En même temps, s'organisait en faveur des Jésuites et des séminaristes restés au dépôt un petit service de ravitaillement et de correspondance, et il fonctionna sans relâche jusqu'à la fin. Trois fois par semaine on apportait des provisions; on sut mieux faire encore, nous le verrons, bientôt.

Quand Monseigneur et les sept autres prisonniers, partis avec lui de la Conciergerie, entrèrent à Mazas, une double ligne de soldats armés bordait le pourtour de l'espace qu'ils avaient à franchir pour arriver au vestibule de la prison. Cet appareil militaire, déployé pour l'incarcération de quelques prêtres et d'un magistrat sans armes, n'était de la part de la Commune qu'une fanfaronnade burlesque. — On écroua séparément les prisonniers dans une cellule d'attente dont une porte donnait sur le principal bureau. Après une grande heure, cette porte s'ouvrit et ils se trouvèrent en face de trois employés. Celui qui paraissait le chef les fit approcher, et leur fit décliner leurs noms, prénoms, pendant que les deux autres écrivaient avec lui leurs réponses. Cette formalité remplie, Monseigneur demanda qu'on voulût bien lui donner un ecclésiastique pour compagnon de cellule; on le lui refusa. Un gardien montra alors aux prisonniers le chemin qu'ils devaient suivre.

A l'extrémité d'un long couloir, s'élève une rotonde assez spacieuse et terminée en forme de dôme. Elle ouvre de six ou huit côtés dans son pourtour une voie qui introduit dans autant de corps de bâtiments. Au centre du rond-point, est un bureau d'inscription entouré de colonnes en pierres supportant un plafond. Au dessus, se trouve un bel autel en marbre blanc que l'on peut apercevoir depuis les couloirs de chaque aile : c'est la chapelle de la prison.

Au bureau de la rotonde, on remit à chaque détenu un billet sur lequel on inscrivit son nom, et en même temps un employé lui montra la direction qu'il devait prendre. Peu après, un autre, l'arrêtant au passage, le fit entrer dans une cellule qui renferme une baignoire; et, sur son refus de prendre un bain, il le conduisit à sa cellule définitive.

L'ameublement de ce nouveau séjour ne diffère en rien de celui de la Conciergerie. Le lit plus que simple consiste uniquement dans une sangle qui s'attache à des anneaux de fer, fixés aux parois des murs, d'une largeur à l'autre de la cellule : c'est un véritable hamac qu'il n'est pas permis de tendre durant le jour. Le régime de la maison est exactement le même qu'à la Préfecture. Seulement, à Mazas, tout est moins propre, surtout la vaisselle en fer-blanc. L'isolement, la solitude, y sont aussi plus complets. Au dépôt, le guichet de la porte demeure ouvert, une partie de la journée; à Mazas, il est constamment fermé. Au dépôt, les domestiques servent le repas; à Mazas, on confie ce soin aux gardiens de service eux-mêmes. Toutes les mesures sont prises pour que le prisonnier ne reçoive aucune nouvelle, n'entende rien du dehors, ne voie personne, même du coin de l'œil, parmi ses compagnons de captivité. C'est le régime cellulaire dans toute sa rigueur.

A partir du 15 avril, les prisonniers eurent la faculté de se promener chaque jour pendant environ une heure; mais toutes les précautions étaient prises pour les empêcher de communiquer, et ils étaient l'objet d'une surveillance incessante. Il leur était bien difficile de savoir qui ils avaient pour voisin de cellule. Au dépôt, dès les premiers jours de leur captivité, les otages s'étaient vus privés, contrairement à ce qui se fait d'ordinaire pour les détenus, de la faculté d'écrire et de recevoir des lettres. A Mazas, on finit par se relâcher de cette sévérité, mais la correspondance était soumise à un examen.

Pour compléter ces indications sur le règlement, il ne sera pas inutile de faire connaître la manière dont il est exécuté et de donner une idée des vexations gratuites qu'on y ajoute. « On a forgé ici, dit l'un des otages, tout un système de molestations. Soient quelques exemples : le hasard, une maladresse peut-être d'un gardien, si vous le voulez, vous laisse la possibilité d'entrevoir un ami codétenu ; pouvez-vous ne pas lui faire de loin un simple sourire? Aucune parole n'a été échangée. Aussitôt une rude et solennelle objurgation vient vous faire froncer les sourcils. Vous recevez de la ville des provisions en nature et en espèces pour vous et pour un ami. Impossible de rien faire parvenir à cet ami qui est là, à quatre pas, en face même de votre cellule : « La règle s'y oppose, vous dit-on. — Portez au directeur. — Je n'ose. » En disant ce mot, le gardien jette un regard furtif au fond du couloir comme pour voir si personne ne l'observe durant ce court dialogue. « Voilà une lettre pour la poste. — Ah! ce n'est pas l'heure. — Quelle est l'heure? — Huit heures. » Vous reprenez votre lettre et attendez au lendemain à huit heures. Le jour suivant, voici un autre gardien. « Une lettre, s'il vous plaît. — Ah! l'heure est passée. — Quelle est l'heure? — Sept heures. » C'est justement alors que la veille vous remettiez votre lettre. Je vous citerais mille traits de ce genre. Pour définir ce système de molestations incessantes infligées au prisonnier, je dirais que c'est « la persécution la mieux organisée que l'on connaisse ». Elle est étudiée avec un soin parfait; elle est savante avec un art raffiné; elle est appliquée avec une froide politesse; en un mot elle va droit au but. C'est le supplice lent du détenu; elle l'agace, l'irrite, le décourage, lui fait maudire justement ce système[1]. »

Tel est le régime de Mazas, et voilà comment furent traités les otages, pendant plus de deux mois. Aucune distinction ne fut faite entre eux et les malfaiteurs de droit commun, c'est-à-dire entre les membres les plus éminents du clergé et de la magistrature de France, et le voleur qui s'est emparé d'une montre, ou l'assassin qui, sous l'influence de l'ivresse, a tué un camarade. Ils avaient les uns et les autres la même cellule étroite, le même lit, le même mobilier, — une chaîne et une petite table, — et, ce qui fut peut-être le plus pénible, ils étaient soumis à la même surveillance incessante. Les gardiens les observaient à toute heure de jour et de nuit, pendant le jour par le judas des portes, et, la nuit, les portes des cellules devaient rester ouvertes et le gaz allumé, pour que les gardiens, qui se promenaient dans les corridors, pussent s'assurer par un coup d'œil de la présence des prisonniers.

Cette manière de traiter les détenus politiques était inouïe et choquante. On avait déclaré expressément qu'ils étaient de simples otages. Or, les otages ont été, de tout temps, considérés comme des victimes et non comme des coupables.

---

1. *Deux mois de prison*, p. 61 et suiv.

Chez les peuples anciens, les otages étaient libres dans leurs demeures, ils recevaient leurs amis et continuaient leurs travaux. Sous la première République, ils étaient réunis et conversaient ensemble. Les Prussiens eux-mêmes, qui se sont montrés si implacables contre la France, dans la guerre de 1870, ont traité les otages qu'ils ont pris avec certains égards. Mais les chefs de l'insurrection de 1871 ont voulu se montrer les dignes émules des plus fameux tyrans dont l'histoire fasse mention. Il y avait, parmi eux, un certain nombre de fanatiques, des hommes pour lesquels le seul fait d'être prêtre, et, à plus forte raison, d'être archevêque, est un crime que l'emprisonnement dans une cellule de malfaiteur punit avec trop de modération. Quel autre prétexte pouvait-on alléguer pour maintenir ce genre de prisonniers dans une cellule destinée aux criminels, au lieu de les placer en lieu sûr, mais de manière à les faire jouir du confort, nous ne voulons pas dire commandé par leur position sociale, mais auquel ils avaient droit comme hommes qui n'étaient inculpés d'aucun crime ou délit ?

Loin de chercher à adoucir les rigueurs de ce triste séjour, les gardiens avaient au contraire reçu l'ordre exprès de les aggraver pour Monseigneur. Aussi ces misérables infligeaient-ils, chaque jour, de nouvelles tortures à leur illustre prisonnier. Tantôt ils venaient devant sa cellule, et, là, se disaient entre eux des choses abominables ; une autre fois, sous prétexte de parler de Paris, ils donnaient sur la ville les détails les plus extravagants et les plus sinistres. Ils racontaient avec une atroce volupté les soi-disant cruautés des Versaillais, et semblaient vouloir en faire retomber toute la responsabilité sur l'Archevêque et ses prêtres[1]. Un jour, M. l'abbé Hogan, dont nous avons déjà apprécié la

---

1. Les gardiens qui avaient été attachés aux prisons avant la Commune et qui y étaient restés, se montrèrent, au contraire, pleins d'égards pour les otages. Par une attention délicate, ils réunissaient de préférence pour la promenade ceux entre qui ils devinaient une certaine affinité d'éducation et de goûts. Quand le moment suprême fut venu pour les prisonniers, réservés pour l'incendie, beaucoup furent sauvés par ces braves gens, qui leur ouvrirent les portes, leur procurèrent des déguisements, ou bien, après les avoir fait sortir de leurs cellules, se joignirent à eux pour éteindre le feu, en attendant les troupes libératrices.

charité, étant venu l'entretenir de diverses affaires, il ne put voir Monseigneur que dans le cabinet du directeur. On y amena le prélat comme un prisonnier vulgaire; et, quand il entra dans la pièce, aucune des personnes présentes ne lui donna la moindre marque de civilité; on ne mit même pas de siége à sa disposition, et l'Archevêque de Paris aurait été obligé de se tenir debout, si M. Hogan ne lui eût offert sa chaise. — Malgré ses instances réitérées, Monseigneur n'avait pu jusque-là obtenir de table pour écrire. Bien plus, on lui avait retiré jusqu'à son bréviaire, et on avait eu soin de le placer dans la cellule la plus petite et la plus malsaine. Qu'on juge, en présence d'une solitude aussi complète et d'un tel désœuvrement, combien devaient être longues et pénibles les journées et les nuits! La prière, sans doute, et la méditation en remplissaient la plus grande partie; mais quelque pieux, quelque saint que l'on soit, on ne peut pas toujours prier et méditer, et le malheureux prélat a dû parfois trouver bien dures certaines heures.

Un curé de Paris, qui avait été arrêté et mis au secret comme ses confrères de captivité, ayant été relâché, nous avouait que cet isolement complet est épouvantable, et que, si on ne l'avait pas délivré, il en serait devenu fou. Il n'est donc pas étonnant que la santé de Monseigneur, déjà si délicate, se soit promptement détériorée. Du reste, indépendamment du régime de la prison les tortures morales, que Mgr Darboy a eu à subir, auraient suffi pour abattre l'homme le plus robuste. Les gens de la Commune ne savaient pas, ils ne pouvaient pas savoir quelle douleur c'était, pour l'évêque, de voir son autorité sacrée méconnue, l'Église entière atteinte par l'attentat commis contre sa personne, ses prêtres emprisonnés, ses églises dépouillées ou fermées, sans qu'il lui fût possible, du fond de sa prison, de se rendre compte de l'étendue de cette persécution, et du développement qu'elle pouvait prendre encore.

Sous l'influence de ces causes diverses, le mal fit même de tels ravages que le médecin en chef de la prison dut intervenir et déclarer aux bourreaux de l'Archevêque que, s'ils ne plaçaient pas le prisonnier dans une autre cellule, et s'ils ne lui permettaient pas de suivre un autre régime que celui de la prison, dans quinze jours ils n'auraient plus qu'un cadavre. Cette perspective déconcerta un peu les potentats de l'Hôtel de ville. Dans leur haine contre la religion et le clergé, ils ne demandaient pas mieux que de faire souffrir l'Archevêque, mais ils ne voulaient pas encore sa mort; ils l'avaient pris comme otage dans la pensée que, pour obtenir sa liberté, le gouvernement de Versailles ferait grâce à quelques-uns des leurs retenus captifs.

Monseigneur fut donc transféré dans une cellule plus vaste et mieux aérée; on lui permit alors d'avoir une table pour écrire et même des livres, et il put recevoir ses repas du dehors. Mme Corée, secondée par M. Picard, chef du bureau central des contributions indirectes, chez qui elle avait dû se réfugier, fit alors chaque jour, à tout instant, les efforts les plus courageux, les plus ingénieux, pour soulager le sort des malheureux prisonniers. Deux fois, elle fut menacée dans sa liberté, comme il résulte des notes trouvées dans les bureaux du dépôt; mais ni les difficultés ni les menaces n'ébranlèrent son dévoûment. A plusieurs reprises, elle vit l'Archevêque par la lucarne de sa cellule, et elle lui fit parvenir des nouvelles de sa sœur, quand celle-ci fut réfugiée à Nancy. De son côté, Monseigneur réussissait quelquefois à faire donner des siennes à Mlle Darboy.

II

Quelque triste que fût l'état de santé de l'Archevêque, jamais sa force d'âme n'en fut ébranlée. Il justifia le mot prophétique prononcé à son sujet par Mgr Parisis : « Il y a dans ce prêtre l'étoffe d'un héros[1]. » M. Hogan, qui le visita plusieurs fois dans sa prison, nous a rapporté sa fière réponse, quand on lui demanda, au nom de la Commune, ce qu'il désirait : « Je ne demande qu'une chose, c'est qu'on me dise pourquoi je suis ici. »

---

1. Ce mot se trouvait textuellement dans le dossier de Mgr Darboy, envoyé de Langres à l'archevêché de Paris.

Un correspondant du *Times*, qui put alors visiter Monseigneur, exprimait ainsi à ce journal toute l'admiration que lui avait inspirée l'auguste captif :

« Nous avons été frappés de l'énergie des prisonniers, bien que mon compagnon et moi, nous eussions eu l'occasion de constater souvent le courage déployé par les aumôniers français exerçant leur ministère sur le champ de bataille. L'Archevêque causait presque aussi gaîment dans sa triste cellule qu'il aurait pu le faire dans son palais, et il discutait les chances qu'il avait de perdre la vie avec une voix aussi calme que s'il s'agissait d'une police d'assurance. »

Même au temps où rien ne pouvait faire prévoir à Mgr Darboy les souffrances qui l'attendaient, il suffisait d'un coup d'œil jeté sur sa personne, pour reconnaître en lui un martyr depuis longtemps touché de la grâce divine. La dernière fois qu'il avait visité Jules Janin parmi ses livres, celui-ci était très-malade ; et, comme il remerciait le prélat de l'honneur qu'il lui faisait : « Il faut bien, lui répondit Monseigneur, obéir à la loi sainte qui nous ordonne de visiter ceux qui souffrent. » Puis, lorsque l'illustre critique, qui voulait aussi faire honneur et plaisir à l'Archevêque lui montra un magnifique exemplaire (aux armes royales) des *Oraisons funèbres* de Bossuet, où le grand évêque avait laissé sa signature, l'Archevêque ouvrit d'une main tremblante et pleine d'émotion ces pages immortelles : « Ah ! s'écria-t-il, quand on songe qu'un pauvre homme tel que moi tient la clef de la chaire de Bossuet ! » Il lut, tout bas, deux ou trois pages de l'oraison funèbre d'Henriette d'Angleterre, avec un avant-goût d'immortalité. « Là, disait-il de la vie future, le soleil ne se tait jamais ! » Il entendait parler le soleil ! Hélas ! en ces geôles où il est plongé, le martyr n'entend plus maintenant que des soupirs et de profonds gémissements. Jusqu'à son dernier jour, il n'entendra plus que d'horribles langages ; il ne verra plus que des âmes abominables ; il n'aura plus d'espérance ici-bas !

Telle était aussi, dans cet air de mort, la sérénité des autres prisonniers. Leurs lettres attestent le calme de leur âme, leur gaîté même ; à certaines heures, ils chantaient, comme autrefois les premiers chrétiens à la veille de mourir.

Le 17 avril, le P. Olivaint écrit à un de ses frères :

« Cher ami, j'ai reçu votre bonne lettre ; elle m'a fait grand plaisir. Remerciez bien pour moi toutes les personnes qui s'intéressent à mon sort. Dites-leur bien que je ne suis pas du tout à plaindre. Santé assez bonne ; pas un moment d'ennui dans ma retraite, que je continue jusqu'au cou ; je suis au treizième jour, en pleine Passion de Notre-Seigneur, qui se montre bien bon pour ceux qui essayent de souffrir quelque chose avec lui. De plus en plus soyons à Dieu. Je ne sais rien de mes compagnons. Je compte sur les livres que je vous ai demandés. Amitiés à tous. A vous de cœur. »

Le 29, le P. Caubert nous initie à la vie de Mazas :

« Ma santé, jusqu'à présent, s'est bien maintenue. Du reste, j'ai tout ce qui m'est nécessaire et même au-delà. En outre, le moral sert à fortifier le physique, en donnant du courage et des forces ; or, c'est ce qui m'arrive, car je me sens plein de confiance en Dieu, et très-heureux de faire sa volonté dans ce qu'il me demande actuellement.

« Au surplus, le régime de la prison, malgré son côté austère et sévère, n'est pas en soi nuisible à la santé. On nous fait prendre l'air tous les jours pendant une heure, isolément et à notre tour. Les estomacs délicats peuvent se procurer les aliments dont ils ont besoin. Deux fois par semaine, on nous donne du bouillon et un morceau de bœuf. Il y a dans la maison de la propreté, de l'ordre, de la régularité. On a pour les personnes les égards qui paraissent convenables ; enfin il y a dans toute la maison un ensemble qui fait honneur au directeur, puisque tout dépend de lui, et qui rend témoignage de sa sollicitude. Tous les jours, on peut aller à la visite du médecin et du pharmacien. Il y a une bibliothèque renfermant un assez grand nombre de livres très-variés, et chacun peut en demander pour s'occuper.

« Quant aux détails du ménage, ce que je reçois est très-suffisant et je n'ai pas besoin d'autre chose. Il faut d'ailleurs simplifier les envois pour ne pas encombrer ma cellule, où je dois mettre tout un peu pêle-mêle ».

Vraiment, le P. Caubert, aussi bien que ses compagnons de captivité, voyaient Mazas du bon côté parce qu'ils le prenaient en bonne part. Jamais on ne les surprend se plaindre de rien, ni de personne. A les entendre, tout est bien, et tout le monde est bon pour eux. Ils souffrent, sans doute; mais comme ils patientent, ils souffrent moins que d'autres, et comme ils espèrent, ils souffrent mieux.

Et cependant, avant d'écrire ces lignes, nous avons, nous aussi, suivi l'itinéraire des martyrs. Nous avons vu à Mazas ces longues nefs à triple étage, à double galerie, rayonnant autour d'un centre, et des deux côtés, à tous les étages, toutes ces portes armées de verrous et munies du guichet réglementaire, et ces étroites cellules dont nous avons déjà fait l'inventaire. Quant au fameux promenoir si souvent mentionné dans les lettres des captifs, qu'on se figure de petits préaux triangulaires, fermés d'une grille en avant et de murs sur les deux autres côtés, sans abri d'ailleurs et sans autre siège qu'un cube de pierre posé dans un coin : les détenus, pendant leur récréation solitaire, ne peuvent entrevoir absolument personne, si ce n'est sur le belvédère du milieu, le gardien qui les surveille.

Pour que les otages aient été contents à Mazas, il fallait qu'ils fussent vraiment de la race des martyrs! C'est ce que révèle d'une manière extrêmement glorieuse pour la congrégation de Picpus une lettre du P. Radigue, écrite le 3 mai au R. P. Bousquet, son supérieur général. On croirait lire une épître retrouvée dans les écrits de saint Ignace d'Antioche.

« Mon très-révérend Père,
. . . .
« Je suis maintenant fier de me trouver à la suite de tant d'illustres confesseurs, qui ont rendu témoignage à Jésus-Christ. Je pense au glorieux Apôtre Pierre dans la prison Mamertine; tous les jours je baise avec amour un *fac simile* de ses chaînes, que je suis heureux de posséder. Je pense au grand saint Paul, en lisant ses souffrances dans les Actes et dans les Épîtres. Ce que je souffre n'est rien en comparaison; c'est beaucoup pour moi, parce que je suis faible.

Je passe en revue tant d'autres saints et de saintes qui sont loués pour avoir souffert ce que je souffre, et je me demande alors pourquoi je ne me trouverais pas heureux de ce qui a fait la félicité des saints. Les fêtes de chaque jour me fournissent encore des encouragements. Comment se plaindre en disant l'office de Saint Athanase ? et aujourd'hui, comment n'être pas glorieux de porter un peu de cette croix dont on célèbre le triomphe ? Je pense à la Congrégation dont tous les membres prient pour nous ; je pense à vous surtout, bien-aimé Père, qui souffrez autant que nous de nos souffrances. Je suis tout joyeux de tenir votre place ici et de vous savoir en sûreté ; vous pouvez consoler la famille et la diriger. Je tâche de m'unir au saint Sacrifice célébré dans nos chapelles, aux adorateurs et aux adoratrices qui nous remplacent au pied du saint Tabernacle. Je me suis orienté ; et comme Daniel se tournait vers Jérusalem, je me tourne vers les sanctuaires de la maison mère, et j'adore avec les membres de la famille qui y sont encore, hélas ! aussi, dans la captivité. »

Une seule douleur désolait ces généreux confesseurs pendant qu'ils souffraient ainsi pour l'Église et pour la France, c'était d'être privés de la messe et de la communion. « Si j'étais petit oiseau, écrivait l'un d'eux, j'irais tous les matins entendre la messe quelque part, et je reviendrais après volontiers dans ma cage ».

Que ne peut la charité de Dieu ! Une fois de plus, il voulut bien, comme dit Bossuet, chercher d'autres voiles et d'autres ténèbres que ces voiles et ces ténèbres mystiques dont il se couvre volontairement dans l'Eucharistie. On joignit aux provisions de bouche envoyées à Mazas quelques hosties consacrées, et ainsi, en dépit de la surveillance des sbires de la Commune, le Christ pénétra dans la cellule des pauvres prisonniers. Quelle joie pour leur cœur ! Il faut lire la lettre ou plutôt l'hymne écrit par le P. Clerc après qu'il eût reçu quatre hosties consacrées.

« Tout est arrivé en parfait état, et tout était disposé avec une industrie et une adresse admirables. J'aime mieux laisser à votre piété le soin de se retracer ma joie que d'essayer de le faire par ma plume. Mais je crois bien pouvoir dire que je défie tous les événements. Il n'y a plus de prison, il n'y a plus de solitude, et j'ai confiance que si Notre-Seigneur permet aux méchants de satisfaire toute leur haine et de prévaloir pendant quelques heures, il prévaudra sur eux, en ce moment-là même, par le plus faible et par le plus vil instrument.

« Ah! mon Dieu, que vous êtes bon! et qu'il est vrai que la miséricorde de votre cœur ne sera jamais démentie!

« Je n'avais pas osé concevoir l'espérance d'un tel bien : posséder Notre-Seigneur, l'avoir pour compagnon de ma captivité, le porter sur mon cœur et reposer sur le sien comme il l'a permis à son bien-aimé Jean. Oui, c'est trop pour moi, et ma pensée ne s'y arrêtait pas. Et cependant cela est....

« Ah! prison, chère prison, toi dont j'ai baisé les murs en disant : *Bona Crux*, quel bien tu me veux! Tu n'es plus une prison, tu es une chapelle. Tu n'es plus même une solitude, puisque je n'y suis pas seul, que mon Seigneur et mon roi y demeure avec moi.

« Oh! dure toujours ma prison qui me vaut de porter mon Seigneur sur mon cœur, non pas comme un signe, mais comme la réalité de mon amour avec lui. J'avais l'espérance que Dieu me donnerait la force de bien mourir; aujourd'hui, mon espérance est devenue une vraie et solide confiance. Il me semble que je peux tout en celui qui me fortifie et qui m'accompagnera jusqu'à la mort. Le voudra-t-il? Ce que je sais, c'est que s'il ne le veut pas, j'en aurai un regret que rien ne pourra calmer.... »

Le P. Ducoudray clot cette correspondance de Mazas l'*alleluia* dans le cœur et le *fiat* sur les lèvres :

« J'ai tout reçu. Quelle surprise! Quelle joie! Je ne suis pas seul! Notre-Seigneur pour hôte dans ma petite cellule! Et c'est vrai, *Credo*! Je me suis cru au jour de ma première communion, et je me suis surpris fondant en larmes. Depuis quarante-cinq jours, j'étais privé d'un si riche bien, de mon seul trésor! Je me renferme dans mon cénacle, et je voudrais bien, après ces jours qui nous séparent de la Pentecôte, revoir la lumière du ciel.... »

Oui, Martyrs de Jésus-Christ, vous deviez revoir la lumière du ciel, et c'était pour aller dans la sainte patrie de vos âmes! Telle était la perspective qui faisait tressaillir de joie un jeune séminariste de Saint-Sulpice, M. Paul Seigneret, dont M. Bouet vient de retracer l'innocente vie en des pages émues. Sous la même impression que ses nobles compagnons de captivité, M. Seigneret écrivait dans les premiers jours de mai à un directeur de Saint-Sulpice, M. Sire :

« Vous avez vu sans doute les discours prononcés à l'Hôtel de ville après le renversement de la colonne Vendôme. Les journaux auront reproduit cela en province; nos pauvres familles doivent être épouvantées. Ce sont elles qui sont à plaindre et non pas nous.

« Pour nous, la Commune sans qu'elle s'en doute, nous a fait tressaillir d'espérance avec ses menaces. Serait-il donc possible qu'au commencement seulement de notre vie, Dieu nous tînt quittes du reste, et que nous fussions jugés dignes de lui rendre ce témoignage du sang, plus fécond que l'emploi de mille vies! Heureux le jour où nous verrons ces choses, si jamais elles nous arrivent! Je n'y puis penser sans larmes dans les yeux. »

Ces nobles paroles, souvent publiées depuis la mort du saint jeune homme, ont valu à sa modeste mémoire l'honneur assurément bien inattendu, mais qu'on a jugé mérité, d'attirer l'attention des personnes les plus illustres et les plus compétentes en matière de noble langage. Le 7 décembre 1871, à la séance de réception de M. Xavier Marmier à l'Académie française, M. Cuvillier-Fleury, a cité, en terminant son discours, ces lignes qu'anime un si généreux enthousiasme; et son éloquente péroraison a été vivement applaudie par l'auditoire.

CHAPITRE V

NÉGOCIATIONS ET DÉMARCHES EN FAVEUR DES PRISONNIERS.

La Commune demande à l'Archevêque de solliciter l'échange de Blanqui contre divers prisonniers. — Monseigneur écrit dans ce sens à M. Thiers. — M. Lagarde, porteur du message, est retenu à Versailles. — Nouvelle lettre arrachée au prélat et apportée par le curé de Montmartre. — La première négociation est ainsi compromise et n'aboutit pas, grâce à l'ineptie de la Commune. — Nouvelles tentatives. — Le pape Pie IX charge le nonce apostolique, en France, de faire des démarches auprès des représentants des puissances, en faveur de Mgr Darboy. — Entrevue de M. Wasburne avec le vénérable prélat. — Visite de M. Rousse à l'Archevêque, à M. Deguerry et au P. Caubert. — Sa relation.

I

Sous l'influence de l'esprit anti-social qui les animait, les gens de la Commune n'avaient pas même conscience du caractère odieux de leurs procédés envers les otages. Non-seulement ils ne rougirent pas de traiter d'une manière indigne le premier pasteur du diocèse, mais ils osèrent bien aller dans son cachot lui demander des lettres pour M. Thiers, en lui faisant entrevoir des représailles, des exécutions par l'émeute, si ce qu'ils prétendaient obtenir n'était pas accordé. Et le principal rédacteur de leur *Journal officiel*, celui-là même qui, par l'indécence de sa tenue, s'est fait chasser de la cathédrale de Londres, pendant le service d'actions de grâces pour la guérison du prince de Galles, ne pouvait trop admirer l'homme habile qui croyait avoir trouvé le moyen de forcer la main au chef de l'État. Or voici ce qu'on demandait :

Par une étrange fatalité, l'homme qui avait été condamné à mort pour la cause de la Révolution et de l'idée communale, Blanqui, était séquestré dans une prison ignorée, à l'heure même où cette révolution triomphait. La Commune en fut frappée, et, à la prière d'un ami du conspirateur, le citoyen Flotte, elle résolut de demander l'élargissement de Blanqui. C'est alors que s'ouvrit cette négociation autour de laquelle on a fait tant de bruit, et qu'il est peut-être temps d'approfondir avec plus de calme. Nous n'avons pas à défendre une cause qui n'a été condamnée que sur l'exposé des journaux de la Commune ou de récits passionnés et tronqués. Le personnage inculpé se recommande suffisamment par son passé, ainsi que par le témoignage public de ceux qui, seuls, avaient le droit de l'entendre et de recevoir communication des pièces qu'il a entre les mains. Mais nous bornant à ce qui est connu et à ce que nous avons pu recueillir nous-même à Versailles, où nous étions à cette époque, il nous sera sans doute permis de faire remarquer que, quoique incomplets, les faits et les documents que nous relatons sont loin de justifier les mensonges intéressés qui pullulent dans la *page d'histoire* du *Journal officiel* de la Commune, et les jugements précipités auxquels ils ont donné lieu.

Le 12 avril, M. l'abbé Lagarde, qui partageait à Mazas la captivité de son Archevêque, fut chargé par Monseigneur d'aller porter à M. Thiers une lettre dans laquelle il sollicitait l'échange de M. Blanqui, malade et prisonnier, contre divers otages de la Commune de Paris. Le vicaire général accepta cette mission de grand cœur, avec l'espérance que ce serait peut-être un premier pas dans la voie d'une conciliation.

M. Lagarde, parti le 12, ne put arriver à Versailles que le 13; il remit aussitôt la lettre suivante à M. Thiers, en ajoutant quelques mots inspirés par la religion et le dévoûment:

« *Prison de Mazas*, 12 *avril* 1871.

« Monsieur le Président,

« J'ai l'honneur de vous soumettre une communication que j'ai reçue hier soir, et je vous prie d'y donner la suite que votre sagesse et votre humanité jugeront la plus convenable.

« Un homme influent, très-lié avec M. Blanqui par certaines idées politiques et surtout par le sentiment d'une vieille et solide amitié, s'occupe activement de faire qu'il soit mis en liberté. Dans cette vue, il a proposé de lui-même, aux commissaires que cela concerne, cet arrangement : si M. Blanqui est mis en liberté, l'Archevêque de Paris sera rendu à la liberté avec sa sœur, M. le Président Bonjean, M. Deguerry, curé de la Madeleine et M. Lagarde vicaire-général de Paris, celui-là même qui vous remettra la présente lettre. La proposition a été agréée, et c'est en cet état qu'on me demande de l'appuyer près de vous.

« Quoique je sois un peu dans cette affaire, j'ose la recommander à votre haute bienveillance; mes motifs vous paraîtront plausibles, je l'espère.

« Il n'y a déjà que trop de causes de dissentiment et d'aigreur parmi nous; puisqu'une occasion se présente de faire une transaction, qui du reste ne regarde que les personnes et non les principes, ne serait-il pas sage d'y donner les mains et de contribuer ainsi à préparer l'apaisement des esprits ? L'opinion ne comprendrait peut-être pas un tel refus.

« Dans les crises aiguës comme celle que nous traversons, des représailles, des exécutions par l'émeute, quand elles ne toucheraient que deux ou trois personnes, ajoutent à la terreur des uns, à la colère des autres et aggravent encore la situation. Permettez-moi de vous dire, sans autres détails, que cette question d'humanité mérite de fixer toute votre attention, dans l'état présent des choses à Paris.

« Oserai-je, Monsieur le Président, vous avouer ma dernière raison ? Touché du zèle que la personne dont je parle déployait avec une amitié si vraie en faveur de M. Blanqui, mon cœur d'homme et de prêtre n'a pas su résister à ses sollicitations émues, et j'ai pris l'engagement de vous demander l'élargissement de M. Blanqui le plus promptement possible. C'est ce que je viens de faire.

« Je serais heureux, Monsieur le Président, que ce que

je sollicite ne vous parût point impossible; j'aurais rendu service à plusieurs personnes, et même à mon pays tout entier.

« G. Darboy, Archevêque de Paris. »

M. Thiers promit une réponse pour le lendemain, et la bienveillance de son accueil donnait un certain espoir ; mais ce jour-là, lorsque M. Lagarde se présenta pour recevoir cette réponse, une autre lettre de Monseigneur, apportée par M. l'abbé Bertaut, curé de Montmartre, avait gravement modifié les dispositions de la veille.

Voici cette seconde lettre :

« *De Mazas* 8 *avril* 1871.

« Monsieur le Président,

« Hier vendredi, après un interrogatoire que j'ai subi à Mazas où je suis détenu en ce moment, les personnes qui venaient m'interroger m'ont assuré que des actes barbares avaient été commis contre des gardes nationaux par divers corps de l'armée dans les derniers combats : on aurait fusillé les prisonniers et achevé les blessés sur le champ de bataille. Ces personnes, voyant combien j'hésitais à croire que de tels actes pussent être exercés par des Français contre des Français, m'ont dit ne parler que d'après des renseignements certains.

« Je pars de là, monsieur le Président, pour appeler votre attention sur un fait aussi grave, qui peut-être ne vous est pas connu, et pour vous prier instamment de voir ce qu'il y aurait à faire dans des conjonctures si douloureuses. Si une enquête forçait à dire qu'en effet d'atroces excès ont ajouté à l'horreur de nos discordes fratricides, ils ne seraient certainement que le résultat d'emportements particuliers et tout individuels. Néanmoins, il est possible peut-être d'en prévenir le retour, et j'ai pensé que vous pouvez plus que personne prendre à ce sujet des mesures efficaces.

« Personne ne trouvera mauvais qu'au milieu de la lutte actuelle, étant donné le caractère qu'elle a revêtu dans ces derniers jours, j'intervienne auprès de tous ceux qui peuvent la modérer ou la faire finir.

« L'humanité, la religion me le conseillent et me l'ordonnent.

« Je n'ai que des supplications; je vous les adresse avec confiance.

« Elles partent d'un cœur d'homme qui compatit depuis plusieurs mois à bien des misères; elles partent d'un cœur français que les déchirements de la patrie font douloureusement saigner; elles partent d'un cœur religieux et épiscopal qui est prêt à tous les sacrifices, même à celui de la vie, en faveur de ceux que Dieu lui a donnés pour compatriotes et pour diocésains.

« Je vous en conjure donc, Monsieur le Président, usez de tout votre ascendant pour amener promptement la fin de notre guerre civile, et en tout cas pour en adoucir le caractère autant que cela peut dépendre de vous.

« Veuillez, Monsieur le Président, agréer l'hommage de mes sentiments très-respectueux.

« G. Darboy, archevêque de Paris. »

« P. S. — La teneur de ma lettre prouve assez que je l'ai écrite d'après la communication qui m'a été faite; je n'ai pas besoin d'ajouter que je l'ai écrite non-seulement en dehors de toute pression, mais spontanément et de grand cœur. »

M. Thiers, péniblement impressionné, fit presque sur-le-champ à cette lettre la réponse suivante :

« *Versailles* 14 *avril* 1871.

« Monseigneur,

« J'ai reçu la lettre que M. le curé de Montmartre m'a remise de votre part, et je me hâte de vous répondre avec la sincérité de laquelle je ne m'écarterai jamais.

« Les faits sur lesquels vous appelez mon attention sont *absolument faux*, et je suis véritablement surpris qu'un prélat aussi éclairé que vous, Monseigneur, ait admis un instant qu'ils pussent avoir quelque degré de vérité. Jamais l'armée n'a commis, ni ne commettra, les crimes odieux que lui imputent des hommes qui assassinent leurs généraux, et ne craignent pas de faire succéder les horreurs de la guerre civile aux horreurs de la guerre étrangère. Pendant la lutte, nos soldats se défendent avec ardeur, c'est possible; mais le combat terminé, ils rentrent dans la générosité du caractère national, et nous en avons ici la preuve matérielle exposée à tous les regards.

» Les hôpitaux de Versailles contiennent quantité de blessés appartenant à l'insurrection, et qui sont soignés comme les défenseurs de l'ordre eux-mêmes. Ce n'est pas tout, nous avons eu entre nos mains seize cents prisonniers qui ont été transportés à Belle-Isle et dans quelques postes maritimes, où ils sont traités comme des prisonniers ordinaires, et même beaucoup mieux que ne le seraient les nôtres, si nous avions eu le malheur d'en laisser dans les mains de l'insurrection.

Je repousse donc, Monseigneur, les calomnies qu'on vous a fait entendre; j'affirme que jamais nos soldats n'ont fusillé les prisonniers, que toutes les victimes de cette affreuse guerre civile ont succombé dans la chaleur du combat, que nos soldats n'ont pas cessé de s'inspirer des principes d'humanité qui nous animent tous, et qui seuls conviennent aux convictions et aux sentiments du Gouvernement librement élu que j'ai l'honneur de représenter.

« J'ai déclaré, et je déclare encore, que tous les hommes égarés qui, revenus de leurs erreurs, déposeraient les armes, auraient la vie sauve, à moins qu'ils ne fussent *judiciairement* convaincus de participation aux abominables assassinats que tous les honnêtes gens déplorent; que les ouvriers nécessiteux recevraient, pour quelque temps encore, le subside qui les a fait vivre pendant le siège, et que tout serait oublié une fois l'ordre établi.

« Voilà les déclarations que j'ai faites, que je renouvelle et auxquelles je resterai fidèle, quoi qu'il arrive, et je nie absolument les faits qui seraient contraires à ces déclarations.

« Recevez, Monseigneur, l'expression de mon respect et de la douleur que j'éprouve en vous voyant victime de cet affreux système des otages, emprunté au régime de la Terreur; et qui semblait ne devoir jamais reparaître chez nous.

« Le président du conseil,

« A. Thiers. »

L'étonnement du chef de l'État fut partagé par le public; personne ne comprenait comment Monseigneur avait pu consentir à écrire une semblable lettre. Mais telle n'eût pas été l'impression générale, si on eût considéré que cette lettre avait été faite en prison, à la demande des agents de la Commune, *menaçant d'appliquer la loi dite des otages*, non-seulement à l'Archevêque, mais aux autres détenus. C'est donc dans un but d'humanité, et non par crainte de voir exercer des représailles contre sa personne, que Monseigneur ne refusa pas de faire cette démarche. Quoi qu'il en soit, elle fut cause que M. Thiers ajourna sa réponse à la lettre qu'avait apportée M. Lagarde. Le devoir du vicaire général était de se soumettre et d'attendre, pour ne point brusquer un dénoûment qui n'était que compromis; il s'empressa d'en informer le citoyen Flotte. Le 15, il lui écrivit de Versailles :

« Monsieur,

« J'ai écrit à Monseigneur l'Archevêque, sous le couvert de M. le directeur de la prison de Mazas, une lettre qui lui sera parvenue, je l'espère, et qui vous a sans doute été communiquée. Je tiens à vous écrire directement, comme vous m'y avez autorisé, pour vous faire connaître les nouveaux retards qui me sont imposés. J'ai vu quatre fois déjà le personnage à qui la lettre de Monseigneur l'Archevêque était adressée, et je dois, pour me conformer à ses ordres, attendre encore deux jours la réponse définitive. Quelle sera-t-elle? Je ne puis vous dire qu'une chose, c'est que je ne néglige rien pour qu'elle soit dans le sens de vos désirs et des nôtres.

« Dans ma première visite, j'espérais qu'il en serait ainsi et que je reviendrais sans beaucoup tarder avec cette bonne nouvelle. On m'avait bien fait quelques difficultés; mais on m'avait témoigné des intentions favorables. Malheureusement la lettre publiée dans l'*Affranchi*, et apportée ici après cette publication aussi bien qu'après la remise de la mienne, a modifié les impressions. Il y a eu conseil et ajournement pour notre affaire. Puisqu'on m'a formellement invité à différer mon départ de deux jours, c'est que tout n'est pas fini, et je vais me remettre en campagne. Puissé-je réussir encore une fois ! Vous ne pouvez douter ni de mon désir, ni de mon zèle. Permettez-moi d'ajouter qu'outre les intérêts si graves qui sont en jeu et qui me touchent de si près, je serais heureux de vous prouver autrement que par des paroles la reconnaissance que m'ont inspirée vos procédés et vos sentiments. Quoi qu'il arrive, et quel que soit le résultat de mon voyage, je garderai, croyez-le bien, le meilleur souvenir de notre rencontre.

« Veuillez, etc.

« E.-J. LAGARDE. »

Rien n'était encore désespéré ; mais M. Flotte, que son affection pour M. Blanqui rendait d'une impatience extrême, voulut une réponse après cinq ou six jours d'attente, temps bien court quand on songe aux difficultés d'obtenir des audiences et de se mettre en rapport avec un personnage aussi occupé que le chef du pouvoir exécutif. Le 18, il alla trouver Mgr Darboy et lui demanda « un mot de sa main » pour M. l'abbé Lagarde. L'Archevêque lui remit le billet suivant :

« *L'Archevêque de Paris à M. Lagarde, son Grand Vicaire.*

« M. Flotte, inquiet du retard que paraît éprouver le retour de M. Lagarde, et voulant dégager vis-à-vis de la Commune la parole qu'il avait donnée, part pour Versailles à l'effet de communiquer son appréciation au négociateur.

« Je ne puis qu'engager M. le Grand Vicaire à faire connaître au juste à M. Flotte l'état de la question, à s'entendre avec lui, soit pour prolonger son séjour encore de vingt-quatre heures, si c'est absolument nécessaire, soit pour rentrer immédiatement à Paris si c'est jugé plus convenable.

« De Mazas, 19 avril 1871.

« G..., Archevêque de Paris. »

M. Flotte voulait porter lui-même ce billet; mais ses amis lui ayant fait observer qu'il pouvait être arrêté, il le fit remettre à M. Lagarde, qui répondit :

« M. Thiers me retient toujours ici, et je ne puis qu'attendre des ordres *comme je l'ai plusieurs fois écrit à Monseigneur*. Aussitôt que j'aurai du nouveau, je m'empresserai d'écrire. »

Le *Journal officiel* de la *Commune* conclut que M. Lagarde refusait de revenir; le billet de l'Archevêque n'implique pas cette conclusion; M. Lagarde dit que « M. Thiers le retient toujours à Versailles », mais il ne déclare pas qu'il ne reviendra pas.

M. Flotte, de plus en plus impatient, alla trouver Mgr Darboy qui, sur des instances extrêmement pressantes, lui remit encore quelques lignes pour son Grand Vicaire.

« Au reçu de cette lettre, et en quelque état que se trouve la négociation dont il a été chargé, M. Lagarde voudra bien reprendre immédiatement le chemin de Paris et rentrer à Mazas. On ne comprend guère que dix jours ne suffisent pas à un Gouvernement pour savoir s'il veut accepter ou non l'échange proposé. Ce retard nous compromet gravement et peut avoir les plus fâcheux résultats.

« De Mazas, le 23 avril 1871.

« G..., Archevêque. »

Cette lettre de l'Archevêque paraît un peu dure, surtout pour un vicaire général qui lui avait donné une preuve éclatante de dévouement et de courage, en partageant volontairement sa captivité. Mais il faut remarquer que les lettres et billets de Monseigneur sont datés de Mazas, et attestent par là même qu'ils ne sont pas l'œuvre d'un homme en liberté; leur teneur prouve que le prélat n'a pas écrit de son propre mouvement, mais d'après les instances réitérées des amis de Blanqui, venant le trouver avec l'autorisation des commissaires de la Commune. On doit se rappeler aussi les tristes perspectives si souvent offertes à l'infortuné prélat; la Commune ne parlait que de *représailles*, d'*exécutions* par l'*émeute*. De telles menaces, nous l'avons déjà fait remarquer, n'auraient eu aucune action sur l'Archevêque s'il avait été seul en cause. Mais refuser les lettres qu'on lui demandait, c'était non-seulement rendre plus périlleuse la situation des quatre personnes comprises avec lui dans la négociation, mais encore exciter contre tout le clergé et toute l'Église de Paris la rage de leurs ennemis. C'est là surtout le motif qui a certainement déterminé le pontife. On le sent, en lisant ses lettres, écrites pourtant sous le regard de ses geôliers. On le sentirait bien davantage si la Commune n'avait impudemment altéré le texte du dernier billet de Monseigneur, en supprimant après ces mots : *on ne comprend guère*, l'adverbe *ici* qui se lit dans l'original que nous avons vu à Versailles.

Mais ce qui ne laisse aucun doute à ce sujet, c'est l'article publié dans le *Cri du peuple*, journal de Jules Vallès, le jour même où paraissait la lettre de Monseigneur. L'auteur, Casimir Bouit, s'efforçait de prouver que l'Archevêque de Paris, et en *sa personne le clergé français*, avait fait un serment à la Commune, l'avait violé et devait par conséquent être traité sans miséricorde. On lisait dans cet article qui avait pour titre *le Serment* :

« La Commune savait que dans les fers, dans un cachot inaccessible, torturé sans doute, s'éteignait lentement un condamné à mort...

« Cet homme, c'était Blanqui...

« Or, dans la prison de Mazas, il y avait un Archevêque, l'Archevêque de Paris.

« La Commune avait accusé cet Archevêque de haute trahison contre la République. Mais elle l'avait traité comme les républicains traitent leurs prisonniers.

« Elle dit à ce prisonnier : « Vous serez libre, mais à la « condition que Blanqui sera relâché. Vous serez libre, vous « et votre vicaire général arrêté comme vous. »

« L'Archevêque écrivit une lettre à M. Thiers, une lettre dont nous avons entre les mains l'autographe.

« Pour la porter à Versailles, l'Archevêque choisit son vicaire général, prisonnier comme lui.

« Mais avant le départ, il fit jurer à ce vicaire de revenir quand même et, en cas de refus de la part de Versailles, de rentrer à Mazas.

« Le vicaire général jura sur son honneur d'homme et de prêtre de revenir.

« L'Archevêque de Paris, promit le retour de son vicaire.

« Il jura, lui aussi, sur son honneur d'homme et de prêtre, et sur sa tête.

« Eh bien, ce double serment, le prêtre et l'homme l'ont foulé sous leurs pieds.

« Depuis huit jours, le vicaire général est à Versailles, tergiversant, temporisant, jouant avec le serment donné, disant qu'il est aux ordres de M. Thiers, et que M. Thiers lui défend de revenir encore.

« Pendant ce temps, le citoyen Blanqui, malade au moment de l'arrestation, agonise peut-être dans son cachot.

« Où ?... Nul ne le sait et nul ne peut le savoir, pas même sa famille.

« Voilà les faits.

« Nous ne voulons pas les juger aujourd'hui.

« Nous avons entre les mains toutes les pièces, nous allons les publier.

« Le peuple appréciera.

« Ce nous est cependant un devoir de constater que le clergé français a, dans la personne de Mgr Darboy et de son vicaire général, trahi son serment juré sur la tête de son Archevêque.

« Que Paris juge maintenant où est la modération, l'honneur, la justice et sur qui devra retomber la responsabilité des événements. »

Il est manifeste que des hommes qui tenaient ce langage étaient prêts à réaliser leurs menaces, et que, si le vicaire général était revenu, il n'en eût pas été quitte cette fois pour être emprisonné dans la cellule d'un malfaiteur.

Or, c'est seulement le 20 avril, le lendemain du jour où avait paru cet odieux et violent article, que M. Lagarde, recevait du Gouvernement de Versailles la réponse à la lettre qu'il lui avait remise le 13. Cette réponse était close, et on refusait d'en faire connaître le sens et les termes. On renvoyait ainsi, comme un commissionnaire ignorant la mission qu'on lui confiait, porteur peut-être de son arrêt de mort et de celui de beaucoup d'autres, l'homme qui était venu en négociateur avec une lettre ouverte et des instructions verbales qui la complétaient.

M. Lagarde ne pouvait évidemment accepter un congé qu'on lui donnait d'une façon si étrange. D'un autre côté, il ne se trouvait lié par sa parole ni vis à vis de la Commune, ni vis à vis de l'Archevêque, car il n'avait pas juré de revenir à Mazas en cas d'insuccès dans sa négociation, comme on l'a faussement prétendu. Il devait donc avant tout chercher à éclairer Monseigneur sur l'état réel des choses et sur les conséquences d'un retour qui ne compromettait pas que le Grand Vicaire. C'est ce qu'il parvint à faire, non sans peine, par l'intermédiaire de ce bienveillant jurisconsulte dont nous avons déjà loué avec justice le précieux dévouement. Il demandait au prélat de vouloir bien lui faire connaître, par un mot remis à M. Plou et non plus à M. Flotte, ses véritables désirs, et de les exprimer en termes assez paternels pour qu'il parût rentrer à Mazas spontanément et sans compromettre sa dignité d'homme et de prêtre. Ce mot, Monseigneur ne l'écrivit pas, hésitant sans doute devant les suites du retour de son vicaire général, qui, sans rien sauver, pouvait tout aggraver et précipiter.

Ainsi s'explique la prolongation du séjour de M. l'abbé Lagarde à Versailles : il fut retenu par l'incident de la lettre du curé de Montmartre, les hésitations de M. Thiers, qui fit attendre dix jours sa réponse, et l'article violent du *Cri du Peuple*. Il ne négligea rien pour arriver à des explications avec l'Archevêque et l'éclairer sur la situation réelle. Et, quelle que soit la manière d'apprécier sa conduite, on ne peut s'empêcher de reconnaître que loin d'avoir aggravé la situation, comme ne craint pas de l'insinuer M. Fèvre à la suite du P. Perny, elle n'a pu que retarder la catastrophe finale[1].

1. Il est vraiment étonnant de voir avec quelle légèreté ont été écrits la plupart des ouvrages qui ont paru sur la période communale et, en particu-

Voilà tout ce que nous pouvons dire de cette affaire, qui passionna au plus haut point et en sens divers l'opinion publique. Mais cet exposé suffit pour préciser la part qu'y prit M. l'abbé Lagarde, et réduire à néant les violentes et injustes attaques dont il a été l'objet.

Quant à ce qui regarde l'issue de la négociation, on sait qu'elle ne fut pas heureuse, grâce à l'ineptie de la Commune, comme l'a dit Raoul Rigault au bâtonnier des avocats [1]. Le soir même de la malencontreuse arrivée à Versailles de M. le curé de Montmartre, le conseil des ministres discuta la question de savoir si, comme l'avait proposé la Commune, par l'intermédiaire de Mgr Darboy et de ses amis, on rendrait Blanqui en échange de l'Archevêque. La question fut résolue négativement. Blanqui était sous le coup d'une condamnation à mort par contumace ; il était donc régulièrement emprisonné, et la justice devait suivre son cours. Cette considération dicta la réponse du Gouvernement. Mais pressé par les instances de M. l'abbé Lagarde, le conseil des ministres ne voulut pas assumer sur lui seul la responsabilité d'une si grave résolution ; il s'adressa à la commission des Quinze et lui demanda son avis : la commission, à l'unanimité, refusa l'échange des prisonniers. De ce jour fut décidée par la Commune, annoncée hautement par ses journaux et demandée avec frénésie par les orateurs des clubs, la mort de Monseigneur et le massacre des otages.

Voici avec quelle extrême violence le citoyen Gustave Maroteau en parlait dans *la Montagne :*

« Les chiens ne vont plus se contenter de regarder les

---

lier, sur la négociation dont fut chargé M. l'abbé Lagarde. Ainsi M. Fèvre dit, dans sa brochure : *Vie et œuvres de Mgr Darboy*, page 91 : « La négociation n'aboutit point ; l'abbé Lagarde, relâché sur parole, tomba malade (ce qui est inexact) et ne put revenir. L'Archevêque en éprouva du mécontentement, peut-être un *surcroît de rigueurs.* » Puis, deux lignes plus bas, M. Fèvre ajoute : « La loyauté, la résignation, la noblesse de l'Archevêque, qui d'ailleurs était aimé du peuple à cause de ses talents et de son origine, valurent bientôt à sa captivité *des adoucissements.* » Donc il n'y a pas eu le surcroît de rigueurs signalé plus haut.

1. Comme Raoul Rigault parlait à M. Rousse de la négociation commencée avec Versailles, M. Rousse lui fit observer qu'elle était engagée depuis longtemps et qu'elle avait échoué. « Oui, répondit Raoul Rigault, parce que ça a été mal mené, mais nous sommes sur un autre terrain. »

évêques, ils les mordront; nos balles ne s'aplatiront pas sur les scapulaires; pas une voix ne s'élèvera pour nous maudire le jour où on fusillera l'Archevêque Darboy.

« Il faut que M. Thiers le sache, il faut que M. Favre, le marguillier, ne l'ignore pas.

« Nous avons pris Darboy comme otage, et si l'on ne nous rend point Blanqui, il mourra.

« La Commune l'a promis; si elle hésitait, le peuple tiendrait le serment pour elle.

« Et ne l'accuserait pas!

« Que la justice des tribunaux commence, » disait Danton au lendemain des massacres de septembre, et celle du peuple cessera....

« ....Ah! j'ai bien peur pour Mgr l'archevêque de Paris. »

II

Le monde catholique et diplomatique s'émut vivement de ces sinistres dispositions. Le citoyen Nory Ott, délégué du lord maire de Londres, le nonce du pape et l'ambassadeur des États-Unis allèrent eux-mêmes à Versailles appuyer auprès de M. Thiers la demande précédemment autorisée par la Commune.

De son côté, le citoyen Flotte, que son amitié pour Blanqui avait déjà fait l'intermédiaire de la première négociation, vint remettre entre les mains du chef du pouvoir exécutif une nouvelle lettre aussi pressante que les autres de Mgr Darboy et de M. le curé de la Madeleine, demandant au nom de la religion, au nom de l'humanité, au nom de la justice, le consentement de M. Thiers.

Le citoyen Flotte eut avec le chef du Gouvernement deux longues conversations, dans lesquelles celui-ci déclara qu'il n'y avait plus à cette heure qu'une loi : la loi de la guerre. Et M. Thiers, qui avait refusé la mise en liberté de Blanqui aux premières demandes de l'Archevêque, la refusa de nouveau à l'ambassadeur d'Amérique, au nonce du pape et au délégué du lord maire de Londres, en alléguant que l'élargissement de Blanqui donnerait à l'insurrection un chef trop dangereux.

Quelque décourageant que fût l'insuccès de tant de tentatives, M. Cernuschi, préoccupé du sort de M. Chaudey, accueillit aussi dans les derniers jours du règne de la Commune la proposition d'une promesse de liberté pour son collaborateur et ami, et pour tous les otages, si le pouvoir exécutif accordait la délivrance de Blanqui. Il se rendit aussitôt à Versailles et obtint de M. Thiers, non l'élargissement du conspirateur, mais la permission pour sa sœur de lui rendre visite dans les prisons de Cahors.

Quelle influence exercèrent sur le sort des otages ces refus successifs de M. Thiers? Dans une pièce émanée du conseil général de l'Internationale, il est dit formellement qu'elle fut considérable. Le conseil attribue même uniquement à cette détermination tous les massacres de mai : « Le véritable assassin de l'Archevêque Darboy, c'est Thiers : la Commune avait à plusieurs reprises offert d'échanger l'Archevêque et plusieurs prêtres par-dessus le marché, contre Blanqui seul, alors entre les mains de Thiers. Thiers refusa obstinément. Il savait que Blanqui donnerait une tête à la Commune ; tandis que l'Archevêque servirait mieux ses desseins, quand il ne serait plus qu'un cadavre. Thiers a suivi le précédent de Cavaignac. En juin 1848, Cavaignac et ses hommes d'ordre ont poussé des cris d'horreur en stigmatisant les insurgés comme les assassins de l'Archevêque Affre, sachant bien en même temps que l'Archevêque avait été tué par les soldats de l'ordre! M. Jacquemet, le vicaire général, qui y était, leur avait fourni des preuves positives de ce fait[1]. » Sans être, il s'en faut, aussi affirmatif, nous croyons cependant que le refus de M. Thiers contribua au massacre des otages, en préparant les esprits communeux à cette terrible éventualité qu'on leur représentait comme une simple et légitime représaille. Mais, malgré

---

[1]. The civil War en France. Address of the general Council of the international Working-mens-Association. Brochure en-12, de 45 pages très-compactes, publiée à Londres, chez Edward Truelore, 256, High-Holborn, c'est-à-dire au siége même de l'Internationale.

les liens de religion et d'amitié qui nous unissaient à plusieurs de ces vénérables personnages, nous sommes bien obligé d'admettre qu'en repoussant la demande de la Commune, M. Thiers remplissait un des plus grands devoirs de l'ordre moral et politique. Accepter l'échange des prisonniers, c'était, aux yeux de la France, des grandes villes surtout, qui hésitaient entre les deux partis, reconnaître aux partisans de la Commune le caractère de belligérants; c'était aussi faire acte de faiblesse gouvernementale en face des Prussiens qui suivaient, sans en rien perdre, les péripéties de cette lutte intestine, et qui, on a lieu de le croire par la lettre du général Fabrice à M. Jules Favre, eurent une forte tentation d'en profiter pour entrer dans Paris et y faire la loi. Du reste, M. Thiers avait des motifs d'espérer que le soin de sa propre sécurité engagerait la Commune à retarder les massacres jusqu'au dernier moment, et qu'alors la rapidité des manœuvres ou quelque autre circonstance empêcherait peut-être l'exécution des otages, comme cela est arrivé pour un grand nombre d'entre eux.

Outre les négociations entamées entre Paris et Versailles, au sujet de l'échange des prisonniers, des démarches furent faites auprès de la Commune pour la délivrance de Mgr Darboy. La télégraphie et la presse les attribuèrent faussement à l'initiative de M. de Bismark. C'était le pape Pie IX lui-même qui les avait entreprises, en ordonnant à Son Excellence le prince Flavio Chigi, son nonce apostolique en France, d'intéresser les représentants des puissances dans cette affaire. Se conformant aussitôt aux volontés du souverain pontife, Mgr Chigi eut une entrevue avec lord Lyons, ambassadeur d'Angleterre, lequel exprima, dans les termes les mieux sentis, la satisfaction qu'il éprouvait en faisant une chose agréable au pape; mais après avoir pris des informations, lord Lyons reconnut son impuissance, et déclara tristement qu'il se trouvait hors d'état de protéger ses propres compatriotes dans Paris.

Sur ces entrefaites, le nouveau ministre des États-Unis, M. Washburne, présentait à Versailles ses lettres de créance à M. Thiers. Le nonce s'empressa d'aller à lui, et il en reçut le meilleur accueil. M. Washburne lui promit de faire, et fit réellement, les démarches les plus actives pour obtenir des autorités de la Commune la mise en liberté du vénérable prélat; mais n'ayant pu y parvenir, il fut cependant autorisé à lui rendre visite.

Voici dans quels termes l'ambassadeur rendit compte lui-même de l'entrevue :

« En compagnie de mon secrétaire intime, de M. et Mme Kean, je me rendis à la prison de Mazas, où je fus admis sans difficulté. On m'introduisit dans une cellule vacante, et l'Archevêque y fut immédiatement amené. Je dois avouer que je fus profondément touché de l'aspect de cet homme vénérable. Sa personne amaigrie, sa taille mince et légèrement courbée, sa longue barbe, qui, selon les apparences, n'avait pas été rasée depuis sa captivité, son visage hagard et indiquant une santé ébranlée, tout en lui était de nature à affecter les plus indifférents mêmes.

« Je dis au prélat que, sur les instances de ses amis, je m'étais empressé d'intercéder en sa faveur, et que, bien que je ne pusse pas me promettre la satisfaction d'obtenir son élargissement, j'étais très-charmé d'avoir obtenu la permission de lui rendre visite, pour m'informer de ses besoins et pour tâcher d'apporter quelque adoucissement à la cruelle position où il se trouvait.

« L'Archevêque me remercia cordialement et avec effusion des bonnes dispositions que je lui témoignais. J'admirai beaucoup sa sérénité et, le dirai-je? sa gaîté d'esprit, ainsi que son intéressante conversation. Il semblait cependant avoir conscience de sa position critique, et être parfaitement préparé pour le pire de tout ce qui pouvait lui arriver. Nulle parole amère, nul reproche ne furent prononcés par lui contre ses persécuteurs; mais au contraire, il me fit cette remarque, que tout le monde les jugeait plus méchants qu'ils ne l'étaient en réalité.

« Il attendait, ajouta-t-il, avec patience, la marche logique des événements, et priait pour que la Providence trouvât une solution à ces terribles troubles, sans qu'il en résultât une plus longue effusion de sang humain.

« L'Archevêque est confiné dans une cellule d'environ six pieds sur dix, et peut-être quelque chose de plus. L'ameublement se compose d'un lit de prison, d'une chaise en bois et d'une table.

« La lumière y pénètre par une petite fenêtre. Comme prisonnier politique, le prélat peut faire venir ses repas du dehors ; et, en réponse à l'observation que je lui fis que je serais heureux de lui envoyer ce qu'il désirait, ou de lui fournir tout l'argent dont il pourrait avoir besoin, il me dit qu'il ne lui fallait absolument rien pour le présent.

« J'étais le premier homme que l'Archevêque eût vu jusque-là dans sa prison, hormis ses gardiens et ses juges, et il ne lui avait pas été permis de recevoir des journaux ou des nouvelles de ce qui se passait au dehors.

« Je ferai tout mon possible pour lui procurer cette douceur et obtenir la permission de le revoir, pour lui offrir tous les secours et toutes les consolations en mon pouvoir. Cependant je ne puis me dissimuler que les plus grands dangers le menacent. »

Monseigneur reçut quelques jours après la visite de deux autres personnes : c'étaient deux avocats, MM. Plou et Rousse. Ils étaient bien convaincus que la Commune ne reculerait devant aucun excès, mais ils croyaient au moins à un simulacre de jugement pour les otages devant le jury d'accusation. Dès lors il fallait les défendre, quoique la condamnation des membres du clergé surtout eût été plusieurs fois annoncée d'avance.

Ce fut M. l'abbé Amodru, vicaire à Notre-Dame-des-Victoires, qui, à la prière de M. l'abbé Lagarde, procura à Mgr Darboy un défenseur dévoué dans la personne de M. Plou. Cet avocat, quoique atteint de cécité, s'empressa de faire des démarches pour se mettre en rapport avec les otages ; et il obtint, non sans peine, la permission de voir Mgr Darboy, M. l'abbé Deguerry, M. Bonjean, etc. C'était de sa part un acte de pur dévouement ; il s'exposait à être lui-même arrêté par ordre de la Commune, qui aurait pu incriminer ses généreuses dispositions pour les prisonniers.

M. Plou vit plusieurs fois l'Archevêque ; il s'entremit activement pour obtenir la mise en liberté de Mlle Darboy, arrêtée en même temps que son frère, et détenue alors à Saint-Lazare. Il a rendu compte de ses efforts dans une lettre à *la Liberté*, datée du 3 juin. Mais la délivrance de Mlle Darboy fut due uniquement aux instances d'une dame polonaise, Mlle. Pustovoïtoff, qui, pendant le premier siége de Paris, avait pris soin des enfants de Dombrowski. Celui-ci, pour lui témoigner sa reconnaissance, obtint, en faveur de la sœur de l'Archevêque, un ordre d'élargissement; et craignant une perfidie de Raoul Rigault, il la fit inviter à quitter Paris immédiatement.

L'autre avocat était M. Rousse. Comme bâtonnier de l'ordre, il devait défendre M. Chaudey, rédacteur du *Siècle*, qui avait été arrêté pour sa participation à la répression de l'émeute du 22 janvier. Il demanda à Raoul Rigault l'autorisation de voir, non-seulement M. Chaudey, mais aussi Mgr Darboy, M. l'abbé Deguerry et le R. P. Caubert qu'il se proposait également de défendre. L'autorisation lui fut accordée sans trop de difficulté par le procureur de la Commune.

« En sortant du palais, dit-il, je remontai en voiture, et je me fis conduire à Mazas. Je demandai à voir l'Archevêque dans sa cellule et non dans le parloir des avocats; cela me fut accordé de bonne grâce.

« Il est bien malade, me dit le gardien en chef. »

« En effet, en entrant dans la cellule du pauvre Archevêque, je fus frappé de son air de souffrance. Grâce au médecin de la maison, on avait remplacé par un lit le hamac réglementaire des détenus. Il était couché tout habillé, les moustaches et la barbe longues, coiffé d'un bonnet noir, vêtu d'une soutanelle usée sous laquelle passait un bout de ceinture violette, les traits altérés, le teint très-pâle. Au bruit que je fis en entrant, il tourna la tête. Sans me connaître, il devina qui j'étais, et me tendit la main avec un sourire doux et triste, d'une finesse pénétrante.

« Vous êtes souffrant, Monseigneur, et je vous dérange.
« Voulez-vous que je revienne un autre jour? »

« — Oh! non. Que je vous remercie d'être venu! Je suis

« malade, très-malade. J'ai depuis longtemps une affection de
« cœur que le manque d'air et le régime de la prison ont ag-
« gravée. Je voudrais d'abord que vous puissiez faire retar-
« der mon affaire puisqu'ils veulent me juger. Je suis hors
« d'état d'aller devant leur tribunal. Si l'on veut me fusiller,
« qu'on me fusille ici… »

« Je me hâtai de l'interrompre.

« Monseigneur, lui dis-je, nous n'en sommes pas là. »

« Et je lui rapportai, en insistant sur tout ce qui le pouvait rassurer, la conversation que j'avais eue avec Rigault.
En causant ainsi, Mgr. Darboy s'animait, s'égayait même
peu à peu. Il développa en quelques mots des idées qu'il
jugeait utiles à sa défense.

« Je ne sais, me dit-il, d'où vient leur animosité contre
« moi. Après mon arrestation, on m'a fait subir des in-
« terrogatoires ridicules. Ce Rigault ou Ferré m'a dit que
« j'avais accaparé les biens du peuple. »

« — Quels biens ? lui ai-je dit.

« — Parbleu, les églises, les vases, les ornements.

« — Mais, ai-je répondu, vous ne savez pas ce dont vous
« parlez : les vases, les ornements, tout ce qui sert au culte
« appartient à des personnes morales qu'on appelle des *fa-*
« *briques*, qui ont parfaitement le droit de les posséder, et,
« si vous vous en emparez, vous vous exposez à des peines
« écrites dans les lois… »

« Il revint ensuite à sa défense, à la nécessité d'un sursis,
à la composition du jury. Il parlait avec une grande douceur, une liberté d'esprit parfaite, quelquefois avec une
ironie sans amertume. Il me dit que pendant longtemps, on
l'avait laissé se promener dans le préau, soit avec l'abbé
Deguerry, soit avec le président Bonjean.

« Le président, a-t-il ajouté, m'a proposé de me défen-
« dre ; mais, je lui ai dit qu'il aurait assez à faire de se dé-
« fendre lui-même. »

« L'Archevêque me parla ensuite de sa sœur, qui a été
arrêtée avec lui, puis relâchée, il y a quinze jours. Je lui
demandai si je pouvais lui rendre quelque service, s'il avait
besoin de quelque chose.

« Rien, me dit-il, rien, si ce n'est qu'on me laisse ici ;
« qu'on vienne m'y fusiller si l'on veut ; mais je ne pourrai
« pas aller là-bas, le docteur a dû le leur dire. »

« Après une demi-heure de conversation, je lui tendis la main et pressai la sienne avec émotion. Plus d'une fois je sentais les larmes me gagner. Il me dit adieu avec effusion, me remerciant vivement de ma *charité !* Ma visite, l'assurance que je lui donnai que le jugement n'aurait pas lieu tout de suite, la promesse que je lui fis de venir le voir souvent, l'avaient évidemment remonté. Quand je me levai, il rejeta vivement la couverture de laine grossière qui l'enveloppait à moitié, descendit de son grabat, sans que je pusse l'en empêcher, et, me serrant la main dans les siennes, il me reconduisit jusqu'à la porte.

« Vous reviendrez bientôt, n'est-ce pas ? »

« — Mardi, Monseigneur, » et je sortis.

« Sa cellule porte le n° 62. »

De là, M. Rousse se rendit chez M. l'abbé Deguerry dont la cellule était trois ou quatre numéros plus loin.

« Lorsque j'entrai, dit-il, M. Deguerry était assis entre le lit et la table sur l'unique chaise de la cellule. Sur la table étaient quelques livres, des journaux et un petit crucifix en cuivre, comme ceux que portent les religieuses. Sans se lever, le pauvre curé me tendit les bras et m'embrassa longuement, puis il me força de prendre sa chaise.

« Ah ! j'ai bien le temps d'y être, me dit-il. »

« Et il s'assit près de moi, sur le pied de son lit. Je ne le trouvai pas changé ; seulement il avait maigri. Sa barbe et ses moustaches se détachaient sur son teint rouge et sur ses grands traits qu'encadraient les restes de sa plantureuse chevelure. Avec son abondance ordinaire, le bon curé se mit à me raconter les propos burlesques que lui avaient tenus Rigault et Dacosta.

« Qu'est-ce que c'est que ce métier que vous faites ?

« — Ce n'est pas un métier. C'est une vocation, un mi-
« nistère moral, que nous remplissons pour améliorer
« les âmes.

« — Ah! des blagues, tout cela. Enfin, quel tas d'histoires
« faites-vous au peuple?

« — Nous lui enseignons la religion de Notre-Seigneur
« Jésus-Christ.

« — Il n'y a plus de *seigneur*; nous ne connaissons pas
« de *seigneur*. »

« Voici ce que disait au bon abbé le directeur de la
prison dans un moment d'épanchement :

« — Moi aussi, j'ai des idées religieuses; j'ai voulu me
« faire frère morave; après ça, j'ai eu l'idée de me faire
« chartreux; mais j'aime mieux me faire mormon. »

. . . .

« L'abbé Deguerry ajouta qu'il n'avait besoin de rien.

« — Vous pouvez revenir, n'est-ce pas?

« — Assurément, tant que je voudrai; ma permission n'est
pas limitée.

« — Ah! j'en suis bien heureux, bien heureux; que je
vous remercie! »

« Le digne homme, en disant cela, s'attendrissait, et les
larmes le gagnèrent. Je m'étais levé; en faisant les deux ou
trois pas qui nous séparaient de la porte, il me tenait la
main. Arrivés au bout de la cellule :

« Allons, me dit il, cher ami, portez mes tendresses à vo-
« tre mère. Vous lui direz que j'ai pleuré. »

« En effet, il m'embrassa en sanglotant.

« Allons, allons, dit-il en se remettant, à mardi [1].... »

Et le mardi suivant les otages étaient à la Roquette!

M. Rousse vit également le R. P. Caubert, et voici ce qui
nous a été raconté, rue de Sèvres, sur cette entrevue.
M. Rousse était au parloir, lorsque est arrivé un petit
homme habillé en civil; il avait la barbe et les moustaches
incultes, et cet accoutrement insolite, joint à son extérieur
chétif, fit hésiter tout d'abord son visiteur qui ne le connaissait pas personnellement. M. Rousse a consigné dans des notes communiquées aux PP. Jésuites les impressions qu'il a
rapportées de cette entrevue : « Je me nommai. Nous échan-

---

1. M. de Pressensé. Le 18 mars : *Paris sous la Commune.*

geâmes nos souvenirs. Sans nous connaître, nous étions en pays ami. Nous parlâmes de son père qui avait été un de mes anciens quand je vins au barreau, de son frère le colonel, qui a été mon camarade de collége à Saint-Louis. Puis, spontanément, sans qu'il me fit aucune question sur sa position, je lui dis comme aux autres (Mgr l'archevêque de Paris et M. Deguerry), ce que je savais et ce que j'espérais. Il m'écouta avec l'indifférence la plus sincère, souriant toujours et ayant l'air de penser : A quoi bon tout cela ? Enfin il me dit : « Je vous remercie beaucoup de ce que vous faites. « Il en sera ce qu'il plaira à Dieu. S'ils veulent nous tuer, ils « en sont les maîtres. » Et, s'éloignant tout de suite de lui et de ce qui le regardait. « C'est une bien grande épreuve pour « le pays, me dit-il, et qui le sauvera. » Comme je lui exprimais mes doutes à cet égard : « Quant à moi, me dit-il avec « le plus grand calme, je ne doute pas, je suis sûr, je crois « fermement que la France sortira de là régénérée, et par « conséquent plus forte qu'elle n'a jamais été. »

M. Rousse termine sa relation en ces termes : « Au bout d'une demi-heure, un peu moins peut-être, je me levai un peu gêné et ne trouvant pas grand'chose à dire à un homme si fermement trempé, et dont le courage me semblait si fort au-dessus du mien. »

CHAPITRE VI

ATTENTATS CONTRE LA PROPRIÉTÉ, LA PATRIE, LA FAMILLE.

Marche de la révolution. — Elle confisque la propriété au profit du prolétariat. — Commencement de l'organisation du travail. — Le temps ne permet pas à la Commune d'appliquer sa doctrine. — Elle s'en dédommage par des spoliations et des réquisitions. — Le citoyen Fontaine nommé séquestre des biens meubles et immeubles des communautés religieuses. — Iniquité flagrante de cette mesure. — La patrie remplacée par la république universelle. — La famille considérée comme un antique préjugé.

I

En même temps que, par sa loi dite des otages et l'indigne traitement qu'elle fait subir à ces innocentes victimes, la Commune de Paris essaye d'inaugurer la terreur, le Comité central fait appel aux passions les plus dangereuses : c'est la guerre sociale qu'il souffle. Le crime de complicité avec le Gouvernement de Versailles ne sera pas seulement imputé aux amis de la religion qui reconnaissent le pape comme le chef du catholicisme et Rome, la Ville éternelle, comme son centre; on accusera aussi de trahison tous ceux qui possèdent quelque chose, et que le Comité central désigne collectivement à la fureur des masses sous le nom « d'aristocratie d'argent ».

Il n'y a pas en effet de moyen plus sûr pour recruter des adhérents que d'opposer la pénurie des uns à la richesse des autres et de subordonner le bien-être général au nivellement des fortunes. On lève ainsi ces armées de misérables que les chefs des révolutions ont toujours trouvées prêtes pour le combat.

La Commune le savait bien; aussi telle a été sa marche :

par un premier décret elle a séparé l'Église de l'État. Bientôt elle a biffé Dieu ; et si l'Hôtel de ville avait eu de la logique et du courage, il aurait fait aux premiers jours ce qu'il a fait aux 24, 25, 26 et 27 mai, brûlé les églises et égorgé les prêtres.

Le second décret a proclamé la déchéance du pouvoir de Versailles et condamné à mort tout citoyen convaincu d'entretenir des relations avec lui. Pendant les deux mois qu'a duré la Commune, il ne s'est pas tenu de réunion publique où l'on n'ait autorisé l'assassinat par le poignard de M. Thiers ou de ses ministres.

Le troisième décret confisque la propriété au profit du prolétariat sous trois formes diverses. — Une première décision libère les locataires de tous les termes dus, quels qu'en soient le nombre et l'importance. Les propriétaires doivent délivrer des quittances aux locataires, sans être autorisés à garder contre eux un recours quelconque. Cette loi de spoliation était évidemment excessive dans ses conséquences. Au lieu de se borner à discuter la cause d'une diminution notable, la Révolution du 18 mars fit peu de cas des charges des possesseurs. L'impôt, les réparations, l'assurance, l'hypothèque, le salaire des gardiens n'étaient rien pour elle. Mais au fond, le décret de la Commune n'offensait pas toutes les notions de la justice. Quand Paris avait été investi par les Prussiens, plus de quatre cent mille habitants s'étaient enfuis en province ou à l'étranger, laissant au petit commerce, à l'employé, à l'artiste et au prolétaire le soin de protéger leurs immeubles ; une part de sacrifice pouvait donc être exigée des propriétaires. Il y avait aussi pour eux dans cette loi de fer, qui leur était imposée, quelque chose comme une expiation. Depuis vingt années, à Paris du moins, la propriété a été tour à tour avare et inhumaine. Sur cent points différents de la grande cité, elle a constamment surélevé le prix des locations et plusieurs fois imposé des clauses révoltantes pour la religion de la famille [1]. — Une seconde

---

1. « Nous ne voulons pas d'enfants, » faisaient dire beaucoup de propriétaires aux locataires qui se présentaient à la porte de leur maison.

décision autorise tous les débiteurs à différer pendant trois ans, *sans intérêts*, le payement de leurs dettes. — Enfin le décret du 16 avril est encore plus radical; nous en donnons un peu plus loin la teneur.

La propriété devint, on le voit, le point de mire de la révolution. Mais il ne fut pas question de la supprimer, comme le demandaient les premiers communistes, cela eût été une imprudence, car les plus pauvres aspirent à devenir propriétaires, et ils ne se battent que pour réaliser cette ambition. Transformer la propriété aurait été plus habile, parce que sous une promesse vague on pouvait entendre la rectification d'un état de choses qui était dénoncé comme contraire à l'égalité, à la justice et à l'intérêt du plus grand nombre. Cependant cette rédaction a été encore perfectionnée : la Commune voulut *universaliser* la propriété. Elle pensait arriver à ce résultat par la suppression des priviléges et des monopoles, par la gratuité du crédit et par l'organisation du travail.

Le temps lui manqua pour tenter la réalisation de ces différentes réformes ; toutefois l'organisation du travail a reçu un commencement d'exécution. Un certain nombre de patrons ayant quitté leurs usines et Paris, où la sécurité et le travail leur faisaient défaut, la Commune rendit, le 16 avril, un décret par lequel les chambres syndicales ouvrières étaient convoquées « à l'effet de constituer une commission d'enquête chargée: 1° de dresser une statistique et un inventaire des ateliers abandonnés ; 2° de présenter un rapport établissant les conditions pratiques de la prompte mise en exploitation de ces ateliers, non plus par les déserteurs qui les ont abandonnés, mais par l'association coopérative des ouvriers qui y étaient employés ; 3° d'élaborer un projet de constitution de ces associations coopératives ouvrières ; 4° de constituer un jury arbitral qui devra statuer, au retour des patrons, sur les conditions de la cession définitive des ateliers aux sociétés ouvrières et sur la quotité de l'indemnité qu'auront à payer les sociétés aux patrons. » Il convient de rendre cette justice à la Commune, qu'elle entendait non pas occuper gratuitement, mais exproprier pour cause d'utilité ouvrière les établissements demeurés en chômage.

Par quels fonds ou au moyen de quelles garanties les ouvriers auraient-ils payé le prix des ateliers? Le 27 avril, par un avis inséré au *Journal officiel*, le syndicat des mécaniciens invita les autres corporations à choisir des délégués pour la commission d'enquête. « Travailleurs, disait-il, voici une des grandes occasions de nous constituer définitivement et de mettre en pratique nos études patientes et laborieuses de ces dernières années. » La coopération, ce remède souverain, allait donc être essayée en grand sous les auspices de la Commune; les ouvriers allaient devenir patrons: c'était la fin du prolétariat, l'émancipation des travailleurs! Les choses en restèrent là; pas plus que les anciens patrons, les ouvriers ne purent durant cette affreuse crise ni obtenir ni exécuter des commandes.

L'insurrection du 18 mars n'a pas eu le temps d'appliquer sa doctrine; mais elle s'en est dédommagée en portant plusieurs fois atteinte au principe de la propriété. Dans ces cas, elle procédait ordinairement par voie de réquisition et de spoliation. C'était un moyen plus efficace et plus expéditif pour remplir ses caisses vides. C'est que la question d'argent était devenue le point critique de la nouvelle révolution; il lui fallait satisfaire l'appétit désordonné des masses et en même temps équilibrer son budget.

La Commune avait cependant à sa disposition les encaisses des grands services publics, elle avait accaparé toutes les branches des finances, des postes, de l'octroi, des tabacs, de l'entrepôt des vins, des impôts, etc., etc., sans remplacer aucun des produits tels que les tabacs dont le prix était consommé en entier. Mais toutes ces ressources ne lui suffirent pas, bien qu'elle négligeât la plupart des services municipaux proprement dits, bien qu'elle n'eût alloué qu'un crédit de *mille francs* au ministère de l'instruction publique. Dans les quarante premiers jours de son règne, le chapitre de la guerre s'éleva au chiffre énorme de vingt millions! Forcée de recourir à d'autres expédients, la Commune ne recula pas devant les réquisitions, le vol à main armée, la spoliation légale. Elle préleva près de neuf cent mille francs sur les chemins de fer; elle taxa chèrement toutes les grandes institutions de crédit qu'elle obligea même, comme la compagnie générale des chèques, de laisser attester par l'*Officiel* (avec défense de protester contre ce mensonge) qu'on avait levé les scellés d'abord mis sur leurs caisses et leurs valeurs, sans rien prélever. La Banque de France dut se racheter cinq fois. Les quatre premières contributions s'élevèrent à sept millions et demi; la dernière devait aller jusqu'à dix, mais il lui fut accordé de se libérer à raison de quatre cent mille francs par jour; et l'armée de Versailles étant survenue, la Banque en fut quitte pour environ trois millions seulement. La compagnie du gaz qui, taxée à cent quatre-vingt-trois mille francs, avait commencé à payer, se ravisa et rentra adroitement en possession de son argent. « Si vous emportez ma caisse, dit-elle, je ne pourrai plus payer mes ouvriers. » L'Hôtel de ville n'osa point passer outre et, pour cette unique fois, rendit l'argent volé !

Le 2 avril, les visites domiciliaires se multiplient. Dans le quartier de l'Élysée entre autres, des perquisitions de jour et de nuit sont faites dans toutes les maisons pour trouver des chevaux et des armes[1]. Bientôt leur caractère s'accentue; c'est aux valeurs et aux caisses qu'on s'attaque. Le général Brunel est spécialement chargé « de délivrer, au besoin par la force, les caisses cernées par les ennemis de l'ordre démocratique et social[2] » La caisse centrale des halles est violée ainsi que celle de l'hospice du Val-de-Grâce. On s'empare en même temps de cent cinquante mille francs laissés pour les besoins urgents dans la caisse de l'Assistance publique. — La halle aux cuirs est mise sous séquestre et ses marchandises réquisitionnées. — L'administration des pompes funèbres, qui est cependant une compagnie particulière, est envahie par les gardes nationaux du Comité, et l'Hôtel de ville y place un délégué avec la mission de recevoir toutes les sommes versées pour les convois. Il va même jusqu'à exiger de quelques pauvres curés des sommes considérables, représentant le prix du loyer qu'il prétendait être dû à la municipalité pour l'occupation des édifices re-

---

1. Dépêches. — 18-28 mars.
2. Dépêches. — Archives. — Comité central. — 24 mars.

ligieux. « Il me serait difficile de vous donner les vingt mille francs que vous réclamez, leur répondit M. le curé de Charonne; grâce à vous, la caisse de la fabrique est à sec, mais venez à l'église et faites la recette vous-même. Nous travaillerons pour vous, satisfaits du morceau de pain que ne manquera pas de nous offrir la charité des fidèles. »

On ne s'en prit pas d'ailleurs uniquement à des établissements publics. L'école Bossuet, aux Carmes, fut honorée d'une visite qui allégea sa caisse. Bien que dirigée par des prêtres, c'est une maison d'enseignement au même titre que les pensions Jauffret, Massin, Hallays-Dabot ou Hortus; et le vol commis avec violence dans cette institution n'en était pas moins odieux que si on se fût adressé à un laïque.

Malgré le souvenir autrefois si puissant de la bonne sœur Rosalie, l'humble maison de la rue de l'Épée-de-Bois, ne fut pas même épargnée. Elle ne possédait que 25 fr., et ce misérable pécule des pauvres tenta cependant l'avidité communeuse.

On ne connaîtra jamais tous les faits de vol par violence et à main armée, commis dans les couvents, les orphelinats et les maisons particulières, sans compter les centaines de mille francs extorquées à M. de Rotschild. Les comptables et caissiers des établissements envahis, qui refusaient de livrer leurs fonds, étaient arrêtés, et cette mesure s'étendait jusqu'aux chefs de gare.

Les propriétés privées n'étaient pas mieux respectées. Chaque arrestation était accompagnée d'une perquisition et de vols nombreux. A l'archevêché, le 4 avril, les officiers du 84ᵉ bataillon se faisaient remettre, par M. l'abbé Petit, une somme de quatre mille six cent quatre-vingt-huit francs, cinquante centimes, et un inventaire complet des meubles et objets précieux. Ceux-ci furent enlevés le soir même dans le propre coupé de Mgr. Darboy. La chapelle n'avait pas été oubliée, et quand M. l'abbé Schœpfer y pénétra le 6, il constata que tout avait été saccagé comme dans le cabinet de l'Archevêque : plus de calices, plus d'ornements, plus de flambeaux sur l'autel ; les armoires étaient vides et brisées. Pendant les jours qui suivirent l'arrestation de Monseigneur, de grandes voitures de déménagement emportèrent le mobilier et on eut soin de ne pas oublier le vin.

Le général Appert cite mille autres exemples semblables :
Chaudey fut arrêté, le 13 avril, dans les bureaux du *Siècle* par un commissaire de police, qui, ne l'ayant pas trouvé chez lui, avait déjà essayé, mais en vain, de faire sauter la serrure du bureau. Ce commissaire était le sieur Pilottel; il revint cinq jours après, accompagné d'un serrurier, força la serrure, et sur neuf cent quinze francs, en mit huit cent quinze dans sa poche, en s'écriant avec emphase : « Il y a du sang sur cet or ! » Chaudey était accusé d'avoir fait tirer sur le peuple le 22 janvier.

Dans un grand nombre de quartiers les habitations abandonnées furent réquisitionnées pour installer les états-majors, des bureaux, ou loger simplement des gardes nationaux de service. Immédiatement chacun s'emparait des objets à sa convenance; on opérait un déménagement en règle.

Les habitants de la banlieue se souviendront longtemps de la méthode savante qui présida à leur dépouillement. A Asnières, à Clichy, à Courcelles, à Courbevoie et dans trente autres localités les gens de la Commune pratiquèrent le vol et l'effraction sur une échelle jusqu'alors invraisemblable : ils requéraient les ouvriers pour forcer les portes, et les passants pour charger sur les voitures le mobilier enlevé.

La nomenclature de tous les crimes et délits de ce genre n'aurait pas de fin et ne peut trouver place dans ce livre. Nous pensons cependant devoir dire quelques mots des pillages de Neuilly, pour donner une idée des procédés pratiqués ouvertement par les troupes de la Commune, et de la situation faite aux habitants par son gouvernement.

Après les combats du 2 avril, les bandes fédérées, maîtresses de Neuilly, organisèrent les barricades et les perquisitions. Nous parlerons plus spécialement ici des actes de pillage commis par le 117e et le 257e bataillons, dans la partie centrale de la ville, sous les yeux et à l'exemple de l'état-major du général Dombrowski, installé rue Péronnet.

L'armée avait établi ses barricades à cent-cinquante pas de celles des fédérés, et une pluie de projectiles couvrit incessamment, jusqu'au 25 mai, la zone qui les séparait, forçant les habitants à se cacher dans les caves, d'où ils ne sortaient que pour pourvoir à leur subsistance.

Le 25 avril, il y eut un armistice. Contrariés dans leurs mouvements et dans leurs secrets désirs, les fédérés engagèrent les habitants de Neuilly à profiter de cette trêve pour se retirer dans Paris. Beaucoup le firent, et il ne resta bientôt plus que les malades ou ceux qui voulaient à tout prix garder le peu qu'ils possédaient, et quelques domestiques dévoués, tâchant de sauvegarder les propriétés de leurs maîtres ou du moins ce qu'elles contenaient.

Les fédérés du 117ᵉ bataillon, bien que trompés en partie dans leur attente, semblaient tolérer la présence de ceux qui avaient cru devoir rester. Ils se contentèrent d'abord de réquisitionner des vivres et du vin; ils poursuivirent ensuite leurs perquisitions dans les maisons, pour forcer à marcher dans leurs rangs les hommes âgés de moins de quarante ans, ce qui activa l'émigration.

Au mois de mai, la mitraille et les obus avaient fait de sérieux dégâts; quelques maisons gravement atteintes laissaient apercevoir par leurs flancs éventrés les richesses qu'elles contenaient, ce qui accrut la cupidité des fédérés. Ils commencèrent à piller ces demeures complétement abandonnées. C'est ainsi qu'une voiture chargée d'un riche butin estimé à 10,000 fr., fut conduite à l'état-major de Dombrowski, puis à celui de la place Vendôme, qui se partagea, sans doute, les objets qu'elle contenait, car on en perd complétement la trace.

Le 10 mai, le 257ᵉ bataillon vint remplacer le 117ᵉ. Jusquelà, il n'y avait eu que des pillages isolés : la maison Daja, la maison Boucher, la pharmacie Grez et quelques autres seulement avaient été dévalisées. A partir du 12 mai, le 257ᵉ ne montre aucun scrupule et ne semble craindre que les révélations. Il y a encore dans le cantonnement des vieillards, des femmes, des enfants; il faut à tout prix chasser ces témoins indiscrets. Le revolver au poing, on expulse ce qui reste d'habitants; on brutalise et on menace de mort ceux qui résistent, on les conduit en troupeau à l'état-major, sous une pluie de projectiles, pour les expédier de là sur Paris. Une mourante ne trouve même pas grâce devant ces hommes attirés par l'appât du butin : comme elle ne peut marcher, on la porte sur un matelas à travers les jardins.

Dès lors, ce ne sont plus qu'orgies et pillages. Comme toutes les maisons de Neuilly ne sont séparées que par des murs de jardin, on passe de l'une à l'autre par des brèches, et on pénètre dans les appartements en fracturant les portes et les fenêtres. Robes de soie et de velours, châles, dentelles, linge, rideaux, pendules, tableaux, curiosités et objets d'art, tout ce qui peut s'emporter est choisi, empaqueté et envoyé à Paris. Les caves renferment encore du vin, on s'enivre.

A ces scènes viennent s'en ajouter d'autres, sacrilèges cette fois. La chapelle des religieuses dominicaines, et celle de l'institution Ferrand sont envahies, les tableaux éventrés à coups de baïonnettes, les saints décapités et l'autel couvert de souillures.

Si l'on ajoute que toutes les dépouilles des malheureux habitants de Neuilly étaient portées au domicile de ceux qui les avaient volées, par l'omnibus destiné au transport des blessés ; que, pour tromper la surveillance établie aux barrières, quand on n'avait pas de blessé on en simulait un; que l'exemple était donné par l'état-major général, on pourra, dit avec raison M. le général Appert, se faire une idée de la façon dont les officiers et les soldats de la Commune comprenaient la révolution du 18 mars, et comment ils appliquaient les théories sociales.

Mais ce système de spoliation n'était pour les gens de l'Hotel de ville qu'une conséquence nécessaire de l'état de guerre ; ils devaient aller plus loin encore.

Le 7 mai, la Commune mit la main sur les immeubles des communautés. Ce jour-là, le citoyen Protot rendit l'arrêt suivant : « Le citoyen Fontaine (Joseph) est nommé séquestre de tous les biens, meubles et immeubles, appartenant aux corporations ou communautés religieuses situées sur le territoire de la Commune de Paris. » La gravité de cette mesure n'échappa pas aux bourgeois de la capitale.

On savait que ces biens avaient été acquis légalement avec la fortune mise en commun des membres de la communauté qui apportent une dot; que ces communautés avaient acquitté régulièrement les droits énormes qui représentent largement le produit des droits de mutation par héritage. Lorsqu'on vit des centaines d'hommes et de femmes brusquement mis sur le pavé, au nom de la fraternité, dépouillés de tout et condamnés à mourir de faim, uniquement parce qu'ils avaient vécu dans une fraternité véritable et un communisme réel de leurs biens, on se demanda, en faisant abstraction du côté religieux de l'arrêté, quelle garantie resterait à la propriété si un décret pouvait dépouiller brusquement, *sans aucune indemnité*, des propriétaires qui ont acquis régulièrement, en se soumettant à toutes les exigences légales.

Ce qui préoccupait l'opinion publique, plus encore peut-être que le sort de ces infortunés religieux, c'étaient les termes de l'arrêté qui menaçaient de donner plus d'élasticité aux envahissements sur la propriété. Il ne s'agissait pas uniquement des biens de mainmorte, mais de tous les biens possédés non-seulement par les communautés, mais par les corporations. Or ces biens appartenaient par portions aux individus; au décès de chacun, il y avait, comme nous l'avons dit, des droits d'héritage et de mutation qu'on acquittait régulièrement. Ils ne pouvaient donc être séquestrés sans que la propriété en général ne perdît toute garantie et par conséquent sa valeur. Qui aurait voulu acquérir ou même louer par bail un bien qui pouvait être ravi brusquement sans aucune indemnité? Et comme, après tout, le crédit repose sur la propriété, et qu'au fond de toutes valeurs on retrouve l'hypothèque comme dernière garantie, en supprimant la garantie on tuait le crédit par sa base, et par conséquent le commerce dont il est la condition essentielle.

Le décret du 7 mai fut-il motivé par un fait quelconque ou même par une raison d'État? En 1790, quand la Constituante édicta une mesure de ce genre, elle prétendit vouloir remanier le territoire du pays pour lui communiquer un surcroît de valeur. Le clergé possédait alors, à titre seigneurial, de nombreuses abbayes et tout un domaine placé sous la protection du privilége. Mais la Commune de 1871 ne pouvait invoquer ce motif qui a fourni, il y a quatre-vingts ans, un spécieux prétexte à l'Assemblée nationale. Nous n'avons aujourd'hui ni terres, ni forêts, ni étangs. Si le clergé ou les congrégations religieuses possèdent quelque bien, il n'est pas exempté de l'impôt; et quoique le texte du décret parlât de *mainmorte*, tout le monde sait que de nos jours c'est là un mot vide de sens; il n'y a plus de mainmorte en France.

S'était-il produit quelque événement qui pût pousser la Commune à prendre une si grave détermination? Il est de fait, comme le prouve depuis de longues années le mouvement de la vie publique, que les corporations religieuses ne se mêlent en rien des affaires de l'État. Si elles s'en occupaient, elles se trouveraient dans le cas de toutes les autres classes de citoyens, et ce ne serait pas un grief suffisant pour publier contre elles un décret de confiscation. La confiscation, au reste, n'est admise ni par la charte de 1814, ni par celle de 1830, ni surtout par la constitution républicaine de 1848. Il est vrai qu'elle fut exercée un moment par le second empire, afin d'arracher deux cents millions à la famille d'Orléans. Mais ce jour-là, les ministres de Napoléon III eux-mêmes protestèrent contre une semblable iniquité.

Quelle était l'utilité de cette confiscation et comment l'opérer? Il n'y a plus dans les villes que de rares couvents, et dans les campagnes que des thébaïdes et des chartreuses de rapport presque nul. La vente de ces immeubles n'aurait produit que des sommes insignifiantes. Du reste, les biens dont il était question dans le décret de la Commune sont disséminés sur la surface de tous les départements, et dépendent plus ou moins des trente-six mille communes de France. Comment la Commune de Paris aurait-elle pu se faire obéir à dix kilomètres, par exemple, du rayon où elle avait seulement le droit d'agir? De quelle façon eût-elle procédé à la vente? Quels acheteurs aurait-elle trouvés et quelle garantie de jouissance pouvait-elle leur offrir?

Ce n'était là qu'une mesure inspirée par le désir de continuer, avec la pensée de se grandir, les traditions de 93, et le besoin d'intimider quelque peu les esprits faibles en leur faisant redouter des mesures analogues pour eux-mêmes. Il ne restait pas assez de loisirs à la Commune pour combiner un système pratique au sujet de la propriété.

II

La formule de l'universalité que la nouvelle révolution avait adoptée dans son programme, elle l'appliquait à tout, à la patrie, à la famille comme à la propriété. Les nations, les sentiments, les intérêts, elle noyait tout dans un déluge universel.

Ainsi, dans le programme de la Commune, la patrie n'existait plus; elle était remplacée par la « république universelle ». A la suite des élections du 26 mars, la Commune fut appelée à examiner si l'élection d'un étranger était valable, et elle se prononçait pour l'affirmative en déclarant que « le drapeau de la Commune était celui de la république universelle. » — Le 10 avril, la garde nationale ayant manifesté du mécontentement et de l'inquiétude par suite de la nomination d'un Polonais au commandement de la place de Paris, la commission exécutive lui adressa une proclamation, dans laquelle elle représentait le « citoyen » polonais comme « un soldat dévoué de la république universelle ». Voici enfin comment s'exprimait, le 2 avril, le *Journal officiel* de la Commune : « ... Il y a ce parti du passé qui, pendant la guerre, mettait sa valeur au service de ses priviléges et de ses traditions bien plus qu'au service de la France; qui, en combattant, ne pouvait défendre notre patrie, puisque depuis 93 notre patrie, ce n'est pas seulement la vieille terre natale, mais aussi les conquêtes politiques, civiles et morales de la révolution.... » Que devient, ainsi entendue, l'idée de patrie? Il n'y a plus de Français, d'Allemands, de Russes ni d'Anglais, mais seulement des citoyens du monde, les partisans d'un principe. Cette vieille terre natale que l'on aime parce qu'elle recouvre les os de nos aïeux, que Danton, pressé de fuir pour échapper à ses bourreaux, refusa de quitter en disant qu'on ne l'emporte pas sous la semelle de ses souliers, ne suffit plus au moderne révolutionnaire ; il lui faut le monde entier.

Il existe bien une région idéale dans laquelle se rencontrent les cœurs et les intelligences de tous les hommes et qui est pour eux comme une seconde patrie ; mais en aucun temps et chez aucun peuple, on ne s'était encore avisé de jeter ainsi au vent la poussière du sol natal. C'est la Commune qui, s'inspirant de vagues déclamations, a tenté la première de pratiquer cette prétendue doctrine humanitaire, et cela en face de l'ennemi qui applaudissait à nos désastres, et au lendemain d'une guerre où tout Français a senti plus que jamais que la patrie n'est pas un vain mot !

Relativement à la famille, les actes de la Commune ont été peu nombreux il est vrai, mais ils suffisent pour montrer le cas qu'elle faisait de ce lien si sacré pourtant. Parmi les maires et les adjoints qui voulaient bien procéder à la célébration civile du mariage, il y en avait un grand nombre qui n'y consentait que par égard pour d'antiques préjugés. Dans une lettre intime, trouvée parmi les pièces d'un procès plaidé à Versailles, l'un de ces officiers de l'état-civil plaisantait fort agréablement sur son intervention dans les cérémonies nuptiales. Par un décret du 10 avril, la Commune décida que des pensions seraient allouées aux veuves et aux enfants, « reconnus ou non », des citoyens morts à son service. D'après l'interprétation qui fut donnée à ce décret, demeuré sans exécution faute de fonds, les veuves n'avaient pas besoin d'être plus légitimes que les enfants ; les garanties du mariage et les conditions de la paternité étaient également indifférentes. Ce n'était pas une mesure de commisération ou de politique, c'était la doctrine sociale.

CHAPITRE VII

PHYSIONOMIE DE PARIS. — COURAGEUSE ATTITUDE
DES JOURNALISTES. — SUPPRESSION DE TOUS LES JOURNAUX
ANTI-COMMUNEUX. — LES FEUILLES
DE LA COMMUNE.

Physionomie de Paris après le 18 mars. — Tactique habile des hommes de l'Hôtel-de-Ville envers la presse. — Hostilité persistante que lui témoignent, malgré leurs avances, les journaux de toutes les nuances. — Menaces de la Commune. — Arrêtés pris contre la presse. — Dénonciations incessantes des feuilles dévouées à l'insurrection. — Henry Vrignault. — Suppression du *Figaro*, du *Gaulois*, de la *Commune*, de l'*Écho de Paris*, de l'*Indépendance française*, de l'*Avenir national*, de la *Patrie*, du *Pirate*, du *Républicain*, de la *Revue des Deux Mondes*, de l'*Écho de Ultramar*, de la *Justice*, du *Journal de Paris*, du *National* grand et petit, de la *Politique*, du *Temps*, du *Siècle*, etc. — Les Journaux de la Commune.

I

Ce que poursuivaient en réalité les maîtres de Paris, dans cet anéantissement de toute liberté et de toute propriété, c'était le règne de leur domination absolue, l'asservissement de la grande ville. Ils eurent lieu d'être satisfaits.

Voici le tableau que M. Jules Rouquette a fait de la capitale, après le 18 mars :

« La vie semble s'arrêter tout à coup : Paris est comme frappé de paralysie. La Bourse cote à peine les valeurs; les cafés se ferment, les ateliers chôment, la population fuit de toutes parts. On avait eu la famine, on a la disette ; les halles n'ouvrent que trois fois par semaine. Pendant le premier siège, on était réduit à la portion congrue; sous la

Commune, Paris fut mis au pain dur : le 20 avril, en effet, un décret de l'Hôtel de ville interdisait le travail de nuit dans les boulangeries. Cette mesure absurde, due à l'Allemand Léo Frankel, suscita les plus vives réclamations. Certains ouvriers boulangers eux-mêmes hésitaient à s'y soumettre, et il en résulta des rixes devant plusieurs boulangeries. L'impopularité de ce décret était telle que, quelques jours avant sa chute, afin sans doute de se concilier les ménagères, la Commune dut rendre la liberté au travail.

« Les relations postales et télégraphiques étaient complétement interrompues. Plus de nouvelles de la province. Les lettres de ceux qui vous étaient chers étaient arrêtées et centralisées à Versailles : ce n'est qu'à la fin de mai qu'elles furent enfin distribuées. Pour atténuer le mal, des agences particulières s'étaient établies à Paris et se chargeaient à grands frais du transport des correspondances. On semblait revenu aux premiers âges du service postal. Le plus souvent, ceux qui, en raison de leur âge, pouvaient sortir de Paris, étaient obligés d'aller, soit à Charenton, soit à Saint-Denis, déposer eux-mêmes ou recevoir leur courrier; bien heureux encore lorsqu'on n'avait pas été arrêté ou fouillé par les gardes nationaux postés à toutes les gares, et qui prenaient plaisir à visiter les voyageurs et leurs bagages, retenant scrupuleusement ce qui était vivres ou valeurs d'or et d'argent.

« Avec ses usines muettes, les étrangers absents, sans mouvement d'affaires enfin, Paris, on peut le dire, agonisait. C'était la misère en perspective, et c'est elle qui avait donné à la Commune la plupart de ses recrues. Les théâtres étaient fermés; à peine si deux ou trois scènes ouvraient leurs portes à un public clair-semé. Sans doute dans le but d'égayer un peu cette nécropole, la Commune avait imaginé d'instituer des concerts aux Tuileries, où l'on était admis moyennant un franc par personne; de sorte que le jardin se trouvait, de fait, interdit à la majorité des citoyens; car, à ces heures de détresse profonde, beaucoup devaient s'interdire de distraire la moindre somme de leur travail journalier.

« Tout travail et tout plaisir étaient donc suspendus; les flâneurs, les badauds suivaient d'un œil mélancolique l'horrible duel qui se livrait entre Paris et Versailles. Le bombardement du Point-du-Jour et de l'Arc-de-Triomphe intéressait cette race de désœuvrés; aussi les Champs-Élysées, les bords de la Seine, du côté d'Auteuil et de Passy, étaient-ils encombrés de spectateurs. Quelques étrangers, armés de jumelles, de lorgnettes, de longues-vues, suivaient du pont de Grenelle les échanges de boulets et d'obus qui se faisaient entre la flottille de la Commune embossée sous le viaduc, et les batteries versaillaises de Meudon, de Montretout, de Châtillon[1]. »

II

Quelle fut alors l'attitude de ces intrépides publicistes qui s'étaient déjà montrés si courageux et si dignes au lendemain du 18 mars? L'accord établi à ce moment entre des journaux de toutes nuances se maintint quant à l'opposition au pouvoir insurrectionnel. Il y eut bien, au point de vue du droit pur et des convenances de la situation, quelques regrettables défaillances. Un certain nombre de journaux, surtout dans la presse républicaine, ne surent pas s'abstenir de critiques inopportunes à l'égard des pouvoirs légaux qui étaient le dernier boulevard de la société menacée, ni de comparaisons imprudentes entre leurs actes et ceux de la Commune, qui semblait mise sur la même ligne que le Gouvernement de Versailles. Mais les attaques des journalistes qui commirent cette faute n'en étaient que plus désagréables aux hommes de l'Hôtel de ville et à leurs adhérents. L'idée de ces derniers était de faire croire qu'ils n'avaient d'adversaires que dans les partis monarchiques. Cette tactique ne pouvait être plus sûrement déjouée que par l'hostilité persistante des écrivains aussi opposés qu'eux à toute tentative de restauration, aussi peu suspects de partialité pour la majorité royaliste de l'Assemblée nationale. Ces journaux

---

1. *Histoire des événements de* 1870-1871.

se faisaient lire d'une foule de républicains dont l'exaltation inclinait vers l'insurrection ; ils les retenaient sur cette pente, moins encore en flétrissant les excès de la Commune qu'en mettant à néant les récits mensongers dont elle abusait singulièrement pour entretenir les illusions de ses défenseurs. Une telle attitude ne pouvait que les exposer plus spécialement encore aux persécutions dirigées contre la presse.

Cependant, la liberté de manifester sa pensée avait été proclamée bien haut dès le début de l'insurrection :

« Les autorités républicaines de la capitale, disait l'*Officiel* des premiers jours, veulent faire respecter la liberté de la presse, ainsi que *toutes les autres* ; elles espèrent que tous les journaux comprendront que le premier de leurs devoirs est le respect dû à la république, à la vérité, à la justice et au droit qui sont placés sous la sauvegarde de tous. »

Mais bientôt les défenseurs de la liberté d'écrire se plaignaient ainsi de l'attitude des organes de l'opinion publique :

« La presse réactionnaire a recours au mensonge et à la calomnie pour jeter la déconsidération sur les patriotes qui ont fait triompher les droits du peuple. Nous ne pouvons pas attenter à la liberté de la presse ; seulement, le Gouvernement de Versailles ayant suspendu le cours ordinaire des tribunaux, nous prévenons les écrivains de mauvaise foi, auxquels seraient applicables en temps ordinaire les lois de droit commun sur la calomnie et l'outrage, qu'ils seront immédiatement *déférés au Comité central de la garde nationale.* »

Cette menace était déjà une variante de l'ancienne formule: *la mort sans phrases.* Néanmoins la presse de Paris la commenta sans sourciller et fit voir que procéder par la terreur, c'était réhabiliter et faire regretter l'empire. En effet, l'empire avertissait un journal ; il frappait d'amendes, il emprisonnait, il supprimait, il ne menaçait pas d'une justice sommaire et de la mort. Au lieu donc de désarmer les écrivains et de les intimider, le langage de la Commune provoqua une opposition plus vive encore.

C'est une justice à leur rendre, au moment où tout cédait, les journalistes persistèrent à relever la tête, et cela malgré toutes les dénonciations et les recherches dont ils étaient l'objet. Ce sont les écrivains de la presse conservatrice qui, jusqu'au dernier moment, ont engagé les bataillons de l'ordre à demeurer dans leurs quartiers; ce sont eux qui ont encouragé la résistance non interrompue, blâmé la fuite, rallié les *francs-fileurs* et surtout désapprouvé les élections. En vain la Commune publiait la note suivante : « La Commune, considérant qu'il est impossible de tolérer dans Paris assiégé des journaux qui prêchent ouvertement la guerre civile, donnent des renseignements militaires à l'ennemi et propagent la calomnie contre les défenseurs de la République, a arrêté la suppression des journaux[1].... » les publicistes n'en persistèrent pas moins à braver et à interpeller leurs nouveaux maîtres.

Nous ne pouvons rapporter le texte de tous les arrêtés qui furent pris contre la presse, ils sont trop nombreux. Les hommes du 18 mars qui avaient passé leur vie à attaquer, à injurier, à calomnier tous les pouvoirs ne pouvaient supporter qu'on discutât leurs actes. La moindre contradiction leur arrachait des cris de paon. Les citoyens Lullier, Courmet, Rigault, Ferré se signalèrent surtout dans cette guerre aux journaux. Après en avoir supprimé un grand nombre, ils arrêtèrent les journalistes ou les traquèrent, mirent les imprimeries sous les scellés et firent lacérer ou brûler publiquement les numéros de différentes feuilles. Ce fut à leur instigation que parut le décret suivant que nous publions dans son entier, comme une pièce à conserver; il allait au-devant des nouveaux contradicteurs en défendant qu'on créât d'autres journaux.

« Art. 1ᵉʳ. Les journaux la *Commune*, l'*Écho de Paris*, l'*Indépendance française*, l'*Avenir national*, la *Patrie*, le *Pirate*, le *Républicain*, la *Revue des Deux-Mondes*, l'*Écho de Ultramar*, et la *Justice* sont et demeurent supprimés.

---

1. Les premiers atteints furent le *Figaro* et le *Gaulois* dont la verdeur mordante incommodait vivement les coryphées du Comité central.

« Art. 2. Aucun nouveau journal ou écrit périodique ne pourra paraître avant la fin de la guerre.

« Art. 3. Tous les articles devront être signés par leurs auteurs.

« Art. 4. Les attaques contre la République et la Commune seront déférées à la cour martiale.

« Art. 5. Les imprimeurs contrevenants seront poursuivis comme complices, et leurs presses mises sous scellés.

« Art. 6. Le présent arrêté sera immédiatement signifié aux journaux supprimés par les soins du citoyen Le Moussu, commissaire civil délégué à cet effet.

« Art. 7. La sûreté générale est chargée de veiller à l'exécution du présent arrêté.

« Hôtel de ville, le 28 floréal an 79.

« *Le Comité de salut public :*

« Ant. Arnaud, E. Eudes, Billioray, F. Gambon, G. Ranvier. »

Les feuilles dévouées à la Commune, et appartenant presque toutes à ses membres, ne suspendirent pas un instant leurs dénonciations contre les autres journaux, et ne cessèrent d'en réclamer la suppression jusqu'à ce qu'il n'en restât plus un seul. Le 3 avril, Lissagaray inaugurait son premier numéro de l'*Action* par cet article : « Nous demandons la suppression sans phrases de tous les journaux hostiles à la Commune. Paris est en état de siége réel. Les Prussiens de Paris ne doivent pas avoir de centre de ralliement, et ceux de Versailles des informations sur nos mouvements militaires. » M. Lissagaray appelait Prussiens de Paris des collègues qui s'étaient vaillamment battus pendant le siége, tandis que lui, général improvisé, organisait en province, où il s'était rendu avant le blocus, des camps fantaisistes.

Le *Cri du Peuple* de Jules Vallès, dont les bureaux donnaient sur le même palier que ceux du *Messager de Paris*, dénonça ce journal en termes si violents que le rédacteur en chef, Eugène Rolland, dut recourir à des expédients pour se soustraire aux brigands qui l'eussent fusillé. Son gendre, Édouard Hervé, l'un des hommes les plus sympathiques et les plus éminents de la presse parisienne, faillit être arrêté à sa place; et le rédacteur principal du *Messager*, Henri Duquiès, emmené par provision, ne dut son élargissement qu'à de puissantes et nombreuses sollicitations.

Qui ne se souvient des diatribes violentes du *Père Duchesne*, dont l'écho était immédiat à l'Hôtel de ville? C'est par la motion des auteurs de cette feuille que fut incarcéré Gustave Chaudey, rédacteur du *Siècle*, coupable d'avoir présidé à la défense de l'Hôtel de ville le 22 janvier.

Ce fut surtout contre le jeune et courageux directeur du *Bien public*, Henri Vrignault, qu'éclata l'exaspération des bandits de la Commune. Traqué dans sa retraite avec son frère Charles et ses collaborateurs, qui jouèrent vingt fois leur vie dans cette chasse à l'homme, il ne cessait de mitrailler l'Hôtel de ville des vérités les plus dures.

« Il faut parler, disait-il, et les tempéraments ne sont plus de mise. Vous avez voulu régner à Paris, messieurs de la Commune, soit, régnez; vous êtes les plus forts, vous avez admirablement organisé vos troupes pour dominer Paris, sinon pour vaincre la France; vous avez, avec une patience et une vigueur remarquables, cassé tous les ressorts sociaux, politiques, administratifs. Rien ne vous résiste que quelques hommes qui parlent et quelques femmes qui prient : vous êtes les maîtres.

« Vous pouvez tout d'un mot, d'un geste; vous avez une garde prétorienne docile; nos biens, notre vie sont entre vos mains. Les lois n'existent plus, vous les avez annulées; et, quand un acte vous plaît, vous savez faire après coup un acte qui le légitime.

« Vous êtes la force, vous êtes l'arbitraire.

« Vous avez été plus loin. Vous avez pénétré dans les consciences par les tortures. Vous dites à la femme : « Tu ne prieras pas. » Vous dites au prêtre : « Tu ne pratiqueras pas ton culte. » Vous dites au mort : « Tu ne seras pas enterré selon ta foi. » Vous dites à l'enfant : « Tu oublieras la prière que tu as apprise de ta mère. »

« Vous avez roulé sur la pente qui entraîne toutes les forces illégales et arbitraires; vous êtes l'inquisition. Vous ne touchez pas seulement à la croyance des chrétiens; vous violez les convictions des citoyens. Vous forcez les hommes à se battre contre leurs opinions. Vous imposez la vôtre. Vous prenez des soldats et vous en faites, par menaces, des traîtres à leur drapeau. Vous jetez le frère, — qui le sait, — contre un frère armé pour la France ; vous avez trahi la patrie ; vous voulez avoir des complices, encore et encore des complices.

« Voilà votre œuvre, maîtres; elle est mauvaise. Vous régnez, mais quel est votre peuple?

« Vous le savez : quelques exaltés convaincus; beaucoup de coquins avides ; une foule d'égarés qui ne savent rien, parce que vous ne leur dites rien ; c'est l'entourage cela ; ce sont vos hommes, votre armée, vos croyants. Le reste, c'est-à-dire tout, ou peu s'en faut, c'est nous ; ce sont les citoyens qui sortent à peine, ces femmes, ces enfants qui restent enfermés au logis, ces négociants dont le comptoir est vide, ces marchands dont la boutique n'ouvre plus, ces usiniers dont les outils sont muets, ces savants, ces artistes, ces laborieux de tous les âges qui se sont arrêtés dans leur œuvre, parce que vous avez voulu que tout s'arrêtât, enfants terribles qui avez tué votre bête, et, stupéfaits, la poussez du pied en disant : marche :

« Elle ne marche pas ; elle est morte, ou plutôt, elle va mourir.

« César populaire, qui trônes à l'Hôtel de ville, sais-tu que la misère est dans toutes les maisons? Sais-tu que les neuf dixièmes des magasins de Paris ne peuvent plus ouvrir ? Sais-tu que chaque jour passé ainsi représente des millions de pertes irréparables ? Sais-tu que les marchés sont vides? Sais-tu que les abattoirs sont déserts? Sais-tu que les boucheries sont fermées ? Sais-tu que les queues recommencent aux portes des seuls magasins qui travaillent encore, ceux où l'on vend de quoi manger? Sais-tu que les restaurants n'ont plus de vivres? Sais-tu que les communications sont fermées partout, que Paris va avoir faim? Sais-tu cela, César communal? et si tu le sais, que fais-tu pour l'empêcher?

« Tu as pris le pouvoir, tu nous as pris notre drapeau, tu

nous as pris la liberté, le droit d'aller et de venir, le droit de parler, le droit de nous réunir, le droit de sauver la patrie, le droit de prier : tu dois en échange du pain.

« Les Césars de Rome, qui étaient des tyrans sinistres, donnaient au peuple le pain et les jeux. Tes jeux à toi sont les batailles fratricides ; cela vaut bien le cirque, mais le pain ?

« César, qu'as-tu fait pour nourrir ton peuple ? cela est très-bien de discuter des lois des suspects, de fouiller les maisons pour y chercher des armes ; mais la faim !

« Nous savons ; on fouillera les buffets des riches, les caves des riches ; c'est la ressource suprême. Pauvre ressource ! les buffets sont vides ; le siége a passé par là. Quant aux caves, il y reste à peine assez pour désaltérer la patrouille qui aura fouillé. Perquisitions faites, il n'y aura rien de plus à Paris que quelques gardes ivres de plus. »

En vain le *Bien public* était supprimé, il reparaissait successivement sous les titres de la *Paix*, de l'*Anonyme* et du *Républicain*. Il ne cessa de combattre que lorsque la publication de tout nouveau journal fut rigoureusement interdite sous peine d'être déféré à une cour martiale ; mais son énergique rédacteur en chef ne se découragea pas. Quand il fut obligé de déposer la plume, il se tint prêt à reprendre son fusil ; il fut un des premiers parmi les gardes nationaux qui se rallièrent aux troupes ; il était auprès du commandant Durouchoux lorsque celui-ci fut tué, et il fut lui-même atteint d'une balle.

La *Marne*, supprimée le 5 mai, reparut aussi avec la signature de son vaillant rédacteur en chef, E. Masseray, sous le titre du *Spectateur;* il fut arrêté au troisième numéro.

Le *Journal de Paris*, qui put se maintenir jusqu'à la dernière quinzaine du règne de la Commune, malgré la vigueur de sa polémique, essaya vainement de devenir l'*Écho du soir;* après son troisième ou quatrième numéro, il vit envahir et saccager ses ateliers.

Le *National*, grand et petit format, dont la modération avait même été prise pour de la connivence, ne fut pas épargné. Vainement il essaya de prendre successivement les titres de *Journal populaire*, de *Corsaire*, de *Pirate*, ces trois feuilles furent supprimées dès leurs premiers numéros.

La *Politique*, journal tout récemment créé, fut supprimé, à son apparition, et ne put vivre davantage sous le titre de *Discussion*.

Les rédacteurs du *Temps* substituèrent à ce nom le *Bulletin du jour*, qui fut bientôt supprimé.

Rochefort lui-même, si peu soucieux cependant de *sa dignité* dans la *Lanterne* ou la *Marseillaise*, jugea intolérable la situation faite à la presse. A la date du 20 mai, alors qu'il projetait de quitter la partie, il annonça en ces termes qu'il cessait la publication du *Mot d'ordre* :

« Monsieur le Rédacteur,

« Je vous serai vraiment obligé si vous voulez bien annoncer à vos lecteurs, qu'en présence de la situation faite à la presse, le *Mot d'ordre* croit de sa dignité de cesser de paraître.

« Salut fraternel.
   « Henri ROCHEFORT. »

Ainsi firent la *Presse*, le *Journal des villes et des campagnes*, qui suspendirent d'eux-mêmes leur publication.

Cette guerre aux journaux se pratiquait avec l'arbitraire le plus absolu. Le texte de tous les arrêtés n'était pas même à l'*Officiel*; on insérait ou l'on n'insérait pas, suivant le caprice du tyran. Parfois la notification n'avait que deux lignes, comme celle-ci :

« Le délégué à la sûreté générale, à la requête du procureur de la Commune, arrête :

« Le journal *le Siècle* est et demeure supprimé. »

D'autres fois elle revêtait une forme politique et philosophique, comme les considérants qui motivaient la suppression de la *France* et de six autres journaux, à la date du 6 mai, sous la signature de Cournet :

« Le membre de la Commune, délégué à la sûreté générale :

« Considérant que, pendant la durée de la guerre et aussi

longtemps que la Commune aura à combattre les bandes de Versailles qui l'assiégent et répandent le sang des citoyens, il n'est pas possible de tolérer les manœuvres coupables des auxiliaires de l'ennemi ;

Considérant qu'au nombre de ces manœuvres on doit placer en première ligne les attaques calomnieuses dirigées par certains journaux contre la population de Paris et la Commune, et, bien que l'une et l'autre soient au-dessus de pareilles attaques, celles-ci n'en sont pas moins une insulte permanente au courage, au dévouement et au patriotisme de nos concitoyens ; qu'il serait contraire à la moralité publique de laisser continuellement déverser par ces journaux la diffamation et l'outrage sur les défenseurs de nos droits, qui versent leur sang pour sauvegarder les libertés de la Commune et de la France ;

Considérant que le gouvernement de fait qui siége à Versailles interdit dans toutes les parties de la France, qu'il trompe, la publication et la distribution des feuilles qui défendent les principes de la révolution représentés par la Commune, etc., etc. »

Le Moussu, le même commissaire que nous avons vu présider aux perquisitions dans les églises et à l'arrestation des prêtres, était chargé ordinairement d'exécuter les journaux. Il y avait droit par son instruction, qui le mettait naturellement en rapport avec ce qui était intelligent et éclairé. Voici le texte curieux de l'arrêté notifié en son nom à la *Patrie* :

COMMUNE DE PARIS

Paris, 19 mai 1871

CABINET DU COMMISSAIRE DE POLICE

« Nous, commissaire des délégués au Comité de salut public : conformément au décret de ce jour, *notifions* aux imprimeurs et rédacteurs du journal *la Patrie* la suppression de ladite feuille, ainsi que l'article *deûme* (sic), *defendent* la création de *tous nouveaux* journal.

« Pour le citoyen LE MOUSSU,

« *Le Secrétaire :* (Signature illisible.) »

Quand Le Moussu s'occupait d'arrêter un prêtre ou de dévaliser une église, il était dignement suppléé comme persécuteur de la presse par un peintre excellent dans le genre obscène, le caricaturiste Pilotell. Comme le Moussu, il fut commissaire et délégué. Il en profita pour s'acquitter d'une singulière façon envers M. Polo, directeur de l'*Éclipse*, à qui il devait, à titre d'avance, une forte somme. Sans le moindre scrupule de reconnaissance, il envahit le domicile de son créancier, lui notifia l'interdiction de son journal et l'emmena en prison, après avoir eu le soin de prendre tout l'argent qu'il trouva au domicile de M. Polo. La victime n'était coupable que d'avoir fait parvenir à Versailles des journaux qui s'imprimaient rue du Croissant. L'esclandre fut tel que le rédacteur de l'*Éclipse* obtint son élargissement, et que l'*Officiel* annonça la mise en disponibilité du citoyen Pilotell « pour des négligences de formes qui n'entachent en rien l'honorabilité de ce citoyen ».

Nous ne saurions entrer plus avant dans le détail de toutes ces immolations ; nous devons nous borner à la liste du martyrologe des journaux tués par le gouvernement dont le libéralisme devait étonner le monde. Il avait la conscience de son impuissance et savait bien que la légitimité de son pouvoir n'aurait pas résisté à quelques heures de discussion sérieuse et libre :

Mais si jamais la manifestation de la pensée n'a été moins libre que sous le règne de la Commune, si jamais la presse n'a été soumise à plus d'arbitraire et exposée à plus de persécutions, c'est aussi parce que la plupart des journalistes qui siégeaient à l'Hôtel de ville voulaient créer un monopole à leur profit. Le *Vengeur*, le *Cri du peuple*, etc., purent se vendre ainsi à un chiffre considérable et créer à leurs propriétaires des ressources qui, la veille de la défaite, leur ont permis de gagner prudemment l'étranger.

II

Il est indispensable, pour bien connaître l'esprit de cette époque, de donner la physionomie des journaux qu'elle vit naître

L'*Officiel* de la Commune fut confié à Longuet, qui y fit une véritable révolution. Jusqu'alors cette feuille avait affecté un air solennel, Longuet y introduisit un élément tout français : le calembour.

« On assure, écrivait-il, que le gouvernement rural aurait reçu d'Algérie une dépêche annonçant que le général Lallemand se serait rendu maître du soulèvement. Si les Prussiens consentaient à obéir au gouvernement susdit, *l'Allemand* serait maître partout. Très-joli le mot.... *d'ordre* (non réactionnaire).

« Les huissiers vont être forcés, pour vivre, de se porter à la députation dans nos campagnes. Leurs études étaient closes... Les petits vieux de Versailles votent la loi sur les échéances, et les protêts, dénonciations, saisies, etc., etc., pleuvent... La Commune annule tout cela! On nous assure que les huissiers vont former un bataillon qui marchera sur Versailles... pour protester, naturellement! Parlant à sa personne ou à un *tiers* à son service.

« La vérité est parfois bonne à dire :

> Mercredi, le conseil, en séance à Versailles,
> Reçut la discussion de l'homme des batailles.
> La Chambre s'en émeut, Thiers en est affecté.
> Le Flô, qui l'apporta, recule épouvanté. »

Cette rédaction tintamarresque n'était pas le seul côté curieux de l'organe officiel de la Commune. Longuet s'était constitué l'épurateur et le polisseur des discours et des comptes-rendus des séances de l'Hôtel de ville ; il écourtait, modifiait, altérait selon son bon plaisir.

Le *Cri du peuple*, de Jules Vallès, un des journaux supprimés par le général Vinoy, reparut sous la Commune et eut un immense succès. Il avait pour rédacteurs Pierre Denis et

Rogeard, deux écrivains de talent. C'est le *Cri du peuple* qui annonça le premier que Paris serait brûlé : « Si vous êtes chimiste, monsieur Thiers, etc. »

La *Montagne*, de Gustave Maroteau, a été fatale à son rédacteur; on peut dire qu'elle a été pour lui son Calvaire. Voici un spécimen de la polémique de ce journal :

« Quand ils sont à bout de mensonges et de calomnies, quand leur langue pend, pour se remettre ils se trempent le nez dans l'écume du verre de sang de Mlle de Sombreuil; ils sortent de sa tombe le général Bréa, agitent le suaire de Clément Thomas. Assez! vous parlez de vos morts; mais comptez donc les nôtres! Compère Favre, retrousse ta jupe pour ne pas la franger de rouge et entre, si tu l'oses, dans le chemin de la Révolution. Les tas sont gros. Voici Prairial et Thermidor; voici Saint-Merry, Transnonain, Tiquetonne! Que de dates infâmes, et que de noms maudits! Et sans remonter si haut, sans fouiller les cendres des ans passés, qui donc a tué hier, et qui donc a tué aujourd'hui? Qui donc a battu le rappel en Vendée, lancé sur Paris la Bretagne? Qui donc a mitraillé au vol un essaim de fillettes à Neuilly? — Maudits!... — Mais aujourd'hui c'est la victoire, et non la bataille, qui marche derrière le drapeau rouge. La ville entière s'est levée au son des trompettes; nous allons, vautours, aller vous prendre dans votre nid, vous apporter tout clignotants à la lumière. La Commune vous met ce matin en accusation; vous serez jugés et condamnés, il le faut! Heindrich, passe ton couperet sur la pierre noire. »

Nous trouvons dans les papiers de Rossel une curieuse appréciation sur le *Mot d'ordre*, qui a poussé à la destruction de la colonne Vendôme, à la démolition et au pillage de la maison de M. Thiers, au pillage des églises : « Le *Mot d'ordre*, dit-il, était un puissant journal de lutte. Rochefort y prodiguait cet esprit acerbe, ces mots à l'emporte-pièce, cette verve qui donne au sens commun la tournure du paradoxe, au paradoxe l'apparence du sens commun, qui fait de lui le premier des polémistes de nos journaux. Lui aussi était serviteur de la Révolution, et ennemi de la Commune. »

Le *Père Duchesne*, rédigé par Vermesch, A. Humbert et

Vuillaume, a eu une influence détestable sur les décisions de la Commune. Cette feuille, écrite en un style grossier, avait emprunté à Hébert, l'écrivain trivial et vénal de la première Révolution, sa manière immonde de traiter la politique. Rossel a laissé les réflexions suivantes sur le *Père Duchesne* et quelques autres journaux de la Commune : « Le *Père Duchesne*, et le *Cri du Peuple*, de Jules Vallès, étaient les journaux les plus répandus de la révolution parisienne. Le *Mot d'ordre* était le meilleur journal. L'*Avant-garde* était aux Jacobins qui ont dirigé et perdu la Révolution. Rochefort, le *Père Duchesne*, étaient au contraire les adversaires de ce parti. Les ordures dont le *Père Duchesne* parait sa marchandise pour affriander le public, étaient un simple hors-d'œuvre.

« Les Français ont toujours aimé à trouver un peu gras les bords de la coupe où ils boivent la vérité. Pourquoi le procédé qui réussit à Rabelais contre les papegaux, à Voltaire contre les cagots, serait-il devenu mauvais contre les cuistres de nos jours? » Malgré l'opinion de Rossel, nous croyons que c'est insulter le peuple, que de penser lui plaire en lui parlant un langage grossier.

Les lignes qui suivent suffiront pour donner une idée du style du *Père Duchesne* :

« C'est la première fois que le *Père Duchesne* fait un postscriptum à ses articles bougrement patriotiques. Mais foutre de foutre! c'est aussi que jamais le *Père Duchesne* n'aura été si joyeux! Oui, nom de nom! comme les affaires de la Sociale vont bien! et comme les jean-foutres de Versailles sont foutus plus que jamais! Et savez-vous pourquoi le Père Duchesne est si content, bien qu'il y ait une centaine de bons bougres de ses amis de tués? C'est que, malgré toutes les excitations des mauvais jean-foutres, nous avons été attaqués les premiers par les hommes de Versailles. Ce sont eux, — j'en appelle à ta justice, Histoire de la République française! — ce sont eux qui ont ouvert la guerre civile. »

L'*Affranchi*, de Paschal Grousset, s'imprimait par voie de réquisition. Au plus fort de la lutte contre Versailles, il s'exprimait ainsi : « Les gens de Versailles assassinent les prisonniers républicains, et mutilent d'une manière horrible leurs cadavres. — OEil pour œil, dent pour dent. — Les portes de Paris sont fermées. — Nul ne peut sortir de la ville. — Nous avons en main des otages. — Que la Commune rende un décret, que les hommes de la Commune agissent. — A chaque tête de patriote que Versailles fera tomber, qu'une tête de bonapartiste, d'orléaniste, de légitimiste de Paris roule comme réponse. — Allons, soit! Versailles le veut. — La terreur. »

Nous joignons à ces citations, comme document historique à consulter, la nomenclature par ordre alphabétique des journaux de la Commune.

L'*Ami du peuple*, de Vermorel.

L'*Avant-garde*, journal rédigé par Secondigné, et qui se distinguait par la violence de ses attaques contre les troupes de Versailles.

Le *Bon sens;* il prêchait la conciliation. On ne le lisait guère.

La *Commune*, grand in-folio quotidien; elle était rédigée par des écrivains du *Combat* et du *Vengeur* qui faisaient appel à toutes les violences révolutionnaires. Dans les derniers jours de l'insurrection, elle parut encadrée de noir comme le *Combat*.

L'*Estafette*, de Secondigné, grand in-folio; elle s'était constituée en quelque sorte le bulletin des victoires de la Commune.

Le *Fédéraliste*, franchement dévoué aux hommes du 18 mars.

Le *Fils Duchesne*, huit pages in-8. C'était un enfant terrible, car, tout en paraissant soutenir la Commune, il lui décochait plus d'un trait empoisonné.

L'*Indépendance française*, quotidienne. Couleur indécise.

La *Mère Duchesne*, pastiche du *Père Duchesne*.

Le *Moniteur du Peuple*, rédigé par G. Sol.

Paris libre, par Vésinier, poussait à toutes les violences. Il publiait sous le nom de *Liste des mouchards*, la nomenclature des hommes qui avaient demandé un emploi à la Préfecture de police sous l'Empire.

Le *Père Fouettard*, même format et même genre que le *Père Duchesne*.

Le *Salut public*, de Gustave Maroteau.

La *Sociale*; elle recueillait pour les reproduire les articles les plus violents des feuilles les plus virulentes.

La *Tribune du peuple*, par Lissagaray, qui « demandait la suppression sans phrases de tous les journaux hostiles à la Commune. »

Le *Vengeur*, de Félix Pyat, qui avait succédé au *Combat*; il refusait toute conciliation et appelait lâches ceux qui proposaient de traiter avec Versailles.

Voilà les feuilles qui, pendant soixante-six jours, ont eu le privilége de surexciter jusqu'au délire une population bienveillante et civilisée entre toutes!

CHAPITRE VIII

OEUVRE DE RÉGÉNÉRATION TENTÉE PAR LA COMMUNE :
L'INSTRUCTION COMMUNALE.
LES CLUBS.

Les Frères de la doctrine chrétienne et les Sœurs de charité sont expulsés des écoles et accusés d'avoir abandonné leur poste. — La première idée des clubs dans les églises est venue de Victor Hugo. — Installation du club Saint-Sulpice. — Les autres réunions publiques. — Premier meeting des femmes. — Elles s'établissent dans la crypte de l'église de Vaugirard.—Les trois femmes du club Saint-Germain l'Auxerrois. — L'émancipation de la femme, thèse ordinaire des clubs de femmes. — Opinion de Proudhon, de Bebel et des socialistes en général sur ce sujet. — La dernière réunion publique à Sainte-Marguerite. — Églises préservées de ces ridicules ou effroyables déclamations.

I

La Commune n'entreprenait pas seulement une œuvre politique, elle visait aussi à une œuvre morale. Fonder le régime communal et fédéral ne lui paraissait pas suffisant, elle voulait encore régénérer le peuple de Paris. C'est pour cela qu'elle arrêta les prêtres, ferma les églises, et qu'elle s'efforça, par un enseignement nouveau, d'arracher enfin les âmes à l'ignorance et à la superstition cléricales.

Les choses de l'intelligence étaient cependant la moindre préoccupation des hommes de l'Hôtel de ville, bien qu'ils eussent un délégué à l'instruction publique. L'enseignement secondaire resta à l'abri d'actes directs d'ingérence ; ses membres purent continuer leurs fonctions sans recevoir d'autres ordres que ceux de leurs chefs légitimes. Il en fut de même de l'enseignement supérieur. Une réorganisation révolutionnaire fut tentée cependant à l'École de médecine, mais elle échoua misérablement. La Commune ne montra de sollicitude que pour l'enseignement primaire. Elle prétendait établir je ne sais quel enseignement intégral; mais au fond ses délégués de l'enseignement n'eurent jamais d'autre but que de faire triompher l'instruction gratuite, obligatoire et exclusivement laïque. Cela impliquait l'expulsion de tous les Frères de la doctrine chrétienne, de toutes les Sœurs dirigeant des écoles religieuses. C'était une source nouvelle de violences et de pillages.

L'opinion publique ne pouvait supposer cependant que l'on voulût frapper cette grande famille des Frères des écoles chrétiennes, qui s'est imposée la tâche d'élever, d'instruire, d'aimer les enfants du pauvre : car, pour instruire il faut aimer. On se rappelait avoir vu ces religieux sous les murs de Paris quand le canon grondait, s'élancer dans la neige pour ramener nos blessés, et, entraînés par la charité, dépasser nos avant-postes et tomber sous les balles. La mort sur un champ de bataille pour un pauvre infirmier qui l'a affrontée sans armes, sans colère, cela avait paru tout simplement sublime. Aussi la population de Paris ne pouvait croire à une persécution contre les Frères, mais elle ne devait pas tarder à être détrompée.

Du 10 au 13 avril, la Commune expulsa les Frères de Montrouge, de Belleville, de Saint-Nicolas-des-Champs et les remplaça par des laïques.

Le 17, on cerna dans leur maison, au moment même où ils faisaient la classe, les Frères de Ménilmontant, qui jusqu'au 22, furent retenus prisonniers et ne cessèrent d'être en butte à toutes sortes de menaces et d'insultes.

Du 19 avril au 7 mai, toutes les écoles dirigées par les Frères se fermèrent successivement et le mouvement d'émigration de ces religieux se continua. Toutefois il ne put s'opérer d'une manière complète. De nouveaux ordres ayant été donnés par la Commune, de plus en plus oppressive et soupçonneuse, la surveillance s'exerçait avec une rigueur progressive. Déjà on avait arrêté dans sa communauté le

Frère directeur de Sainte-Marguerite et deux de ses confrères. Vers le 7 mai, on arrêta soit aux gares, soit aux portes, soit même au-delà des remparts, trente-quatre Frères émigrants. Quelques-uns furent relâchés, mais on en conduisit trente-deux à la conciergerie et de là à Mazas, où étaient détenus les otages.

Les vénérables Sœurs que Paris, même dans ses jours de fièvre révolutionnaire, avait toujours respectées, comme l'expression la plus haute et la plus pure de la charité, du dévoûment chrétiens, se virent aussi remplacées par des institutrices laïques, à prix réduit, sans autre recommandation, le plus souvent, que celle d'une instruction insuffisante et d'une moralité plus douteuse encore.

Le 2 mai, dans la matinée, un délégué se présenta avec quatre citoyennes chez les Sœurs de charité, rue Affre, à la Chapelle, et, après maintes injures, leur enjoignit d'évacuer la maison. On lui répondit comme savent répondre ces saintes femmes, et on l'introduisit poliment dans les classes dont il ne put s'empêcher d'admirer l'excellente tenue. Pendant ce temps, plus de trois cents personnes se rassemblaient devant l'école et faisaient éclater sans crainte tout leur mécontentement. Il fallut que la garde nationale intervînt, toujours au nom de la liberté, et l'on incarcéra un certain nombre de femmes, qui, révoltées de ce qu'elles voyaient, se plaignaient en termes très-vifs. Mais la violence ne réussit pas aux nouvelles institutrices. Dès leur installation, le nombre des jeunes filles diminua singulièrement. Un garde national vint chercher ses deux enfants au milieu de la classe, et les emmena malgré toutes les instances qu'on lui fit pour qu'il les laissât, disant qu'il les avait confiées aux Sœurs et qu'il les leur rendrait aussitôt leur retour.

En même temps que la Commune expulsait les Frères et les Sœurs de toutes les écoles, elle les faisait accuser dans son *Journal officiel* d'avoir abandonné leurs postes. Elle ne put toutefois, malgré l'impudence de cette calomnie, faire prendre le change, car ces persécutions furent souvent mal vues de la jeunesse de Paris, qui se mutinait ou désertait les classes.

Le 11 mai, le but n'était pas encore complétement atteint. Ce jour-là, le *Journal officiel* publiait la note suivante :

« Bientôt l'enseignement religieux aura disparu des écoles de Paris.

« Cependant, dans beaucoup d'écoles reste, sous la forme de crucifix, madones et autres symboles, le souvenir de cet enseignement.

« Les instituteurs et les institutrices devront faire disparaître ces objets, dont la présence offense la liberté de conscience. »

Qu'y a-t-il donc, sur la croix, *qui offense la liberté de conscience?* C'est le Fils de l'Homme, non point au milieu de sa gloire, que les socialistes trouveraient scandaleuse, mais sur son gibet de honte, fondant par la souffrance la religion de l'humilité et du sacrifice. Celui qui saigne sur cette croix, c'est le doux Nazaréen, qui naquit dans une étable et qui vécut de son travail; il prêcha l'égalité des hommes devant Dieu, la seule vraie; il a consolé tous les souffrants, tous les vaincus; il pleura toutes les larmes de l'humanité, il fut méconnu sans devenir méchant, il fut pauvre sans manifester d'envie, il sut rendre les hommes meilleurs sans prêcher la révolte et le crime. Livré par les grands et insulté par les avocats de Jérusalem, il mourut en pardonnant à tous.

Le 14 mai, la commission de l'enseignement, suppléée jusque-là par les municipalités et une sous-commission spéciale, prend elle-même l'initiative :

« Dans plusieurs arrondissements, les congréganistes refusent d'obéir aux ordres de la Commune, et entravent l'établissement de l'enseignement laïque.

« Partout où de semblables résistances se produisent, elles doivent être immédiatement brisées et les récalcitrants arrêtés.

« Les municipalités d'arrondissement et le délégué à la sûreté générale sont priés d'agir rapidement et énergiquement, en ce sens, de s'entendre, à cet effet, avec la délégation à l'enseignement. »

Le 18 mai, la même commission prescrit : — « Dans les

quarante-huit heures, un état sera dressé de tous les établissements d'enseignement tenus encore par des congréganistes, malgré les ordres de la Commune.

« Les noms des membres de la Commune délégués à la municipalité de l'arrondissement, où les ordres de la Commune relatifs à l'établissement de l'enseignement exclusivement laïque n'auront pas été exécutés, seront publiés chaque jour à l'*Officiel*. »

Il n'était pas facile de remplacer ce qu'on essayait de détruire. Un appel fut adressé aux instituteurs, aux institutrices, qui devaient joindre à leurs demandes l'exposé de leur méthode d'enseignement; mais on ne trouve pas trace de l'ouverture de nouvelles écoles. Citons cependant une école professionnelle d'art industriel, établie rue Dupuytren pour les jeunes filles, sous la direction de la citoyenne « Parpalet, professeur de modelage » (12 mai); une autre du même genre pour jeunes garçons, installée dans le local des jésuites, rue Lhomond (22 mai).

II

Pour accomplir son œuvre de régénération, la Commune ne se contenta pas de bannir des écoles l'esprit et les symboles de la religion· elle s'empara des églises dévastées et les métamorphosa en clubs hideux.

La première idée des clubs dans les églises a été émise par Victor Hugo. Il disait, il y a quelques années, dans une causerie intime : « Je louerais les églises au culte plus offrant; et si aucun n'est assez riche pour les payer, au lieu du prêtre, j'y installerais, savez-vous qui? le lecteur public. Un homme serait chargé par la commune et par l'État de lire tous les jours à l'adolescent, à l'ouvrier, au paysan, à l'ignorant en un mot, non-seulement l'Évangile, mais toutes les grandes bibles de l'esprit humain, depuis Homère jusqu'à Shakespeare. Il y aurait même deux sortes de lectures : la première, la plus immédiate, serait l'histoire, la loi, le droit, le fait, l'événement accompli il y a des siècles, comme la parole dite aujourd'hui à la tribune, l'histoire de France et le *Moniteur;* la seconde lecture, la plus haute, serait l'éternelle lumière du beau, lumière non moins accessible que l'autre à l'ignorance qui veut s'instruire, et je suis certain que l'Iliade serait aussi écoutée que la Convention.

« Ainsi l'art sur la muraille, et dans la chaire l'histoire et la poésie : voilà ma cathédrale. Au lieu de Dieu uniquement enseigné aux fidèles, l'homme appris à l'homme. Deux lectures : une le matin, l'autre le soir ; le matin Danton, et le soir, Dante. Au fond, Michel-Ange. »

Dès le début de l'insurrection, le 20 mars, cette pensée saugrenue fut reprise par un citoyen dont le nom est resté ignoré. Il avait placardé, dans le IXe arrondissement, un modeste vœu qui avait la prétention de faire à chacun sa part:

« De nombreux imbéciles ont la faiblesse de tenir encore à la prêtraille et à ses momeries. La magnanime Commune doit respecter l'opinion de chacun. Mais puisque les calotins ne travaillent que le matin, ne pourrait-on pas, le soir, laisser leurs *boutiques* à la disposition des citoyens qui voudraient se réunir ? »

Cette proposition *conciliatrice* (ce mot était celui du jour) fut de beaucoup dépassée par le citoyen Mortier, qui bientôt formulait à une séance de la Commune cette motion plus radicale :

« Si la sûreté générale faisait évacuer ou fermer toutes les églises de Paris, elle ne ferait que prévenir nos désirs. Ce que je pourrais lui contester, ce serait la fermeture complète de ces maisons; car je désire les voir ouvertes pour y traiter de l'athéisme, et anéantir par la science les vieux préjugés et les germes que la séquelle jésuitique a su infiltrer dans la cervelle des pauvres d'esprit. »

La Commune, toujours empressée d'adopter les propositions les plus extravagantes, approuva ce mode d'enseignement populaire. Elle l'inaugura le 28 avril, par l'installation du club de la salle Molière à l'église de Saint-Nicolas-des-Champs. Ce jour-là, on se serait cru au temps de la première Commune révolutionnaire : c'était une sorte de vignette de 1793. L'église était éclairée comme pour une grande fête; une foule immense inondait la nef centrale et les bas-côtés, foule tapageuse, hurlante, qui saluait d'applaudissements frénétiques chaque motion violente. Les femmes étaient en grand nombre, plusieurs avec des enfants dans les bras.

Le bureau siégeait à l'autel et le président agitait la sonnette qui sert pour la messe. Les orateurs montent en chaire. L'un demande, à propos du décret sur le mont-de-piété, que l'on rende aux pauvres tous les dépôts, sans exception, mais qu'on retienne tout aux riches. « Voilà qui est bien, s'écrie une citoyenne : c'est pour cela que j'aime la Commune. » L'autre lit la protestation d'un jeune prêtre de Saint-Nicolas-des-Champs, M. l'abbé Cottin, contre l'odieuse profanation de l'Église et se livre aux plus furibondes invectives contre le clergé catholique, qu'il accuse de lâcheté, de mensonge, d'exploitation du peuple. L'enthousiasme de l'assemblée tient du délire. « J'entends encore, dit l'un des assistants, M. de Pressensé, j'entends encore des dénonciations passionnées contre les fournisseurs de l'armée, et la foule de rugir : « A mort! à mort! » Chaque discours se termine par un cri formidable de Vive la Commune! qui roule sous les voûtes gothiques. C'est de cette façon que les Communeux entendaient la séparation de l'Église et de l'État.

Voici le compte-rendu de la fameuse séance où fut votée la mort de l'archevêque; nous le publions tel qu'il nous a été adressé par une dame courageuse qui était présente :

« Monsieur l'abbé,

« Vous me demandez si je suis allé voir ce qu'était un club au vilain temps de la Commune, et ce que j'y ai entendu. J'ai eu, en effet, cette curiosité malsaine ; et bien que je susse qu'il n'y avait là ni un Mirabeau ni un Danton, j'ai été étonnée d'une telle pénurie d'orateurs.

« C'est au plus fameux et au plus tapageur, à Saint-Nicolas-des-Champs, que je me suis rendue. La foule remplissait déjà l'église. Elle était composée de gardes nationaux en uniforme et de gens de la classe ouvrière. Un petit nombre seulement paraissaient antipathiques aux idées nouvelles, et témoignaient par leur air consterné du profond chagrin que leur faisaient éprouver ces effroyables scènes.

Le premier discours ne fut au fond qu'une plate flatterie à l'adresse *du grand peuple de Paris;* et quant à la forme qui était des plus triviales, elle s'émaillait à chaque instant de phrases dans le goût de celles-ci : *Il ne faut pas fermer l'œil; le règne de la révolution des peuples est arrivé; il faut que le peuple règne à tout jamais en révolutionnant sans cesse; il est l'heure pour le peuple de se partager les richesses, afin qu'il n'y ait plus ni acheteurs, ni vendeurs.* Invitation était faite à tous les bons citoyens *de mettre la main à la pâte.*

« On admire, disait l'orateur, la grande voix du peuple, qui se fait entendre dans les clubs, ces précieux auxiliaires de la Commune. Des clubs doivent jaillir les idées que la Commune a la mission de réaliser. A eux de lui distribuer le blâme ou l'éloge. Or, en ce moment, elle mérite le blâme pour avoir dénoncé en public quelques peccadilles de gardes nationaux qui, dépourvus d'argent et très-fatigués, ont vendu leurs vêtements, armes et munitions, *afin de boire un coup !*

« Assurément on peut avoir confiance dans l'armée de la Commune, mais il faut se méfier de tous.

« Je propose d'envoyer deux délégués par chaque club pour surveiller les travaux des généraux et officiers supérieurs pendant la journée. Le soir, ils viendraient rendre compte de toutes leurs opérations à la Commune. Ces délégués seraient entretenus aux frais des citoyens et citoyennes qui se nourrissent de la manne descendue des tribunes. »

En vérité, je peux affirmer maintenant que le personnage devait être Vermesch, parlant son journal le *Père Duchesne.*

Après lui, suivait un autre orateur, avocat déclassé, d'une tenue assez bonne. Il s'efforça de faire comprendre à son auditoire que toutes les démarches de conciliation étaient dues à l'initiative de la Commune. Elle voulait user de ce moyen pour déconsidérer le gouvernement de Versailles, le faire haïr, et par là révolutionner les provinces qui forcément suivraient l'exemple de Paris, et se gouverneraient par les communes qu'elles institueraient.

Enfin, et ce fut le succès de la soirée, nous vîmes apparaître, sous forme de loustic, un être ignoble. Sur sa figure se lisaient en toutes lettres : paresse, envie, vol, férocité. Il venait se plaindre avec un langage qui exhalait une odeur de sang, qu'on n'avait pas encore exécuté les otages, comme on en avait menacé les Versaillais. Il alléguait que les otages étant des hommes comme les autres, il fallait, sans tarder davantage, faire tomber leurs têtes en commençant par celle de l'Archevêque, et les envoyer à Versailles en réponse aux proclamations de M. Thiers. Cette proposition fut votée par acclamation et avec une sorte de frénésie.

Un seul parla avec logique et modération sur la manière dont il faudrait établir la république, et il fut sifflé ! Tous lançaient de fulminants anathèmes contre M. Thiers et le Gouvernement.

J'eus l'imprudence de critiquer hautement ces méchants et ces fous; mais comme je soulevais bien des colères autour de moi, je m'empressai de sortir et m'estimai ensuite bienheureuse de m'être sauvée de leurs mains. Je prie Dieu qu'il nous préserve à l'avenir de pareilles horreurs.

« M.... »

Les succès du club Nicolas-des-Champs, la haute approbation qu'il avait obtenue de la Commune devaient exciter l'émulation des autres réunions publiques ; aussi les vit-on s'emparer à l'envi des églises Saint-Pierre de Montrouge, Saint-Bernard, Saint-Ambroise, la Trinité, Saint-Eustache, Saint-Germain l'Auxerrois, Saint-Sulpice, etc., créant aussi leurs clubs qui rivalisèrent de violence, de sottise et d'impiété.

Le club Bernard envoya à la Commune les résolutions suivantes, prises à l'unanimité par trois mille citoyens; il y avait toujours une touchante unanimité : « Suppression de la magistrature qui a précédé, et anéantissement des codes; leur remplacement par une commission de justice chargée d'élaborer un projet de loi en rapport avec les nouvelles institutions et aspirations du peuple.

« Suppression des cultes, arrestation immédiate des prêtres, comme complices des monarchiens, cause de la guerre actuelle ; la vente de leurs biens, meubles et immeubles, ainsi que de ceux des fuyards et des traîtres qui ont soutenu les misérables soldats de Versailles, le tout au profit des défenseurs du droit.

« Les travaux et entreprises de la Commune devront être donnés aux différentes corporations ouvrières.

« Exécution d'un otage sérieux toutes les vingt-quatre heures jusqu'à la mise en liberté et l'arrivée à Paris du citoyen Blanqui, nommé membre de la Commune. »

Le club Saint-Sulpice fut plus difficile à établir, mais il ne fut ni moins impie ni moins radical. Le soir où il devait s'ouvrir, un cordon de gardes nationaux barrait l'entrée de l'église : « Nous entrerons malgré vous » disaient les femmes qui se rendaient au *mois de Marie*, toujours suivi à Saint-Sulpice avec une dévotion extraordinaire. De fait, elles pénétrèrent dans l'église avec les clubistes. Ceux-ci criaient : Vive la Commune ! » Les femmes répondaient avec énergie : « Vive l'Église ! Vive Jésus-Christ ! » et toute la place éclata en protestations contre les clubistes. Pour la première fois on entendit le peuple pousser le cri, qui était au fond de toutes les consciences honnêtes : *A bas la Commune!* Quelques femmes furent frappées ; mais les crosses des soldats de l'Hôtel de ville, loin de les effrayer, augmentèrent leur courage ; elles ne souffrirent pas qu'on profanât leur église. Dans l'oppression où gémissaient les âmes en face des soldats de l'athéisme et du despotisme, les femmes de Saint-Sulpice ont proclamé Dieu et la Vierge avec un courage et une piété dignes d'être admirés par la postérité.

Le lendemain se renouvela la scène de la veille, mais cette fois dans l'église où s'était rendu vers sept heures et demie du soir un public nombreux. Le temple était illuminé, l'office commençait, lorsqu'une centaine de gamins en guenilles et d'hommes ivres entrèrent en vociférant : « Vive la Commune » ! imitant le chant du coq, criant, miaulant. La grande nef était occupée par les femmes de la paroisse. Loin de s'intimider des menaces et des injures qui leur furent adressées sans mesure, elles entonnèrent avec un ensemble imposant les chants de la pénitence. Les voix rauques et avinées des gardes nationaux faisaient le plus ridicule contraste avec les graves harmonies de la religion et elles furent bientôt réduites au silence. Cependant les clubistes, exaspérés d'avoir le dessous, appelèrent à leur aide une compagnie de gardes nationaux, la plupart étrangers à l'arrondissement, et menacèrent de conduire à Saint-Lazare les femmes qui refuseraient de quitter l'église. Ce fut le signal d'une vraie bataille d'où finirent par sortir victorieux les hommes de la Commune, mais non sans avoir reçu force horions. Le séminariste, témoin de cette scène burlesque que nous rapportons d'après son récit, nous a dit avoir remarqué surtout une femme dont la force était doublée par l'arme qu'elle maniait avec une grande dextérité : c'était un énorme sabot à l'aide duquel elle défendait les abords de la chaire.

Le samedi 13 mai, et les jours suivants, grâce à l'intervention de M. le curé, qui désirait éviter une nouvelle rixe entre ses paroissiens et les clubistes, ces derniers purent ouvrir leur séance à huit heures précises, et on eut alors la mesure de leur goût. De la chaire et du banc d'œuvre, le président déversa, par trois fois, sur les prêtres et sur l'église toutes les injures en usage parmi les journalistes de la Commune.

« Il faut écraser les moines, les jésuites et les calotins, s'écria-t-il aux applaudissements des frères et amis ; il faut les chasser de cette maison qui est à nous et où l'infâme Bonaparte donna des banquets ; il faut leur arracher les enfants et les femmes qu'ils élèvent dans l'ignorance et la haine de la république sociale... » Oui, ces choses et d'autres plus sacrilèges ont été proférées dans cette église de Saint-Sulpice, toute retentissante des discours des Frayssinous, des Ravignan, des Dupanloup. Nous les avons entendues et les larmes coulaient de nos yeux, et la sueur baignait notre visage, et les sanglots s'échappaient de notre cœur, comme l'eau s'échappe d'une urne brisée. Ils ont cloué le Christ sur une *nouvelle croix* ; ils ont souillé son temple de leurs chants hideux et de leurs déclamations impures ; ils ont profané ses autels après avoir maltraité les femmes réunies pour prier en ces jours de deuil public.

Le scandale de ces réunions fit grand bruit et devint pour les masses un attrait de plus. Aussi, le 29 avril, les réunions publiques fleurissent de toutes parts : clubs pour la discussion des affaires publiques ; — clubs pour la propagation des opinions incendiaires ; — clubs pour les hommes, et même clubs pour les femmes.

De tous les points de l'horizon, on vit accourir au secours de la Commune en danger le noir bataillon de la bohême féminine. On vit monter à l'assaut des chaires improvisées dans les salles de spectacles ou de cafés-concerts, des conférencières d'un talent plus que douteux ; elles étaient accueillies avec plus de curiosité que de sympathie par cette population bien indulgente pourtant quand on offre un attrait à son ennui blasé. Il est difficile de rendre l'impression maussade que produisaient leurs lamentations effrontées sur le prétendu esclavage dont elles étaient la vivante et désagréable négation, le spectacle de ces attitudes d'improvisation simulée, ces contorsions d'une inspiration sibylline dont on avait étudié les effets dans un miroir, ces gestes aigus, tout cet appareil d'un bavardage prétentieux et superficiel, impertinent et banal, dont justice fut bientôt faite par les sifflets du public.

Le premier meeting des femmes se tint sur le boulevard d'Italie, un peu au delà de Montrouge, dans une sorte de pavillon surmonté d'une loque rouge. La salle délabrée était encombrée de femmes de tout âge. La plupart appartenaient à la plus basse classe et portaient des jaquettes malpropres et des bonnets fripés. Au bout de la salle se trouvait une table couverte de papiers et de livres, derrière laquelle s'étalait une rangée de citoyennes ayant des écharpes rouges sur l'épaule et à la ceinture. Chacun était absorbé par le discours d'une jeune femme aux longs cheveux noirs et aux yeux flamboyants ; elle pérorait sur les droits de la femme. « Les hommes sont des lâches ! criait-elle ; ils se disent les maîtres du monde et ne sont que des niais. Ils se plaignent de ce qu'on les oblige à se battre, et ne cessent de murmurer sur leurs malheurs. Qu'ils partent et aillent rejoindre la bande de poltrons de Versailles ! et nous défendrons la ville nous-mêmes; nous avons du pétrole, des haches et des cœurs forts, et nous sommes aussi capables qu'eux de supporter la fatigue. Nous défendrons les barricades et leur montrerons que nous ne voulons pas plus longtemps être foulées aux pieds par eux. Ceux qui sont encore disposés à combattre pourront le faire côte à côte avec nous. Femmes de Paris, en avant ! »

Elle se rassit, hors d'haleine et passablement confuse, ayant eu à supporter beaucoup de railleries à propos de l'étrangeté de ses comparaisons ; mais, dit un correspondant du *Times* qu'une marchande de journaux avait introduit furtivement dans l'assemblée, elle paraissait très-belle, et aurait pu poser pour le portrait de l'une des héroïnes de la première Révolution. Cependant, il y avait dans son regard quelque chose qui me faisait plaindre le sort de son mari.

La conférencière qui prit ensuite la parole avait l'air respectable; elle était vêtue d'une robe noire et d'un chapeau de même couleur; mais son discours fut aussi décousu et aussi insensé que le précédent. « Nous sommes de simples femmes, commença-t-elle, mais nous ne sommes pas faites d'une étoffe moins forte que celle de nos aïeules de 93. Ne permettons pas que leurs ombres rougissent de nous, mais levons-nous et agissons comme elles le feraient, si elles vivaient encore. Nous avons des devoirs à accomplir. S'il le faut, nous lutterons de vaillance avec les meilleures d'entre elles et nous défendrons les barricades; mais je ne pense pas que cette épreuve suprême vous soit imposée. Nous irons sur les champs de bataille, nous aiderons à ramener nos héros blessés, et nous sauverons ainsi de nombreuses existences qui seraient inutilement sacrifiées sans cela. Nous établirons des fourneaux de campagne et préparerons la viande qui est distribuée aux soldats de notre armée, et qu'ils jettent maintenant parce qu'ils ne peuvent la faire cuire. » Encouragée par les applaudissements qui l'avaient accueillie jusque-là, elle commença à se livrer à des attaques contre le clergé en général et contre la confession en particulier, mimant les gestes faits par l'officiant pendant la messe, au milieu des éclats de rire et des bravos de l'auditoire. Une vieille femme tomba en pâmoison et le long de son visage, entremêlées au tabac qui le couvrait, coulaient des larmes abondantes. « Ah! les prêtres! je les ai vus de près, moi aussi, » disait-elle à ses voisines. »

Cette partie du discours fut le triomphe de la soirée; aussi la conférencière y insista-t-elle longuement avant d'aborder l'histoire de Jeanne Hachette et d'en tirer une conclusion morale. Elle fut écoutée jusqu'à la fin dans un silence respectueux, l'auditoire ayant été profondément impressionné par son *immense* érudition historique. « Elle s'y connaît celle-là, ma chère, » disait avec conviction une vieille femme à une autre.

La dernière qui prit la parole était très-loquace et douée d'une voix forte et stridente. Elle débuta par une diatribe contre les gouvernements, parce que, expliqua-t-elle, « ils vivent tous de la sueur du pauvre. » Son discours était vague; elle tombait dans d'incessantes redites, mais elle avait un point de repère où elle se réfugiait sans cesse, c'était son amour pour les républicains, sans toutefois préciser ce qu'elle entendait par ce terme.

Toute cette scène eût paru amusante si elle n'eût été impie; et elle restera dans la mémoire des assistants parmi les plus curieux souvenirs de ces temps agités.

Encouragée par ce premier essai, l'*Union des femmes* fit élection d'un plus noble domicile. Ne pouvant s'installer dans la grande nef de l'église de Vaugirard, à cause de l'indomptable résistance de M. le curé, elle s'établit dans la crypte. Cette *Union* était toute cosmopolite. A voir le bureau du club, on se demandait si les étrangers, qui composaient presque uniquement l'état-major de la garde nationale, n'avaient pas amené là leurs citoyennes.

La présidente était une fille d'Albion qui paraissait avoir beaucoup vu, mais beaucoup de printemps et même assez d'automnes. Elle avait une casaque rouge. A côté d'elle, une grosse et blonde Allemande, le képi sur l'oreille, remplissait un large uniforme de cantinière de la garde nationale; ces deux héroïnes étaient flanquées de deux autres, une Américaine et une Russe. Leur but était de régénérer la France. « La France, disaient ces dames, est tombée dans l'idiotisme et le crétinisme le plus abject par l'influence des calotins (sic) qui font le catéchisme, et par le crédit des religieuses à qui on a livré l'éducation des filles... Donc, pour régénérer la femme, pour relever la France, plus de ces femmes noires ! plus de calotins ! nous n'en voulons plus, non ! pas plus que de leur s..... confession ! nous autres citoyennes, nous voulons faire comme nos citoyens. »

Il y avait bien quatre ou cinq cents personnes à écouter ces divagations, mais la majorité était attirée par la curiosité. Les uns riaient, beaucoup haussaient les épaules.

Au club de Saint-Germain l'Auxerrois, trois femmes parlèrent, la première sur l'instruction qu'elle voulait intégrale, laïque, obligatoire ; la deuxième sur la guerre à outrance; elle engageait les hommes à marcher à l'ennemi et disait que le devoir des femmes était d'aller au-devant de l'armée de Versailles avec du tabac, du poivre et du pétrole pour empêcher son entrée dans Paris; la troisième se déchaîna contre l'Église. Toutes furent ridicules, pitoyables, froidement accueillies par le plus grand nombre, sifflées par plusieurs. L'une d'elles, irritée des rires peu sympathiques avec lesquels l'assistance accueillait ses outrages à la langue française et à la morale, osa bien apostropher ainsi ses auditeurs : « Si vous ne daignez pas respecter l'orateur, vous devez du moins respecter par votre silence la sainteté du lieu. »

On vit un soir à la Trinité une centaine de femmes envahir la grande nef, et cinq cents curieux accourir à leur suite. « Citoyennes, » disait l'une d'elles, affublée d'une écharpe rouge et qui avait la prétention de fonder l'avenir, « citoyennes, vous êtes des travailleuses, et, en cette qualité, vous êtes des opprimées. Mais ayez un peu de patience, voilà le jour de la revendication et de la justice qui arrive à grands pas. Il luira demain. Demain donc, vous serez à vous-mêmes et non à des maîtres. Les ateliers dans lesquels on vous entasse vous appartiendront; les outils qu'on met entre vos mains seront à vous ; le gain qui résulte de vos efforts, de vos soins et de la perte de votre santé sera partagé entre vous. Prolétaires, vous allez renaître. Femmes frêles, vous vous nourrirez, vous vous vêtirez, vous deviendrez de puissantes génératrices et une forte race ; la vraie famille de l'homme sortira de vos entrailles plus fécondes. Mais pour en arriver là, citoyennes, il faut de votre part une rupture soudaine et absolue avec les folles superstitions qu'on a prêchées dans le local où j'ai l'honneur de vous parler en ce moment. » Une triple salve d'applaudissements accueillit ces paroles.

L'émancipation de la femme, c'était la bonne nouvelle, l'évangile des mères de la Commune. Cela marchait de pair avec l'émancipation du prolétariat et ne laissait pas d'étonner les naïfs qui avaient cru jusque-là que les femmes et les prolétaires s'étaient suffisamment émancipés eux-mêmes. Proudhon avait deviné ces natures de femmes dans un de ses derniers livres, et il les avait flagellées avec une verve d'invectives qui avait fait de sa fustigation une exécution immortelle. Mais ces dames ne sont pas rancunières. Elles passent par les verges de tous les apôtres du socialisme, et, comme la Martine de Molière, semblent les adorer en proportion des coups qu'elles reçoivent. Tout récemment encore n'ont-elles pas subi en silence cette foudroyante apostrophe de M. Bebel : « Quant à la femme, à de très-rares exceptions près, elle ne peut servir à la reconstitution de la société. Esclave de tous les préjugés, atteinte de toutes sortes de maladies morales et physiques, elle sera la pierre d'achoppement du progrès. Avec elle, il faudra employer *au moral certainement, au physique peut-être*, la raison péremptoire envers les esclaves de vieille race : le bâton. »

La dernière réunion publique eut lieu à Sainte-Marguerite, le 21 mai. Des femmes impures montèrent dans la chaire et y firent entendre les plus horribles blasphèmes. Ce club pendant lequel on vendait les journaux communeux et en particulier une feuille immonde remplie des plus abominables calomnies contre les prêtres et les congrégations religieuses, le *Prolétaire*, dura huit jours.

Mais quel que fût le zèle des orateurs de la Commune, ils ne traînèrent pas leurs oripeaux rouges et leurs figures avinées dans les chaires de plusieurs grandes églises de Paris. Notre-Dame, Saint-Roch, la Madeleine, Saint-Merry, Saint-Étienne-du-Mont, Saint-Laurent, etc.... échappèrent à ces parodies sacrilèges. Les voûtes de Sainte-Geneviève n'entendirent pas non plus les déclamations effroyables, les ignobles blasphèmes qui tombaient, par exemple, sur les auditeurs de Saint-Sulpice, de Saint-Nicolas-des-Champs. La basilique s'y prêtait cependant : la chaire est facile, l'église sonore, immense. Les destinations successives du monument offraient une occasion naturelle de la revendiquer pour les grands débats des citoyens et pour les parades nationales. Mais la main de l'humble vierge de Nanterre a écarté les loups et les sangliers de la maison de Dieu.

CHAPITRE IX

RÉORGANISATION DES FORCES DE LA COMMUNE
ET RECONSTITUTION DE CELLES DE VERSAILLES.
LEUR RÉPARTITION.
PROGRÈS DE L'ARMÉE FRANÇAISE.

Bergeret est arrêté et Cluseret nommé commandant en chef des troupes de la Commune. — Il s'efforce de les organiser et d'y rétablir la discipline. — Jaroslaw Dombrowski. — Répartition des forces communales. — Dispositions respectives des belligérants. — Un coup de main était impossible pour l'armée régulière. — Affaires de Neuilly et d'Asnières. — Combats d'artillerie. — Destitution de Cluseret. — Arrivée subite de Rossel au pouvoir militaire. — Répartition des commandements. — Le drapeau tricolore flotte sur le fort d'Issy. — Rossel est arrêté et bientôt mis en liberté par Gérardin. — Un dernier mot sur Rossel. — Entrée triomphale de l'armée à Versailles.

I

Parallèlement aux décrets de l'Hôtel de ville et à l'agitation intérieure des partisans de la Commune, se produisaient des faits militaires qui ne devaient pas tarder à dominer les événements politiques.

Après la déroute de Neuilly, l'*héroïque* Bergeret fut arrêté comme l'avaient été tour à tour Assi et Ch. Lullier, et on fit une enquête pour savoir comment s'était exécutée la sortie; on voulait s'assurer si le général n'était pas un traître. Il n'était pas coupable uniquement du crime d'avoir été battu; on lui reprochait, d'avoir favorisé la gloriole en donnant à son état-major et aux officiers l'exemple d'un amour déréglé du galon. Le fait est que, toujours chamarré de dorures, il ressemblait plus à un charlatan forain qu'à un général de république. En même temps, on conférait le commandement en chef des forces militaires au général Cluseret qui, avide de popularité, avait non-seulement juré de délivrer la République des galons, mais qui, en outre, prétendait que dans une démocratie bien organisée nul ne devait plus se parer du titre de général.

Cluseret avait la réputation d'être un assez bon officier. En Algérie, où il avait fait ses premières armes, il avait gagné le grade de capitaine. Une lettre publiée dans les journaux de Versailles, a raconté qu'il aurait été expulsé de l'armée pour fait de concussion, mais l'accusation n'a pas été prouvée. En quittant la France, il alla offrir son épée à l'Amérique du Nord. On était au moment de la guerre de sécession : après quelques affaires d'éclat, il fut nommé général, et c'est ce qui lui valut le titre de citoyen américain. Il y a sept à huit ans, Cluseret revint à Paris et prit une part si active au mouvement démocratique, qu'il reçut l'ordre de sortir de France. Après Sédan, on le vit effectuer son retour, mais pour s'éclipser complétement quand il fallut combattre les Prussiens : l'agitation folle était la seule passion politique dont il fût susceptible. Il ne reparut qu'avec le flot de boue soulevé par la Commune, alors que ses appétits pouvaient se satisfaire à l'aise.

Général d'un talent ordinaire, Cluseret était un excellent organisateur. Sa première préoccupation fut de rétablir la discipline dans l'armée, et de la réformer. De concert avec la Commission de la guerre, qu'il ne consultait pas toujours, il réorganisa ainsi les troupes de la Commune :

Recrutement. — En abolissant la conscription, le gouvernement de l'Hôtel de ville avait décidé que tous les citoyens valides feraient partie de la garde nationale. L'état de guerre nécessitait un décret complémentaire qui parut le 4 avril :

« Font partie des bataillons de guerre, tous les citoyens de dix-sept à trente-cinq ans non mariés, les gardes mobiles licenciés, les volontaires de l'armée ou civils. »

Trois jours après, un arrêté, signé de Cluseret, trop remarquable par sa logique pour ne pas trouver place ici, complétait l'ensemble des dispositions relatives au recrutement :

« Considérant les patriotiques réclamations d'un grand nombre de gardes nationaux qui tiennent, quoique mariés, à l'honneur de défendre leur indépendance municipale, même au prix de leur vie, le décret du 4 avril est ainsi modifié : de 18 à 19 ans, le service dans les compagnies de guerre sera volontaire, et, de 19 à 40 ans, obligatoire pour les gardes nationaux mariés ou non. J'engage les bons patriotes à faire eux-mêmes la police de leur arrondissement et à forcer les réfractaires à servir. »

L'encouragement donné aux dénonciations venait donc de haut. Dans tous les arrondissements, la recherche des réfractaires fut poussée activement, et elle prit dans les derniers jours et dans certains quartiers, le caractère d'une véritable chasse à l'homme.

Conseils de guerre et cours martiales. — Les réfractaires, les gardes qui refusaient de marcher à l'ennemi devaient être déférés aux conseils de guerre de légion. Ceux-ci n'ayant pu être organisés, on créa pour les remplacer une cour martiale unique, qui appliquait sa jurisprudence à tout acte intéressant le salut public. La procédure, les séances du conseil rappelaient celles des conseils de guerre; mais l'instruction était plus rapide et l'accusé n'avait pas à se pourvoir. Cinq membres de la Commune statuaient sur les condamnations à mort. (17, 25 avril.)

Pensions. — En même temps, la Commune encourageait ses combattants en attribuant une pension de trois cents à huit cents francs, aux citoyens dont les blessures causeraient l'incapacité de travail, et une pension de six cents francs aux veuves et enfants des gardes nationaux tués pendant la guerre.

Solde. — La solde des officiers de la garde nationale appelés à un service actif, en dehors de l'enceinte fortifiée, était ainsi réglée (12 avril) :

	Par jour.	Par mois.
Général en chef[1].	16 65	500[2]
Général en second.	15 »	450

1. La Commune avait cependant supprimé, depuis le 6 avril, le titre de général.
2. Maximum des émoluments pour une fonction quelconque.

	Par jour.	Par mois.
Colonel.	12 »	360
Commandant.	10 »	300
Capitaine, chirurgien-major, adjudant-major..	7 50	225
Lieutenant, aide-major.	5 50	165
Sous-lieutenant.	5 »	150

Les gardes touchaient, par jour 1 fr. 50 et les vivres; les sous-officiers, 2 fr.

Élections. — Nominations. — Tous les officiers devaient être élus. Néanmoins, dans la pratique, on dut laisser au délégué à la guerre la nomination des officiers d'état-major et des officiers des états-majors de légion; et, afin d'éviter une trop grande mobilité dans les fonctions, on décida que les officiers élus ne pourraient plus perdre leur grade que par jugement ou décret spécial du délégué à la guerre.

Troupes d'infanterie. — Les bataillons de la Commune étaient répartis en légions correspondant aux divers arrondissements. Ils se partageaient en bataillons de guerre et bataillons sédentaires : ces derniers étaient destinés à assurer la police des quartiers, à faire le service intérieur.

En outre, des bataillons de tout genre, portant des noms plus ou moins étranges, concouraient à la défense active.

Génie. — Chacune des neuf sections de l'enceinte bastionnée devait recevoir une compagnie de sapeurs du génie à l'effectif de 120 hommes, commandée par des ingénieurs militaires. Roselli-Mollet, directeur du génie, tentait, le 29 avril, la formation de six compagnies du génie avec les militaires restés dans Paris.

Artillerie. — En principe, 20 batteries de marche furent seules organisées (22 avril); mais, en fait, les troupes de la Commune, n'ayant plus tenu la campagne depuis le 4 avril, ne firent usage que de batteries de position très-nombreuses, soit à l'extérieur, soit dans les forts, soit sur les remparts et surtout aux portes de la ville.

Cavalerie. — Plusieurs régiments de cavalerie restèrent en formation pendant toute la Commune; les chevaux de selle manquaient, les cavaliers aussi. Les escadrons organisés furent réduits au rôle d'escorte et fournirent des estafettes.

Ambulances. — Le service médical fut ainsi constitué (13 et 16 avril) :

1 Chirurgien en chef (supprimé bientôt).

1 chirurgien principal, 1 aide-major, à l'état-major de la place.

1 chirurgien principal par légion.

1 chirurgien-major (compagnies de guerre), 1 aide-major (compagnies sédentaires), 1 sous-aide-major (compagnies de guerre), par bataillon.

20 docteurs et officiers de santé par chaque compagnie d'ambulance.

60 élèves en médecine ayant sous leurs ordres : 10 voitures d'ambulance portant chacune le sac réglementaire bien garni.

120 brancardiers portant 30 brancards.

Chaque compagnie était divisée en 10 escouades.

Tous ceux qui faisaient partie du service médical étaient assimilés, pour la solde, à tous les grades, depuis le simple garde jusqu'au capitaine.

Services administratifs. — L'intendance générale, supprimée par décret du 28 avril, fit place à sept directions distinctes : solde, manutention, habillement, campement, lits militaires, hôpitaux, approvisionnements, agissant sous le contrôle de la commission des subsistances et sous la surveillance d'un inspecteur général.

Défense intérieure. — Le citoyen Gaillard père était chargé de la construction des barricades, qui devaient former une seconde enceinte en arrière des fortifications, et de citadelles fermées au Trocadéro, aux buttes Montmartre et au Panthéon.

Une commission des barricades, présidée par le commandant de la place et composée des capitaines du génie, de deux membres de la Commune et d'un membre élu par chaque arrondissement, fut instituée après le 9 avril.

Organisation générale des troupes. — A partir du 16 avril, tout ce qui avait rapport à l'organisation des bataillons de guerre incombait aux municipalités chargées de compléter les effectifs, de faire élire les cadres et de diriger les bataillons sur le Champ-de-Mars ou sur le parc Monceau.

Arrivés au camp, les bataillons n'avaient plus de rapports qu'avec le délégué à la guerre, par l'intermédiaire des chefs de service.

Les chefs de légion aidaient les municipalités dans leur service, mais n'avaient aucune action sur les bataillons de guerre chargés exclusivement des opérations extérieures. Le service intérieur était fait par les bataillons sédentaires, sous la direction des chefs de légion.

Cet arrêté avait pour but de délimiter les fonctions de chacun et de simplifier les rouages; le 26 avril, une commission spéciale fut chargée des attributions militaires :

« Il est créé dans chaque municipalité un bureau militaire, composé de sept citoyens nommés par les membres de la Commune de l'arrondissement. Leurs attributions sont ainsi fixées :

« Requérir les armes.

« Rechercher les réfractaires pour les incorporer immédiatement dans les bataillons de l'arrondissement. Procéder en même temps au maintien sur le pied actif des compagnies sédentaires.

« Les conseils de légion donneront aux bureaux militaires leur action pleine et entière pour l'exécution des mesures prises ou à prendre avec le concours du Comité central de la garde nationale.

« Les chefs de légion seuls sont chargés de l'exécution des ordres militaires de la place... »

Marine. — On organisa aussi la marine de la Commune, dont les canonnières prirent part à la lutte, embossées au Point-du-Jour. Nous n'en dirons qu'un mot.

Placée d'abord sous la direction de la commission de la guerre, la marine passa, le 2 mai, dans les attributions du ministère spécial créé à cet effet.

Le 20 mai, le corps des marins fut dissous et n'eut pas le temps de se réorganiser.

Pour l'aider à déblayer le chaos de l'anarchie qu'il trouva

au ministère de la guerre, Cluseret accepta le concours du polonais Jaroslaw Dombrowski, d'abord chef de la 12ᵉ légion, puis nommé commandant de la place de Paris en remplacement du citoyen Bergeret, appelé à d'autres fonctions. Ce Jaroslaw (et non Ladislas) Dombrowski, dont la nomination avait jeté une certaine inquiétude dans la garde nationale, où il était inconnu, se distinguait cependant par quelques précédents notables de cette tourbe d'étrangers qui sortaient tout à coup de dessous terre, et qu'on improvisait généraux pour cette seule raison qu'ils étaient étrangers. Natif de la Pologne russe, il avait reçu une éducation militaire. Lorsqu'il sortit de l'école des cadets, on l'avait envoyé à l'armée du Caucase, où il s'était fait remarquer tout d'abord par sa bravoure. La Pologne s'étant de nouveau insurgée, il s'évada et vint à Varsovie, où il fut investi du commandement en chef. Vaincu, il put s'enfuir par l'Autriche et se rendit en Italie auprès de Garibaldi, dont il devint bientôt le lieutenant et l'ami. Cette situation le mit aussitôt en vue, la presse parla du passé du *général*. Impliqué deux fois dans des procès au sujet de faux billets de banque russes, il avait été acquitté. Innocent peut-être sur ce chef, mais sans scrupule d'ailleurs, il fut soupçonné pendant le siège de Paris d'entretenir des intelligences avec les Prussiens, et pour ce motif arrêté plusieurs fois.

Cet aventurier qui, en hôte ingrat de la France, allait aider à répandre le sang français, s'empressa de prendre le titre de général, malgré le décret de la Commune. Entouré d'un nombreux état-major choisi parmi la fleur des chenapans de Paris et de l'émigration polonaise, mais de chenapans dorés sur toutes les coutures, il monta à cheval et soutint pendant quarante jours de suite le choc de l'armée régulière.

On ne s'explique pas tout d'abord l'inaction de celle-ci après ses premiers succès, ni pourquoi, au lieu de laisser aux fédérés le temps de s'organiser, elle ne profita pas de leur découragement et de leur désarroi pour tenter un assaut? Mais le Gouvernement de Versailles, préférant avec raison ne frapper que des coups certains, avait dû, d'après les conseils des généraux, en venir à l'idée d'un investissement et d'un siège en règle. Un assaut était impossible, en effet, dans les conditions données, et surtout avec le petit nombre de troupes dont le Gouvernement pouvait disposer. Il fallait reconstituer toute une armée, chefs et soldats; et, pour y parvenir, on fut réduit à la nécessité de s'adresser aux Prussiens et de leur demander humblement l'autorisation d'augmenter nos forces sur la rive droite de la Loire. Nos vainqueurs voulurent bien y consentir, et le retour des troupes prisonnières en Allemagne compléta enfin l'armée active de Versailles.

Un seul homme avait conservé sur le soldat un prestige assez grand pour qu'aucun ne refusât de marcher sous ses ordres, c'était le blessé de Sédan, le héros de Magenta.

L'armée de l'ordre placée sous son commandement, comprenait, lors de sa formation : l'armée de Versailles proprement dite, composée de trois corps, sous les ordres du maréchal de Mac-Mahon, et l'armée de réserve, sous les ordres du général Vinoy. Le 1er et le 2e corps, ainsi que l'armée de réserve, comptaient chacun trois divisions d'infanterie et une brigade de cavalerie légère; deux batteries d'artillerie et une compagnie du génie étaient attachées à chaque division; deux batteries à balles et deux batteries de 12 formaient la réserve d'artillerie de chacun de ces corps. Le 3e corps, entièrement composé de cavalerie, comprenait trois divisions, à chacune desquelles était attachée une batterie à cheval. La réserve générale de l'armée comprenait dix batteries et deux compagnies du génie; elle était spécialement chargée de garder la ville où résidait l'Assemblée nationale.

A ce moment, Paris et les forts du Sud étaient au pouvoir de l'insurrection; seul, le Mont-Valérien restait entre les mains de l'armée. Les troupes réunies à Versailles, sous les ordres du général Vinoy, avaient occupé, dans les premiers jours d'avril, Châtillon, Clamart, Meudon, Sèvres et Saint-Cloud, ainsi que Courbevoie et la tête du pont de Neuilly, sur la rive droite.

II

Telles étaient les positions des combattants lorsque, le 11 avril, le maréchal de Mac-Mahon, commandant en chef, indiqua à chacun des corps les emplacements à occuper et les dispositions à prendre.

Le 2ᵉ corps, sous les ordres du général de Cissey, fut chargé des attaques de droite; il s'établit à Châtillon, Plessis-Piquet, Villacoublay et dans les villages en arrière sur la Bièvre. Le 1ᵉʳ corps, sous le commandement du général Ladmirault, fut chargé des attaques de gauche. La division Maud'huy occupa Courbevoie et la tête du pont de Neuilly; la division Montaudon, Rueil et Nanterre; la division Grenier campa à Villeneuve-l'Étang. La division occupant Courbevoie et la tête du pont de Neuilly devait être relevée tous les quatre jours par l'une des deux autres divisions du corps.

L'armée de réserve, commandée par le général Vinoy, fournit deux divisions en première ligne; l'une d'elles occupa Clamart, Meudon et Bellevue; l'autre, Sèvres et Saint-Cloud; une troisième resta en réserve à Versailles; le 3ᵉ corps, sous les ordres du général du Barail, fut chargé de couvrir l'armée sur la droite. Il devait occuper Juvisy, Longjumeau, Palaiseau et Verrières, poussant ses avant-postes en avant de la route de Versailles à Choisy-le-Roi.

Du côté de la Commune, les forces destinées à sa défense avaient été divisées par Cluseret, en deux grands commandements:

Le premier, s'étendant de Saint-Ouen au Point-du-Jour, était confié à Dombrowski.

Le second, allant du Point-du-Jour à Bercy, était attribué à Wroblewski.

Chacun de ces commandements devait être subdivisé en trois.

La première subdivision du premier commandement comprenait Saint-Ouen et Clichy jusqu'à la route d'Asnières.

La deuxième subdivision, Levallois-Perret et Neuilly, jusqu'à la porte Dauphine.

La troisième subdivision s'étendait de la Muette jusqu'au Point-du-Jour.

Quant au deuxième commandement, sa première subdivision comprenait les forts d'Issy et de Vanves.

La deuxième, les forts de Montrouge et de Bicêtre.

La troisième, le fort d'Ivry et l'espace qui s'étend entre Villejuif et la Seine.

Le quartier général du premier commandement était au château de la Muette, et celui du second à Gentilly.

Toutes les communications relatives au service devaient être adressées au délégué à la guerre, par l'entremise des généraux commandant en chef; les communications faites directement n'étaient pas prises en considération. Enfin, les commandants en chef devaient établir immédiatement, à leurs quartiers généraux, un conseil de guerre en permanence et un service de prévôté.

III

A cause du grand nombre d'ennemis qu'elle avait à combattre et aux fortes positions qu'ils occupaient, un coup de main était impossible pour l'armée régulière. Son intérêt était de se rapprocher peu à peu de l'enceinte, de s'emparer successivement des forts de Vanves, d'Issy et de Montrouge, des hauteurs de Courbevoie, des positions de Neuilly et d'Asnières; et enfin, après avoir rejeté les fédérés en dedans de l'enceinte fortifiée de Paris, d'en faire les approches régulièrement, et de donner sur plusieurs points un assaut décisif, que supporteraient difficilement, après un temps donné, les défenseurs de la Commune. Ce plan fut donc adopté, malgré les lenteurs qu'il devait entraîner et le chiffre considérable de troupes qu'il nécessitait.

Le 12 avril, une première tentative, qui avait pour objet d'éprouver la solidité des forces fédérées, fut faite sur les deux ponts de Neuilly et d'Asnières. Ce sont les deux seules voies ouvertes sur Paris, de ce côté; et il eût été extrêmement utile à l'armée de l'ordre d'y établir des places d'armes, qui assurassent aux troupes la possession de cette porte de la ville. L'action commença par un mouvement du colonel Grémelin; à la tête d'un régiment de gendarmerie à pied, et appuyé par de l'artillerie, il s'empara de la caserne de Courbevoie, et rejeta derrière la barricade élevée à la tête du pont les gardes nationaux, qui alors ouvrirent un feu de mousqueterie très-violent. Le mont Valérien prit la parole; et, après une rude canonnade, les fédérés, délogés par les gendarmes de la première barricade, se replièrent derrière celle de la porte Maillot. Ayant reçu de nombreux renforts, ils conservèrent la position d'Asnières, rompirent le pont de bateaux qui y conduisait, et jetèrent d'énormes masses entre Levallois et les bords de la Seine. Le lendemain, la lutte recommença. L'objectif des troupes de Versailles était la seconde barricade, celle de la rive droite, c'est-à-dire la tête du pont sur Paris, et les premières maisons de Neuilly, à droite et à gauche de la route. Elles feignirent d'abandonner les positions conquises; mais lorsqu'un détachement de gardes nationaux parut hors de l'enceinte pour les réoccuper, elles sortirent des maisons de Courbevoie où elles s'étaient postées, et démasquèrent leurs mitrailleuses. Les fédérés se retirèrent en désordre; cependant ils reçurent cette fois encore des renforts nombreux, et la mêlée devint très-vive aux alentours du pont. Un caisson sauta; le général Besson fut tué, le général Pechot gravement blessé, ainsi que son aide de camp. Le général Montaudon, lui aussi légèrement atteint, avait divisé ses forces en deux colonnes pour s'emparer à la fois des maisons d'angle, côté de Puteaux et de Courbevoie. Il y réussit, et mit fin au combat en occupant le pont de Neuilly, la barricade et une partie de l'avenue de Courbevoie.

A partir de ce moment, la lutte fut en quelque sorte stationnaire sur ce point; mais, du côté d'Asnières, il fallait nécessairement marcher en avant.

Il y a entre ce village et Courbevoie une assez vaste construction, qui servait d'avant-poste et d'observation aux bataillons fédérés cantonnés à Asnières; c'est la villa Orsini, célèbre sous le nom de château de Bécon. On voulut enlever cette position par une surprise de nuit; mais les insurgés veillaient; et comme les bâtiments du château et les murs du parc étaient crénelés, ils s'y retranchèrent, et ouvrirent contre l'armée régulière un feu violent et très-meurtrier, devant lequel elle fut obligée de se retirer, sauf à revenir bientôt à la charge.

Le 17 avril, après avoir occupé Bois-Colombes, Colombes et Gennevilliers, on résolut, comme complément indispensable d'opération, d'enlever le château de Bécon. Ce fut au 36e régiment de ligne, commandé par le duc d'Auerstaed, que fut confiée cette attaque, et elle réussit de la façon la plus honorable pour le jeune colonel.

La possession de ce château assurait en quelque sorte la prise d'Asnières, qui était elle-même un fait capital dans l'ensemble des opérations. La division Montaudon, que nous avons vue s'emparer de la route de Courbevoie, se porta en avant, et attaqua résolument le village par le côté du chemin de fer venant de Paris. La position fut d'abord vaillamment défendue par les fédérés, habitués à la guerre des rues; mais voyant que leur plus sûr moyen de retraite, le pont était menacé, beaucoup se précipitèrent vers la Seine; tandis que d'autres, plus hardis, se retranchèrent dans la partie droite d'Asnières, et prolongèrent, inutilement toutefois, une lutte sanglante. La position resta entre les mains des soldats de Versailles, et leur assura de ce côté un avantage qu'ils ne perdirent jamais, malgré les engagements qui se livrèrent tous les jours pendant un mois, depuis Neuilly jusqu'à la gare d'Asnières.

Par suite de ces coups de main, l'insurrection se trouva définitivement confinée sur la rive droite; et le corps Ladmirault resta, dès lors, sur la défensive, sans chercher à gagner du terrain en avant, si ce n'est pour s'emparer, dans Neuilly, de quelques îlots de maisons nécessaires à la protection de la ligne de défense.

A la droite, le corps de Cissey s'avança vers le fort d'Issy, en établissant des parallèles entre Clamart et Châtillon. Les insurgés prononçaient journellement contre les tranchées de l'armée des mouvements offensifs, qui étaient vigoureusement repoussés.

Les travaux de tranchée, et la construction d'une série de batteries établies sur les crêtes à Châtillon, Meudon et Bellevue, absorbent la période du 11 au 25 avril, signalée seulement par l'occupation de Bagneux, enlevé aux insurgés le 20, et mis en état de défense.

Pendant ce temps, le 4ᵉ et le 5ᵉ corps d'armée sont créés par décision du 23 avril, et comprennent chacun deux divisions formées principalement des prisonniers revenant d'Allemagne. Ils sont placés sous le commandement des généraux Douay et Clinchant, et doivent prochainement prendre part aux travaux du siége.

Le 25 avril, les batteries des attaques de droite ouvrent leur feu; les batteries de Breteuil, de Brimborion, de Meudon, de Châtillon et du Moulin-de-Pierre, couvrent le fort d'Issy de leurs obus, et la batterie entre Bagneux et Châtillon tire sur le fort de Vanves. Ces deux forts, puissamment armés, répondent vigoureusement, ainsi que l'enceinte et le Point-du-Jour. Une carrière, près du cimetière d'Issy, est enlevée aux insurgés, et une tranchée est creusée le long de la route de Clamart aux Moulineaux.

Le lendemain, on décide de poursuivre les travaux d'approche, à droite et à gauche du fort d'Issy, afin de le déborder sur deux côtés et de l'isoler autant que possible. Dans ce but, il est nécessaire de s'emparer du village des Moulineaux, poste avancé des insurgés, qui inquiète nos approches. Cette opération est exécutée dans la soirée du 26, par des troupes du 35ᵉ et du 110ᵉ de ligne (division Faron), du corps Vinoy. Le village des Moulineaux, attaqué avec vigueur, est vaillamment enlevé. Les journées des 27 et 28 sont consacrées à s'y fortifier, en même temps qu'une seconde parallèle est établie entre les Moulineaux et le chemin dit la Voie-Verte, à trois cents mètres environ des glacis du fort. Des cheminements sont poussés aussi en avant, dans la direction de la gare de Clamart. L'occupation des Moulineaux permet à l'armée de déboucher sur les positions que les insurgés possèdent encore à l'ouest du fort, tant sur le plateau, au cimetière, que sur les pentes, dans le parc, en avant du village d'Issy. Ces positions sont fortement retranchées par les fédérés qui s'abritent derrière des épaulements, des maisons et des murs crénelés, dirigeant sur les troupes une fusillade incessante.

Le 29, dans la soirée, le cimetière, les tranchées et le parc d'Issy sont enlevés par le concours de trois colonnes composées de bataillons des brigades Derroja, Berthe et Paturel. L'action, préparée par une violente canonnade, est menée avec vigueur; le cimetière est enlevé à la baïonnette, sans tirer un coup de fusil; les tranchées, qui relient le cimetière au parc, abordées avec élan, tombent au pouvoir de l'armée, pendant que les troupes de la brigade Paturel s'emparent vaillamment de formidables barricades armées de mitrailleuses, et pénètrent dans le parc d'Issy, où elles refoulent les insurgés. Les pertes de l'armée sont minimes: l'ennemi a un grand nombre de tués, et laisse entre les mains des soldats de Versailles un certain nombre de prisonniers et huit pièces d'artillerie.

Le commandant du fort était Mégy; il n'avait pas attendu ce moment pour disparaître. Les gardes nationaux, sans autre direction que celle de chefs subalternes qui voulurent prendre le commandement et ordonner quelques travaux de réparation, se mutinèrent et firent sans bruit leurs préparatifs de départ. Les marins enclouèrent les pièces, la porte du Nord fut ouverte, et ils rentrèrent tous à Paris, complétement démoralisés, les habits couverts de boue et en lambeaux.

Cet incident fut pour la Commune un coup de foudre. Était-il l'effet de la trahison ou de l'incapacité? Suivant son habitude de s'en prendre toujours à quelqu'un de ses mésaventures, le gouvernement insurrectionnel révoqua immédiatement Cluseret de ses fonctions, et approuva son arrestation ordonnée par la Commission exécutive. En même temps, la note suivante était inscrite à l'*Officiel :* « L'incurie et la négligence du délégué à la guerre ayant failli compromettre notre possession du fort d'Issy, la Commission exécutive a cru de son devoir de proposer l'arrestation du citoyen Cluseret à la Commune qui l'a décrétée. La Commission a pris d'ailleurs toutes ses mesures pour retenir en son pouvoir le fort d'Issy. »

Mais les nouvelles troupes, dont fut bondé ce fort, ayant été accueillies avec la même pluie de fer et de feu qui avait déjà amené la première évacuation, ne tenaient pas à y faire une longue station. Aussi, parmi les chefs, les citoyens Bourget, Cerisier et Billioray étaient-ils en train de vendre la position aux Versaillais, quand l'arrivée subite de Rossel au pouvoir militaire bouleversa leur plan.

Le 15 floréal, an LXXIX, l'*Officiel* de la Commune publia le décret suivant :

Le Comité de Salut public arrête :

« Art. 1er. La Délégation de la guerre comprend deux divisions :

Direction militaire.

Administration.

Art. 2. Le colonel Rossel est chargé de l'initiative et de la direction des opérations militaires.

Art. 3. Le Comité central de la garde nationale est chargé des différents services de l'administration de la guerre, sous le contrôle direct de la Commission militaire communale. »

Qu'était M. Rossel? Un élève de la Flèche et de l'École polytechnique qui, devenu capitaine du génie, avait été détaché à Bourges; là, sous le pseudonyme de Randal, il avait envoyé au *Temps* des articles de critique militaire. Placé dans l'état-major du génie à Metz, il s'évada de cette place lors de la capitulation, alla offrir ses services au Gouvernement de la Défense, qui le nomma colonel et le chargea d'organiser le camp de Nevers. A la nouvelle de l'insurrection du 18 mars, Rossel donna sa démission d'officier dans l'armée régulière et vint mettre son épée à la disposition de la Commune. Énergique jusqu'à la cruauté, doué d'une belle intelligence et de connaissances étendues, il fut une précieuse acquisition pour les chefs de l'insurrection.

Il débuta par un mot énergique. Le 30 avril, à six heures du soir, le fort d'Issy étant démantelé, la garnison avait hissé un drapeau parlementaire devant lequel s'était aussitôt éteint le feu de l'ennemi. Le général Faron fit alors porter aux fédérés cette sommation du major de tranchée :

« Au nom et par ordre de M. le maréchal commandant en chef de l'armée, nous, major de tranchée, sommons le commandant des insurgés, en ce moment réunis au fort d'Issy, d'avoir à se rendre, lui et tout le personnel enfermé dans le dit fort.

« *Un délai d'un quart d'heure* est accordé pour répondre à la présente sommation.

« Si le commandant des insurgés déclare en son nom et au nom de la garnison tout entière, qu'il se soumet, lui et les siens, à la présente sommation, sans autre condition que d'avoir la vie sauve et la liberté, moins l'autorisation de résider dans Paris, cette faveur lui sera accordée.

« Faute par lui de répondre dans le délai indiqué plus haut, toute la garnison sera passée par les armes.

« *Le colonel d'état-major, major de tranchée,*

« E. Leperche.

« Tranchée devant le fort d'Issy, 30 avril 1871. »

Les pourparlers se prolongèrent assez pour donner à Rossel le temps d'accourir. Aucune clause particulière de la sommation ne concernait les chefs Eudes et Mégy qui, frappés de précédentes condamnations pour assassinats, ne pouvaient bénéficier de la capitulation. Comme toujours le troupeau devait payer pour les bergers, car Eudes et Mégy refusèrent seuls de rendre le fort aux douces conditions qui étaient offertes. Contrairement aux lois de la guerre, Rossel passa la nuit à remettre le fort en état ; et le lendemain matin, Eudes lui-même portait aux tranchées cette impudente réponse de Rossel au *citoyen* Leperche :

« Mon cher camarade, »

« La première fois que vous vous permettrez d'envoyer une sommation aussi insolente que votre lettre autographe d'hier, je ferai fusiller votre parlementaire, conformément aux usages de la guerre.

« *Votre dévoué camarade,*
« Rossel,
« Délégué de la Commune. »

Une ronde d'inspection qu'il fit, tant aux quatre forts du Sud qu'aux remparts, lui donna cette conviction que tant d'ouvrages avancés étaient réellement imprenables, du moins pour le moment; mais les fortifications n'étaient plus une force suffisante là où l'armée fédérée n'était rien. Or, au gré de l'homme de guerre, elle était un zéro à côté d'un chiffre et rien de plus. Il trouvait l'anarchie partout; et, ce qu'il y avait de pire encore, un système d'ivrognerie qui, poussé à l'extrême, remplissait tous les jours les ambulances de malades. Un moment, il conçut l'espoir de réformer l'armée; dans ce but, il répartit ainsi les commandements militaires :

Le général Dombrowski devait se tenir à Neuilly et diriger directement les opérations de la rive droite.

Le général la Cécilia était chargé de conduire les opérations entre la Seine et la rive gauche de la Bièvre. Il prendrait le titre de général, commandant le centre.

Le général Wroblewski garderait le commandement de l'aile gauche. Le général Bergeret commanderait la première brigade de réserve, et le général Eudes la deuxième brigade active de cette même réserve.

Chacun de ces généraux conserverait un quartier dans l'intérieur de la ville, savoir : le général Dombrowski, à la place Vendôme; le général la Cécilia, à l'École militaire; le général Wroblewski, à l'Élysée; le général Bergeret au corps législatif; enfin le général Eudes, à la Légion d'honneur.

Après cette répartition des commandements qui dura jusqu'au moment où Dombrowski fut nommé général en chef, c'est-à-dire jusque dans les derniers jours de la lutte, Rossel se mit à trancher dans le vif. Il menaça de faire fusiller quiconque n'obéirait pas ou obéirait à d'autres qu'à lui : il ne connaissait pas cette démocratie française pour laquelle l'obéissance est un joug intolérable. Il eut beau établir un grand prévôt au fort d'Issy; ce nouveau fonctionnaire laissait évader, chaque nuit, les malheureux condamnés à mort pour refus de marcher, ou les prisonniers faits par ses collègues.

Malgré la menace de faire canonner les fuyards, le rigide délégué à la guerre n'en vit pas moins ses troupes fuir à la moindre petite alerte. Les fédérés furent battus honteusement non plus au fort, mais au village de Vanves qu'ils durent délaisser. Or, Issy et Vanves manquant, Bicêtre et Montrouge étaient menacés. En même temps, Dombrowski était repoussé à Neuilly, et l'armée de Versailles acquérait un effectif considérable. Rossel était trop intelligent pour ne pas voir que bientôt tout serait perdu pour la Commune. Sur ces entrefaites on vint lui dire que les amis de Félix Pyat et les agents du Comité, très-enclins à faire prédominer l'élément civil et ouvrier sur l'élément militaire, songeaient à le faire mettre en accusation. Il profita de la prise du Moulin-Saquet par les Versaillais pour se plaindre très-haut de la désobéissance des chefs de bataillon, du désarroi des intendances, de la confusion de tous les pouvoirs militaires, et la Commune n'osa pas le destituer. Quelques jours plus tard, le 9 mai, paraissait tout à coup cette affiche de Rossel, au milieu des triomphants bulletins qui annonçaient la victoire sur toute la ligne :

COMMUNE DE PARIS.

Midi et demi.

Le drapeau tricolore flotte sur le fort d'Issy, abandonné hier soir par sa garnison.

Le délégué à la guerre,

Rossel.

Une heure.

Le général Brunel, commandant au village d'Issy, est chargé d'occuper la position du Lycée, en la reliant au fort de Vanves.

Paris, 9 mai 1871.

Le coup était rude, mais on le para avec la botte habituelle, c'est-à-dire en criant à la trahison. Le héros Rossel devint aussitôt un misérable traître et l'ordre de l'arrêter fut donné par le Comité de salut public. La commission militaire reçut l'ordre, mais avec un ensemble édifiant qui prouve combien ces pouvoirs divers se soutenaient les uns les autres, les membres qui la composaient sursirent à l'arrestation. Rossel, après avoir fait le tableau de la situation devant Ch. Delescluze et Henry Rochefort, rédigea cette lettre si altière et si sensée par laquelle il déclarait se retirer et demander une cellule à Mazas :

« Citoyens membres de la Commune,

« Chargé par vous à titre provisoire de la délégation de la guerre, je me sens incapable de porter plus longtemps la responsabilité d'un commandement où tout le monde délibère et où personne n'obéit.

« Lorsqu'il a fallu organiser l'artillerie, le Comité central d'artillerie a délibéré et n'a rien prescrit. Après deux mois de révolution, tout le service de vos canons repose sur l'énergie de quelques volontaires dont le nombre est insuffisant.

« A mon arrivée au ministère, lorsque j'ai voulu favoriser la concentration des armes, la réquisition des chevaux, la poursuite des réfractaires, j'ai demandé à la Commune de développer les municipalités d'arrondissement.

« La Commune a délibéré et n'a rien résolu.

« Plus tard, le Comité central de la fédération est venu offrir presque impérieusement son concours à l'administration de la guerre. Consulté par le Comité de salut public, j'ai accepté ce concours de la manière la plus nette, et je me suis dessaisi, en faveur des membres du Comité central, de tous les renseignements que j'avais sur l'organisation. Depuis ce temps-là, le Comité délibère, et n'a pas encore su agir. Pendant ce délai, l'ennemi enveloppait le fort d'Issy d'attaques aventureuses et imprudentes dont je le punirais si j'avais la moindre force militaire disponible. Notre garnison, mal commandée, prenait peur, et les officiers délibéraient, chassaient le capitaine Dumont, homme énergique qui arrivait pour les commander, et, tout en délibérant, évacuaient leur fort, après avoir sottement parlé de le faire sauter, chose plus impossible pour eux que de le défendre

« Ce n'est pas assez. Hier, pendant que chacun devait être au travail ou au feu, les chefs de légion délibéraient pour substituer un nouveau système d'organisation à celui que j'avais adopté afin de suppléer à l'imprévoyance de leur autorité, toujours mobile et mal obéie. Il résulta de leur conciliabule un projet au moment où il fallait des hommes, et une déclaration de principes au moment où il fallait des actes.

« Mon indignation les ramena à d'autres pensées, et ils me promirent pour aujourd'hui, comme le dernier terme de leurs efforts, une force organisée de 12,000 hommes, avec lesquels je me suis engagé à marcher à l'ennemi. Ces hommes devaient être réunis à onze heures et demie ; il est une heure, et ils ne sont pas prêts ; au lieu d'être 12,000, ils sont environ 7,000. Ce n'est pas du tout la même chose.

« Ainsi la nullité du comité d'artillerie empêche l'organisation de l'artillerie; les incertitudes du Comité central de la fédération arrêtent l'administration; les préoccupations mesquines des chefs de légion paralysent la mobilisation des troupes.

« Je ne suis pas homme à reculer devant la répression ; et hier, pendant que les chefs de légion discutaient, le peloton d'exécution les attendait dans la cour. Mais je ne veux pas prendre seul l'initiative d'une mesure énergique, endosser seul l'odieux des exécutions qu'il faudrait faire pour tirer de ce chaos l'organisation, l'obéissance et la victoire. Encore, si j'étais protégé par la publicité de mes actes et de mon impuissance, je pourrais conserver mon mandat. Deux fois déjà je vous ai donné des éclaircissements nécessaires, et deux fois, malgré moi, vous avez voulu avoir le comité secret.

« Mon prédécesseur a eu le tort de se battre au milieu de cette situation absurde. Éclairé par son exemple, sachant que la force d'un révolutionnaire ne consiste que dans la netteté de la situation, j'ai deux lignes à choisir : briser l'obstacle qui entrave mon action, ou me retirer.

« Je ne briserai pas l'obstacle, car l'obstacle, c'est vous et votre faiblesse : je ne veux pas attenter à la souveraineté publique. Je me retire, et j'ai l'honneur de vous demander une cellule à Mazas.

« Rossel. »

Ainsi Rossel n'accusait que les personnes et leur disait de dures vérités, il ne s'en prenait pas aux choses. C'était pourtant sous le poids écrasant des réalités qu'il succombait. Égaré par l'orgueil, il s'était cru de taille à dominer les circonstances ; la bonne opinion qu'il avait de lui-même avait pu seule lui faire croire qu'il sortirait de l'impasse avec les éléments dont il disposait.

Cette lettre parut d'abord dans le *Mot d'ordre*, et Rochefort fit l'apologie de Rossel ; Delescluze lui-même le défendit énergiquement. Mais la Commune fut d'avis d'envoyer l'ex-délégué devant la cour martiale, et répondit à sa lettre par la proclamation suivante :

« Citoyens, la Commune et la République viennent d'échapper à un péril mortel. La trahison s'était glissée dans nos rangs. Désespérant de vaincre Paris par les armes, la réaction avait tenté de réorganiser ses forces par la corruption. Son or, jeté à pleines mains, avait trouvé jusque parmi nous des consciences à acheter. L'abandon du fort d'Issy, annoncé dans une affiche impie par le misérable qui l'a livré, n'était que le premier acte du drame ; une insurrection monarchique à l'intérieur, coïncidant avec la livraison de nos forts devait la suivre et nous plonger au fond de l'abîme. Mais, cette fois encore, la victoire reste au droit. Tous les fils de la trame ténébreuse dans laquelle la révolution devait se trouver prise sont à l'heure présente entre nos mains. La plupart des coupables sont arrêtés. Si leur crime est effroyable, leur châtiment sera exemplaire. La cour martiale siége en permanence. Justice sera faite. »

Rossel fut arrêté, en effet, par les ordres réitérés du Comité de salut public, et détenu à la questure. Le citoyen Gérardin sollicita l'honneur de garder le prisonnier. Or, ce qui prouve l'intelligence toute particulière de la Commune, ou même sa volontaire négligence, c'est que Gérardin était l'ami intime de Rossel. Il ne le quittait jamais et avait partagé ses dangers, lors d'une reconnaissance faite, le 2 avril, à Issy. Gérardin avait présenté Rossel à Cluseret. Donc Gérardin, seul avec Rossel à la questure, n'eut rien de plus pressé que d'offrir la liberté à son prisonnier, et quelques heures après, les deux amis prenaient la clé des champs.... ou plutôt celle d'un appartement, dans lequel l'ex-délégué à la guerre resta caché pendant deux mois, c'est-à-dire jusqu'au jour où il fut arrêté.

Autour de Rossel fusillé, il a été fait un grand bruit auquel nous n'ajouterons qu'une seule note. Certes, il nous répugne d'attaquer la mémoire d'un homme qui a expié ses crimes par la mort, mais l'histoire doit avoir le courage d'appeler les choses par leur nom : Rossel est un effroyable traître, voilà la vérité. Il a commis de tous les forfaits le plus monstrueux : la trahison du soldat assassinant la patrie devant l'ennemi qui applaudissait. Non content d'être traître et assassin lui-même, il a forcé au crime de pauvres êtres qui en sont morts,.... apportant dans son œuvre une férocité qui, nous l'avons vu, révoltait parfois jusqu'à la Commune elle-même.

Le même jour où le fort d'Issy venait de tomber au pouvoir de Versailles, où Rossel disparaissait de la scène, où le gouvernement de Paris s'agitait dans son impuissance, les troupes de la France faisaient une entrée triomphale dans la ville de Louis XIV. Elles ramenaient vingt-huit des cent neuf bouches à feu trouvées dans le fort, ainsi que les drapeaux du 5ᵉ, du 99ᵉ et du 115ᵉ bataillon de la garde nationale. Ce cortége se composait de délégations fournies par les troupes qui avaient concouru à la prise d'Issy. Le génie des divisions Susbielle et Faron marchait en tête de colonne ; puis, venaient la brigade Paturel, représentée par des détachements du 17ᵉ bataillon de marche de chasseurs à pied, du 38ᵉ et du 76ᵉ de marche ; le 39ᵉ de marche de la brigade Noël ; presque toute la division Faron ; le 35ᵉ d'infanterie de la brigade de la Mariouse ; le 109⁰ et le 110ᵉ de la brigade Derroja, le 22ᵉ bataillon de marche de chasseurs et le 65ᵉ d'infanterie, de la brigade Berthe ; enfin le 75ᵉ de marche de la brigade de Langourian. A la suite, roulaient les canons couverts de feuillages ; il y avait des aubépines aux tambours, des lilas aux fusils. A trois heures, la colonne s'arrêtait devant l'hôtel de la préfecture, les clairons sonnaient aux champs. Le chef du pouvoir exécutif, accompagné du général en chef, vint recevoir cette députation militaire et lui adressa des félicitations chaleureuses.

De là, le cortége se dirigea vers la cour du château. Les divers détachements, rangés autour de la statue de Louis XIV, demandèrent à offrir à l'Assemblée le trophée que l'armée venait de conquérir. Plus de deux cents députés quittèrent aussitôt la séance pour saluer les représentants de l'armée.

Que durent penser les Prussiens de ces marches triomphales après nos défaites récentes, lorsqu'ils occupaient encore le tiers de notre territoire, lorsque les vaincus étaient des Français ?

CHAPITRE X

NOUVELLES TENTATIVES DE CONCILIATION.
COMPLOTS CONTRE LA COMMUNE.

La Commune cherche à soulever les départements. — Elle stimule sous main l'ardeur conciliatrice de l'*Union républicaine des Droits de Paris*. — MM. Adam, Desonnaz et Bonvallet sont délégués pour aller à Versailles. — Leur programme. — Sage et ferme réponse de M. Thiers. — Proclamation de la Commune. — Nouvelles délégations de l'*Union républicaine*. — Encore les maires. — La *Ligue de l'Union républicaine* propose aux conseils municipaux de se réunir en congrès. — Manifestation des francs-maçons. — Inutilité de leurs démarches auprès de M. Thiers. — Les hommes d'ordre se comptent et s'organisent. — Les colonels Domalain et Charpentier se mettent à la tête du mouvement. — Conspiration à laquelle prennent part Félix Pyat, Dombrowski et Cluseret. — Cluseret est dénoncé par Eudes. — Son arrestation. — Elle amène la découverte du *Complot des brassards*. — Le hasard seul empêche la formation et la réunion des groupes qui devaient, à un signal donné, se mettre en mouvement.

I

Bien que portée à se faire illusion, la Commune conçut des doutes sur l'issue de la lutte, quand elle vit se succéder les échecs de ses troupes.

Après les premières défaites, elle avait fait un appel suprême à l'intervention pacifique ou armée des départements. Un soulèvement général pouvait seul la sauver. Dans ce but, ses agents avaient parcouru la France, quêtant des sympathies au mouvement communal de Paris. Voici une pièce saisie sur un de ces émissaires dans les départements et qui ne manque pas d'intérêt historique :

« COMMUNE DE PARIS.

« *Commission des relations extérieures.*

« INSTRUCTIONS.

« 1° Ne faire connaître sa qualité et l'esprit de sa mission qu'à des amis politiques sûrs et pouvant être utiles;

« 2° Se mettre en relation avec les journaux; dans le cas où il n'en paraîtrait pas dans certaines contrées, les remplacer par des écrits, des circulaires imprimées retraçant exactement le fond et la forme du mouvement communal;

« 3° Agir par et avec les ouvriers lorsqu'ils ont un commencement d'organisation;

« 4° Éclairer le commerce, l'engager par des raisons solides à continuer ses affaires avec Paris, et s'appliquer à favoriser le ravitaillement;

« 5° Se mettre en rapport avec la bourgeoisie et avec l'élément républicain modéré pour, à l'instar de Lille, pousser les conseils municipaux à envoyer des adresses ou des délégués au citoyen Thiers, pour le sommer de mettre fin à la guerre civile;

« 6° Empêcher le recrutement pour l'armée de Versailles; faire écrire aux soldats pour les détourner de la guerre contre Paris. »

Ces instructions secrètes furent développées publiquement le 19 avril, dans un manifeste que nous avons reproduit plus haut (p. 77).

C'était là un aveu de détresse, dont Versailles saisit immédiatement le sens et qui ne trouva pas d'écho dans les départements. Les tentatives d'insurrection qui eurent lieu à Limoges, à Narbonne, à Toulouse, échouèrent moins par la vivacité de la répression que par suite de l'indifférence générale; fatiguée de guerre, la province était encore plus lasse de révolution.

Déçue de ce côté, la Commune, tout en affectant un profond dédain pour « l'impuissante rage des Versaillais », stimula sous main l'ardeur conciliatrice de l'*Union républicaine des droits de Paris*, sorte de comité formé de gens naïfs ou remuants que la Commune exploitait habilement à son profit.

L'*Union républicaine*, heureuse d'entrer en scène, délégua aussitôt MM. Adam, Desonnaz et Bonvallet pour aller à Versailles, et voici le programme dont ces messieurs furent chargés de demander la ratification :

« Paris élit son conseil municipal, chargé de régler seul le budget de la ville. La police, l'assistance publique, l'enseignement, la garantie de la liberté de conscience relèvent uniquement de lui.

« Il n'y a d'autre armée à Paris que la garde nationale, composée de tous les électeurs valides. Elle élit ses chefs et son état-major suivant le mode réglé par le conseil communal, de telle façon que l'autorité militaire soit toujours subordonnée à l'autorité civile.

« Paris fournit sa quote part des dépenses générales de la France et de son contingent en cas de guerre nationale.

« L'armée régulière n'entre point à Paris, et il lui est fixé une délimitation qu'elle ne peut franchir, comme à Rome autrefois, comme à Londres aujourd'hui, et comme à Paris même sous la Constitution de l'an III. »

A l'annonce de ces pourparlers, les nombreux amis de la paix organisèrent, pour le soir même, une démonstration pacifique sur la place de la Bourse. On crut un instant que l'épouvantable catastrophe qu'on sentait venir pourrait encore être conjurée; ce fut malheureusement une fausse espérance. Il était évident que Paris, avec les institutions que lui attribuait le programme de l'*Union républicaine*, devenait par la force des choses une cité à part. Non-seulement il cessait de pouvoir jouer à un degré quelconque le rôle de capitale, mais son organisation particulière le mettait rapidement en dehors de la vie nationale.

Cependant, les délégués furent reçus par M. Thiers. Obligé de maintenir intacte entre ses mains l'autorité que la France lui avait conférée par l'intermédiaire de l'Assemblée, le chef du pouvoir exécutif ne pouvait ni subir des conditions, ni prendre des engagements qui, en humiliant cette autorité, eussent du même coup porté la plus déplorable atteinte au grand principe de l'unité nationale. Il fit connaître loyalement ses dispositions, qui étaient de nature à satisfaire tous ceux qu'animait la seule et sincère revendication des droits de Paris.

La réponse de M. Thiers renfermait ces quatre choses, ainsi stipulées :

« 1° L'affirmation de la République.

« 2° La reconnaissance complète, absolue, des droits municipaux de Paris, qui, sortant enfin du régime exceptionnel auquel il a été soumis si longtemps, jouira des mêmes franchises que toutes les autres villes de France.

« 3° La promesse d'une amnistie générale pour tous les faits de guerre, sous la seule réserve des crimes commis contre le droit commun.

« 4° Dès à présent, une suspension d'armes de fait qui résultera de l'attitude pacifique de la garde fédérée elle-même. »

Le rapport des trois délégués constatait, en outre de ces quatre points capitaux, ceux que voici :

« M. Thiers déclare qu'il ne peut, ni ne veut traiter d'un armistice; mais il dit que si les gardes nationaux de Paris ne tirent ni un coup de fusil, ni un coup de canon, les troupes de Versailles ne tireront ni un coup de fusil ni un coup de canon, jusqu'au moment indéterminé où le pouvoir exécutif se résoudra à une action et commencera la guerre.

« M. Thiers ajoute : « Quiconque renoncera à la lutte armée, c'est-à-dire quiconque rentrera dans ses foyers en quittant toute attitude hostile, sera à l'abri de toute recherche.

« M. Thiers excepte seulement les assassins des généraux Lecomte et Clément Thomas, qui seront jugés si on les trouve.

« M. Thiers reconnaissant l'impossibilité, pour une partie de la population actuellement privée de travail, de vivre sans la solde allouée, continuera le service de cette solde pendant quelques semaines. »

Rapportées par les délégués, ces paroles pleines de dédain pour les chefs que le dépositaire du pouvoir regardait comme de vulgaires insurgés, humilièrent la Commune, qui avait ambitionné de traiter d'égal à égal. Elle crut se faire la situation meilleure en continuant la lutte; et reniant aussitôt la *Ligue d'union républicaine*, comme si elle avait agi à son insu, elle lança cette proclamation :

« La réaction prend tous les masques, aujourd'hui celui de la conciliation.

« La conciliation avec les chouans et les mouchards qui égorgent nos généraux et frappent nos prisonniers désarmés;

« La conciliation, dans de telles circonstances, est de la trahison;

« La Commune,

« Considérant qu'il est du devoir des élus du peuple de ne pas laisser frapper par derrière les combattants qui défendent la cité ;

« Que nous savons de source certaine que des Vendéens et des gendarmes déguisés doivent figurer dans ces réunions dites conciliatrices, arrête :

« Art. 1er. La réunion annoncée pour ce soir, à six heures, salle de la Bourse, est interdite.

« Art. 2. Toute manifestation propre à troubler l'ordre et à exciter la guerre intérieure pendant la bataille sera rigoureusement réprimée par la force.

« Art. 3. Toute contravention au présent arrêté est déférée au délégué à la guerre et au commandant de la place.

« *Signé* : F. Cournet, Delescluze, Félix Pyat, Tridon, E. Vaillant, Vermorel,

« *Membres du Comité d'exécution.* »

La Commune faisait « la fière » bien haut ; mais elle voulut encore essayer de la conciliation, quand elle vit l'armée française s'approcher par Neuilly et Asnières, en même temps qu'elle écrasait sous ses projectiles les forts d'Issy et de Vanves. Plusieurs nouvelles délégations de la *Ligue de l'union républicaine* firent le voyage de Versailles. MM. Georges Lechevallier, Paraf-Javal et le Dr Villeneuve, emportèrent l'adhésion des cinquante-huit chambres syndicales de l'*Union nationale*, des vingt-quatre chambres syndicales ouvrières, de la Société pour l'instruction élémentaire, et, prétendait-on, de la franc-maçonnerie. Mais le résultat de toutes ces allées et venues était invariablement le même : M. Thiers répétait son programme et la Commune le sien.

Les maires, adjoints et conseillers municipaux de la Seine s'étaient réunis, le 22 Avril, à Vincennes, et avaient nommé leur délégation qui, après avoir été reçue, le 23, à Versailles par M. Thiers, rendit compte de ses démarches à la Commune. Voici son rapport :

« Les membres de la commission ont remis, le 26, à la Commune de Paris, les déclarations de M. Thiers. Le 27, la commission introduite près du citoyen Paschal Grousset, chargé de la recevoir au nom de la commission exécutive, a recueilli les paroles suivantes :

« La commission exécutive donne acte, par écrit, de sa communication à la délégation des municipalités de la Seine; mais c'est la seule réponse qu'elle puisse y faire.

Le rapport ajoutait : « En dehors des termes de cette réponse officielle, — a dit le citoyen Paschal Grousset, — je vous ferai remarquer que votre désir fort honorable de conciliation se trouve entravé, dès le début, par cette déclaration de M. Thiers : « qu'on n'aperçoit pas de « moyens de conciliation possibles entre lui et les coupa- « bles. »

« Versailles se refuse donc à toute transacation. La Commune de Paris est prête, au contraire, à la conciliation; mais elle ne peut avoir lieu que par la reconnaissance des droits que nous défendons et que nous avons reçu mission de défendre par les armes, si nous ne pouvons en obtenir la consécration par un arrangement.

« La Commune de Paris n'a pas la prétention d'imposer sa loi à la France; elle entend se borner à lui servir d'exemple. Nous n'aspirons qu'à faire cesser l'effusion du sang; mais Paris veut que la révolution communale s'achève, et la Commune la fera triompher au nom du droit; car la Commune de Paris se regarde comme un pouvoir plus régulier que celui de Versailles, qui ne représente qu'un pays foulé par l'étranger, ayant voté sous l'empire de sentiments difficiles à apprécier. »

Enfin la délégation concluait : « Après les réponses qui précèdent, recueillies à Versailles et à Paris, il est constant que le terrain de conciliation que la Commission des municipalités de la Seine avait pour mission de rechercher, échappe, quant à présent, à ses efforts.

Les membres de la Commission:

Courtin, Dehais, Genevoix, Jacquet, Lecosnier, *Président;* Leplanquais, Letellier, Minot, *secrétaire;* Prudon, Rouget de l'Isle.

Le journal *le Temps* lança à son tour son projet de conciliation, qui consistait en : 1° une trêve de vingt-cinq jours ; 2° l'élection d'une Commune nouvelle, dans les formes de la loi votée par l'Assemblée, avec mandat de traiter avec Versailles sur les bases du maintien de la république, des libertés municipales et d'une amnistie complète et générale.

Dans le but d'opérer une pression sur le chef du Gouvernement, l'*Union républicaine* adressa alors aux conseils municipaux de France la circulaire suivante :

« La *Ligue d'Union républicaine des droits de Paris*, malgré la persistance de ses efforts, n'a pu mettre fin à la lutte fratricide qui ensanglante Paris et désole la France. Ses demandes réitérées, celles des différents groupes de citoyens qui ont spontanément adopté son programme comme base de réorganisation entre Versailles et la Commune, les adresses et délégations, envoyées par les conseils municipaux de plusieurs départements, n'ont pas eu les résultats que nous étions en droit d'en attendre.

« La Ligue maintient résolument son programme, et continue son œuvre de médiation et d'humanité ; mais elle pense qu'à son action directe la province doit joindre, plus que jamais, l'autorité de son intervention, et elle est convaincue que, pour que cette intervention devienne efficace, toutes les grandes communes de France, au lieu de procéder par des démarches isolées, doivent s'unir dans un effort commun et s'entendre pour une démarche collective. Paris et la province ont les mêmes aspirations ; leurs revendications sont identiques, elles doivent être unies pour en obtenir la réalisation. La province sait bien d'ailleurs qu'en arrêtant à Paris le fléau de la guerre civile, avant qu'une victoire sanglante fasse des vainqueurs et des vaincus, elle se préserve peut-être de semblables malheurs.

« Nous faisons donc appel à tous les conseils municipaux des communes de France, qui vont être nommés aux prochaines élections. Qu'un grand congrès où chaque ville déléguera un ou plusieurs de ses membres se réunisse, soit à Lyon, soit dans toute autre ville qu'il lui conviendra de désigner, et que cette imposante réunion d'hommes que le suffrage universel a jugés dignes d'être aussi ses mandataires, cherche le meilleur moyen de mettre un terme au déchirement de la patrie, et présente ses résolutions à Versailles et à la Commune. »

En même temps, avaient lieu des manifestations auxquelles la Commune n'était pas étrangère. Nous voulons parler des réunions qui se tinrent au cirque national, dans le but d'intéresser au succès de la révolution communale les provinciaux de passage à Paris. Des délégués y furent nommés qui devaient aller exciter les départements à intervenir en faveur du gouvernement du 18 mars.

Sous leur impulsion, il se forma en province ce qu'on a appelé *la Ligue patriotique des villes républicaines*. Un congrès devait s'ouvrir à Bordeaux, composé de délégués envoyés par tous les conseils municipaux récemment élus.

C'était donc une nouvelle assemblée, un troisième pouvoir qui surgissait en face de Versailles et de Paris, une sorte d'aréopage qui eût prononcé entre Paris et l'Assemblée, et qui, n'ayant mandat ni de l'un ni de l'autre, exposé par conséquent à se voir désavouer, était dépourvu en tout cas des moyens de faire exécuter la sentence. Quelque ridicule que fût l'idée, sa réalisation pouvait être un nouvel élément de désordre dans le pays; aussi M. Thiers se hâta-t-il de mettre obstacle à la réunion du congrès.

Voici en quels termes il faisait connaître la résolution du Gouvernement :

« Un comité provisoire, formé à Bordeaux, convoque à bref délai un *Congrès de la Ligue patriotique des villes républicaines*. Le comité décide, dans son programme, que chaque ville républicaine aura un délégué sur vingt mille habitants, et que ces délégués seront pris parmi les conseillers municipaux nommés aux élections du 31 avril 1871, en suivant l'ordre du tableau. Ce congrès est donc une réunion de divers conseils municipaux délibérant entre eux sur les affaires de l'État, et il tombe sous l'application de l'article 25 de la loi du 4 mai 1855, qui est ainsi conçu : « Tout con-
« seil municipal qui se mettrait en correspondance avec
« un ou plusieurs conseils, ou qui publierait des proclama-

« tions ou adresses, sera immédiatement suspendu par le
« préfet. »

« En outre, les déclarations publiées en même temps que
leur programme par les membres du comité d'organisation,
établissant que le but de l'association est de décider entre
l'insurrection d'une part, et le Gouvernement et l'Assemblée
de l'autre; et substituant ainsi l'autorité de la ligue à celle
de l'Assemblée nationale, le devoir du Gouvernement est
d'user des pouvoirs que lui confère la loi du 10 avril 1834.

« C'est un devoir auquel on peut être assuré qu'il ne faillira pas. Il trahirait l'Assemblée, la France et la civilisation,
s'il laissait se constituer à côté du pouvoir régulier, issu du
suffrage universel, les assises du communisme et de la rébellion. »

Et, en effet, le congrès ne se réunit pas. M. Paschal Grousset
avait bien offert, dans une proclamation pompeuse, le palais
du Luxembourg pour tenir les séances de la *Ligue patriotique*,
personne n'eut le désir ou la possibilité d'y venir siéger.

Privée de cette ingénieuse diversion, la Commune, à bout
de ressources, s'adressa à la franc-maçonnerie, qui ne craignit pas de se compromettre dans la politique de l'Hôtel de
ville. Beaucoup de ses membres, déposant leur masque, se
jetèrent dans l'arène des partis, et s'y montrèrent à visage
découvert. Ils avaient commencé par adresser un manifeste
aux membres de la Commune, comme au Gouvernement de
Versailles, qu'ils adjuraient, au nom de l'humanité et de la
fraternité, d'arrêter l'effusion du sang : « Nous ne venons
pas vous dicter un programme, disaient-ils en terminant;
nous nous en rapportons à votre sagesse; nous vous disons
simplement : Arrêtez l'effusion de ce sang précieux qui coule
des deux côtés, et posez les bases d'une paix définitive qui
soit l'aurore d'un avenir nouveau. Voilà ce que nous vous
demandons énergiquement; et si notre voix n'était pas entendue, nous disons ici que l'humanité et la patrie l'exigent
et l'imposent. »

Ce manifeste n'ayant pas produit l'effet qu'ils en attendaient, les francs-maçons décidèrent qu'ils feraient une démonstration publique, sorte d'exhibition théâtrale sur le résultat de laquelle ils se croyaient en droit de beaucoup compter.

A dix heures et demie, les loges des trois rites, le Grand-Orient, le rite Écossais et le Mesraïme, se réunirent dans la cour du Louvre et sur la place du Carroussel. Des gardes nationaux occupaient la rue de Rivoli et la place du Palais-Royal, contenant avec peine la curiosité de la population parisienne, pour qui tout est spectacle. Ah! qu'ils étaient donc ridicules, ces francs-maçons, avec leurs ceintures, tabliers, sautoirs, bannières et autres oripeaux, bons peut-être pour le huis clos, mais qui n'auraient jamais dû s'exposer ainsi au grand jour des railleries populaires.

Dès neuf heures du matin, une députation des membres de la Commune, également parés de leurs écharpes rouges à franges d'or, était sortie de l'Hôtel de ville, musique en tête, se dirigeant vers le Louvre, à la rencontre de la manifestation. A onze heures, la députation était de retour, et les francs-maçons faisaient leur entrée dans la cour d'honneur du palais municipal, disposée à l'avance pour les recevoir. La garde nationale formait la haie. La Commune tout entière s'était placée sur le balcon, du haut de l'escalier d'honneur, devant la statue de la République, ceinte d'une écharpe rouge, entourée de trophées et des drapeaux de l'insurrection. Soixante bannières maçonniques vinrent se placer successivement sur les marches de l'escalier, étalant aux yeux de tous les maximes humanitaires qui sont les bases de la franc-maçonnerie, et que la Commune s'est donnée à tâche de mettre en pratique. Une bannière blanche, entre toutes les autres, frappait vivement l'attention. Elle était portée par un artilleur, et on y lisait en lettres rouges : « Aimons-nous les uns les autres! » Une députation de toutes les loges pénétra dans la cour de l'Hôtel de ville, et y fut reçue par tous les membres de la Commune, au son des clairons et des tambours. Il y eut échange de discours : Félix Pyat, Charles Beslay et Léo Meillet prirent successivement la parole. Un membre de la Commune, Jules Vallès, orna même une des bannières de son écharpe écarlate, aux grands applaudissements des assistants.

Du Châtelet à Neuilly, où les francs-maçons devaient s'aboucher avec l'armée de Versailles, le chemin le plus direct était de descendre la Seine : mais la Commune tenait à ce qu'une telle manifestation ne fût pas perdue pour le peuple de Paris. On fit donc remonter le cortége vers la Bastille, pour suivre ensuite toute la ligne des boulevards. Les francs-maçons allaient planter leurs bannières sur les remparts ; nul doute qu'à la vue de ces enseignes redoutables, les Versaillais n'oseraient continuer le feu ! Cependant, l'audacieux Mont-Valérien, sans respect pour un si ridicule clinquant, salua les vénérables frères d'un envoi de boîtes à mitrailles, qui les fit détaler à toutes jambes.

« Quel bonheur ! disait un fuyard, nous avons un des nôtres blessé.... Sans cette heureuse chance, nous aurions été ridicules ! »

Trois francs-maçons avaient obtenu d'être conduits à M. Thiers; mais ce dernier persistant toujours « à ne pas se rendre à la Commune », ils revinrent déplanter leurs inutiles bannières qui flottaient au vent des obus.

Les Parisiens se bornèrent à rire de ce dénoûment; mais quelque plaisant qu'il paraisse on ne peut s'empêcher de reconnaître que derrière les devises mensongères de la paix, les francs-maçons se sont ralliés à la Commune, dont tous les actes furent une insulte à la civilisation et à la liberté; ils ont quitté leur rôle d'apaisement pour pactiser avec les hommes du pillage et de la terreur !

Des diverses tentatives de conciliation, il n'était en somme résulté qu'une suspension d'armes, pendant laquelle les habitants de Neuilly, pris entre deux feux, avaient pu évacuer les caves dans lesquelles ils vivaient enfermés depuis près d'un mois. Le seul résultat de toutes ces démarches, fut qu'elles aidèrent la Commune à tromper la population sur le véritable état des choses et sur les véritables causes de la guerre civile ; elles contribuèrent aussi à ébranler l'autorité légitime du suffrage universel, régulièrement représenté par l'Assemblée nationale. Il ne pouvait sortir rien autre chose de tous les pourparlers : M. Thiers et l'Assemblée étaient placés en face d'une situation telle, qu'il leur était interdit d'accepter une base quelconque d'une négociation en règle, sous peine d'anéantir à tout jamais en France non-seulement le principe d'autorité, mais le principe de la loi elle-même. Pour eux, il y avait fatalement, à l'Hôtel-de-Ville et sur les remparts de Paris, des coupables que l'on pouvait amnistier, mais avec lesquels on ne pouvait traiter.

II

On aurait droit de s'étonner que les hommes d'ordre n'eussent tenté aucun effort pour se retrouver, se compter et s'organiser, en apercevant l'abîme où les avaient jetés les maires et les députés signataires des appels au vote du 26 mars. Ce reproche serait injuste; et si les honnêtes gens ne firent pas autant de bruit et de démonstrations que la Ligue républicaine, il faut se rappeler que la Ligue était l'alliée au moins indirecte, sinon la complice de l'Hôtel de ville, tandis que le parti de l'ordre était l'objectif de ses fureurs et de ses violences.

Cependant, dès les premiers jours d'avril, un groupe de citoyens dévoués se mettait en rapport avec Versailles; il était prêt à tout affronter, à tout entreprendre pour faire cesser le triste état de choses dans lequel gémissait Paris, et pour préparer à l'intérieur les moyens de seconder et d'assurer les mesures militaires prises au dehors.

A la tête de ce mouvement, se trouvaient le colonel Domalain, de la légion bretonne, et le colonel A. Charpentier, de la garde nationale de Paris. Munis de pleins pouvoirs par M. Thiers et M. Ernest Picard, et d'accord avec M. le ministre de la marine et la commission des quinze, ces deux officiers s'occupèrent surtout de paralyser dans Paris l'action communaliste sur la garde nationale. Des chefs de groupes, désignés par eux, eurent bientôt conquis à la bonne cause une armée de vingt mille gardes nationaux environ.

En même temps, ils s'entendaient avec le commandant en second des Tuileries, avec l'inspecteur général des barricades, et même avec un certain nombre de chefs de l'insurrection. Nous avons eu entre les mains la preuve certaine que Félix Pyat, Dombrowski et Cluseret, prévoyant la chute aussi prochaine qu'inévitable de la Commune, prirent une part plus ou moins connue à cette conspiration : Félix Pyat, comme toujours, pour sauver sa personne[1]; Dombrowski, dans l'intérêt des hommes qu'il commandait; et Cluseret, pour un motif de spéculation. Ce dernier avait cherché non à se rallier, mais à se vendre, et tellement cher, que cela dépassait toute vraisemblance (10 millions pour livrer les portes). C'est le refus de ses offres et le rejet de ses propositions extravagantes, qui le poussèrent lui-même, irrité, à faire des révélations.

Cluseret fut dénoncé par Eudes qui avait en main les preuves de la défection du délégué à la guerre et d'un payement important qu'on devait effectuer le 5 mai. Eudes crut voir, dans l'abandon du fort d'Issy par trois bataillons de fédérés, une première mise à exécution du complot; et dans l'accident arrivé à Okolowicz, qui fut blessé par un coup de pistolet au ministère de la guerre, une tentative d'assassinat préméditée par Cluseret. Celui-ci avait intérêt à se débarrasser d'Okolowicz pour mettre ses projets à exécution.

Au crime d'avoir voulu livrer le fort d'Issy, on ajoutait son intervention — qui n'est pas problématique pour nous — en faveur de l'Archevêque. Afin de préparer les esprits à la délivrance de Mgr Darboy, Cluseret imagina, de concert avec Dombrowski, la prétendue démarche de l'archevêque de Posnanie auprès de M. de Bismark, et l'intervention du gouvernement prussien auprès de la Commune, en faveur de l'infortuné prélat. Mais *jamais cette Puissance, ni aucun de ses représentants militaires à Saint-Denis* n'a donné à l'Archevêque la moindre marque d'intérêt.

On parlait aussi des visées du général à la dictature. Mais comme il nous a été donné de découvrir quelques-unes des intrigues qui furent nouées alors au sein de la Commune, nous pouvons affirmer qu'il ne s'agissait pas d'une pure question d'influence. La vive altercation qui s'éleva entre

---

1. Le Père Duchesne eut vent de la défection de Félix Pyat, comme le prouve un violent article qu'il écrivit alors.

Cluseret et Delescluze, peu de temps avant l'arrestation du délégué à la guerre, eut pour motif principal des indices de la défection de celui-ci et, en particulier, *son projet de délivrer le lendemain l'Archevêque de Paris*[1].

L'incarcération du général amena la découverte d'une réaction intérieure armée. Ce fut ce que la Commune appela le *complot des brassards*. Qui ne connaît l'existence de cette conspiration célèbre? Elle a été, un mois durant, le sujet de toutes les conversations; la presse s'en est emparée; quelques journaux, soulevant un coin du voile mystérieux qui l'enveloppait, ont fait les révélations les plus piquantes; des brochures de nuances diverses ont revendiqué en faveur de différentes individualités le mérite de cette patriotique pensée.

L'idée d'emprunter un brassard tricolore, comme signe de ralliement, était venue à plusieurs depuis la tentative de l'amiral Saisset. Les conciliabules du Grand-Hôtel l'avaient vue éclore, et lorsque l'état-major de l'amiral s'était dispersé, la grande préoccupation des partisans de l'ordre qui effectuaient leur retraite sur Versailles et de ceux qui continuaient leur séjour à Paris, avait été de savoir comment ils reconnaîtraient leurs amis; c'est pour cela que le département de la guerre se mit à faire confectionner des brassards. Ces bandelettes à trois couleurs, estampillées au cachet du ministère, devaient être distribuées aux gardes nationaux restés fidèles, le jour où l'armée pénétrerait dans Paris. Le ministre de l'intérieur, qui s'attendait constamment à la prochaine réoccupation de la capitale au moyen d'une surprise, fabriquait aussi des modèles de brassards. Des auxiliaires de la police les introduisaient au fur et à mesure dans Paris, et les remettaient à des chefs de groupes. Mais le comité central ayant découvert quelques-uns de ces signes de ralliement, les délégués de la Commune, guidés par des limiers de la Préfecture, faisaient chaque jour des perquisitions. Les recherches pourtant n'étaient pas invariablement heureuses.

---

1. Il a été fait sur cette affaire un travail intéressant, mais encore inédit, par M.***, qui servit d'intermédiaire auprès de Cluseret. Nous devons encore taire le nom de l'auteur.

Des modèles de brassards, venus de Versailles, avaient été un matin apportés chez M. L..., par un envoyé du commissaire de police Bérillon. L... avait mission de faire confectionner chez lui rapidement, par des mains sûres, assez de brassards pour en munir toute sa compagnie. Sa femme aussitôt s'était mise à l'œuvre, achetant, pour détourner les soupçons, du calicot dans un magasin, de la percale bleue dans un autre, ailleurs enfin de la percale rouge ; en moins de quarante-huit heures, tout cela était taillé, rassemblé, cousu. On n'attendait plus que l'ordre de répartition, lorsqu'un peloton de fédérés se présenta chez l'horticulteur-grainetier avec un ordre de perquisition. Le maître de la maison était absent. Les fédérés n'en voulaient rien croire : « Nous saurons bien les trouver, disaient-ils, lui et ses fameux brassards. »

Au mot de brassards, Mme L... pâlit. Mais elle comprenait trop combien la situation exigeait de sang-froid, pour que son trouble fût de longue durée. Ce fut donc avec une courageuse apparence de calme qu'elle guida les visiteurs dans leurs recherches. Après avoir minutieusement inspecté chaque pièce, ouvert tous les tiroirs, soulevé les housses des meubles et visité les moindres coins : « Maintenant, citoyenne, allons examiner la cave, » ordonna celui qui paraissait être le chef.

Un factionnaire fut laissé à la porte de l'appartement restée ouverte. Le reste de la troupe descendit, mais à peine arrivait-on au sous-sol, qu'un coup de feu retentit en haut : « Le misérable » exclama le chef, « il a assassiné notre sentinelle ! »

Déjà les autres, hors d'eux-mêmes, dirigeaient contre Mme L... les canons de leurs fusils, et l'officier allait commander le feu, lorsque se ravisant : « Allons voir, » fit-il.

On remonta. Heureusement pour l'infortunée, le factionnaire était toujours à son poste. C'était la porte qui, brusquement fermée par le vent, avait, en poussant la main du garde, appuyé sur la détente du fusil et déterminé l'explosion de l'arme. La bande s'éloigna sans avoir rien trouvé. Elle n'avait, dans ses investigations, oublié que le piano, à l'intérieur duquel les brassards étaient cachés.

Vers le même temps où fut découvert le complot des brassards, un partisan isolé, dont le nom est resté inconnu, s'occupait avec un zèle louable de la délivrance de Paris, d'accord avec l'état-major de la guerre ; mais comme il était sans rapport avec l'état-major de la garde nationale, dont les services à Versailles étaient contrôlés par le colonel Corbin, il se faisait bientôt arrêter. A la même époque, un autre fait analogue se produisait aussi. Le commandant de la caserne du Prince-Eugène, un nommé Picard, s'était rencontré avec un de ses créanciers, officier de la légion bretonne, et lui avait proposé de livrer à un moment donné, la caserne aux troupes de l'ordre, moyennant une somme de 10 000 fr. L'officier demanda à réfléchir, à consulter ses chefs, et accepta un rendez-vous donné par Picard pour traiter définitivement, au grand café Parisien, place du Château-d'Eau. Quand il se présenta, Picard, qui, la veille, avait pris la précaution de lui emprunter 200 fr., le fit incarcérer. L'officier breton fut d'abord conduit à Mazas, puis, devant le Comité central, puis à l'Hôtel de ville, puis encore à Mazas. Il parvint à s'évader le 25 mai, et ce fut lui qui fit arrêter et fusiller Picard.

Cependant, malgré la vigilance de la Commune et le zèle de ses agents, la garde nationale restée fidèle ne cessa pas de communiquer avec le Gouvernement de Versailles et de prendre ses ordres. Dans les derniers jours de l'insurrection, alors qu'une attaque était imminente, le colonel Domalain envoyait à M. Thiers la lettre suivante :

« Monsieur le Président,

« Il est absolument nécessaire que nous soyons avertis vingt-quatre heures à l'avance, attendu que nous ne pouvons tenir constamment nos hommes sur le qui-vive. Il est déjà difficile de garder sous la main des personnes campées dans un même endroit; à plus forte raison est-ce difficile pour des hommes que l'on ne peut prévenir qu'avec les plus grandes précautions.

« J'ai aussi l'honneur de vous informer que, de concert

avec X ..., je prendrai énergiquement l'initiative pour ce qu'il y aurait à faire à l'intérieur de Paris, en ce qui regarde les positions à prendre ou à occuper, car, au moment de l'action, il ne nous faudra ni indécision, ni hésitation.

« Daignez agréer, etc. « A. Domalain. »

En même temps, on faisait imprimer hors de Paris, et on tenait prête à être placardée une proclamation faisant appel aux bons citoyens.

Voici quel était le plan du colonel Domalain : avec le concours de l'inspecteur des barricades, le sieur T..., on prenait l'avenue Victoria, la place de l'Hôtel de ville ; on établissait autour de la place des Victoires une redoute terrible, armée de mitrailleuses et d'artillerie ; on désarmait les principales barricades de Paris. Grâce au commandant en second des Tuileries, le sieur V...., on arrêtait tous les commandants du château dont on se rendait maître sans coup férir. Les groupes de gardes nationaux se formaient dans Paris, au premier signal ; mais ce signal ne fut pas donné, l'attaque ayant été faite à l'improviste.

Il ne fut tenté que quelques mouvements isolés, doublement périlleux, car, sans ordre, sans mot de ralliement, on avait tout à craindre de la défiance des soldats comme de la fureur des fédérés. Les hommes de cœur qui ont payé de leur vie ces actes d'audace, les commandants Durouchoux et Poulizac, le capitaine Verdier, n'en font que plus d'honneur à la garde nationale fidèle.

Des circonstances fortuites empêchèrent la formation et la réunion des groupes au moment de l'assaut, comme ce fut uniquement le défaut de prudence de Cluseret qui empêcha son complot de réussir. Ne faut-il pas reconnaître dans ces différents insuccès l'intervention d'une volonté supérieure à la sagesse humaine? Paris, qui le premier avait tiré l'épée, devait être châtié par l'épée !

CHAPITRE XI

EN PLEINE TERREUR.

Institution du Comité de salut public. — Il dure une semaine. — Résolutions prises par la Commune en comité secret. — Delescluze est nommé délégué civil à la guerre. — Ses proclamations. — Son caractère. — Dernier appel de M. Thiers. — Il produit un grand effet. — La maison de cet homme d'État est livrée au pillage et démolie. — Carte de civisme. — Exécution de la colonne Vendôme. — Les hommes de l'Hôtel de ville copient tous leurs actes sur 93. — Explosion de la cartoucherie Rapp. — Fameuse proposition du citoyen Urbain. — Convocation des jurys d'accusation. — La terreur est à son comble. — Révolution dans le sein de la Commune : le Comité central reprend le gouvernail.

I

Il y avait déjà plusieurs jours que la Commune de Paris était entrée dans cette période aiguë que M. de Moltke appelle l'heure *psychologique :* le dénoûment allait venir, sanglant, terrible! Deux généraux étaient morts, Lullier était arrêté, Bergeret était arrêté, Cluseret était arrêté, Rossel venait de l'être. Tant de rigueur montrait clairement qu'on n'avait rien à espérer en dehors de la zone des fortifications. Pour faire face aux difficultés qui grandissaient de jour en jour, les hommes de la Commune, alors dominée par les Jacobins, ne comptaient plus que sur un expédient : la terreur. Ils instituèrent un Comité de salut public pour les aider à se défendre et leur permettre de répandre plus longtemps la mort. Plagiaires de crime, de vol, de meurtre et de toutes sortes d'ignominies, ils révélèrent ainsi du même coup su-

II. RÈGNE DE LA COMMUNE. 393

prême la folie furieuse et lâche qu'ils étaient capables d'admirer et de copier.

f. Au début de l'insurrection, nous avons vu Paris gouverné par le Comité central. Après le 26 mars, le pouvoir avait passé aux mains de la Commission exécutive, composée des citoyens Félix Pyat, Tridon, Lefrançais, Eudes, Duval et Bergeret; le 3 avril, les trois derniers qui étaient généraux furent remplacés, afin de leur permettre de mieux suivre les opérations militaires, par Delescluze, Cournet et Vermorel. Le 20, sur la proposition de Delescluze, nouvelle organisation. La Commission exécutive fut dissoute et remplacée par une nouvelle, composée des délégués aux neuf principaux services : Cluseret, Jourdes, Viard, Paschal Grousset, Vaillant, Protot, Franckel, Andrieu et Raoul Rigault; celui-ci donna sa démission et fut remplacé le 26 août par Cournet.

Le 2 mai, lorsqu'elle apprit l'évacuation du fort d'Issy, ce premier coup de glas qui sonnait sa chute, la bande de l'Hôtel de ville nomma un Comité de salut public. Dans ce conseil, qui rêvait déjà de faire sauter des monuments et d'égorger des otages, il y avait un homme de lettres, le vieux Pyat : il était l'âme du Comité; les autres membres, Antoine Arnaud, Léo Meillet, Ranvier et Charles Gérardin, n'étaient que le plancher et les montants. Ce Comité dura à peine une semaine : il avait été constitué pendant une absence de Delescluze, que les crises toujours plus fréquentes d'une grave maladie d'estomac retenaient périodiquement; mais, le 9 mai, Delescluze se prononça énergiquement contre lui. Ce même jour, la Commune prit les résolutions suivantes après une orageuse séance en comité secret :

« 1° Réclamer la démission des membres actuels du Comité de salut public, et pourvoir immédiatement à leur remplacement.

« 2° Nommer un délégué civil à la guerre, qui sera assisté de la Commission militaire actuelle, laquelle se mettra immédiatement en permanence.

« 3° Nommer une commission de trois membres chargés de rédiger immédiatement une proclamation.

« 4° Ne plus se réunir que trois fois par semaine en assemblée délibérante, sauf les réunions qui auront lieu dans le cas d'urgence sur la proposition de cinq membres ou sur celle du Comité de salut public.

« 5° Se mettre en permanence dans les mairies de ses arrondissements respectifs pour pourvoir souverainement aux besoins de la situation.

« 6° Mettre le Comité de salut public en permanence à l'Hôtel de ville. »

Ces diverses résolutions furent exécutées. Le Comité de salut public, reconstitué, se composa des citoyens Antoine Arnaud, Ranvier, Eudes, Gambon et Delescluze. Ce dernier s'efforça d'y faire prévaloir l'alliance des moyens révolutionnaires avec le respect de la forme, de la loi, et de l'opinion publique. Dans le *Réveil du peuple*, qu'il fonda à ce moment, il soutint avec une rare énergie les doctrines jacobines. La démission de Rossel l'amena à abandonner la Commission exécutive, dès le lendemain de sa nomination. Il devint alors délégué civil à la guerre, et dans ses nouvelles fonctions fit preuve de la plus impitoyable énergie.

Delescluze signala son avénement au pouvoir par deux proclamations, l'une à la Commune, qu'il rassurait sur la situation militaire, l'autre à la garde nationale.

« Nos remparts, disait-il aux soldats fédérés, sont solides comme vos bras, comme vos cœurs. Vous n'ignorez pas d'ailleurs que vous combattez pour votre liberté et pour l'égalité sociale, cette promesse qui vous a si longtemps échappé; que si vos poitrines sont exposées aux balles et aux obus des Versaillais, le prix qui vous est assuré, c'est l'affranchissement de la France et du monde, la sécurité de vos foyers, la vie de vos femmes et de vos enfants. Vous vaincrez donc; le monde, qui vous contemple et applaudit à vos magnanimes efforts, s'apprête à célébrer votre triomphe, qui sera le salut pour tous les peuples. »

Sectaire farouche et convaincu, Delescluze était bien l'homme qu'il fallait à la Commune agonisante pour lui faire de sanglantes et terribles funérailles. Épuisé par la maladie qui le rongeait, il n'avait plus que quelques jours à vivre. D'autres chefs, qui songeaient à la fuite ou à la trahison, auraient pu préparer à l'insurrection une fin moins lugubre; mais quoiqu'on ait écrit le contraire, Delescluze n'estima jamais que les heures qui lui restaient encore valussent une lâcheté ou une infamie. Haineux et impuissant contre la société, dans laquelle il ne put se placer au premier rang, il voulut qu'elle s'abîmât avec lui dans le sang et le feu, et il n'a pas tenu à lui que l'exécution ne répondît complétement à son sinistre dessein.

A son instigation, la Commune supprima tous les journaux hostiles au nouveau gouvernement; des mesures sévères furent prises pour relever la discipline chez les fédérés, et Delescluze, renonçant à défendre Paris au moyen des barricades, concentra tous les moyens de défense sur le rempart. Mais les socialistes du 18 mars, forcés de subir l'ascendant funeste de son talent, ne lui avaient jamais pardonné de faire passer la révolution politique avant la révolution sociale. A peine était-il au pouvoir que derrière lui s'agitaient le Comité central, le Comité de salut public et la Commune, dont les dissensions intestines allaient paralyser ses efforts. La Commune, divisée en deux camps, tirait à droite et à gauche, sans plus s'occuper du délégué à la guerre, pendant que le Comité central s'efforçait de lui arracher une part de son autorité.

A cette première heure de l'agonie, tout se débattait dans un indicible trouble. Si la population saine se fût soulevée pour répondre à la proclamation que M. Thiers fit afficher dans Paris, et dans laquelle il l'invitait à secouer le joug des fantoches qui opprimaient la capitale depuis deux mois, la partie eût pu se gagner plus tôt, et on aurait peut-être évité la catastrophe finale.

Mais à ce dernier appel, on ne répondit pas plus qu'on ne l'avait fait au 18 mars. Le parti de l'ordre avait alors laissé faire, maintenant il ne pouvait plus remuer. Il n'avait ni drapeau, ni point de ralliement, ni chefs, ni armes, ni argent. Comment aurait-il pu reprendre ce que le Gouvernement n'avait pas su conserver lorsqu'il avait entre les mains trente mille soldats, dix mille fonctionnaires, un budget, une judicature et des ministres?

Cependant, si peu pratique qu'elle fût dans quelques-uns de ses détails, la proclamation de M. Thiers produisit un grand effet. Pour ceux qui comprennent le mouvement des choses politiques, elle était un dernier avertissement à la ville, et comme une dernière sommation à la Commune, elle indiquait « le commencement de la fin ». Le gouvernement de l'Hôtel de ville ne s'y trompa point. Il rapprocha cette pièce d'un récent discours, dans lequel M. Thiers disait qu'il ne fallait plus que huit jours pour venir à bout du siége; et les conséquences de l'entrée de l'armée dans Paris ne pouvaient qu'exciter la Commune. C'est pourquoi elle prit alors, en se jouant, la plus odieuse mesure contre le président du Conseil. Plusieurs fois déjà, M. Rochefort, invoquant la loi du talion contre le bombardement de Paris, avait réclamé la démolition de l'hôtel de M. Thiers. Voici de quelle façon il s'exprimait dans le *Mot d'ordre* du 4 avril :

« M. Thiers possède, place Saint-Georges, un merveilleux hôtel plein d'œuvres d'art de toutes sortes. M. Picard a, sur ce pavé de Paris qu'il a déserté, trois maisons d'un formidable rapport, et M. Jules Favre occupe, rue d'Amsterdam, une habitation somptueuse qui lui appartient. Que diraient donc ces propriétaires hommes d'État si, à leurs effondrements, le peuple de Paris répondait par des coups de pioche, et si à chaque maison de Courbevoie touchée par un obus, on abattait un peu de mur du palais de la place Saint-Georges, ou de l'hôtel de la rue d'Amsterdam? »

Jusqu'à ce jour, les plus téméraires avaient hésité. Cette fois, comme s'il eût voulu refaire une page de la république romaine, le Comité de salut public prit la mesure suivante, qui sut émouvoir le grand homme d'État et le prendre par son côté sensible :

« Art. 1er Les biens meubles des propriétés de Thiers seront saisis par les soins de l'administration des domaines.

« Art. 2. La maison de Thiers, située place Saint-Georges, sera rasée.

« Art. 3. Les citoyens Fontaine, délégué aux domaines, et J. Andrieu, délégué aux services publics, sont chargés, chacun en ce qui le concerne, de l'exécution *immédiate* du présent arrêté.

« Paris, 21 Floréal an 79.

« *Les membres du Comité de salut public,*

« Ant. Arnaud, Eudes, F. Gambon, G. Ranvier. »

Ainsi fut traitée autrefois la demeure de Cicéron.

Quelques naïfs avaient prétendu qu'il ne s'agissait que d'une pure fanfaronnade, mais ils ne connaissaient pas les fous furieux que le malheur des temps avait portés aux affaires. Les bataillons fédérés du dix-huitième arrondissement, le 37e, le 61e, le 64e, le 79e, le 124e et le 158e, précédés du drapeau rouge, envahirent la place Saint-Georges.

A gauche, au centre d'un véritable bouquet de lilas s'élevait, toute pleine de souvenirs, la maison de M. Thiers. Tous les hommes d'État, presque toutes les illustrations du monde y avaient passé. Elle renfermait des meubles précieux, une multitude d'objets rares, des tableaux inestimables. Une foule aveugle et excitée se rua contre ce temple de l'art et fit main basse sur les trésors de toute nature qu'y avaient accumulés cinquante ans de patience. Les livres, les dessins, les cartes géographiques, les autographes, etc., tout fut emporté. Parmi les nombreuses compagnies formant les bataillons qui stationnaient sur la place Saint-Georges, la 12e du 64e se distingua surtout par ses déprédations; sur les cinquante-cinq hommes qui la composaient, il y en eut toujours vingt-quatre en permanence, buvant le vin pris dans les caves, ou, quand ils descendaient de garde, emportant tout ce qu'ils avaient pu soustraire dans les appartements. Plusieurs objets furent ainsi vendus aux passants, quelques-uns offerts à des camarades comme « souvenirs ». La foule, une foule stupéfaite, hébétée, regardait et laissait faire : « Ils pillent ; disait-on dans les groupes ; ils n'oseront pas démolir. »

Au bout de vingt-quatre heures, l'attentat dont on avait cru incapables les hommes de la Commune était consommé; il ne resta debout que quelques murs.

Alors Paris commença à comprendre que ces nouveaux Vandales ne s'arrêteraient plus devant aucun excès.

La Commune comptait sur l'énergie révolutionnaire du nouveau Comité de salut public et du délégué civil à la guerre; elle ne fut pas trompée. En peu de jours (le Comité fut le maître seulement du 11 au 23), les mesures les plus rigoureuses se succédèrent. A la date du 15 mai, pensant voir des traîtres partout, l'Hôtel de ville rajeunissait le décret de la Terreur relativement aux cartes de civisme. Suivant cet édit, tout citoyen devait être muni d'une carte d'identité contenant ses nom, prénoms, profession, âge et domicile, numéros de légion, de bataillon et de compagnie, ainsi que son signalement. Quiconque serait trouvé non porteur de cette carte pourrait être arrêté par le premier garde national venu. Jamais, depuis 93, formule plus tyrannique n'était venue aux oreilles de la population parisienne; mais ce soupçon, devenu le prétexte d'une loi, ne fit qu'exciter les sourires de la foule. Pas une carte de civisme n'a été demandée aux commissaires de police.

Le 16, fut exécutée la colonne Vendôme, dont la démolition avait été décrétée le 12 avril. Ce monument de nos victoires, ce bronze perpétuant le souvenir de la défaite de l'Allemagne, ce trophée superbe destiné à redire aux siècles notre gloire et l'humiliation des Germains, était un objet de haine, un incessant aliment de rage et de fureur chez nos implacables ennemis, les Prussiens. En 1814, ils avaient épuisé contre cette colonne leur fureur impuissante; ils devaient réussir en 1871. Il se trouva alors, comme nous en avons vu sous la Commune, des Français assez indignes de ce nom pour se faire les agents de la haine prussienne.

Quel sentiment poussait les hommes de l'Hôtel de ville à cet acte de vandalisme? Les Prussiens y étaient-ils pour quelque chose? Faut-il y voir l'influence de Karl Marx, de Franckel, ou bien les complaisances vénales de quelques autres, le désir de faire argent de toute matière ou plutôt une protestation sincère contre le despotisme de l'Empire et contre l'influence du militarisme? Nous croyons que tous ces éléments divers y concoururent.

II. RÈGNE DE LA COMMUNE.

Mais la Commune avait-elle bien le droit de protester contre la guerre, elle qui dans tous ses bulletins chantait la vaillance et prônait l'honneur militaire? Était-il plus opportun d'invoquer le droit international, quand l'ennemi débordait de toutes parts sur nos provinces; ou de parler d'insulte des vainqueurs aux vaincus, lorsque la Prusse nous tenait sous son genou? Et la fraternité, y avait-il lieu de la rappeler, lorsque les Allemands pillaient, brûlaient, massacraient?

Longtemps on voulut croire que le décret qui ordonnait la destruction de la colonne n'était qu'une vaine menace. Elle appartenait après tout à la France entière; chacune de ses provinces pouvait revendiquer sa part de gloire écrite sur le bronze! Paris tout seul n'avait pas le droit de la détruire.

Et puis, quelle heure sombre ils avaient choisie pour humilier la patrie! C'était l'heure de nos désastres, l'heure où fumaient encore nos villes incendiées, nos chaumières détruites. En vain la voix de Victor Hugo s'éleva contre le sacrilége; elle n'arrêta pas les démolisseurs. Voici la protestation du poëte :

> Peuple, ce siècle a vu tes travaux surhumains:
> Il t'a vu repétrir l'Europe de tes mains.
> Tu montras le néant du sceptre et des couronnes
> Par ta façon de faire et défaire des trônes.
> A chacun de tes pas tout croissait d'un degré ;
> Tu marchais, tu faisais sur le globe effaré
> Un ensemencement formidable d'idées ;
> Tes légions étaient les vagues débordées
> Du progrès s'élevant de sommet en sommet.
> La Révolution te guidait. Tu semais
> Danton en Allemagne et Voltaire en Espagne ;
> Ta gloire, ô peuple, avait l'aurore pour compagne,
> Et le jour se levait partout où tu passais.
> Comme on a dit: les Grecs, on disait: les Français.
> . . . .
> De là, deux monuments élevés à ta gloire.
> Le pilier de puissance et l'arche de victoire,
> Qui tous deux sont toi-même, ô peuple souverain !
> L'un était de granit, et l'autre était d'airain.
>
> Penser qu'on fut vainqueur autrefois est utile.
> Oh ! ces deux monuments que craint l'Europe hostile;

Comme on va les garder, et comme nuit et jour
On va veiller sur eux avec un sombre amour!
Ah! c'est presqu'un vengeur qu'un témoin d'un autre âge!
Nous les attesterons tous deux, nous qu'on outrage;
Nous puiserons en eux l'ardeur de châtier
Sur ce hautain métal et sur ce marbre altier.
Ah! comme on cherchera d'un œil mélancolique,
Tous ces fiers vétérans, fils de la République!
Car l'heure de la chute est l'heure de l'orgueil;
Car la défaite augmente, aux yeux du peuple en deuil,
Le resplendissement farouche des trophées;
Les âmes de leur feu se sentent réchauffées;
La vision des grands est salubre aux petits.
Nous éterniserons ces monuments, bâtis
Par les morts dont survit l'œuvre extraordinaire :
Ces morts puissants jadis passaient dans le tonnerre,
Et de leur marche encore on entend les éclats;
Et les pâles vivants d'à présent sont, hélas!
Moins qu'eux dans la lumière et plus qu'eux dans la tombe.

Écoutez, c'est la pioche! Écoutez, c'est la bombe!
Qui donc fait bombarder? qui donc fait démolir?
Nous!
   Le penseur frémit, pareil au vieux roi Lear,
Qui parle à la tempête et lui fait des reproches.
Quels signes effrayants! D'affreux jours sont-ils proches?
Est-ce que l'avenir peut être assassiné?
Est-ce qu'un siècle meurt quand l'autre n'est pas né?
Vertige! De qui donc Paris est-il la proie?

. . . .

La grande France est là! Qu'importe Bonaparte!
Est-ce qu'on veut un roi quand on regarde Sparte?
Otez Napoléon, le peuple reparaît.
Abattez l'arbre, mais respectez la forêt.
Tous ces grands combattants, tournant sur ces spirales,
Peuplant les champs, les tours, les barques amirales,
Franchissant murs et ponts, fossés, fleuves, marais,
C'est la France montant à l'assaut du progrès.
Justice! Otez de là César, mettez-y Rome.
Qu'on voie à cette cime un peuple, et non un homme.
Condensez en statue, au sommet du pilier,
Cette foule en qui vit ce Paris chevalier
Vengeur des droits, vainqueur du mensonge féroce!
Que le fourmillement aboutisse au colosse,
Et que ce géant peuple, éclairant tout chemin,
Ait la lumière au front et l'épée à la main!

Respect à nos soldats! Rien n'égalait leurs tailles.
La Révolution gronde en leurs vingt batailles.

La *Marseillaise*, effroi du vieux monde obscurci,
S'est faite pierre là, s'est faite bronze ici ;
De ces deux monuments sort un cri : Délivrance !
Quoi ! De nos propres mains nous achevons la France !
Quoi ! c'est nous qui faisons cela ! Nous nous jetons
Sur ce double trophée envié des Teutons !
Torche et massue au poing, tous à la fois, en foule,
C'est sous nos propres coups que notre gloire croule !
Nous la brisons d'en haut, d'en bas, de près, de loin,
Toujours, partout, avec la Prusse pour témoin !
Ils sont là, ceux à qui fut livrée et vendue
Ton invincible épée, ô patrie éperdue !
. . . .
Où sont les Charentons, France ? où sont les Bicêtres ?
Est-ce qu'ils ne vont pas se lever, les ancêtres ?
Ces dompteurs de Brunswick, de Cobourg, de Bouillé ?
Terribles, secouant leur vieux sabre rouillé,
Cherchant au ciel la grande aurore évanouie !
Est-ce que ce n'est pas une chose inouïe,
Qu'ils soient violemment de l'histoire chassés,
Eux qui se distinguaient sans jamais dire : Assez !
. . . .
Hélas ! ce dernier coup après tant de misères !
. . . .
La France n'est donc pas encore assez tuée ?

Si la Prusse à l'orgueil sauvage habituée,
Voyant ses noirs drapeaux enflés par l'aquilon,
Si la Prusse, tenant Paris sous son talon,
Nous eût crié : — Je veux que vos gloires s'enfuient,
Français, vous avez là deux restes qui m'ennuient :
Ce pilastre d'airain, cet arc de pierre, il faut
M'en délivrer ; ici, dressez un échafaud,
Là, braquez des canons ; ce soin sera le vôtre.
Vous démolirez l'un, vous mitraillerez l'autre.
Je l'ordonne. — O fureur ! Comme on eût dit : Souffrons,
Luttons ; c'est trop, ceci passe tous les affronts !
Plutôt mourir cent fois ! Nos morts seront en fêtes !
Comme on eût dit : Jamais, jamais !
                                    Et vous le faites ?

Malgré ces reproches indignés, ce cri sublime, la colonne fut exécutée !

La démolition avait attiré une foule immense qui se pressait rue de la Paix, place du Nouvel-Opéra et rue Castiglione ; elle avait été annoncée pour deux heures, mais, par suite de l'insuffisance des travaux préparatoires et de la rupture d'un treuil, l'opération ne put avoir lieu qu'à cinq heures et quart. Alors les cabestans recommencèrent à fonctionner. La tension des câbles s'opéra lentement. Chacun était haletant, un cri étranglé par la crainte d'un accident dont il était impossible de mesurer l'étendue, partit de toutes les bouches. La colonne s'ébranla. Un silence d'épouvante se fit dans la foule anxieuse. Puis, après avoir oscillé un instant sur sa base, cette masse de bronze et de granit tomba sur le lit de fumier qui lui avait été préparé. Un bruit sourd se mêla au craquement des fascines. Des nuages de poussière s'élevèrent dans les airs. La colonne était toute disloquée; la statue avait un bras cassé et la tête séparée du tronc. Immédiatement le drapeau rouge fut arboré sur le piédestal resté debout. Un fédéré escalada le soubassement de l'ancien édifice et prononça un discours interrompu par la foule qui désirait écouter le *général* Bergeret, monté sur les débris du monument.

La chute de la colonne Vendôme impressionna douloureusement l'armée. C'était elle surtout que la Commune avait voulu frapper en abattant ce monument.

Le maréchal Mac-Mahon publia à cette occasion l'ordre du jour suivant :

« Soldats !

« La colonne Vendôme vient de tomber. L'étranger l'avait respectée : la Commune de Paris l'a renversée. Des hommes qui se disent Français ont osé détruire, sous les yeux des Allemands qui nous observent, ce témoin des victoires de vos pères contre l'Europe coalisée. Espéraient-ils, les auteurs indignes de cet attentat à la gloire nationale, effacer la mémoire des vertus militaires dont ce monument était le glorieux symbole ? Soldats, si les souvenirs que la colonne nous rappelait ne sont plus gravés sur l'airain, ils resteront du moins vivants dans nos cœurs, et, nous inspirant d'eux, nous saurons donner à la France un nouveau gage de bravoure, de dévouement et de patriotisme. »

La destruction de la colonne produisit, on le comprend, une tout autre impression sur les membres de la Commune.

Une députation se rendit à l'Hôtel de ville immédiatement après la chute du monument, elle fut reçue par MM. Miot et Ranvier. Miot prononça alors l'allocution suivante :

« Le peuple est patient. Il se résigne à supporter le joug et l'humiliation, mais sa vengeance n'en est que plus terrible le jour où elle éclate. Malheur à ceux qui le provoquent et excitent jusqu'au bout son légitime courroux ! Jusqu'ici notre colère ne s'est exercée que sur des choses matérielles, mais le jour approche où les représailles seront terribles et atteindront cette réaction infâme qui nous mène et cherche à nous écraser. »

Ranvier, le membre du Comité de salut public, fut encore plus explicite : « La colonne Vendôme, la maison de M. Thiers, la chapelle expiatoire, dit-il, ne sont que des exécutions matérielles. Mais le tour des traîtres et des royalistes viendra inévitablement si la Commune y est forcée. »

Le programme des abominables assassinats, qui devaient quelques jours plus tard épouvanter le monde, était donc nettement tracé, et les scélérats, qui l'ont fidèlement suivi, avaient reçu leur mot d'ordre.

Il ne faudrait pas croire, toutefois, que ces hommes fussent de bronze. A mesure que la fin du drame approchait, ils se sentaient mollir. Un sentiment d'effroi, de plus en plus difficile à dissimuler, se manifestait dans tous leurs actes, copiés avec soin sur 93. Les habitudes, et jusqu'aux dénominations de cette lugubre époque, semblaient être définitivement adoptées. Et cependant, rien de puéril et d'incommode comme la résurrection du calendrier républicain. Mais cette défroque révolutionnaire importait peu à la population parisienne ; ce qui la préoccupait davantage c'était la chasse aux réfractaires, les arrestations d'otages, devenues de plus en plus nombreuses, les réquisitions sans nombre, particulièrement des chevaux qu'il était sévèrement interdit de faire sortir de Paris ; toutes les vexations, en un mot, et toutes les tyrannies qu'une capitale puisse souffrir de la part d'un groupe de factieux capables de tous les attentats.

Sept journaux furent supprimés d'un seul coup ; la destruction de la chapelle expiatoire de Louis XVI fut décrétée; les persécutions contre le clergé redoublèrent; les églises, déjà spoliées de tout ce qu'elles renfermaient de précieux, furent transformées en clubs. Les fouilles dans les vieux ossuaires des églises se généralisèrent, et sans la fin du règne de la Commune, il est difficile de dire où ces recherches repoussantes se seraient arrêtées. Nous ne croyons véritablement pas que la génération de 1793 ait vu des choses plus honteuses ni plus révoltantes.

Le 17 mai, une de ces imprudences, malheureusement trop fréquentes et qui amènent toujours de terribles accidents, fournit à la Commune une nouvelle occasion de semer la terreur. Vers six heures moins un quart se produisit une effroyable explosion qu'on entendit jusqu'à Versailles. La population parisienne courait effarée dans les rues, interrogeant du regard le ciel bleu d'une belle soirée de mai, sur lequel se détachait, en s'élevant, une épaisse colonne de fumée tout irisée par les rayons du soleil. Du centre de cette nuée aux diverses couleurs, retombait une pluie de balles sur tous les quartiers d'alentour. Des milliers de cartouches éclataient et lançaient au loin leurs projectiles meurtriers.

La cartouchière de l'avenue Rapp venait de sauter. Elle se composait de deux corps de bâtiments : l'un servait de dépôt pour les projectiles, l'autre était l'atelier. C'est dans le dépôt qu'avait eu lieu la première et principale explosion, suivie instantanément de quelques autres moins fortes. La disposition des lieux excluait donc toute idée de malveillance; on cria cependant à la trahison : le feu avait été mis aux poudres par quelque agent de Versailles. Les Parisiens, suffisamment exaltés déjà dans le premier moment de doute, le furent bien plus encore par cette mensongère proclamation de la Commune :

« Le Gouvernement de Versailles vient de se souiller d'un nouveau crime, le plus épouvantable et le plus lâche de tous.

« Ses agents ont mis le feu à la cartouchière de l'avenue Rapp et provoqué une explosion effroyable.

« On évalue à plus de cent le nombre des victimes. Des

femmes, un enfant à la mamelle, ont été mis en lambeaux.

« Quatre des coupables sont entre les mains de la sûreté générale.

« Paris, le 27 floréal an 79.

« *Le Comité de salut public :*

« Ant. Arnauld, Billioray, E. Eudes, E. Gambon, G. Ranvier. »

Le lendemain, le *Journal officiel* publiait un rapport signé Butin, lieutenant, et Garantie, chef de légion, et affirmant que « nos soldats avaient tué, après l'avoir outragée, une cantinière prise pendant qu'elle pansait un blessé, et qu'ils avaient tiré sur des parlementaires, précédés du drapeau blanc. »

Cette proclamation et ce rapport amenèrent la fameuse proposition du citoyen Urbain, dans la séance de la Commune du 17. Nous citons le compte rendu :

Le citoyen Urbain. L'exactitude du document que nous venons de lire est certifiée par le lieutenant Butin, de la 3e compagnie du 105e bataillon.

Je demande, soit à la Commune, soit au Comité de salut public, de décider que dix des otages que nous tenons en main soient fusillés dans les vingt-quatre heures, en représailles du meurtre de la cantinière assassinée et de notre parlementaire accueilli par la fusillade, au mépris du droit des gens. Je demande que cinq de ces otages soient fusillés solennellement à l'intérieur de Paris, devant une délégation de tous les bataillons, et que les cinq autres soient fusillés aux avant-postes devant les gardes témoins de l'assassinat. J'espère que ma proposition sera acceptée.

Le citoyen J.-B. Clément. J'appuie la proposition du citoyen Urbain ; j'ai des renseignements par un parent qui revient de Versailles, où il était prisonnier. Les nôtres, qui sont détenus à Versailles, sont excessivement maltraités : on leur donne très-peu de pain et d'eau ; on débite des infamies sur leur compte et on les frappe à coups de crosse de fusil; il faut en finir...

Le citoyen Raoul Rigault, procureur de la Commune. Je présente le projet que voici :

« La Commune de Paris, vu l'urgence,

« Décrète :

« Art. 1er. Le jury d'accusation pourra provisoirement, pour les accusés de crimes ou délits politiques, prononcer des peines aussitôt après avoir prononcé sur la culpabilité de l'accusé.

« Art. 2. Les peines seront prononcées à la majorité des voix.

« Art. 3. Ces peines seront exécutoires dans les vingt-quatre heures.

« Raoul RIGAULT, URBAIN, L. CHALAIN. »

Je suis d'avis de répondre aux assassinats des Versaillais de la manière la plus énergique, en frappant les coupables et non les premiers venus. Et cependant, je dois le dire, j'aimerais mieux laisser échapper des coupables que de frapper un seul innocent.

Parmi les gens que nous détenons, il y a de véritables criminels qui méritent d'être traités plus sévèrement que des otages. Eh bien! le sort peut désigner les moins coupables, et ceux qui le sont le plus peuvent être épargnés.

En attendant que la justice soit instituée complétement, j'ai cru utile d'établir un tribunal chargé de l'examen des crimes de haute trahison. Je déclare, en outre, que je demanderai qu'il ne soit pas tenu compte de la prescription pour les crimes de cette espèce. Et je place sur la même ligne les hommes qui sont d'accord avec Versailles, et les complices de Bonaparte.

Le citoyen Président. Il y a une proposition formulée par le citoyen Urbain.

Le citoyen Urbain. Si l'assemblée décide que les représailles auront lieu dans un très-court délai...

Le citoyen Raoul Rigault, procureur de la Commune. Le jury d'accusation est assigné pour après-demain.

Le citoyen Urbain. Si l'on nous donne les moyens d'exercer légalement, d'une façon convenable et promptement, les représailles, je serai satisfait.

Le citoyen Président. Voici la proposition Urbain :

« Vu l'urgence,

« La Commune

« Décrète :

« Dix individus désignés par le jury d'accusation seront fusillés en punition des assassinats commis par les Versaillais, et notamment de l'assassinat d'une cantinière fusillée par eux au mépris de toutes les lois humaines.

« Cinq de ces otages seront fusillés aux avant-postes, et aussi près que possible du lieu où a été commis le crime.

« Urbain. »

Le citoyen Protot. Je déclare, au sujet du projet présenté par le citoyen Rigault, que le jury d'accusation ne peut se prononcer que sur les questions de faits, qu'il n'y a pas de loi pénale atteignant les délits dont parle le citoyen Rigault. Il faut donc déterminer la peine dont ils sont susceptibles.

Le citoyen Amouroux. Je suis d'avis qu'on doit user de représailles. Il y a un mois, nous avons annoncé la mise à exécution d'un projet qui empêcha pour un temps les crimes que commettaient les Versaillais ; mais comme la Commune n'a rien fait, les Versaillais ont de nouveau recommencé à assassiner les nôtres. En présence de ce qui se passe, je demande quel usage on fait de la loi sur les otages. Devons-nous condamner les gens retenus à ce titre? Mais est-ce que les Versaillais jugent nos gardes nationaux? Ils les prennent et ils les tuent sur les grands chemins. Agissons donc! et pour chacun de nos frères assassinés, répondons par une triple exécution; nous avons des otages, parmi eux des prêtres, frappons ceux-là de préférence, car les Versaillais y tiennent plus qu'aux soldats.

Le citoyen Vaillant. Je suis, je l'avoue, dans un grand embarras, quand je vois en complet désaccord dans la grave question qui nous occupe, les deux seuls personnages compétents de cette assemblée sur cette matière. Ne serait-il pas bon que les citoyens Protot et Rigault s'entendissent pour nous apporter une résolution quelconque?

Le citoyen Protot, délégué à la justice. Il n'y a pas de résolution à prendre. Le procureur de la Commune peut traduire devant les deux premières sessions du jury d'accusation les personnages qu'il veut faire juger.

Le citoyen Pillot, président. Ne perdons point de vue ce qui est en discussion, c'est-à-dire la proposition Urbain. La grande question, en ce moment, est d'anéantir nos ennemis. Nous sommes en révolution, et il faut agir en révolutionnaires; il faut instituer un tribunal qui juge et qui fasse exécuter ses arrêts.

Le citoyen Urbain. Le jury d'accusation, dont on vient de parler, va-t-il fonctionner? S'il doit fonctionner, ma proposition peut subsister; dans le cas contraire, il vaudrait mieux voter la proposition Rigault.

Le citoyen Philippe, délégué au douzième arrondissement. Nous sommes en butte à une réaction terrible. Il faut prendre des mesures énergiques; que l'on sache que nous sommes bien décidés à briser tous les obstacles que l'on oppose à la marche triomphante de la révolution.

Le citoyen Urbain. Si l'on vote sur le projet Rigault, je retire ma proposition.

Le citoyen Vaillant. Si votre jury d'accusation fonctionne régulièrement, il n'y a pas besoin d'une proposition spéciale. Vous n'avez qu'à appliquer le décret de la Commune relatif aux représailles, en déclarant que les citoyens Rigault et Protot sont chargés de l'exécution.

Après d'autres observations, le citoyen Urbain retire sa proposition devant le vote de l'ordre du jour suivant, mais en déclarant qu'il la reprendra s'il le faut dans les quarante-huit heures:

La Commune s'en référant à son décret du 5 avril 1871, en demande la mise à exécution et passe à l'ordre du jour.

En exécution de ce vote, les jurys d'accusation furent convoqués; en deux jours, environ vingt-cinq sergents de ville ou gendarmes passèrent devant les jurys, et sur ce nombre trois ou quatre seulement furent renvoyés. Les autres furent retenus comme otages, ce qui équivalait dans les circonstances à une condamnation à mort, sans qu'on leur reprochât autre chose que leur ancienne qualité, et sans qu'ils fussent défendus :

« Vous saviez, disait le président du jury au gardien de la paix Taussin, quelle division d'opinion il y avait entre le peuple de Paris et le Gouvernement ; vous connaissiez les sentiments du peuple, ne fût-ce que par les journées du 31 octobre et du 22 janvier. D'autres ont donné leur démission, pourquoi n'avez-vous pas fait de même ? »

Et le malheureux fut condamné.

Alors la terreur fut à son comble. L'angoisse, mais une angoisse inconnue jusque-là, régnait sur tous les visages ; on attendait avec la plus grande impatience l'arrivée de nos libérateurs, mais on redoutait en même temps le dernier coup de canon. Les bruits les plus sinistres circulaient sur l'issue de la lutte ; le Comité central faisait annoncer tous les soirs dans les clubs que Paris ne se rendrait jamais, qu'il était sillonné de torpilles, que les égouts étaient de vastes réceptacles de poudre ; que tout sauterait à l'arrivée des Versaillais, que l'ennemi ne trouverait que des ruines sur son passage. On savait par la dure expérience qu'on avait faite du vandalisme de la Commune, que celle-ci était capable de tous les excès. Depuis plusieurs jours on voyait passer de grandes charrettes chargées de pétrole dont on ignorait la destination ; les bataillons insurgés se précipitaient vers les Champs-Élysées ; le tambour battait la générale à chaque heure de la nuit ; le crépitement de la mitrailleuse et le bruit du canon se rapprochaient peu à peu et devenaient étourdissants. Les rues étaient désertes et il serait difficile de se faire une idée du froid glacial que jetait dans les veines la solitude des grandes voies ; les vieillards seuls pouvaient sortir sans porter l'uniforme de garde national. Les barricades négligées depuis quelque temps se relevaient partout ; une atmosphère de plomb semblait peser sur Paris ; les poitrines manquaient d'air. C'était le supplice clairement annoncé par le prophète révolutionnaire.

« On verra une multitude déchaînée, armée, ivre de vengeance et de fureur ;

« Des piques, des haches, des sabres nus, des couperets et des marteaux ;

« La cité morne et silencieuse ; la police au foyer de la famille ; les opinions suspectées, les paroles écoutées, les larmes observées, les soupirs comptés, le silence épié, l'espionnage et les dénonciations ;

« Les réquisitions inexorables, les emprunts forcés et progressifs, le papier-monnaie déprécié ;

« La guerre civile et l'étranger sur les frontières ;

« Les proconsulats impitoyables, le Comité de salut public, un tribunal suprême au cœur d'airain.

« Voilà les fruits de la révolution démocratique et sociale[1] »

Au spectacle de toutes ces violences, une minorité saisie d'effroi avait déclaré se laver les mains de tous les crimes que préparait la Commune. Elle songea même un instant à se démettre de ses fonctions, mais sur l'injonction qui leur fut faite, les membres qui la composaient revinrent tout tremblants réoccuper leurs siéges. Il n'y avait pas que ce rapprochement à ménager. En voyant qu'on était démantelé de toutes parts, que les forts du sud se rendaient l'un après l'autre, le Comité central taxait la Commune d'inhabileté, de mollesse, et se disposait à l'accuser de haute trahison pour s'en défaire et se remettre à sa place. Il était donc urgent d'effectuer une réconciliation entre la Commune et le Comité ; elle eut lieu, grâce à une manœuvre conduite par Félix Pyat. Une proclamation, affichée le 18 mai et reproduite le lendemain par le *Journal officiel*, expliquait la nouvelle situation. Les signataires déclaraient que, les bruits de dissidence persistant, il fallait les réduire à néant par une sorte de *pacte public*.

Par suite de cet arrangement, le Comité central, imposé par le Comité de salut public et l'administration de la guerre, entrait en fonctions à partir de ce jour. Ce n'est pas qu'il eût

. Proudhon.

abdiqué depuis la proclamation de la Commune. Tous les délégués à la guerre, qui s'étaient si rapidement succédé, l'avaient rencontré sur leur chemin, et l'on sait comment Rossel avait été brisé pour avoir voulu engager la lutte contre lui. Mais l'action du Comité central, quoique prépondérante, était moins visible qu'au 18 mars. La nouvelle proclamation le montrait aujourd'hui plus puissant que jamais, et subordonnait Delescluze lui-même à son action souveraine.

En resaisissant le gouvernail, le Comité ne se bornait pas à jeter par-dessus le bord ceux qu'il appelait dédaigneusement les républicains formalistes. Tout plein des idées inexorables de l'Internationale, il avait pour objet de frapper sans pitié la société actuelle sans perdre le temps à suivre l'exemple des lyriques imitateurs de quatre-vingt-treize, qui s'arrêtaient aux fleurettes du chemin. Original comme tout ce qui est barbare, il entendait faire du neuf, à ce qu'il disait du moins. Agir d'une manière terrible et parler après, si on le juge à propos, tel était son programme. Au contact de ces ouvriers impitoyables et sans art qui redevenaient les maîtres, le jacobin Félix Pyat s'était dépouillé des guenilles de l'école, et voilà comment il put servir de trait d'union entre la Commune et le terrible Comité.

Nous appelons l'attention du lecteur sur cette révolution intérieure, parce qu'elle nous paraît jeter une vive lueur sur les épouvantables événements qui vont s'accomplir, et qui étaient dès lors en préparation.

CHAPITRE XII

Causes de la durée de l'insurrection :
Complicité de la population parisienne.
Fausses nouvelles. — Fausses doctrines.
Excitation des journaux de la Commune.

I

Le père Labat, dans le récit de son excursion au cœur de l'Afrique occidentale, rapporte un trait de mœurs dont la moralité nous a cruellement châtiés sous le règne de la Commune. Il s'agit d'une cérémonie de mariage entre noirs. Les époux en entrant dans leur natte de jonc sont séparés par un paquet de verges. C'est l'emblème de la puissance du mari ; et le piquant de l'histoire, c'est que le paquet de verges est apporté par la femme. Dans ses noces avec la Commune, la ville de Paris avait fourni les verges qui devaient répondre à un maître brutal de sa fidélité conjugale. Nous savons déjà si elle eut lieu de s'en repentir.

Suppression absolue de la liberté de prier, de penser, de s'associer, espionnage et délation en permanence, confiscation et vol avec effraction des caisses publiques, arrestation des honnêtes gens, élargissement des condamnés, appel aux armes des repris de justice, réquisitions forcées, pillage des entrepôts et des maisons de banque, spoliation à main armée, enrôlement forcé des citoyens pour la guerre civile, persécution des journaux hostiles à l'insurrection, exercice systématique du brigandage sous toutes ses formes, en un mot, despotisme et anarchie, tel fut, en attendant l'orgie suprême du feu et du sang, le résumé des bienfaits qu'assura à la ville de Paris le régime communal.

Comment, malgré tous ces excès, la Commune a-t-elle pu régner soixante-six jours ? On s'est beaucoup étonné de voir une de ces émeutes ordinaires à la capitale, se changer en une véritable guerre civile, et l'on s'est étonné encore davantage de la voir durer si longtemps. Cela tient uniquement à ce que la plupart des personnes qui ont vu et même habité Paris ne le connaissent pas. En dehors du monde riche et brillant du plaisir, de la mode, de la finance, du haut commerce, de la grande industrie, il y a tout un Paris, beaucoup plus ignoré, qui se compose de classes moyennes assez variées. La plus nombreuse est celle qui comprend le boutiquier, le petit rentier, le commis de magasin, l'employé, l'ouvrier en chambre. Au-dessous, se trouve la classe très-étendue des prolétaires et des travailleurs, moitié parisienne, moitié provinciale. A droite et à gauche, il y a le monde des réfugiés, des déclassés, des gens sans profession ni domicile.

Ces diverses catégories, qui vont du bourgeois au prolétaire, comprennent plus de la moitié de la population fixe. Le Paris de la richesse et du plaisir est un monde superficiel et mobile, uniquement occupé à faire de grandes fortunes et de grandes dépenses ; au premier danger, il boucle sa valise et disparaît. De ce côté, pas de lutte, ni de résistance ; tout gouvernement, quelque ridicule, quelque insensé, quelque infâme qu'il soit, pourra s'établir facilement et même régner sans le moindre obstacle de sa part. Le vrai Paris est plutôt dans les classes inférieures et résidantes. C'est là qu'on trouve l'esprit particulier à notre capitale, esprit léger, frondeur, sceptique. C'est de là que sortent constamment les oppositions et les insurrections. La Commune n'était qu'une manifestation du mauvais esprit parisien ; elle répondait aux idées et aux passions du plus grand nombre. Beaucoup de ceux mêmes qui lui étaient contraires, qui en désapprouvaient les excès, qui auraient voulu la voir disparaître parce que leurs intérêts actuels en souffraient, étaient avec elle d'esprit et de cœur. La Commune ne s'est établie aussi facilement à Paris et ne s'est maintenue aussi longtemps, que parce qu'elle a eu plus ou moins les sympathies de ceux qui l'ont laissé faire. Et cette complicité incontestable, elle l'a entretenue par les fausses nouvelles, par tous les débordements des appétits matériels et tous les mauvais courants de la pensée. C'est là un fait qu'il importe de mettre en lumière, pour expliquer la durée de l'insurrection.

II

Le 2 avril, la Commune tirait le premier coup de fusil, mais avec cette impudence dont elle ne se départit jamais, elle fit afficher des placards dans Paris, où elle annonçait en ces termes que les troupes de Versailles avaient attaqué :

« *Proclamation à la Garde nationale.*

« Les conspirateurs royalistes ont attaqué.

« Malgré la modération de notre attitude, ils ont attaqué.

« Ne pouvant plus compter sur l'armée française, ils ont attaqué avec les zouaves pontificaux et la police impériale.

« Non contents de couper les correspondances avec la province et de faire de vains efforts pour nous réduire par la famine, ces furieux ont voulu jusqu'au bout imiter les Prussiens et bombarder la capitale.

« Ce matin, les chouans de Charette, les Vendéens de Cathelineau, les Bretons de Trochu ont couvert d'obus et de mitraille le village inoffensif de Neuilly et engagé la guerre civile avec nos gardes nationaux.

« Il y a eu des morts et des blessés.

« Élus de la population de Paris, notre devoir est de défendre la grande cité contre ces coupables agresseurs.

« Avec votre aide nous la défendrons.

« La Commission exécutive. »

Ainsi donc, il était bien prouvé aux fédérés qu'ils n'avaient eu affaire qu'aux pontificaux, aux agents de police, aux chouans, aux Vendéens, aux Bretons..., en un mot, à tout ce qui n'était pas « leurs braves frères de l'armée. » Ces derniers devaient saisir bientôt la première occasion de mettre la crosse en l'air.

Quelques jours plus tard, la Commune était encore complétement battue. Néanmoins, elle osa impudemment chanter victoire. Qui peut oublier cette affiche officielle? : « Bergeret et Flourens ont fait leur jonction ; ils marchent sur Versailles. — Succès certain. » Et cette autre dépêche, publiée trois heures plus tard, qui se terminait par : « Le général Bergeret, en tête de ses troupes, les a entraînées au cri de : Vive la République ! et a eu *deux chevaux tués*. Le feu de l'armée de Versailles ne nous a occasionné aucune perte appréciable ! » Le journal de G. Maroteau, la *Montagne*, qui eût trois éditions en quatre heures, lançait en même temps cette consolante nouvelle : « Victoire!! Le Mont-Valérien est a nous ! »

Chaque jour cependant les échecs se mulipliaient pour les fédérés, et chaque jour les troupes régulières gagnaient du terrain : les quartiers de Paris, avoisinant les lieux où se livrait un combat, étaient le théâtre quotidien de paniques et de déroutes; chaque jour aussi les troupes fédérées diminuaient à vue d'œil. La Commune et les chefs militaires ne cessèrent pas pour cela d'enflammer par le mensonge le courage de leurs soldats. Les proclamations se suivaient plus chaudes les unes que les autres, se contredisaient parfois; mais on n'y regardait pas de si près. On se rappelle les dépêches de Dombrowski :

« Nous sommes au pont de Neuilly, » disait-il, le premier jour, « nous continuons d'avancer. »

« Nous sommes à cent mètres du pont de Neuilly, » disait-il, le lendemain.

Le surlendemain, il poursuivait ses succès : « Nous avançons toujours; nous ne sommes plus qu'à cinq cents mètres du pont de Neuilly. »

Tous les généraux qui se succédèrent eurent bien soin d'entretenir leurs hommes dans les mêmes illusions. Rossel avait promis d'entasser les exploits, et il les entassa, dans ses bulletins du moins, qui ne furent chaque matin qu'une éclatante fanfare de victoire en l'honneur de ses intrépides Polonais. Car la lie de l'émigration polonaise lui avait fourni des soldats, outre Dombrowski : Viroblewski et Ocholowicz qui, eux aussi, ne cessaient de tailler les Versaillais en pièces.... dans les journaux de la Commune.

Cluseret surtout cultivait le mensonge avec une naïveté grossière qui eût été une injure pour un autre public. Tout le monde a lu sur les murs de Paris cette dépêche où il disait que, du fort d'Ivry, il avait vu les Versaillais se battre entre eux pendant trois quarts d'heure. Un autre jour, c'étaient quinze cents artilleurs versaillais, tous Alsaciens, qui, annonçait-il, « avaient obstinément refusé de tirer sur le brave peuple de Paris ». Dans ses bulletins de *victoires sans pertes sensibles* le général communard inventait une nouvelle façon de « battre l'ennemi en le rejetant sur ses hauteurs ».

C'est à l'imagination de Cluseret qu'on doit attribuer ce placard que Paris trouva, un beau matin, collé sur tous les murs :

« *L'infanterie de ligne à la population de Paris.*

« Citoyens,

« Un conseil de guerre, siégeant à Versailles, vient de condamner à la peine de mort les officiers, sous-officiers et soldats de l'armée qui ont refusé de faire feu sur le peuple.

« Aux habitants de Paris de nous juger, et si nous sommes coupables, nos poitrines sont là pour répondre. Nous ne tomberons pas en lâches.

« A. Pierre, *capitaine d'infanterie délégué*,

« Bonaventure, capitaine ; Philibert, sergent. »

Notons que plus les fédérés étaient maltraités, plus la Commune voulait persuader à ses troupes que la ligne était pour l'insurrection. Jusqu'au dernier moment, la garde nationale s'attendit à voir les soldats de Versailles « lever la crosse en l'air ».

C'est ainsi qu'à travers le mirage du journalisme, les hordes devenaient des bataillons et des corps d'armée ; l'agitation, de l'activité ; les aventures, des entreprises. Tout grandissait ainsi, tout devenait redoutable, et le mensonge était une excellente spéculation. Quand on voit jusqu'à quel point ce moyen était exploité par les chefs, on se sent pris d'étonnement pour l'énorme effronterie des uns et la crédule stupidité des autres. M. Guizot a dit excellemment : « Rien n'égale l'empressement des passions populaires à croire ce qui leur plaît et à excuser ce qui les sert. » L'état de démence, dans lequel a vécu la milice de la Commune, est résumé dans cette phrase.

Cependant la lumière se fit. Tant que les fédérés avaient été soutenus par la conviction que la ligne ne se battrait pas, ils avaient marché courageusement; mais après avoir été vigoureusement repoussés, ils ne voulaient plus se trouver en face d'une armée poussant la trahison jusqu'à charger les fusils. Aussi, se tenaient-ils prudemment au logis et parfaitement sourds aux appels réitérés du clairon, qui les conviait à une petite fête pareille à celle dont le souvenir leur était encore si cuisant.

La Commune recourut alors à d'autres moyens pour séduire « ces désœuvrés ». Le 10 avril, elle rendit le décret suivant, en faveur des veuves des fédérés :

« Art. 1er. Une pension de six cents francs sera accordée à la femme du garde national tué pour la défense des droits du peuple, après enquête qui établira ses droits et ses besoins.

« Art. 2. Chacun des enfants, *reconnus ou non*, recevra jusqu'à l'âge de dix-huit ans, une pension annuelle de trois cent soixante-cinq francs, payable par douzièmes.

« Art. 3. Dans le cas où les enfants seraient déjà privés de leur mère, ils seront élevés aux frais de la Commune, qui leur fera donner l'éducation intégrale nécessaire pour être en mesure de se suffire dans la société.

« Art. 4. Les ascendants, père, mère, frères et sœurs de tout citoyen mort pour la défense des droits de Paris, et qui prouveront que le défunt était pour eux un soutien nécessaire, pourront être admis à recevoir une pension proportionnelle à leurs besoins, dans les limites de cent à huit cents francs par personne. »

Ce décret avait pour but de créer de zélés défenseurs à la Commune. On ne promettait pas seulement des pensions aux veuves, on étendait la même faveur aux petits bâtards que le code pudibond avait jusqu'à ce jour refusé d'estampiller. Aussi, avec quel saint fanatisme vit-on de reconnaissantes viragos entrer dans des pantalons et endosser des vareuses pour soutenir un gouvernement qui leur réservait tous ses bienfaits. Elles avaient pour mission « d'emballer les hommes et de leur rendre un peu du zinc qui leur faisait défaut ».

Cependant, malgré cette certitude d'une pension pour sa veuve et ses enfants, il arriva un jour où le fédéré ne marcha plus au combat avec ce sérieux enthousiasme qui fait les héros. Devant la peur, le mauvais vouloir des insurgés qui refusaient de remplir les vides de ses bataillons, la Commune, après les séduisantes promesses, employa les menaces. La surveillance aux gares, les visites domiciliaires, la levée sur la voie publique, elle mit tout en œuvre pour se faire une armée, s'adressant même aux gens mariés que la loi exemptait, mais qui, d'après Cluseret, réclamaient l'honneur de défendre « leur indépendance municipale ».

Dès le 7 avril, le nommé Laccord, signant *chargé de pouvoir du Comité central*, placardait dans le sixième arrondissement une sorte de loi des suspects, et faisait appel aux dénonciateurs, afin, disait-il, de déférer à une cour martiale les déserteurs et les réfractaires, et de provoquer, en outre, la suppression de leurs droits civiques; car « il faut absolument que les lâches traînent dans la cité, sous l'œil et le mépris de leurs concitoyens, le masque de leur ignominie. »

Les citoyens Pillot et Tanguy, municipaux du premier arrondissement, étaient brefs dans leurs décisions :

« Vu nos précédents avis,

« Vu le décret du 7 courant,

« Prévenons les citoyens mariés ou non du premier arrondissement qui ne se sont pas fait inscrire, qu'ils sont passibles d'une *arrestation immédiate*. »

Réfractaires et déserteurs restèrent sourds aux menaces

comme ils étaient demeurés insensibles aux promesses. Ceux qui se laisaient surprendre par le raccolage communard disparaissaient à la première occasion. La Commune fut forcée de « rappeler ses dépôts », c'est-à-dire les voleurs et les assassins qui peuplaient les prisons.

Après avoir aussi brillamment pourvu à l'élément militaire, le Comité de salut public eut le loisir de prêter une oreille attentive à la lecture du rapport de Paschal Grousset, l'élégant délégué aux relations extérieures :

« L'Europe comprenait enfin le mouvement communal, disait le jeune ministre, et les Puissances SE PRÉPARAIENT A LE SOUTENIR. »

A cette communication, bien autrement importante que celle de l'arrivée de Guéret, Limoges et Vierzon.... qui n'arrivaient jamais, Grousset joignit le conseil patriotique de refuser toute conciliation, si M. Thiers, effrayé par l'inter vention européenne, voulait traiter!

La nouvelle était si merveilleuse qu'elle aurait dû doubler l'enthousiasme des soldats fédérés; mais la débandade n'en continua pas moins. Pour l'arrêter le Comité de salut public vota le *Livre d'or* où l'on devait inscrire les noms des citoyens ayant bien mérité de la patrie. A cette première récompense, il voulut ajouter des *armes d'honneur*, ce qui amena la découverte du vol de cinquante mille revolvers fait dans les magasins de l'État. MM. les fédérés n'avaient pas attendu que la Commune garnît leurs ceinturons.

Après ces offres pompeuses destinées à ranimer l'ardeur de ses partisans, le Comité de salut public s'adressa plus heureusement à leurs estomacs. Les omnibus furent réquisitionnés pour transporter aux remparts et aux forts des amas de saucissons et de nombreux tonneaux de vin qu'on avait pris le soin de frelater avec de la nicotine. Ce mélange, on l'a constaté plus tard, après la prise des forts, produisait une surexcitation qui faisait tenir pied aux malheureux insurgés, mais en même temps, il rendait funeste toute blessure reçue.

Tant de prévenances obtinrent bien quelque résultat, mais la lassitude et le découragement amenèrent promptement de nouvelles désertions.

C'est alors qu'aux douceurs du Comité, Rossel voulut faire succéder les rigueurs militaires des conseils de guerre. Il ne parlait de rien moins que de fusiller, sans aucune forme de procès, tous les chefs de légion de la garde nationale, coupables du crime de délibération; et il accusait la Commune de pusillanimité, parce qu'elle ne voulait pas le suivre dans cette voie. A Issy, il brûla la cervelle à des fuyards; et quand le revolver fut insuffisant, il recourut au canon; il rédigea cet ordre monstrueux, inséré au *Journal officiel*, dans lequel il menaçait de *canonner* les fuyards! menace bientôt impuissante comme les promesses.

Nous avons reproduit plus haut la fameuse dépêche de Rossel : « Le drapeau tricolore flotte sur le fort d'Issy. » Cette dépêche, en plongeant Paris dans la stupeur, souleva comme un coin du voile qui couvrait la réalité. La Commune essaya de rassurer les esprits en démentant le fait dans la communication suivante, qui émanait de l'Hôtel de ville, et était signée Vésinier :

« Paris, 9 mai 1871.

« C'est par une erreur regrettable qu'on a annoncé que le fort d'Issy était pris et occupé par les Versaillais. Il n'en est rien, heureusement, et le drapeau de la Commune flotte toujours sur les remparts. »

Le public le crut durant une heure, mais il fallut de toute nécessité se rendre à l'évidence, lorsque le général Brunel fit l'aveu suivant dans une lettre adressée à la Commune et publiée par le *Cri du peuple :*

« Les troupes cantonnées au village d'Issy ont quitté hier leurs positions pendant que je me trouvais à Paris. Comme ce fait se relie à une succession de causes qui se tiennent, et sur lesquelles il est bon que le public soit édifié, je demande à être mis en état d'arrestation et qu'une enquête soit commencée.

« Brunel. »

Et cependant, malgré ce nouvel échec, la Commune continua la série de ses bulletins victorieux !

« Paris, le 12 mai 1871.

« *Vanves.* — Les fédérés ont repoussé les Versaillais voulant s'y établir. »

« *Saint-Ouen.* — Versaillais, côté de Gennevilliers, ne peuvent s'établir. »

« *Clichy*, 11 h. — Nos batteries ont mis le feu à Asnières, près le pont. Depuis trois heures, lutte admirable du côté des fédérés. Les Versaillais fuient de toutes parts. »

« *Neuilly*, midi. — Reprise des hostilités ; sérieux avantages du côté des fédérés. »

Asnières, 4 heures et demie. — Versaillais sont éprouvés par l'artillerie de nos bastions. »

Le 20 mai, alors que la Commune était aux abois, l'*Estafette* avait le triste courage d'annoncer la défaite des Versaillais : « Un grand combat, disait-elle, a eu lieu hier ; les fédérés, sortis par la porte de la Muette, ont attaqué les royalistes dans leurs retranchements, avec une vigueur et un entrain admirables. Les royalistes ont été culbutés et ont éprouvé des pertes énormes. »

L'*Officiel* du 22 mai renferme encore les documents suivants :

« Gentilly.

« *Gentilly.* — Heureuse reconnaissance poussée jusqu'à Choisy-le-Roi, Orly et Thiais. »

« *Bicêtre*, 9 h. du soir. — Versaillais installent une batterie à mi-côté de Bagneux, mais les projectiles n'arrivent pas jusqu'à nous. Le fort et les Hautes-Bruyères ouvrent le feu et ne tardent pas à réduire les batteries ennemies. De minuit à deux heures du matin, l'ennemi s'est avancé jusque dans le cimetière de Bagneux ; nos fédérés l'ont repoussé jusqu'à leurs anciennes positions. »

Montrouge. — Nos positions ont été attaquées plusieurs fois ; toutes les attaques ont été repoussées victorieusement. Le général la Cécilia a fait fusiller un espion, pris en flagrant délit. Attaque très-violente de l'ennemi contre les Hautes-Bruyères, barricades de Villejuif et Moulin-Saquet. D'après des renseignements sûrs, l'ennemi y a laissé une centaine de cadavres; de notre côté, pertes insignifiantes. »

« *Auteuil*. — Succès importants. Nos artilleurs sont pleins d'entrain, et l'esprit des troupes en général est excellent. »

« *Neuilly*. — Tout va bien. Les batteries de nos barricades font éprouver des pertes sérieuses aux Versaillais. Reprise des hostilités jusqu'à six heures du matin; avantage aux fédérés. — Après-midi. — Nos bastions tirent de temps à autre et font cesser le feu ennemi. »

« *Montmartre, Saint-Ouen*. — Tirent de temps en temps sur la redoute de Gennevilliers, ainsi que sur les bastions. La *Joséphine* tire sur Bécon, qui ne répond pas. »

« *Asnières*. — Forte canonnade; nous éteignons le feu de plusieurs pièces des batteries de Bécon. Montmartre continue son tir avec de bons résultats. Le bombardement d'Auteuil, Passy et du Point-du-Jour continue; de nombreux obus sont dirigés sur le Trocadéro. Des femmes et des enfants sont tués et blessés; que leur sang retombe sur nos misérables ennemis! »

« *Asnières*, soirée du 19. — Versaillais ont tenté une attaque. Au bout d'une heure, leur feu a été complétement éteint. — Nuit. — Convoi d'artillerie se dirigeant sur Gennevilliers dispersé par les batteries de Clichy. — Matinée, neuf heures. — Feu très-violent du côté de l'ennemi, éteint par nos batteries.

« *Petit-Vanves*, midi. — Les Garibaldiens ont mis en fuite les ruraux. Nous avons encore eu l'avantage du côté de Clamart. »

Lorsque l'*Officiel* de la Commune publiait ces dernières victoires, il y avait deux jours que les troupes de Versailles avaient pénétré dans Paris. Et quand la terrible nouvelle fut enfin connue de tous, *Paris libre* terminait son article-affiche par ces lignes : « Déjà les soldats, nos frères, reculent devant le crime qu'on veut leur faire commettre. Un grand nombre d'entre eux sont passés dans nos rangs; leurs camarades suivront en foule cet exemple. »

III

A côté des fausses nouvelles, les fausses doctrines furent pour la Commune un autre moyen de conserver ses défenseurs et d'égarer l'opinion. Tous ses soldats n'étaient pas également braves; beaucoup s'enfuyaient au premier choc; d'autres se lassaient après un service assidu hors des murs; ils rentraient en criant à la trahison, mais ils ne passaient pas à l'ennemi. On a même entendu des gardes nationaux emprisonnés au nom de la Commune, et qui n'avaient aucune raison de lui être dévoués, s'écrier en montrant le poing : « Toute notre haine est pour Versailles ! » La Commune se les rattachait par la solde, qu'elle assurait à tous les gardes nationaux qui reconnaissaient son autorité, et surtout par les espérances de transformation sociale. Il n'était pas rare cependant de rencontrer le point d'honneur militaire chez ces hommes du peuple, dont l'orgueil avait été si imprudemment exalté et si amèrement déçu pendant le premier siége.

« Le mouvement actuel, disait la *Commune* du 19 avril, est tout à la fois une révolution politique et une nouvelle évolution sociale.... Cette révolution est l'avénement des idées élaborées depuis quarante ans par la polémique des partis, et son programme consiste dans celles de ces idées qui sont désormais acceptées par l'opinion publique. Au fond, il s'agit de savoir si la France maintiendra la République *avec ses conséquences économiques*, ou si elle permettra la restauration d'une monarchie bonapartiste ou bourbonienne, avec les institutions qui en découlent naturellement comme d'une source fangeuse et empoisonnée. »

La *Révolution politique et sociale*, organe officiel de l'*Internationale*, développait le programme socialiste, proposant de réorganiser la garde nationale *sans généralat en chef et autres attributions aristocratiques*..., de supprimer complétement la police..., de faire rentrer dans la *collectivité les biens cléri-*

caux et les édifices affectés au commerce des superstitions; d'entreprendre de grands travaux dans la cité, et d'en confier l'exécution à des sociétés ouvrières ; de calculer l'impôt *de façon à ce qu'il ne frappe que sur le capital.*

« Soyons révolutionnaires, disait-elle ailleurs ; et quant aux intrigants qui ne peuvent concevoir un état où tous seront obligés de produire, en échange des droits qu'assure la société, ils accepteront, émigreront ou seront anéantis. »

Le *Père Duchesne*, qui mettait son titre de jacobin et son langage grossier au service du parti socialiste le plus avancé, réclama la suppression de l'héritage et annonça que le capital serait broyé en 1871, comme la propriété avait été broyée en 89.

Grâce à cette perspective, présentée sous toutes les formes, la Commune, quoique l'ineptie le disputât chez elle à la perversité, vit croître le nombre de ses adhérents ; on la servait en la méprisant, on lui témoignait son dédain en s'abstenant de voter aux élections destinées à la compléter, mais on n'en obéissait pas moins à ses plus absurdes décrets.

La *Montagne* dirigea plus haut ses attaques : « Ne parlez pas de Dieu, écrivait-elle dans son numéro du 19 ; ce croquemitaine ne nous effraye plus. Il y a trop longtemps qu'il n'est qu'un prétexte à pillage et à assassinat : c'est au nom de Dieu que Guillaume a bu à plein casque le plus pur de notre sang ; ce sont des soldats du pape qui bombardent les Ternes. Nous biffons Dieu ! »

Le gouvernement de la Commune pensa que de semblables théories méritaient d'être propagées le plus possible Le 19 avril, le directeur de l'Assistance publique décida que les hôpitaux et les hospices auraient à l'avenir une salle de lecture où les convalescents, les blessés, les vieillards trouveraient les feuilles démocratiques « qui défendent la République et propagent les institutions sociales de l'avenir. »

IV

Quiconque connaît les divers éléments, dont se compose cette partie de la population parisienne mobile et avide de bien-être qui a fait ou laissé faire le 18 mars, comprend facilement qu'elle ait été égarée par les fausses nouvelles et les fausses doctrines. Mais on ne s'explique pas qu'elle ait toléré tous les crimes commis par la Commune. Cette inertie de toute une ville, en face de l'assassinat et de la destruction de ses monuments, est un des faits les plus étranges de cette époque tourmentée. Il faut l'attribuer surtout au désarroi de la presse honnête, la presse démagogique étant restée maîtresse du terrain. Il fut facile aux mauvais journaux, une fois débarrassés de leurs vaillants contradicteurs, de préparer l'esprit d'hommes aussi crédules et passionnés que les Parisiens, à des attentats qu'on leur présentait comme des actes de justice, une expiation ou des représailles.

Le 22 mars, le *Père Duchesne* jette le cri de guerre contre l'Assemblée nationale : « Dispersez-la, écrit-il, écrasez-la, si elle résiste ; vous êtes la force, mais seulement parce que vous êtes le droit. »

Le 27 mars, le *Journal officiel* termine ainsi un article qu'il emprunte au citoyen Vaillant, et qui lui paraît répondre d'une façon satisfaisante à une des difficultés du moment. « La société n'a qu'un devoir envers les princes : la mort ; elle n'est tenue qu'à une formalité : la constatation d'identité. Les d'Orléans sont en France, les Bonaparte veulent revenir ; que les bons citoyens avisent ! »

. Le 4 avril, l'*Affranchi* écrit : « Si la Commune est énergique, fauteurs de désordre, promoteurs de guerre civile, demain vos têtes doivent être mises à prix ; Thiers, Porsenna qui assiége Rome ! trois cents jeunes gens ont juré ta mort. »

Si ces menaces restèrent impuissantes, il en est d'autres

qui trouvèrent des exécuteurs, malgré tout ce qu'elles avaient de cynique et de féroce.

Le *Salut public* et la *Montagne* réclamèrent l'application de la loi sur les otages. Ces mêmes journaux, et d'autres avec eux, ne craignirent pas, nous l'avons vu, de soulever les fureurs populaires contre le clergé catholique, en imaginant et propageant à l'envi la fable odieuse des cadavres trouvés dans le couvent de Picpus, dans les églises de Saint-Laurent et de Notre-Dame-des-Victoires.

« Après les cadavres de Saint-Laurent, dit le *Cri du peuple* du 6 mai, voici les squelettes de Picpus, squelettes d'enfants étouffés en naissant par les bonnes sœurs : l'Église leur défend le mariage ; l'infanticide est une ressource ; elles en usent. » Et il ajoute, en empruntant la nouvelle au *Mot d'ordre* : « On a trouvé aussi, dans la cellule d'une religieuse, un ouvrage sur la manière de faire avorter. »

La population ouvrière, dont l'intelligence est nourrie depuis quarante ans de tant de romans malsains et invraisemblables, ne tarda pas à ajouter foi à toutes ces fables.

C'est ce même journal, le *Cri du peuple*, qui, le 4 avril, réclamait en ces termes la démolition de la colonne Vendôme :

« Laide et maigre, noire et sombre, couverte du sang des vieux guerriers de la République, elle supporte, sur un piédestal de boue et de fumier, la copie grotesque du despote Napoléon ; il faut l'abattre. La Commune n'a pas besoin de rendre un décret : la justice universelle ordonne ; le peuple de Paris sera son exécuteur ; il déboulonnera un à un les cylindres de ce monument d'infamie. On en fera des sous pour les malheureux, ou des canons pour sauver la patrie ; et ainsi disparaîtra le dernier souvenir de notre esclavage et des débauches napoléoniennes. »

La démolition de la colonne ne suffit pas à la *Montagne* : « On a démoli la colonne, disait-elle le 19 avril ; très-bien. Mais ne va-t-on pas aussi prendre une décision à l'égard de l'homme en l'honneur de qui elle avait été érigée, et dont la momie repose aux Invalides ?.... Cette ordure, que ne la jette-t-on à la voirie ? »

Le *Mot d'ordre* voulut autre chose : « Aujourd'hui même, dit-il, le 12 mai, le bonhomme de bronze sera descendu de son socle et le socle anéanti avec son bonhomme. Eh bien ! ce ne serait que justice si, sur la place même où ils ont si longtemps trôné, le peuple brûlait de sa main cet autre monument dépravateur qui s'appelle l'*Histoire du Consulat et de l'Empire.* »

Lorsque la Commune eut mis sous le séquestre les biens de M. Thiers, le *Mot d'ordre* provoqua la prise de possession de la demeure de cet homme d'État. Nous avons déjà cité l'article qu'il publia alors, et qui eut pour effet de faire piller l'hôtel de la place Saint-Georges.

Mais cela ne devait pas calmer le ressentiment de la Commune.

Le 6 mai, le *Vengeur* annonça en ces termes le sort réservé à la maison de M. Thiers :

« Le nom d'Érostrate fut maudit, sa race proscrite, sa maison rasée, une pierre noire fut posée à sa place, semée de sel en signe de deuil et d'expiation, avec cette devise : « Aux dieux infernaux. » Et qu'avait fait ce fou, à côté du traître ? Le fou avait mis le feu au temple d'Éphèse, le traître a mis le feu au temple du monde ; il a incendié l'Éphèse du progrès, la Mecque de la liberté, la Rome de l'humanité. Le traître a commis le crime le plus impie, le plus sacrilège, le plus inhumain qui ait été commis de mémoire d'homme. Au nom de Paris, au nom de la France, au nom de l'humanité, que son nom soit trois fois maudit, le jour de sa mort fêté ; que sa maison tombe à l'heure même où tombera cette colonne qu'il a célébrée et dépassée en crimes ; qu'il n'en reste qu'une pierre avec cette inscription vengeresse : « Là fut la maison d'un Français qui a brûlé Paris. »

Tous les griefs possibles contre un gouvernement abhorré étaient acceptés aveuglément. Auprès « des crimes des Versaillais », les plus abominables excès des communeux passaient pour des peccadilles ou des actes de légitime défense. « On fait pire à Versailles, » disaient les plus modérés. C'était le thème habituel des journaux populaires, même de ceux qui ne craignaient pas de flétrir ou de railler la Commune.

Un langage semblable se tenait parfois dans des milieux où l'insurrection n'avait jusqu'alors rencontré qu'antipathie ; le second siége rappelait le premier, éveillait des sentiments du même genre. Ceux qui en souffraient avaient quelque peine à distinguer l'ennemi de l'ami qui les tenait en partie bloqués, qui envoyait des obus sur leurs maisons, qui les menaçait d'une prise d'assaut suivie d'une affreuse boucherie dans leurs rues barricadées, qui les exposait enfin à toutes les conséquences de l'exaspération communeuse. Et ces conséquences, on ne pouvait se les dissimuler ; il suffit de feuilleter les journaux pour y trouver des provocations. Le 11 mai, le *Père Duchesne* faisait une grande motion pour *qu'on f....* à bas l'infâme baraque des Tuileries ; et le 17 mai, le *Cri du peuple* jetait ce défi à l'armée de Versailles : « Qu'elle sache bien que Paris est décidé à tout, et que les précautions sont prises. Paris vaincra ou, s'il succombe, il engloutira les vainqueurs dans une catastrophe épouvantable. Dernier avis aux bombardeurs ! »

De là une disposition trop répandue à placer sur la même ligne la Commune et le gouvernement légal ; de là cette forme comminatoire sous laquelle se produisaient de nouvelles tentatives de conciliation. Repoussés à l'Hôtel de ville avec plus de hauteur apparente qu'à Versailles, les promoteurs de ces tentatives ne montraient d'égard que pour le pouvoir insurrectionnel ; ils lui empruntaient presque tout son programme ; ils affectaient, en lui adressant leurs requêtes, une certaine confiance en sa sagesse ; à peine osaient-ils se plaindre de son refus. Versailles, au contraire, était menacé du soulèvement de tout Paris, s'il rejetait un seul article d'un traité de paix qui eût été le complet anéantissement des droits de la France sur sa capitale. L'esprit révolutionnaire dictait seul ce langage : plus d'un défenseur de la Commune était parmi leurs adhérents ; mais il s'y trouvait aussi bon nombre d'honnêtes gens égarés ou aigris.

C'est ainsi que jusqu'au dernier moment, la plus grande partie de la population parisienne, abusée, séduite et affolée, put croire que le gouvernement de la Commune était le vrai et légitime gouvernement; qu'il avait pour lui la force et le droit, et qu'il finirait par triompher des insurgés de Versailles, comme il avait cru quelques mois auparavant, sur la foi d'autres journaux, que les Prussiens fuyaient devant la garde nationale, et que Paris ne capitulerait jamais.

TROISIÈME PARTIE

CHUTE DE LA COMMUNE

Jusqu'ici les hommes de la Commune se sont montrés à nous comme des incapables ou des fanatiques d'ambition. Nous les avons vus se ruer à l'assaut du pouvoir, saisir le sceptre, être rois !.... Pour arme, pour loi, ils n'eurent jamais que la force aveugle et brutale. On eût dit que ne pouvant perpétuer leur nom par l'amour et la reconnaissance, ils chargeaient le mépris et la haine de garder leur mémoire. Ils frappaient, ils frappaient sans relâche; ils écrasaient les uns, terrorisaient les autres. Et comme si cette impitoyable tyrannie n'eût pas suffi pour donner la mesure de leur abjection et de leur cruauté, ils vont nous apparaître maintenant, l'œil enflammé et la torche à la main.

Ils boiront à longs traits et la gloire, et le sang, et l'honneur. Ils ne seront jamais las; à l'aube, à la nuit, on les trouvera toujours debout; ils ne dormiront pas, car il faut se hâter : l'ennemi se rapproche et leur règne ne sera plus long.

Décrire l'orgie de fureur et de vengeance, dont Paris a donné le spectacle au monde, est une tâche qui remplirait notre âme de désespoir, si nous n'avions que des opinions; le désir et l'esperance de contribuer au salut de notre pays ont pu seuls nous soutenir jusqu'au bout de notre étude.

Cette troisième partie comprend sept chapitres.

Le premier embrasse les trois périodes de la bataille des sept jours.

Le second enregistre les épisodes de cette lutte suprême.

Le troisième décrit Paris en feu.

Le quatrième nous fait assister aux effroyables massacres décrétés par la Commune expirante.

Le cinquième est surtout l'exposé de l'ensemble des opérations judiciaires, résultant de la répression des crimes et des délits de toute nature commis pendant la période insurrectionnelle.

Le sixième recherche les causes de la chute de la Commune.

Le septième examine la possibilité de son retour et indique les moyens de le prévenir.

CHAPITRE I

LA BATAILLE DES SEPT JOURS.

Dévouement de Ducatel. — Le général Douay entre par la porte de Saint-Cloud. — Première période de l'attaque : les troupes s'emparent du pont de Grenelle, du Trocadéro, de l'Arc de Triomphe. — Le général de Cissey occupe Vaugirard, le Champ de Mars. — Enthousiasme des Parisiens. — Dernier appel de la Commune expirante. — Construction de plusieurs lignes de barricades. — Opérations préparées le lundi et exécutées le mardi. — Prise de la butte Montmartre. — Au centre et sur la rive gauche, l'armée manœuvre d'ensemble avec l'aile droite. — Événement important de la seconde période : Mouvements circulaires qui ont pour objectif l'Hôtel de ville. — Vivacité de la lutte sur le boulevard Malesherbes. — Prise de la place Vendôme, de l'Opéra, de la Trinité, de Notre-Dame-de-Lorette, de la Bourse. — La garde nationale restée fidèle vient se joindre aux troupes. — Incendie des Tuileries. — La bataille prend des proportions inattendues. — Double et sanglante tragédie. — Le Château-d'Eau est emporté. — Horreurs de cette longue lutte. — Troisième période : marche du général Vinoy dans le faubourg Saint-Antoine. — Il occupe Charonne. — Opérations semblables du général Ladmirault sur la Villette. — Les deux corps d'armée prennent position sur le revers du Père-Lachaise et des buttes Chaumont. — Suprême péripétie du drame.

I

Le cercle de fer et de feu qui entoure la capitale s'est de plus en plus rétréci. Les troupes ont enlevé successivement à l'insurrection Meudon, Sèvres, Rueil, Courbevoie, Bécon, Asnières, les Moulineaux, le Moulin-Saquet. Elles sont entrées, le 8 mai, dans le fort d'Issy dont la prise a entraîné, en quelque sorte forcément, l'évacuation du fort de Vanves.

Du haut de toutes ces positions, la foudre s'abat sur les murailles de la ville, dans ses murs, sur ses boulevards, incendiant quelque maison criminelle, écrasant quelque cohorte de soldats fratricides ; et par les cent bouches de ses batteries, la cité rebelle répond d'une voix qui va s'affaiblissant d'heure en heure et n'aura bientôt plus d'autre puissance que celle du défi. La fin du drame approche, l'heure de l'expiation va sonner.

La canonnade incessante et vigoureuse qui, depuis plusieurs jours, ne cesse de battre l'enceinte des fortifications, au sud-ouest de Paris, a ouvert de ce côté quelques brèches praticables. L'assaut doit avoir lieu, le 22 ou le 23 mai, sur deux points du rempart : au sud entre Vanves et Montrouge, et à l'ouest au Point-du-Jour.

Tout se prépare pour ce grand acte, lorsque le maréchal est informé par le général Douay, commandant les attaques de droite de la rive droite (4ᵉ corps, division Berthaut et L'Hérillier, et division Vergé de l'armée de réserve), que les gardes de tranchée entrent dans Paris. En effet, dans l'après-midi du dimanche, vers trois heures, au moment même où le feu de nos batteries est dirigé avec la plus grande énergie contre la porte de Saint-Cloud, un homme, risquant mille fois sa vie, apparaît tout à coup : il agite un mouchoir blanc et par l'insistance de ses signaux attire enfin l'attention des assiégeants. Craignant une embûche, dont plusieurs fois déjà ils ont été victimes, nos officiers hésitent à s'avancer vers lui lorsque, n'écoutant que son audace, le commandant de l'avant-garde, le capitaine de frégate Trèves, après avoir défendu à ses hommes de le suivre, s'élance au-devant de l'inconnu. C'est Jules Ducatel, piqueur au service municipal de Paris : ayant constaté que l'artillerie de Versailles avait délogé les insurgés, il vient, bravant héroïquement la mort, en avertir nos troupes et les mettre à même de pénétrer dans la ville.

Ainsi, par le dévouement d'un seul, ont été conservées tant de précieuses existences qu'on aurait infailliblement sacrifiées dans la fureur d'un assaut. Ce résultat inappréciable n'est pas cependant le plus important ; en accélérant la prise de possession de Paris, Ducatel a peut-être arraché la ville entière à la destruction par le feu. Les chefs de la Commune avaient rêvé un embrasement général pour venger leur défaite; le temps leur a manqué. L'histoire doit s'incliner avec une respectueuse reconnaissance devant celui qui a exposé sa vie pour prévenir un pareil désastre.

Deux compagnies du 31ᵉ de ligne (division Vergé), quelques sapeurs et quelques artilleurs portant des mortiers de quinze centimètres, pénètrent aussitôt, un par un, dans la place. La fusillade s'engage ; une pièce de douze est tournée contre les insurgés, pendant qu'on établit une passerelle sur les débris du pont-levis. Les gardes de tranchées et les travailleurs sont amenés en grande hâte pour soutenir le combat.

Le maréchal commandant en chef, qui se trouve en ce moment au Mont-Valérien, donne immédiatement connaissance à tous les commandants de corps d'armée de la surprise de la porte de Saint-Cloud, et prescrit au général Clinchant, commandant l'attaque de gauche de la rive gauche (5ᵉ corps), au général Ladmirault, commandant le 1ᵉʳ corps, et au général Vinoy, commandant l'armée de réserve, de faire les dispositions nécessaires pour entrer dans la place à la suite du corps du général Douay, et il porte son quartier général à Boulogne.

Le général Berthaut, commandant la 1ʳᵉ division du 4ᵉ corps, suit les deux compagnies du 37ᵉ, entrées les premières dans la place. La brigade Gandil, de cette division, y pénètre à six heures et demie, suivie de près par la brigade Carteret. Le général Berthaut a pour mission de s'emparer du quadrilatère formé par les bastions 62 à 67, la Seine et le viaduc du chemin de fer de ceinture, position importante qui constitue, dans l'intérieur des murs, une excellente place d'armes.

Cette opération s'exécute en longeant les fortifications par le boulevard Murat, de manière à tourner les défenses du pont-viaduc qui font face au Point-du-Jour, et à s'emparer de la porte d'Auteuil, pour donner accès à d'autres colonnes.

La division Vergé entre dans Paris, à sept heures et demie, et se dirige par la route de Versailles, vers le pont de Grenelle.

Les divisions Berthaut et L'Hérillier (4ᵉ corps) après s'être emparées de la porte d'Auteuil et du viaduc du chemin de fer, se portent en avant pour attaquer la seconde ligne de défense des insurgés, située entre la Muette et la rue Gillon. Elles s'emparent de l'asile Sainte-Périne, de l'église et de la place d'Auteuil.

La division Vergé, sur leur droite, enlève une formidable barricade qui se trouve sur le quai, à hauteur de la rue Fuillon, puis se porte sur le Trocadéro qu'elle enlève, et y prend position, en y faisant quinze cents prisonniers.

De son côté, le général Clinchant continue alors son mouvement le long des remparts par la route militaire, et s'empare de la porte de Passy. La brigade de Courcy entre dans la place par cette porte.

La position importante du château de la Muette, dont les défenses s'appuient aux remparts et se prolongent vers la Seine, devient l'objectif du général Clinchant.

Défendue par des fossés, des murs, des grilles, des batteries, elle est presque inattaquable du côté des remparts. Le général se porte vers l'est, la tourne et l'enlève.

Pendant ce temps, les divisions Grenier et Laveaucoupet, du 1ᵉʳ corps, se dirigent vers le bois de Boulogne et pénètrent dans la place dès trois heures du matin, par les portes d'Auteuil et de Passy, la 3ᵉ division (général Montaudon) gardant ses positions de Neuilly et d'Asnières.

Les divisions Bruat et Faron, de l'armée du général Vinoy, étaient entrées dans Paris à deux heures du matin. La division Faron s'établit en réserve à Passy, la division Bruat a pour mission de franchir la Seine et d'enlever la porte de Sèvres, pour faciliter l'entrée du 2ᵉ corps; la brigade Bernard de Seigneurens, de cette division, traverse, en effet, le pont-viaduc. Elle éprouve des difficultés à l'attaque du quartier de Grenelle, mais elle s'en empare au moment où les troupes du général de Cissey, qui ont forcé la porte de Sèvres, viennent la rejoindre.

La brigade Bocher, de la division Susbielle, formant la colonne d'attaque du corps de Cissey, se masse vers minuit, à deux cents mètres de l'enceinte. Les sapeurs du génie s'approchent en silence de la porte de Sèvres, et établissent avec des madriers, disposés en rampe, un étroit passage, par lequel pénètre homme par homme une compagnie du 18ᵉ bataillon de chasseurs. Ce petit détachement s'élance sur le chemin de fer de ceinture et s'empare de cette deuxième enceinte avant que l'éveil soit donné.

Il est deux heures et demie; la double enceinte sur la rive gauche se trouve forcée, et les troupes de la brigade Bocher peuvent ouvrir la porte de Versailles.

Les positions du Trocadéro et de la Muette, sur la rive droite, étant enlevées; la division Bruat et la tête du corps du général de Cissey, occupant déjà une partie du quartier de Grenelle, sur la rive gauche, le maréchal, dont le quartier général vient d'être transporté au Trocadéro, règle la suite des opérations.

Nous sommes au lundi matin.

La population parisienne se réveille par un magnifique soleil, à la grande nouvelle qui court les places et les rues, pénètre dans les maisons, jetant ici la joie, et plus loin la tristesse et la fureur. Le sentiment de la délivrance est celui de la grande majorité de la population. Dans les quartiers conquis, les troupes régulières sont accueillies avec enthousiasme, et le nom de Mac-Mahon, chaleureusement acclamé.

Jusque-là, il n'y a eu que peu ou point de résistance. Au tumulte croissant de la fusillade, au bruit du rappel et du tocsin les gardes nationaux se rassemblent et se concertent; il en est beaucoup qui, incorporés malgré eux, s'esquivent et rentrent au logis. Les plus tenaces se groupent au hasard, il n'y a de direction que dans les positions capitales, comme l'Hôtel de ville, la Préfecture de police, etc., où campe la vieille garde de Montmartre et de Belleville. Des estafettes répandent partout le mot d'ordre : « Des barricades ! Aux barricades ! » C'est le dernier appel de la Commune expirante :

« Que tous les bons citoyens se lèvent !

« . Aux barricades ! L'ennemi est dans nos murs.

« En avant pour la république, pour la Commune et pour la liberté !

« Aux armes !

« Paris, le 22 mars 1871.

« *Le Comité de salut public* :

« Ant. Arnaud, Billioray, Eudes, Gambon, Ranvier. »

Cluseret avait fortement insisté pour l'établissement d'une seconde ligne de fortifications volantes dans le triangle du Trocadéro, de l'Arc de triomphe, de la place d'Eylau et de celle de Wagram. Cette seconde ligne de défense n'avait été qu'ébauchée avant l'entrée dans Paris de l'armée régulière ; faute énorme que, soit indifférence et incurie, soit faute de temps, la Commune avait commise. A l'heure présente, il fallait qu'elle se retranchât derrière la troisième ligne, c'est-à-dire dans Paris même, ou, pour mieux dire, qu'elle improvisât sur-le-champ cette troisième ligne ; car, à part quelques points fortifiés avec soin à l'avance, tels que la place de la Concorde, défendue par les deux barricades de la rue Royale et de la rue de Rivoli, ainsi que par la terrasse des Tuileries, excepté encore l'Hôtel de ville, Montrouge, notamment du côté de la route d'Orléans, — et les boulevards de Charonne, Belleville et Montmartre, dans tout le reste de la ville, la troisième ligne d'obstacles défensifs n'existait pas encore.

Mais à Paris les barricades vont vite. Le 22, elles poussent de terre au bout de chaque rue, à l'angle de chaque carrefour, même dans les quartiers hostiles à la Commune, comme ceux de l'Opéra, de la Bourse, du faubourg Saint-Germain ; seulement, faute de temps, beaucoup de ces constructions ne peuvent s'achever avant d'être attaquées et prises.

Et pourtant, à toutes ces barricades avaient travaillé avec une sorte de frénésie, avec une ardeur fiévreuse, des gardes nationaux, des hommes en blouse, des femmes, des enfants, sous les ordres d'agents de la Commune, à figure rébarbative, qui forçaient les passants à coopérer malgré eux au travail fébrile de l'insurrection. On vit même à la barricade du Châtelet deux femmes ayant des écharpes rouges et le revolver au poing contraindre les dames, un peu soignées dans leur mise, à porter des pavés aux travailleurs.

En même temps, les bataillons descendent des quartiers hauts vers le centre de Paris, ayant la musique en tête et suivis de leurs canons. Dans les rangs, on remarque bon nombre de femmes, armées de fusils et court-vêtues. Il passe même sur les boulevards un bataillon exclusivement féminin; les fédérés gesticulent, crient la *Marseillaise :* c'est un spectacle bizarre et odieux. Pendant les sept jours que dura la bataille, les femmes (j'entends certaines femmes) apparaissent hideuses, plus cruelles cent fois que les hommes; on les a vues derrière les pavés ou les volets tirant sur la troupe; le long des rues semant le pétrole; arrêtées : cyniques, ignobles. Nos pères les connaissaient : tricoteuses aux jours de discussion, furies de la guillotine aux jours d'exécution. La semaine précédente elles étaient dans les églises transformées en clubs; elles sont de là descendues dans la rue, et, jusqu'à la fin, elles lutteront là haut sur les buttes Chaumont et (théâtre fantastique de l'agonie de l'insurrection) dans le cimetière du Père-Lachaise.

C'est un des signes des crises terribles de l'humanité : quand le monde éprouve quelque immense ébranlement, quand une accumulation d'espérances insensées, d'appétits mauvais, de vices entés sur les vices, de débauche et d'incrédulité, soulève le fond des masses; alors la louve suit son mâle au combat.

La journée du lundi est donc employée par les fédérés à descendre dans les quartiers du centre, à les barricader. Les boulevards intérieurs, les deux quais, depuis la rue du Bac, les abords de l'Opéra, de Notre-Dame-de-Lorette, ainsi que les alentours de Saint-Sulpice et du Panthéon, tels sont les points spécialement travaillés, afin de protéger par une ligne continue de défenses, de Montrouge à Montmartre, le quartier général de l'Hôtel de ville.

Si l'armée avait pu, dans la journée et la nuit du lundi, continuer sans le moindre retard son mouvement offensif dans Paris, il est à peu près certain qu'elle eût traversé facilement tous ces essais de barricades, encore informes et faibles; mais ne connaissant que très-imparfaitement la ville, les généraux se préoccupèrent des positions maîtresses et stratégiques, avant de chercher à enlever les obstacles.

La Seine décrit dans la capitale un arc de cercle; sur chaque versant s'étend la grande cité en forme de circonférence. Mais la rive gauche est bien moins étendue que la rive droite, et son versant est aussi bien moins élevé. Par les circonstances spéciales et politiques de l'insurrection, celle-ci se trouvait concentrée, dans sa plus grande puissance de nombre et d'énergie, sur les hauteurs de la rive droite. Elle pouvait toujours compter sur les sentiments révolutionnaires du quartier Saint-Marceau et de Montrouge; mais l'acropole de la Commune était certainement à Montmartre, appuyée sur les puissants contre-forts du Temple, de Belleville et de Charonne.

Aussi, à première vue, les manœuvres d'attaque devaient suivre parallèlement les crêtes de chaque côté de la Seine; mais les troupes chargées de l'attaque de gauche, se heurtant à des difficultés moins ardues, et ayant devant elles un périmètre moins étendu, devaient marcher plus vite, de façon à former réserve, lors de la grande attaque de droite contre le cœur même de la résistance.

Quant au centre de l'armée rencontrant de front les barricades, il lui fallait aussi mesurer sa marche sur les progrès latéraux des ailes qui, cheminant en avance des corps intermédiaires, coupaient, isolaient et prenaient à revers le massif entier des barricades.

Ainsi, toutes les opérations se soutenaient, poussant l'insurrection devant leur concours combiné et convergeant dans un commun et dernier effort contre le dernier foyer de la résistance.

Lundi matin, l'armée se forme en cinq colonnes : la première opère à gauche, ayant pour objectif la barrière d'Italie et le Panthéon : c'est celle du général de Cissey. Au centre, sur la Seine, le corps du général Vinoy et celui du général Douay; à droite, la colonne du général Clinchant.

C'est aux ailes d'abord à se développer.

Le lundi, vers cinq heures du soir, le général de Cissey s'empare de la gare Montparnasse, pénètre au centre du quartier de Vaugirard, puis partage ses troupes en deux colonnes, l'une se dirigeant vers le Panthéon, où elle doit se développer ; l'autre se portant par l'avenue du Maine dans la direction de Montrouge. Cette seconde colonne s'élance vers la barricade des Quatre-Chemins, s'en empare après une lutte acharnée; puis, neutralisant l'entrée de la grande barricade de l'avenue d'Orléans et celle de la route de Châtillon, toutes deux formidablement armées, elle les prend à rebours. Grâce à ce coup de main, toute la partie sud, depuis les Quatre-Chemins jusqu'aux fortifications avec les portes d'Orléans et de Châtillon, demeure au pouvoir de l'armée. C'est la voie frayée sur la butte aux Cailles.

A droite, les généraux Ladmirault et Clinchant ont pour objectif ces fameuses hauteurs de Montmartre, si chères aux insurgés et qu'ils avaient armées avec tant de soin. Ils ne peuvent songer à aborder la position de front : il s'agit de l'envelopper précisément par ses côtés les moins défendus, de se concentrer, au bas des buttes, de façon à se trouver par le rapprochement même en dehors de l'action des canons.

Cette manœuvre hardie est préparée le lundi 22 mai, et exécutée le mardi. Sous la protection des batteries de l'Arc de triomphe, qui tiennent en échec la place de la Concorde et les Tuileries, les troupes gagnent la caserne de la Pépinière, s'emparent de la gare Saint-Lazare; sur l'extrême gauche, elles suivent le rempart à l'intérieur par Monceaux et les Batignolles, à l'extérieur, par Clichy et Saint-Ouen, zone neutre ouverte par les Prussiens.

Le mardi 23 mai, l'attaque s'est étroitement serrée autour de Montmartre; les Batignolles livrent accès par le cimetière; le général Clinchant emporte les barricades de la place Moncey et de la rue Lepic, de la place Blanche et de la place Pigalle; le général Ladmirault enlève l'avenue Trudaine et la mairie, l'une très-vivement défendue, l'autre au contraire assez mollement. A trois heures de l'après-midi, le drapeau tricolore flotte sur les buttes. La prise de Montmartre, tel est le succès essentiel qui clot la première période de l'attaque.

Au centre et sur la rive gauche, l'armée manœuvre d'ensemble avec l'aile droite pour prendre dans toute la ville son alignement à la hauteur de Montmartre.

Vers l'extrémité sud de l'opération, le corps du général de Cissey pousse en avant, se développant toujours suivant une ligne dont une extrémité tend à la Seine et dont l'autre rase les remparts à droite ; il enlève une premiere série de barricades élevées sur la place de l'église Saint-Pierre, et une seconde massée à l'ancienne barrière d'Enfer, près de la gare de Sceaux. En même temps, il rabat la partie de ses troupes installée à la gare Montparnasse, sur la gauche, dans la direction du général Vinoy du côté de la Seine, afin de cerner le faubourg Saint-Germain et le quartier des ministères. Dans la nuit même de lundi à mardi, les soldats chassent les fédérés d'une première barricade établie à l'intersection de la rue de Rennes, enlèvent plus bas, au coin de la rue du Vieux-Colombier, une seconde barricade qui tentait de les arrêter.

II

C'est au centre de Paris que s'accomplissent les événements les plus importants de la seconde période. La place Vendôme, l'Hôtel de ville sont prêts à la résistance. Quant à la place du Château-d'Eau, rien n'a été fait dans la journée du lundi. Mais le temps singulièrement beau de jour et de nuit permet aux partisans de la Commune de mener très-activement leurs travaux.

Les larges voies tracées par l'administration impériale auraient favorisé l'attaque des barricades, si les troupes seules avaient eu de l'artillerie. Mais les insurgés possédaient des canons et des mitrailleuses de tout système.

L'opération se compliquait de canonnades, de cheminements patients le long des maisons, et surtout de mouvements tournants. C'est pour les favoriser dans chaque quartier et contre chaque barricade que fut combinée la marche des cinq colonnes principales, se soutenant mutuellement sur la même ligne et se devançant à tour de rôle.

Dès mardi, le général de Cissey, sur la rive gauche, borde déjà la Seine jusqu'à la rue du Bac et organise au Corps législatif une batterie destinée à contre-battre celle de la terrasse des Tuileries. Le général met aussi à profit la nuit du 23 au 24 pour filer le long de la rue du Rempart jusqu'à la courtine 83-84, et le matin, par un vigoureux coup de main, il emporte le parc de Montsouris, rejetant les fédérés du côté de la Butte-aux-Cailles. Il s'empare du même coup de la ligne et de la gare du chemin de fer de Sceaux, prenant ainsi entre deux feux les barricades de la place d'Enfer qui, depuis la veille lui faisaient un mal sensible. Une action très-chaude se passe encore entre la porte de Vanves et la Maison-Blanche : les gardes nationaux refoulés se sont réfugiés sous les canons des forts d'Ivry, de Bicêtre et de Montrouge qui tiraient à toute volée sur le sud de Paris.

Tandis qu'on se bat ainsi au nord et à l'ouest du faubourg Saint-Germain, les abords du Luxembourg et le quartier de la rue Saint-Jacques sont pourvus de défenses formidables qui leur donnent l'aspect d'une forteresse. Un morne silence règne partout. Ce calme effrayant n'est d'abord troublé que par les détonations lointaines de la bataille qui se livre du côté de la rue de Rennes et du boulevard Montparnasse. Le 24, vers midi, le bruit de la lutte paraît se rapprocher. D'épais nuages de fumée s'élèvent au-dessus du vaste pâté de maisons qui se trouve entre le Luxembourg et l'église Saint-Germain-des-Prés. L'émotion est indicible. Quelques clairons sonnent la générale. A trois heures, on voit des bataillons fédérés remonter le boulevard Saint-Michel. Des officiers fédérés à cheval requièrent des travailleurs pour réorganiser les barricades ; la plupart de ceux qui se présentent sont des enfants, mais tout passant est forcé de porter son pavé. Puis des fédérés arrivent pour occuper les défenses ; repoussés des points supérieurs, ils se réfugient derrière ces constructions d'où ils vont recommencer le coup de feu. « Fermez vos fenêtres ! » crient des voix impérieuses. Et les volets battent violemment et précipitamment.

Le moment est anxieux. Une vive fusillade, suivie de coups de canon, ébranle le quartier. C'est la bataille qui s'approche à mesure que l'armée de Versailles gagne du terrain. On entend la trompette des chasseurs sonnant la charge. On se bat rue Saint-Jacques, rue Gay-Lussac, boulevard Saint-Michel. Le Luxembourg est environné d'un cercle de feu. En ce moment, passe en courant une cantinière fédérée. « Ils sont à la poudrière ! » crie-t-elle. Tout à coup, en effet, un bruit formidable ébranle l'air. Les vitres volent en éclats, de tous côtés les fenêtres s'ouvrent avec fracas, les portes se brisent, les devantures des magasins sont arrachées, les cloisons jetées par terre ; des nuages de poussière obscurcissent le jour. Toute la population voisine du Luxembourg atterrée, affolée, se précipite dans les cours et dans les caves ! Une foule de débris projetés au loin jonchent le sol.

C'était la poudrière du Luxembourg, à laquelle les fédérés avaient mis le feu vers midi, qui venait de sauter, juste au moment où la brigade Paturel, comprenant le 17e chasseurs, le 38e et le 76e de marche, pénétrait dans le jardin par les rues d'Assas et de Vaugirard. Le désastre fut moins grave qu'on aurait pu le craindre ; car, deux jours auparavant, on avait évacué sur Montmartre la plus grande partie des cartouches. Il ne restait que quelques tonneaux de poudre et une certaine quantité d'obus vides. L'explosion eut cependant des suites effrayantes ; les ambulances furent entièrement détruites, les arbres d'alentour brûlés jusqu'au faîte, les réverbères tordus ou brisés. Quant aux blessés, déposés en très-grand nombre dans les baraquements voisins, ils avaient, cinq jours auparavant, été transportés dans le palais.

Cependant le 17e bataillon de chasseurs à pied et le 38e de ligne ont attaqué la barricade de la rue Gay-Lussac et s'en sont emparés; en même temps, la brigade Paturel a descendu au pas de course le boulevard Saint-Michel ; mais elle a été arrêtée court par les fédérés qui occupent la barricade élevée sur ce point, et dont les rangs sont sans cesse grossis par les forces insurgées débusquées de la Croix-Rouge par la division Lacretelle. « Nos pertes s'accumulent, écrit un officier supérieur. Le général Paturel, encore souffrant d'une blessure reçue le 18 mars, est atteint d'un coup de feu à la cuisse. Le colonel Biadelli, du 38e de marche, est également blessé. La rage s'empare de nos officiers et de nos soldats. »

Vers deux heures, la barricade de la rue de Rennes ayant été enlevée, des renforts arrivent aux troupes de Versailles. Toutefois, on ne peut emporter de front les défenses du boulevard. Des détachements de l'armée française se jettent dans la rue de l'École-de-Médecine, descendent jusqu'à la Seine et remontent alors le boulevard Saint-Michel, prenant à revers tous les obstacles. En ce moment, on annonce au général Paturel de nouveaux secours. En effet, la brigade Bocher (18e bataillon de chasseurs, 46e et 89e de marche), débouche par les rues d'Ulm, Royer-Collard, après avoir emporté les barricades du Val-de-Grâce et de la rue des Feuillantines.

Mais la position maîtresse est le Panthéon. On le dit miné, prêt à sauter; aussi l'appréhension des habitants est-elle grande. La place du Panthéon est défendue du côté du Luxembourg, par des barricades armées de canons, placées l'une rue Soufflot, l'autre rue Saint-Jacques. Deux autres barricades sont placées, du côté droit, à l'entrée de la rue Cujas ; du côté gauche, à l'entrée de la rue Paillet. En outre, toutes les rues donnant accès sur la place sont fermées par de formidables défenses.

C'est la prise de la barricade de la rue Paillet qui doit décider de la victoire des troupes de Versailles sur la rive gauche. Après plusieurs assauts successifs, les chasseurs du 18e bataillon s'en emparent; ils se répandent dans les terrains vagues qui surplombent la rue Soufflot, pénètrent dans plusieurs maisons, et de là font sur la place un feu plongeant qui écrase les fédérés ; leurs artilleurs sont tués auprès de leurs pièces. La troupe alors s'élance à la faveur du désordre causé par cette attaque imprévue, la formidable citadelle est emportée, et avec elle tombe toute résistance dans le quartier. Le carnage est horrible dans le Panthéon et à la mairie du Ve arrondissement : les soldats, furieux de la résistance qu'ils ont éprouvée, ne font aucune grâce. Le lendemain matin les rues et les places du quartier apparaissent pleines de sang, couvertes de cadavres.

Sur la rive droite, le général Ladmirault s'avance encore plus loin sur la ligne des boulevards extérieurs ; il s'étend jusqu'à la gare du Nord. Ses mouvements circulaires vont envelopper le massif de l'Hôtel de ville; les généraux Douay et Vinoy, au centre de l'opération, l'entament vigoureusement ; le général Clinchant les seconde entre la ligne des boulevards. C'est l'œuvre du 23, du 24 et du 25 mai.

Les barricades du boulevard Malesherbes et du boulevard Haussmann, fortement canonnées le 24, sont abandonnées par leurs défenseurs. Sur ce point la lutte a été des plus vives : les vitres brisées, les balcons écaillés par les boulets, les maisons criblées de balles, les réverbères renversés, les arbres coupés en deux et les trottoirs couverts de feuillage arraché par les obus : tel est le spectacle qu'offre le boulevard depuis la Madeleine jusqu'à Saint-Augustin.

Au moment où les obstacles du boulevard Haussmann et du boulevard Malesherbes cèdent devant le vigoureux effort des troupes, la place de la Concorde tombe également en leur pouvoir, en dépit des deux barricades monumentales de la rue Royale et de la rue de Rivoli, soutenues par la terrasse des Tuileries. Les fusiliers marins s'emparent aussitôt du ministère de la marine qui, moyennant une forte somme, a été épargné par les incendiaires de la rue Royale et de la rue Boissy d'Anglas.

Dès lors, la place Vendôme est prise des deux côtés par la rue de Castiglione et par la rue de la Paix : l'état-major des fédérés l'abandonne après avoir fait transporter la plus grande partie des canons à la barricade élevée en avant de la place du Nouvel-Opéra ; celle-ci ne résista pas longtemps grâce au feu d'une batterie de l'armée placée sur le boulevard Haussmann à la hauteur de la rue d'Argenson. Le génie tente immédiatement d'abattre la barricade de la rue de Castiglione, et des détachements de cavalerie occupent la place concurremment avec l'infanterie qui avait pris part aux attaques de la nuit. Des drapeaux tricolores remplacent le drapeau rouge au ministère de la justice et à l'état-major ; ils couvrent le piédestal de la colonne abattue, sur les débris de laquelle le soldat jette des regards de consternation et de colère.

De son côté, le général Clinchant, déjà maître de la gare Saint-Lazare, du quartier de l'Europe, de l'Opéra, marche droit aux obstacles agglomérés autour de Notre-Dame-de-Lorette, dans les rues de Châteaudun et des Martyrs. Il les enlève, tandis qu'un engagement également défavorable aux insurgés a lieu devant l'église de la Trinité et dans la rue de la Chaussée-d'Antin ; puis les troupes, après avoir dégagé la mairie de la rue Drouot, s'avancent dans la rue Lafayette.

Celles qui se sont emparées de la place Vendôme, remontant la rue de la Paix, marchent sur la Bourse par la rue du Quatre-Septembre, afin de découvrir le flanc droit de l'Hôtel de ville.

Le mercredi, 24, la Bourse est en leur pouvoir. Le IXe et le IIe arrondissement sont délivrés. Les habitants de ces quartiers, cernés à peu près depuis le commencement de la lutte, accueillent les soldats comme des libérateurs. Bientôt les maisons sont pavoisées, les barricades détruites, les proclamations de la Commune lacérées. La garde nationale restée fidèle se rassemble et vient se joindre aux troupes qui sont accueillies aussi chaleureusement qu'au faubourg Saint-Germain ; là, en effet, un groupe de citoyens commandés par MM. Durouchoux, Vrignault et Maurin avait bravement fait le coup de feu contre les insurgés, et coopéré, dès le premier jour, à la délivrance de la cité. Sur le boulevard, quelques cafés ouvrent. On raconte une douloureuse nouvelle : le commandant Poulizac a été tué mardi sur une barricade de la rue de Grammont.

Mais la nouvelle la plus douloureuse, la plus funèbre, est celle de l'incendie des Tuileries. La Commune s'était dissoute, le lundi matin, en lançant comme une suprême et sommaire instruction : la guerre des rues, et l'ordre d'incendier les positions forcément abandonnées. Elle n'est que trop obéie : une épaisse fumée monte au-dessus des Tuileries ; déjà le dôme est écroulé ; dans l'aile de l'ex-ministère d'État, on voit à travers les fenêtres, la flamme ruisseler lourde et huileuse. C'est bien le feu du pétrole. Pour arriver jusqu'au lieu de l'épouvantable sinistre, on attaque aussitôt la barricade du Théâtre-Français, par les rues Montpensier, Richelieu et Saint-Honoré. On l'emporte, et on veut alors, en venant par la rue de Valois, essayer d'arrêter le feu qui dévore le Palais-Royal ; mais on ne peut approcher des Tuileries, la lutte étant fortement engagée dans la rue de Rivoli pour la prise des barricades qui, de ce côté, défendent les approches de l'Hôtel de ville. Les balles sifflent, et les détonations des obus qui tombent de tous côtés se joignent au sinistre crépitement de la flamme : c'est l'orchestre infernal qui accompagne ce spectacle de désolation.

Alors la fureur s'empare de la foule ; jusque-là, elle était plutôt au sentiment heureux de la délivrance ; mais elle tourne bientôt aux passions impitoyables de la vengeance et des représailles. On se raconte, en frémissant, que le feu du pétrole consume également une moitié de la rue Royale, le ministère des finances et tous les monuments du quai d'Orsay, ainsi que la rue du Bac.... « Fusillez les prisonniers ! pas de quartier ! à mort les pétroleurs ! » crient les groupes affolés aux soldats qui ont conservé dans leur rude besogne un remarquable esprit d'humanité.

Quand l'armée de la délivrance comprend, par l'explosion simultanée de cent incendies à la fois, qu'il s'agit de sauver Paris d'une destruction complète, et qu'au bout de la lutte engagée se trouve le mot suprême d'Hamlet : être ou n'être pas ! l'énergie de l'action prend des proportions inattendues, et Paris voit encore se produire dans ses murs une double et sanglante tragédie.

Du côté des partisans de la Commune, on fusille sans relâche et sans pitié les soldats faits prisonniers et les citoyens paisibles qui refusent de se battre avec les fédérés. Ce n'est plus une lutte, une bataille, c'est un véritable massacre.

Du côté de l'armée, même rigueur implacable dans la répression. Les soldats fusillent eux-mêmes sur place. On fusille aux barricades, on fusille dans les rues, sur les places publiques.

Il y a encore dans la partie centrale de Paris deux positions capitales, au pouvoir de l'insurrection : l'Hôtel de ville et le Château-d'Eau ; il s'agit de les enlever et la tâche ne laisse pas que d'exiger de grands efforts.

Une partie de la journée et toute la nuit du mercredi sont employées à cerner et à emporter l'Hôtel de ville. Il faut l'attaquer de trois côtés. Il s'agit, en effet, de canonner simultanément la place du côté des quais, de celui des halles et de celui de la rue de Rivoli.

Le général Vinoy l'aborde par la rue de Rivoli ; le général Douay qui s'est emparé de la pointe Saint-Eustache, par les rues qui débouchent des halles centales, le général de Cissey enfin, par les quais de la rive gauche qu'il a longés jusqu'à la hauteur de Notre-Dame, après s'être emparé des barricades du Pont-Neuf.

Pendant toute la journée et toute la nuit de mercredi c'est un fracas effroyable. Les pièces accumulées autour de l'Hôtel de ville tonnent sans relâche. Les fédérés résistent pied à pied derrière les innombrables barricades qui hérissent avenues, quais et ruelles, sur une double et triple profondeur. La nuit ne paraît pour ainsi dire pas sur le théâtre du combat, car elle est éclairée par la lueur sinistre de l'incendie qui remplit l'air et consume l'Hôtel de ville comme il a consumé les Tuileries.

Voici le tableau saisissant de cette nuit d'égorgement et d'incendie que trace un officier supérieur, témoin oculaire de ces scènes inouïes :

« Vers sept heures et demie du soir, la canonnade commença, serrée, furieuse, incessante. Les batteries de Montmartre écrasaient la Chapelle, la Villette, les buttes Chaumont. A dix heures, le feu devint des plus intenses ; et ceux qui ont entendu ces détonations n'en oublieront jamais le vacarme infernal. Ce n'était plus un tonnerre de canons mugissant en cadence et échangeant régulièrement leurs projectiles, mais un roulement continu de coups violents provenant d'une armée de batteries insensées. La Seine elle-même prenait part à la lutte, et les canonnières embossées sous les ponts grondaient comme des volcans. La fusillade stridente était si bien nourrie que l'oreille ne percevait plus qu'une sorte de ronflement semblable à celui du vent qui s'engouffre dans les vieux édifices ; et, sur ce concerto sombre, effroyable, le crépitement de la mitrailleuse avait peine à se détacher. On se battait partout à la fois : à la Villette, à Saint-Vincent-de-Paul, sur les boulevards, à l'Hôtel de ville, au Pont-Neuf. Paris était tout entier noyé dans une fumée épaisse, sillonnée par les éclairs du canon et çà et là rougie par la flamme ; car le Palais-Royal, les Tuileries, l'Hôtel de ville, la Préfecture de police, la Conciergerie, deux cents maisons étaient en feu ! Non, Paris n'oubliera jamais la nuit du 24 mai 1871. »

Restait le Château-d'Eau, dernier point de la résistance centrale. C'était une position extrêmement importante pour l'insurrection, puisqu'elle la mettait en rapport avec Belleville, et très-forte en même temps, puisqu'elle était défendue par sept barricades correspondant avec les sept voies qui viennent y aboutir. Aussi la lutte y fut pour le moins aussi acharnée qu'à l'Hôtel de ville.

Les approches s'exécutèrent de divers côtés. Au centre, en tournant vers l'est, le corps de Douay suivit la ligne des boulevards, appuyant sa droite à la place de la Bastille et sa gauche, au cirque Napoléon. Le corps Clinchant, venant se rallier à l'ouest au corps de Ladmirault, eut à vaincre aux magasins réunis une résistance des plus acharnées. Le corps du général de Ladmirault, après avoir enlevé avec vigueur les gares du Nord et de l'Est, se porta à la Villette et prit position au pied des buttes Chaumont. En même temps, le corps Vinoy, longeant la Seine, opérait sur la Bastille avec le concours brillant et efficace de la flottille.

Nous renonçons à décrire toutes les horreurs de cette longue lutte qui dura du mercredi au vendredi, sans trêve ni merci : le théâtre Saint-Martin incendié, ainsi que les maisons à l'entrée de la rue de Turbigo et du boulevard Voltaire, où s'étaient accomplis de la part des fédérés des actes de sauvagerie inouïs; les devantures éventrées; les plaques de tôle tordues; d'énormes blocs de terre détachés; du sang aux pavés; des cadavres partout; cela dépasse ce que l'on a pu voir sur les champs de bataille durant le siége prussien.

Pendant ces mortelles heures, les habitants ont vécu dans les caves, affamés, tenus en angoisse par le bruit de la fusillade qui éclatait jusque dans les allées des maisons; car les fédérés avaient exigé qu'on les laissât ouvertes. Là on s'égorgeait à bout portant, avec des cris horribles, des gémissements poignants et des silences de mort.

III

Nous sommes au vendredi : la concentration des corps d'armée autour de Belleville commence déjà; l'insurrection, acculée dans son dernier refuge, touche enfin à son terme.

Ce jour-là s'exécute la marche du général Vinoy dans le faubourg Saint-Antoine. Il commande, comme on sait, l'armée de réserve; mais, par suite de l'entrée subite des troupes dans Paris, il s'est trouvé tout d'abord au niveau même de l'action. Il a coopéré à l'attaque en reliant sur la Seine le corps de Cissey au corps de Douay. Après la prise de l'Hôtel de ville, il entre en première ligne. Pendant que le général Douay couvre le IIIe arrondissement (celui du Temple), et occupe en face du XIe (Popincourt) la ligne des boulevards, le général Vinoy, suivant le cours de la Seine, se porte sur la place de la Bastille, hérissée de retranchements formidables, enlève cette position avec la division Vergé, puis, avec les divisions Bruat et Faron, s'empare du faubourg Saint-Antoine jusqu'à la place du Trône. Là encore est un nœud de barricades défendant le boulevard Voltaire, le boulevard de Philippe-Auguste et le boulevard de Charonne ; il les emporte le soir, et campe aux abords de Charonne, au pied même des hauteurs du Père-Lachaise.

A ce moment, le ciel s'empourpre d'une sinistre clarté. Le fond, uniformément rougeâtre de l'horizon, est de temps à autre sillonné par de fulgurants éclairs d'un rouge plus vif et plus sanglant : on croirait que tout Paris brûle. Ce sont les docks de la Villette que les insurgés incendient, comme ils ont incendié, la veille, le grenier d'abondance. Mais ce nouveau crime ne doit pas avoir un meilleur résultat. Tandis que le général Vinoy exécute sur Charonne une marche enveloppante, le général Ladmirault en opère une semblable sur la Villette. Les deux corps d'armée prennent simultanément position sur le revers du Père-Lachaise et sur le revers des buttes Chaumont, pour enlever de concert ces deux points menaçants d'où l'insurrection domine encore la ville. Au centre, les corps Douay et Clinchant, se tenant sur une vigoureuse défensive, ont pour mission de repousser les fédérés qui, refoulés des hauteurs, se porteraient vers l'intérieur de Paris.

Le soir venu, l'armée s'arrête, et sur toute la ligne c'est une nuit de repos ; mais l'attaque est prête, et le dernier combat va être livré le lendemain : c'est la suprême péripétie du drame.

Les fédérés sont resserrés sur Belleville, dans un demi-cercle dont les deux extrémités s'appuient aux remparts, et dont la partie intermédiaire suit les boulevards de la Bastille au Château-d'Eau, et longe le canal, du faubourg du Temple à la place de la Villette.

Les trois quarts de l'armée sont là, massés pour en finir

d'un seul coup. L'assaut ne peut être long, mais il le faut énergique : l'insurrection a la sauvage énergie du désespoir de l'agonie. Des hauteurs des buttes Chaumont, les fédérés tournent leurs derniers coups de canon sur Paris, qu'il leur a fallu céder à l'armée du droit et de la liberté, et labourent de leurs obus ces riches quartiers qu'ils aperçoivent encore debout et échappés à leur féroce projet de destruction complète.

Le matin et tout le reste de la journée du samedi 27, les batteries de Montmartre tirent à coups pressés, écrasent de leurs projectiles Belleville, les buttes Chaumont et le Père-Lachaise où les fédérés ont également mis en ligne un nombre considérable de canons. Dans la soirée, le général Ladmirault franchit le bassin de la Villette, l'abattoir, le marché aux bestiaux, et gravit les buttes Chaumont, ainsi que les hauteurs de Belleville. Là, le colonel Davoust, duc d'Auerstaedt, enlève très-brillamment une série de barricades. Au point du jour, le corps d'armée Ladmirault occupe les buttes.

Agissant de son côté, et partant du boulevard Richard-Lenoir qu'il occupe, le général Douay aborde par le centre les positions de Belleville, tandis que le général Vinoy gravit les hauteurs du cimetière. C'est là que, traînant avec eux le cadavre de Dombrowski, les derniers soldats de la Commune se sont réfugiés, dressant encore à la vue de Paris en flammes, la sinistre loque rouge dont ils avaient fait leur drapeau....

Enfin le 28 mai, septième jour de bataille! cette horrible page de notre histoire nationale se termine au milieu des tombes brisées par les dernières balles. Une heure après, on lit sur les murs de la ville reconquise :

« Habitants de Paris,

« L'armée de la France est venue vous sauver.
« Paris est délivré.
« Nos soldats ont enlevé à quatre heures les dernières positions occupées par les insurgés.

« Aujourd'hui la lutte est terminée; l'ordre, le travail et la sécurité vont renaître.

« Au quartier général, le 28 mai 1871.

« *Le maréchal de France commandant en chef,*

« DE MAC-MAHON, DUC DE MAGENTA. »

Et le Paris intelligent, le Paris honnête, pousse un long soupir de délivrance !

CHAPITRE II

ÉPISODES DE LA BATAILLE.

Fuite nocturne de la communauté du Bon-Pasteur. — Mort touchante d'un jeune homme de la Villette forcé de combattre contre l'armée. — Belle réponse d'un soldat versaillais grièvement blessé. — Courage héroïque de Mme Lécuyer — Trait d'humanité qui honore l'armée. — Cours martiales. — La responsabilité des représailles. — Violences et emportement d'une partie de la population.

I

Que de drames ignorés, que d'aventures restées inconnues pendant les sept jours de la bataille ! Nous croyons intéresser le lecteur en mettant sous ses yeux quelques-uns des plus émouvants et des moins connus.

Les insurgés ayant résolu d'incendier la maison du Bon-Pasteur, dirigée par les religieuses de Saint-Thomas-de-Villeneuve, la firent évacuer pendant la nuit. Une des Sœurs qui a bien voulu nous communiquer ses notes, raconte ainsi le départ précipité et les pérégrinations de tout le personnel de la communauté :

« Quatre gardes nationaux nous escortaient ; un lieutenant, qui avait eu la charité de protéger notre fuite, nous dit d'avancer sans crainte, en longeant le mur à droite. Cependant l'obscurité la plus profonde enveloppait la ville ; il était onze heures du soir ; les obus sifflaient autour de nous ; devant l'Observatoire les balles et les branches d'arbres tombaient comme une avalanche.

« Dans la rue d'Enfer, nous aperçûmes, à la lueur du feu des barricades, un horrible pêle-mêle d'armes, de cadavres gisant dans des mares de sang; des blessés qui poussaient des cris de douleur, et des mourants qui râlaient dans les convulsions d'une agonie désespérée. Lorsque nous eûmes dépassé la barricade du boulevard de Port-Royal, le même spectacle déchirant s'offrit de nouveau à nos yeux : des blessés et des cadavres sur lesquels nous ne pouvions pas toujours éviter de marcher.

« Le ciel avait pris en ce moment une teinte sanglante et blafarde. A gauche, les incendies du faubourg Saint-Germain, comme des phares lugubres, éclairaient ces scènes de carnage et de mort.

« Nous longeâmes la rue Saint-Jacques. Quand nous fûmes près de l'église, les gardes nationaux qui nous escortaient voulaient qu'on nous y fît entrer; mais la Mère supérieure, sachant que cet édifice était occupé par les fédérés, s'y refusa.

« Poursuivant alors notre marche pénible à travers les barricades, faisant halte à chacune pendant que le lieutenant, notre conducteur, nous ouvrait le passage en donnant le mot d'ordre, nous arrivâmes au boulevard Saint-Germain, que nous prîmes à gauche pour gagner le boulevard Saint-Michel.

« On nous fit traverser la place Saint-André-des-Arts. Des gardes nationaux y construisaient une barricade; une nuée de gamins qui les regardaient faire se mirent à crier en nous voyant : « Voilà des citoyennes qui viennent nous aider. Ils nous laissèrent passer cependant; mais à la place de la fontaine Saint-Michel, nous fûmes cernées. « Où voulez-vous aller? nous demanda-t-on. — Rue de Varennes. — Cela ne se peut pas, tout le faubourg Saint-Germain va sauter. — Eh bien, rue de Sèvres. — On va le brûler. » Nous indiquâmes le passage des Vignes où nous avons un orphelinat. Ils se regardèrent, se firent quelques signes, puis nous donnèrent à entendre qu'on devait également mettre le feu à ce quartier.

« On nous offrit comme asile l'Hôtel de ville, la caserne

Napoléon ; nous n'acceptâmes point. Un homme s'écria : « Il faut « les conduire à Saint-Lazare. Non, dit notre Supérieure, « nous n'irons point à Saint-Lazare. » Ils nous proposèrent alors la Sûreté publique.

« Pendant qu'on nous y conduisait : « Qu'est-ce que la Sû-« reté publique, » demanda notre Mère.— C'est la Préfecture de police » lui répondit-on. Un profond soupir s'échappa de sa poitrine. Hélas ! c'était la première étape de Mgr l'Archevêque et du plus grand nombre des otages ; évidemment nous allions à la mort.

« Néanmoins notre courage ne nous abandonna point ; nous avions avec nous Celui qui sait tirer de l'abîme les infortunés qui y sont tombés !

« Nous traversâmes la rue de Jérusalem, resserrées entre deux haies de fédérés, et nous arrivâmes à la Préfecture de police. Notre Mère, accompagnée d'une religieuse, nous quitta pour comparaître devant les sommités de la Commune. Guidées par un garde national qui devait les introduire, elles montèrent un escalier, traversèrent un grand nombre de pièces, arrivèrent dans un bureau où elles ne trouvèrent qu'un gardien. Il sonna, et bientôt après elles furent en présence du délégué de la Commune, le sinistre Ferré.

« Qu'est-ce que ces femmes ? Qu'est-ce que ces femmes ? » dit-il d'un ton moqueur. L'homme qui les conduisait répondit : « Ce sont les habitantes du Bon-Pasteur, chassées de leur mai-« son qu'on doit incendier, elles demandent un asile. — Que « ne sont-elles restées dans leur Bon-Pasteur, reprit le dé-« légué, elles auraient brûlé avec et seraient allées tout droit au Ciel. » Il prononça ces derniers mots d'un ton aigre et nasillard, avec une espèce de ricanement infernal. Puis, les toisant des pieds à la tête : « Voyez comme elles sont habillées ! « n'ont-elles pas l'air de carnavals ? » Il faisait une pantomime grotesque en désignant leur costume. « Mais nous ne som-« mes pas en carnaval ! Pourquoi ne vous habillez-vous pas « comme les autres femmes ? Allez, allez, nous ne voulons « pas de femmes ici. Qu'elles aillent à Saint-Lazare, elles « seront les compagnes des Picpussiennes.

« Pendant l'absence de notre Mère, un fédéré s'était approché de nous, et nous avait enjoint de le suivre. Le lieutenant notre protecteur, resté avec nous, se plaçant en face de lui : « Vous n'avez pas reçu d'ordre, lui dit-il, vous ne les em-« mènerez pas. » Notre ennemi se contenta de nous coucher en joue pour nous effrayer, mais nous ne savions plus avoir peur.

« Cependant, inquiètes de ne pas voir revenir notre mère et sa compagne, nous trouvions les minutes longues comme des heures. » Où sont-elles? nous disions-nous; que va-t-on leur « faire? Les reverrons-nous ? » Et nous demandions à Notre-Seigneur, qui avait bien voulu se faire fugitif avec nous, de nous protéger et de fortifier notre Supérieure si timide et si faible contre la dureté de ces hommes qui avaient déjà fait mourir tant d'innocents.

« Nous la revîmes enfin !

« Mes enfants, du courage ; vite sortons d'ici, nous dit-elle, « on veut nous emmener à Saint-Lazare. » Mais notre lieutenant, suivant le désir de notre mère, nous reconduisit au boulevard Saint-Michel.

« Nous nous disposions à passer le reste de la nuit sous des arcades, quand un homme, portant le costume des marins de l'État, dit : « Mais pourquoi n'iraient-elles pas à l'Hôtel-« Dieu ?

« Ce fut comme une voix du ciel. Cependant, il y eut un moment d'hésitation : le directeur de l'Hôtel-Dieu appartenait à la Commune, et nous avions peur de ne plus trouver les religieuses. Cette inquiétude s'évanouit promptement; nous apprîmes qu'elles avaient obtenu la permission de rester pour soigner les malades. Nous traversâmes donc le pont Saint-Michel, pour la troisième fois, mais avec l'espérance de toucher au terme de notre pénible voyage.

« Notre conducteur exposa en peu de mots notre situation au concierge de l'Hôtel-Dieu. Celui-ci ouvrit aussitôt les grilles, et nous entrâmes. Les religieuses nous firent l'accueil le plus cordial ; mais chacun oublia un instant la détresse où nous étions réduites, quand parut une chèvre qui toute la nuit avait marché, souffert avec nous; les internes lui firent une véritable ovation.

« Au moment du départ, une enfant était allée pour la dernière fois lui porter à manger ; elle était venue au-devant de sa bienfaitrice, et l'avait regardée si tristement, que celle-ci n'avait pu se résoudre à laisser la pauvre bête. Partageant nos périls, elle avait paru les comprendre. Tant qu'avait duré le voyage, elle n'avait pas poussé le moindre cri ; elle franchissait comme nous les barricades, et, quand les détonations l'effrayaient, elle se contentait de regarder sa conductrice, et de bêler un peu tout bas.

« Après avoir fait distribuer à nos enfants quelque nourriture, on nous conduisit dans les salles qui nous avaient été assignées.

« Nous fîmes coucher nos pénitentes ; mais nous restâmes debout, en prévision de ce qui pourrait arriver.

« Tout à coup, à cinq heures du matin, un cri porta l'épouvante dans toute la maison. Qu'on fasse sortir les convalescents ! Notre-Dame va sauter.

« Effectivement, tout était préparé pour consommer le crime. Le directeur se rendit aussitôt auprès du délégué de la Commune ; en considération des treize cents malades qui se trouvaient à l'Hôtel-Dieu, on lui promit que la basilique serait épargnée.

« A sept heures, une religieuse vint nous dire de nous tenir prêtes à partir à neuf heures : on s'occupait de nous diriger sur Charenton.

« Nous fûmes terrifiées. Partir sans argent, sans pain, sans aucune connaissance à Charenton ; et nous étions cent trente personnes ! Des laissez-passer allaient nous être délivrés avec des brassards d'ambulance. Un peloton devait nous conduire. Il nous fallait traverser Paris et ce terrible quartier de la Bastille, foyer de l'insurrection ; nous pouvions y être massacrées, mais nous n'avions rien à objecter.

« Cependant l'armée arrivait. A huit heures et demie, les engagements devenaient si terribles et si rapprochés, que le directeur déclara qu'il n'était plus possible de quitter la maison. On eût dit qu'il nous sauvait de la mort.

« Mais, tout à coup, retentissent de nouveau ces paroles :
« Que tout le monde descende : Notre-Dame va sauter. »

Ce fut une panique générale. Les médecins, les religieuses, les infirmiers rivalisaient de zèle et de dévouement; les brancards ne suffisant pas, ils portaient les malades sur leurs bras, sur leur dos.

« On fit également descendre près des cagnards, celles de nos enfants dont la salle était la plus exposée. On les rassembla dans la pharmacie; et pendant dix-huit heures, elles furent assises sur des chaises d'église attachées quatre par quatre, sans pouvoir changer de position. Ce qui avait été un soulagement était devenu un supplice, dont le sentiment dominait parfois la frayeur des obus qui arrivaient jusque dans notre retraite.

« Quelques heures plus tard, nous étions aux fenêtres regardant le défilé magnifique de l'armée qui nous sauvait, et des larmes de bonheur coulaient de nos yeux[1]. »

Mais avant d'arriver à Notre-Dame, que cette armée libératrice avait dû fouler de cadavres! Pendant plusieurs jours on s'était pied à pied disputé le terrain. Les vagues pressées, bruyantes, tumultueuses, confuses des deux armées, s'agitant, se rencontrant, s'entre-choquant dans l'ombre d'une épaisse fumée, semblaient des nuages sombres, roulant sur la terre, et renfermant la mort dans leur sein; des éclairs jaillissaient de ces masses effrayantes; on entendait des grondements comme ceux du tonnerre et le bruit sinistre de la grêle qui brise, qui hache, qui détruit. Puis tout cela passait; les insurgés reculaient, les soldats de l'ordre étaient victorieux. Mais le flot, en se retirant, laissait voir ses victimes. Les morts et les mourants gisaient pêle-mêle sur le pavé, l'un à côté de l'autre, l'un sur l'autre quelquefois.

Un peu à l'écart, un jeune soldat, que nous avions connu à la Villette, un enfant presque, il n'avait pas seize ans, était tombé frappé d'une balle. La douleur, le sang qui s'échappait de sa blessure, l'odeur de la poudre, lui avaient fait perdre le sentiment de la vie. Sous l'influence d'une brise fraîche il venait de reprendre ses sens; il essaya de se soulever, et comme s'il fût sorti d'un rêve affreux, étonné, il

---

1. *Petit Journal de Saint-Thomas* pendant les troubles révolutionnaires de 1870-1871.

regardait autour de lui. Seul au milieu des cadavres, saisi d'horreur, il appela sa mère; et poussant un long et triste soupir, le pauvre enfant se laissa retomber sur le pavé froid et humide de sang. Un Versaillais le releva : « Qui donc appelez-vous? — Ma mère. Voilà dix jours que je ne l'ai pas vue, je voudrais la voir.... — Où est-elle; lui demanda le soldat? » L'enfant donna son adresse. « Mais, dit-il, ne me voyant pas revenir, elle sera morte peut-être; elle était malade quand je l'ai quittée, un matin, en lui disant : Au revoir, je ne serai pas longtemps. Puis des camarades m'ont entraîné malgré moi.... et je ne suis plus retourné. Si elle savait ce que j'ai fait! si elle savait que je vais mourir!.... » Et l'enfant affaibli pleurait. Sa main cherchait quelque chose sur sa poitrine. « Tenez, dit-il tout à coup, montrant une médaille de la Vierge : c'est ma mère qui me l'a mise quand j'étais tout petit. » Et, après l'avoir longtemps regardée, à plusieurs reprises, il embrassa ce cher souvenir.

Le lendemain, le Versaillais lui-même vint donner à l'enfant des nouvelles de sa mère. Elle est encore bien souffrante; mais le bonheur d'avoir retrouvé son fils la guérira bientôt, lui dit-il ». Le malade était accablé, il ouvrit doucement ses grands yeux qui semblaient déjà ne plus vivre; cependant il essaya de sourire au vieux soldat comme pour le remercier de sa sympathie : « Mais, lui demanda-t-il, me pardonne-t-elle? Vous a-t-elle dit de m'embrasser? »

Quelques instants après, ses paupières s'abaissèrent de nouveau, ses traits s'allongèrent, ses lèvres devinrent blanches comme de la cire; son regard vague semblait chercher cet invisible qu'entrevoit seule l'âme du mourant; la sueur baignait ses cheveux; quelque chose de doux comme un sourire, de mélancolique comme un soupir de la brise du soir, de mystérieux comme une ombre, de pur, de céleste comme le souffle d'un ange, errait sur son visage, autour de ses lèvres; c'était son âme qui s'échappait.

Le vieux soldat pleura son jeune ennemi, devenu son ami, son fils. Il alla lui-même porter à la pauvre mère, avec une boucle de cheveux, la médaille, triste et précieux souvenir qui avait reçu les dernières confidences de l'enfant, qu'il embrassait lorsqu'il mourut, et sur laquelle son âme avait glissé en remontant aux cieux.

Dans la rue Saint-Jacques, un communeux passait et plaignait, d'un ton moitié sérieux, moitié railleur, un Versaillais blessé. « Pourquoi vous apitoyez-vous sur mon sort, répondit le modeste héros? Je puis mourir : je mourrai content d'avoir versé mon sang pour la France, et contribué à la sauver. Mais la honte et les remords devraient vous imposer silence, à vous malheureux qui, sous les yeux de l'ennemi, avez ensanglanté votre patrie, qui l'avez dégradée, avilie, rendue pitoyable aux nations autrefois jalouses de sa grandeur. »

Si c'est dans le combat que se montre le plus souvent le héros : l'heure du péril est aussi quelquefois l'heure de la gloire et du triomphe.

Enfermée dans la sacristie, puis dans une des caves de l'église Saint-Éloi, entourée de barils de poudre destinés à faire sauter l'église, sans cesse insultée, menacée de la mort si elle ne révélait la retraite de son mari, la noble et courageuse Mme Lécuyer ne s'était point laissé vaincre. Un jour, son terrible persécuteur, le sieur Adolphe Baudoin, descendit dans la cave, escorté de deux prisonniers portant des cierges allumés qui jetaient dans les ténèbres une clarté lugubre.

« Citoyenne, lui dit-il d'une voix sinistre, le Comité a décidé ta mort. J'ai ordre de mettre le feu ici : veux-tu être ensevelie sous les décombres ou veux-tu que je te fasse sauter la cervelle ? »

Et dirigeant son revolver vers sa poitrine, il ajouta :

« Es-tu prête? »

Devant cette mort imminente, la femme que le péril élevait au-dessus de la crainte, répondit simplement :

« Je préfère être tuée, si cela doit sauver l'église. »

Cette attitude héroïque humilia l'odieux officier; il ne s'attendait pas à une si intrépide résignation.

« Tu es une brave femme! » dit-il à la prisonnière, et il se mit à l'embrasser.

Elle put monter dans l'église, où tout était préparé pour l'incendie : mais elle était toujours suivie de Baudoin, et elle ne dut sa liberté qu'à l'armée de Versailles.

Les fédérés avaient été refoulés, mais ils s'étaient battus avec un courage qu'il serait injuste de méconnaître. Furieux de la résistance qu'ils éprouvaient, exaspérés surtout à la vue des incendies qui ruinaient Paris, les soldats de Versailles étaient souvent sans pitié pour les insurgés pris les armes à la main : ils en fusillèrent trois cents qui s'étaient réfugiés dans la Madeleine. Mais voici un trait d'humanité qui les honore.

Un des insurgés exécutés le 28 mai à la place du Trône, avait avec lui ses deux petits enfants, l'un âgé de dix ans, l'autre de huit. Après la mort de leur père, les deux pauvres orphelins, ne sachant que devenir, restèrent au milieu des soldats qui en prirent grand soin. Le colonel du régiment, apercevant ces deux infortunés qui mangeaient à la gamelle au milieu d'une escouade, demanda qui ils étaient, et comment ils se trouvaient là. Un caporal répondit qu'ils étaient les enfants d'un insurgé condamné à mort par la cour martiale; et qu'ils n'avaient pas de famille pouvant se charger de leur sort. Le colonel, ému, proposa aux officiers et aux soldats d'adopter les orphelins et de les admettre parmi les enfants de troupe. Cette motion généreuse trouva de l'écho, et les deux infortunés sont devenus les fils adoptifs du 29e de ligne.

Le plus navrant de ces épisodes ce sont les fusillades Durant les sept jours de bataille, on fusilla sur place la plupart des prisonniers pris les armes à la main. Après la bataille, des cours martiales furent immédiatement constituées pour continuer sans retard l'œuvre des représailles.

Le principal de ces tribunaux siégait au Châtelet. A tout instant, on voyait arriver des bandes de prisonniers. Ces convois étaient tous composés à peu près des mêmes éléments : gardes nationaux, hommes en blouse, femmes des faubourgs, cantinières, enfants déguenillés. Les prisonniers étaient enfermés dans l'intérieur du théâtre. Quand on les apercevait se promenant sur la terrasse, ils étaient l'objet des malédictions de la foule qui stationnait sur le quai et sur la place du Châtelet.

Ces cris de réprobation, il faut bien le dire, étaient loin

de déconcerter les insurgés. Presque tous portaient haut la tête. Cette attitude était surtout remarquable chez les combattants, et leurs réponses provoquantes ne s'harmonisaient que trop avec le cynisme de leurs physionomies : « Nous avons perdu les deux premières parties, celle de juin 1848 et celle de mai 1871 ; mais nos arrières-neveux gagneront la troisième. »

Et nunc erudimini!

Les jugements de la cour martiale n'étaient prononcés qu'en parfaite connaissance de cause; le nombre des cas réservés était des plus considérables. Mais ceux qui étaient passibles de la peine capitale ne trouvaient aucune pitié, et l'exécution ne se faisait pas attendre. Les condamnés sortaient du théâtre par groupes de vingt à quarante, et se dirigeaient, escortés par des soldats, vers la caserne Lobau, qui fait face à la caserne Napoléon, située derrière l'Hôtel de ville. Les condamnés étaient attachés deux à deux par le poignet, et ne se faisaient pas illusion sur le sort qui les attendait. Arrivés à la caserne, la porte s'ouvrait et se refermait sur la *fournée*, c'est le mot qu'employait la foule très-nombreuse sur tout le parcours; puis, on entendait des feux de pelotons, suivis de coups de feu précipités : c'était la *fournée* qui tombait!.... La porte se rouvrait alors, livrant passage aux fourgons chargés des cadavres qu'on enterrait provisoirement sur les berges de la Seine, au milieu des squares, un peu partout.

Tandis que les soldats étaient occupés à cette triste besogne, un homme vêtu d'une blouse de travail passait; sans la lever toutefois, il tourna la tête du côté des cadavres sanglants. Quiconque l'eût examiné attentivement aurait pu lire sur son visage le regret, le désespoir et l'espérance, une tristesse et une haine également profondes, la soif de la vengeance. Il semblait ne savoir plus qu'il tenait un enfant par la main, un enfant à la physionomie ouverte, qui, lui, levait la tête, ouvrait de grands yeux inquiets et surpris, et, pour mieux voir, se levait sur la pointe des pieds et tâchait d'entraîner son père du côté de la foule. « Que font-ils, ces hommes là bas? » demanda-t-il. Le front toujours baissé, son père lui répondit presque brutalement : « Ils enfouissent ceux qu'ils viennent de tuer ». Puis tout à coup, laissant parler le sentiment qui le dominait : « Ces hommes qui creusent des fosses et y mettent des cadavres, ce sont des bourreaux qu'il faut haïr, dit-il ; ces cadavres couverts de sang, ce sont les martyrs de la cause du peuple ; ceux-là il faut, en jurant de les venger, baiser les traces de leurs sang. Je les vengerai, moi ; et si tu es mon fils, tu combattras à mes côtés. »

L'enfant avait huit ans.

D'Aubigné avait le même âge quand, un jour, son père lui montrant la place où ses compagnons étaient morts victimes des guerres religieuses, d'une voix sombre et presque terrible, le menaça de sa malédiction s'il épargnait sa tête « pour venger les chefs pleins d'honneur » qui étaient morts là.

On évalue à plus de quinze mille le nombre des fédérés qui ont perdu la vie soit en combattant, soit après le combat. Mais la responsabilité de ces terribles représailles ne doit pas retomber tout entière sur l'armée.

«Les soldats, dit M. Jules Rouquette, obéissaient souvent aux excitations d'une partie de la population. La colère, la haine et aussi les basses passions s'en mêlaient. Des êtres vils, se vantant tout haut d'accomplir un devoir civique, devenaient délateurs sans vergogne. Non-seulement ils dénonçaient ceux qu'ils avaient vus dans les rangs des fédérés, mais encore, emportés par un zèle cruel et souvent intéressé, ils suppliaient les officiers de leur donner des escouades, afin d'aller eux-mêmes faire des arrestations. Que de vengeances particulières ont pu ainsi s'assouvir ! D'autres cherchaient, par leur empressement à dénoncer les fédérés, à donner le change sur leurs propres opinions, et à faire oublier leur incontestable penchant pour la Commune.

« Ce qui donne une idée de la décadence de la génération actuelle, de la dépravation des idées et des sentiments, de la profonde démoralisation de notre époque, c'est le nombre de dénonciations anonymes qui arrivèrent alors à la Préfecture de police : on en compta plus de cinq mille par jour, et elles atteignirent le nombre total de trois cent dix mille. Un avis dut être publié portant qu'à l'avenir on ne lirait plus ces lettres honteuses; qu'on poursuivrait même leurs auteurs, conformément à la loi, si on parvenait à les découvrir. A quelle ignominie, grand Dieu! la France était-elle réservée! »

Ces violences aveugles, cet emportement amenèrent de cruelles méprises : un prêtre polonais, attaché à la paroisse de Chaillot, fut arrêté dans la rue et conduit à Versailles, où il subit une dure incarcération. Il ne dut sa délivrance qu'à l'intervention de M. l'abbé Gentil, aujourd'hui curé de Ménilmontant. Un honnête homme nommé Vaillant, comme le membre de la Commune, fut pris et traîné de force à Satory par suite de confusion de personne; on voulait le fusiller en route. A Chaillot, un malheureux du nom de Constant, coupable d'une ressemblance avec Billioray, fut arrêté par la foule, et, sur les injonctions de deux cents badauds, fusillé malgré ses prières et ses protestations; il eut beau donner son adresse, supplier qu'on le conduisît à son domicile où il serait reconnu par sa famille et ses voisins : la foule fut inexorable; après l'exécution, elle se contenta de dire : « Il s'est roulé en pleurant aux pieds des soldats; en voilà un qui est mort lâchement. »

Telles sont bien les foules : elles prêtent d'abord la main à toutes les révoltes; puis acclamant le plus fort, elles finissent toujours par insulter aux vaincus.

CHAPITRE III

INCENDIE DE LA CAPITALE.
ATTITUDE DES PRUSSIENS PENDANT CE DÉSASTRE.
LES ÉGLISES MIRACULEUSEMENT PRÉSERVÉES.
DIEU A PARLÉ A PARIS PAR LE FEU.

Splendeur de la capitale avant la Commune. — Pensée de Victor Hugo sur Paris et la Commune. — Pourquoi la Commune a-t-elle brûlé les monuments? — Y a-t-il eu préméditation? — Séance du 20 mai à la Commune et le massacre. — Comment procèdent les incendiaires. — Monstrueuse perversité de ces hommes. — Bergeret fait incendier les Tuileries. — Perte de la bibliothèque du Louvre. — Le Louvre, les Archives et l'Observatoire préservés par le dévouement des conservateurs et des savants. — Le feu au Palais-Royal. — Tableau que présente la rive gauche. — Le Conseil d'État, le Châtelet, le Palais de Justice s'embrasent simultanément. — La ville entière est en flammes. — Les églises miraculeusement préservées. — Dieu a parlé à Paris par le feu. — Paris n'est pas le seul coupable.

I

Il y a dix ans de cela, tous les peuples du monde avaient rendez-vous dans la capitale de la France. Ils accoururent tous pour offrir à leur admiration les produits de la nature et de l'industrie, les merveilles de la science et de l'art. Mais ils venaient aussi pour contempler Paris, le débouché principal et l'entrepôt du talent des nations civilisées, la ville soleil des sociétés modernes. Tous ces peuples aspiraient à voir, à visiter Paris. On fit pour eux un livre; et, en tête du livre, le poëte des *Châtiments* plaça cette préface, page philosophique d'un ton sybillin, comme il convenait à Hugo!

« Paris fait à la multitude la révélation d'elle-même.... La multitude est la nébuleuse qui condensée sera l'étoile : Paris est le condenseur.... Il a une patience d'astre mûrissant lentement un fruit. Les nuages passent sur sa fixité. Paris décrète un événement. La France, brusquement mise en demeure, obéit.... Sur le conflit de la nation et de la cité pour la révolution, voici ce qui donne ce grossissement : d'un côté la Convention, de l'autre la Commune. Duel titanique. La Convention incarne un fait définitif, le peuple ; et la Commune incarne un fait transitoire, la populace. »

Eh bien! la populace et la Commune aimées du poëte ont voulu détruire ce livre écrit par les siècles, et aux lueurs sinistres de l'incendie donner la révélation du genre humain qu'ils avaient rêvé. Paris a vu surgir en un siècle de progrès et de lumière cette armée de sauvages qu'enfantent la fermentation des vices en bas et l'excitation de quelques misérables en haut, les sauvages de la convoitise, les sauvages de la haine sociale, les sauvages de la jouissance matérielle goûtée et aussitôt perdue, sauvages sans principes, sans frein d'aucune sorte, qui, ne pouvant détruire la patrie, vaincus et sanglants, ont voulu, pour se venger de leur écrasement, anéantir Paris avec tous ses souvenirs et toutes ses gloires.

Le moyen âge, la Renaissance, le siècle de Louis XIV, le dix-huitième siècle et même le commencement du dix-neuvième, ont accumulé dans cette grande et superbe capitale les richesses du genre humain, les diverses manifestations du génie, à toutes les époques et sous toutes les formes. C'est une collection énorme de tous les souvenirs de l'ancien régime, et même, chose à remarquer, c'est surtout du temps abominable où les révolutions, jacobines ou communeuses, étaient complètement inconnues, et où la monarchie absolue s'épanouissait dans toute sa splendeur, que nous viennent ces chefs-d'œuvre de la peinture et de la statuaire, images immortelles du beau.

Toutes ces merveilles qui encombrent nos musées, sont comme la chaîne d'or qui relie les générations passées aux générations futures ; c'est cette chaîne que les incendiaires de la Commune vont s'efforcer de rompre ; ils n'aiment pas l'art ancien qui est infecté, disent-ils, de royalisme. Pour établir le monde nouveau, ils veulent faire table rase de l'ancien. Il n'est donc pas étonnant de voir les vengeances de la révolution se rabattre sur les monuments, les musées, les galeries de tableaux, les bibliothèques, et autres collections artistiques que Paris renferme dans son sein.

Et qu'on ne dise pas qu'il y a eu absence de préméditation : dès le premier jour de son règne éphémère, la Commune avait annoncé *urbi et orbi* que si elle était forcée de rendre la capitale, elle ne la rendrait que couverte de ruines. Vallès s'était fait l'écho de cette sauvage résolution dans un article qui se terminait ainsi : M. Thiers, qui est chimiste, nous comprendra. Dans les premiers jours d'avril, le commandant d'artillerie qui, en dépit des réclamations et de la terreur des habitants du quartier, faisait établir une batterie au Trocadéro, avec la folle prétention d'atteindre le Mont-Valérien, disait tout haut : « Les quartiers des réactionnaires sauteront tous. Nous n'en épargnerons pas un seul. » Enfin la formidable organisation du corps des pétroleurs, à la formation duquel avait présidé Gaillard père ; ce déploiement d'habileté cynique et sauvage qui a enrégimenté, pour allumer les incendies et les activer, jusqu'aux femmes et aux enfants, chargés de faire manœuvrer des pompes remplies de pétrole, tous ces faits ne prouvent que trop qu'il y a eu là une machination ourdie de longue main. Les incendiaires n'attendaient que le signal de la Commune, qui leur fut donné le 20 mai.

Ce jour-là, c'est-à-dire la veille de l'entrée des troupes dans Paris, il y eut séance à l'Hôtel de ville. On y entendit un rapport sur la situation. Les yeux des fins politiques de la Commune étaient couverts d'écailles. Ils persistaient sérieusement à croire que l'armée de Versailles ne parviendrait jamais à forcer les portes. Néanmoins, un membre, le général Cluseret, récemment amnistié par ses collègues, ayant demandé la parole, exposa qu'il y avait péril en la demeure. Il fit voir d'abord que les troupes de l'Assemblée nationale s'étaient augmentées au point de former un effectif

III. CHUTE DE LA COMMUNE.

considérable, d'un chiffre supérieur au contingent des fédérés ; il ajouta que tous les forts s'étaient rendus, que les remparts étaient troués, que tous les gardes nationaux étaient malades, usés, fatigués. Il dit encore qu'il ne fallait pas prendre le calme apparent de Paris pour un acte d'adhésion, mais que la ville au contraire n'attendait qu'un signal pour se soulever. Enfin il déclara que suivant lui, homme du métier, il n'était guère possible qu'il n'y eût pas dans fort peu de temps, de la part de Mac-Mahon, une attaque des plus sérieuses à la suite de laquelle la citadelle de la Révolution pourrait bien céder ou être emportée d'assaut. Devant ces confidences d'un soldat, Ch. Delescluze réclama le comité secret ; les membres du Comité de salut public appuyèrent la motion.

Que s'est-il passé dans cette mystérieuse séance ? A la suite de l'arrestation de Grelier, la police est parvenue à mettre la main sur les procès-verbaux d'une machination infernale ; et quoiqu'ils n'aient pas été livrés à la publicité, nous pouvons assurer que ce jour-là, 20 mai, fut présenté et adopté de sang-froid le double projet ayant pour but de massacrer les otages dans les prisons et d'incendier Paris. On vota l'incendie par le pétrole comme une mesure de salut public. On discourut à tour de rôle, et on convint de changer les gardes nationaux en bourreaux et les femmes en furies chargées de mettre le feu aux principaux édifices.

II

Quatre jours plus tard, un cri s'élevait, effaré, douloureux, cri d'horreur et de détresse : Paris brûle ! Ce monument incomparable, ou plutôt cet ensemble grandiose de monuments et de magnificences sans rivales, les Tuileries et le Louvre, ce centre de notre histoire, que tous les arts avaient concouru à immortaliser, avait été livré aux flammes dans la nuit du 23 au 24, au moment où les généraux Douay et Vinoy se préparaient à attaquer les insurgés.

L'incendie du palais avait été résolu, le 23, dans un conseil de guerre tenu par l'entourage de Bergeret et présidé par lui. Chacun avait reçu ses instructions pour protéger la retraite des fédérés; Bénot, garçon boucher fait colonel par la Commune, fut spécialement chargé de préparer l'incendie. Il réunit aussitôt le pétrole et la poudre nécessaires, les bougies, les balais, les seaux; et, conduisant une bande de misérables dans les appartements, il aspergea les portes, les planchers, disposa çà et là des bonbonnes pleines; au rez-de-chaussée du pavillon de l'Horloge il plaça un baril de poudre; dans la salle des Maréchaux, des munitions. Tout fut relié par des traînées de poudre que Bénot alluma lui-même. A neuf heures moins cinq, l'horloge des Tuileries s'arrêta sous l'action du feu, et les flammes jaillirent du sommet du pavillon.

Bénot rentra à la caserne du Louvre, vers dix heures du soir, les vêtements imprégnés de l'odeur du pétrole, et donna un dernier coup d'œil aux préparatifs du souper du général Bergeret. Bientôt, tout l'état-major était à table, choquant joyeusement les verres, tandis qu'aux étages supérieurs les fédérés brisaient et démolissaient. Bénot fit ensuite aux convives les honneurs de son œuvre; et tous, de la terrasse du Louvre, contemplèrent l'incendie.

L'imagination la plus exaltée ne peut se faire une idée de ce spectacle, pas plus que la plume n'arriverait à le décrire. Cette immense façade de quatre cents mètres de développement vomissant par des centaines d'ouvertures des langues ardentes qui allaient se perdre dans les aigrettes de flammes dardées par les combles; les intermittences soudaines de cette éruption permettant au regard de scruter dans ses détails l'intérieur incandescent du palais; puis, pour couronner cette œuvre de pyrotechnie infernale par un bouquet digne d'elle, la grande coupole centrale de Philibert Delorme s'abîmant dans une gerbe de feu qui sembla jaillir jusqu'aux étoiles effarées : ce sont là les quelques linéaments d'une description impossible.

Si le feu d'artifice fut affreusement splendide, bien tristes sont les ruines qu'il a faites, mais d'une tristesse sans majesté et même sans grandeur, malgré leur immensité. A peu de distance on dirait les restes calcinés de quelque grande filature. Sauf le pavillon de Flore qui venait d'être fort élégamment reconstruit par M. Le Fuel, et qui a dû à l'état de l'intérieur, encore inachevé, d'être relativement épargné par l'élément destructeur, le reste n'est plus qu'une double et longue paroi criblée d'ouvertures béantes. Les statues ne font plus qu'un amas de cendres calcinées ; ornements, bronzes, moulures, frises et chapiteaux exquis sont confondus dans la promiscuité fumante d'un métal sans nom ; vestibules, escaliers gigantesques, galeries, beautés éblouissantes, panneaux superbes, tout ce que le génie d'une nation d'artistes avait mis des siècles à créer, n'est plus aujourd'hui que cendres et poussière. Une nuit d'incendie a suffi pour étendre sur nos constructions d'hier la patine des siècles.

Les idiots furieux qui ont voué ce palais au pétrole pour purifier, disaient-ils, une place souillée par le séjour du despotisme, auraient dû se souvenir que les Tuileries ont reçu l'onction insurrectionnelle de la Terreur, que les scènes les plus émouvantes de la Révolution française se reflétaient en quelque sorte sur les murs ; que la Convention nationale a tenu des séances dans la salle du théâtre, depuis l'an Ier jusqu'à l'an IV, et que le Comité de salut public en fit son antre.

Nous allons suivre de monument en monument les progrès des flammes. Vers quatre heures, les nouvelles deviennent de plus en plus mauvaises ; on se dispose à incendier le Louvre ; on mettra, en commençant, le feu à la bibliothèque qui attisera merveilleusement la flamme. Malgré les supplications et les larmes des gardiens de ce trésor, un groupe, armé jusqu'aux dents et le pétrole à la main, envahit le pavillon de la bibliothèque, verse le liquide sur les parquets et dans la cage de l'escalier, et sort par une cour de la caserne du Louvre en laissant derrière elle un sillage incandescent. La surprise des insurgés, le manque de temps pour leurs sinistres préparatifs, et le dévouement de l'armée qui se précipite au pas de course sur le Louvre en feu ont contribué à sauver le reste du monument.

Si les richesses artistiques qu'il renferme avaient été préservées, jusque-là, de la destruction, elles le doivent à M. Barbet de Jouy, de conservateur devenu gardien, à M. Héron de Villefosse et à M. Morent, qui, restés à leur poste, multiplièrent les prodiges de présence d'esprit et d'audace. Presque tous les établissements, voués aux travaux et aux œuvres de l'intelligence, furent sauvés de même par le dévouement et le courage des fonctionnaires de tout ordre qui n'avaient voulu fuir ni les périls généraux de Paris, ni les périls particuliers de leur service. Le zèle et le courage qu'ils ont alors déployés ont souvent imposé aux incendiaires et atténué les effets de leur rage, lorsqu'elle ne put être conjurée ou détournée. Les Archives, dans un des quartiers les plus exposés, ont été préservées par la vigilance de leur directeur, M. Alfred Maury et de ses employés. Mais c'est surtout à l'Observatoire que le dévouement à la science a pris un caractère dramatique.

Il faut lire dans le Rapport des directeurs du bulletin international de l'Observatoire de Paris l'émouvant récit de M. Marié-Davy, chef du bureau météorologique : ces trois jours passés au milieu des insurgés, — l'espèce de déférence qu'ils témoignent aux savants, en voyant que leur présence et leurs formidables mesures de défense n'empêchent pas les travaux, — la sécurité relative dont on jouit, jusqu'au moment où, dans la nuit du 23 au 24 mai, l'incendie est tout à coup annoncé, — les efforts faits pour l'éteindre, avec le concours des domestiques et de quelques ouvriers réfractaires de la Commune à qui l'Observatoire avait donné asile, — la brusque apparition des fédérés forçant l'entrée de l'édifice, et y cherchant un refuge contre les troupes qui les poursuivaient, — les préparatifs accumulés pendant plusieurs heures pour le faire sauter, — le salut enfin, au moment le plus critique, par l'irruption soudaine des soldats.

Le Palais-Royal était trop voisin des Tuileries et du Louvre; ainsi que ces deux palais, il rappelait trop les souvenirs de la royauté pour ne pas être désigné dès les premiers jours à la torche des incendiaires. C'est dans l'après-midi du 24 qu'ils y mirent le feu. Les balles qui sifflaient sur la place du palais, les obus qui pleuvaient dans l'intérieur empêchèrent de porter d'efficaces secours, aussi la flamme eut bientôt acquis une effrayante intensité. Toute la nuit les lueurs rouges de l'incendie ensanglantèrent le ciel, dans le premier arrondissement. La fumée, qui s'élevait en tourbillons, s'étendait de toutes parts sur la ville et formait un voile immense comme pour cacher les scènes atroces qui se déroulaient plus bas.

Le matin du 25, quelques secours purent être organisés, des pompes furent amenées et commencèrent à fonctionner; les habitants du quartier prêtèrent le concours le plus dévoué. Mais leur zèle fut paralysé par la ruse : à un certain moment, le pompier qui dirigeait le jet s'aperçut qu'il lançait du pétrole au milieu des flammes. De nombreuses arrestations eurent lieu, on fusilla sur place des femmes prises en flagrant délit. Dans la soirée seulement on se rendit maître du feu. Mais la galerie qui restait du palais édifié par Richelieu, celle du Trône et la plus grande partie du monument rebâti, après l'incendie de 1763, par le grand-père du roi Louis-Philippe, étaient complétement détruites.

Pendant que la foule contemplait tristement l'édifice qui s'effondrait, on vit jaillir d'une fenêtre une langue de flamme. Elle venait lécher la hampe de fer qui soutenait le drapeau rouge déjà noirci par la fumée. Le feu gagna bientôt l'étoffe, il en atteignit l'extrémité, et en un clin d'œil l'oriflamme disparut et ses cendres furent dispersées par le vent. C'était le dernier vestige de la révolution qui disparaissait.

Les Tuileries en cendres, le Louvre en flammes, le palais des princes d'Orléans détruit, ainsi que le ministère des finances, la rue Royale couverte de décombres et montrant ses entrailles, la moitié de Paris saccagée et baignant dans le sang, tel est le spectacle que présente la rive droite.

On espérait que les hommes, qui ont demandé le plus haut les franchises municipales, auraient du moins respecté la maison du peuple de Paris; et c'est là précisément que les ravages de l'incendie ont été le plus effroyables, là que la fureur de la révolution a été déployée dans toute son horreur. Quatre pans de mur, c'est tout ce qui reste de ces constructions célèbres, au sein desquelles s'est passée presque toute l'histoire de Paris, de ces salles splendides où retentissait le bruit des joies et des fêtes de l'Empire. Les rois et les reines de l'Europe sont venus là admirer et envier les grandeurs du Paris impérial! L'Empire s'est effondré; le palais n'est plus qu'un souvenir! Plus même de trace de ce léger campanile qui s'élançait si élégamment dans les airs. Et les salles du Trône, des Arcades, les deux salons des Arts, la salle des Cariatides, celle de la Paix, la grande galerie où tant de célébrités sont venues, aux grands jours de gala, illustrer nos fêtes, où sont-ils? Tout a été détruit. Les actes de l'état civil n'existent plus. Honte sur ces vandales qui ont accompli de sang-froid ce que les Prussiens n'ont pas osé faire pendant la guerre!

Cette horreur et cet effroi que les habitants de Pompéi éprouvèrent quand les cendres et les laves du Vésuve firent une éruption subite, la population de Paris les a ressenties. Pas un quartier qui ne se soit vu menacé, pas un habitant qui n'ait eu à redouter le feu et la mort. A peine vient-on de constater l'horrible dégât de l'élément destructeur dans une rue, que l'incendie se déclare plus loin. Une main invisible promène la torche sur tous les toits et au fond de toutes les caves. On arrête des femmes et des enfants au moment où ils lancent le pétrole et l'étoupe enflammée. De tous côtés on découvre des fils électriques communiquant à des mines.

L'idée de Paris brûlé et anéanti, cette idée que l'imagination n'eût pas osé concevoir, semble près de se réaliser. Les Tuileries, le Louvre, le ministère des finances, le Palais-Royal, l'Hôtel de ville, tant de monuments, d'hôtels et de maisons brûlent encore, que des flots de flammes et de fumée s'élèvent à l'horizon, sur la rive gauche. Le Conseil d'État, le Châtelet, le Palais de Justice s'embrasent simultanément. On dirait un océan de feu élevant jusqu'au ciel ses vagues alternativement rouges et noires. Nous avons eu la douleur de contempler ce spectacle à la fois horrible et grandiose : Paris semblait n'être plus qu'une agglomération de volcans où cent cratères lançaient des torrents de flammes. Les monuments épargnés se détachaient en noir sur le fond éclatant des incendies ; et comme pour donner à cette scène quelque chose de plus lugubre encore, le fleuve la reflétait dans ses ondes.

Dans cette dure sentence de la Commune contre les monuments de Paris, le Palais de Justice était justement condamné. Il fut jadis la demeure de nos rois, le siége de l'unité nationale, l'un des foyers les plus brillants de la civilisation et du génie de la France. Au cours du temps, il était devenu, pour Paris, le centre de la vie civile et l'asile inviolable où le droit de chacun trouvait sa charte, ses preuves et ses sûretés. Dans ses réduits obscurs, dans ses greffes poudreux, il cachait un trésor : les parchemins, les blasons et les archives d'une société maudite que l'on s'était promis d'anéantir sans retour. Il fallait que tout pérît : les contrats, les jugements, les titres d'hérédité, ces lois qui nous gouvernent, qui nous lient ; tout, jusqu'à nos noms, jusqu'à nos antiquités domestiques, jusqu'à ces actes sacrés que les générations se transmettent l'une à l'autre, comme le seul témoignage durable de leur passage sur la terre. La salle des Pas-Perdus, que l'Europe entière connaissait, est tombée dans le feu, couvrant de ses décombres la place où fut la table de marbre, et où se puisaient les plus anciens souvenirs de notre histoire. « Vous avez vu là, dit M. Rousse, l'effrayant chef-d'œuvre que le génie du mal a su faire : les voûtes déchirées, ouvertes sur le ciel ; ces fers gigantesques tordus dans la fournaise, les dalles soulevées par l'incendie et se heurtant en tumulte ; les statues mutilées, les murailles dorées par les flammes, comme sont dorés par le soleil de la Grèce les marbres du Parthénon ; ces colonnes rugueuses, rongées et ciselées par le feu comme des arbres qu'a broutés la dent des troupeaux.... Et au fond de la scène, éclairé par un brusque rayon de lumière, ce bas-relief étrange : la Justice impassible, l'éternelle Thémis tenant la balance, appuyée sur le glaive et regardant les coupables. Mais déjà cette vision s'est évanouie ; l'apparition vengeresse est rentrée dans l'ombre, et ces ruines mêmes ont péri.... *Etiam periere ruinæ.* »

Le foyer principal de la rive gauche se trouve entre la Halle aux vins et la gare d'Orléans. Les vastes approvisionnements d'alcool et les dépôts d'huile de pétrole du Jardin des plantes fournissent des matières terribles à l'incendie. A chaque instant, d'immenses jets de flammes, dont la lumière du soleil n'empêche pas l'éclat, s'élèvent jusqu'à une hauteur prodigieuse, et des flots accumulés de fumée épaisse forment un vaste nuage qui s'étend jusqu'à Versailles. Des détonations successives se font entendre : c'est le bruit du canon ou le fracas prolongé des explosions.

Mais ce n'est là qu'un prologue, c'est en arrivant à la place de la Bastille que le vrai spectacle se déroule. Toutes les voies qui aboutissent à cet immense espace y versent des cataractes de ruines et de scories. On se croirait au centre du cratère d'un volcan éteint. Au milieu se dresse la colonne de Juillet, brûlée aussi (car les insurgés avaient fait de son fût une colossale torche à pétrole). Elle est hideuse et grotesque. Criblée de coups de mitraille et d'obus, noircie, bosselée, déformée, elle a l'aspect d'un vieux tuyau de poêle. La flamme fuligineuse a *culoté* son génie de la liberté, cette effrontée statue qui a volé sa pose au Mercure de Jean de Bologne, et qui tient à la main une torche allumée.

A gauche, tout le long du quai du Canal et sur une étendue de plus d'un kilomètre, fument les débris de l'arsenal et des entrepôts de la Villette. C'est un spectacle navrant, épouvantable, que celui de ces quelques pans de mur calcinés et brûlants, qui seuls indiquent encore la place où furent tant d'objets de prix et de précieuses denrées devenues la proie des flammes.

Ces docks se composaient de trois bâtiments principaux situés tous les trois au bord du canal de l'Ourcq : l'un, au n° 204 du boulevard de la Villette, en haut du faubourg Saint-Martin ; les deux autres auprès du pont tournant, près de la rue de la Crimée. C'est le premier de ces corps de bâtiments qui fut incendié d'abord, dans l'après-midi du jeudi. Les insurgés prévoyaient qu'ils ne pourraient tenir longtemps encore à la barricade établie sur ce boulevard, c'est pourquoi plusieurs d'entre eux vinrent répandre des bonbonnes d'essences minérales au pied des murs de l'entrepôt, et y mirent le feu. Il était impossible aux voisins de porter le moindre secours, car la barricade fut défendue pendant une demi-heure au milieu d'une véritable grêle de balles et d'obus.

Cet entrepôt contenait peut-être pour quinze ou vingt millions de francs de marchandises, non-seulement en blé, farine, avoines, colza, huile, mais surtout en objets de provenance exotique, cachemires des Indes, châles de Perse, soieries de Chine, etc., etc., etc. C'était l'entrepôt des marchandises des colonies, et les magasins en étaient encombrés depuis la crise commerciale.

Tous les bâtiments n'ayant qu'un rez-de-chaussée qui longe le canal ont été préservés; mais les deux corps situés à l'autre extrémité, ont été entièrement consumés.

Nous ne pouvons énumérer les propriétés particulières qui sont devenues la proie des flammes. Nous ne parlerons que des quartiers les plus éprouvés.

Dans la maison qui fait l'angle de la rue du Faubourg-Saint-Honoré et de la rue Royale, des filles de magasin et des servantes, pour se soustraire aux projectiles des combattants, s'étaient réfugiées dans les caves. Refoulés par les troupes de Versailles, les fédérés avaient battu en retraite, laissant à leur suite les misérables chargés de mettre une barrière de feu entre eux et l'armée victorieuse; l'incendie s'alluma en même temps aux quatre coins du carrefour et rendit bientôt toute fuite impossible; les malheureuses filles, abandonnées de tous, périrent misérablement, écrasées sous les décombres ou brûlées vives.

Rue de Rivoli, les maisons qui faisaient face à la colonnade du Louvre furent détruites, ainsi que le n° 79, habité par l'ancien maire du premier arrondissement.

La maison portant le numéro 38 de la rue de Rivoli a été sauvée grâce à l'énergie et au courage d'un voisin, le docteur Joulin, professeur à l'École de médecine, et de M. Levasseur, pharmacien, rue de la Monnaie. Contraints de l'épargner, les fédérés la saccagèrent; les meubles et tous les objets la garnissant furent jetés par les fenêtres. Les habitants étaient menacés d'être fusillés ou de périr dans les flammes.

Sur la rive gauche de la Seine, la rue de Lille est une de celles qui ont le plus souffert. Dix-neuf maisons ont été incendiées. Dans la rue du Bac, neuf sont encore en ruines.

Les maisons 9, 11 et 13 du boulevard Sébastopol et une partie des magasins de Pygmalion furent brûlées. Le mardi, à trois heures du soir, deux gardes nationaux et un artilleur se présentaient à l'appartement de M. Santon, syndic de faillites, et y déposaient une quantité considérable de pétrole. Comme on leur demandait des explications, ils exhibèrent un ordre signé par le général Bergeret.

Nous terminerons cette funèbre énumération de ruines en rappelant l'incendie du *Tapis-Rouge*, que ni l'origine de son propriétaire, ni la couleur de son enseigne ne purent sauver du désastre, et la destruction des maisons du carrefour de la Croix-Rouge, ainsi que celle de la rue Vavin.

Quel spectacle présentait alors la ville de Paris! Cette grande capitale, si fière de sa civilisation, était bien la ville des ruines et des pleurs, la véritable *citta dolente* du poëte. Jamais on ne vit rien d'aussi fantastique; l'imagination de Milton ne créa rien de pareil; Savonarole prédisant la dévastation de l'Italie ne conçut rien de plus affreux. Qu'on se figure une immense perspective, tout ensoleillée de feu, tout obscurcie de fumée, les silhouettes sombres des édifices parisiens se dressant çà et là, puis des foyers flambants; et sillonnant cette fournaise, les obus, les boîtes à mitraille, les bombes à pétrole.... un grincement formidable.... le déchirement de la mitrailleuse.... le grondement du canon.... les pans de murs qui s'écroulent! On aurait dit un effroyable tremblement de terre. Volcan mal éteint, le cratère populaire s'était ouvert sur tous les points à la fois, vomissant la lave, et le feu, et le sang.

Mais le Comité de salut public ne se proposait pas seulement de brûler Paris; il avait conçu aussi l'idée de le faire sauter. Les égouts, les sous-œuvres de nos édifices avaient été, à cet effet, criblés de mines, et les fourneaux étaient chargés de poudre, de dynamite et de pétrole. Le Trocadéro, les Ternes, le boulevard Malesherbes, la gare Saint-Lazare, les Invalides, l'église Sainte-Clotilde, la rue de Lille, la rue Saint-Dominique, devaient s'écrouler sous un jeu d'explosions formidables. L'armée, heureusement, découvrit à temps les fils conducteurs destinés à la mise du feu. Quand un détachement pénétrait dans un quartier, il se divisait en deux sections, dont l'une gardait les rues à la surface du sol, et l'autre explorait les égouts sous la conduite des officiers du génie. Grâce aux habiles recherches et à la circonspection de ces mineurs habiles, on sut prévenir toute espèce d'accidents, et c'est l'incendie seulement qui a fait des ravages.

On a beau interroger les siècles passés, on n'y trouve rien de pareil. Lorsque les barbares envahissaient l'empire romain, lorsqu'ils pillaient les temples et détruisaient les chefs-d'œuvre de l'art antique, ils n'obéissaient qu'aux instincts de leur ignorance. A Rome, dans l'époque de sa puissance, Catilina s'était bien écrié un jour : *Mandatum meum ruina restinguam*, mais cette menace n'avait point été réalisée.

En vain les membres de la Commune, réfugiés à Londres, s'autorisent-ils de l'exemple des soldats anglais, mettant le feu au Capitole, à Washington et au palais d'été de l'empereur de Chine, ou encore de l'exemple des Prussiens brûlant par vengeance des villes comme Châteaudun, et des villages sans nombre : Anglais et Prussiens étaient là en terre ennemie. En vain allèguent-ils les nécessités de la guerre : « La Commune n'a employé le feu que comme moyen de défense. Elle s'en est servie pour fermer aux troupes de Versailles les longues avenues ouvertes expressément pour l'usage de l'artillerie; elle s'en est servie pour couvrir sa retraite. » Mais on peut constater que les honteux exploits des incendiaires se divisent en deux catégories. Sur certains points les insurgés ont procédé dans une intention stratégique, afin de barrer le passage des troupes victorieuses ; une barricade est forcée : avant de l'abandonner les défenseurs mettent le feu aux maisons, sur les deux côtés de la rue; puis, ils se rejettent derrière la barricade suivante. Le brasier empêche les soldats de tourner l'obstacle : il faut l'escalader par le milieu de la chaussée, droit sous les balles de l'adversaire, ou bien faire un long détour : l'alternative se résout par une perte d'hommes ou par une perte de temps. A ce cas se rapporte la ruine de la plupart des maisons particulières. Mais si l'incendie d'un grand nombre de maisons et, en particulier, du massif de la Croix-Rouge peut s'expliquer par la nécessité de s'opposer à la marche victorieuse des Versaillais dans les quartiers de la rive gauche, pareille raison ne saurait être invoquée pour justifier l'incendie du théâtre de la Porte-Saint-Martin et des maisons attenantes; ni ceux des boulevards du Temple, du Prince-Eugène et du faubourg Saint-Antoine; ni ceux de la rue Royale, sous les décombres desquels furent ensevelies de nombreuses victimes. Il y a dans la destruction des maisons particulières, quelque chose de plus révoltant peut-être et de plus sinistre que dans celle des monuments publics. Celle-ci peut être, à la rigueur, mise au compte des passions politiques; il faut songer que les misérables, qui ont couronné par de tels crimes leur sanglante carrière, étaient surexcités par deux mois et demi d'une lutte sans espoir. Depuis plus de six semaines, le bruit incessant et chaque jour plus rapproché de la fusillade avait dû pousser jusqu'à la plus furieuse démence, la folie qui les avait portés à se jeter dans une entreprise aussi extravagante que criminelle. Mais les autres incendies ont un caractère de perversité plus intense, d'empoisonnement moral plus intime. Elles sont vraiment l'œuvre de la fédération de tous les vils instincts, de tous les monstrueux appétits de l'espèce humaine, et n'ont d'autre raison d'être que l'assouvissement d'une haine de paria enragé.

En général cependant, lorsque les vaincus incendient pour détruire, leur rage s'attaque systématiquement aux édifices publics. C'est une espèce de revanche monstrueuse. Les monuments de l'État et de la cité sont aussi maltraités que les otages de la Roquette : aux uns la fusillade, aux autres le pétrole.

III

On a écrit que les incendiaires obéissent le plus souvent à une sorte d'hystérie cervicale qui leur procure à la vue des flammes d'ineffables jouissances. Tout ce qu'il y avait de mauvais, de vicieux, de lâche dans la population parisienne tressaillit à la voix de Delescluze. Feu! Feu partout! avait-il ordonné, et Paris, nouveau Sardanapale, se fit un bûcher de toutes ses richesses et de toutes ses gloires! Mais faut-il attribuer uniquement à des Français une si épouvantable conflagration ?

M. de Bismark n'a pu cacher l'impression que lui produisait l'incendie de nos monuments ; c'est avec une joie manifeste qu'il s'est écrié : « *Leur brillant Paris n'est déjà plus le même.* » Et cette joie a été publiquement partagée par l'armée allemande.

« Nous étions à Montmorency pendant cette semaine infernale, dit M. Paul de Saint-Victor. Chaque soir du haut des collines, on voyait les incendies s'allumer dans l'enceinte de Paris qui remplissait l'horizon.... Le spectre rouge de la grande ville, brûlée vive, flamboyait sous la noirceur de la nuit; les officiers et les soldats prussiens accouraient là comme aux avant-scènes d'un joyeux spectacle, gais, railleurs, bruyamment hilares, saluant les jets de flammes incendiaires comme les fusées d'un feu d'artifice. J'entends encore leurs éclats de rire, j'entends leurs hurrahs et leurs quolibets vociférés dans cette langue allemande qui prend, lorsqu'elle insulte, l'accent bestial d'un idiome sauvage. Ces rires effrayants déchiraient le cœur. »

L'attitude de nos vainqueurs manifeste leur basse jalousie et leurs sentiments envieux, mais ne prouve pas clairement qu'ils aient eu la main dans nos derniers désastres. La lettre suivante ouvre un champ plus vaste aux suppositions. Elle a été adressée, le 25 mai 1871, au journal *la Gironde*, par un officier de l'armée danoise :

« Je suis Danois d'origine, mais Français de cœur; et, en

lisant dans votre journal l'incendie du Louvre et des Tuileries, j'éprouve une profonde tristesse. Cependant laissez-moi vous rapporter quelques bribes de ma conversation avec un officier d'état-major prussien que je rencontrai, il y a quelques jours, à Compiègne, et dont je fis la connaissance en 1868, précisément au bal des Tuileries, en l'entendant causer en allemand, avec assez de familiarité, avec un domestique de Sa Majesté l'empereur qui le servait au souper. « Que « pensez-vous du drame qui se passe à Paris? me dit-il. Je « suis fier du succès de mon pays, mais où je rougis d'être « Allemand, c'est d'entendre à mes côtés nos généraux se ré- « jouir des forfaits de cette lie de toutes les nations, en partie « soudoyée par Bismark pour que, suivant la prophétie, « Paris « pourrisse dans son jus ». Et, afin de compléter le « programme, *ils brûleront tout*, pour la plus grande gloire « de l'Allemagne. » La prédiction s'accomplit vous voyez, et ma mémoire me retrace fidèlement ces paroles sinistres dont je vous garantis la parfaite exactitude. »

Il y a plus d'une révélation dans cette lettre, mais point de données suffisantes pour affirmer que la Prusse ait allumé elle-même les incendies de Paris. Quand on accuse, il faut être certain des faits que l'on avance, et les preuves manquent ici; on en est réduit à des conjectures que justifient cependant des indices de la plus haute gravité. Les escouades de pétroleuses, qui ont badigeonné de liquides inflammables nos monuments et nos collections, avaient fait plus d'une visite aux camps prussiens; et quand elles se sont mises à l'œuvre, elles ont employé les procédés que pratiquaient les officiers allemands pour brûler nos villages.

IV

De la cité, où chaque âge est en quelque sorte représenté par un chef-d'œuvre, il ne devait rester dans la pensée des hommes de la Commune aucune pierre debout. Mais si quelque chose pouvait surtout offusquer leurs regards, exciter leur rage, c'était l'Église, aussi ce fut contre l'Église qu'ils résolurent principalement de tourner leurs fureurs et leurs vengeances.

Eh bien ! qu'est-il advenu ? Tandis que les décombres s'amoncelaient dans notre cher et malheureux Paris ; tandis que les monuments où s'abritaient les livres, les archives de la fortune publique, où se rendait la justice, où s'étaient succédé les représentants couronnés de la puissance souveraine, où s'administraient les intérêts de la ville si longtemps appelée la capitale du monde civilisé, où s'accumulaient enfin les ressources prévoyantes de la grande cité ; tandis que toutes ces merveilles étaient réduites en cendres, les temples demeuraient debout. Vainement les plus précieuses reliques de l'art catholique, la Sainte-Chapelle et Notre-Dame ont-elles été condamnées à l'anéantissement : les flammes les ont entourées, envahies même, et la maison de Dieu n'a pas péri.

Ce fut une poignante angoisse parmi les spectateurs terrifiés des catastrophes de la grande ville, lorsqu'on vit la svelte église de saint Louis enveloppée par les flammes qui dévoraient le Palais de Justice. Ce fut aussi un ravissement de joie et de reconnaissance lorsque sa flèche dorée sortit du brasier, intacte et brillante comme un rayon d'espérance, pareille à ces vierges martyres qui, liées au poteau d'un bûcher ardent, apparaissaient quand il était consumé, le sourire aux lèvres et les yeux au ciel sans que le feu eût même effleuré leurs cheveux épars. L'ange qui plane sur le sommet de l'abside complétait cette miraculeuse ressemblance ; un ange aussi apparaît quelquefois sur le bûcher des saintes et l'éteint du vent de ses ailes [1].

Mais tandis que les flammes respectaient la Sainte-Chapelle, on vit une lourde fumée s'échapper incertaine des flancs de Notre-Dame. L'antique métropole avait bien été dépouillée de ses richesses, mais encore intacte dans sa colossale structure, elle abritait de son ombre ceux-là mêmes

---

[1]. C'est aux pompiers de Rambouillet et de Chartres, sous le commandement de M. Guénot, capitaine des pompiers de Rambouillet, qu'on doit la conservation de ce joyau.

qui conspiraient contre elle. On voyait avec étonnement sa majestueuse silhouette se dessiner aux lueurs sinistres de l'incendie qui consumait l'asile redouté des tyrans de la Commune.

Ce fut alors que les insurgés du 18 mars, écrasés de tant de grandeur, résolurent de faire disparaître la vieille basilique au milieu des flammes, et d'ensevelir pour jamais dans ses ruines le souvenir de nos siècles de foi. Elle fut heureusement sauvée, grâce au courage des habitants des rues Chanoinesse, du Cloître-Notre-Dame et Massillon, et surtout de quelques gardes nationaux du 94e bataillon, qui, les premiers, pénétrèrent dans la nef déjà envahie par les flammes. Voici, du reste, le récit détaillé qu'a donné le *National* des incidents qui ont amené la préservation de Notre-Dame :

« Le mercredi, à trois heures du matin, arrive sur la place du Parvis-Notre-Dame une voiture portant deux tonneaux de pétrole, sous la direction d'un lieutenant d'état-major de la garde nationale, qui requiert dans un établissement du voisinage deux seaux et des pinces pour accomplir son abominable travail. On lui représente tout ce qu'il y a d'affreux dans un pareil acte, accompli tout à côté de l'Hôtel-Dieu, qui renferme sept à huit cents malades ou blessés, et dont la vie sera bien exposée par cet acte sauvage. Il répond qu'il a des ordres formels, mais qu'il va cependant en référer au Comité de salut public; bientôt il vient annoncer que le monument sera épargné.

« Toutefois on est entré dans l'église, et quelque temps après la voiture repart, mais ne contient plus les tonneaux. L'édifice n'a pas changé d'aspect, ses portes sont fermées et le guet est fait par une compagnie de gardes nationaux. Ces braves exécutent leur consigne, qui est de menacer de mort tout individu qui tentera de séjourner autour de l'édifice.

« Quelques heures plus tard, les gardes abandonnent leur poste. Un passant croit apercevoir de la fumée qui s'échappe de la toiture de la cathédrale, il vient à l'Hôtel-Dieu faire part de son observation; les internes en pharmacie sont prévenus; six d'entre eux courent sur le lieu du sinistre; on leur indique la demeure du sonneur qui, après quelques difficultés, leur livre les clefs de la cathédrale. Ils y pénètrent par la rue du Cloître-Notre-Dame, malgré les observations des personnes présentes qui craignent que ce ne soit une fournaise contenant des barils de pétrole ou de poudre. Mais ils sont arrêtés bientôt par une fumée noire et suffocante qui remplit complétement l'intérieur; les lumières s'éteignent dans ce milieu irrespirable. Cependant, à mesure que l'atmosphère devient moins insupportable, on avance de quelques pas. On trouve un premier brasier en avant du maître autel avec lequel il se relie des deux côtés; il est formé par des chaises, des fauteuils, des tapis entassés jusqu'à l'autel, qui va bientôt s'enflammer, car il est brûlant, et la chaleur en a déjà fait casser le marbre. On a réussi, non sans peine, à organiser la circulation de quelques seaux d'eau, que des femmes et des jeunes filles, habitant la rue Chanoinesse, font parvenir avec beaucoup de zèle.

« On pouvait espérer déjà que les efforts seraient couronnés de succès, si on agissait rapidement. Les morceaux de bois pétillaient en se carbonisant, il fallait les atteindre tout de suite; on donna donc de l'air en brisant quelques vitraux; et en tournant le monument, on attaqua avec des barres de fer les grandes portes s'ouvrant sur la place du Parvis : l'une fut enfoncée et l'autre ouverte; mais il n'y avait pas encore d'incendie de ce côté.

« Les fédérés de la caserne de la Cité accueillirent ces tentatives sur la façade par quelques coups de feu, qui n'atteignirent personne : les balles vinrent s'aplatir sur la pierre du portail. On ouvrit aussi la porte qui donne sur le quai, et on organisa une chaîne pour éteindre un nouveau brasier que l'on venait de découvrir.

« Au bout de quelque temps de travail, tout danger parut être conjuré; l'air et la lumière ayant pénétré dans la partie basse de l'édifice, on put s'occuper de visiter le sous-sol, où l'on ne trouva rien de suspect. Afin d'enlever toute facilité à un retour de l'incendie, on sortit les chaises et les boiseries qui avaient été épargnées. Il y en avait plusieurs morceaux se rattachant ensemble et aboutissant à l'autel; ils se reliaient aux boiseries du chœur, et longeaient le monument pour atteindre les grandes orgues : une chaire était renversée, des bancs et des cloisons brisés, le lutrin en morceaux et les livres de chant éparpillés dans le chœur. Heureusement le feu n'avait pu encore gagner tout ce qu'on lui avait préparé, et les pertes ne sont pas très-importantes ; elles ne comprennent que ce qui avait été entassé dans le chœur, sur les côtés et un peu en avant; les magnifiques bas-reliefs en chêne sculpté sont intacts, si ce n'est l'extrémité qui a été un peu léchée par les flammes; une partie du grand lustre est tombée. »

Le plus grand nombre des églises de Paris a échappé comme par miracle, tant aux conséquences du bombardement qu'aux dévastations auxquelles se sont livrés les exécuteurs des hautes œuvres de la Commune. Ainsi la Madeleine, Saint-Augustin, Saint-Germain-l'Auxerrois, Saint-Germain-des-Prés, Saint-Roch, Sainte-Clotilde n'ont pour ainsi dire pas souffert; Saint-Sulpice, Saint-Vincent-de-Paul, Sainte-Élisabeth ont été profanées, comme presque toutes les autres églises, par d'ignobles parodies de 93, mais il n'y a pas eu de graves dégâts matériels.

Un des plus beaux édifices religieux de Paris, en ce sens qu'il est au milieu de cette hétérogénité de style que l'on trouve presque partout, un vestige du style roman dans toute sa pureté et sa grandeur, l'église de Belleville devait être incendiée dans la nuit du 27 au 28. Ses caveaux correspondent par un souterrain qui traverse la rue de Belleville avec la mairie du vingtième arrondissement. Les fédérés avaient fait couler là le pétrole à flots. Une mèche fixée à une botte de paille suivait le souterrain dans toute sa longueur, et aboutissait à la mairie. C'est de ce côté qu'on devait mettre le feu à l'église; elle ne fut sauvée d'un désastre complet que par la promptitude avec laquelle l'attaque fut conduite et exécutée.

Il en fut ainsi de plusieurs autres églises : le grand et magnifique vaisseau de Ménilmontant ne fut préservé de la

III. CHUTE DE LA COMMUNE.

destruction que par l'énergie d'un capitaine, qui parvint à temps à noyer les torpilles déposées pour le faire sauter.

Le Panthéon, qui se dressait avec sa vaste coupole, dominant de sa taille de géant la ville embrasée, ne pouvait manquer d'attirer aussi l'attention des incendiaires. Le 24, vers deux heures, des officiers fédérés sommèrent le gardien de la poudrière, qui contenait encore environ seize millions de cartouches, quinze à vingt tonneaux de poudre et plusieurs caisses de dynamite, de leur en livrer les clefs. Si le brave homme avait eu la faiblesse de se soumettre à cette injonction, le quartier tout entier sautait. Des fils électriques pénétraient dans l'intérieur du monument et touchaient aux fenêtres des caveaux : la moindre étincelle causait un immense désastre. Aussi les gardes nationaux répétaient sans vergogne à tout venant : « Nous n'avons pas jeté de pétrole dans les maisons voisines ; c'était inutile, la chute du Panthéon écrasera tout le reste. La marche rapide de l'armée déconcerta ce sinistre projet : le même jour, vers cinq heures du matin, un vigoureux coup de main opéré par la division Susbielle délivra l'église de l'odieuse tyrannie des communeux. Un peu plus tard, à deux heures, la brigade Paturel envahit le Luxembourg par les portes de la rue d'Assas et de la rue de Vaugirard. Le colonel Biadelli (38ᵉ de marche) enleva l'École des mines, et disposa ses soldats en tirailleurs le long des grilles de la rue de Médicis. Le 18ᵉ bataillon de chasseurs à pied traversa le jardin au pas de course, força la grille qui regarde la rue Soufflot, enleva la barricade du boulevard, et se porta par les chemins en contre-bas dans la rue Cujas et la rue Malebranche. A la même heure, la prise de la barricade de la rue de Rennes ouvrit à l'armée régulière la rue de l'École-de-Médecine, et permit de prendre les fédérés à l'improviste.

D'autres fois, Dieu se sert pour protéger sa demeure d'un plus frêle instrument : c'est ainsi que l'église de Notre-Dame-de-Lorette a été sauvée d'une ruine complète par le courage et le sang-froid d'une artiste dramatique, Mlle Ribaucourt. Cachée derrière les rideaux de sa fenêtre, elle avait suivi les agissements des fédérés dans l'égout de la rue Laffitte qui se prolonge sous l'église, et elle prévint les soldats de Versailles au moment de leur entrée du danger qui menaçait le quartier. Ceux-ci s'étant avancés vers l'endroit désigné, furent arrêtés par les cris de « Qui vive? » Pour toute réponse, les soldats tirèrent sur l'individu, qui tomba. On trouva attaché à son genou un fil qui devait mettre en communication les barils de poudre avec les incendiaires postés à l'extérieur.

Pour quiconque ne ferme pas obstinément les yeux à la lumière, l'intervention divine est ici manifeste. Il est miraculeux, il est surnaturel, en dehors de toute prévision et de toute vraisemblance humaine que les églises, où l'on s'enivrait, où l'on fumait au milieu d'énormes amas de pétrole et de poudre, ne soient pas un monceau de ruines.

Seules, une église paroissiale et une chapelle de communauté devinrent la proie des flammes : l'église de Bercy et la chapelle de Lorette, à Issy.

Le jeudi 25 mai, vers quatre heures de l'après-midi, on vint annoncer au sieur Philippe, maire du XII⁰ arrondissement, que les Versaillais s'avançaient toujours. Il se leva alors précipitamment, et s'écria avec l'accent de la fureur : « Eh bien! nous les recevrons à bras ouverts, à bras ouverts, entendez-vous? Une illumination *a giorno* pour fêter leur triomphe! comprenez-moi. » Et il partit pour préparer l'incendie.

On transporta dans l'église neuf grandes tonnes en fonte et trois en bois, contenant chacune environ quatre cents litres de pétrole, cinq bidons d'essence minérale débouchés pour favoriser le feu par la volatilisation du liquide, une grande quantité de fusées incendiaires et environ deux cents kilog. de torches de résine.

Une trentaine de misérables, hommes, femmes et enfants, entassèrent alors dans la grande nef les chaises, les tapis de paille, tous les objets facilement inflammables et, perçant ensuite les tonneaux, ils répandirent du pétrole sur les autels, sur les housses des lampadaires, des lustres, sur les tableaux, sur les murs, les bancs, partout enfin pour assurer le succès de leur criminel dessein.

Vainement un habitant notable du quartier ferma les portes et s'empara des clefs : vers sept heures, on enfonça le grand portail, et l'incendie commença aussitôt son œuvre[1]; les vitraux éclatèrent; et presque simultanément, par toutes les ouvertures, s'élancèrent des jets enflammés de six à sept mètres de longueur, qui communiquèrent le feu à plusieurs wagons de paille, sur la voie ferrée de Lyon-Méditerranée; bientôt l'incendie redoublant d'intensité au dedans, les flammes sortirent, plus désordonnées, plus furieuses, et se répandirent sur les murs extérieurs qu'elles tapissèrent presque entièrement.

L'effondrement des toitures souleva un nuage de poussière et de fumée, déchiré par des gerbes d'étincelles. A ce moment, l'église ne fut plus qu'une immense fournaise, qui brûla lentement jusqu'à cinq heures du matin; il n'en resta que les murailles calcinées.

Quel prêtre, enfant de Saint-Sulpice, ne se rappelle la douce émotion qu'on éprouvait jadis dans la chapelle de Lorette, à Issy, le respect avec lequel on y pénétrait ? Le feu a consumé presque en entier ce sanctuaire vénéré; le ciel pendant plusieurs mois lui a servi de toiture; ses murs noircis laissaient cependant voir la plupart des fresques qui y étaient peintes, comme si Dieu avait voulu montrer que sa main épargne quand il lui plaît. Quant au reste, c'était un affreux amas de débris; un autel informe, les ferrures des portes, des vitraux, etc., tout cela était étendu pêle-mêle, tordu, cassé et rougi par les flammes qui en ont fait leur proie[2].

« Au sein de cette désolation, dit M. de Flamairion, le soleil ne refuse pas à la ruine les rayons qu'il accordait au

---

1. Un jeune homme de dix-huit ans ayant voulu s'opposer à cette sacrilège destruction, une mégère, transportée de fureur, lui brûla la cervelle avec son revolver et le traîna ensuite par les cheveux jusqu'à l'entrée de l'église, où son cadavre devint bientôt la proie des flammes.
2. Le sanctuaire de Lorette est sorti de ses ruines, et Mgr Guibert en a fait lui-même la consécration, le 10 décembre 1872, au milieu d'un nombreux concours d'anciens et dévoués élèves de Saint-Sulpice.

monument encore debout. Aussi sa lumière inconsciente inondait l'ancienne chapelle ; je m'assis sur les marches de l'autel, et, la tête dans mes deux mains, je me mis à réfléchir. J'entendais dans le silence les insectes bourdonner au-dessus des hautes herbes voisines, et les oiseaux perchés dans les arbres répéter encore leurs chants pour animer leur solitude. Plein de confiance dans la miséricorde de Dieu, je lui demandai pardon des fautes et des crimes de notre époque ; je m'humiliai moi-même en disant : *Parce Domine parce populo tuo, ne in œternum irascaris nobis.* Seigneur ne permettez pas que le règne des méchants revienne et que des temps si douloureux s'imposent à la mémoire des hommes ! Je me levai ; et après avoir salué d'un dernier regard le sanctuaire regretté, j'allai dans le cimetière de la maison. Les croix sont encore intactes, à l'exception d'une seule ; les portiques modestes qui règnent autour du petit champ de repos ont été troués en plusieurs endroits par des obus. »

D'autres églises ont bien été maltraitées, mais beaucoup moins qu'on aurait pu le craindre, car elles ont servi de cible pendant plusieurs heures aux projectiles de l'ennemi.

Le clocher de la Trinité a été percé à jour, nombre de corniches, de festons, d'astragales ont reçu des découpures inattendues ; par un hasard providentiel aucune des statues des saints qui décorent la façade n'a été mutilée.

L'abside de Saint-Eustache a été à moitié effondrée, et les peintures de Couture dans la chapelle de la Vierge ont été complétement perdues.

Une église qui a souffert davantage encore, est celle de Saint-Rémy, de Vanves. Les soins de M. l'abbé de Bussy[1] et de l'administration municipale l'avaient peu à peu restaurée, complétée et embellie dans ces dernières années, à force de zèle et de persévérance. L'ouvrage de dix ans a été détruit en quelques jours ; plus de soixante obus sont tombés sur la toiture et ont fait explosion dans les combles ou pé-

---

1. Aujourd'hui curé de Saint-Gervais

nétré dans l'intérieur de l'édifice, à travers l'épaisseur des murs ; mais ici encore, les derniers malheurs ont été épargnés.

D'où vient cette différence avec les monceaux de cendres et de ruines entassés aujourd'hui sur le lieu où se dressait naguère le palais des Tuileries ? C'en est fait pour jamais de la fière demeure des rois, tandis que s'élèvent encore dans Paris toutes les demeures du Roi des rois ! C'est que là étaient montés vers Dieu les accents du repentir de la France ; là, des prières suppliantes répondaient aux blasphèmes du dehors ; là, des âmes pures expiaient les orgies d'un peuple en délire ; de là partaient vers les saints tabernacles des cris de miséricorde et d'amour. Et le Christ a tenu à prouver cette fois encore qu'il est toujours, dans le temps même qu'il châtie, le Dieu bon, clément et miséricordieux.

Sachons donc tirer un enseignement de ces faits. Quand passe le flot destructeur des passions humaines, quand tout disparaît dans le feu dévorant des utopies athées, la croix reste debout pour indiquer aux sociétés tombées qu'elles ne peuvent réparer leurs ruines qu'à son ombre.

IV

Lorsque se répandit la nouvelle des incendies de Paris, il n'y eut en France qu'un long cri d'horreur. Mais l'historien ne doit pas se borner à raconter et à flétrir le crime des misérables qui ont voulu effacer jusqu'aux souvenirs de notre passé et de notre gloire ; il doit remonter au point de départ, à l'origine de cet épouvantable désastre.

Depuis qu'il avait vu tous les princes et les rois de l'Europe venir contempler ses merveilles, Paris se regardait comme la capitale du monde. Il l'était en effet, mais de ce monde hostile à Jésus-Christ et maudit par lui. Que lui importait Dieu ? Les églises comme les théâtres n'étaient pour lui qu'une parure dont il tirait vanité, sans nul souci de la gloire du Maître. Si quelques âmes d'élite poussaient vers le ciel le cri d'un cœur attristé, il était étouffé au milieu des blasphèmes bruyants d'une multitude sans pudeur et sans frein : plus de repos du dimanche ; absence de tout culte extérieur pour le grand nombre ; dévergondage cynique dans les théâtres, dans les lieux publics, même dans les conversations ; libertinage effronté ; mépris insultant et railleur des choses les plus respectables. Enfin de cette source féconde pour l'empoisonnement, sortaient chaque jour par milliers des feuilles saturées de licence et d'impiété.

Mais ce n'est pas en vain qu'on bannit Dieu d'une cité, qu'on lui refuse les honneurs auxquels il a droit : il se détourne à son tour, et quand Dieu se détourne, c'est le trouble et la confusion. Il aurait pu se venger avec éclat et user de son tonnerre ; il lui a suffi d'abandonner Paris à la Révolution, et pour s'être trop identifiée avec elle, cette malheureuse capitale est couverte aujourd'hui de ruines fumantes et ensanglantées.

En face de cette grande leçon, les Parisiens sauront-ils comprendre ? se rendront-ils, maintenant que les malheurs de leur ville parlent encore aux yeux en même temps qu'à l'entendement ? Hélas ! si, aveugles volontaires nous nous obstinons à ne pas voir, à quoi devons-nous nous attendre ? Et quel châtiment pourra nous amener à confesser que l'abandon de Dieu est une source inépuisable de maux et d'amertumes ? Faudra-t-il que la Révolution s'attaque directement à chacun de nous et que la destruction arrive jusqu'à nos propres demeures ?

Mais il faut bien le dire, Paris n'est pas le seul coupable dans les malheurs de notre temps. Il est bien vrai que les idées révolutionnaires, les usages païens se répandent de Paris dans toute la France, comme les eaux fétides d'un grand égout collecteur qui, grossies par des pluies trop abondantes, se précipitent à travers les plus belles campagnes où elles portent la corruption et la mort. Toutefois, si vous parcourez la liste sinistre de ces héros de l'assassinat et de la destruction enfantés par le satanisme révolutionnaire, vous verrez que non-seulement la majorité est étrangère à Paris, mais encore que certains noms accusent une origine étrangère à la France. Si la province voulait se donner le droit d'imputer exclusivement à la capitale tous nos désastres, elle devrait conserver dans son sein ces hommes perdus d'honneur, perdus par des désordres ou des crimes dont ils portent chez eux la honte à découvert et qu'ils viennent cacher à Paris. Que les départements gardent toutes ces vies désorganisées par la passion du jeu ou l'immoralité, chassées vers nous par l'opinion publique qu'elles ont irritée, par les intérêts privés qu'elles ont lésés dans des affaires conduites ou sans probité ou sans intelligence!

N'est-ce pas de la province que viennent tous les ans ces nuées de jeunes gens qui sont mécontents d'eux-mêmes parce qu'ils ont trahi leurs devoirs et leur conscience? Ces existences turbulentes, inquiètes, irritées de ne pouvoir arriver à la fortune en quelques mois et sans travail, la cherchent par tous les moyens, la demandent à toutes les tentations.

Si vous consultez l'histoire des révolutions parisiennes, elle vous montrera au jour de l'émeute une armée de demi-savants, de petits sophistes, ergoteurs ineptes, qu'on a trouvés sur tous les chemins de la France, dans toutes les réunions malsaines, qui n'apportent pour appoint à la vie morale et sociale de la grande cité que les ruines de leurs croyances religieuses et la haine de ce qui gêne leurs plaisirs. L'autorité est leur ennemie parce qu'elle s'oppose aux désordres pouvant troubler la paix publique, et sur lesquels ils sont obligés de compter pour se créer une fortune ou un succès. Ainsi, n'aimant pas le travail, sacrifiant tous les principes aux nécessités de l'heure présente, maudissant la religion et les prêtres, parce que la religion les importune, par la voix des prêtres, à bout de ressources, ils font appel à la brutalité de la force; ils déclarent la guerre à Dieu et aux hommes, ils brûlent l'autel et la cité.

Quelques réformateurs aveugles, trop enclins à confondre la décentralisation politique, qui serait une chose mortelle pour la France, avec la décentralisation administrative, que nous appelons de tous nos vœux, ont témoigné pour Paris un sentiment de basse jalousie exploité depuis la Commune.

Pour prévenir les trop fréquentes révolutions dont cette ville est le théâtre, ils sont allés jusqu'à proposer de la décapitaliser. Mais « si le prince est à l'État ce que la tête est au corps humain (chose dont on ne peut pas douter) on peut dire que la ville capitale de cet État est ce que le cœur est à ce même corps ; or le cœur est conservé comme le premier organe vivant et le dernier mourant, le principe de la vie, la source et le siége de la chaleur naturelle, qui de là se répand dans toutes les autres parties du corps qu'elle anime et qu'elle soutient jusqu'à ce qu'il ait totalement cessé de vivre [1]. »

Il est remarquable que les idées de Vauban sur Paris ont été celles des hommes les plus illustres de la Révolution, qui, venus pour la plupart du fond de la province, ont abjuré leurs préjugés dans l'intérêt de la patrie.

« C'est le vrai cœur du royaume, poursuit Vauban, la mère commune des Français et l'abrégé de la France, par qui tous les peuples de ce grand État subsistent, et de qui le royaume ne saurait se passer sans déchoir considérablement de sa grandeur. »

Son patriotisme se révolte à l'idée qu'une pareille ville est exposée à tomber entre les mains de l'ennemi.

« Il est à présumer que tant qu'elle subsistera dans la splendeur où elle est, il n'arrivera rien de si fâcheux au royaume dont il ne puisse se relever par les puissants secours qu'elle peut lui donner. Considération très-juste et qui fait que l'on ne peut trop avoir d'égards pour elle, ni trop prendre de précautions pour la conserver ; d'autant plus que si l'ennemi avait forcé nos frontières, battu et dissipé nos armées, et enfin pénétré au dedans du royaume, ce qui est très-difficile, je l'avoue, mais non pas impossible, il ne fît tous les efforts pour se rendre maître de cette capitale, ou du moins pour la ruiner de fond en comble. »

La Providence et les fautes des hommes n'ont pas permis que Paris délivrât la France des armées allemandes, mais avec Strasbourg, Metz, Belfort il a contribué à sauver notre

---

[1]. Vauban.

honneur. Il a donné au monde le spectacle exceptionnel dans l'histoire, le spectacle invraisemblable d'une population de deux millions d'hommes, animés du même esprit de résistance que l'armée, acceptant la souffrance, voulant souffrir davantage, voulant mourir plutôt que de se rendre. Vu à distance, à la distance où la misère des détails doit disparaître, le mémorable siége qu'il a soutenu contre les Prussiens atteste chez ses habitants une qualité rare, en tout temps, la grandeur!

Paris ne mérite donc pas qu'on appelle sur lui les malédictions de la France et les châtiments du ciel, comme nous l'avons vu faire à des insensés, pour conjurer les révolutions qui troublent le pays si profondément. En vérité, si l'on veut sérieusement obtenir ce résultat, il s'agit bien plutôt de rechercher les moyens de rendre la paix aux esprits et la force à la loi.

CHAPITRE IV

MASSACRES DES OTAGES.

Translation des otages à la prison de la Roquette. — Assassinat du pharmacien Koch et de trois autres victimes. — Mort courageuse de Chaudey. — Massacres de la Conciergerie, de la Roquette, du boulevard d'Italie. — Mort du Frère Néomède Justin. — Massacre de la rue Haxo. — Assassinat de Mgr Surat et de ses compagnons. — Résistance désespérée des otages restés à la Roquette. — Délivrance des survivants. — Honneurs rendus aux morts. — Causes et effets des massacres.

I

Lorsqu'on voit jusqu'à quel délire la certitude de la défaite porta la fureur des insurgés contre nos monuments, on s'imagine facilement à quels excès de rage ils durent se livrer contre des hommes désarmés. Les prisons ont été alors le théâtre de drames sanglants et de scènes lugubres dont il est impossible de raconter tous les épisodes, parce qu'ils ne seront peut-être jamais connus. Chacun d'eux éveillerait dans l'âme l'horreur, la honte et le dégoût; à vrai dire, aucun n'ajouterait à l'effroi, à la colère, à la stupeur que fait naître l'ensemble de ces faits qui nous apparaissent comme un insolent et lugubre défi au progrès des mœurs, à la raison, à la science. Nous ne rapporterons que ceux dont nous pouvons garantir la parfaite authenticité.

Certains des prisonniers de la Commune, tels que M. l'abbé Lamazou, vicaire à la Madeleine, M. Laurent Amodru, vicaire à Notre-Dame-des-Victoires, etc., ont livré à la publicité l'émouvante relation de leur captivité et des scènes terribles qui se sont déroulées sous leurs yeux. Mais ces récits, à cause de leur objet restreint, sont nécessairement incomplets. Du reste, ce n'est pas lorsque l'arène de l'amphithéâtre était encore toute fumante du sang des martyrs, qu'au temps de la primitive Église les notaires apostoliques écrivaient en détail les Actes des héros qui avaient été les témoins du Seigneur. Ils se contentaient de placer dans les dyptiques le nom, l'âge, la profession des victimes du fanatisme païen, la date et le lieu de leur martyre, laissant aux historiens de l'Église le soin de raconter les circonstances de leur supplice glorieux. C'est cette dernière tâche que nous avons entreprise. En coordonnant les divers récits des otages, et en les comparant aux faits recueillis par l'enquête et attestés devant les conseils de guerre, nous pouvons écrire aujourd'hui seulement d'une façon sérieuse l'histoire authentique des prisons de la Commune et des fusillades dont elles devinrent le théâtre.

Le christianisme s'est montré là tel qu'il s'était fait voir aux premiers siècles de son histoire. Le monde a vieilli, lui n'a pas changé! C'est toujours la même foi, la même patience, la même sérénité, le même tranquille et humble courage! A travers les siècles, tous nos martyrs se donnent la main, ils continuent la même tradition.

Nous avons vu les chefs de la Commune ordonner à leurs dignes soldats d'incendier les monuments et les maisons à mesure qu'ils se replieraient devant les troupes de Versailles; il ne leur restait donc plus qu'à fixer le sort de leurs nombreux otages : ce sort, hélas! fut promptement décidé.

Les citoyens Ferré, Lefrançois, Protot, Vallès et Vermorel, réunis en conciliabule le 22 mai, et satisfaisant au désir souvent exprimé du procureur de la Commune, décidèrent de nouveau la mort des prisonniers.

Conformément à cet arrêt, presque tous les otages furent transférés à la Roquette, le lundi 22, assez tard dans la soirée, Il y eut pour les pauvres captifs, qui depuis si longtemps n'avaient pas vu et ne connaissaient même pas tous leurs compagnons d'infortune, un instant de douce surprise et d'attendrissement, quand, descendus de leurs cellules respectives et réunis au greffe, ils vinrent à se compter et à se reconnaître : des prêtres, des religieux, des laïques se pressaient autour de l'Archevêque de Paris. M. Bonjean rappelait avec amabilité à Monseigneur des circonstances de sa vie, des entrevues d'autrefois. Il était très-calme et même enjoué et spirituel, quoiqu'il eût beaucoup souffert à Mazas.

Les prisonniers, au nombre d'une quarantaine, furent entassés dans des fourgons de factage appartenant au chemin de fer de Lyon; ils étaient assis sur de simples banquettes de bois placées en travers, exposés à tous les regards, à toutes les insultes. Dans la première charrette montèrent Mgr Darboy, M. l'abbé Petit, son secrétaire général, M. Perny, missionnaire de Chine, M. le président Bonjean, Mgr Surat, archidiacre de Notre-Dame, M. Bayle, promoteur du diocèse, un laïque, M. Jecker, le fameux banquier du Mexique. En dernier lieu venait M. Houillon, prêtre des missions étrangères.

Ils demeurèrent plus d'une heure dans cette voiture, stationnant dans la cour de Mazas. Au dehors, la foule était immense et impatiente; sachant qu'on allait transférer le clergé à la Roquette, elle frappait avec violence à la porte et menaçait de l'enfoncer si l'on n'ouvrait pas. Ce flot populaire, grossissant de minute en minute, accompagna la voiture. Les injures les plus basses, les vociférations les plus éhontées sortaient à la fois de toutes ces bouches hideuses à voir. Une foule d'enfants des deux sexes, de femmes du peuple, d'hommes en blouse, à la figure sauvage, s'écriait : « Arrêtez! arrêtez! A quoi bon aller plus loin? A bas les calotins! Qu'on les coupe en morceaux ici! N'allez pas plus loin. A bas! A bas! »

Les soldats de la Commune avaient de la peine à contenir les vagues de cette mer humaine. La voiture allait au pas comme pour permettre aux prisonniers d'épuiser jusqu'à la lie le calice d'amertume. Au lieu de suivre la grande voie des boulevards, on leur fit traverser la rue du Faubourg-Saint-

Antoine, et tous ces quartiers si dévoués à la Commune. Aucune plainte sur le passé et sur le présent, aucun murmure contre les odieux traitements dont ils étaient l'objet ne s'échappa de leurs lèvres. Plusieurs fois M. le curé de la Madeleine dit à l'Archevêque : « Vous entendez, Monseigneur? » Le prélat garda le silence.

Il était nuit quand les captifs parvinrent à leur troisième et dernière station. On les introduisit d'abord dans une grande salle d'attente au rez-de-chaussée, espèce de vestibule pourvu de bancs le long des murs, où on les retint assez longtemps. C'est que rien n'était prêt pour les recevoir; comme le transférement avait été imprévu, l'installation devait être improvisée. Mais le citoyen François, directeur de la prison, plein d'une ingénieuse prévoyance, imagina sur-le-champ un dispositif simple et commode. Cet honnête fonctionnaire, à l'arrivée du cortége, venait de dire : « On pourra peut-être évincer quelques laïques, mais tous les prêtres y passeront; il y a dix-huit siècles que ces gens-là nous *embêtent.* »

En conséquence, tout un quartier de l'immense prison, débarrassé de ses anciens hôtes, fut exclusivement dévolu aux nouveaux arrivés; ainsi les victimes seraient mieux sous la main du geôlier et passeraient plus vite sous celle des bourreaux.

Cependant l'Archevêque de Paris était là sans distinction aucune, assis comme les autres sur la banquette de bois, entre M. le président Bonjean et M. Deguerry, curé de la Madeleine. Celui-ci venait d'appeler le prélat par son titre honorifique, quand un garde l'interpella durement : » Citoyen, il n'y a plus de seigneur ici. » A l'instant même, l'insulte valut une amende honorable. Le P. Clerc se leva de sa place, et, se mettant à deux genoux devant Monseigneur, lui baisa la main et lui demanda sa bénédiction. Puis, comme le malheureux pontife paraissait défaillant et presque affaissé sur lui-même, il ouvrit un petit paquet qu'il portait sous le bras et lui offrit quelques provisions sauvées de Mazas.

Pendant ce temps, on inscrivait au greffe les noms des

otages, et on disposait leurs cellules qui n'étaient pas prêtes à les recevoir, parce que leur translation à la Roquette avait été subitement ordonnée. On procéda deux fois à l'appel nominal des prisonniers, sans doute pour bien s'assurer qu'ils étaient tous présents. A leur tête figurait l'Archevêque sous le titre de citoyen Darboy. Aussitôt un brigadier, la lanterne à la main, leur fit suivre un long corridor du premier étage : à mesure qu'ils défilaient dans l'ordre où ils avaient été nommés, une porte s'ouvrait et se refermait sur chacun d'eux. L'obscurité était profonde; chaque otage dut palper les murailles de son réduit et chercher sa couchette à tâtons. Le silence de cette première nuit à la Roquette était lugubre; on sentait de sa cellule que toutes les poitrines étaient oppressées par l'émotion et l'expectative des sanglants événements qui allaient s'accomplir. Des gémissements de cœurs plongés dans la prière interrompaient seuls le silence de cette nuit du 22 au 23 mai.

Cependant, le jour à peine venu, les nouveaux hôtes de la Roquette eurent bientôt pris connaissance de leur domicile de la nuit. L'inspection en était facile : pas de table, pas même une chaise, rien qu'un lit, et quel lit! sur des ais grossiers, une paillasse et une couverture. On donna cependant des draps aux otages[1]. On le devine au premier coup d'œil, ici on ne demeure pas, on ne fait que passer, le condamné attend son heure. Et cependant la Roquette vaut bien mieux que Mazas; au moins c'est une prison humaine, les cellules ne sont pas des tombeaux, et si on y est enfermé, on n'y est pas enterré. Au lieu des correspondances du dehors, il y a des conversations au dedans : or, quand la bouche parle, le cœur respire et vit. D'abord chaque cellule, d'un côté du moins, n'est séparée de la cellule voisine que par une cloison qui partage également en deux la fenêtre commune : et ce n'est plus comme à Mazas, une lucarne hors d'atteinte, mais une vraie fenêtre à hauteur

---

1. Mgr Darboy n'eut pas de draps la première nuit qu'il passa à la Roquette. On lui appliqua dans toute sa rigueur la règle qui ordonne d'ôter aux condamnés tout ce qui pourrait servir à une évasion ou à un suicide.

d'appui. Là, au premier signal donné, les deux voisins s'avancent, se rencontrent tête à tête et peuvent sans contrôle échanger des confidences et même une confession. De plus, le règlement de la maison admet les récréations communes. Si le temps est beau, on fait descendre les prisonniers par un escalier tournant, à l'extrémité du corridor, dans le premier chemin de ronde ; quand il fait mauvais, ils se promènent dans le corridor de leur étage respectif, ou même ils se retirent dans les cellules qui demeurent ouvertes. Encore une fois, dans cette maison de mort, il y a de la vie, parce qu'il y a de la société.

Le 23 mai, premier jour passé à la Roquette, faillit être le dernier ; la Commune en pleine déroute avait hâte d'en finir avec les victimes. Il fut donc enjoint d'exécuter immédiatement tous les prisonniers arrivés la veille ; mais le délégué, chargé de cette atroce mission, peu soucieux d'assumer une pareille responsabilité, éluda l'ordre sous prétexte d'un défaut de formes et gagna ainsi quelques heures.

Vers six heures du matin, on donna, selon l'usage, le signal du lever. La journée s'annonçait splendide ; le ciel paraissait en fête et la terre était en deuil ; on entendait le fracas toujours plus proche de la bataille, et on voyait la fumée des grands incendies allumés pendant la nuit : Paris était à feu et à sang. Le sinistre reflet de la flamme se projetait jusqu'à Versailles, et qui a entendu alors cette effroyable nouvelle : *Paris brûle !* ne l'oubliera jamais.

« Le mardi matin, raconte M. Bayle, vicaire général de Paris, je suis allé voir l'Archevêque dans sa cellule ; j'ai trouvé Monseigneur assis sur sa paillasse, et le P. Olivaint assis à côté de lui. Je n'ai passé qu'un instant avec eux ; mais tout dans leur attitude me faisait supposer que le pontife avait dû témoigner au religieux la plus grande confiance. »

En effet, le P. Olivaint, dans un sentiment de vénération compatissante, paraissait s'attacher surtout à la personne de l'Archevêque de Paris. Souvent l'infortuné prélat, affaibli par les privations et la souffrance, demeurait à moitié couché sur son grabat : alors le P. Olivaint venait s'asseoir à ses pieds, et ensemble ils parlaient du passé et du présent ; pouvaient-ils encore parler de l'avenir ? Dès ce premier jour, les vivres commençaient à faire défaut à la Roquette ; le pain même devenait rare. Sans doute, le combat des rues, qui gagnait toujours du terrain, gênait le ravitaillement ordinaire. Le P. Olivaint prenait dans ce qui lui restait encore, un peu de pain d'épices et de chocolat en tablettes : il était donné à un pauvre religieux de faire la charité à un archevêque de Paris.

On remarqua bientôt un rapprochement plus singulier entre le P. Clerc et le président Bonjean ; rencontre bizarre, si elle n'avait été providentielle. Le jésuite et le gallican se trouvèrent voisins de cellule, et ils ne tardèrent point à échanger à travers la fenêtre autre chose que de vaines paroles. Nous en avons le meilleur des témoignages, celui de M. Bonjean lui-même. A la récréation du jour, M. Bonjean dit à l'Archevêque d'un air radieux : « Eh bien ! Monseigneur, moi le gallican, qui aurait jamais cru que je serais converti par un jésuite ? »

De huit heures à neuf heures du matin, avait eu lieu la première récréation de la journée, pendant que les gens de service faisaient le ménage de la cellule. Un trait commun, durant ces intervalles de relâche et de fusion, c'était la sérénité des prisonniers : les cœurs se touchent bien vite dans la communauté de la foi et de l'épreuve ; on retrouvait d'anciennes connaissances et on en faisait de nouvelles, on se consolait et surtout on se confessait.

C'est durant ces récréations qu'eut lieu une scène touchante, la reconnaissance soudaine du P. Olivaint, l'ancien recteur du collège de Vaugirard, et de M. Chevriot, proviseur de la succursale du lycée Louis-le-Grand, à Vanves. M. Bayle, présent à la rencontre des deux amis d'autrefois, raconte ainsi ce qu'il a vu : « J'ai été témoin de l'émotion du P. Olivaint et de M. Chevriot quand ils se sont reconnus : « Êtes-vous, lui demanda celui-ci, Pierre Olivaint qui était à l'école normale à telle époque ? — Oui vraiment. » Et, cela dit, ils s'embrassèrent avec effusion, en s'écriant à la fois : « O mon cher camarade. » C'est ce même fonctionnaire de l'Université à qui un prêtre, M. Guérin, proposa de mourir pour lui, père de famille, s'il était porté sur la liste funèbre, et qui refusa avec autant d'héroïsme.

Le mardi soir, tous les prisonniers étaient internés dans leurs cellules; le tumulte de la grande cité fratricide devenait toujours plus formidable; des batteries de grosses pièces, établies sur les hauteurs du Père-Lachaise, à quelques pas de la Roquette, vomissaient sur tous les quartiers une pluie de fer et de feu; les obus sifflaient, puis éclataient dans toutes les directions; les prisonniers comprirent que la Commune, désespérant de plus en plus du lendemain, ne tarderait pas à ordonner l'exécution des otages. Aussi, dans cette journée mémorable du 24 mai, dès le point du jour, la Roquette, séjour ordinaire du crime, apparut aux yeux de la foi, comme transfigurée. Cà et là, dans les cellules silencieuses, se célébraient de saintes agapes; le P. Olivaint porta la sainte Eucharistie à l'Archevêque de Paris, dont on ne saurait dire la pieuse reconnaissance; et M. Deguerry, curé de la Madeleine, la reçut de la main du P. de Bengy. Ainsi fortifiés, les athlètes du Christ attendaient sans crainte l'heure du sacrifice.

On a trouvé, dans la cellule de l'un de ces généreux confesseurs, une pièce précieuse pour l'Église de Paris: c'est le testament de M. Bécourt, curé de Bonne-Nouvelle. Ce monument de foi et de générosité sacerdotale atteste trop bien les véritables sentiments du prêtre à l'égard de ses persécuteurs, pour ne pas le reproduire textuellement:

« *Prison des condamnés, ce mardi*, 24 *mai* 1871.

« J'envoie à ma bonne mère mes dernières, respectueuses et affectueuses salutations.

« Un souvenir à mon père, mort en 1840.

« Adieu, chère mère, bonne sœur et bon frère.

« Adieu, Mgr d'Arras. Que Mgr d'Arras veuille bien les consoler.

. . . .

« J'ai désiré être curé de Paris; c'est l'occasion de ma

mort : c'est un ancien pressentiment et peut-être une punition.

....

« Adieu à Dugny (où il avait été curé), aux pauvres comme aux riches. Croyez tous à mon amour en Notre-Seigneur Jésus-Christ. Adieu ! adieu ! ....

« Je demande pardon à Dieu. ...... à ma mère, de mes manquements... à mes frère et sœur, de mes duretés... à mes paroissiens de mes défauts... à mes pénitents, que j'ai mal dirigés. ....

« Je demande pardon de certaines oppositions que l'amour-propre m'a fait faire à l'égard de deux curés, M. Hanicle et M. Barot.

« Je demande pardon à tous ceux que j'ai offensés et scandalisés.

« Je pardonne à tout le monde, sans le moindre mouvement d'animosité, à ceux qui, par imprudence, auront occasionné mon arrestation et ma mort.

« Au ciel, parents et amis, au ciel ! Pardon, mon Dieu, pardon !

« Que ceux qui sont ennemis aujourd'hui, demain soient d'accord ! et que Paris devienne une ville de frères qui s'aiment en Dieu !

« Tout à Dieu, tout pour Dieu.

« Que Dieu soit aimé. — Que mes paroissiens croient à la parole d'un mourant.

« Je me prépare comme si j'allais monter à l'autel.

« Que l'on dise bien aux paroissiens et aux enfants que je MEURS PARCE QUE J'AI VOULU RESTER A MON DEVOIR ET SAUVER LES AMES EN NE QUITTANT PAS PARIS.

« Que tout le monde prie pour moi.... Dieu me recevra-t-il ?

« Je prie que l'on me recommande partout aux prières. Priez pour le repos de l'âme du malheureux curé de Bonne-Nouvelle, si pécheur en sa vie.

« Au *commencement de nos malheurs, au mois de septembre, je m'étais offert en état de victime pour Paris !* Dieu s'en est souvenu.

III. CHUTE DE LA COMMUNE.

« Que *mon sang soit le dernier versé!*

« Mgr Daveluy, mon sous-diacre à ma première messe, a été martyrisé en Corée, en 1865.

« Je meurs dans la foi et l'union à la sainte Église.

« Que Dugny, que Puteaux se convertissent.

« Je pardonne, je pardonne avec Jésus-Christ en croix.

. . . .

« Je meurs à cinquante-sept ans et . . . . jours.

» Si j'en avais profité !

« *Ce vendredi 26 mai, six heures et demie du soir.*

« Je meurs dans l'amour de mon Dieu, avec soumission à sa volonté sainte, confiant dans Marie, nonobstant mes péchés.

« Mes parents, mes amis, mes paroissiens, et même ceux qui ne me connaissent pas personnellement, priez pour moi.

« Je prierai pour vous si Dieu me met dans son saint paradis.

« Depuis deux jours je fais mon sacrifice d'heure en heure.

« Heureux celui que la foi soutient dans ce terrible moment !

« Dieu veut toujours notre plus grand bien pour l'éternité.

« S'il avait voulu faire un miracle. . . .

« Il ne l'a pas voulu. Tout à sa volonté.

« Un de mes confrères ayant une sainte hostie, j'ai reçu la communion en viatique. »

« Voilà, dit Louis Veuillot, un pauvre prêtre que l'on va tuer. Il n'a rien à attendre des hommes qu'une mort cruelle et immédiate. Il n'espère du monde aucun secours; son humble mémoire n'a besoin d'aucune réparation. Désormais son unique affaire est avec Dieu. Il se confesse à Dieu. L'on ne peut imaginer des conditions de sincérité plus entières.

« Il a vécu cinquante-sept ans, il a été curé ; il a gouverné en dernier lieu une grande paroisse. Voyez de quoi il s'est mêlé dans le monde, ce qu'il a fait, ce qui l'inquiète au dernier moment, de quelle façon il reçoit cette cruelle et injuste mort. Il nomme tous ceux qu'il a connus, pour les embrasser une dernière fois. Pas une parole et visiblement pas un mouvement de son cœur contre personne. Il tombe assassiné, comme s'il mourait par accident, et ne songe à ceux qui le précipitent que pour leur pardonner. Vous avez le prêtre. »

II

Les effroyables épisodes du massacre des otages s'ouvrent par l'assassinat de M. Koch, pharmacien, rue Richelieu.

M. Koch était devant sa porte, le 22 mai, vers deux heures de l'après-midi, lorsque des enfants, mêlés à une bande de fédérés, vinrent arracher les planches de clôture d'une maison en construction, pour les porter à la barricade voisine. Il leur reprocha de s'attaquer ainsi à une propriété privée, et les engagea à ne pas travailler à des barricades.

Aussitôt les gardes accoururent, l'insultèrent, le poursuivirent dans l'arrière-boutique; ils l'accusèrent d'avoir voulu leur jeter de l'acide sulfurique au visage. Des officiers qui passaient à cheval ordonnèrent de l'arrêter.

Conduit brutalement aux Tuileries, puis au Comité de salut public à l'Hôtel de ville, il fut ramené aux Tuileries vers cinq heures, avec trois autres prisonniers restés inconnus.

L'escorte était commandée par Boudin, adjudant du palais, l'auxiliaire le plus actif de Bénot dans les préparatifs d'incendie. Une des victimes s'attachait à ses vêtements, demandant grâce; les fédérés hésitaient. Mais Boudin parvint à isoler les prisonniers en les repoussant jusqu'au mur; il fit honte à ses hommes de leur faiblesse. Bergeret et son état-major parurent en même temps au balcon du pavillon central pour assister à l'exécution. La fusillade éclata; le peloton s'y reprit à deux fois : les cadavres furent insultés et mutilés.

Puis un citoyen de l'entourage de Bergeret, exalta le courage des assassins dans une courte allocution prononcée du haut du balcon et finissant par ces mots : « Périssent ainsi les traîtres et les ennemis de la Commune. »

Le lendemain commençait la fusillade des otages.

III

Le 23 mai, vers onze heures du soir, trois hommes se présentaient à Sainte-Pélagie et demandaient à parler au directeur ; l'un d'eux portait l'uniforme de commandant de la garde nationale ; les deux autres étaient vêtus en bourgeois ; mais tous les trois avaient l'écharpe rouge et des revolvers à la ceinture. « Annoncez Raoult Rigault, dit le commandant au gardien. »

A. Ranvier, le directeur, frère du membre de la Commune, était malade et couché ; auprès de lui se trouvaient : Gentil, Jean Clément, Préau de Wedel, Benn, Jolivet, quelques officiers de la garde nationale, ses compagnons habituels de débauche.

A l'annonce de l'arrivée de Raoul Rigault, tous descendirent précipitamment, et ils apprirent de sa bouche qu'il allait commencer par Gustave Chaudey l'exécution des otages. La victime fut introduite.

Le procureur de la Commune lui annonça brutalement que, dans cinq minutes, il allait mourir. Pendant un colloque assez long, dans lequel l'attitude calme et digne de Gustave Chaudey exaspéra Raoul Rigault, celui-ci dictait à son secrétaire le procès-verbal dont voici à peu près la teneur, d'après une déposition :

« Par-devant nous, Raoul Rigault, membre de la Commune, procureur, ont comparu :

« Gustave Chaudey, ex-adjoint au maire de Paris ; Bougon, Capdevielle et Pacate, gardes républicains ; et leur avons signifié qu'attendu que les Versaillais nous tirent par les fenêtres et qu'il est temps d'en finir avec ces agissements, ils vont être immédiatement fusillés en la cour de cette maison. . . . »

Huit gardes nationaux du poste de la prison, un sergent,

un sous-lieutenant, Raoul Rigault et les employés que nous avons nommés, sortirent alors avec Gustave Chaudey.

« J'ai femme et enfant, dit Gustave Chaudey.

— Qu'est-ce que cela nous f..... répliqua Rigault.

— Regardez-donc comment meurt un républicain, lui riposta Gustave Chaudey. »

Raoul Rigault leva son épée, la victime tomba en criant : « Vive la République ! »

— « Je vas t'en f..... de la République », s'écria Gentil ; et il lui fit sauter la cervelle.

Souvent, après un grand forfait, la conscience reprend ses droits, la stupeur succède à la rage, l'instrument du crime tombe des mains ; il n'en fut pas ainsi, et les trois gendarmes furent amenés à leur tour.

« Vous allez être fusillés, » dit Raoul Rigault.

Ces malheureux protestèrent, et l'un deux alléguant sa qualité de soldat, sa détention depuis le 22 mars, réclama sa liberté.

« Ah ! c'est plaisant, répondit le bourreau, pour que vous nous f..... des coups de fusil ! »

Un instant après, il commandait un second feu de peloton. Une des victimes, blessée seulement, se sauva ; tous la poursuivirent, la saisirent derrière une guérite, la ramenèrent près des cadavres et l'achevèrent.

Ainsi tombèrent ces braves gens, défenseurs de la loi et du devoir, sous les coups de quelques misérables.

Les corps furent transportés à l'hôpital de la Pitié : G. Chaudey et un gendarme sur une civière, les deux autres dans la charrette aux ordures. On jeta les crânes dans la fosse d'aisance.

IV

Le lendemain 24, vers dix heures, Ferré se présenta à la porte de la Conciergerie avec quatorze gardes nationaux en armes : « Citoyens, leur dit-il, nous allons remplir une mission de justice : nous allons exécuter les prisonniers. Que ceux qui ne se sentent pas assez de courage se retirent. » Deux fédérés s'éloignèrent, et l'on distribua aux autres de l'argent. Après quoi Ferré entra dans la prison et se fit remettre le livre d'écrou. Secondé par un nommé Fouet, directeur du dépôt sous la Commune, il fit dresser par vingt les listes des victimes, et il n'oublia pas ces hommes (les prêtres) qu'il était si heureux de mettre en prison, « parce qu'ils étaient ses plus cruels ennemis ». Le soin qu'il prit d'assouvir d'abord ses vengeances personnelles leur sauva probablement la vie.

Quand les fatales listes furent terminées, il fit appeler le n° 10 : c'était M. Veysset, commandant de la garde nationale, accusé d'avoir eu des intelligences avec Versailles. Ce malheureux fut amené sur le pont Saint-Michel, fusillé et jeté dans la Seine. On conduisit ensuite dans un préau, derrière la Cour de cassation, un gendarme qui, le 20 mars, avait eu le courage d'enclouer quelques canons à Montmartre, et on l'assassina.

M. Ruau, ancien commissaire de police, dont Ferré avait éprouvé les rigueurs sous l'empire, devait être la quatrième victime. Le brigadier Braquond, qui avait vu inscrire le nom de cet otage alla ouvrir secrètement sa cellule : « Sortez, lui dit-il, passez rapidement dans cette salle, mêlez-vous aux autres prisonniers. On va vous appeler : gardez-vous de répondre. » Braquond faillit payer de sa vie cet acte de dévouement : Fouet fit appeler inutilement le détenu, et, ne pouvant le découvrir, il voulut en rendre responsable le brigadier; il lui mit le pistolet sous la gorge, et menaça de faire feu si Ruau ne paraissait à l'instant. Une heureuse inspiration sauva la vie du brigadier : « Mais Ruau, dit-il en prenant l'air d'un homme qui réfléchit, Ruau, j'y pense à l'instant, a été transféré, il y a trois jours, à la prison de la Santé. » On passa au suivant; c'était un fou, qu'on trouva dans sa cellule revêtu de la camisole de force, car il avait tenté de se détruire : on n'osa tirer sur lui.

Ces lenteurs, habilement ménagées par Braquond, ont

certainement sauvé la vie à un grand nombre de prisonniers.

Au moment où l'on appelait la cinquième victime, un feu de peloton bien nourri se fit entendre sur le Pont-Neuf, devant la Préfecture de police. Ferré se retira, laissant ses ordres et quelques hommes à Fouet pour continuer le massacre. Il ambitionnait pour lui-même la gloire de verser un sang plus illustre. Ce jour-là même, vers onze heures, il se présentait à la Roquette pour y faire fusiller les otages; mais comme il n'avait pas d'ordre, il ne put exécuter son sinistre dessein.

V

Dans l'après-midi du 24 mai, une grande effervescence régnait dans tout le onzième arrondissement. Les membres de la Commune, ceux du Comité de salut public et du Comité central s'étaient réfugiés, dès le matin, dans la salle des mariages de la mairie. Là, ils recevaient rapports sur rapports, annonçant que l'armée régulière avançait de toutes parts, et que les défenseurs des barricades désertaient en grand nombre. En même temps, ils apprenaient que plusieurs des chefs de la Commune étaient déjà en fuite, que leur défection commençait à se raconter dans les masses, et qu'elle faisait suspecter ceux qui étaient restés. Une foule violente s'amassait sous leurs fenêtres : elle se composait de ces ignobles comparses que la Commune employait de préférence, depuis deux mois, dans les expéditions criminelles qui ont été décrites précédemment. Il y avait là « les Vengeurs de Flourens, les Lascars, les Fils du Père Duchesne, les Enfants perdus », mêlés aux plus mauvais sujets du 35e, du 66e, du 180e et du 206e bataillon.

Il fallait à tout prix enrayer la défiance chez ces hommes, souillés de tous les vices et capables de tous les forfaits; et pour cela, il y avait deux moyens : frapper un grand coup pour affirmer qu'on ne fuyait pas la responsabilité, par exemple, assassiner les otages; ou bien aller au grand jour se faire tuer sur les barricades. Mais pour mourir, il fallait du courage; et jusque-là, les membres de la Commune n'avaient assisté aux combats que de très-loin, ou bien abrités derrière des tas de pierres comme des reptiles. Le jour où l'on rencontra l'adversaire face à face, et où il fallut se montrer à découvert, on les vit, ne songeant qu'à se sauver eux-mêmes, abandonner lâchement la défense de leurs barricades à de misérables subalternes improvisés colonels.

Ils choisirent donc l'assassinat et formèrent une cour martiale dans l'intérieur de la mairie : un nommé Genton, ex-porte-drapeau au 66e bataillon, en fut le président; un sergent qui ne le quittait pas et un vieillard sordide, tous les deux restés inconnus, en furent les juges; les membres de la Commune et ceux des deux Comités formaient le public. Et ce fut ce tribunal, à la fois sinistre et grotesque, qui rendit la sentence de mort, sans entendre personne, sans même connaître les noms des victimes; le jugement fut écrit de la main du vieux juge.

Entre quatre et cinq heures, Genton ayant recruté assez d'hommes du 66e pour former le peloton d'exécution, les dirigea vers la Roquette. Il apportait un premier ordre, mais qui n'indiquait que trois noms : Mgr Darboy, M. Bonjean et l'abbé Deguerry; il ajoutait cependant : plus trois autres au choix. Le directeur, un nommé François, éprouva non point des scrupules, mais la crainte d'engager sa responsabilité; il ne voulut ni écrire de sa main les noms des trois autres victimes, ni les désigner. Genton reprit l'ordre pour le faire compléter à la mairie; le soir, cependant, ce fut encore ce même ordre incomplet que rapportèrent les délégués.

On demanda à François son registre d'écrou; il fut forcé d'avouer que les otages n'y étaient pas inscrits, et qu'il ne gardait à leur égard que les listes de transfèrement ou les ordres d'arrestation, c'est-à-dire des feuilles volantes dont nul ne prenait soin après que les prisonniers étaient enfermés. Et c'était malheureusement vrai : des infortunés étaient amenés là quelquefois par le caprice d'un fédéré ivre, et ils y perdaient leur individualité; on ne les connaissait plus que sous leur numéro de cellule ou de dortoir. Quand il fallut donc représenter les listes envoyées de Mazas avec les otages, François ne les trouva pas : ce premier incident provoqua la colère des délégués, puis des officiers de peloton. A la fin, on découvrit les feuilles de transfèrement; l'un des délégués, Ferré, y prit trois noms au hasard, dans l'ordre d'inscription peut-être; et la liste des victimes, désormais complète, fut portée au gardien Beausset, avec ordre de faire l'appel à la quatrième section.

Bientôt on trouva que cet homme, qui était très-ému, tardait à revenir. D'ailleurs les soldats de peloton l'avaient suivi à la quatrième section, et faisaient un grand bruit dans le corridor des cellules : les uns frappaient leurs crosses à terre, les autres proféraient des menaces de mort. L'appel était impossible. Au greffe, on vociférait contre la lenteur du gardien, à ce point que l'un des officiers sortit et, brandissant son sabre sur Ramain, le gardien en chef, l'envoya lui aussi vers les otages. Ramain y monta, prit la liste des mains de Beausset et fit l'appel.

Mgr Darboy, M. Bonjean, l'abbé Deguerry, les PP. Clerc et Ducoudray, et l'abbé Allard sortirent de leurs cellules.

On trouvait qu'ils n'allaient pas assez vite; ces vieillards souffreteux avaient quelques précautions à prendre : l'un, M. Bonjean, voulait se couvrir : « Ce n'est pas la peine, lui dit-on; pour ce que l'on veut faire de vous, vous êtes bien comme cela. » Un autre ne sortait pas assez promptement; Ramain lui cria : « Faut-il que j'aille vous chercher? » Enfin le peloton qui était entré traversa le corridor.

Afin de donner aux otages un avant-goût du supplice qui leur était réservé, les gardes nationaux firent de nouveau résonner les crosses à terre, et frappèrent à droite et à gauche. C'était presque tous des enfants ou des vieillards avinés. Pour cette horrible besogne, la Commune n'avait pas trouvé des hommes de trente ans; elle avait dû recourir à des jeunes gens qui n'avaient pas conscience du grand crime qu'ils allaient commettre.

Une fois les gardes descendus, les otages défilèrent devant la deuxième grille, prirent l'escalier tournant et arrivèrent

III. CHUTE DE LA COMMUNE.

devant l'infirmerie, au sud de la prison. Il paraît que les fédérés se disposaient à les fusiller là ; mais, en descendant le petit escalier, ils trouvèrent la grille fermée. Pendant qu'un gardien essayait de l'ouvrir, l'officier qui commandait fit remarquer que l'on serait trop en vue : ces hommes avaient peur du grand jour pour commettre leurs horribles forfaits.

Cependant le peloton était déjà prêt; quand les victimes le rejoignirent, les bourreaux leur adressèrent des injures obscènes; puis, ils les poussèrent brutalement vers le chemin de ronde intérieur. Mgr Darboy, M. Bonjean et l'abbé Allard, avant de s'engager dans ce chemin, essayèrent de dire quelques mots; ils ne réussirent qu'à faire redoubler les insultes. « Allons, allons, s'écria une voix farouche, celle de Ranvier; ce n'est plus le moment des discours, les tyrans n'y mettent pas tant de ménagements. » Ces paroles furent très-distinctement entendues par M. l'abbé de Marsy, vicaire à Saint-Vincent-de-Paul.

Si, comme on le prétend, Monseigneur a dit, après avoir franchi la grille de fer : « J'ai toujours aimé la liberté », il n'a pu prononcer cette parole, dans un moment aussi solennel, que pour repousser une accusation injuste; et il a dû le faire en marchant vers le lieu du supplice, non au moment d'expirer : un évêque, à cette heure suprême, ne peut plus avoir qu'une pensée, celle de l'éternité!

Au mépris des cheveux blancs de l'Archevêque et de ses compagnons, sans souci de la mort qui attendait ces vénérables personnages, on continuait à les accabler de mauvais traitements jusqu'au lieu de leur exécution. Cette scène odieuse ne se termina que par l'intervention de l'un des fédérés qui fit taire ses compagnons en leur disant : « Vous ne savez pas ce qui peut arriver demain. » Monseigneur se mit à genoux, fit une courte prière, donna une dernière bénédiction à ses amis agenouillés autour de lui, puis le funèbre cortége se mit en marche. Ces six chrétiens s'étaient relevés plus confiants et plus résignés à l'horrible mort qui s'annonçait si certaine et si proche. L'abbé Allard marchait en tête des condamnés et récitait à demi-voix les prières des agonisants. Il était précédé du brigadier Ramain qui s'avançait, les deux mains dans ses poches et l'air insouciant, comme s'il accomplissait une besogne ordinaire. Derrière M. Allard, venaient Mgr Darboy et M. Bonjean, puis M. Deguerry et les PP. Clerc et Ducoudray. Les fédérés entouraient les victimes et marchaient sans ordre; le surveillant Jannard plus mort que vif suivait par derrière. Tous ces détails étaient vus des fenêtres des cellules de la quatrième section, où se trouvaient d'autres otages réservés, disait-on, *pour une autre fournée.*

Au bout de ce premier chemin de ronde extérieur, que le cortége a suivi en marchant du sud au nord, se trouve une grille communiquant avec le deuxième chemin de ronde extérieur. Elle était fermée; il fallut sonner et attendre qu'un gardien eût apporté la clef. On fit une nouvelle halte. Monseigneur essaya de prononcer encore quelques paroles; les fédérés lui répondirent toujours par des injures, et l'on passa dans le second chemin de ronde, en marchant alors du nord au sud. Au passage de la grille, le surveillant Jannard tendit furtivement la main aux victimes, qui la lui pressèrent en lui donnant leur bénédiction. Cet homme en fut ému au point d'être obligé de s'asseoir un instant; il laissa passer les derniers hommes du peloton et s'enfuit.

A partir de ce moment, nous n'avons plus de témoignage de la part des assistants. Les prisonniers restés aux cellules, et les gardiens de la Roquette seuls affirment qu'il se passa encore environ six minutes avant que l'on entendît la fusillade, quoiqu'il n'en fallût pas même une pour arriver au lieu de l'exécution. On suppose que ce temps aura été employé à placer les otages en rang et à former en bataille le peloton des assassins ; car on a remarqué un certain ordre dans les traces laissées par la direction des balles, et surtout dans la façon dont les victimes étaient tombées.

L'assassinat a été consommé à l'extrémité sud du chemin de ronde, à l'angle du mur extérieur qui borde la rue de la Folie-Regnault et la rue de la Vacquerie. Le citoyen Ranvier, membre de la Commune qui s'était joint aux bourreaux, présidait à l'exécution.

Les condamnés paraissent avoir été placés debout, sur un rang, le dos à environ trois mètres du mur; un seul feu de peloton prolongé, avec deux courts intervalles, puis quelques coups isolés, ont été entendus à huit heures moins quatre minutes. Les victimes sont tombées à l'endroit même où l'on a ensuite relevé leurs corps; aucune d'elles ne paraissait avoir été déplacée, car les blessures correspondaient exactement aux flaques de sang répandues sur la terre. Elles étaient rangées sur le dos presque parallèlement dans l'ordre suivant :

Monseigneur se trouvait à droite, puis venaient MM. Bonjean, Deguerry[1], les PP. Clerc et Ducoudray; enfin M. Allard, dont la tête reposait sur le P. Ducoudray tandis que ses pieds étaient plus à gauche.

On croit, — l'examen de ses blessures autorise cette supposition[2], — qu'au moment suprême, Mgr Darboy, par une sublime inspiration, aurait levé la main droite. Son dernier geste, en ce monde, aurait été de bénir ses bourreaux. Ainsi s'étaient réalisées, pour lui, ces belles paroles qu'il avait dites à son peuple six mois auparavant : « Restons à notre poste, et faisons notre devoir, comme des soldats sous l'œil de Dieu, notre chef suprême. Et quand la mort viendra, nous serons prêts à la recevoir, voyant en elle le sommeil qui finit et le rêve qui s'en va, le jour qui se lève et la vie qui commence avec la vraie félicité. » (Avent de 1870.)

Mgr Darboy avait cinquante-huit ans quand se termina pour lui le rêve tour à tour si brillant et si douloureux de la vie présente, et lorsqu'il s'éveilla pour toujours à la bien-

---

1. On a prétendu à tort que M. l'abbé Deguerry eut un moment de défaillance; voici ce qui a pu donner lieu à cette erreur : lorsque les victimes furent appelées par leur nom, M. Deguerry, étendu sur son lit, dormait d'un profond sommeil, et il ne s'éveilla qu'en entendant Mgr Surat lui dire d'une voix émue : « Mais, mon ami, c'est vous qu'on appelle! » M. Deguerry éprouva alors cette surprise que peut tout naturellement ressentir, dans l'intérieur d'une prison, un condamné qu'on éveille en sursaut. Mais il avait le pressentiment du martyre. Parlant, ce jour-là même, à M. l'abbé Delmas, il lui avait dit: « Le salut de Paris ne sera pas obtenu sans l'effusion d'un sang innocent. »

2. L'index de la main droite était brisé.

heureuse éternité. Avant de mourir avec cette sérénité qui accepte et qui pardonne, l'Archevêque avait fait un acte de foi et d'humilité plus précieux même que sa mort. Entre la captivité du siége et la captivité de la prison, il s'était soumis à un décret de l'Église qu'il avait combattu. C'est la gloire de sa vie, sa couronne plus resplendissante que sa couronne de sang, le triomphe de son âme sacerdotale. C'est par là qu'il a sauvé son Église, et obtenu de Dieu, pour son peuple, un autre pasteur qui le guide dans sa foi.

Que le nom de Georges Darboy, Archevêque de Paris, témoin de Pierre, vicaire du Christ, et témoin du Christ, fils unique de Dieu, soit béni à jamais !

Dans la nuit qui suivit l'exécution de l'Archevêque et de ses compagnons, leurs cadavres, après avoir été dépouillés et insultés de nouveau par les assassins [1], furent entassés dans une voiture de commissionnaire et conduits au Père-Lachaise, où on les jeta pêle-mêle dans la fosse des suppliciés. En même temps, on dressait à la mairie du XIe arrondissement le bref et cynique procès-verbal qui suit :

COMITÉ DE SURETÉ GÉNÉRALE.

Aujourd'hui 24 mai 1871, à huit heures du soir, les NOMMÉS DARBOY (Georges), BONJEAN (Louis-Bernard), DU COUDRAI (Léon), ALLARD (Michel), CLERC (Alexis) et DEGUERRY (Gaspard) ont été EXÉCUTÉS à la prison de la grande Roquette.

COMMUNE DE PARIS.
CABINET
DU
CHEF.

Sûreté générale. — Police municipale.

Le cachet est à l'encre bleue, et il ne se trouve aucune signature au bas du procès-verbal. Le greffier a-t-il reculé devant l'horreur ou devant le châtiment possible du forfait ?

---

1. On raconte qu'un des assassins s'étant blessé, en voulant s'emparer des boucles d'argent de Mgr Darboy, frappa la victime du pied et l'insulta en blasphémant.

VI

Pendant que ce drame lugubre se passait à la prison de la Roquette, il régnait au fort de Bicêtre un mouvement inaccoutumé : on enlevait et on enclouait les pièces d'artillerie ; les clairons sonnaient longuement la retraite ; les fédérés évacuaient le fort. A huit heures et demie, les sentinelles s'étaient retirées laissant enfermés dans les casemates les Dominicains, dont nous avons raconté plus haut l'arrestation. A un certain moment, ces religieux purent croire que tout le fort était abandonné, et que les troupes de Versailles ne tarderaient pas à venir les délivrer. Leur espoir fut de courte durée ; un peloton du 185e bataillon accourut à la dernière minute, enfonça les portes du cachot à coups de crosse de fusil et fit sortir précipitamment les prisonniers. Leur nombre s'était réduit à vingt et un, par suite de l'élargissement de deux enfants et de la fuite de deux domestiques, qui avaient été mis à part en qualité de sujets étrangers. Le P. Rousselin eut le temps d'échanger rapidement son costume religieux contre des vêtements civils, et le triste cortége se mit en marche vers Paris. Pour empêcher sans doute les tentatives d'évasion, Léo Meillet cherchait à rassurer les Pères en leur promettant la liberté, dès qu'ils ne seraient plus en mesure de renseigner les Versaillais. Sur tout le parcours, les infortunés religieux ne cessèrent d'être outragés et maltraités par la population ; les femmes surtout se montraient furieuses et avides de voir mourir ces hommes revêtus de l'habit monastique. On descendit vers la porte d'Ivry ; tout à coup, une vive fusillade, venant de Bicêtre, occasionna une panique dont le P. Rousselin profita pour se perdre dans la foule, où grâce à son costume civil il ne fut pas reconnu.

Après avoir dépassé la barrière de Fontainebleau, l'escorte pénétra dans la ville par la porte de Choisy, prit la rue du Château-des-Rentiers et remonta le boulevard de la Gare jusqu'à la mairie du XIIIe arrondissement, suivie par une foule ignoble qui proférait des blasphèmes et des cris de mort. On fit asseoir les prisonniers dans la cour de la mairie, sous prétexte de les abriter contre les projectiles nombreux qui commençaient à rendre cet endroit dangereux.

Un homme, accusé du meurtre d'un officier fédéré, fut amené et fusillé dans le voisinage de la mairie, et son corps placé devant les Dominicains comme une prédiction lugubre du sort qui les attendait.

Les obus pleuvaient, la position n'était pas tenable. Les bourreaux furent obligés de la quitter entraînant leurs victimes à la prison disciplinaire du 9e secteur, boulevard d'Italie, 38. Cette prison devenait ainsi le centre, le quartier général d'une résistance à outrance, organisée par Cerisier, le farouche commandant du 101e. Il était alors dix heures du matin; vers une heure, on vint en son nom demander les prisonniers pour les conduire à la barricade. En l'absence d'un nommé Boin, gardien du secteur, le sieur Bertrand crut devoir envoyer à la place des religieux quatorze gardes nationaux détenus pour infraction à la discipline. Une heure après, il était vertement réprimandé par Boin, qui lui signifiait l'ordre de faire sortir les « calotins » et de les livrer à un peloton du 101e qu'il avait amené avec lui. Bertrand s'y opposait, et, voulant dégager sa responsabilité, il exigeait un ordre écrit. Boin lui enjoignit de rédiger cet ordre et le signa en présence de témoins. S'approchant ensuite des prisonniers, il leur dit: « Allons, soutanes, levez-vous! à la barricade! » Les religieux obéirent et suivirent Boin jusque sous la porte d'entrée. A ce moment, M. l'abbé Grandcolas aperçut, sur la chaussée de l'avenue, Cerisier qui attendait avec une troupe d'insurgés. Une discussion s'éleva entre Boin et le Supérieur des Dominicains; celui-ci refusait de prendre les armes en disant: « Il nous est défendu de nous battre. Nous sommes infirmiers et disposés à aller chercher vos morts et vos blessés sous les balles. » Le chef fédéré répliqua: « Vous le promettez? » Et, sur sa réponse affirmative, on les fit tous rentrer dans la prison. Il était deux heures et demie.

Les Dominicains sentaient que c'en était fait de leur vie. Pendant l'heure qui suivit, ils se mirent en prière, se confessèrent entre eux et attendirent leur sort avec une courageuse résignation. A quatre heures, on vint de nouveau les chercher par ordre de Cerisier. Ils saluèrent alors pour la dernière fois leurs compagnons de captivité par ces mots : « Priez pour nous, » et répondirent successivement à l'appel qui était fait avec le livre d'écrou. Ils traversèrent sur deux rangs le long couloir qui mène à la cour d'entrée et se trouvèrent en présence d'une double haie de gardes du 101e, au milieu desquels ils remarquèrent deux jeunes femmes vêtues en fédérés. Les armes furent chargées en leur présence, après quoi on se dirigea vers la porte. A peine le premier Dominicain en avait-il franchi le seuil, que les cris : « Sortez un à un !.... sauvez-vous ! » furent poussés par le commandant de l'escorte ; en même temps on tirait sur les prisonniers, et, au fur et à mesure qu'ils débouchaient dans l'avenue, d'autres groupes d'assassins poursuivaient les fuyards d'une grêle de balles.

Le P. Cotherauld tomba le premier en s'écriant : « Est-il possible ! » Après lui le P. Captier fut atteint et dit : « Mes enfants.... pour le bon Dieu ! » En un instant douze cadavres restèrent étendus sur la chaussée, exposés aux profanations de la populace accourue de toutes parts pour se repaître du carnage.

Un témoin a raconté devant le conseil de guerre que, regardant dans la rue quelques instants après, il vit un Dominicain dont la tête était légèrement soulevée et qui paraissait respirer encore. Un garde national s'était approché à quelques mètres et l'avait mis en joue ; un capitaine adjudant-major du 84e bataillon lui arracha le fusil des mains pour tirer lui-même sur le blessé. D'autres gardes se joignirent à lui, et une trentaine de coups de fusil furent tirés sur le cadavre.

Chassées comme des bêtes fauves, huit des victimes étaient parvenues à s'échapper, fuyant par toutes les rues voisines, demandant asile à toutes les portes. Parmi eux un jeune homme de vingt ans, le sieur Germain Petit, employé à l'économat, avait été recueilli dans une maison de la rue Toussaint-Féron. On eut beaucoup de peine à calmer son émotion; des voisins trop complaisants vinrent lui apporter des habits de garde national sous prétexte de l'aider dans sa fuite. Mais à peine avait-il échangé ses vêtements, qu'un groupe d'assassins vint l'arracher de son refuge, pour l'entraîner avec eux à la barricade qui fermait l'entrée de la rue Baudricourt, au coin de l'avenue d'Ivry. Pascal, un lieutenant du 177e régiment fédéré mit aux voix la condamnation du malheureux jeune homme. La mort ayant été unanimement votée, on prenait des dispositions pour le fusiller.... Tout à coup les troupes de ligne, venant de l'avenue d'Italie, débouchèrent derrière la barricade; les insurgés se sauvèrent du côté du rempart, entraînant avec eux leur prisonnier, et dans leur fuite se trouvèrent en face de nouvelles colonnes qui les cernèrent de toutes parts. Le lendemain le cadavre du jeune Petit, la treizième victime, fut trouvé et reconnu dans la direction des remparts.

Voici les noms des treize martyrs :

1° Le P. Captier, prieur.
2° Le P. Cotherauld, dominicain.
3° Le P. Chateigneret, dominicain.
4° Le P. Bourard, dominicain.
5° Le P. Delorme, dominicain.
6° M. Cauquelin, professeur auxiliaire.
7° Aimé Gros, domestique.
8° Volant, surveillant.
9° Catala, surveillant.
10° Deutroz, infirmier.
11° Joseph Cheminal, domestique.
12° Marcel, domestique.
13° Germain Petit, commis à l'économat.

Les soldats du 113e régiment, qui entraient en vainqueurs après avoir franchi les barricades, reconnurent ces morts glorieux; ils se penchèrent sur leurs cadavres, s'emparèrent des rosaires qui pendaient à leur ceinture et se les partagèrent grains à grains, comme de saintes reliques. Hélas! lorsqu'ils furent passés, les profanations recommencèrent; et pendant plus de quinze heures encore les martyrs furent exposés à tous les outrages imaginables.

Le lendemain matin, un prêtre du quartier, M. l'abbé Guillemette, trouva sur sa route ces saintes dépouilles et les fit transporter dans la maison des Frères de la rue du Moulin-des-Prés. Là, un professeur d'Arcueil, M. d'Arsac, vint reconnaître les corps et les marquer chacun de leur nom. En même temps, M. Durand, curé d'Arcueil, et M. Eugène Lavenant, avertis du massacre des Dominicains leurs amis et leurs compagnons à l'heure du danger, s'empressèrent de les réclamer et de les rapporter à Arcueil. Le char qui les transportait, suivi d'une foule frémissante de douleur et de colère, fut conduit au cimetière de la paroisse. Là, on déposa provisoirement les martyrs dans une fosse commune, l'un près de l'autre, ayant pour tout linceul leurs vêtements ensanglantés; ils ont été exhumés depuis et transportés dans une chapelle construite au milieu du parc.

VII

Après Mgr Darboy et les victimes de la Roquette, après les Dominicains d'Albert-le-Grand, apparaît le nom d'une victime ignorée du grand nombre, un nom de saint qui se détache doucement illuminé du martyrologe de 1871, Philippe Saguet, en religion, frère Néomède Justin.

Dans la matinée du 25 mai, les obus éclataient avec fracas au milieu des vastes bâtiments de Mazas. Le directeur de la prison, Garreau, était en ce moment au Comité de salut public, où il recevait l'ordre de faire fusiller les otages et d'incendier les bâtiments. En son absence, les gardiens délibérèrent, et le brigadier-chef donna l'ordre de faire ouvrir toutes les cellules. Les prisonniers, réunis au rez-de-chaussée, restèrent là une heure environ, dans la crainte et dans l'attente. Vers dix heures, on les fit sortir par groupes successifs pour les conduire à la barricade de la rue de Lyon. Le frère Néomède réussit d'abord à se cacher pendant deux heures chez un marchand de vins, avec un de ses confrères, membre comme lui de la communauté d'Issy; mais des perquisitions furent faites dans cette maison : un capitaine délégué de la Commune, ayant découvert les deux fugitifs les traita de lâches et les contraignit, le revolver au poing, de marcher devant lui.

Le frère Néomède et son confrère refusèrent de prendre le fusil qu'on leur présentait; mais ils furent contraints de porter successivement des pierres, des vivres aux barricades, puis de traîner, affublés d'une capote de garde national, un chariot de munitions.

Cependant le bruit de la bataille se rapprochait; le sifflement des balles et le crépitement des mitrailleuses donnaient à la lutte un caractère effrayant. Vers trois heures, un obus éclata près de la barricade du pont d'Austerlitz où se trouvaient les deux religieux. Sept à huit gardes nationaux furent horriblement mutilés; le frère Néomède Justin, atteint par un éclat, mourut instantanément. Son confrère, blessé lui-même, put se traîner jusqu'à lui et constater sa mort. Providentiellement recueilli par des gardes nationaux, le compagnon du frère Néomède fut porté à l'hôpital Sainte-Eugénie où pendant quatre jours les bonnes Sœurs lui prodiguèrent leurs soins charitables. C'est de lui que nous tenons ces détails si pleins d'intérêt sur le généreux martyr.

Le frère Néomède a été conduit en prison, puis à la mort, en haine de la foi. Soldat de l'Évangile, il est tombé au champ d'honneur après avoir dépensé ses sueurs au service de l'enfance. Son sang a coulé en expiation de nos fautes; c'est un martyr de l'Église et de la patrie.

VIII

Le lendemain 26 mai, dans la matinée, la Commune voyant le découragement s'emparer de ses soldats voulut ranimer leur zèle, en leur donnant en spectacle la lente agonie des hommes contre lesquels leur haine farouche était plus vivace.

Elle avait déjà préludé à l'épouvantable boucherie qu'elle méditait par l'assassinat de M. Jecker, le trop fameux banquier du Mexique. Une circonstance aussi fortuite que fatale avait perdu M. Jecker : il allait chercher un passe-port à la Préfecture de police ; l'employé ayant incorrectement orthographié son nom, le banquier s'empressa de le rectifier. « Quoi! lui dit son interlocuteur, seriez-vous le Jecker dont il a été si souvent question pendant la guerre du Mexique? » Le malheureux balbutia, voulut sortir, il fut retenu. Voici comment sa mort est racontée par M. Ferdinand Évrard, l'un de ses compagnons de captivité : « Vers sept heures du matin, on vint appeler M. Jecker, qui fut invité à descendre au greffe ; je me mis à la fenêtre pour le voir passer ; quand il arriva dans la cour, il attendit quelques minutes devant la grille du préau qu'on vint lui ouvrir ; il tourna les yeux vers nos cellules, il était fort pâle ; je lui fis un signe amical de la main, il me salua et franchit la grille qui venait de s'ouvrir. Un moment après, le surveillant Langevin étant remonté, je lui demandai ce qui était arrivé à notre compagnon.

« Je n'augure rien de bon, me dit-il ; on m'a renvoyé du greffe pour que je n'entendisse pas ce qui se disait, et j'ai vu là six gardes nationaux qui n'avaient pas bonne figure, j'ai peur pour M. Jecker. » Dix minutes après cet entretien, nous entendîmes le bruit d'une fusillade ; le crime venait de se consommer, sans doute au même endroit où s'était déjà accomplie la première exécution.

Durant toute cette journée, une morne stupeur, que la plume ne saurait décrire, régna dans toute la prison. Du fond de leurs cachots, les prisonniers apercevaient la sombre lueur des incendies ; ils entendaient le canon tonner sans trêve ; le feu de la mousqueterie ne se ralentissait pas davantage. L'intérieur de la prison était un chaos. L'agitation fiévreuse des gardiens, les perpétuelles allées et venues des personnages du dehors, les cris tumultueux, les ordres et contre-ordres, tout faisait présager d'affreuses et suprêmes convulsions.

Le soir, vers quatre heures, on fit descendre dans la grande cour de la Roquette quatre groupes de victimes. Il y avait des prêtres, des gendarmes, des sergents de ville et quelques civils, en tout, de quatre-vingts, à quatre-vingt-dix personnes environ ; mais, dans la crainte que, vu leur nombre, les condamnés n'opposassent de la résistance, on fit remonter les sergents de ville.

L'histoire, qui enregistre les noms des criminels pour les vouer à l'exécration des siècles, doit aussi perpétuer la glorieuse mémoire des martyrs.

Les rapports officiels citent :

Trois Pères jésuites :

Le P. OLIVAINT, supérieur de la maison de la rue de Sèvres.
Le P. CAUBERT, économe.
Le P. DE BENGY.

Quatre religieux de Picpus :

Le P. LADISLAS RADIGUE.
Le P. MARCELIN ROUCHOUSE.
Le P. POLYCARPE TUFFIER.
Le P. FRÉZAL TARDIEU.

Deux prêtres séculiers :

L'abbé SABATIER, vicaire de Notre-Dame-de-Lorette.
L'abbé PLANCHAT, directeur du patronage de Charonne.

Un séminariste :

PAUL SEIGNERET.

Quatre otages civils :

DEREST, ancien officier de paix.
LARGILIÈRE, sergent-fourrier du 74e bataillon de la garde nationale.
GREFF, garde national.
MOREAU, garde national.

Trente-quatre militaires :

BALANUY.
BIANCHERDINI.
BERMOND.
BIOLLAND.
BURLOTEL.
BODIN.
BRETON.
CHAPUIS.
COUSIN.
CONDEVILLE.
COLOMBANI
DUCROS.
DUPRÉ.
DOUBLÉ.
FISCHER.
GARODET.
GEANTY.
JOURÉS.
KELLER.
MARCHETTI.
MANGINOT.
MARGUERITE.
MANNONI.
MOULLIÉ.
MARTY.
MILLOTTE.
MAULY.
PAUL.
PONS
POIROT.
POURTAUT.
SALDER.
VALETTE.
VEISS.

Nous avons pu, avec des renseignements nouveaux et en nous appuyant sur des témoignages dignes de foi, reconstruire avec la plus scrupuleuse vérité le chemin du Calvaire des victimes de la rue Haxo. Cette marche funèbre est le plus douloureux, le plus lugubre épisode du drame communeux.

Au sortir de la Roquette, les assassins n'étaient pas bien fixés sur l'endroit où ils voulaient conduire les otages; ils montèrent d'abord la rue de la Roquette jusqu'au cimetière du Père-Lachaise.

A cinquante pas en avant, un homme à cheval et tête nue ouvrait la marche, annonçant bien haut qu'on amenait des gens désarmés, des Versaillais faits prisonniers le matin à la Bastille, et recommandant avec emphase aux citoyens le calme de la force et la dignité de la victoire. Venaient ensuite les condamnés, à la file et deux à deux, ayant l'air très-calme. On leur assurait qu'ils étaient seulement transférés dans un lieu plus sûr que la Roquette, et qu'il ne leur serait fait aucun mal. Dans ce long convoi, on ne remarquait qu'un petit nombre de prêtres en soutane, quatre ou cinq environ; les autres étaient revêtus de l'habit laïque. L'escorte se composait de cent cinquante hommes armés, gardes nationaux du 173e bataillon, auxquels s'étaient joints, pour cette fête de sang, des Enfants-Perdus de Bergeret, et d'autres bandits de tous les noms.

D'abord, sur le passage du cortége, soit consternation, soit panique, les boutiques et les fenêtres se fermaient, mais la scène changea promptement : il fallait exciter le peuple avant de le déchaîner.

Comme on parcourait la chaussée de Ménilmontant, en face de la grande fabrique d'eau de Seltz, l'homme à cheval se détourna et fit appeler les ouvriers. Il ne se forma d'abord qu'un groupe, qui devint bientôt une foule; et aussitôt les clameurs commencèrent pour ne plus finir. Les gardes avaient à lutter pour protéger les victimes, non-seulement contre les insultes, mais contre les dernières violences.

Après avoir suivi la rue de Puebla, on avança dans la rue des Rigolles jusqu'à une petite porte qui donne entrée dans la cour de la mairie de Belleville. Le citoyen Ranvier, maire de Belleville à cette époque de sinistre mémoire, les attendait devant l'église, appuyé sur la grille, et les mains derrière le dos; il avait envoyé un de ses acolytes au commandant de l'escorte, pour lui donner l'ordre de conduire les otages à la mairie. Là, le cortége fit une halte pendant plus d'une demi-heure; et comme les cris du dehors devenaient toujours plus menaçants, on fut au moment d'en venir sans plus tarder au tragique dénoûment. Il y eut même un commencement d'exécution, on entendit plusieurs coups de feu : c'était l'assassinat de trois otages. Leurs cadavres, enterrés dans l'enceinte de la mairie, dans une petite ruelle derrière l'église provisoire, furent exhumés plus tard et reconnus après les recherches de la Préfecture de police, pour des prisonniers de la Roquette. Mais comme le nombre des victimes était trop considérable, on se décida à poursuivre la marche.

Le cortége sortit par la grille de la mairie donnant sur la rue de Belleville; et le maire, toujours dans la même position, dit au commandant : « Qu'on me conduise ça aux fortifications, et fusillez! » (Textuel.)

Une cantinière, le revolver à la main, prit alors la tête du cortége. Afin de donner plus de solennité à la marche, on ajouta une musique militaire : des clairons accompagnés de tambours exécutaient une fanfare, et l'on allait voir le supplice comme on irait au spectacle. Les victimes suivaient, toujours deux à deux, avec la double haie de gardes nationaux, la baïonnette au bout du fusil. Les gendarmes venaient les premiers.

Cependant on n'entendait partout que ces cris féroces mille fois répétés : « A la cour martiale! Mort aux curés! Mort aux gendarmes! » Les femmes surtout manifestaient la plus monstrueuse férocité. Où sont ces vierges modestes et dévouées qui apportaient naguère aux prisonniers le pain de la terre et le pain du ciel? La religion élève la femme au-dessus de son sexe, et quelquefois au-dessus du nôtre; l'impiété la dégrade toujours et la ravale au-dessous même de la nature. Il n'y a plus autour de nos martyrs que des bacchantes ivres de luxure et altérées de carnage, vraies furies, le blasphème à la bouche et le revolver au poing! Les unes, choisissant d'avance la victime qu'elles voulaient frapper, bousculaient les rangs de l'escorte, pour aller dire à cette victime, en lui mettant une arme sous la gorge : « C'est avec cela que je vais moi-même te descendre tout à l'heure. »

Déjà la colère montait à la tête des otages. Quand on fut à la hauteur de la rue Levert, la figure des soldats, sombre et énergique, parut faire impression sur le capitaine garibaldien qui, craignant une révolte de ses prisonniers, les appréhenda en ces termes : « Mes amis, je n'écouterai pas les ordres de Ranvier; vous devez passer en jugement et je vous conduirai au secteur; là, ceux qui seront reconnus n'avoir rien fait contre la Commune, seront mis en liberté. »

Quelques-uns crurent à ces paroles; d'autres n'osaient pas, par une révolte prématurée, compromettre la vie des prêtres qui se trouvaient avec eux. « Mal leur en prit, dit M. Crépin, car si à ce moment ils se fussent jetés sur leur entourage et qu'ils eussent désarmé les soldats ivres qui se trouvaient à leur portée, la population honnête du quartier, toute frémissante d'horreur devant ces ignominies, leur eût ouvert ses portes pour les mettre à l'abri de la fureur de ces misérables[1]. » Cependant, l'attitude de la population parisienne et des Bellevillois pendant la période communale n'autorise pas à le penser.

Les vociférations redoublèrent encore, quand on vint à passer aux n°s 169, 171 et 173, devant trois maisons pleines d'insurgés. En face du n° 180, on voulut forcer le P. Rouchouze à crier : Vive la Commune! et comme il s'y refusa, il fut très-maltraité par la foule.

Un peu plus loin, on entendit au moins une bonne parole. A la hauteur du n° 229, plusieurs personnes sortirent sur les portes pour s'enquérir de ce qui arrivait : « Où menez-vous ces soldats et ces prêtres? » dirent-elles. Un fédéré fit signe qu'on allait les fusiller; il y eut un cri de terreur. A une autre demande pareille, un autre garde répondit : « On va les envoyer au ciel, » et cela dit, il sortit des rangs et disparut.

Aux abords de la rue Haxo, il y eut encore un arrêt et un moment d'hésitation. Là était postée une partie du 174°,

---

1. *Les martyrs du calvaire de la rue Haxo.*

du 173ᵉ et du 172ᵉ bataillon. Deux coups de fusil, tirés sur les otages, partirent de leurs rangs, mais sans blesser personne; les deux assassins avaient visé trop haut, ils furent arrêtés comme imprudents. Les bataillons crièrent : « Vive la France, vive la République ! » Les victimes levèrent leurs chapeaux.

La foule était très-compacte. Ceux qui venaient de loin pour assister à l'exécution, et c'était la majeure partie, ne cessaient de vociférer la mort des otages. Ils trouvaient bien quelques échos parmi les habitants du quartier; mais tous n'étaient pas du même avis. « Ça ne portera pas chance à Belleville. — Mauvaise note aux gardes nationaux par ici, » disaient quelques-uns.

Les martyrs n'étaient pas émus des menaces, ni des cris de mort. La seule plainte qu'on ait pu recueillir est celle d'un gendarme; apercevant la porte de Romainville, il se prit à dire : « O ma pauvre femme et mes trois enfants ! » Tous marchaient bravement à la mort. Un religieux de la congrégation de Picpus, le P. Tuffier, qui avait eu jusque-là beaucoup de peine à suivre ses compagnons, animé tout à coup en face du martyre, les étonnait par sa noble démarche. Il devait à ses derniers moments honorer le sacerdoce par un trait de sublime dévouement.

Il était cinq heures et demie, le cortége venait d'arriver à la grille du deuxième secteur, c'est-à-dire au siége de l'état-major général des légions de Belleville et de Ménilmontant. Cet établissement militaire avait été commandé par le général Callier, sous le siége, et avait été occupé par la garde nationale et l'armée; au 18 mars 1871, les chefs de l'insurrection s'en étaient emparés, et depuis la veille il était au pouvoir d'un nommé Parent, délégué à la guerre, en remplacement de Delescluze, blessé mortellement. Au lieu de se tenir à portée des insurgés qui luttaient encore sur quelques points, Parent s'était établi au secteur de la rue Haxo. C'est là que les membres de la Commune s'étaient donné rendez-vous avec la *caisse*, avant de s'enfuir à travers les lignes prussiennes.

Indépendamment des soixante-dix ou quatre-vingts officiers de toute arme qui avaient suivi le nouveau délégué, celui ci était encore environné des délégués aux finances et à l'intérieur, d'une foule de membres ou de délégués du Comité central. L'influence occulte et chicanière de l'élément ouvrier devait peser jusqu'au dernier moment sur l'autorité civile et militaire de la Commune.

Lorsque les otages apparurent, les officiers fédérés qui se trouvaient au secteur allèrent au-devant d'eux. Arrivés au n° 85, ils se firent ouvrir la grille de l'entrée principale, et quelques membres du fameux Comité central s'avancèrent dans la rue Haxo. Le n° 88 faisant face au secteur était littéralement rempli de fédérés. Une charrette attelée fut amenée au milieu de la rue; un orateur de circonstance monta dessus, un drapeau rouge à la main, et harangua ainsi la foule : « Citoyens, le dévouement de la population mérite une récompense. Voici des otages que nous vous amenons pour vous payer de vos longs sacrifices!... » Et il termina par ces mots : « A mort! à mort! » qui furent couverts d'applaudissements et répétés par la foule.

Le délégué de la Commune Parent avait, dit-on, l'intention de sauver les otages; il commanda à ses hommes de garder la grille par où ils devaient entrer; mais se voyant débordé, il s'adressa ironiquement aux délégués du Comité central et leur dit : « Citoyens ! c'est le moment de montrer votre influence; voyons, empêchez ces gens de déshonorer la Commune si vous le pouvez. »

Mais la multitude, dont la fureur croissait à mesure qu'elle pressentait la fin de son règne, se précipita en avant et poussa le cortége dans l'allée du secteur.

Un colonel fédéré ouvrait la marche; elle était fermée par un officier qui portait la pointe de son épée dans les reins des malheureux prisonniers. Les femmes échelonnées le long de l'avenue insultaient et maltraitaient les victimes; l'une d'elles prit le chapeau d'un prêtre et s'en servit pour le souffleter. Un brigadier d'artillerie, d'une force herculéenne, alla se poster à la porte même du secteur, et à mesure qu'un otage se présentait, il lui assenait un coup de poing formidable, en l'accablant d'injures. M. Seigneret donnait alors

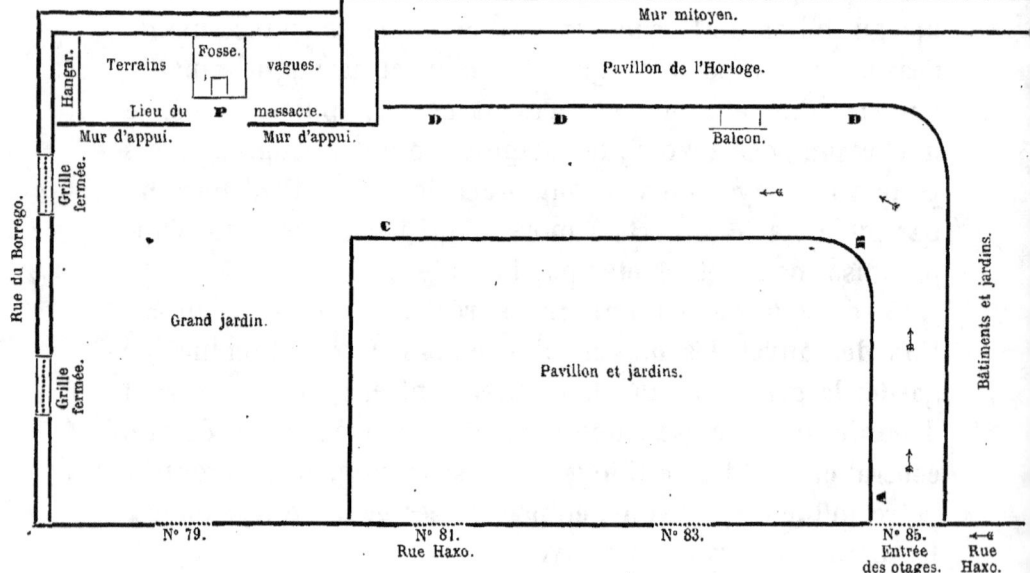

le bras au P. Tuffier [1] que le coup de poing jeta par terre ; ayant regardé avec indignation le misérable artilleur, il fut lancé à deux mètres de là, et sa tête alla heurter violemment l'angle d'appui de la fenêtre du concierge. En même temps on l'entendit s'écrier : « Ah ! ma pauvre famille ! »

Cependant les otages pénétrèrent tous dans l'arène du martyre, dont nous avons donné le plan (page 531), qui permet au lecteur de suivre tous les incidents du drame.

Ils arrivèrent, en suivant le chemin AB, et en longeant le pavillon de l'horloge, jusque dans un terrain vague qui était enclos par un petit mur à hauteur d'appui. Alors se produisit une scène qu'on ne peut se rappeler sans une vive émotion. Se voyant perdus, des gendarmes implorèrent quelques-uns de leurs bourreaux pour qu'ils voulussent bien remettre à leurs femmes et à leurs enfants quelques petits objets en guise de souvenir. Les bourreaux devenaient des exécuteurs testamentaires. Celui-ci reçut un petit sac pour remettre à la femme d'un condamné ; un autre se chargea d'une montre et d'un billet pour la famille d'un de ces infortunés. Pauvres soldats ! ils vont mourir silencieusement pour le devoir et pour le droit ; et après des années de service et d'honneur, ils tombent en disant de ces paroles si simples et si belles qu'on les entend toujours !

« ..... Du courage, ma bien-aimée, nous vivons dans
« l'espérance d'un jour où nous serons réunis pour ne plus
« nous séparer !...

« ..... Tu es ma seule inquiétude ; tranquillise-toi, je serai
« toujours au-dessus de tout événement... Sois sûre que ces
« fleurs seront conservées en souvenir du jour et du triste
« lieu où je les reçois, et encore mieux en souvenir de toi !

« ..... Après la peine viendra le bonheur ; nous irons à ton
« pays et nous ne nous quitterons plus !... La campagne
« devient si belle !... »

---

1. Arrivé au bout de la côte de Belleville, le P. Tuffier ne pouvait plus avancer ; il était particulièrement l'objet des injures et des mauvais traitements. C'est alors que M. Seigneret lui offrit son bras, et le vénérable religieux s'y appuya jusqu'à l'entrée du secteur.

Ils pensaient que, la volonté d'un mourant étant sacrée, leur dernier vœu serait accompli. Hélas! ils n'eurent même pas cette dernière consolation du condamné à mort, et que les plus cruels et les plus barbares n'ont jamais refusée ; tout ce qui leur appartenait leur fut pris, et plusieurs gendarmes furent accablés d'outrages et des paroles les plus cyniques.

Cinq à six minutes s'étaient écoulées depuis l'entrée des otages au secteur. Les chefs de la Commune, montés sur le balcon du pavillon de l'horloge, parodiaient un conseil de guerre ; mais ils ne savaient de quoi accuser les prisonniers. Ils ne voulaient pas commander l'exécution, et ils n'osaient pas les absoudre; il y eut un moment d'incertitude très-prononcée. L'attitude douce et sérieuse des otages, l'aspect touchant de leurs regards, sans haine et sans peur, firent hésiter les assassins; ils restèrent là quelques instants sans oser les toucher, malgré les excitations et les cris de mort qui partaient des rangs les plus éloignés de la foule. Un officier fédéré, monté sur un pilastre qui existait au point C du plan, se mit à lire un papier qui, paraît-il, tendait à disculper les victimes, lorsqu'une jeune fille de dix-neuf ans, cantinière d'un régiment de fédérés, plus impatiente que les autres, s'avança, le revolver au poing, vers le conseil, et en interpella insolemment les membres : « Ils n'en finiront donc pas, ces tas de fainéants-là? tas de lâches, vous n'allez donc pas commencer? »

Puis, revenant sur ses pas, elle se mit à ajuster M. l'abbé Planchat, avec son arme. Mais ce généreux confesseur, sans se laisser émouvoir par la menace, implora les assassins en faveur des pères de famille ; il les supplia d'épargner les gendarmes et les otages civils, et il s'offrit pour eux en holocauste avec les prêtres, ses frères. La jeune cantinière exaspérée de tant de résignation et d'héroïsme, se précipita sur M. Planchat, le poussa contre le mur, en lui criant : « J'm'en vais t'en f..... des pères de famille ! » puis elle lui brûla la cervelle à bout portant.

Ce fut le signal du massacre ; les prêtres furent les premiers immolés. Un seul fait de révolte, mais de révolte sublime, se produisit parmi eux. Le maréchal des logis

Geanty, jeune homme dans toute la force de l'âge, présentait sa poitrine au fusil d'un marin fédéré, qui le visait, lorsque le P. Tuffier, ne pouvant contenir son indignation, repoussa l'assassin et se plaça devant la victime. Cet héroïque dévouement ne produisit à l'égard du religieux qu'un redoublement de violences et d'injures. Les femmes — il y en avait environ une dizaine — étaient là aussi les plus exaltées; leur furie ne connaissait plus de bornes, elles vociféraient : « trois coups pour celui-là ». Le P. Tuffier tomba au troisième coup, et on le crut mort ; mais après le massacre, il se releva par un mouvement convulsif, et courut vers le petit mur d'appui comme pour chercher une issue.

La plume se refuse à décrire toutes les horreurs qui se déroulèrent alors : les exécuteurs se précipitèrent sur le P. Tuffier ; l'un d'eux lui fit sauter le crâne. C'était un jeune homme, presque un enfant : « As-tu vu, disait-il, au sortir de là, comme la cervelle du vieux prêtre m'a sauté après? » Ce coup de feu jeta le martyr la face contre terre; un des bourreaux, avec son pied, le remit sur le dos, et s'apercevant qu'il râlait encore, il l'acheva. Une cantinière cherchait de ses mains crispées à lui arracher la langue ; ne pouvant y parvenir, elle ne rougit pas de souiller de ses ordures la figure du glorieux martyr.

Nous ne savons presque rien des derniers moments des autres otages ecclésiastiques et civils. Après les quelques coups isolés qu'on tira d'abord sur les prêtres, on entendit les clairons résonner et un feu de peloton, puis une autre sonnerie et un autre feu de peloton. Toutes les victimes tombèrent, sauf une seule qui n'était blessée qu'à la main, et qui demanda aux assassins de ne pas prolonger son agonie; elle fut aussitôt fusillée.

Un ou deux gendarmes, dans leur désespoir, se jetèrent, mais trop tard, sur les assassins. Sans armes, ils luttèrent corps à corps avec eux, mais que pouvaient-ils contre cette légion de misérables sortis des bagnes et des prisons, écume de tous les pays de l'Europe?

Quand tous les corps furent à terre, un officier fédéré, le

sabre à la main, monta sur le mur d'appui et cria de cesser le feu, que tout était fini. Mais les victimes respiraient encore : on entendait parfois sortir de leurs poitrines des gémissements sourds et déchirants. On plaça alors les cadavres en monceau ; puis, pour faire cesser les cris, on fouilla les chairs encore palpitantes à coups de baïonnette, et quand les bras furent las, la meute de tigres, au milieu de laquelle on apercevait des hommes en costumes d'officiers, monta sur cette masse sanguinolente et la foula aux pieds.

Le sacrifice était achevé ; les héros étaient là étendus par terre et baignés dans leur sang. Leurs ennemis contemplaient ce spectacle et semblaient ne pouvoir s'en rassasier. Cependant, il était environ sept heures du soir ; la nuit commençait à tomber, et l'incendie qui dévorait les somptueux édifices de la capitale projetait ses lueurs blafardes sur cette scène d'horreur. Il était temps de se retirer. Les cannibales voulurent ajouter l'ivresse du vin à celle du sang ; le reste de la nuit ne fut qu'une dégoûtante orgie, accompagnée des propos les plus révoltants.

Un enfant de quatorze à quinze ans se vantait d'avoir tiré le premier sur le vieux prêtre, le P. Tuffier. Une mégère disait du même religieux : « Ce carcan de prêtre a voulu se relever ; s'il l'avait pu, je sautais par-dessus le mur et je l'achevais. » Et sa fille, âgée de vingt et un ans, criait à une personne logée près du secteur : « Eh bien ! femme aux prêtres, descendez-vous ? » Une épicière du quartier, voyant un garde national entrer chez elle, les mains ruisselantes de sang, lui dit en souriant : « Comment, mon cher, vous vous êtes sali les mains après ces ...... ! » Le surlendemain, lorsque la cantinière, qui se glorifiait d'avoir achevé le vieux prêtre, fut arrêtée par l'armée régulière, elle se vanta hautement de son action : « Fusillez-moi, dit-elle, je sais que je l'ai mérité, mais, je suis fière de ce que j'ai fait ! » Rien ne peut faire comprendre une pareille fureur.

Comme la victime du Calvaire, les martyrs de la rue Haxo ont été saturés d'opprobres et de douleurs. Pour que la ressemblance fût plus complète, Dieu permit que leurs vêtements fussent partagés. On vit l'un des fédérés porter une soutane au bout de sa baïonnette, un autre s'était coiffé d'une calotte, et ils marchaient en chantant : « La calotte et la soutane du curé. Il y en avait des prêtres, en voilà! en voilà ! » Un canonnier s'était emparé des lunettes et de la montre d'un ecclésiastique et avait, disaient les autres, brisé *le restant de son avoir*. (C'étaient probablement des objets de piété.) Un soldat mit la main sur un beau chapelet en ivoire; un autre prit pour lui la montre du vieux prêtre, mais il ne put en avoir la chaîne, elle se trouvait déjà dans la poche d'un gamin.

Pendant la nuit, on laissa les corps sous la garde de quelques fédérés; et le lendemain, lorsque ces derniers furent un peu revenus de leur ivresse, ils songèrent à les enfouir. Il était près de onze heures du matin, quand, le samedi 27 mai, ils procédèrent à cette opération. Il n'y avait pas de temps à perdre; le soleil, qui dardait ses rayons brûlants sur les cadavres, accélérait la putréfaction. D'ailleurs, l'heure de la justice vengeresse avait sonné ; les soldats de la France avançaient et resserraient de plus en plus les assassins dans le dernier repaire qui les abritait. Ceux-ci devaient donc se hâter d'effacer les traces de leurs crimes et de se dépouiller de leurs vêtements encore ensanglantés. On essaya de creuser un trou, mais il fallut y renoncer, la terre était trop dure et le temps pressait. Quelqu'un qui connaissait la propriété se rappela qu'il y avait une fosse d'aisance dans le terrain vague où s'était accompli le massacre. On sonda; et, sous le monceau de cadavres, on découvrit en effet un grand trou, qui avait été recouvert à l'époque du siége pour établir une écurie destinée aux chevaux du général et de son état-major. On enleva les pavés et les lattes qui recouvraient l'ouverture de la fosse au point P : deux fédérés y descendirent, deux autres prenaient les cadavres par la tête et les pieds et les leur jetaient. Un capitaine de fédérés chercha dans tout le quartier à se procurer de la chaux, mais telle était la terreur inspirée par les hommes de la Commune que toutes les portes se fermèrent à son approche. Il en prit d'autorité quelques pelletées chez un maçon de la rue du Télégraphe, et les fit jeter sur les morts.

Il ne restait plus qu'à chercher son salut dans la fuite; les assassins se dirigèrent vers la porte de Romainville; et les femmes complices de leur forfait les suivirent en foule. Là se trouvaient des amis : les francs-maçons y avaient une loge, ils donnèrent des vivres et des secours aux réfugiés. Les Prussiens en arrêtèrent un certain nombre, en gardèrent quelques-uns et en laissèrent échapper beaucoup.

IX

Quelle longueur Dieu donne au combat des choses humaines! Quelles épreuves à la patience et à la foi du juste, quels détails à l'horreur et au crime, quelle latitude à la liberté !

Après les crimes commis, le 22 mai, contre M. Koch et ses compagnons; le 23, contre Chaudey; le 24, contre l'Archevêque de Paris ; le 25, contre les Dominicains d'Arcueil, et le 26, contre le banquier Jecker et les victimes de la rue Haxo, la journée du 27 fut marquée par un nouveau forfait, le plus horrible, si l'on songe que les assassins étaient presque tous des enfants de seize à dix-sept ans, jeunes détenus échappés de la petite Roquette.

Ce jour-là, il restait encore, à la Grande-Roquette, cent soixante-sept prisonniers criminels et trente-cinq otages, qui devaient être fusillés ou écrasés sous les murs de la prison par le feu d'une batterie de dix pièces, munie de projectiles incendiaires et installée tout exprès au Père-Lachaise.

Le matin, Ferré, Tridon, Avrial, G. Ranvier, Vaillant et quelques autres scélérats annonçaient que le gouvernement de la Commune allait se transporter à la Roquette, et, de là, dicter des lois aux Versaillais, en les menaçant du massacre des otages. Ils partirent entourés de gardes nationaux, suivis de plusieurs chevaux de selle et d'un camion de la Compagnie de Lyon chargé d'une seule petite caisse, précieuse sans doute, à en juger par les soins dont elle était entourée. Ferré et Ranvier parcouraient les barricades dont le quartier était couvert, exhortant les fédérés. Sans avoir le texte de leurs paroles, l'instruction a recueilli des affirmations constatant qu'après leur passage, les insurgés avaient pour consigne de ne laisser passer aucun individu suspect, aucun otage fugitif.

Vers trois heures, Ferré et ses compagnons arrivèrent à la prison; François les reçut à cheval, en uniforme galonné, et fit pénétrer un bataillon de fédérés dans la cour. Aussitôt Ferré remit au gardien-chef Ramain l'ordre écrit de livrer les otages, et harangua son bataillon. Les cris de : *Vive la Commune!* lui répondirent, pendant que le sous-brigadier se dirigeait vers les bâtiments de l'Est pour en faire sortir les prisonniers. C'en était fait de leur vie, lorsque deux incidents inattendus vinrent changer la face des choses.

Depuis le matin, on manquait de vivres; les otages n'avaient reçu qu'un peu de soupe et de lard, les condamnés criminels, presque rien. Ceux-ci poussés, sans doute par la faim et excités par deux condamnés à mort, se révoltèrent, pillèrent les ateliers, s'armèrent de couteaux, de tranchets, de barres de fer et descendirent dans la cour, prêts à se précipiter sur le bataillon de fédérés, dont la présence insolite leur semblait une menace. Ferré, prévenant le danger, courut à eux, leur promit la liberté pleine et entière s'ils se joignaient à ses hommes, et, d'ennemis qu'ils étaient, s'en fit des complices. Tout à coup, au milieu des vivats, quelqu'un cria : *Les Versaillais!* Ce cri, répété aussitôt, fut le signal d'une panique générale; fédérés et condamnés se précipitèrent vers la porte et disparurent en jetant leurs armes, malgré les efforts de Ferré et de François. Celui-ci s'écria alors : « Ah! c'est ainsi; eh bien, les canons du Père-Lachaise vont raser la prison! » et il partit à cheval vers le cimetière. Les canons n'ont pas tiré, on l'a su depuis, parce que leurs munitions n'étaient pas de calibre.

La prison se trouva ainsi ouverte et sans aucune direction. C'est alors que le plus jeune des domestiques de la 4ᵉ division ouvrit les cellules avec une grande célérité, en criant à tue-tête aux otages : « Sauvez-vous, messieurs ! sauvez-vous ! Partez vite, vite ; sortez ! allons, au plus vite ! »

Il restait au quatrième étage, au moment où les portes leur ont été ouvertes : Mgr Surat, MM. Bayle, promoteur du diocèse de Paris ; Petit, secrétaire général de l'archevêché ; Lartigue, curé de Saint-Leu ; Perny, Houillon et Guérin, missionnaires ; Moléon, curé de Saint-Séverin ; Bécourt, curé de Bonne-Nouvelle ; de Marsy, vicaire à Saint-Vincent-de-Paul, et deux séminaristes ; les PP. Dumonteil, Besquent, Caschon, Tauvel, Duval, et Lemarchand, de Picpus ; MM. Chevriaux, proviseur du lycée de Vanves, Chaulieu, ancien employé à la préfecture de police, Evrard, sergent-major au 106e bataillon, et Rabut, commissaire de police de la Bourse.

Tous ces otages s'empressèrent de sortir de la prison ; c'était un parti dangereux, car tous les environs de la Roquette étaient encore entre les mains des fédérés sur la pitié desquels il n'y avait pas à compter. Les prêtres de la 3e section, qui étaient barricadés et trouvaient avec raison plus dangereux de s'enfuir que d'attendre l'arrivée prochaine des troupes, essayèrent de retenir leurs confrères ; mais ceux-ci ne les entendirent pas ou ne les comprirent pas. Du reste, dans l'ignorance où ces derniers étaient de la situation de la troisième section, ils ne pouvaient guère rester à la Roquette.

« De mon guichet, écrit M. l'abbé de Marsy à M. l'abbé Amodru, j'apercevais, à travers le guichet et la cellule en face de la mienne, la fumée qui commençait à sortir du pavillon de l'Est.... Nous n'avions plus en perspective que l'incendie de nos cellules, ou le piége qui nous attendait à la porte, sous prétexte de mise en liberté. J'optai pour ce dernier parti[1]. »

Là est l'explication du départ des otages de la 4e division. Le mot de « *piége* » employé par M. de Marsy et répété dans certains récits, a fait croire que l'ouverture des portes des

---

1. *La Roquette*, page 32.

cellules de la 4ᵉ division, et l'invitation à se sauver immédiatement avaient pour but de faire tomber les otages sous les coups inattendus des fédérés, en dehors de la prison. Mais les récits de M. l'abbé Perny et de M. Evrard, qui tous les deux étaient de la 4ᵉ division, ne permettent pas cette interprétation. Si les fédérés avaient dressé un piége, ils auraient attendu à la porte de la Roquette les otages qui ne pouvaient manquer de sortir, et aucun n'aurait échappé. Or, comme on le verra plus loin, quatre seulement ont été tués, pas un seul ne l'a été immédiatement. Il est bien vrai qu'une trahison a eu lieu, mais plus tard et dans une autre section. Des soldats qui s'étaient mis en état de défense ont été amenés à sortir de leur retraite par des cris de : *Vive la France!* et par l'assurance donnée de l'arrivée de l'armée; ils ont été massacrés par ceux-là mêmes qui, revêtus de costumes militaires, les avaient trompés. On aura confondu les deux faits.

Des otages de la 4ᵉ division, cinq revinrent à la Roquette, après avoir essayé de gagner les quartiers occupés par l'armée : M. l'abbé Perny, M. l'abbé Petit, deux Pères de de Picpus et M. l'abbé Gard, séminariste. Mgr Surat était parti avec M. l'abbé Bayle, M. l'abbé Bécourt, le P. Houillon et M. Chaulieu. Tous étaient revêtus d'habits civils. « M. Bayle dit M. l'abbé Perny, portait sous son bras un paquet de vêtements qui le gênait singulièrement. Le digne vicaire général, dont un homme du monde me disait un jour qu'il lui trouvait « la figure d'un martyr », chercha à déposer son embarrassant paquet sur le seuil de quelque maison. Une femme, qui s'en aperçut, lui dit aussitôt : « Que faites-vous là? Vous allez me compromettre. Reprenez vite ce paquet. » Le bon vicaire général obéit et continua sa route, mais ses compagnons l'avaient déjà bien dépassé.

« Le temps pressait. M. Bayle, pour les rejoindre plus promptement, suivit une rue de traverse qui lui semblait devoir aboutir à celle où il rencontrerait ses chers collègues. Mais une barricade l'empêcha d'avancer. Il aperçut de loin Mgr Surat qui voulait franchir une barricade et que l'on repoussait; rebroussant chemin, il vit une porte entr'ouverte, demanda à déposer son fardeau et même à recevoir l'hospitalité pour la nuit. « Je suis prêtre, otage de la Com« mune; nous nous sommes échappés de la Roquette, vous « pouvez me sauver la vie. » La bonne femme qui entendait ces paroles lui fit un accueil aussi gracieux qu'empressé : « Venez vite, monsieur, je suis Bretonne; j'aime bien les « prêtres. Je suis heureuse de vous recevoir chez moi [1]. »

Mgr Surat et ses autres compagnons s'étaient dirigés vers le boulevard Voltaire, espérant se dérober ainsi aux poursuites des fédérés qui, en effet, ne tardèrent point à revenir sur leurs pas. M. Chaulieu avait gardé ses habits, qui étaient très-propres en comparaison de ceux de ses compagnons. Peut-être fit-il ainsi remarquer le groupe, car il marchait en tête. Derrière lui venaient successivement M. l'abbé Bécourt, vêtu d'une jaquette sordide, puis le P. Houillon et enfin Mgr Surat portant tous les deux la vareuse grise des détenus.

En ces jours de bouleversement, la livrée infâme du bagne ou des prisons valait mieux qu'un laisser-passer aux yeux de la vile populace qui dominait Paris. C'était grâce à leurs vestes grises que le P. Houillon et Mgr Surat avaient réussi à traverser une première barricade à la rue Saint-Maur : un fédéré ivre s'était contenté d'interpeller familièrement Mgr Surat en lui disant : « Ne va pas plus loin, toi, mon vieux forçat, prends un flingot et reste avec nous. » Il n'en fut pas de même à la seconde barricade, boulevard Voltaire, où la tenue décente de M. Chaulieu donna immédiatement l'éveil. Là furent arrêtés les otages : on les saisit et on contraignit M. Chaulieu et M. Bécourt à entrer dans le corridor du n° 130.

Dès qu'il fut prouvé que les fugitifs étaient des prêtres, on voulut les fusiller sur-le-champ devant la barricade. Celui qui insista le plus était un homme que les habitants de la maison ne connaissaient pas, qu'ils avaient surnommé *le Clairon*, à cause d'un instrument de cuivre qu'il portait

---

1. *Deux Mois de captivité*, page 220.

constamment en bandoulière. Quelques dames le supplièrent de choisir un autre endroit pour l'exécution; il y consentit; s'adjoignant quelques fédérés, il emmena les quatre otages à la Roquette. Une ambulancière, la fille Wolff, femme Guyard, marchait en tête, un drapeau rouge à la main, un revolver et un long poignard dans la ceinture, et un brassard au bras.

Arrivé au quinconce qui sépare les deux prisons, le groupe s'augmenta de trois ou quatre fédérés, puis de plusieurs jeunes détenus, que le directeur de la Petite Roquette venait de mettre en liberté pour les armer et les faire travailler à la barricade de la rue Saint-Maur. Le Clairon, trouvant le lieu propice et le nombre de complices suffisant, rangea les otages au pied du mur de la Petite-Roquette, sur le quinconce, et tout à côté du coin de la rue Servan. Les fédérés et les jeunes détenus firent feu à bout portant contre les victimes. Trois d'entre elles tombèrent, on les acheva aussitôt. La quatrième, que l'on avait cru d'abord être Mgr Surat, mais qui était M. Chaulieu, fut épargnée dans cette première décharge.

Grâce au désordre, M. Chaulieu put se sauver, en tournant le coin de la rue Servan. Un fédéré, s'en étant aperçu, fit feu sur lui, le manqua et se mit à sa poursuite. Le jeune détenu Fillemotte et un de ses camarades coururent aussi; ils rejoignirent leur victime à une distance d'environ cinquante pas. Une lutte s'engagea alors entre le fédéré et M. Chaulieu, qui parvint à s'emparer du sabre de son adversaire et lui porta vivement un coup de pointe, que celui-ci esquiva. Un second fédéré survint; il fut suivi bientôt de plusieurs autres et de quelques enfants; alors M. Chaulieu abandonna le sabre et tenta de poursuivre sa fuite. Fillemotte ramassa l'arme et courut après le fugitif; il le vit entrer dans un chantier qui borde la rue, et fit signe aux fédérés restés en arrière, que leur victime était cachée derrière un tas de décombres. M. Chaulieu était à bout de forces, il fut facile à saisir; on le ramena près des trois cadavres de ses compagnons, et, pendant le trajet, Fillemotte le frappait à coups de sabre.

Parvenu au quinconce, le patient s'adressa à la fille Wolff et lui demanda grâce : « Je suis père de famille, dit-il, et je n'ai rien fait pour mériter la mort. — Attends, répondit cette femme, tu demandes du gras, je vais te donner du maigre, » et de son revolver elle essaya de faire feu. L'arme ayant été déchargée sur les premières victimes, le coup ne partit pas. Alors elle saisit son poignard et se précipita vers M. Chaulieu pour l'en frapper; mais un mouvement qui se produisit dans la foule l'en empêcha. M. Chaulieu voyant tout espoir perdu, se résigna; on l'entendit demander d'un ton ferme : « Où faut-il que je me mette? » Puis il regarda en face et d'un air de défi le groupe des assassins, qui tira sur lui et l'atteignit à la poitrine; il tomba à genoux, la tête renversée en arrière; et c'est dans cette position qu'il fut achevé.

Avant de se retirer, l'un des enfants fit remarquer que l'une des trois victimes respirait encore : c'était le vénérable Mgr Surat; un fédéré lui fracassa la tête d'un coup de crosse de fusil. Telle fut la violence du coup que l'œil gauche disparut et que toute la partie osseuse fut broyée. Un large lambeau de muscle de la face pendait; la partie correspondante de la base du crâne était détruite et laissait à découvert la substance cérébrale; les os du nez broyés ne conservaient aucune forme de cet organe, l'œil droit était encore adhérent par son bord supérieur. Toute la partie inférieure de l'orbite, l'os de la pommette et une partie du temporal étaient brisés.

D'autres exécutions ensanglantèrent aussi la Petite-Roquette; là, elles présentaient un caractère particulier : une cour martiale jugeait et condamnait les victimes dans le greffe de l'établissement. Composée de jeunes gens restés inconnus, et dont l'âge contrastait avec la férocité, elle statuait en quelques minutes sur le sort des malheureux qu'on lui amenait, ou plutôt faisait exécuter une sentence dictée par les cris de la foule! Les mots *en cellule* équivalaient à un sursis. Les mots *en cellule provisoire* signifiaient : « bon à livrer à la populace. » L'arrêt de mort était exécuté au moment même, sur le quinconce de la place. La justice n'a pu savoir exactement le nombre de ces meurtres isolés : elle a pu constater seulement que tous les témoins détenus à la Préfecture de police, à Mazas, aux deux Roquettes, signalent des exécutions semblables dans toutes les prisons, antérieurement à la dernière et terrible semaine du règne de la Commune.

X

Pendant que Mgr Surat et ses infortunés compagnons tombaient sous les coups de leurs jeunes assassins, une scène des plus émouvantes et des plus dramatiques se passait à la prison de la Roquette.

La deuxième section renfermait des sergents de ville et des artilleurs; la troisième des soldats de différents corps. Dans cette troisième section avaient été placés dix ecclésiastiques venus de Mazas le 23, ou arrêtés dans les journées du 23 et du 24. Ces ecclésiastiques étaient : le R. P. Bazin, jésuite; MM. Bacuez, directeur à Saint-Sulpice; Guillon, du clergé de Saint-Eustache; Lamazou, vicaire à la Madeleine; Amodru, vicaire à Notre-Dame-des-Victoires; Depontaillier et Carré, vicaires à Belleville.

Dès le 25, tous ces prêtres avaient été menacés du sort des otages de la quatrième division. « Un vicaire de Notre-Dame-des-Victoires et moi, dit M. l'abbé Lamazou, nous avons passé une demi-heure, le jeudi 25 mai, à nous préparer à être fusillés. Ce n'était qu'une fausse alerte, et les agents de la Commune, chargés de ces aimables invitations, consolaient ceux qui en étaient l'objet, en leur assurant que ce qui n'avait pas eu lieu la veille ne manquerait pas d'arriver le lendemain. »

A la vue du sort qui les attendait, quelques otages songèrent à se défendre : on comprenait que tout était sauvé si l'on parvenait à gagner du temps : l'armée arriverait et forcerait les fédérés à la retraite. L'idée première de la résistance était venue, dès le 26, à un militaire du second étage; le brigadier Cuinot (des sergents de ville) l'avait communiquée à M. Wabert, ex-officier de paix, qui approuva secrètement le projet. Les jeunes soldats de la troisième section n'en avaient pas connaissance ; mais il se présenta spontanément et comme par inspiration à leur esprit, lorsqu'ils apprirent que l'ordre était donné de faire descendre tous les prisonniers du second et du troisième étage pour les fusiller.

« Au même instant, dit l'un des témoins de cette scène, dont nous reproduisons textuellement le récit pour ne pas affaiblir la saisissante réalité des faits, au même instant, comme si ces quatre-vingt-deux jeunes soldats, les dix prêtres, et les trois otages civils qui se trouvaient dans la même section, n'avaient eu qu'une seule tête et une seule volonté, un cri fut poussé de toutes parts :

« Ne descendons pas, barricadons-nous ; défendons-nous ! »

« En moins de cinq minutes le lit de camp fut brisé ; paillasses, matelas et chevalets de lits furent jetés aux deux extrémités du couloir ; des sentinelles y furent établies ; des planches de lits furent fendues ; on se fit des épées de bois, car il n'y avait point d'armes.

« Un capitaine de fédérés se montra dans la cour avec des forçats munis de chassepots ; ils nous menacèrent ; nous appréhendions en même temps les bombes de picrate, l'incendie. C'était la mort imminente en perspective....

« Les prêtres s'étaient mutuellement donné l'absolution ; plusieurs militaires s'étaient confessés en particulier, mais quelques-uns ne l'avaient pas fait encore, alors un prêtre s'avança vers un groupe de la barricade :

« Mes enfants, dit-il, l'heure est solennelle, il faut que nous soyons prêts à paraître devant Dieu ; s'il faut mourir, nous mourrons ensemble, mais il faut mourir en chrétiens ; rappelez-vous vos familles, rappelez-vous votre première communion. Le temps presse ; demandez pardon à Dieu de toutes les fautes de votre vie ; faites un signe de croix, je vais vous bénir au nom de Dieu et vous donner l'absolution.

« Tous, excepté un seul, ôtèrent leurs képis, firent le signe de la croix, et s'inclinèrent respectueusement.

« Alors une seule voix s'éleva et on entendit ces mots :

« Moi je suis franc-maçon, et je propose, en cette qualité, « d'aller parlementer, car on pourrait faire sauter la maison. »

« Cette voix discordante fut couverte et étouffée par toutes les autres. On lui répondit :

« Nous aimons mieux sauter avec la maison et mourir en soldats, que d'être assassinés. Nous nous défendrons tous jusqu'à la mort!

« Oui, oui, oui, nous nous défendrons jusqu'à la mort! » Tel fut le cri qui retentit dans toute la prison.

« O moment solennel! ceux qui n'ont pas été présents à ce spectacle ne pourront jamais s'en faire une idée. Tous les prisonniers étaient électrisés par le sentiment religieux uni à la bravoure....

« Restait à se mettre en communication avec le second étage, où se trouvaient quarante et un sergents de ville et dix artilleurs.

« Soudain les briques du corridor furent enlevées, et on s'en fit des projectiles, les plâtres furent repoussés, une large ouverture fut pratiquée dans le plafond. Les sergents de ville et les artilleurs, appréhendant une attaque, firent le cercle au-dessous de cette ouverture. Bientôt ils se trouvèrent rassurés en entendant Soissong, l'un de leurs camarades, qui leur cria :

« Amis, ne craignez rien, c'est pour nous mettre en communication avec vous. »

« Des battements de mains et des cris de joie lui répondirent.

« Les prêtres accoururent. L'un d'eux, appelant tous les sergents de ville et les artilleurs, leur dit à haute voix :

« Mes enfants, nous venons de faire un serment solennel et un acte de religion, vous êtes chrétiens comme vos camarades de la troisième section ; rappelez-vous comme eux vos familles et votre première communion ; demandez pardon à Dieu de toutes les fautes de votre vie, et soyez prêts à mourir en vous défendant. Nous sommes ici dix prêtres, nous allons tous vous bénir, et je donnerai ensuite l'absolution. »

« A ce moment la voix du zouave Duponchel s'éleva disant :

« Silence et chapeau bas ! »

« Les dix prêtres étendirent la main, tandis que tous les

défenseurs du second étage se tenaient rangés en cercle et en silence. L'un des prêtres prononça solennellement ces paroles :

« *Benedicat vos omnipotens Deus, Pater et Filius et Spiritus Sanctus. Amen.* »

« Ensuite les paroles de l'absolution furent prononcées au milieu du silence le plus solennel. Des larmes abondantes coulaient de tous les yeux. Tous se tenaient inclinés profondément. Puis ils se relevèrent, faisant tous ensemble un signe de croix solennel et jurant de mourir tous jusqu'au dernier plutôt que de se rendre.

« Le gardien Pinet dit d'une voix forte et vibrante :

« Mes amis, s'il le faut, nous mourrons tous jusqu'au dernier et nous ne nous rendrons jamais ; nous mettrons nos prêtres au milieu de nous, nous leur ferons un rempart de nos corps. » Puis, s'adressant aux prêtres, il leur dit : « Quant à vous, messieurs, nous ne vous demandons qu'une chose : continuez à prier pour nous. »

« Quelques instants après, l'un des défenseurs du second étage se fit hisser à la troisième section par la brèche, pratiquée au plafond :

« Où est, dit-il, le prêtre qui nous a bénis et pardonné ?

« Il l'aperçut et se jeta à son cou en pleurant.

« Si vous saviez, lui dit-il, ce que vous avez fait de nous ! nous pleurons tous, vous nous avez transformés, vous nous avez rendus invincibles. « Mon ami, lui dit le prêtre[1], il y a « ici dix prêtres qui vous ont tous bénis.... »

« La joie rayonnait sur tous les fronts : on eût dit que l'Esprit consolateur s'était emparé de toutes les âmes. Il était environ quatre heures et demie.

« Sur ces entrefaites, la Commune avait vivement délibéré et résolu de se retirer à Belleville. Bientôt arrivèrent dans la cour tous les condamnés reconnus coupables devant les tribunaux réguliers ; quelques-uns étaient armés de fusils, que venaient de leur confier les fédérés. Ils criaient tous : Vive la Commune ! A ce cri nous répondîmes : Vive la

---

1. M. Amodru.

France ! Un bandit, condamné à mort par la justice, et bien reconnu par les sergents de ville, monta vers notre barricade du grand escalier; il était armé d'un fusil et prêt à faire feu, quand il jugea prudent de se retirer. Toutefois il remonta, entr'ouvrit la porte de la grille, tenta vainement de défaire la barricade et se contenta d'y mettre le feu.

« Les vivres manquaient: nous n'en avions pas reçu depuis la veille. Le peu d'eau qu'on avait était absolument nécessaire pour tempérer la soif; on ne voulait la dépenser qu'avec une rigoureuse parcimonie, car on ne savait pas si les troupes de Versailles arriveraient à temps pour nous secourir. Alors, nos jeunes soldats, qui ne se déconcertaient jamais, coururent au *baquet* de notre section, et en usèrent pour éteindre le feu. Ce moyen réussit à moitié, car le lendemain matin, la fumée sortait encore des matelas et pénétrait dans tout le corridor. Quant au forçat, qui criait: *Vive la Commune!* il disparut à l'aspect des briques qui allaient lui fendre la tête.....

« La nuit arrivée, le service fut parfaitement organisé. Quelques-uns purent dormir tranquillement, tandis que les autres montaient la garde en silence.

« De leur côté, les prisonniers du deuxième étage, renforcés de quelques hommes que la troisième section avait fait descendre par l'ouverture du plafond, s'acquittaient bravement de leur devoir. On gardait un profond silence; chacun se tenait sur le qui-vive.....» Nous dirons bientôt comment ils furent délivrés.

Il y avait encore des otages dans d'autres prisons qui ne couraient pas un moindre péril, notamment M. l'abbé Jourdan, grand-vicaire, au dépôt de la Préfecture ; MM. Icard, supérieur de Saint-Sulpice et Roussel, économe à la prison de la Santé; mais ils ont survécu, quoique les précautions fussent prises pour qu'aucun n'échappât. Au dépôt, le feu avait été mis, et en même temps les portes des cellules avaient été ouvertes et les prisonniers prévenus qu'ils étaient libres; on ne doutait pas que les progrès des flammes ne les empêchassent de sortir; mais un certain nombre d'otages se sauva en passant à travers le feu. Ainsi fit M. Jourdan qui, recueilli et caché chez un honnête marchand de vins, y resta jusqu'à l'arrivée des troupes. Plusieurs de ses compagnons de captivité, redoutant un piége à la sortie, restèrent et combattirent l'incendie. — A la Santé, l'ordre de fusiller MM. Icard et Roussel fut envoyé jusqu'à quatre fois, mais le directeur de la prison refusa toujours de l'exécuter.

XI

Le dimanche 28 mai, jour de la Pentecôte, il se fit, comme l'avait annoncé le P. Olivaint avant de mourir, une éclaircie dans le ciel et un apaisement sur la terre. La bataille était gagnée. Le matin de ce jour, la division du général Bruat s'emparait de la Roquette. L'infanterie de marine, heureuse, rayonnante, pénétra dans la cour en criant : « Liberté ! liberté ! Vous voilà libres ! Descendez. »

« Ici, dit un autre prisonnier, M. l'abbé Delmas, commença une scène étrange. Les cerveaux, affaiblis par le spectacle de tant d'horreurs qui s'étaient succédé depuis quelques jours, se refusaient à croire à la réalité ! « Gardons-nous de descendre ! ce sont des bandits déguisés ! » Bientôt deux cents soldats, colonel en tête, envahissent la maison. « Mais descendez donc ! » Jamais ! — L'un de nous fit cette proposition insensée : « Si vous êtes des amis, envoyez-« nous des fusils ! » Et le digne colonel, comprenant l'état maladif de nos esprits, fit monter cinq chassepots. Cela ne suffit pas : on exigea les livrets des officiers, puis les cahiers de rapports, puis le drapeau français qui n'avait pas encore paru. A sa vue, ce ne fut qu'un cri : Vive la France !

« On hésitait encore cependant, lorsque parut un peloton de soldats de la ligne. Plusieurs voix acclamèrent l'armée libératrice, mais les otages militaires craignaient encore une surprise[1], quand l'un de nous, gourmandant la folle peur

---

1. Cette défiance se comprenait; la veille, le cri de *Vive la France!* poussé par des fédérés ou des forçats revêtus de costumes militaires, avait servi à faire sortir de leur retraite dix-sept ou dix-huit soldats qui furent traînés hors de la Roquette et fusillés.

de ces braves, s'offrit à descendre le premier ; son exemple fut suivi de tous, et bientôt les condamnés de la Commune serraient, les larmes aux yeux et la voix émue, les mains de leurs sauveurs.

Un millier de soldats prisonniers recouvra ainsi, à Belleville, la liberté et la vie.

Le 27, le directeur de la Petite-Roquette, où étaient détenus ces militaires, leur avait ouvert les portes, et on les avait conduits à la mairie de Belleville. Là, une cour martiale avait montré quelques velléités de les faire fusiller ; mais les assassins manquaient. L'armée approchait, et le massacre de plus de mille hommes dont la méfiance était éveillée, et qui étaient résolus à ne pas se quitter, présentait de grandes difficultés. On se contenta donc de les enfermer dans l'église de Belleville, qu'on devait incendier la nuit suivante. L'armée arriva à temps pour les sauver, le matin du 28.

Après avoir délivré les survivants, on s'occupa de retrouver les morts. Les troupes de la France, maîtresses de la Roquette, venaient à peine d'occuper le cimetière du Père-Lachaise ; des coups de feu isolés partaient encore çà et là, et déjà vers huit heures du matin, une fouille était dirigée dans la tranchée ouverte à l'angle sud-est, tout à fait contre le mur d'enceinte. On ne tarda pas à découvrir à une profondeur de un mètre cinquante centimètres, les corps de six victimes, rangés en travers, trois à trois, pied contre pied, et à moitié superposés les uns aux autres pour ménager la place dans la fosse commune. D'un côté Mgr l'Archevêque, le P. Ducoudray et le P. Clerc ; de l'autre, vis-à-vis, M. Bonjean, M. Deguerry et M. Allard. Les vêtements souillés d'une boue sanglante avaient été lacérés ; les corps, quoique très-maltraités, étaient parfaitement reconnaissables. On les mit aussitôt dans des cercueils provisoires : M. Bonjean et M. Allard furent laissés dans la chapelle même du cimetière, et, sous une escorte d'honneur et de sûreté, Mgr l'Archevêque et M. Deguerry furent transportés à l'Archevêché, rue de Grenelle, et les PP. Ducoudray et Clerc, à la maison de la rue de Sèvres.

A Belleville, la reconnaissance fut bien plus difficile et plus laborieuse. Le dimanche 28 au matin, des rumeurs circulaient dans le voisinage de la rue Haxo : des hommes de la valeur du P. Olivaint, du P. Caubert ne disparaissent pas ainsi sans laisser aucune trace de leur passage; mais on n'avait que des soupçons, on n'était pas fixé encore sur l'effroyable réalité.

En interrogeant les habitants du quartier, M. l'abbé Raymond, vicaire à Belleville, apprit cependant que des prêtres avaient « dû être fusillés » rue Haxo; il alla en informer M. Chételat, président de la fabrique de l'église; et tous les deux se dirigèrent, à une heure environ de l'après-midi, vers l'ancien secteur, où l'on fit des fouilles qui ne durèrent pas moins de trois heures. Personne n'avait rien vu, rien entendu; nul ne savait ce que l'on voulait dire; la terreur régnait encore; chacun craignait en outre de se compromettre, et, en se donnant comme témoin, de passer pour acteur ou pour complice. Munis d'une pelle et d'une pioche, MM. Raymond et Chételat creusèrent un peu partout avant de trouver l'endroit. Cependant des odeurs cadavériques s'exhalaient près d'eux; ils aperçurent des traces de sang, trouvèrent un bouton de gendarme, puis virent des mouches vertes voltiger en quantité au-dessus de la fosse dont ils ne soupçonnaient pas encore l'existence. M. Chételat remarqua un petit volet jeté à terre, au point P désigné au plan; il le souleva, et on aperçut les uniformes des gendarmes.

Le lundi, vers quatre heures, après avoir pris toutes les précautions qu'exigeait la salubrité publique, on commença l'exhumation en présence de ces deux Messieurs et du P. Escalle, aumônier du premier corps d'armée, du P. Bazin, sauvé la veille de la Roquette; de M. Lauras, secrétaire général de la Compagnie du chemin de fer d'Orléans et de M. Henry Colombel, docteur en médecine, l'un beau-frère et l'autre ami du P. Caubert; enfin de quelques officiers des volontaires de la Seine, dont le courage fut d'un grand secours.

L'un d'eux, M. Valin, descendit dans la fosse et attacha

tous les corps avec des peines inouïes. Pour se faire une idée de la difficulté de cette opération, il faut savoir que la décomposition était fort avancée : des bras, des jambes se détachaient du tronc, les chairs s'en allaient en lambeaux, ce qui était occasionné aussi par la multiplicité des blessures dont quelques cadavres étaient criblés : on en constata jusqu'à soixante et une sur celui d'un prêtre, tant d'armes à feu que d'armes blanches.

Le lieutenant Valin attachait un des cadavres par les pieds et le remontait; les officiers et les porteurs prenaient la corde et enlevaient le corps, en lui imprimant un mouvement d'oscillation; on l'étendait sur une toile de tente, et on le portait en dehors du mur d'appui : les prêtres d'un côté, les gendarmes de l'autre. Ils étaient si défigurés par le supplice, qu'à peine conservaient-ils encore une forme humaine; et ce ne fut qu'à l'aide des vêtements ou de quelque autre signe accessoire, que l'on put constater l'identité des personnes : les prêtres furent reconnus à leur robe ou à la marque de leurs bas; quant aux gendarmes mariés, les malheureuses veuves eurent beaucoup de peine à retrouver leurs maris, et les enfants leurs pères. Ce fut une scène de douleur indescriptible, dont auraient été émus les auteurs du massacre eux-mêmes; les autres gendarmes purent être reconnus peu après par les numéros matricules recueillis avec peine sur leurs vêtements souillés; et le procès-verbal de cette triste opération fut dressé par les soins de M. Getzner, commissaire de police du quartier.

On plaça les corps dans des bières préparées à l'avance : les trois Pères jésuites, ainsi que le corps de M. l'abbé Planchat furent remis le 29 au P. Escalle. Puis commença, dans la soirée même du lundi, l'enterrement des autres cadavres au cimetière de Belleville; et le 30 mai, à sept heures du soir, malgré l'insuffisance des cercueils dont la plupart n'étaient pas assez grands, tant les corps enflaient à vue d'œil, la dernière des victimes recevait les honneurs d'une sépulture chrétienne, grâce à l'énergie et à la persévérance de quelques braves cœurs.

XII

Quelques jours après, le 7 juin, la vieille basilique de Notre-Dame offrait à la ville de Paris et au monde un spectacle du caractère le plus imposant. La religion et la patrie s'étaient donné la main pour en rehausser l'éclat. Au milieu de la nef, sous un catafalque très-élevé, reposait le corps de Mgr Darboy. Autour de lui étaient rangés les cercueils de plusieurs prêtres qui, ayant suivi leur évêque à la mort et à la gloire du ciel, lui furent associés dans les honneurs que la France s'est montrée jalouse de rendre au martyre : le Gouvernement, l'Assemblée nationale, l'armée, la magistrature, toutes les administrations, une foule immense s'étaient empressés auprès de ces nobles victimes, pour leur apporter en quelque sorte les hommages et les pleurs de la patrie en deuil. Il y avait là tout le public habituel des solennités religieuses de Paris : lettrés, artistes, politiques, savants, magistrats, professeurs, étudiants, désœuvrés de Paris courant à l'émotion et au spectacle, tout ce monde était venu pour honorer la grande douleur de la patrie et de l'Église; le clergé surtout était là représenté par le nonce du pape, par les évêques de la province de Paris, par les curés de toutes les paroisses, par les chefs des communautés religieuses échappés aux sbires de la Commune : c'était comme une sortie des catacombes, comme un rendez-vous d'actions de grâces après les jours de la persécution.

Il ne manquait qu'un témoin à cette fête de deuil et d'expiation, celui sans lequel aucune fête n'est complète, l'auteur de toutes les grandes scènes, celui qui aurait dû remplir de sa foule ces vastes nefs construites pour lui et encore toutes vibrantes de la prière de ses ancêtres : le peuple !

Et pourquoi le peuple, qui a tant besoin de consolation et de soutien, ne sait-il plus courir à la source d'où découlent tout rafraîchissement et toute force? Pourquoi paraît-il dédaigner la parole sacrée, pour aller applaudir les énergumènes du pétrole? C'est ce que nous dirons bientôt.

Des services solennels furent aussi célébrés dans un grand nombre de cathédrales de France. C'était un hommage que la foi et la société tenaient à rendre aux innocentes et illustres victimes. Mais l'impression publique se formulait d'après cet adage des temps anciens : « C'est faire injure à un martyr que de prier pour un martyr. »

Des médailles commémoratives furent frappées ; des images de tout genre furent photographiées ou gravées. On voulait surtout les portraits des martyrs. Une souscription spontanée fut ouverte parmi les anciens élèves de l'École Sainte-Geneviève et du collège de Vaugirard, pour élever au P. Ducoudray et au P. Olivaint un monument de leur reconnaissance. Et depuis la translation des martyrs à la rue de Sèvres, leur chapelle est devenue le but d'un pèlerinage où l'on afflue perpétuellement de tout Paris, de toute la France et de tous les pays du monde. On ne peut guère entrer dans l'église de Jésus, sans trouver le petit autel privilégié entouré d'un cercle de suppliants de tout âge et de tout sexe. Beaucoup de prêtres étrangers veulent dire la messe près du tombeau des martyrs; beaucoup de fidèles veulent y communier.

Un autre témoignage de la vénération universelle, même à distance, ce sont les lettres adressées à la rue de Sèvres de toutes parts, non-seulement de la province, mais encore des pays étrangers et des contrées les plus lointaines. Dépouiller toutes ces correspondances, les lire et y répondre, est devenu presque une fonction, si bien que le supérieur s'est vu réduit à déléguer le P. Le Blanc, pour être d'office secrétaire des martyrs. Du reste, avec mille variantes dans la forme, le fond est toujours le même : on sollicite des prières, des messes, des neuvaines, ou bien on signale des grâces obtenues.

Dieu lui-même nous paraît s'être déjà prononcé. Ne s'est-il pas réservé, pour les besoins de la vérité et pour la cause de la vertu, la langue inimitable des prodiges? Eh bien ! à en juger par des faits nombreux et certains, nous aurions dès maintenant entendu un écho de la voix divine. On a bien voulu nous communiquer tout un dossier de pièces probantes, des rapports originaux accompagnés d'attestations officielles. Mais leur place n'est pas précisément dans cette histoire : d'une part, un récit circonstancié paraîtrait excessif; de l'autre, une simple nomenclature serait insuffisante et fastidieuse.

XIII

L'Église de Paris est honorée par la mort héroïque de son premier pasteur et de ses vingt-deux prêtres. Elle peut porter avec une noble fierté devant le monde entier cette tunique de pourpre que lui a faite le sang de ses martyrs. Mais l'historien ne peut pas se borner à raconter leur fin glorieuse, il doit scruter les mystères de férocité dans lesquels se sont abîmés alors les sentiments des masses égarées.

Pour atténuer ce qu'a de révoltant le massacre d'un si grand nombre de prêtres, les partisans de la Commune ont écrit que l'assassinat en grand a été pratiqué à la hâte dans les prisons, parce que l'armée de Versailles avait déjà pénétré dans la ville. Mais il y a toute raison de croire que l'épouvantable forfait aurait eu lieu, quand même l'insurrection eût été définitivement victorieuse; car on n'avait pas plus de motif de le commettre en temps de guerre qu'en temps de paix. Et pour quiconque a vécu à Paris pendant la seconde terreur, il n'est pas douteux que tous les prisonniers, les ecclésiastiques notamment, étaient condamnés d'avance. Qu'on lise toutes les affiches de l'Hôtel de ville, depuis le 18 mars jusqu'à la dernière proclamation du Comité de salut public au peuple de Paris, et l'on verra que jamais la Commune n'a pris la parole sans menacer du dernier supplice, ceux qui ne pensaient pas qu'elle fût l'idéal du gouvernement, ou même ceux qui vivaient en indifférents, comme dans la question des cartes de civisme. Il paraît qu'un jour, en comité secret, un fou, J. Allix, s'écria : « L'odeur du sang nous plaît, » et cet insensé disait la vérité.

Mais quel crime avaient commis les innocentes victimes si lâchement insultées, si abominablement égorgées, et maintenant tutélaires? Si, à d'autres époques, on a vu la fureur populaire se déchaîner sur les hommes du sanctuaire, ceux-ci pouvaient y avoir fourni quelque prétexte par leur immixtion dans les querelles sociales de leur temps. Quand Gaudry, évêque de Laon, fut massacré par les citoyens, aux cris de *la Commune! la Commune!* l'explication de ce crime se trouvait dans l'ardeur extrême avec laquelle ce prélat s'était mêlé à de dangereux conflits, dans la résistance à main armée qu'il avait personnellement opposée aux justes revendications de la cité. Mais ici les victimes ont été tellement choisies, qu'elles ont paru être immolées seulement en haine de Dieu. Ces humbles religieux, ces charitables prêtres ne s'étaient montrés sur les champs de bataille, ils n'étaient descendus sur le théâtre des discordes civiles que pour prodiguer leurs soins aux blessés, dans quelques rangs qu'ils eussent combattu. Le pontife n'avait eu que des paroles de modération et de ménagement pour les esprits égarés, faisant la part de l'ignorance, même de la bonne foi, avec l'indulgence d'un père qui s'attendrit sur des enfants, dont la plupart sont plus malheureux encore que coupables.

Que de pareils hommes aient été mis à mort de sang-froid, il y a là une particulière et navrante révélation de l'abîme que des passions terribles ont creusé entre le peuple et le prêtre. L'Archevêque, les prêtres, les religieux, sont cette Église depuis longtemps traînée sur la claie par le vil ramas des écrivains, et dénoncée aux haines d'une populace abrutie. Les chefs ont dit, ils ont écrit, qu'à la prochaine occasion, il fallait écraser le christianisme dans le sang, et ce mot est devenu le dogme familier de tous les enfants du peuple. Ils sont élevés, ils grandissent dans la haine pour le prêtre qui secourt et bénit. Rien ne peut ni les éclairer, ni les désarmer. On panse leurs plaies, on les console, on les nourrit, on les aime, et on le leur dit et on le leur prouve; rien ne sert. La reconnaissance pour un prêtre semble à leurs yeux n'être plus un sentiment légitime du cœur; le prêtre est dans leur pensée hors la loi, hors du droit commun : c'est l'ennemi et au moment qu'il sauve, qu'il embrasse, on doit encore l'immoler.

Il y a là-dessous un effrayant mystère. Il y a dans cette seconde et souterraine nation, qui nous menace, la haine de quiconque possède, et ce sentiment conduit nécessairement à la haine de Dieu. Or, si l'on met de côté la loi divine, cette loi qui nous impose des devoirs envers notre propre personne et nous commande le respect de la personnalité d'autrui, on a sur soi-même et sur les autres un droit qui va jusqu'à la dégradation, jusqu'à la mutilation, jusqu'au suicide et à l'assassinat. L'individu sans Dieu ne trouve rien dans son *moi* qu'il n'ait le droit de violer et de profaner; il peut pervertir ou abolir en lui le sens moral, crever les yeux à sa conscience et à sa raison, détruire jusqu'à sa vie. Il en est de même de l'homme multiple qu'on appelle le peuple. S'il ne voit pas Dieu au-dessus de sa tête, il se croit tous les droits, il s'affranchit de tous les devoirs, même de la loi de ne pas attenter à sa propre existence. C'est ce qui fait comprendre le caractère particulier de la révolution du 18 mars. Athée, elle a d'abord pour conséquence l'entier asservissement, l'*absolue immolation des individus*; elle ne s'arrête devant aucune inviolabilité. Non-seulement elle traite la liberté et la propriété privée, elle en dispose avec un sans-gêne et des façons léonines ignorées des monarques les plus absolus, mais elle sacrifie sans scrupule la vie des plus illustres citoyens.

Toutefois où éclate la férocité de l'homme, il faut scruter aussi l'économie des conseils divins. Les nations modernes sont filles du Calvaire et elles ne peuvent être rachetées de nouveau que par les mérites d'un sang innocent. Il s'agit, à l'heure présente, du salut de la France. Que celui-là donc qui offre chaque matin le sacrifice du corps du Seigneur, que celui-là soit joint aux autres victimes du troupeau, et que, traduit devant les tribunaux profanes, il offre au Christ en sa propre personne une nouvelle hostie !

Les rites sacrés ne permettent pas que, dans la célébration publique, l'évêque soit laissé seul : le pontife en s'avançant vers l'autel de son immolation, ne manquera d'aucun des officiers sacrés; jamais son cortège n'aura été plus au complet. L'archidiacre est à ses côtés, comme aux jours solennels; un vétéran du sanctuaire, préposé à l'une des principales paroisses de la cité, fait la fonction d'assistant; les lévites, même inférieurs, ne sont pas absents; enfin les ordres religieux représentés par leurs membres d'élite complètent la couronne du grand-prêtre. S'ils partagent à des degrés divers les priviléges du sacerdoce, leur sort est pareil en tant que victimes; ils tombent dans une même immolation, et leur sang se mêle et se confond dans un même holocauste. Une auréole se forme des vapeurs de ce noble sang; elle éclaire l'avenir d'un sourire de victoire, et le champ du carnage exhale les odeurs fortes du pressoir et de la moisson.

C'est ainsi que les nations, si elles ne sont pas à jamais condamnées comme la Rome de Tibère et de Domitien, se rachètent toujours par quelques contrastes que permet la justice de Dieu. Abattues, elles se relèvent; brisées et meurtries, elles voient la main d'un grand citoyen guérir leurs plaies saignantes. Si elles sont corrompues, il sort de leur corruption même je ne sais quelle protestation amère et indignée qui sauve. « Rien n'est simple dans l'histoire de l'humanité. Le crime lui-même a son revers éclatant dans la vertu intrépide de ses victimes. Galérius, le bourreau des chrétiens, sur son trône d'or; Maillard, sous son guichet sombre; l'assassin de la Roquette les pieds dans le sang font encore plus de prosélytes à Dieu que de martyrs. C'est par là que l'humanité se rachète[1]. »

1. Cuvilier-Fleury.

CHAPITRE V

MORT COURAGEUSE DE QUELQUES CHEFS DE LA COMMUNE.
LACHETÉ DE LA PLUPART.
RÉPRESSION JUDICIAIRE.

Derniers moments de Rigault, de Millière, de Dombrowski, de Delescluze, etc. — Rétractation de Vermorel mourant. — Cluseret, Vallès, Rossel, Régère, Paschal Grousset, Félix Pyat se déguisent et se cachent. — Vermesch, Laccord, Boursier, Ranvier, Dupont, Longuet, Vaillant, Ledru, Clément, Gaillard père, etc., passent à l'étranger et s'y livrent à des industries fructueuses. — Caractère de la répression judiciaire. — Arrestation de plus de 38 000 individus. — Répartition générale des prisonniers. — L'autorité militaire est saisie des affaires relatives à l'insurrection. — Elle s'associe la justice civile. — Mise en jugement des membres de la Commune. — Leur attitude devant le 3° conseil de guerre. — Jurisprudence adoptée par les magistrats militaires. — Raison de cette jurisprudence.

I

Nous venons de voir ce que valent les religions de l'émeute, les théories du combat social : la liberté n'y gagne rien, l'ouvrier y perd seulement, le ruisseau est rouge de sang. Toutefois, si les juges et les bourreaux étaient restés comme leurs victimes au poste qu'ils avaient usurpé, imperturbables devant les représailles qui les menaçaient, fermes en face de la mort même, nous les absoudrions de tous leurs crimes et nous croirions à leurs bonnes intentions. Mais, ainsi qu'il arrive dans l'histoire de toute insurrection vaincue, les dominateurs de la veille furent les plus empressés à fuir quand la force se retourna contre eux, ou à se renier lâchement quand elle les saisit.

Dès le 22 mai, c'est-à-dire le lendemain de l'entrée des troupes, la plupart des membres de la Commune disparurent : sur les quatre-vingts citoyens qui composaient cette assemblée, quelques-uns seulement sont morts avec courage.

Raoul Rigault, le plus exécrable de tous, fut arrêté le 29 mai, dans une maison de la rue Gay-Lussac, par des éclaireurs volontaires qui l'y avaient vu entrer. On l'amena au commandant Poussargues. Le procureur de la Commune était sans armes, vêtu d'une vareuse noire à grand collet rouge rabattu, avec grenades d'argent, coiffé d'un képi aux quatre galons, et chaussé de bottes à l'écuyère vernies et neuves. Immédiatement, il fut fouillé ; on remit au commandant tout ce qu'il avait sur lui : mouchoir fin de batiste, des clefs, de la menue monnaie et, dans un porte-carte en cuir de Russie, douze cartes de visite ainsi gravées :

Raoul Rigault
Membre de la Commune de Paris.

Une des cartes fut envoyée sur-le-champ au maréchal de Mac-Mahon, les officiers se partagèrent les autres.

« Qui êtes-vous ? dit alors le commandant au prisonnier.

— Raoul Rigault, membre de la Commune, au nom de la République et de la France.

— La cause est entendue, » interrompt le commandant, qui tire son épée pendant que ses hommes font feu. Toutes les balles portent dans la tête de l'ex-procureur, dont un des côtés est entièrement fracassé. Un soldat s'empare tranquillement des belles bottes de son prisonnier fusillé, pendant que les habitants du quartier viennent hurler près du cadavre de l'énergumène. Il resta vingt-quatre heures rue Gay-Lussac, exposé aux malédictions de la foule.

Millière fut arrêté le même jour, après avoir opposé une résistance des plus vives, car il déchargea six coups de revolver sur les soldats qui voulurent le saisir. Il était tête nue, pâle, effaré. Deux hommes le soutenaient par les bras ; on le conduisit au Luxembourg chez le général de Cissey, auquel il répondit avec assez de fermeté. Après l'interrogatoire, il fut dirigé vers le Panthéon, entouré d'un peloton de chasseurs à pieds. En gravissant les marches du péristyle, l'officier qui commandait le détachement lui fit remarquer des traces de balles ; c'était là que l'avant-veille Millière avait, disait-on, fait fusiller trente gardes nationaux qui refusaient de défendre les barricades. Comme il se tenait debout, faisant face aux soldats, on lui dit de se tourner vers la porte de l'église, mais un officier supérieur lui permit de reprendre sa position première ; seulement, en raison de la disposition des lieux, on le força à se mettre à genoux. Millière découvrit alors sa poitrine et, levant le bras droit, il cria : « Vive la République !... Vive le peuple !... Vive.... » Une décharge lui coupa la parole, et il tomba, inclinant sur le côté gauche.

Le docteur Tony Moilin, arrêté aux alentours du Luxembourg, avait été, après un interrogatoire sommaire, condamné à mort. Avant de mourir, il demanda avec instance la faveur de pouvoir contracter mariage avec une femme avec laquelle il vivait maritalement ; cela lui fut accordé. M. Hérisson, maire du sixième arrondissement, reçut l'acte, et après la célébration du mariage, Tony Moilin fut fusillé.

Reconnu par la foule et arrêté place Cadet, Varlin fut livré à trois soldats qui l'entraînèrent aussitôt rue des Rosiers, à Montmartre. Il fut exécuté à l'endroit même où étaient tombés les généraux Lecomte et Clément Thomas.

Treilhard, directeur de l'Assistance publique, fut fusillé sur la place du Panthéon. Avant de sortir de chez lui, il avait dit à sa femme : « Si je suis tué, tu remettras à qui de droit une somme de 40 000 francs que j'ai cachée dans la cave : cet argent appartient aux indigents. » Mme Treilhard suivit rigoureusement ces instructions.

Dombrowski, après avoir été grièvement blessé d'une balle au bas-ventre à la barricade de la rue Myrrha, avait été transporté à l'hôpital de Lariboissière. Là, le docteur Cusco, chirurgien en chef, lui prodigua des soins empressés. Mais Dombrowski, une heure après, expirait au milieu des plus horribles souffrances. Le 23, vers huit heures et demie du soir, les troupes régulières avançant toujours, le chef d'état-major de Dombrowski, le commandant Brioncel, arriva à l'hôpital, suivi de l'escorte du général. « Le général est-il mort? » demanda-t-il. « Oui, répondit l'interne de service. — Alors donnez-moi son corps! » Le cadavre de Dombrowski fut livré à Brioncel, qui le plaça dans un fiacre. A ce moment, le directeur de Lariboissière arrivait : « Pourquoi enlevez-vous ce mort? » dit-il. « C'est notre général ; nous ne voulons pas que les Versaillais aient son corps ! » et ils donnèrent au cocher cette adresse : « A l'Hôtel de ville ». Le cortége partit alors au galop. Dans la grande cour de l'Hôtel, où s'arrêta la voiture, des commandants descendirent les dépouilles mortelles et les déposèrent dans une des salles. Jusqu'à minuit le corps y resta exposé, et le dessinateur Pilotell put en prendre un croquis. A minuit des ambulanciers du quatrième arrondissement transportèrent Dombrowski au Père-Lachaise.

Le 26 mai, à neuf heures, on apporta à Delescluze les nouvelles suivantes : « Rigault et Dombrowski sont tués, Chaudey est fusillé, les otages vont périr.

— Quelle guerre ! » s'écria Delescluze, la gorge serrée....

Vers onze heures, deux officiers survinrent.

« Les calotins sont morts. »

Delescluze écrivait ; il continua sans sourciller...; mais il pâlit affreusement au récit détaillé de l'exécution des otages. Quand les officiers furent partis, il cacha sa tête dans ses mains :

« Nous aussi, nous saurons mourir, » s'écria-t-il brusquement.

Pendant toute la nuit, les dépêches se succédèrent désespérantes pour le dictateur. Le 26 mai, à six heures du matin, Delescluze et la Commune se replièrent à la mairie du onzième arrondissement. L'Hôtel de ville fut immédiatement livré aux flammes. Le désordre fut horrible et dura tout le jour. Dans ce désarroi, tous furieux et éperdus s'injuriaient les uns les autres.... « Je vois encore cette scène, dit un témoin oculaire, Victor Thomas, dans cette grande salle de la mairie, encombrée d'officiers, de blessés et de mourants.

« Frankel, le bras ensanglanté, injuriait Johannard, qui

insultait Jourde.... la confusion était à son comble. Tous juraient et criaient.

« Adieu, MESSIEURS, leur dit froidement Delescluze, moi je vais me faire tuer. »

« Il y avait dans ce MESSIEURS, substitué au mot citoyen, une sorte de solennité qui frappa tout le monde. Delescluze, d'un pas calme, se dirigea, une badine à la main, vers la barricade de la place du Château-d'Eau. Il gravit lentement les pavés disposés en échelons, et disparut foudroyé. Jourde, Johannard ne purent retrouver son corps, tant le feu était violent à cette place. » Il ne fut relevé que le lendemain et enterré avec beaucoup d'autres dans une fosse creusée à l'entrée de l'église de Saint-Ambroise.

On a dit qu'il avait donné des ordres pour qu'à l'approche des troupes de Versailles, les fédérés missent le feu aux monuments publics et à certaines maisons particulières. La destruction de plusieurs habitations du quartier même où il a péri semblerait justifier cette accusation. Quoi qu'il en soit, ceux qui n'avaient connu Delescluze que par ses articles du *Réveil*, ne l'auraient pas cru capable de s'associer à d'aussi exécrables attentats. Avant de faire partie de la Commune, il jouissait de l'estime, sinon de la sympathie des diverses fractions du parti républicain. On le savait partisan du système démocratique le plus radical, disciple des Jacobins et autoritaire farouche; mais on s'accordait à louer son honnêteté, son stoïcisme, son désintéressement.

Non loin de l'endroit où tombait Delescluze, Vermorel, également frappé à mort par un éclat d'obus, fut recueilli et soigné par une brave femme qui l'avait relevé. Il est mort à Versailles, dans une prison militaire. Avant de recevoir l'absolution du Père jésuite qui l'a assisté dans ses derniers moments, il voulut faire la rétractation suivante devant les gendarmes et devant les sœurs :

« Je désavoue les erreurs détestables contenues dans mes ouvrages et dans les journaux que j'ai dirigés, et je demande à Dieu, qui voit mon repentir, de me pardonner. »

Rigault, Millière, Delescluze, Vermorel, ces Catilinas des clubs et des carrefours, ces Marats en casquette et à képi galonné, ont eu au moins le courage de mourir : *luit pœnas* comme disaient les anciens. Mais les autres ?

Après avoir, impudents Scapins, parlé sans cesse de leur vaillance, de leur résolution de se faire tuer sur les ruines de Paris, ils n'ont eu d'énergie et de talent que pour se ménager des cachettes où ils pussent attendre sans trop d'ennui l'heure de la fuite. Jusqu'à présent, nous n'avons parlé qu'avec modération de ces sinistres affamés d'honneurs, qui n'ont reculé devant aucun crime pour se faire une célébrité scélérate ; mais nous ne pouvons plus contenir le profond dégoût que nous inspirent ces hommes qui, après avoir été ineptes, ont presque tous été des lâches.

Cerné le dernier jour de la bataille, Cluseret, encore tout noir de poudre, se présenta chez un ecclésiastique du quartier des Halles, et lui demanda l'hospitalité. Le prêtre parut hésiter.

« Si vous me chassez, lui dit Cluseret, on me fusillera devant votre porte.

« Entrez, lui dit alors l'abbé L.... Autrefois, les églises servaient de refuge aux criminels ; entrez-y et soyez sans crainte. »

Il demeura un mois dans cet asile ; puis, un soir, il revêtait une soutane, et le lendemain à midi, l'*abbé* Cluseret était à Genève.

Après avoir été infirmier, pendant quatre mois, dans un hôpital, Vallès parvint à quitter Paris de la même manière. Ce personnage lugubre et misérable se sauva déguisé en ecclésiastique ! Sa haine pour les prêtres ne l'a pas empêché de revêtir leur costume, et il est parti guilleret, sans doute, jovial et tranquille, pendant que des milliers de malheureux, trompés par les mensonges et les fausses nouvelles de son *Cri du Peuple*, pleurent sur leur sort et se demandent quand cessera cette expiation qu'ils subissent à la place des grands coupables. Une soutane ! Il a eu cette impudence celui qui a signé l'ordre de fusiller les otages [1].

---

1. Un certain Riboulard, entrepreneur de démolitions patriotiques sous la Commune, et chargé de diriger les travaux de sciage de la colonne Vendôme, n'ayant pu réussir à quitter Paris, prit une soutane et des bas violets et s'ins-

III. CHUTE DE LA COMMUNE.

Le 9 juin, au soir, des agents pénétrèrent dans une maison de la rue Saint-Gilles où ils trouvèrent un homme à demi vêtu et fumant sa pipe qui, prévenant les questions du commissaire de police, s'écria : « Je ne suis pas Courbet, examinez-moi bien et vous reconnaîtrez votre erreur. »

Rossel s'était caché au fond d'une mansarde du pays latin, après s'être teint les cheveux en blanc. Lorsqu'il fut découvert, l'ancien ministre de la guerre avoua aux agents de police qu'il avait fait, lui-même, insérer dans les journaux le bruit de son passage en Suisse, pour donner le change à ceux qui le cherchaient.

Régère, également déguisé et teint, espérait bien se sauver à l'aide d'un passe-port, quand les hommes de la sûreté le saisirent dans son lit, boulevard des Italiens.

Paschal Grousset, déguisé en femme, se croyait aussi à l'abri des fureteurs, grâce à son chignon et à la poudre de riz qui lui couvrait le visage ; et il fut très-surpris de se voir arrêter chez sa maîtresse.

Le plus habile, le plus prompt à s'enfuir, le plus ingénieux à se grimer fut Félix Pyat. Tandis que le dramaturge s'échappait par les doubles-fonds du théâtre, il prenait aussi divers déguisements, et, en même temps, il faisait publier par la presse les inventions les plus saugrenues sur ses artifices de sauvetage.

Et cependant, tous ces hommes, pour abuser les masses et conserver l'influence qu'ils avaient criminellement usurpée sur elles, n'avaient cessé de dire, durant deux mois, dans leurs emphatiques proclamations, qu'ils combattraient comme les Titans de 92. Le 17 mai, dans une séance mémorable de la Commune, Grousset avait prononcé ces paroles : « Je resterai jusqu'à la victoire ou à la mort au poste de combat que le peuple nous a confié. » Et quelques mois

---

talla pieusement dans une maison meublée de la rue Jacob, où il se fit inscrire sous le nom de François-Marie Hortus, évêque des Thermopyles. Lors de la perquisition effectuée dans cette maison, comme partout ailleurs, les agents, frappés de respect pour le caractère sacré de ce personnage, n'avaient fait qu'entrer, saluer et sortir ; mais quelques jours après, les allures du faux évêque ayant inspiré des soupçons, il fut arrêté et écroué au dépôt de la Préfecture de police, où il avoua son véritable nom.

après, pendant que leurs soldats, obscures victimes, encombraient les pontons, Vermesch, Laccord, Boursier, Ranvier, Dupont, Longuet, Vaillant, Ledru, Clément, Gaillard père, etc., savouraient à l'étranger les douceurs de la célébrité et se livraient à de fructueuses industries.

Nous ne savons si ces tristes personnages ont une conscience. Dans le cas de l'affirmative, l'accord entre elle et eux ne doit pas être parfait, non qu'elle ait le pouvoir de les faire repentir des crimes qu'ils ont commis, mais parce qu'elle doit essayer de les faire rougir de leur couardise. Il est impossible qu'ils n'en éprouvent pas quelque honte, sinon maintenant, du moins plus tard, quand le bruit, qui se fait autour de leur nom, sera tombé en même temps que leur exaltation actuelle. Oui, quand la solitude sera devenue forcément leur lot, leur sommeil sera plus d'une fois troublé par des rêves sanglants : ils verront Paris en feu, les otages massacrés, leurs anciens soldats fusillés. Ils reconnaîtront toutes les victimes : celles-ci les yeux éteints par les larmes; celles-là, pâles, amaigries par la misère; d'autres, devenues cadavres, couchées dans la tombe, montreront leur suaire tâché de sang. Toutes les poursuivront de leurs plaintes, de leurs gémissements, de leur râle d'agonie.... Haletants, épouvantés, les chairs frissonnantes, en vain ils voudront fuir les horribles visions! en vain, ils fermeront les yeux et se boucheront les oreilles, leurs victimes seront pour eux ce qu'ils ont été pour elles : impitoyables ! Et cela durera jusqu'au jour où écrasés, fous de terreur et de repentir, ils tomberont à genoux, la face dans la poussière, et demanderont pardon à Dieu!

III

Il nous reste à parler des jugements rendus par les conseils de guerre. Plus de trente mille insurgés se trouvaient, au lendemain de la lutte, entre les mains de l'armée française, et l'on peut se figurer la confusion lamentable, les douleurs et les désordres qu'entraînait avec elle une pareille accumulation de prisonniers. Leur transportation en masse, après une vérification administrative sommaire, semblait le seul moyen d'en finir avec cet embarras et ce danger. D'un autre côté, les conservateurs, surexcités par une résistance acharnée et par tant de crimes sans précédents dans l'histoire, réclamaient un châtiment exemplaire. Ils paraissaient favorables à une mesure de sûreté générale, analogue à celle qui avait suivi les événements de juin 1848. A cette époque, aussitôt après le rétablissement de l'ordre, le Gouvernement présentait un projet de décret relatif à la transportation des insurgés; et le 27 juin 1848, l'Assemblée nationale décrétait le transfèrement dans les colonies françaises d'outre-mer, de tous les individus arrêtés qui auraient pris part à l'insurrection des 23, 24 et 25 juin. En exécution de ce décret, le Chef du pouvoir faisait procéder sans délai, par des juges instructeurs, à l'interrogatoire des prisonniers, et nommait quatre commissions militaires chargées de déterminer les catégories indiquées par le décret du 27 juin [1].

Les hautes raisons de justice et d'humanité qui avaient fait adopter ces mesures exceptionnelles étaient les mêmes : car en 1871, dans les jours qui suivirent la chute de la Commune, le nombre des prisonniers atteignait trente-huit mille Mais le Gouvernement et l'Assemblée nationale, se plaçant au-dessus des embarras et des passions du moment, voulurent punir sans hâte et sans faiblesse, et imprimer à la répression ce caractère inattaquable que la justice et la loi pouvaient seules lui donner.

Les difficultés étaient grandes et nombreuses.

Les arrestations opérées à la suite de l'insurrection finirent par dépasser le chiffre de trente-huit mille individus environ, dont cinq mille militaires, huit cent cinquante femmes et six cent cinquante enfants de 16 ans et au-dessous.

---

[1]. Renseignements extraits du registre déposé aux archives du ministère de la guerre, relatifs à l'insurrection de 1848.

Entre le 3 avril et le 20 mai, 3 500 insurgés furent faits prisonniers les armes à la main dans les divers combats livrés par les troupes autour de Paris.

Du 21 au 28 mai, la lutte dans Paris et les perquisitions opérées dans les maisons amenèrent l'arrestation de plus de vingt-six mille individus, aussitôt envoyés à Versailles.

Du 1er juin à la fin de juillet, des arrestations furent opérées encore à Paris par les soins de l'autorité militaire, qui avait divisé la ville en quartiers, dans lesquels des officiers étaient chargés de faire exécuter la police. Il y eut pendant deux mois près de cinq mille arrestations.

Enfin, à partir du mois d'août 1871 et jusqu'au mois de mai 1872, les autorités civiles, soit à Paris, soit dans les départements, firent procéder à des arrestations d'individus qu'on mit plusieurs jours à transférer à Versailles, à cause de l'encombrement des prisons.

On s'occupa ensuite de la répartition générale des prisonniers. Pendant la première période, du 2 avril au 20 mai, ils avaient été logés et nourris assez facilement; ils n'avaient fait que traverser Versailles. Presque immédiatement, ils avaient été dirigés sur les lieux de détention provisoires installés dans le fort de Quélern, la citadelle de Fort-Louis, la maison centrale de Belle-Isle et les établissements militaires des îles d'Aix et d'Oléron.

Il n'en fut plus de même lorsque, du 21 au 28 mai, chaque jour amena à Versailles des convois de quatre à six cents prisonniers. Trente mille hommes se trouvèrent réunis dans cette ville, où rien n'était prêt pour les recevoir. Logement, nourriture, surveillance, il fallut tout improviser. Les caves des grandes écuries, les docks de Satory, les manéges de l'école de Saint-Cyr, l'orangerie du château, reçurent d'abord les prisonniers ; mais ces locaux eussent été bien vite insuffisants, si les administrations de la guerre et de la marine ne s'étaient préoccupées de créer, dès le mois d'avril, sur les côtes de l'Océan, depuis Cherbourg jusqu'à Rochefort, de nombreux et vastes dépôts, où purent être reçus vingt-huit mille individus, partie dans les forts et les établissements militaires, partie sur vingt-cinq pon-

III. CHUTE DE LA COMMUNE.

lons divisés en quatre groupes dans les ports de Cherbourg, Brest, Lorient et Rochefort.

La Compagnie du chemin de fer de l'Ouest assura le transfèrement sur ces lieux de détention. Les prisonniers, par convois de six cents individus environ, étaient conduits de neuf à onze heures du soir, à la gare de la rive gauche, où ils recevaient deux rations de pain et de l'eau, à raison d'un bidon par dix hommes. Enfermés ensuite par groupes de trente dans des wagons à marchandises, ils étaient conduits à destination, sous l'escorte des gardiens de la paix ou de troupes choisies de préférence parmi les marins de l'armée de Versailles.

Le tableau ci-contre présente le nombre et l'effectif des convois qui, du 6 avril au 10 septembre, emportèrent vingt-sept mille huit cent-trente-sept prisonniers et se succédèrent jusqu'au nombre de trois par jour, à une heure d'intervalle :

6 avril 1871[1] : 1 516 transférés, 600 à Brest, 916 à Lorient.

17 avril : 168 transférés à la Rochelle-Rochefort.

30 avril : 220 transférés à la Rochelle-Rochefort.

4 mai : 450 transférés, 100 à Brest, 350 à la Rochelle-Rochefort.

8 mai : 370 transférés à la Rochelle-Rochefort.

14 mai : 200 transférés, 100 à Brest, 100 à Lorient.

19 mai : 200 transférés, 140 à Lorient, 60 à la Rochelle-Rochefort.

24 mai : 600 transférés à Brest.

25 mai : 1 200 transférés à Brest.

26 mai : 844 transférés à Cherbourg.

27 mai : 1 200 transférés à Brest.

28 mai : 1 400 transférés, 600 à Brest, 800 à Cherbourg.

29 mai : 1 200 transférés, 600 à Brest, 600 à Lorient.

30 mai : 2 000 transférés, 600 à Brest, 600 à Lorient, 800 à Cherbourg.

---

1. Dates du départ de Versailles.

31 mai : 2 000 transférés, 600 à Brest, 800 à Cherbourg, 600 à la Rochelle-Rochefort.

1er juin : 1 200 transférés, 600 à Brest, 600 à la Rochelle-Rochefort.

2 juin : 1 800 transférés, 600 à Brest, 600 à Cherbourg, 600 à la Rochelle-Rochefort.

3 juin : 1 800 transférés, 1 200 à Brest, 600 à Cherbourg.

4 juin : 1 800 transférés, 600 à Brest, 600 à Cherbourg, 600 à la Rochelle-Rochefort.

5 juin : 1 800 transférés, 1 200 à Brest, 600 à Cherbourg.

6 juin : 250 transférés à Brest.

9 juin : 500 transférés à Brest.

12 juin : 600 transférés à Brest.

15 juin : 500 transférés, 150 à Lorient, 350 à Cherbourg.

23 juin : 700 transférés, 200 à Brest, 500 à la Rochelle-Rochefort.

28 juin : 200 transférés à Cherbourg.

1er juillet : 130 transférés à Cherbourg.

4 juillet : 400 transférés à la Rochelle-Rochefort.

5 juillet : 300 transférés à la Rochelle-Rochefort.

9 juillet : 90 transférés à la Rochelle-Rochefort.

16 juillet : 35 transférés à la Rochelle-Rochefort.

1er août : 440 transférés, 150 à Lorient, 50 à Cherbourg, 240 à la Rochelle-Rochefort.

2 août : 150 transférés à Lorient.

5 août : 450 transférés à Lorient.

7 août : 300 transférés à Lorient.

9 août : 500 transférés à la Rochelle-Rochefort.

10 août : 288 transférés à la Rochelle-Rochefort.

10 septembre : 36 transférés à la Rochelle-Rochefort.

Total : 27 837 transférés; — 11 950 à Brest, 3 556 à Lorient, 6 374 à Cherbourg, 5 957 à la Rochelle-Rochefort.

Malgré l'importance de ces évacuations, les individus arrêtés par l'autorité civile à Paris et en province étaient encore assez nombreux pour qu'on ne pût les recevoir à Versailles, sans renouveler l'encombrement. On décida donc de les retenir provisoirement, soit dans les prisons de Paris, soit dans celles des départements.

Après l'organisation à Versailles, dans les ports et en province des différents dépôts, et la répartition des détenus dans chacun d'eux, on procéda aux opérations judiciaires.

Les départements de Seine-et-Oise se trouvaient à la fin de mars 1871 en état de siége; il appartenait à l'autorité militaire, en vertu de la loi du 9 août 1849 et aux termes du code de justice militaire, d'instruire et de poursuivre toutes les affaires relatives aux événements dont Paris avait été le théâtre dans ces derniers temps. Elle devait appliquer aux individus arrêtés les formalités légales, et leur laisser toutes les garanties dont la loi entoure l'instruction, la défense et le jugement; scruter les antécédents, les actes incriminés de chacun d'eux, recueillir tous les éléments d'appréciation, et arriver ainsi à statuer avec impartialité et en toute connaissance de cause sur le sort d'un nombre si considérable de prisonniers coupables, mais coupables à des degrés différents.

C'était là un long et difficile travail. Le manque absolu de pièces, de procès-verbaux, de renseignements quelconques touchant les prisonniers laissait dans une incertitude complète, non-seulement sur l'importance du rôle qu'ils avaient pu jouer, mais aussi sur leur individualité même.

L'autorité militaire désira s'associer la justice civile, afin de profiter de ses lumières et d'accélérer ses opérations. Partant de ce principe que la justice civile, étant la justice ordinaire et normale, peut toujours, sous l'état de siége, faire légalement et valablement tous les actes de procédure, tant que la justice militaire ne revendique pas une affaire, l'autorité militaire, d'accord avec les chefs de la justice, transmit à des juges d'instruction de Paris toutes les pièces se rattachant à des affaires constituant un groupe, telles que : les pillages, les assassinats, les incendies; en second lieu, elle envoya les documents concernant les employés des diverses administrations de la Commune, prévenus d'usurpation de fonctions.

On procéda ensuite contre les diverses catégories de coupables et voici la marche qui fut suivie.

Le but du travail d'instruction relatif aux hommes était d'arriver le plus tôt possible, sinon à déterminer la part exacte prise par chaque détenu dans les faits insurrectionnels, du moins à se former une opinion raisonnée sur le degré de culpabilité de chacun. Cette tâche était particulièrement difficile et délicate.

Personne, en effet, n'acceptait résolument la responsabilité de ses actes ; ceux qui ne se disaient pas innocents, invoquaient soit le besoin, soit la contrainte, pour expliquer leur présence dans les rangs de l'insurrection, et bornaient là leurs aveux.

Le dépouillement des pièces à charge avait bien permis, il est vrai, de constituer un certain nombre de dossiers qui établissaient nettement la culpabilité ; toutefois beaucoup de prisonniers n'en avaient pas encore, et, parmi ces derniers, les personnes arrêtées par erreur, qu'il fallait découvrir au plus tôt et mettre en liberté ; mais confondus dans la masse des coupables et sans preuves de leur innocence, ils ne pouvaient être reconnus facilement. Les magistrats militaires, livrés à eux-mêmes, durent donc suppléer à ce qui leur manquait, et déployer dans leurs interrogatoires assez d'habileté et de tact pour arriver à la découverte de la vérité.

En même temps, ils multipliaient les demandes de renseignements, contrôlaient les déclarations, appréciaient la véracité des certificats et des lettres de recommandations qui leur parvenaient en très-grand nombre. La moralité et les antécédents des prisonniers étaient naturellement l'objet des premières investigations ; on demandait des extraits du casier judiciaire ou des sommiers judiciaires, ou du casier central pour les étrangers. L'incendie de la préfecture de Police et la destruction des casiers à Paris faisaient craindre que l'on ne pût distinguer parmi les prisonniers les anciens forçats, les repris de justice, les habitués des prisons. Sur la demande de l'autorité militaire, des gardes chiourmes, des agents de police, des gardiens de prison furent envoyés dans les différents lieux de détention et reconnurent un assez grand nombre de leurs anciens pensionnaires.

Rien, en résumé, ne fut épargné pour mener à bien ce travail d'investigation; aucun des rapporteurs n'oublia surtout le devoir d'humanité qui lui était imposé vis-à-vis des personnes englobées par erreur dans les arrestations en masse; et si des coupables échappèrent alors à un châtiment mérité, on n'eut pas du moins le regret d'avoir gardé en prison un seul innocent plus longtemps que ne l'avaient exigé les circonstances.

L'instruction ainsi faite était terminée par des conclusions écrites, proposant soit une ordonnance de non-lieu, soit le maintien du détenu à la disposition de la justice pour une plus ample information.

Les règles générales de la procédure furent appliquées aux étrangers prisonniers. Leur nombre était de 1725 environ, sur lesquels 1236 furent l'objet d'ordonnances de non-lieu, et 89 furent retenus pour supplément d'informations. Dans le premier cas, toutefois, la mise en liberté n'était pas immédiate. Le dossier de l'individu était préalablement soumis à l'examen du préfet de police, qui provoquait ensuite, le cas échéant, l'expulsion du territoire par application de la loi du 3 décembre 1849 ; — 62 étrangers furent atteints par cette mesure.

La situation toute spéciale des repris de justice, au nombre de 7460 environ, compris dans les premières arrestations, commandait de prendre certaines précautions à leur égard. Lorsqu'ils devaient être l'objet d'une ordonnance de nonlieu, avis en était donné au préfet de police, qui faisait connaître, après enquête, s'il voyait ou non un inconvénient à ce que le prisonnier fût relâché. Le prévenu était ensuite dirigé sur son domicile dans les conditions ordinaires, ou recevait notification, avant son départ, d'un arrêté rendu en vertu de la loi du 9 juillet 1852, portant éloignement du département de la Seine. 444 sur les 3126 repris de justice, qui furent rendus à la liberté, ne purent rentrer dans Paris[1].

---

[1]. On croit devoir rappeler que les nombres sont donnés ici sans tenir compte des unités.

Un grand nombre de femmes avaient pris à l'insurrection une part très-active. Nous les avons vues combattre dans les rangs des fédérés, allumer les incendies, massacrer les otages, tuer de sang-froid des officiers ou des soldats dans les rues de Paris, partout plus ardentes, plus cyniques, plus féroces même que les hommes. Beaucoup d'entre elles cependant bénéficièrent de l'immunité qui devait couvrir leur sexe, et on arrêta seulement celles qui furent prises les armes à la main au milieu des insurgés, ou celles que l'indignation publique avait hautement signalées; 850 femmes ou filles, presque toutes nomades, livrées au désordre et à la prostitution, furent amenées successivement à Versailles. 492 étaient mariées, il est vrai; mais elles n'avaient, en général, que l'apparence d'une vie régulière, et, comme les autres, elles avaient pour la plupart oublié depuis longtemps tous les sentiments de famille et de morale.

Les informations confiées spécialement à un rapporteur du quatrième conseil de guerre se firent sur place à Versailles d'abord, et ensuite dans les maisons de correction de Rouen, Clermont, Arras, Amiens et à Paris. Elles furent terminées le 1er février 1872, et donnèrent les résultats suivants :

623 femmes furent mises en liberté, soit après un interrogatoire sommaire, soit après une ordonnance de non-lieu; 200 furent envoyées devant les conseils de guerre.

La répression, en ce qui concerne cette catégorie de coupables, paraîtra sans doute indulgente ; il ne pouvait guère en être autrement. Le rôle de la plupart de ces femmes, en effet, n'avait pas été localisé. Sans domicile fixe, suivant les fédérés déplacés chaque jour, elles avaient bien laissé sur leur passage le souvenir de leur exaltation, de leurs crimes, mais sans que les témoins aient pu ensuite reconnaître, dans la prisonnière, la femme qu'ils avaient vue autrefois furieuse, les armes à la main, et costumée en garde national ou en marin.

Les preuves écrites manquèrent aussi complétement. Il ne restait donc que le fait de leur présence dans les bandes fédérées au moment de leur arrestation, ou des présomptions

III. CHUTE DE LA COMMUNE.

trop vagues pour servir de base à une action judiciaire ; elles étaient coupables sans doute, mais la justice devait tenir compte des causes particulières qui avaient pu les entraîner dans les rangs de l'insurrection.

651 enfants de seize ans et au-dessous avaient été arrêtés.

Dès leur arrivée à Versailles, ils furent, surtout les plus jeunes (38 avaient de sept à treize ans), isolés des autres détenus, et placés d'abord dans un quartier spécial de la prison des Chantiers. Quelques-uns ayant manifesté le désir de ne pas être séparés d'un père ou d'un parent, prisonnier comme eux, on les évacua sur les ports ; d'autres furent envoyés à la maison de correction de Rouen. Mais tous furent ramenés plus tard au dépôt de « la Lanterne » près de Versailles, où un rapporteur spécial fut chargé de conduire les instructions. Il y avait lieu, en effet, de chercher les causes d'un fait encore sans précédent, et de réunir, tout en restant dans les termes de la loi, les éléments d'une étude morale pleine d'intérêt.

Les instructions, commencées en juin 1871 et terminées en février 1872, donnèrent les résultats suivants :

80 enfants furent renvoyés devant les conseils de guerre auxquels il appartenait de statuer sur la question de discernement, et d'appliquer la loi, avec ou sans le bénéfice des articles 66 et 67 du code pénal ordinaire. 460 environ obtinrent des ordonnances de non-lieu.

Il reste à dire ce qui a été fait à l'égard de 5000 militaires trouvés dans Paris. Beaucoup d'entre eux avaient d'abord été confondus avec les détenus civils, dans les prisons de Versailles, par suite de l'absence de tout signe distinctif. Les interrogatoires sommaires permirent d'en reconnaître immédiatement un assez grand nombre et de les diriger sur Saint-Cyr, où des officiers, détachés des parquets de Versailles, procédèrent à un premier travail de classement ayant pour but de déterminer la situation de chacun, soit au point de vue militaire, soit au point de vue de l'insurrection.

Parmi ces militaires, les uns n'avaient pu rejoindre leurs corps après le 18 mars, ou du moins, par faiblesse, par ignorance ou légèreté, n'avaient pas tenté de sortir de la ville, et y étaient restés soit isolés, soit en détachements constitués.

D'autres, malgré leurs efforts, n'avaient pu gagner Versailles et avaient été enfermés dans les prisons comme otages, ou dans les casernes, sous la garde des bataillons fédérés. Venaient enfin les militaires coupables d'avoir déserté leur drapeau pour servir dans les rangs de l'insurrection. De là des degrés de culpabilité fort différents qu'une enquête longue et minutieuse parvint à préciser. Elle fut terminée au mois de janvier 1872.

Des instructions ministérielles, contenues dans une dépêche en date du 5 juillet 1871, avaient servi de base aux solutions à proposer. En principe, les militaires qui avaient participé à la résistance furent réservés pour l'action des conseils de guerre ; puis, il appartint à l'autorité de soumettre, par les voies ordinaires, aux conseils compétents, ceux auxquels on n'avait à reprocher que le fait de désertion à l'intérieur ; de punir disciplinairement les fautes qui ne motivaient pas une mise en jugement ; de renvoyer enfin à leurs corps les innocents et ceux dont la conduite était moins répréhensible. A la date du 15 janvier 1872, 4834 militaires avaient été examinés et classés comme il suit :

Réservés pour l'action judiciaire	1401
Proposés pour être renvoyés à leurs corps	2266
Proposés pour l'envoi en Algérie par mesure disciplinaire	1167
	4834

La différence de ce chiffre avec celui de 5000 précédemment cité, provient des décès et d'un certain nombre de soldats renvoyés dans leurs foyers à la date de leur libération.

Les opérations judiciaires commencées à Versailles, dans la première quinzaine de juin 1871, se continuèrent jusqu'au 31 décembre 1874. Alors fut terminée la répression entreprise à la chute de la Commune. Il n'avait pas fallu moins de vingt-deux conseils de guerre et de 130 magistrats instructeurs pour arriver à ce résultat.

III. CHUTE DE LA COMMUNE.

Le tableau suivant donne la décomposition des solutions obtenues à cette époque :

Décisions judiciaires se rapportant à toutes les affaires à la date du 31 décembre 1874.

Refus d'informer...	9 291
Ordonnances de non-lieu...	25 023
Jugements de condamnation contradictoires..	10 042
Jugements de condamnation par contumace...	3 751
Jugements d'acquittement...	2 452
Total des décisions judiciaires...	50 559

Nous ne pouvons examiner les jugements relatifs aux différentes catégories de coupables. Nous nous bornerons à rapporter avec quelque détail la décision concernant ces individus que leur notoriété avait désignés plus particulièrement à l'attention de la justice. C'étaient les membres de la Commune, les chefs militaires, les fonctionnaires, les journalistes, dont la culpabilité résultait du rôle qu'ils avaient joué pendant la période insurrectionnelle. Ils étaient destinés à passer les premiers devant les conseils de guerre.

Une des principales préoccupations du Gouvernement avait été de faire préparer tout d'abord les dossiers et la mise en jugement des membres de la Commune, et de répondre ainsi à un sentiment manifesté hautement par l'opinion publique.

Dans la pensée de produire un exemple plus grand et plus solennel, l'autorité militaire avait été invitée à grouper dans un même jugement les seize membres de la Commune arrêtés à la fin de l'insurrection.

C'étaient :

Ferré, — Assi, — Urbain, — Billioray, — Jourde, — Trinquet, — Champy, — Régère, — Rastoul, — Grousset, — Verdure, — Ferrat, — Descamp, — Joseph, Victor Clément, — Courbet, — Ulysse Parent.

Lullier, qui n'avait pas été membre de la Commune, mais dont le rôle avait été très-marqué pendant la lutte, fut compris dans la même affaire et jugé le même jour.

Le troisième conseil fut désigné pour juger cet important

procès. Les développements matériels d'une pareille information étaient fort étendus et furent la cause des retards successifs apportés à l'ouverture des débats. Elle eut lieu à Versailles, le 7 août 1871, dans la salle du manége des Grandes-Écuries, en présence d'une affluence très-considérable de spectateurs de toutes les classes de la société. La défense eut toute liberté de se produire, et les accusés furent entourés de toutes les garanties protectrices spécifiées dans la loi.

Ce grand drame judiciaire, dont la presse officielle et la plupart des journaux français et étrangers publièrent le compte rendu, se déroula pendant vingt-trois séances.

Pendant vingt-trois jours on put contempler tout ce que les batailles de la rue et la protection de l'étranger nous avaient laissé de la Commune. C'était un étalage de têtes sans relief, de profils vulgaires, de types recueillis pour la plupart dans les bas-fonds de la société. Un éclat de soleil tombant sur ces visages incolores, les illumina successivement; on aurait dit que la justice promenait sur eux ce rayon implacable qui les forçait à baisser les yeux.

Nous aurions voulu que la France entière pût voir, face à face, ces tristes personnages qui ont, deux mois entiers, terrorisé Paris et stupéfié l'Europe. Avec quelle platitude ils ont osé renier leurs actes! Loups et renards n'étaient plus que des agneaux. Ils n'avaient rien préparé, rien ordonné, rien fait. Bons citoyens, excellents pères, fidèles époux, ils étaient honnêtes, scrupuleux, sobres, austères et chastes. On avait beau leur mettre sous les yeux ce qu'ils appellent pompeusement leurs autographes, ils ricanaient, comme Ferré, devant l'expert. Il n'est pas étonnant que ces conspirateurs de brasserie et de cabaret aient sans remords violé la liberté. Ils ne savent pas ce qu'elle est, car ils ignorent l'obligation qu'elle impose : la responsabilité, et ce qui constitue son plus noble attribut : la dignité.

Ces insulteurs de Dieu, ces détrousseurs d'églises, ces inventeurs de crimes, de tortures, de cadavres enfouis dans les cryptes et les souterrains; ces tueurs de prélats et de religieux avaient eu soin de ne pas dévorer toutes leurs proies.

Ils en avaient gardé plusieurs pour qu'ils pussent comparaître à l'audience; ils n'ont pas craint de citer comme témoins à décharge quantité d'abbés, de vicaires, de Frères, et d'implorer le secours de ceux qu'ils martyrisaient.

Et c'est pour ces gens-là, pour des traîtres aussi lâches que sanguinaires que le pauvre peuple de Paris a marché au combat, qu'on l'a fait passer des nuits, des semaines entières sur les remparts. C'est pour eux que, vaincu, il s'est replié sur la ville, de rue en rue, de maison en maison, laissant aux mains de la troupe le plus grand nombre des siens. C'est pour eux enfin qu'il est allé passer des mois, de longs mois sur les pontons et dans les forts, pour eux qui se moquaient bien de son courage et de sa virilité, pourvu qu'ils fussent certains de pouvoir se sauver. Les défenseurs de la Commune avaient-ils au moins raison d'espérer qu'à l'heure suprême la plupart de ses membres iraient au combat, comme ils l'avaient promis tant de fois, et marcheraient à la mort? Pendant le siége des Prussiens, pas un n'avait montré ni courage, ni dignité. Ils n'avaient rien fait, rien voulu faire, rien osé faire, sinon se prélasser dans les clubs, tandis qu'à côté de ces marauds ténébreux on voyait des gens riches, heureux, qu'une jeune femme et de petits enfants attendaient, marcher au combat la tête haute, la poitrine découverte, et mourir en criant : « Vive la France! » Et maintenant que tout est fini, le peuple de Paris croit encore à ces sinistres fantoches!

Une lettre écrite de Brest disait cependant : « On est éclairé ici sur la valeur des hommes qui nous ont fait battre jusqu'à la fureur, et qui eux poussaient la prudence jusqu'à l'infamie. »

Ce qui achève de confondre la raison, c'est que l'intérêt public se soit attaché à des hommes surpris le fer ou la torche à la main. Nous considérons comme sacrés tous ceux qui ont souffert et tous ceux qui ont combattu pour la vérité et la justice : les gendarmes et nos frères qui sont morts assassinés, les malheureux que l'on a traqués pour les incorporer dans l'armée du brigandage, les pères dont on a tué les fils. Mais on ne peut sans dégradation morale aller jusqu'à dire que le respect dû aux martyrs revient aux assassins. Il faut s'intéresser aux uns ou aux autres selon le sens moral dont on dispose; mais il ne faut pas s'abandonner à un partage de sentiments qui, en faisant injure aux victimes, relève le bourreau.

Certes il y avait dans les misérables condamnés par les conseils de guerre, des gens dignes de commisération. Mais ce ne sont pas ceux à qui d'ordinaire on s'intéresse; ils n'ont rien de commun avec ces instituteurs déclassés, ces hommes de lettres exaspérés, ces vaniteux et ces prétentieux qui arborent comme un panache leurs rêveries politiques ou sociales. Il y a peu de mérite à s'intéresser aux gens de cette sorte, à parler des entraînements de la plume, à prétendre qu'une fois lancé l'écrivain ne s'arrête pas. Le couteau non plus, lorsque, aiguisé par des hommes comme M. Rochefort, il a commencé sa besogne, n'est pas toujours maître de lui. Ce qui serait plus humain, ce serait de donner sa commisération à ceux des accusés qui vraiment n'ont pas eu le sentiment complet du mal où on les entraînait, et qui ont cédé à la faim.

Voilà, disait-on dans le public, au moment de la répression, ce qu'ont paru ne pas comprendre les juges. On leur reprochait de s'être montrés plus sévères envers les subalternes qu'envers les chefs; on critiquait surtout l'arrêt rendu contre les membres de la Commune et qui condamnait :

Ferré et Lullier à la peine de mort, — neuf membres de la Commune à la déportation dans une enceinte fortifiée ou à la déportation simple, — deux aux travaux forcés à perpétuité, — Courbet à six mois de prison et cinq cents francs d'amende.

Descamps et Ulysse Parent étaient acquittés alors que dans une autre salle on envoyait sur les pontons ou à la mort une tourbe obscure qui n'avait fait qu'obéir aux ordres de ces membres de la Commune.

Cette inégalité devant la justice militaire il faut la mettre tout entière sur le compte du Gouvernement. Il avait admis en principe que l'on n'était pas coupable pour avoir fait partie de la Commune; la culpabilité ressortait de la façon dont on s'y était conduit. Les passe-ports donnés à M. Beslay, à M. Theisz prouvent que la qualité de membre de la Commune n'impliquait aucune poursuite ni aucun châtiment. Le fait d'usurpation écarté, on choisissait parmi les usurpateurs.

Pourquoi M. Thiers et ses ministres ont-ils imposé aux juges cette singulière jurisprudence? On a cherché à expliquer cette pression du pouvoir par le consentement qu'il avait donné aux élections de la Commune. On a parlé aussi d'une certaine solidarité qui existerait entre trois membres du cabinet à cette époque et les hommes du 18 mars. Mais quelque regrettables que soient les paroles échappées sous l'empire à M. Jules Ferry, à M. Jules Favre et à M. Jules Simon, dans un moment de fièvre électorale[1], c'est aller trop loin que de les rendre cautions des membres de la Commune, et de leur assigner une si large part de responsabilité dans l'origine et les actes de l'insurrection.

---

1. Dans le club de la rue de Lyon, M. Jules Ferry avait promis d'abolir le soldat, d'abolir le prêtre, d'abolir le juge. Quand sa candidature était menacée par celle de Rochefort, M. Jules Favre avait promis aux gens de la Villette tout ce qu'ils pouvaient rêver. M. Ernest Picard adhérait aux sottises de la *Lanterne*, il excusait tous les excès de plume et de parole.

CHAPITRE VI

CAUSES DE LA CHUTE DE LA COMMUNE.

Inaction de dix jours. — Vaincue sur les champs de bataille, la Commune devait se maintenir dans la revendication des franchises municipales. — Défaut de netteté de son programme. — Plan du gouvernement de l'Hôtel de ville tracé par Georges Duchesne. — Fréquentes modifications de la Commission exécutrice. — Terrorisme stupide et farouche. — Danger pour un gouvernement de persécuter la religion.

I

L'insurrection du 18 mars qui à l'origine, ne se proposait, disait-on, que l'émancipation et l'avénement de la classe ouvrière, n'a abouti en fin de compte qu'à l'égorgement des travailleurs. A qui la faute? Habilement menée cette révolution pouvait se faire sans trop de secousses, et purifiée peu à peu de ses éléments mauvais, elle pouvait même produire quelques bons résultats. Les conditions irrégulières du travail et du capital, du louage et de la propriété se seraient insensiblement modifiées par des règlements ou par les usages communaux. Il se trouvait dans le Comité central quelques hommes qui semblaient avoir une idée assez nette de cette partie de leur programme. Ils avaient aussi assez d'intelligence pour reconnaître l'inutilité des moyens violents et tout ce qu'il y avait de préjudiciable pour eux à engager une lutte ouverte avec le Gouvernement, tant qu'ils auraient quelque chance d'arriver à leurs fins, en gardant envers lui une attitude défensive.

Mais ces habiles de la première heure furent bientôt dépassés ou mis de côté par des survenants qui compromirent tout. Les turbulents de profession arrivèrent, et à leur tête Lullier, qui s'empara, comme nous l'avons vu, des principales positions stratégiques de la capitale. Ce fait qui amena le triomphe complet de la Commune devait aussi causer sa perte. Le pouvoir, en abandonnant Paris à l'insurrection l'y avait laissée maîtresse.... mais à la façon du rat pris au piége. Il fallait en sortir au plus vite.

Il est certain que le Comité central, en tentant l'aventure, avait compté sur le soulèvement des principales villes dans lesquelles il avait des agents. De ces foyers d'insurrection, les trois seuls qui tentèrent d'imiter Paris, Limoges, Lyon et Marseille, furent l'objet d'une si prompte et si énergique répression, que les autres restèrent dans l'attente des événements qui allaient surgir.

Est-ce pour donner à la province le temps de s'insurger? Est-ce l'enivrement du triomphe qui lui fit perdre des heures précieuses? Le fait est que la Commune commit la faute absolument incompréhensible de rester inactive du 18 au 28 mars.

Si on considère que jamais insurrection n'avait eu à sa disposition d'aussi formidables moyens de vaincre, on ne peut s'empêcher d'attribuer en partie la chute de la Commune, aux dix jours qu'elle perdit. Elle s'était rendue maîtresse, par un concours inouï de circonstances, de Paris, de ses remparts, de douze ou quinze cents canons, de trois cent mille fusils, de munitions de tout genre; elle disposait du pouvoir le plus absolu, terrorisait les citoyens honnêtes, et attisait les plus viles passions des plus vils scélérats. Forte du concours de tous les aventuriers de l'Europe, de tous les forçats et repris de justice dont Paris est le refuge, elle attirait les âmes faibles par la solde ou les enrôlait par la contrainte. Ce n'est pas tout : elle eut encore à la tête des affaires militaires des hommes d'énergie et d'action, dont nous devons constater ici les efforts remarquables, non pour dresser un piédestal à quelques personnalités dont l'intelligence même et la volonté persévérante aggravent la faute, mais afin de dire toute la vérité sur le mouvement insurrectionnel. Il lui eût été possible d'écraser les troupes de Versailles, à l'époque où elle n'avait pas encore préparé sa résistance.

Quand, le 2 avril, la première bande communarde se décida à sortir de la ville, le Gouvernement, à ses douze mille défenseurs primitifs, avait ajouté d'autres forces dont les Prussiens avaient autorisé la formation; et de nombreux prisonniers, rendus par l'Allemagne, venaient à Versailles se ranger sous les plis du drapeau de la France. Contre de tels adversaires, l'armée de la Commune sans discipline, sans cohésion, sans expérience du feu, sans cadres sérieux, devait être fatalement vaincue.

Ses chefs militaires ont surtout échoué par la réaction même des principes qui avaient fait leur victoire. Leurs armes s'étaient retournées contre eux. Après avoir détruit toute autorité, toute hiérarchie, ils sont obligés d'en disputer les lambeaux aux convoitises, aux ambitions, aux méfiances de l'Hôtel de Ville. C'est ainsi que tous : Eudes, Bergeret, Cluseret, Rossel, tombent les uns après les autres, impuissants, vaincus, suspectés, emprisonnés ; c'est ainsi que les différents comités, jaloux de leur influence respective, sans attributions définies, ennemis nés des délégués à la guerre, s'entravent réciproquement et usent inutilement leurs forces ; c'est ainsi que les états-majors, les généraux, les chefs de légions et les personnages galonnés par le hasard ou par l'élection, interprètent les ordres, agissent pour leur compte et rendent impossible toute unité de vue et d'action. Si l'on joint à ces causes de désorganisation la lutte sourde du Comité central contre la Commune elle-même, l'intervention incessante et malveillante des représentants de l'une et de l'autre dans tous les services, on aura une idée de l'anarchie dans laquelle se débattait la Commission de la guerre.

Tous les délégués militaires et civils, tous les comités, le Comité central et les Comités de Salut public n'en ont pas moins consacré toute leur énergie au succès de la cause insurrectionnelle, qu'ils voulaient identifier à la leur : les volumes de correspondances, les milliers d'ordres et de dépêches signés par eux attestent, dans nos archives, l'importance de leur tentative criminelle.

Dès la fin d'avril, on aperçut le résultat inévitable d'un pareil désordre ; mais il était trop tard ; les jours de la Commune étaient comptés, et quand elle confia la dictature à Delescluze, l'armée entrait dans le fort d'Issy et menaçait directement les remparts de Paris.

Vaincue sur les champs de bataille, la révolution du 18 mars avait encore cependant quelque chance de durée, et pouvait aboutir à quelque résultat. Elle aurait pu, peut-être [1], rendre aux communes quelques-unes des franchises dont elles jouissaient autrefois, et consacrer la garantie de ces libertés. Mais il fallait pour cela qu'elle se maintînt dans la voie des revendications municipales. Il fallait qu'à l'exemple de la commune russe, des paroisses anglaises et des communes prussiennes, elle ne s'occupât nullement de la politique générale, et ne fît même entendre aucun vœu qui s'y rapportât. Partout où la liberté communale existe, elle est soumise à cette condition. Si elle y manquait, elle tomberait d'elle-même, car il faut bien noter ce point, que l'essence de la liberté communale est d'être nécessairement indifférente aux formes de gouvernement et aux théories politiques. Cette liberté-là s'applique non à des principes, mais à des intérêts. Elle n'est et ne veut être qu'une sauvegarde pour les intérêts individuels ou communaux. C'est parce qu'on la comprend ainsi, dans tout le reste de l'Europe, qu'elle y peut vivre sous les régimes les plus divers. C'est parce que nous la comprenons autrement en France qu'elle ne peut s'établir sous aucun régime, pas même sous la forme républicaine.

Mais comment les hommes de l'Hôtel de ville auraient-ils pu la comprendre ? La Commune était composée, en général, non-seulement d'inconnus, comme on a pu le voir d'après la proclamation des noms de tous ceux qui en ont fait partie, mais, ce qui était plus grave encore, d'incapables et d'énergumènes. La lecture du compte-rendu de ses séances, ne

---

1. Nous disons peut-être, parce que cette sorte de liberté est celle qui s'improvise le moins.

prouve que trop son peu d'intelligence politique et l'absence complète de ce calme si nécessaire dans les graves et délicates discussions, qu'elle entama souvent. Aucun de ses programmes ne présente l'idée nette, l'exposé des principes arrêtés qu'on était en droit d'attendre d'individualités telles que les Delescluze, les Tridon, les Vermorel, les Félix Pyat, les Vaillant, etc... Tout est diffus et confus. On sent des cerveaux violents et pas un esprit réglé. Le premier de ces programmes, celui du 30 mars, n'est qu'un plaidoyer duquel on ne peut pas même dégager une réponse à cette question primordiale : Voulez-vous constituer la Commune ou établir le Communisme? Vainement essayaient-ils de donner à l'opinion un éclaircissement; ils ne purent ou n'osèrent jamais dire s'ils prétendaient gouverner Paris ou régenter la France. De cette équivoque qu'ils avaient d'excellentes raisons de ne pas lever, résulta pour eux cette situation qu'ils ne pouvaient pas faire un acte qui n'en contredît plusieurs autres. D'abord, ils proclament que la Commune de Paris est le seul pouvoir, sans indiquer les limites géographiques de ce pouvoir; ils annoncent sans faire la moindre protestation, sans faire la moindre réserve, que les conférences pour la négociation du traité de paix définitif sont ouvertes à Bruxelles entre la Prusse et le gouvernement de Versailles. Ils combattent la centralisation et ils n'osent pas répudier la tradition jacobine du Comité qui est essentiellement centralisatrice. Après avoir déclaré que la révolution du 18 mars avait pour but de restituer à la ville de Paris son autonomie, et à ses habitants, leur indigénat, ils reconnaissent à des étrangers le droit de faire partie de la Commune de Paris, en qualité de représentants de la République universelle.

Ce ne fut que quelques semaines plus tard, après d'autres programmes nébuleux et contradictoires, que la Commune, complétement débordée, se décida à faire connaître à la France son but définitif, qui était, non plus seulement l'autonomie communale, mais une rénovation totale de la nation, tant au point de vue politique qu'au point de vue social!

Un écrivain, non suspect assurément de réaction, M. Georges Duchesne, rédacteur d'une feuille dont le titre indique l'opinion, la *Commune*, traçait ainsi le plan du gouvernement de l'Hôtel de ville.

« L'arrêté de convocation des électeurs au 26 mars et au 16 avril se réfère à la loi de 1849, qui exige, au premier tour de scrutin, un minimum de voix du huitième des inscrits. Les décisions du 31 mars et du 21 avril déclarent, après coup, cette exécution inutile. 29 avril, abolition de la conscription pour toute la France ; 8 avril enrégimentation forcée à Paris de tous les citoyens valides, depuis dix-neuf jusqu'à quarante ans.

« Au premier arrondissement, Cluseret licencie les bataillons dissidents et désarme les réfractaires ; au sixième, M. Laccord entend tout incorporer par voie de réquisition.

« Ce dernier est désavoué à l'*Officiel* dès le lendemain pour son escapade ; le 16 avril, la commission exécutive prescrit « des perquisitions méthodiques par rues et maisons, et dé-« clare les concierges passibles d'arrestations s'ils font des « déclarations mensongères. »

« Le 29 mars, un arrêté fait remise aux locataires dans Paris de trois termes ; le 12 avril, les poursuites pour échéances commerciales sont suspendues ; le 19, un décret augmente le nombre des huissiers pour cause d'insuffisance.

« La commission donne d'une main et retient de l'autre : elle réclame « l'intervention permanente des citoyens dans « les affaires communales, par la libre manifestation de leurs « idées, la libre défense de leurs intérêts ; » puis, par une restriction empruntée aux vieux régimes, elle proclame la Commune, « seule chargée de *surveiller* et d'assurer LE JUSTE et « le libre *exercice* du droit de réunion et de publicité, » justifiant ainsi à sa manière la saisie du *Constitutionnel*, le communiqué au *Paris-Journal* et ses deux catégories de suppression de journaux.

« Le Conseil se défend « de poursuivre la destruction de « l'unité française ; » et il proclame l'absolutisme de la Commune « quant à la fixation et à la répartition de l'impôt » ; quant à « l'organisation de la magistrature ; quant à l'orga-« nisation, non-seulement de la défense urbaine, ce qui est « de droit, mais « de la garde nationale.

« Autre originalité sans précédents : les membres du pouvoir, qui sont en même temps fabricants et marchands de journaux, se permettent de promulguer la veille, par primeur et préoccupation d'achalandage, des décrets surprenants, rendus, disent-ils, en conseil de la Commune, et dont l'*Officiel* du lendemain (le vrai *Officiel*) ne parle jamais.

« Le manifeste met en première ligne « la garantie absolue « de la liberté individuelle. »

« Néanmoins, un décret du 7 avril prescrit des mesures pour arrêter l'abus des incarcérations illégales. Le 16 avril, la note de l'*Officiel* prouve que l'arbitraire continue d'être la loi de la force :

« Le délégué à la guerre apprend que des officiers, des postes, des gardes nationaux portent atteinte à la liberté individuelle, en arrêtant arbitrairement, sans mandat régulier, dans des domiciles particuliers, dans les lieux publics ou sur la voie publique, des individus suspectés à plus ou moins bon droit.

« Les décrets se succèdent pour prescrire l'obligation des procès-verbaux, l'interrogatoire, sous vingt-quatre heures, des incarcérés.

« Un commissaire se permet, dans un but de vengeance personnelle, d'empoigner un honnête homme. Les officiers déclarent que la victime a été relâchée et le prévaricateur *destitué*. Ce n'est pas cela : le Code pénal prescrit les travaux forcés.

« La confusion est partout : un décret du 6 avril supprime le *grade* de général, et les généraux en gardent la *qualification*.

« Les tracasseries au sujet des laisser-passer vont jusqu'à compromettre l'approvisionnement ; il faut qu'un décret du 16 avril enjoigne d'accorder un laisser-sortir aux bouviers, bergers et autres convoyeurs de marchandises.

« 11 avril, institution des conseils de guerre ; 14 avril, projet de Protot sur le jury d'accusation ; 16, constitution de la Cour martiale.

« Destruction de la guillotine par le peuple ; maintien de la peine de mort par le Conseil.

« 10 avril, décret sur les pensions : les frères, les sœurs sont classés parmi les ascendants ; il n'est rien dit des enfants légitimes ; la rente limitée à 600 francs pour les veuves, pourra s'élever jusqu'à 800 francs pour les collatéraux.

« La déclaration proclame et reconnaît aux citoyens « le droit permanent de *contrôle* et de *révocation* des magistrats ou fonctionnaires communaux de tous ordres. Le Conseil a longtemps délibéré dans l'ombre ; il signe la plupart de ses affiches de cette entité impersonnelle : LA COMMUNE. L'*Officiel* nous donne des procès-verbaux dépourvus de précision, et sur les mesures les plus graves, nous n'avons pas la liste nominative des votants *non*, des votants *oui*. Dès lors, comment *contrôler ?* à plus forte raison *révoquer* ?

« Le manifeste parle encore de la liberté de travail ; cependant la Commune fait fermer les ateliers où de trop rares labeurs retiennent le garde national loin de son devoir civique ; puis elle met l'embargo et le séquestre sur les ateliers déserts.

« Jamais pouvoir n'a entassé en aussi peu de temps un pareil fatras de contradictions. »

Dans son organisation même, la Commune démontra que ses chefs les plus capables et les plus écoutés n'avaient pas une ligne définie et étaient dépourvus de toute notion pratique d'administration. Elle prit d'abord l'arrêté organique que voici, sur la proposition de Delescluze :

1° Le pouvoir exécutif est et demeure confié, à titre provisoire, aux délégués réunis des neuf commissions, entre lesquelles la Commune a réparti les travaux et les attributions administratives ;

2° Les délégués seront nommés par la Commune, à la majorité des voix ;

3° Les délégués se réuniront chaque soir, et prendront, à la majorité des voix, des décisions relatives à chacun de leurs départements ;

4° Chaque jour, ils rendront compte à la Commune, en comité secret, des mesures arrêtées ou discutées par eux, et la Commune statuera.

Le scrutin, appliqué en conséquence de cet arrêté à la nomination des délégués, aux ministères, donna une première composition. Mais la Commune portait dans ses flancs des germes qui devaient rendre indéfiniment variables ses résolutions : la méfiance des membres et leur jalousie les uns à l'égard des autres. Ainsi, la commission exécutive de la Commune se trouvait chaque jour composée d'une manière différente.

Le 3 avril on y vit figurer Bergeret, Eudes, Duval, Lefrançais, Félix Pyat, G. Tridon, E. Vaillant.

Le 4 avril, elle se modifia de cette manière : Bergeret, Delescluze, Duval, Eudes, Félix Pyat, G. Tridon, E. Vaillant.

Le 5 avril, elle fut ainsi constituée : F. Cournet, Delescluze, Félix Pyat, G. Tridon, E. Vaillant, Vermorel.

Ces mutations quotidiennes se produisirent durant trois semaines ; on vit alors les membres de cette commission se faire arrêter les uns les autres et aboutir à être remplacés par un Comité de salut public, nommé dans la séance de la Commune du 30 avril. Le *Mot d'ordre* de Rochefort en était scandalisé lui-même, et s'écriait : l'Hôtel de ville se défie du ministère de la guerre, le ministère de la guerre se défie du ministère de la marine ; le fort de Vanves se défie du fort de Montrouge, qui se défie du fort de Bicêtre, Raoul Rigault se défie du colonel Rossel, etc. » M. Rochefort mettait sur le compte des mœurs républicaines cette défiance universelle des membres de la Commune, qu'il n'aurait dû attribuer qu'à leur mutuelle incapacité, et à un manque absolu d'honnêteté.

Ce Comité de salut public, élu par 34 voix contre 28, se composait de cinq membres : Antoine Arnaud, Léo Meillet, Ranvier, F. Pyat, Gérardin ; dans les premiers jours de mai il devint, avec le Comité central, la pierre d'achoppement de l'insurrection lancée dans la voie des extravagances pour aboutir promptement au terrorisme stupide et farouche.

On a reproché au clergé la terreur blanche qui « au nom du droit divin et de la sainte inquisition » livrait au bourreau les libres penseurs politiques et religieux, républicains et hérétiques. Mais nous le demandons aux radicaux eux-mêmes, que faut-il préférer de la frénésie qui pousse aux massacres de septembre et des otages de la Commune, ou du zèle religieux qui mène au massacre des Albigeois ? Quelle est l'intolérance qui vaut le mieux, de celle qui lève la hache contre les blasphémateurs de la Révolution, ou de celle qui perce d'un fer rouge la langue des sacrilèges ? Comment choisir entre la prétendue orthodoxie qui veut exterminer le modérantisme par le couteau de la guillotine et celle qui veut anéantir l'hérésie par les bûchers de l'inquisition ? « Ces monstruosités historiques » qu'on nous jette à la face, et que nous n'avons pas à apprécier ici, répondaient à des passions vraies, à des convictions que leur sincérité même rendait inexorables ; et elles eurent pour effet de maintenir dans les États l'ordre et la prospérité. Mais en inaugurant la terreur rouge, la Commune, dépourvue de principes, n'obéissait qu'à des instincts mauvais, et le moyen qui, dans sa pensée, devait assurer la durée de son règne, devint au contraire la cause qui en précipita la ruine. L'opinion, accoutumée à juger les hommes sur leurs paroles et leurs écrits, croyait trouver chez les hommes de l'Hôtel de ville, sinon de la capacité, à tout le moins de l'honnêteté. Hélas ! l'illusion ne fut pas longue, et l'aspect de Paris devint chaque jour plus vide, plus morne, plus effaré.

En vain allègue-t-on l'état de guerre où se trouvait le nouveau gouvernement : même au sein d'une ville assiégée, même à l'heure où les balles versaillaises atteignaient pardessus le rempart leurs femmes et leurs enfants, les hommes que le vote de la Commune avait érigés en dictateurs, avaient le devoir strict de s'abstenir de rigueurs inutiles, et nous entendons par là toutes les rigueurs qui ne servaient pas directement la défense.

La pente était glissante, nous le savons, et l'on devait arriver facilement à copier la terreur civile de 93, sous prétexte de lui emprunter sa mâle énergie, jointe au mépris souverain de la vie humaine.

Mais la Commune avait les lois de l'état de guerre qui lui suffisaient : elles étaient un instrument assez sûr et assez rapide pour frapper tous les coupables. En dehors de ceux qui avaient fait acte d'hostilité ouverte contre l'insurrection, qui donc voulait-on atteindre et par quels autres moyens que ceux de la loi?

L'état des choses différait essentiellement de l'état de guerre civile : la guerre civile véritable, celle qui partage la cité en deux camps qui se pénètrent, où l'on touche du coude son ennemi sans le connaître, cette guerre ne va pas sans la terreur et son cortége d'arbitraire et de crimes. Au contraire, dans la lutte soutenue par la révolution du 18 mars, les camps étaient nettement séparés : de l'autre côté du rempart les ennemis, du côté de la ville les soldats et les amis de la Commune. S'il se glissait des traîtres ou des espions dans leurs rangs, les lois de la guerre suffisaient pour les punir; mais il était absurde de prétendre imprimer la terreur, dans le cœur de ceux qu'il fallait vaincre, par l'application de mesures injustifiables, alors qu'on avait la guerre, ses lois et des canons. Il n'était pas prudent, quand on avait la guerre civile déchaînée, il n'était pas sage de « réveiller les lions endormis », comme disait le malheureux Strafford, et de remuer d'une main impie les vieux levains des guerres religieuses. En arrêtant des prêtres, en poursuivant des religieuses, en décrochant les crucifix, en établissant des clubs dans les églises, en violant des tombeaux, le Comité de salut public et le Comité central crurent avoir anéanti le catholicisme. Les insensés! ils ne faisaient qu'accuser une fois de plus l'éternelle impuissance de l'impiété. Il y a dix-huit cents ans qu'elle entasse des ruines et qu'elle cherche à « enterrer le Christ ». Et chaque siècle voit grandir davantage la puissance du prêtre, ministre du Christ et représentant de la seule force; et souvent, lorsqu'elle a renversé un édifice de pierre, elle le voit se relever le lendemain en argent ou en or!

C'est ce qui est arrivé sous la Commune : en saccageant les églises, en renversant l'autel, elle n'a nullement détruit la foi dans les âmes, substitué son règne à celui de Jésus-Christ. Les fidèles qui ont été témoins des profanations sont tombés à genoux pour implorer Dieu; ils ont fait au fond de leur cœur un grand acte de foi, avec une énergie qu'ils n'auraient pas eue la veille. Ils ont promis de faire disparaître les ruines, de vivre désormais plus saintement, afin de venger Dieu de toutes ces injures. Voilà la vraie force, celle que ne peuvent atteindre ni le feu, ni le sang, ni la mort. Mais la Commune, elle, en endossant la responsabilité de tous les sacriléges commis en son nom ou tolérés par elle, a signé sa propre condamnation, et les soldats de Mac-Mahon n'en furent plus que les exécuteurs

CHAPITRE VII

DU RETOUR DE LA COMMUNE.
CE QUI EN RÉSULTERAIT POUR LES OUVRIERS.
MOYENS DE LE PRÉVENIR.

Admiration et reconnaissance de l'Internationale pour les incendiaires de la Commune. — Opinion des sections belges, suisses, allemandes, romaines, anglaises, françaises. — Forces de l'Internationale en France. — La France contemporaine comparée à la société romaine sous Tibérius Gracchus. — Difficultés particulières de la prochaine guerre sociale. — Formation en Italie et en Allemagne d'associations ayant pour objet l'émancipation du prolétariat. — Leurs statuts. — Cause persistante de l'agitation des classes ouvrières. — Elles ne trouveront pas le triomphe de leurs revendications dans une révolution sociale. — Le christianisme seul peut remédier au mal. — Réforme à introduire dans l'enseignement en général. — Inutilité de tous les efforts tentés en dehors de l'influence chrétienne pour arriver à la solution du problème social : Saint-Simon, Fourrier, Cabet, M. Louis Blanc. — Les Trade-Unions et les sociétés de résistance. — Solution chrétienne : nouvelle organisation de la corporation. — Services immenses rendus par le compagnonnage. — Ce qu'est la corporation telle que nous l'entendons. — Proudhon l'a entrevue. — Différence de la corporation et de l'association proprement dite. — Le salut est dans l'établissement de la corporation chrétienne.

I

C'était hier que la Commune ensanglantait la capitale, et aujourd'hui les édifices abattus par elle sortent de leurs ruines plus splendides qu'autrefois, et semblent insulter à ceux qui les voulaient anéantir. Les blanches pierres ont remplacé celles que les siècles et la flamme avaient brunies, que les crimes des hommes avaient parfois souillées; les traces des vandales sont effacées. La foule oublieuse ne se souvient plus ni des larmes ni du sang : elle rit, elle chante, elle danse, elle se couronne de fleurs, ainsi qu'elle faisait quand la mort, le deuil et la honte ensemble l'ont frappée.

Regardons sous ces fleurs, écoutons à travers ces chants. Le sol oscille encore.... n'est-ce que la houle qui vient après la tempête, les dernières convulsions d'une crise effroyable? ou le présage sinistre d'un nouvel orage? La Commune est morte, disait-on après sa chute, et ne reviendra plus. Il semblait, en effet, que son horrible fin allait rendre son retour à jamais impossible; et que, non-seulement en France, mais dans le monde entier, les socialistes s'empresseraient de désavouer les massacres et les incendies. Mais Paris brûlait encore que déjà, dans toute l'Europe, la plupart des sections de l'Internationale et un très-grand nombre de ses journaux proclamaient publiquement leur admiration et leur reconnaissance pour les incendiaires.

A Bruxelles, la section belge, dans une réunion tenue le 5 juin, proteste contre l'intention annoncée par le Gouvernement belge de livrer, comme des malfaiteurs de droit commun, les assassins et les pétroleurs de Paris. La protestation se termine ainsi : « Le congrès de l'Association internationale des travailleurs acclame solennellement la Commune de Paris vaincue pour un temps, reconnaît qu'elle a bien mérité de l'humanité entière, et que ceux qui ont combattu pour elle ont droit au respect et aux sympathies de tous les hommes de cœur. »

A Genève, deux jours avant l'entrée des troupes de Versailles dans Paris, une réunion de l'Internationale avait voté une adresse à la Commune; cette assemblée déclarait qu'elle exprimait « les aspirations économiques des classes travailleuses, et que, lorsque les travailleurs sont unis par une organisation aussi vaste que celle de l'Internationale, le triomphe de leur cause est assuré. » Après la défaite, l'organe des hommes qui avaient voté cette adresse, *l'Égalité*, ne dissimula pas l'admiration que lui causaient les crimes de la dernière heure. Ce journal loue le « peuple » qui, en brûlant nos palais, « a anéanti les monuments de la barbarie et les tabernacles de la prostitution monarchique ». Il émet le vœu que « cet incendie puisse enfin allumer la vengeance dans le cœur du peuple, vengeance contre les misérables brigands qui ne peuvent sauver leur ordre monarchique qu'en forçant le peuple de se brûler sous les décombres de la cité martyre ».

A Zurich, le 4 juin, une réunion des membres de l'Internationale déclare à l'unanimité « que le combat soutenu par la Commune est juste et digne, qu'il est en solidarité avec les idées d'un meilleur temps, et que tous les hommes qui réfléchissent doivent y prendre part. »

En Allemagne, une feuille socialiste, publiée à Leipzig sous les auspices de deux membres du Reichstag, MM. Liebnecht et Bébel, n'a pas hésité à imprimer ceci :

« Nous sommes et nous nous déclarons solidaires de la Commune de Paris, et nous sommes prêts à soutenir ses actes à tout instant et contre chacun. » A Barnem, ville du cercle de Dusseldorf, une assemblée convoquée par le comité démocratique socialiste a salué « les travailleurs de Paris » comme « les champions du prolétariat européen », et affirmé que les cruautés qu'on lui reprochait avaient été nécessitées par la défense. Karl Marx, le grand-prêtre de l'Association disait dans une de ses lettres : ce que l'on a fait à Paris est *une chose sublime.*

L'Internationale italienne a tenu à faire sa partie dans ce concert de louanges, et le 18 juin, une réunion des sections milanaises à laquelle assistaient, dit-on, deux mille cinq cent quarante membres de l'Association, adoptait une adresse dans laquelle on lit : « Ils sont tombés en héros »; et après avoir offert aux échappés de la Commune l'hospitalité *jusqu'au jour prochain de la revanche*, la réunion ajoute : « Les principes de la Commune de Paris sont les nôtres, nous acceptons la responsabilité de ses actes. »

A Rome, une branche de l'Internationale se donne pour mission « de brûler le plus d'églises possible, et spécialement le Vatican. » Et dans la catholique Espagne, se sont reproduites, il y a deux ans, les scènes les plus horribles de la Commune de Paris.

Les internationaux de Londres sont trop peu nombreux pour témoigner, dans une manifestation publique, leur adhésion aux crimes de leurs amis de Paris ; mais dans des réunions particulières ils ont exprimé leurs sympathies pour les communistes parisiens et leur exécration à l'égard des troupes de Versailles. Ils ont même, d'après ce que rapporte un journal anglais, montré « le bon mouvement » comme prochain. « Bientôt, a dit un orateur, on pourra détrôner la monarchie anglaise, convertir le palais de Buckingham en atelier, et renverser la colonne du duc d'York, comme le noble peuple français a renversé la colonne Vendôme. » L'exécution de cette colonne et l'incendie des Tuileries, voilà ce qui a particulièrement excité l'admiration et stimulé le zèle des communistes anglais.

Toutes les citations que nous venons de faire suffiront pour montrer, avec la dernière évidence, la pensée vraie, intime de l'Internationale sur la Commune de Paris, et sur les crimes par lesquels son règne s'est ouvert et s'est terminé. Cependant, on pourrait objecter que telle ou telle section n'a pas le droit d'engager l'Association tout entière, et qu'on ne saurait, sans une suprême injustice, rendre toute une société de plusieurs millions de membres responsable des discours tenus dans des meetings par quelques orateurs, qui ne sont, après tout que des individualités sans mandat.

Par malheur pour l'Internationale, elle ne peut pas invoquer des arguments de ce genre ; car ses représentants légitimes, les membres du conseil général de Londres, élus, comme on sait, par les délégués de toutes les sections représentées au congrès, ont fait connaître, dans un écrit collectif, leur opinion officielle sur les événements de Paris. Or, ils admirent l'incendie des palais, ils justifient le massacre des otages.

Un grand nombre de villes de France donna aussi son approbation à tous ces crimes, et à Paris même, le premier moment de stupeur passé, en marchant dans les rues incendiées, il suffisait de regarder le visage pervers et les yeux sanguinaires de la foule pour y lire ceci : « C'est à recommencer. » La population errait curieuse et gaie à travers les ruines, comme elle eût fait à Pompéï et à Herculanum, et le 8 juin, elle regardait passer !le convoi des otages.

Combien de ceux qui ont brûlé Paris se promenaient au milieu de leur œuvre de destruction, l'admirant à raison même de son immensité, et tenant par la main leurs enfants, auxquels ils soufflaient tout bas le mot de vengeance, auxquels ils faisaient respirer l'odeur du soufre et du sang qui les suivra partout et qu'ils reconnaîtront un jour ! Ils ont pu être châtiés avec le fer rouge, mais corrigés, non. Si l'on s'était fait la moindre illusion à ce sujet, il aurait suffi pour la dissiper, de jeter un coup d'œil sur l'adresse adoptée dans une grande réunion par le comité parisien de l'Internationale, le lendemain même de la chute de la Commune.

« Travailleurs,

« Une lutte sans précédent dans l'histoire du monde vient de s'engager. On dit que nous sommes battus. Si notre devoir n'était pas de marcher en avant et toujours en avant, nous vous dirions : la réaction a raison.

« Mais notre devoir nous force à vous dire : Laissez la réaction chanter victoire, et agissez. On vous a désarmés, vous a-t-on réellement vaincus ?

« A Paris, vous êtes encore cent mille.

« Quand on est cent mille on ne se retire pas volontairement de la lutte. La loi française vous donne, à vous travailleurs, la puissance politique. La laisserez-vous échapper encore une fois ?

« Non, ce n'est pas possible.

« Vous n'avez plus ni club, ni réunion, ni organe ; ralliez-vous, vous qui voulez le droit à la vie, autour de l'Association internationale des travailleurs. Seule, elle peut vous conduire à l'émancipation et vous arracher au joug du capital et des prêtres.

« L'Association internationale des travailleurs est en ce moment la grande coupable. Tous les capitulards, toutes les incapacités de la capitale l'accusent des malheurs de la France, de l'incendie de Paris.

« Les malheurs de la France, nous les rejetons sur les Trochu, Jules Favre et autres.

« L'incendie de Paris, nous en acceptons la responsabilité.

« La vieille société doit périr. Elle périra.

« Un effort gigantesque l'a déjà ébranlée ; un dernier effort doit la jeter à bas.

« En avant ! en avant !

« Vive la République sociale !
« Vive la Commune ! »

« Nos ennemis peuvent nous menacer d'extradition aux bourreaux de Versailles, d'expulsion de tous les coins du monde *civilisé*, d'une chasse féroce contre nous tous qui osons proclamer notre adhésion à la cause de la Commune ; mais nos sympathies et notre concours n'en resteront pas moins actifs ; et si le monde *civilisé* ne peut nous tolérer, qu'il se débarrasse alors de nous au moyen du massacre et de l'assassinat, car ni d'une manière ni d'une autre, nous ne pactiserons avec lui, et si quelques cadavres de plus sont *nécessaires au règne de l'ordre*, qu'il les ait, ces cadavres ; le monde *civilisé* n'en croulera que plus vite... »

Ce sont là, nous le savons, des cris de rage inspirés par la défaite. Les vaincus ont espéré un instant toucher au triomphe, à la réalisation de leurs rêves de domination ; la proie leur a échappé lorsqu'ils croyaient la saisir ; de là, la fureur des chefs. Une pareille exaltation prouve aussi le coup terrible que les événements de Paris ont porté à l'Internationale. En prenant part à la guerre civile, en s'alliant au jacobinisme, et en mettant une armée au service de révolutionnaires qui ne veulent que renverser le pouvoir pour s'en emparer, l'Association des travailleurs a fait évidemment fausse route ; aussi, elle est rentrée dans l'ombre, mais sachons-le bien, elle en sortira. Elle compte à Lyon douze mille adhérents parfaitement organisés, embrigadés et disciplinés ; elle en a vingt-sept mille à Paris, sept mille à Lille, trois mille à Strasbourg, deux mille à Roubaix, cinq mille à Rouen, deux mille à Bordeaux, et c'est quelque chose cela !

Quelle sera l'issue de la lutte qui se prépare? Si nous jugeons du présent par le passé, et des similitudes par les analogies, nous voyons que la société française est exactement dans la situation où se trouvait la société romaine, lorsque les dissensions civiles avaient pour objet certaines substitutions dans la jouissance des priviléges, et d'inévitables compétitions de castes.

Aujourd'hui, en France comme à Rome sous le consulat des Gracques, les caractères continuent à décliner, les conceptions à avorter, les idées à se rapetisser, les mœurs à s'oblitérer, et, suivant l'expression d'un grand penseur appliquée à la décadence grecque, « le petit esprit est parvenu à former le caractère de la nation. » Or, lorsque le souffle des décadences traverse les plus fermes cuirasses d'honneur, de calme et de vertu, et dépose dans les âmes — même les plus pures — un germe d'ambition, d'égoïsme et de mauvaise foi, alors, on peut affirmer que les bouleversements sont proches.

En France, de même qu'à Rome, sous une surface riante et parfumée de civilisation, bouillonne la lave des instincts individuels dont l'agitation se traduit périodiquement par des éruptions de sang et d'incendie. Ce fut le pillage et le meurtre en Italie; ça été le pétrole à Paris. Les faits se ressemblent si les peuples diffèrent.

A Rome, au moment où le jeune Tibérius conçut l'ambition d'émanciper les prolétaires italiotes, la société dormait, riait et se consolait par la débauche. En France, des coups de tonnerre comme celui qui vient d'éclater réveillent une heure, il est vrai, l'homme qui n'aime pas à trouver un pli à la feuille de rose de son oreiller. Quand il se voit menacé ou pris, il réfléchit un instant, il se reproche peut-être, mais d'une manière rapide, — il n'aime pas à s'accuser longtemps, — de n'avoir pas rempli parfaitement ses devoirs de conscience envers Dieu et envers son pays. Mais vienne le jour de la délivrance, les bonnes pensées s'envolent avec le vent qui emporte la tourmente et le danger. « Après tout, se dit-on, à quelque chose malheur est bon. Cette sanglante collision aura été l'arrière-face de la Révolution du 4 septembre, elle était inévitable. Un maréchal de France, dix généraux, cent vingt mille soldats, deux mille bouches à feu sont entrés en ligne, et il n'y a plus d'insurrection ; le Sphinx qui devait nous dévorer est tué, dès à présent nous pourrons reposer en paix. » Il s'endort dans son apathie de la veille, il oublie tout, excepté ce qu'il aurait dû par-dessus tout désapprendre. Nous oublions ce que fut la Commune de 1871, et nous sommes loin de comprendre ce que serait une révolution nouvelle faite à son image. Les leçons de l'enquête, les crimes qui se sont déroulés devant les conseils de guerre ont moins préoccupé le public qu'un drame ou une comédie à sensation. Quel peuple sommes-nous donc sur le point de devenir?

Or, — pour continuer notre comparaison, — pendant l'orgie, les esclaves s'agitaient et la loi agraire s'élaborait à Rome; en France et en Europe, les sociétés secrètes s'organisent, communiquent, fusionnent et forment un vaste réseau de conjurations qui menacent d'étouffer nos sociétés. Nous ne grossissons pas à plaisir les difficultés du combat. On sait que de tout temps, et particulièrement sous le règne de la Commune, ce qui distingua les entrepreneurs de réformes sociales fut une insigne lâcheté ; mais, ce qui est bien de nature à effrayer, c'est la volonté bien arrêtée de détruire, et la généralisation de cette volonté.

Voici quelques mots prononcés par les radicaux dans les clubs qui ont précédé les élections de 1876.

A la séance de la rue Berthe (XVIIIᵉ arrondissement), le citoyen Clémenceau, candidat radical, a dit à son auditoire :

« Le clergé doit apprendre qu'il faut rendre à César ce qui est à César... et que tout est à César. »

Ce n'est pas au clergé, qui ne possède rien, que M. Clémenceau adressait en réalité ce verset de l'évangile communeux, mais aux capitalistes et aux propriétaires.

Mais pour que tout soit rendu au peuple-César, il faut briser la seule chose qui maintienne encore la justice parmi les hommes : la religion. C'est ce qu'a compris un électeur du XVIIᵉ arrondissement; excité par les calomnies de M. Lockroy contre le catholicisme, ce farouche partisan s'est écrié : *Faut l' briser!*

Ce mot pâlit cependant devant celui-ci, prononcé par un autre électeur dans une réunion tenue rue Saint-Antoine :

« Il y a des gens qui disent que l'heure des difficultés est passée ; c'est inexact : la lutte à outrance et implacable commencera dans trois mois ; il faut pour la soutenir des hommes de 93. »

Ces excitations, rapprochées d'autres faits très-graves que le Gouvernement n'ignore sans doute pas, trahissent l'existence d'une vaste conspiration démagogique qui s'étend d'un bout de l'Europe à l'autre.

Tout le monde sait qu'il n'est pas en France une bourgade qui ne soit polluée de dévergondages parlés, pervertie par un club affilié aux fédérations ouvrières de Paris. En Allemagne, le chancelier de l'empire porte la condescendance jusqu'à parlementer avec l'Internationale ; en Italie, les socialistes congressent ; à Genève, ils pontifient ; à Londres, ils résident et ils intriguent. Partout ce pouvoir turbulent agit ou se réserve, comme il l'a fait naguère pendant le siége des Prussiens, en vue d'éventualités ténébreuses ou désespérantes.

Nous avons sous les yeux une brochure où le docteur Bebel menace l'Europe entière des coups de l'Internationale ; mais c'est d'abord à la France qu'il accorde ses préférences. En voici quelques passages :

« Les événements de Paris ne sont qu'un combat d'avant-poste.

« Nos ennemis nous croient accablés sous le poids des événements de Paris. Il importe peu de les détromper, mais ce qu'il faut bien persuader aux travailleurs de toutes les nations, c'est que l'association n'a rien perdu de ses moyens d'action.

« Loin de là, il faut que tous sachent que si, dans ce premier engagement contre le capital et les restes de tous les vieux partis coalisés contre eux, les travailleurs ont pu soutenir deux mois de lutte, embarrassés qu'ils étaient par les républicains formalistes, ils sont sortis du combat plus unis, plus fermes et surtout plus ardents, car ils ont tous une insulte à venger. »

De toutes parts, en Italie et en Allemagne, se forment des associations qui ont pour objet l'émancipation du prolétariat. Leurs statuts nient Dieu, l'état social, la morale, l'autorité de la famille et les sentiments humains, avec un cynisme moins affecté, il est vrai, que celui de Vermesch et de la Commune de Paris ; mais si l'on veut en connaître l'esprit, que l'on observe le *parti ouvrier socialiste* qui se fonde maintenant en Allemagne sur des bases formidables. Il doit avoir son siége à Hambourg. Ses membres seront dispersés sur toute la surface de l'empire, dans les villes d'Altona, de Hambourg, de Berlin, de Brunswick, de Hanovre, de Cologne, de Bielefeld, de Breslau, de Francfort, de Magdebourg, de Chemnitz, de Nuremberg, d'Augsbourg, de Gœppingem, de Borneim. La fonction de ces autorités socialistes sera de servir d'intermédiaire entre la masse des adhérents et le comité directeur. Ils auront, en outre, la charge de surveiller l'exécution des mesures prises en congrès, et de préparer les matières à des congrès nouveaux. Mais la force du parti socialiste ne s'est pas manifestée au congrès de Gotha, uniquement par ce déploiement de forces et cette forte organisation.

Voici le programme qui a été le fruit des débats du congrès ; le caractère de ses espérances n'échappera à personne.

« I. — Le travail est la source de toute richesse et de toute civilisation ; et comme le travail fructueux pour tous n'est possible que pour la société, le produit total du travail appartient à la société, c'est-à-dire à tous ses membres, sur la base de l'obligation universelle du travail, d'après un droit égal, ou à chacun d'après ses besoins raisonnables. Dans la société actuelle, les moyens de travail sont le monopole de la classe des capitalistes ; la dépendance de la classe ouvrière, qui en résulte, est la cause de la misère et de l'esclavage sous toutes ses formes. L'affranchissement du travail exige que les moyens de travail deviennent le bien commun de la société ; il exige aussi la réglementation coopérative de tout le travail avec l'application au bien commun et l'équitable répartition du produit. L'affranchissement du travail doit être l'œuvre de la classe ouvrière, à l'égard de laquelle toutes les autres classes ne sont qu'une masse réactionnaire.

« II. — Partant de ces principes, le parti ouvrier socialiste d'Allemagne poursuit, par tous les moyens légaux, l'organisation socialiste de la société, la disparition de la dure loi des salaires par l'abolition du système du salariat, la suppression de l'exploitation du salariat sous toutes ses formes, de toute inégalité sociale et politique. Le parti ouvrier socialiste d'Allemagne demande, pour préparer la solution de la question socialiste, la création d'associations productrices pour l'industrie et l'agriculture, dans des proportions telles que l'organisation socialiste de tout le travail puisse en sortir. »

Il y a, on le voit, une grande différence entre les précédentes revendications et celles de l'année 1876. Le communisme s'efforce de se dissimuler, mais son caractère international ressort clairement.

L'émotion que cette manifestation de la pensée socialiste a produite dans les régions officielles de Berlin a été profonde. Les journaux officieux se sont particulièrement effrayés de l'organisation matérielle du parti. La *Gazette de la Croix* est allée jusqu'à dire que les délégués du comité central, dans les dix-huit villes que nous avons citées, seront des « autorités socialistes », en face des autorités gouvernementales.

Encore une fois, à quoi aboutira cette coalition de haines et d'appétits, qui, comme une noire marée de barbarie commence à couvrir le sol de Saint-Pétersbourg à Madrid? Nous ne craignons pas de nous tromper en affirmant hautement qu'elle se manifesterait par de nouveaux crimes, si quelque acte violent, si une guerre extérieure ou une révolution intérieure ouvrait la lice aux passions déchaînées. L'incertitude dont semble entouré le problème social est une cause persistante de profonde agitation pour les classes laborieuses, un thème de déclamations commode aux ambitieux, un sujet de trouble et de souffrance pour les ignorants et les esprits faibles.

II

Mais que les ouvriers le sachent bien, jamais guerre sociale ne supprimera la propriété ; elle ne fera que la déplacer au profit d'autres possesseurs, avec des inconvénients analogues : des gens s'enrichiront qui étaient pauvres, des familles périront qui étaient florissantes ; les lois de l'équité, du travail, de l'économie, des droits individuels, tout ce qui fait l'honneur, la force et la richesse de l'humanité, seront encore une fois violées ; la scélératesse humaine s'étalera de nouveau, cynique, atroce ; on reverra peut-être les calamiteuses hécatombes de la Commune, ses effroyables folies de meurtre et de carnage, ses rouges embrasements où le sang se mêlera aux flammes, et l'éclair des armes à la colère des cieux ; mais la situation de l'ouvrier n'en sera pas changée : il n'a jamais rien gagné aux révolutions, qu'elles soient politiques ou sociales.

Un écrivain remarquable par la vigueur de sa logique et la netteté de son langage, M. Émile de Girardin, le constate en ces termes :

« En 1789, qu'a gagné l'ouvrier à ce que le gouvernement de la France devînt le gouvernement de la rue? Les souffrances de l'ouvrier furent-elles jamais plus grandes et plus longues qu'à cette époque?

« En juillet 1830, grâce à des négociations nouées avec la Russie, la France était sur le point de rentrer dans ses limites tracées par le cours du Rhin ; elle venait de se distinguer par un brillant fait d'armes : celui de la prise d'Alger ; l'industrie et le commerce étaient prospères, il n'y avait donc aucune raison pour que l'ouvrier « descendît dans la « rue » et vînt jeter le poids de ses pavés dans les balances de la Chambre des députés, à l'occasion de l'interprétation douteuse d'un article 14 de la Charte de 1815. C'était affaire à vider entre les ministres du cabinet Polignac et les élus du cens électoral.

« Qu'a gagné l'ouvrier à ce que le roi Louis-Philippe 1er s'emparât de la couronne du roi Charles X?

« Cela a-t-il empêché qu'en juin 1832 l'ouvrier fût mitraillé au cloître Saint-Merri, et que Paris fût mis en état de siége?

« Cela a-t-il empêché que les 9, 10, 11, 12, 13 et 14 avril 1834, l'ouvrier fût noyé à Lyon, pendant six jours, dans des flots de sang; massacré à Paris, rue Transnonain, et non-seulement à Lyon et à Paris, mais encore à Marseille, à Grenoble, à Saint-Étienne?

« Qu'a gagné la France à ce changement de règne? Sous le ministère de M. Guizot, à l'expiration de l'année 1847, que restait-il de la liberté de la presse, de la liberté de réunion et d'association conquises, en 1830 par l'ouvrier, les armes à la main et au péril de sa vie?

« En février 1848, il y avait deux ans que des élections générales avaient intégralement renouvelé la chambre des députés. Jamais, de mémoire de gouvernement constitutionnel, ministère n'avait eu une majorité plus compacte, plus « satisfaite ».

« Sur une question controversée de banquets, l'ouvrier quitte son atelier et descend dans la rue, « au cri de : *Vive la réforme*, » comme en juillet 1830 il y était descendu au cri de : *Vive la Charte!*

« Le roi Louis-Philippe ne monte pas à cheval, mais il monte en fiacre et se sauve en Angleterre.

« Un gouvernement provisoire est proclamé, est institué à l'Hôtel de ville. Plus ce gouvernement, à la tête duquel sont Louis Blanc, Lamartine, Ledru-Rollin, fabrique journellement de décrets, et plus il semble qu'il grossit et fait monter le flot de la misère.

« Cette misère, l'ouvrier la subit héroïquement. Il y a de lui ce mot célèbre : « Nous mettons trois mois de misère au « crédit de la République! »

« La question des ateliers nationaux fait sortir l'ouvrier de sa résignation. Attroupements. Barricades. Journées de juin 1848. État de siége. Transportations en masse. Suppression de journaux. Suspension du droit de réunion. N'eût-il pas mieux valu, même pour lui et pour sa famille, que le 24 juin l'ouvrier « ne descendît pas dans la rue[1] »?

Ce que M. de Girardin a dit des révolutions politiques au point de vue de l'intérêt ouvrier, on peut l'affirmer, à plus forte raison, des révolutions sociales.

C'est un fait élucidé par l'histoire aussi bien que par la science économique et la politique pure : toutes les révolutions soi-disant sociales n'ont abouti qu'à un grand et épouvantable néant. Entasser dans les ossuaires des quantités effrayantes de cendres humaines, dévaster plus ou moins profondément des contrées fertiles, déplacer sans cesse la civilisation : tel fut toujours leur unique résultat.

Pour ne parler que d'une période déterminée à laquelle nous avons comparé la nôtre, dans la lutte du prolétariat italien contre le patriciat romain, depuis Sempronius Gracchus jusqu'à Catilina, un million d'hommes furent égorgés, les institutions ébranlées, les caractères avilis, et les mœurs singulièrement altérées. Des sacrifices humains marquèrent même les funérailles de Marius. Et malgré tous ces torrents de sang, ces monstruosités conçues et souffertes, ces immolations et ces lâchetés inouïes, la condition du prolétaire italiote au temps de César était tout à fait celle d'un homme de même caste au temps de Licinius, le tyrannique auteur des lois exclusivistes. Pourquoi? sinon parce que la lumière et la vertu n'étaient d'aucun côté, pas plus chez les opprimés que chez les oppresseurs, et ni les uns ni les autres ne pouvaient ressaisir la notion perdue du droit véritable. Il n'était donc pas réservé à la grandeur des passions de réintégrer dans le monde le principe de la dignité humaine par la réaction de l'esprit d'indépendance contre l'esprit de domination.

Seule, la révolution religieuse opérée par le christianisme a amélioré les rapports sociaux et modifié les notions du droit individuel, parce qu'avant d'agir sur les lois elle a agi sur les mœurs. Elle s'est présentée avec tous les caractères de cette puissance de l'âme agissant sur le monde extérieur

---

1. *L'Ouvrier.*

par la vérité, par le devoir et par la vertu. La force et la violence lui furent complétement étrangères. Pendant des siècles entiers son travail s'accomplit sans qu'elle eût recours à la force ni à la violence. Et lorsque le christianisme accepta le concours des pouvoirs de la terre, ce ne fut qu'après les avoir subjugués par l'ascendant de vérité et de beauté morale qui était en lui, et que la persécution rendait plus manifeste encore. Les vertus chrétiennes furent les seules messagères qui annoncèrent au monde le rétablissement de la dignité humaine ; messagères de paix et de justice, toutes resplendissantes de la liberté morale de l'homme, toutes pénétrées du respect de soi et des autres, toutes rayonnantes d'amour. On vit alors le front du serviteur se relever vers celui du maître, non plus pour lui porter l'injure et le défi, mais pour lui envoyer le rayonnement du salut fraternel, qui dès lors dut accompagner toutes les relations des hommes entre eux, tous les rapports d'autorité et d'obéissance ; et le maître, reconnaissant son frère dans cet épanouissement de la fraternité sur la figure d'un de ses semblables, lui renvoya son amour, son respect.

III

Le christianisme n'a pas dégénéré, ce qu'il a fait autrefois il le peut encore aujourd'hui, mais à quelles conditions ? Il faut le reconnaître franchement.

Lorsque, dans la première partie de ce livre, nous recherchions les causes du 18 mars, nous avons signalé tout d'abord les instincts révolutionnaires de la nation. Ce tempérament insurrectionnel qui est la source de tous nos maux, comment le modifier? C'est en rétablissant dans les âmes le sentiment que revendiquent pour eux tous les partis dès qu'ils sont arrivés au pouvoir : le respect.

Le respect ! c'est là un des éléments les plus essentiels de l'ordre public. On ne saurait le contester sérieusement : chacun comprend quel doit être le sort d'un gouvernement pas. Mais ce respect si nécessaire, qu'est-il? Quelles en sont les conditions? Sur quoi repose-t-il? Le respect n'est pas l'étonnement, l'admiration, la crainte. Ces sentiments, non plus que la force, la puissance, le talent, le génie lui-même ne suffisent pas pour l'inspirer ou l'imposer. Le respect est un mouvement de l'âme qui nous porte à nous incliner, non pas devant une excellence, une supériorité quelconque, mais devant l'excellence, la supériorité reconnues du droit, du vrai, du bien. Pour obtenir notre soumission, il faut que l'autorité nous apparaisse environnée de cette triple auréole, et notre respect sera d'autant plus complet, d'autant plus profond que le droit, le vrai, le bien resplendiront chez elle du plus vif éclat.

Mais comment lui assurer ce rayonnement nécessaire? C'est en ne séparant pas l'idée de l'autorité, de celle de Dieu, son principe et sa source. Si on ne voit que l'homme, comme il n'est pas toujours respectable, le respect ne tarde pas à devenir chose bien rare. Et qui ne conçoit, qui ne sent les conséquences fatales de cette absence? Si la famille avait Dieu pour fondement, aurait-elle si peu de paix et de cohésion, la discipline si peu de vigueur? Le commandement serait-il si hésitant, l'obéissance si incertaine, tout si faible et si chancelant, si on revenait aux grandes traditions de l'Église sur l'Autorité? Non, ce n'est pas impunément qu'on essaye de repousser Celui en qui les sociétés comme les individus ont l'être, le mouvement et la vie.

Nous avons indiqué une autre cause de nos malheurs, ce sont les vices de l'enseignement, et par ce mot nous n'avons pas entendu parler seulement de l'enseignement de l'école, mais aussi de celui de l'histoire, de la presse périodique, des théâtres. Nous avons vu quel mal nous ont fait ces écrivains voués à une détestable propagande par légèreté d'abord, puis par envie et par haine ; nous avons pu mesurer surtout les effets de cette littérature satanique tombant des planches d'un théâtre sur des populations ignorantes et nerveuses comme la nôtre.

La conclusion naturelle de cette étude, c'est que l'histoire, la presse et la littérature, qui ont contribué à un si haut degré à développer le mal qui nous mine, doivent nécessairement se reconstituer pour concourir à notre régénération. Il faut qu'il n'y ait plus de confusion possible entre les idées saines, libérales, chrétiennes qui représentent la civilisation par la liberté et la justice, et les idées fausses, antisociales et impies qui représentent le retour à la barbarie par l'arbitraire, la violence et l'athéisme.

Il faut avant tout débarrasser l'esprit du peuple des préjugés dans lesquels ses flatteurs l'entretiennent. Il faut recommencer notre histoire; et, au lieu de voir de parti pris tout le mal dans le passé et tout le progrès dans le présent, nous devons rechercher ce qu'il y avait d'utile et de bon dans les institutions d'autrefois. Il faut apprendre à la classe inférieure que le moyen âge, tant méprisé, avait une organisation plus vraie, plus vivace, plus solide qu'on ne le croit généralement. A travers un grand nombre d'abus que nous sommes loin de méconnaître, il faut lui montrer les paysans des communes organisant eux-mêmes leurs jurys, leurs taxes, leurs impôts, et ayant parfois en face de leurs seigneurs des allures indépendantes qu'aucun de nous n'oserait prendre, aujourd'hui, vis-à-vis de la bureaucratie européenne.

N'oubliez pas surtout, vous qui tenez une plume, que tous les hommes à peu près savent lire et que fort peu sont en état de juger ce qu'ils lisent. Nul ne peut se défendre contre un livre. Dans la classe moyenne des esprits, chacun se laisse former en peu de temps, parfois en quelques jours, à l'image du journal qu'il reçoit. Ce qui est écrit est écrit; ce qui est imprimé, gouverne. Les masses sont absolument écrasées et broyées aujourd'hui par l'irrésistible puissance de la presse quotidienne. Les esprits les plus cultivés eux-mêmes ne savent pas assez se défendre : on a vu de grandes intelligences trompées par les écrits les plus absurdes. Qui peut, sous l'énorme et croissante quantité de matières imprimées, conserver l'attention, la lucidité, la liberté, le mouvement propre? L'esprit parmi nous est perdu, sa liberté individuelle est détruite, l'individu pensant demeure absorbé dans la masse. En présence de cette force nouvelle, la préoccupation exclusive de tout écrivain, de tout journaliste, doit être, il faut se le rappeler sans cesse, le respect absolu du vrai, l'amour de la concorde.

Cette parole entraînante qui retentit partout, que l'écho répète, ces pages enflammées que le vent de la publicité disperse, qui excitent la défiance, soufflent l'impiété, que ne vont-elles plutôt, douces et pénétrantes, calmer les esprits et faire régner la justice? Pourquoi jeter dans les cœurs la haine d'un adversaire plutôt que l'amour de la France, le dévouement à une cause particulière plutôt que le dévouement à la patrie? Pourquoi faire naître la soif de la domination plutôt que le désir de la concorde? Pourquoi creuser des abîmes au lieu de les combler, élever des barrières au lieu de les abattre? Plutôt que de tenir dans notre main le glaive qui divise, pourquoi ne pas la tendre à tous, cette main, afin d'y réunir celles de nos concitoyens? C'est l'amour qui féconde, tandis que la haine dévore. La puissance désunie est un fer aigu dirigé contre celui qui le tient; devant l'ennemi, ce n'est qu'une arme brisée aux mains de la faiblesse.

Gardons-nous aussi d'idéaliser sous les mots charmants de fantaisie, de vie indépendante et d'art libre, ces désordres de mœurs et de cerveaux, ces passions malsaines qui ont jeté hors de leurs voies et perdu sans retour plus d'un talent que la nature avait créé, comme Pyat et Courbet, pour faire des vaudevilles ou des paysages, et non des révolutions. Songeons que les classes laborieuses n'ont guère que deux enseignements : les églises et le théâtre. L'église les entretient de leurs devoirs, le théâtre ne les occupe que de leurs plaisirs. Il n'y a point à s'étonner si bientôt elles désertent les leçons de l'une, pour les amusements faciles de l'autre; mais il faut se plaindre qu'on livre ainsi à des doctrines empoisonnées, des intelligences vives, curieuses, ouvertes par leur faiblesse même à tous les systèmes du vice. Ne souffrons plus que l'art dramatique roule sur la pente fatale de la décadence et de la démoralisation. L'heure est venue d'organiser enfin, de toutes parts, une croisade contre la dépravation morale où semble se complaire le théâtre. Il faut que la scène française redevienne ce qu'elle était au temps de Racine, une grande école de mœurs, de patriotisme et de généreux sentiments ; il faut qu'elle se montre de nouveau fine, délicate, digne d'un peuple renommé par sa courtoisie et son titre de fils aîné de l'Église. Alors Dieu régnera sur l'esprit de la France. Dieu ! ce cri de salut n'implique nullement l'indifférence pour les intérêts terrestres ; bien loin de là, il consacre tous les droits légitimes, et offre encore pour le problème social, une solution que nulle école ne peut résoudre en dehors de lui. Nous allons le démontrer.

Dans le beau livre qu'il a publié, en 1869, sur les associations ouvrières, M. le comte de Paris s'exprime ainsi : « Il y a quarante-quatre ans que l'ouvrier anglais jouit de la liberté de se coaliser, de disposer de son travail comme de sa marchandise, comme le producteur de ses produits. Aujourd'hui l'armée des travailleurs enrôlés sous les bannières des *Trade-Unions* peut rivaliser avec celle des grands États du continent, car elle se compose de plus de huit cent mille volontaires. Même parmi ses adversaires, personne ne se flatte de la dissoudre : il faudrait pour cela revenir violemment en arrière, jusqu'aux lois qui consacraient le servage des classes ouvrières. Il faut donc compter avec une force aussi nombreuse et aussi bien organisée ; et l'intérêt de toutes les classes veut qu'on lui persuade de déposer les armes, en lui montrant qu'elle peut trouver un meilleur emploi de sa puissance que dans les luttes stériles qu'elle a engagées jusqu'à présent. »

Nous partageons l'opinion sagement libérale de M. le comte de Paris ; mais quand on considère jusqu'à quel point les cœurs des soldats de cette armée sont ulcérés, quels trésors de haine ils peuvent contenir, à quelles extrémités ces hommes peu instruits et passionnés se sont laissé naguère emporter, il faut avouer que sans le christianisme la conversion qu'il s'agit d'opérer n'est pas des plus faciles. L'économie sociale, pas plus que les lois politiques, ne peut se séparer de la religion et de la morale. C'est ce qui explique l'inutilité de tous les efforts tentés en dehors de l'influence chrétienne pour arriver à la pacification de ce grand conflit : les rapports du capital et du travail.

Les uns, comme avant 1848, Saint-Simon, Fourier, Cabet, choqués des irrégularités individuelles qui résultent de la rémunération prélevée par le capital, laquelle ne se subdivise qu'entre un nombre relativement restreint de co-partageants, réclament une distribution générale ou par masse. Mais supposons la liquidation sociale, autrement dit un partage brutal du revenu de la France, aussitôt l'immense survaleur créée par la circulation ou le commerce s'évanouit. La circulation n'est pas quelque chose d'impersonnel et de palpable, pouvant se prêter à une division matérielle. La circulation est le résultat du jeu absolument libre et spontané des activités individuelles qui ne peuvent recevoir l'impulsion que d'elles-mêmes.

Une liquidation sociale n'aurait de prise que sur les produits en nature. Or, la production totale, agricole, et industrielle de la France, autrement dit son revenu en nature, n'excède pas sensiblement, d'après les statistiques, une valeur annuelle de sept milliards. Eu égard à la population un tel dividende est singulièrement modique. Sept milliards, également divisés en trente-huit millions d'habitants, donneraient pour chacun, et par jour, environ cinquante centimes. Le plus infime salaire est fort au-dessus de ce chiffre misérable. Ajoutons que cette chétive distribution s'amoindrirait inévitablement. L'économie de la circulation se trouvant désorganisée, le capital étant atteint dans sa disponibilité, dans la spontanéité de ses mouvements, la production matérielle serait elle-même atteinte et réduite dans une incalculable proportion. La liquidation socialiste appliquée au revenu aurait pour résultat de tarir les sources nourricières de la production, et n'aboutirait qu'à l'égalité devant la détresse.

Si nous suivions maintenant la chimère de la liquidation dans l'hypothèse de son application au capital même, au capital sous toutes les formes et tant mobilier que foncier, qui

---

1. Saint-Simon, Fourier songeaient à appliquer révolutionnairement le communisme à la société française, tandis que Cabet prétendait le réaliser en dehors de toute compression sur la société, mais leur but était le même.

constitue le fonds de la richesse du pays, nous verrions que là aussi un immense appauvrissement des riches, des pauvres eux-mêmes, et de l'État tout le premier serait l'infaillible résultat de ces revendications insensées [1].

L'organisation du travail, telle que l'entend M. Louis Blanc, n'est pas d'une plus facile application. La concurrence est à ses yeux la cause de tous les maux, la source de tous les vices; il faut se hâter de la faire cesser partout. Plus de concurrence entre des fabricants, ou des commerçants acharnés à produire ou à vendre chacun à meilleur marché que ses voisins; plus de concurrence entre les ouvriers, s'efforçant de se supplanter les uns les autres dans le même atelier, en réduisant tour à tour le prix de leur travail. Place à l'atelier social où se rend toute l'humanité, sans rivalité, sans jalousie; où tous les travailleurs, quelles que soient leur besogne ou leur fonction, reçoivent le même salaire; où l'homme de talent est l'égal de l'incapable, où le génie et l'idiotisme vont de pair, où les gendarmes et les juges, regardés jusqu'à présent comme nécessaires dans toutes les sociétés pour prévenir ou pour réprimer les délits et les crimes, sont remplacés par un écriteau portant cette inscription : « Le paresseux est un voleur. » C'est un système complet, admirable. Il faudrait seulement, pour pouvoir l'appliquer, changer profondément la nature morale de l'homme.

D'autres économistes plus sages, comme M. de Molinari, ont entrevu un élément de solution dans les *Trade-Unions*, et les sociétés de résistance qui seront amenées un jour, par la force même des choses, à devenir des intermédiaires entre les ouvriers et les patrons. Mais les partisans de ce système ne sont eux aussi que des utopistes lorsque, ne tenant compte que des réalités matérielles, ils ne s'occupent nullement des faits de l'ordre moral qui sont de nature à troubler leurs combinaisons scientifiques.

Ils veulent transformer les *Trade-unions* et les *sociétés de*

---

1. Voir, dans la *Revue des Deux Mondes* (1872), le remarquable travail de M. le duc d'Ayen sur cette matière

résistance en des espèces d'*associations coopératives de marchandages*. D'après eux, les hommes placés à la tête de cette association, se tenant au courant de l'état de l'offre et de la demande dans tous les grands centres manufacturiers, non-seulement de leurs pays respectifs, mais encore des pays voisins, connaissant la situation véritable du marché dans toute l'Europe, pourraient d'une part démontrer aux sociétaires que telles ou telles de leurs prétentions se trouvent à un moment donné injustes ou impossibles à satisfaire ; ils auraient de l'autre à leur indiquer dans quelles villes la marchandise qu'ils ont à offrir, c'est-à-dire leur travail, est rare, et par conséquent en hausse, dans quelles autres elle est surabondante, et par conséquent en baisse. Ces associations pourraient encore traiter directement avec l'industriel, aujourd'hui réduit à s'arranger avec des individus isolés qui peuvent tomber malades ou bien lui manquer de parole ; tandis que, grâce à l'engagement pris par une société, on pourra compter, pendant toute la durée de l'engagement, sur l'approvisionnement du travail qui est nécessaire à l'entrepreneur, ou sur l'exécution de l'ouvrage à faire, à un prix qu'il connaîtra d'avance.

Ainsi, sécurité pour l'approvisionnement du travail, garanties pour l'exécution, simplification de la comptabilité, économie sur le personnel, réduction du capital circulant, sans parler de la disparition de toutes les occasions de conflits que les systèmes des rapports directs et individuels font naître incessamment entre le personnel dirigeant d'une manufacture et les ouvriers : tels seraient, aux yeux de ces derniers utopistes, les avantages que les *unions*, faisant pleinement office d'intermédiaires du commerce, du travail, procureraient aux entrepreneurs d'industrie qui consomment cette marchandise.

Mais outre les différences énormes qui séparent le travail des autres marchandises, lesquelles n'ont ni individualité, ni passions, ni préjugés, ni haines de caste, ni affections de famille ou de patrie, la grande difficulté, qui a empêché jusqu'ici le succès de presque toutes les associations de production, se reproduira dans celle que nous venons d'étudier et dans toutes les autres qu'on tentera d'établir. C'est de la jalousie que sont nées les théories de l'*égalité* des salaires et de l'équivalence des fonctions. Grâce aux déclamations socialistes, et en particulier au détestable et fatal pamphlet de l'*Organisation du travail*, de M. Louis Blanc, les ouvriers sont maintenant très-enclins à regarder d'un œil d'envie et même de haine, l'habileté, l'intelligence, la science. Ce qui les irrite par-dessus tout, c'est la nécessité de se livrer à un travail manuel et plus continu, et moins bien rémunéré que le travail intellectuel du patron et de ses principaux collaborateurs. Or, cette comparaison continuera à se faire, aussi bien quand l'ouvrier sera sous les ordres d'un contre-maître nommé par l'Association, que lorsqu'il travaillera sous la direction immédiate de chefs choisis par le patron. Il faut donc, pour que l'Association change la face du monde économique, que ses membres comprennent d'un côté la nécessité de reconnaître les droits de chaque individualité, et de l'autre les devoirs de la fraternité.

Justice et charité : C'est là tout le problème social.

Après avoir étudié les différents systèmes qui se sont efforcés de le résoudre, nous avons acquis la conviction qu'on ne pourra y parvenir qu'en établissant des corporations, non pas telles qu'elles existaient avant 1789, avec les entraves qui gênaient le développement du travail individuel, du commerce et des échanges, mais en retrouvant dans une autre organisation, sans aucun des inconvénients de la corporation, l'avantage qu'elle présentait : celui de ne pas laisser l'ouvrier dans un isolement absolu et de lui créer une famille industrielle, auprès de laquelle il trouvera toujours appui et protection.

Cet avantage est si précieux que M. Corbon nous apprend, dans un livre qui mérite d'être beaucoup lu et beaucoup cité, que le souvenir des *Corporations*, détruites par la Révolution française, est cher aux classes ouvrières qui les regrettent encore.

« Dès 1791, dit-il, ce regret s'exprimait sous forme d'une coalition générale de tous les corps de métier. Les masses laborieuses voyaient déjà les inconvénients du laisser-faire, tandis que la classe des entrepreneurs profitait des bienfaits du nouveau système. Le temps n'a point changé sensiblement les opinions des deux classes.

« En ce qui regarde les masses laborieuses, le regret d'une constitution qui avait à leurs yeux un caractère protecteur, ne veut pas dire toutefois que la corporation rêvée par eux serait de tout point organisée comme l'était l'ancienne.

« Quoi qu'il en soit, de tous les systèmes tendant à organiser le travail, celui qui donnerait une existence légale à la corporation serait celui qui répondrait le mieux au sentiment des ouvriers; et j'ajoute que là où cette institution est le plus vivement désirée, le plus hautement demandée, se trouvent précisément les travailleurs dont l'intelligence est le plus exercée, et qui sont les plus ardents partisans du progrès démocratique[1]. »

Ce qui confirme l'assertion de M. Corbon, c'est l'importance de cette autre forme plus mystérieuse de l'Association, qui était probablement antérieure aux corporations et qui leur a survécu : nous voulons parler du compagnonnage. La seule pensée qu'ils ne sont pas isolés, donne aux *Compagnons* une force dont manquent les ouvriers qui ne se sentent unis entre eux par aucun lien : les rédacteurs de l'*Atelier* nous le disent expressément :

« Il y a chez tous les ouvriers qui possèdent une organisation, si imparfaite qu'elle soit, un sentiment de conviction de leur supériorité morale sur leurs frères isolés par l'égoïsme, divisés par l'intérêt mal entendu[2]. »

Partout où l'on trouve le compagnonnage, l'ouvrier est habile, même s'il n'est pas compagnon; le travail est relativement bien fait, et le salaire est plus élevé qu'ailleurs; en outre, l'ouvrier est généralement sain de corps et de cœur. Au contraire, partout où le compagnonnage ne pénètre pas, l'ouvrage est plus mal exécuté, et le travailleur reste à un niveau qu'il dépasse toujours là où l'esprit de corps a conservé son ancienne force.

1. *Le Secret du peuple.*
2. *L'Atelier*, n° de décembre 1843, p. 43.

Si tels sont les services que ce vénérable débris du temps passé rend encore aux classes laborieuses, que sera-ce de la corporation! La corporation, telle que nous l'entendons, est cette forme d'association où les ouvriers d'un même corps d'état s'associent entre eux et avec leurs patrons, non pour mettre en commun leurs salaires et leurs économies et aliéner leur liberté, mais pour se concerter sur les questions qui les divisent ou pour protéger leurs intérêts contre la concurrence du dehors. Elle est donc une sorte de confrérie ou centre de réunion, où les ouvriers, sans être liés par un contrat, se réunissent librement pour s'entendre avec leurs patrons sur les questions de salaire, pour prévenir les suites des crises et des chômages, organiser des moyens de mutualité ou de prévoyance, des caisses de secours, des caisses d'épargne et des caisses de retraite pour les vieillards et les infirmes.

Proudhon a entrevu la solution du problème social par la corporation telle que nous l'avons définie; mais la haine de la propriété, de la religion et de toutes les sommités et hiérarchies civiles, politiques et religieuses, lui a fait faire fausse route. A son avis, il suffirait pour organiser les classes ouvrières, de constituer la mutualité des services entre les divers corps d'états, échangeant leurs produits au moyen de bons de papier conventionnels, signes représentatifs de ces produits. Proudhon croyait, à l'aide de cette combinaison, rendre inutile le capital, la propriété, les grandes fonctions publiques ou religieuses occupées par les sommités sociales. Il voulait détruire la propriété, la religion, Dieu, où plutôt les riches, les rois et les prêtres, et c'est cette haine qui l'a égaré. Sans cela, Proudhon était dans la voie. Son système consistait à faire échec aux autres socialistes qui sont, au fond, plus ou moins *communistes*. Il avait même entrevu la véritable formule du problème, ou la *corporation* agricole et ouvrière se constituant librement. La préoccupation d'organiser la classe ouvrière contre le capital la lui fit perdre de vue, et la pensée fondamentale si féconde aboutit à un complet avortement. Tant il est vrai que si l'amour est le principe de toute solution, et surtout de la solution de la question démocratique et sociale, la haine porte avec elle son châtiment, en faisant avorter ce qu'elle touche.

Nous avons indiqué comme remède social la corporation et non l'association proprement dite, parce qu'un obstacle presque insurmontable à la formation et à la prospérité des associations ouvrières proprement dites, c'est d'abord l'esprit d'indépendance de l'homme, et ensuite, comme nous venons de le dire, la difficulté d'associer ses intérêts matériels, sans froisser ses sentiments de justice distributive et son amour-propre.

La gérance de ces sortes d'associations est, en outre, fort difficile, et la prospérité de pareils établissements suppose des capitaux et des mises de fonds que de simples ouvriers ne sauraient avoir dans des proportions capables de tenir tête à la concurrence. Aussi M. Louis Blanc avait-il été réduit à détruire la concurrence, ce qui équivalait à retourner la société du faîte à la base et aboutissait finalement à la destruction de la liberté, résultat inévitable de toutes les utopies socialistes.

Mais si l'association proprement dite ne peut s'établir qu'avec beaucoup de difficultés, il en est différemment de la corporation dont l'objet est, non de mettre en société, mais simplement de protéger les intérêts dont nous venons de parler. Autre chose est mettre en société ses salaires et son travail, et autre chose se concerter sur la quotité des salaires, sur les conditions de l'apprentissage, sur les heures et les conditions du travail, sur les jours de chômage, et sur tous les autres intérêts de la corporation.

Dans cette hypothèse, l'ouvrier et le patron conservent toujours avec leur position respective de salarié et de salariant, leur indépendance réciproque; et la tâche remplie et rétribuée, ils disposent à leur gré et en toute liberté, l'un de ses salaires, l'autre des bénéfices de sa machine. S'ils mettent quelques économies en commun, s'ils organisent une caisse de secours mutuels ou de retraite pour la vieillesse, ce n'est que l'accessoire; ce n'est pas une mise de fonds communs.

Ainsi, dans la corporation, les individualités et les intérêts, divisés en principe et en réalité, restent ce que la nature et les positions acquises les ont faites; les hiérarchies s'établissent suivant l'activité, la capacité ou le capital de chacun; le self-government ou l'individualisme continue à fonctionner sans entraves d'aucune sorte, sans froissement de l'amour-propre, chacun se trouvant à la place que la nature lui a faite.

De cette sorte, la vieille société serait plus près qu'on ne le pense du *desideratum* socialiste : *à chacun la totalité du produit de son travail*. Il peut rester, il reste inévitablement de regrettables disproportions dans la subdivision entre individus. C'est l'office de l'équité et de la charité privées de réparer ces griefs de détails; c'est le fait de l'homme de bien de supporter sans envie et sans trouble qu'un autre soit plus équitablement partagé que lui. On ne se passera pas de la charité non plus que de la patience chrétienne; il n'est pas de système économique si perfectionné qui doive, en aucun temps, en tenir lieu.

Indépendamment de ces avantages matériels, la corporation peut encore établir une sorte d'association morale, d'homme à homme, de cœur à cœur, entre individus du même corps d'état, ayant une éducation analogue et se réunissant pour la prière. Individualiste à sa base, elle devient au sommet une institution de prévoyance, de secours mutuels, de réglementation de salaires, et, s'élevant encore plus haut, elle aboutit dans l'ordre moral à la confrérie, vaste association de prières et réunion de tous les cœurs sous la bannière du saint patron, déployée à toutes les fêtes publiques, comme cela se pratique encore en Angleterre et en Allemagne.

Car il faut toujours en venir à la religion, afin qu'il y ait union d'âmes, afin que la corporation puisse fonctionner sans danger et avec fruit. Sentiment profond de solidarité de chacun envers tous, de tous envers chacun; sentiment de fraternité qui fait de l'ouvrier l'égal de son patron, moralement, comme chrétien, puisqu'il est impossible matériellement et hiérarchiquement de les établir sur le pied d'une égalité qui serait un mensonge; respect des hiérarchies et de l'autorité, voilà ce que produit le christianisme, et telle est aussi la condition essentielle du fonctionnement de toute association.

On le voit, tout dépend encore ici du triomphe de la religion, et de la religion seulement. Le salut est dans ce triomphe, et il n'est que là. Oui, on peut défier hardiment une association quelconque, et surtout une corporation d'ouvriers et de patrons : typographes, maçons, tailleurs, cordonniers, de se constituer sagement avec quelques chances de vivre en paix, en bonne harmonie et fructueusement dans l'égalité et la fraternité, sans demander à l'Église, comme les corporations des âges de foi, de bénir son berceau, sans assister à l'office sacré, le jour de la fête du saint patron, sans être en un mot une confrérie. Nous la défions de résoudre dans son propre sein la question si ardue des salaires entre ouvriers et patrons, sans s'être auparavant nourrie du corps du Christ, c'est-à-dire de charité, d'esprit de transaction et de paix.

Or les socialistes ont chassé du cœur et du faîte de l'association ouvrière : Dieu, le Christ, la prière, la communion, la pénitence, la réforme des mœurs et des caractères, la régénération morale de l'homme. Il manque donc à cette association la condition nécessaire de toute corporation pour fonctionner et durer. De là l'impuissance des socialistes et l'épouvante qu'ils répandent autour d'eux quand, montrant au peuple un but légitime à poursuivre et étant incapables de le lui faire atteindre, ils lui disent que ce n'est pas leur faute, mais celle de la société, s'ils sont impuissants. Malheureux! qui ne voient pas qu'en tenant ce langage, ils placent le peuple dans la nécessité de se détruire lui-même en détruisant la société.

CONCLUSION

Il y a déjà cinq ans que nous avons commencé à écrire ces pages, où nous venons de retracer la généalogie politique des hommes de la Commune, leur tyrannie et leur lâche cruauté, le courage, la résignation, la splendeur évangélique de leurs victimes. Et en voyant avec quelle sanguinaire ingratitude la foule, ivre d'athéisme et d'alcool, a reconnu envers les otages les services rendus au pays par les prêtres et les soldats, une immense tristesse s'était emparée de nous : nous avions laissé notre œuvre inachevée. Mais, témoin de ce que souffre la France à la tête et au cœur pour avoir oublié les horribles coups du matérialisme révolutionnaire, nous avons voulu les rappeler à l'âme indignée de l'humanité et de la patrie, en y mêlant toutefois une dernière pensée de justice et de charité.

Souvenons-nous que ce n'est ni le bronze ni l'or qui font la grandeur d'un peuple, mais la justice : la justice, c'est l'équilibre des forces, des passions et des vertus ; c'est la paix, c'est la gloire, c'est la loi de l'univers entier. Tous ici-bas invoquent la justice : justice! c'est le cri de tout ce qui respire, c'est le cri de la terre et des cieux ! Malheur à qui se soustrait à son empire! Elle est le droit, la propriété, le devoir, la liberté; elle est la base et le sommet de tout ce qui est stable; quand elle est méconnue, l'homme tombe dans la fange, l'immense empire s'abat dans la poussière comme un colosse que son âme abandonne. De toutes les révolutions politiques et sociales qui bouleversèrent le monde, l'injustice fut le principe ou le prétexte; elle a rougi les fleuves du sang de l'homme, fait descendre sur la terre les malédictions du ciel et poussé parfois la nature, oublieuse de Dieu, à appeler la mort au secours de l'opprimé.

Que ceux donc qui souffrent et qui travaillent se souviennent de cette vérité : la violence ne fait que constater l'absence du droit. Qu'ils cherchent leurs véritables droits, non dans leurs passions, mais dans leur conscience, où est gravé le sentiment du juste et celui de leur dignité. En découvrant le droit véritable dans toute sa beauté essentielle, dans toute sa force et sa splendeur première, ils sentiront s'évanouir leurs ressentiments et leur colère ; ils comprendront que tout ce qu'il y a de juste dans leur cause doit triompher sans violence, et ils accepteront leur sort avec courage, pleins du sentiment de l'action personnelle que chaque individu doit exercer sur le sien.

Que les hommes d'État, les manufacturiers, les industriels s'inspirent à leur tour des maximes chrétiennes. Qu'ils emploient leurs efforts à faire cesser les plaintes des travailleurs en satisfaisant à ce que leurs demandes ont de légitime. En même temps qu'ils rempliront un devoir, ils mettront fin aux jalousies des différentes classes, aux révolutions périodiques qui n'ont jamais fait qu'affaiblir la France et multiplier les haines au lieu de les calmer. Ayant à pourvoir journellement à ses besoins et à ceux de sa famille, et préférant un gain sûr et nécessaire aux aventures qui le réduisent à la misère et ne lui laissent pour l'avenir qu'une vague espérance ; ennemi, par conséquent, des rêves, des révolutions sociales autant que des bouleversements politiques, de tout ce qui est le peut-être ; moins exigeant qu'on ne le croit, mais plutôt entraîné à la violence par l'ambition de ceux qui spéculent sur l'égoïsme des grands et le malheur des petits ; bon, patient, prudent par caractère, par habitude, par besoin peut-être, l'ouvrier, croyez-le bien, s'apaisera, lorsqu'il verra s'intéressant à son bonheur le maître qu'il regarde maintenant avec défiance : alors le capital et le travail seront réconciliés, l'abîme sera comblé et la paix renaîtra dans la société.

TABLEAUX

RELATIFS

AU COMMANDEMENT ET A L'EFFECTIF DE L'ARMÉE FÉDÉRÉE.

COMMANDANTS EN CHEF DE LA GARDE NATIONALE ET DE LA PLACE DE PARIS.

1° Lullier (Charles), du 18 au 24 mars 1871, condamné à mort (présent), peine commuée en travaux forcés à perpétuité.

2° Brunel (Paul), du 24 au 27 mars, condamné à mort (contumax).

3° Bergeret (Jules-Henry), du 28 mars au 8 avril, condamné à mort (contumax).

4° Dombrowski (Jaroslaw), du 8 au 23 avril (a succombé dans la lutte des rues).

5° La Cécilia (Napoléon), du 23 avril au 1er mai, condamné à la déportation dans une enceinte fortifiée (contumax).

PRINCIPAUX OFFICIERS DE L'ÉTAT-MAJOR

1° Du Bisson (Raoul), général, chef d'état-major général, condamné à mort (contumax).

2° Prod'homme (Henri), colonel d'état-major, condamné à mort (contumax).

3° Barilliers (Pierre-Charles), lieutenant-colonel, sous-chef d'état-major général, condamné à mort (contumax).

4° Vinot (Jules-Honoré), colonel d'état-major, condamné à 20 ans de travaux forcés (présent).

5° Leullier (A.), colonel d'état-major, condamné à la déportation dans une enceinte fortifiée (contumax).

6° Pancou-Lavigne (Antoine), colonel d'état-major, condamné à la déportation dans une enceinte fortifié (en Calédonie).

7° Monteret, colonel d'artillerie, condamné à la déportation dans une enceinte fortifiée (contumax).

8° Jaclard (Charles-Victor), inspection des fortifications, condamné aux travaux forcés à perpétuité (contumax).

INFANTERIE DE LA GARDE NATIONALE FÉDÉRÉE.

234 bataillons formant 20 légions. — 1 bataillon de sapeurs-pompiers. — 38 bataillons de corps francs. — En tout, 273 bataillons.

ÉTAT-MAJOR DES LÉGIONS.

1 colonel commandant la légion.
1 lieutenant-colonel, chef d'état-major de la légion.
1 major de place.
2 capitaines d'état-major.
4 adjudants sous-officiers.

NOMS DES COMMANDANTS DE LÉGIONS.

Colonels :

1re légion, Boursier (Léopold), condamné à mort (contumax).

2e légion, Grill (Charles-Napoléon), un an de prison, dix ans d'interdiction.

3e légion, Spinoy (Adolphe), déportation dans une enceinte fortifiée (contumax).

4e légion, Esgonnière (Édouard), déportation dans une enceinte fortifiée (contumax).

5e légion, Blin, condamné à mort (contumax).

6e légion, Combatz (Lucien), déportation dans une enceinte fortifiée (contumax).

7e légion :

1° Witt (Jean-Baptiste), déportation simple;

2° Garantie (Prosper), déportation dans une enceinte fortifiée (contumax).

8ᵉ légion :

1° Allix (Jules), déportation dans une enceinte fortifiée (contumax);

2° Lukkow (Jean-Frédéric), travaux forcés à perpétuité (contumax).

9ᵉ légion :

1° Courgeon (Louis), déportation dans une enceinte fortifiée (contumax).

2° Berteault (Adolphe) père, déportation dans une enceinte fortifiée (contumax).

10ᵉ légion, Lisbonne (Maxime), à mort. — Peine commuée en travaux forcés à perpétuité.

11ᵉ légion :

Lechesne (Octave), commandant la 1ʳᵉ subdivision, déportation dans une enceinte fortifiée (contumax);

Marcelin (Fortuné), commandant la 2ᵉ subdivision, décédé le 9 juin 1871;

Sylvestre (Édouard), condamné à mort (contumax).

12ᵉ légion :

1° Huot (Edme-Crépin), déportation dans une enceinte fortifiée (contumax).

2° Devresse (Jean-Baptiste), déportation dans une enceinte fortifiée (contumax);

3° Montels (Jules-Marie), condamné à mort (contumax).

13ᵉ légion :

1° Cougenot (Victor), déportation dans une enceinte fortifiée (contumax);

2° Cerisier (Marie-Jean-Baptiste), à mort. — Exécuté.

14ᵉ légion :

1° Henri (Lucien-Félix), à mort. — Peine commuée en déportation dans une enceinte fortifiée;

2° Wetzel, décédé au fort d'Issy;

3° Piazza, décédé à Paris, le 24 mai 1871, place du Panthéon.

15ᵉ légion, Damary (Arthur-Oscar), déportation dans une enceinte fortifiée.

16e légion, Laporte (Étienne), déportation dans une enceinte fortifiée (contumax).

17e légion :

1° Jaclard (Charles-Victor), travaux forcés à perpétuité (contumax);

2° Muley (Georges), acquitté.

18e légion :

1° Josselin (François-Nicolas), condamné à mort (contumax);

2° Millière (Frédéric), condamné à mort (contumax).

19e légion, Pillioud (Moïse-Joseph), déportation dans une enceinte fortifiée.

20e légion :

1° Matuzewicz (Ludomir), déportation dans une enceinte fortifiée;

2° Guérin (J.-Frédéric-Anatole), déportation dans une enceinte fortifiée.

A ces chefs de légion était attaché un état-major dont les principaux officiers portaient le titre de lieutenants-colonels chefs d'état-major et de majors de place. 25 des premiers ont été condamnés ainsi que 22 majors de place.

EFFECTIFS DES LÉGIONS [1].

1re légion, 7 bataillons, arrondissement du Louvre, portion active : 103 officiers, 2197 troupe; sédentaire : 67 officiers, 1625 troupe; effectif général : 170 officiers, 3822 troupe.

2e légion, 9 bataillons, arrondissement de la Bourse, portion active : 110 bataillons, 1966 troupe; sédentaire : 166 officiers, 3937 troupe; effectif général : 276 officiers, 5903 troupe.

3e légion, 11 bataillons, arrondissement du Temple, portion active : 153 officiers, 3084 troupe; sédentaire : 225 officiers, 4 077 troupe; effectif général : 378 officiers, 7161 troupe.

4e légion, 11 bataillons, arrondissement de l'Hôtel de ville, portion active : 154 officiers, 2 972 troupe; sédentaire, 221 of-

---

1. Effectif moyen relevé d'après les situations établies pendant la période insurrectionnelle à la délégation de la guerre.

ficiers, 4728 troupe; effectif général : 375 officiers, 7720 troupe.

5ᵉ légion, 10 bataillons, arrondissement du Panthéon, portion active : 181 officiers, 4174 troupe; sédentaire : 167 officiers, 4393 troupe; effectif général : 348 officiers, 8567 troupe.

6ᵉ légion, 8 bataillons, arrondissement du Luxembourg, portion active : 129 officiers, 2989 troupe; sédentaire : 103 officiers, 3006 troupe; effectif général : 232 officiers, 5995 troupe.

7ᵉ légion, 3 bataillons, arrondissement du Palais-Bourbon, portion active : 38 officiers, 862 troupe; sédentaire : 39 officiers, 1049 troupe; effectif général : 77 officiers, 1911 troupe.

8ᵉ légion, 5 bataillons, arrondissement de l'Élysée, portion active : 63 officiers, 617 troupe; sédentaire : 72 officiers, 1286 troupe; effectif général : 135 officiers, 1903 troupe.

9ᵉ légion, 7 bataillons, arrondissement de l'Opéra, portion active : 99 officiers, 1 445 troupe; sédentaire : 109 officiers, 2 069 troupe; effectif général : 208 officiers, 3 514 troupe.

10ᵉ légion, 17 bataillons, arrondissement de l'enclos Saint-Laurent, portion active : 221 officiers, 4 558 troupe; sédentaire : 344 officiers, 8313 troupe; effectif général : 565 officiers, 12 871 troupe.

11ᵉ légion, 29 bataillons, arrondissement de Popincourt, portion active : 509 officiers, 10 730 troupe; sédentaire : 437 officiers, 10 869 troupe; effectif général : 946 officiers, 21 599 troupe.

12ᵉ légion, 13 bataillons, arrondissement de Reuilly, portion active : 179 officiers, 3337 troupe; sédentaire : 223 officiers, 5094 troupe; effectif général : 402 officiers, 8431 troupe.

13ᵉ légion, 12 bataillons, arrondissement des Gobelins, portion active : 168 officiers, 4325 troupe; sédentaire : 275 officiers, 5968 troupe; effectif général : 443 officiers, 10 293 troupe.

14ᵉ légion, 9 bataillons, arrondissement de l'Observatoire, portion active : 169 officiers, 3 408 troupe; sédentaire : 188 officiers, 4103 troupe; effectif général : 357 officiers, 7511 troupe.

15ᵉ légion, 9 bataillons, arrondissement de Vaugirard, portion active : 126 officiers, 2 940 troupe; sédentaire : 242 officiers, 6058 troupe; effectif général : 368 officiers, 8998 troupe.

16ᵉ légion, 2 bataillons, arrondissement de Passy, portion active : 33 officiers, 742 troupe; sédentaire : 28 officiers, 902 troupe; effectif général : 61 officiers, 1644 troupe.

17ᵉ légion, 13 bataillons, arrondissement des Batignolles, portion active : 190 officiers, 4 920 troupe; sédentaire : 276 officiers, 7 769 troupe; effectif général : 466 officiers, 12 689 troupe.

18ᵉ légion, 24 bataillons, arrondissement des Buttes-Montmartre, portion active : 472 officiers, 8538 troupe; sédentaire : 402 officiers, 11 462 troupe; effectif général : 874 officiers, 20 000 troupe.

19ᵉ légion, 15 bataillons, arrondissement des Buttes-Chaumont, portion active : 225 officiers, 5581 troupe; sédentaire : 275 officiers, 8313 troupe; effectif général : 500 officiers, 13 894 troupe.

20ᵉ légion, 20 bataillons, arrondissement de Ménilmontant, portion active : 327 officiers, 7416 troupe; sédentaire : 425 officiers, 11 868 troupe; effectif général : 752 officiers, 19 284 troupe.

Total général : 234 bataillons; portion active : 3649 officiers, 76 801 troupe; sédentaire : 4284 officiers, 106 909 troupe; effectif général : 7933 officiers, 183 710 troupe.

EFFECTIFS DES CORPS FRANCS.

Chasseurs fédérés, dits Chasseurs de la Seine : 18 officiers, 573 troupe.

Chasseurs fédérés du 270ᵉ bataillon : 17 officiers, 630 troupe.

Chasseurs à pied polonais : 10 officiers, 91 troupe.

Carabiniers volontaires de la 1ʳᵉ légion : 3 officiers, 132 troupe.

Défenseurs de Paris (compagnie) : 1 officier, 38 troupe.

Défenseurs de la Répub... ; Turcos de la Commune :
37 officiers, 722 troupe.

Éclaireurs de la garde na... · 3 officiers, 111 troupe.

Éclaireurs de l'état-major d... tel de ville (1 compagnie) :
3 officiers, 136 troupe.

Éclaireurs de la Seine, dits ...claireurs Bergeret : 16 officiers, 550 troupe.

Éclaireurs de Neuilly : 2 officiers, 15 troupe.

Éclaireurs du général Eudes : 6 officiers, 33 troupe.

Enfants de Paris : 9 officiers, 279 troupe.

Enfants du père Duchêne : 12 officiers, 316 troupe.

Francs-tireurs de Paris : 24 officiers, 415 troupe.

Francs-tireurs de la République : 8 officiers, 320 troupe.

Francs-tireurs du 12e arrondissement : 18 officiers, 274 troupe.

Francs-tireurs de la Commune : 3 officiers, 57 troupe.

Fédération artistique : 18 officiers, 108 troupe.

Guérillas de la 19e légion : 5 officiers, 90 troupe.

Légion Alsacienne-Lorraine : 12 officiers, 181 troupe.

Francs-tireurs de la 14e légion : 12 officiers, 233 troupe.

Légion Lorraine-Alsacienne : 24 officiers, 520 troupe.

Légion fédérale belge : 7 officiers, 156 troupe.

Légion italienne : 8 officiers, 180 troupe.

Légion des Enfants-Perdus : 19 officiers, 301 troupe.

Lascars : 25 officiers, 150 troupe.

Mobilisés de Seine-et-Oise : 6 officiers, 136 troupe.

Tirailleurs éclaireurs : 11 officiers, 1123 troupe.

Tirailleurs de la Marseillaise : 32 officiers, 348 troupe.

Tirailleurs de la Commune : 16 officiers, 248 troupe.

Vengeurs de Paris : 30 officiers, 497 troupe.

Vengeurs de Flourens : 9 officiers, 263 troupe.

Vengeurs de la République : 16 officiers, 368 troupe.

Volontaires de la colonne de Juillet : 14 officiers, 354 troupe.

Volontaires de Montrouge : 18 officiers, 240 troupe.

Volontaires du colonel L'Enfant : 6 officiers, 89 troupe.

Zouaves de la République : 11 officiers, 160 troupe.

99e bataillon (Vincennes) : 21 officiers, 383 troupe.

Effectif : 510 officiers, 10 820 troupe. — Total : 11 330.

CAVALERIE DE LA GARDE NATIONALE FÉDÉRÉE.

La cavalerie devait comprendre :
2 régiments de cavalerie de la garde nationale.
1 régiment de chasseurs à cheval de la Commune.
1 régiment de dragons de la République.
1 escadron d'éclaireurs de la Marseillaise.
1 escadron de cavaliers de remonte.

Mais, comme on le verra par les effectifs, les chevaux manquaient à la plupart des corps.

EFFECTIFS.

1er régiment de cavalerie de la garde nationale.

Officiers supérieurs, 4; officiers subalternes, 58; troupe, 933; chevaux, 547.

2e régiment de cavalerie de la garde nationale.

Officiers supérieurs, 2; officiers subalternes, 8; troupe, 101; chevaux, 5.

1er régiment de chasseurs à cheval de la Commune.

Officier supérieur, 1; officiers subalternes, 7; troupe, 142; chevaux, ».

Dragons de la République.

Officier supérieur, 1; officiers subalternes, 4; troupe, 75; chevaux, 40.

Escadron des éclaireurs de la Marseillaise.

Officier supérieur, 1; officiers subalternes, 2; troupe, 26; chevaux, ».

Remonte.

Officier supérieur, 1; officiers subalternes, 9; troupe, 112; chevaux, 90.

ARTILLERIE DE LA GARDE NATIONALE FÉDÉRÉE.

20 batteries d'artillerie de marche (une par arrondissement).

5 batteries de canonniers conducteurs.
1 compagnie d'ouvriers et d'artificiers.
1 escadron du train d'artillerie et des équipages.

EFFECTIFS.

Troupes de l'artillerie.

Officiers supérieurs, 21 ; officiers subalternes, 136 ; troupe, 3 883 ; chevaux, 355 ; voitures, ».

Train des équipages et d'artillerie.

Officiers supérieurs, 2 ; officiers subalternes, 8 ; troupe, 584 ; chevaux, 402 ; voitures, 612.

GÉNIE DE LA GARDE NATIONALE FÉDÉRÉE.

Un bataillon à 10 compagnies, employé aux travaux des fortifications.

Un bataillon à 9 compagnies (une par section de l'enceinte bastionnée de Paris).

Une compagnie de sapeurs mineurs.

EFFECTIFS.

1er bataillon.

Officier supérieur, 1 ; officiers subalternes, 36 ; troupe, 989.

Bataillon auxiliaire.

Officier supérieur, 1 ; officiers subalternes, 26 ; troupe, 965.

Sapeurs mineurs.

Officier supérieur, » ; officier subalterne, 1 ; troupe, 145.

MARINE.

Flottille de la Seine.

Durassier (Pierre), capitaine de frégate, commandant en chef de la flottille du 3 au 24 avril, décédé le 29 mai 1871 à l'ambulance du Cours-la-Reine.

Cognet (Pierre-Henri), lieutenant de vaisseau, aide de camp de Durassier du 3 au 24 avril, déportation simple.

État-major.

Peyrusset (Jules-Antoine), capitaine de frégate, chef d'état-major du 6 avril au 5 mai, déportation dans une enceinte fortifiée.

Doussot, capitaine de frégate, chef d'état-major du 6 mai jusqu'à l'arrivée des troupes, déportation dans une enceinte fortifiée (contumax).

Gaigé (Étienne-Émile), mécanicien principal de la flottille, déportation dans une enceinte fortifiée.

Daniel (Émile), inspecteur général de la flottille, déportation dans une enceinte fortifiée (contumax).

Cruchon (Paul), lieutenant-colonel d'état-major, commissaire général, a été également à l'état-major de l'Hôtel de ville, déportation dans une enceinte fortifiée (contumax).

Canonnières.

Bayonnette, 22 hommes d'équipage.

Commune, 24 hommes d'équipage, 2 pièces de 14, commandant Girard (Joseph), ordonnance de non-lieu.

Caronade, 14 hommes d'équipage, commandant Février (Henri-Paul), décédé le 24 novembre 1871.

Claymore, 24 hommes d'équipage, 1 pièce de 16, commandant Junot (Hippolyte), déportation simple.

Dauphin, 5 hommes d'équipage, 2 pièces de 14, commandant Roart (Adolphe), déportation dans une enceinte fortifiée (contumax).

Estoc[1], 22 hommes d'équipage, 1 pièce de 16, commandant Kervizic (Louis), déportation dans une enceinte fortifiée.

Escopette, 21 hommes d'équipage, 1 pièce de 16, commandant Chenavas (Claude), ordonnance de non-lieu.

---

1. L'*Estoc* a été coulé sur place au viaduc du Point-du-Jour, le 13 mai 1871, par un boulet reçu à sa flottaison lancé par la batterie de l'île de Saint-Germain, qui avait démasqué son feu le matin.

La batterie de l'île Saint-Germain réduisit au silence les canonnières qui, par suite, furent désarmées, le 14 mai 1871, par ordre de la Commune, et les équipages furent incorporés dans l'artillerie des remparts de Passy.

Liberté (ex *Farcy*), 26 hommes d'équipage, 1 pièce de 24 :

1° Commandant Bourgeat (Jules), jusqu'au 19 avril, 5 ans de prison;

2° Commandant Besche (Hippolyte), 6 mois de prison.

Perrier, 21 hommes d'équipage, 1 pièce de 16 :

1° Commandant Billard (Jean), mars et avril, déportation dans une enceinte fortifiée (contumax);

2° Commandant Cavaret (Auguste), mai, déportation simple.

Puebla[1], 6 hommes d'équipage, commandant Sève (Émile), ordonnance de non-lieu.

Rapière, 15 hommes d'équipage, 1 pièce de 16, commandant Imbert (Émile), acquitté.

Sabre, 24 hommes d'équipage, 1 pièce de 16 :

1° Commandant Syrot (Paul-Pierre), déportation dans une enceinte fortifiée (contumax);

2° Commandant Dubois (Paul), déportation dans une enceinte fortifiée (contumax).

Vedette n° 2, 4 hommes d'équipage, commandant Deré (Constant), ordonnance de non-lieu.

Vedette n° 4, 3 hommes d'équipage, commandant Guerdin (Louis), déportation dans une enceinte fortifiée (contumax).

Nuit-et-Jour, 3 hommes d'équipage.

Poudrière, 8 hommes d'équipage.

Ponton des vivres, 5 hommes d'équipage, commandant Fouliade, maître-commis aux vivres, décédé le 27 mai 1871.

Total : 247 hommes d'équipage.

EFFECTIFS.

Marins de la garde nationale : officiers, 13; troupe, 221; chevaux, ».

Artillerie de marine : officiers, 5; troupe, 70; chevaux, 12.

EFFECTIF GÉNÉRAL DE LA FÉDÉRATION DE LA GARDE NATIONALE.

Infanterie : portion active, 4 159 officiers, 87 621 troupe; sédentaire, 4328 officiers, 108 092; — total, 8487 officiers, 195 713 troupe.

---

[1] La canonnière *Puebla* était affectée au service des membres de la Commune.

Cavalerie : portion active, 88 officiers, 1 277 troupe; — total : 88 officiers, 1277 troupe; — 592 chevaux.

Artillerie : portion active, 157 officiers, 4883 troupe; — total : 157 officiers, 4883 troupe; — 355 chevaux.

Génie : portion active, 37 officiers, 989 troupe; sédentaire, 28 officiers, 1110 troupe; — total : 65 officiers, 2099 troupe.

Train des équipages : portion active, 10 officiers, 584 troupe; — total : 10 officiers, 584 troupe; — 402 chevaux, 612 voitures.

Remonte : portion sédentaire, 10 officiers, 112 troupe; — total : 10 officiers, 112 troupe; — 90 chevaux.

Marine, équipages de la flotte : portion active, 25 officiers, 247 troupe; — total : 25 officiers, 247 troupe.

Marine, troupe de marine : portion active, 24 officiers; — total : 24 officiers, 488 troupe.

Total général : 8866 officiers, 205 403 troupe; — 1439 chevaux, 612 voitures.

Observation. — L'effectif général de la garde nationale a été relevé d'après les situations établies pendant la période insurrectionnelle. Il représente la moyenne de l'effectif entretenu pendant ladite période.

DÉFENSE EXTÉRIEURE.

PREMIÈRE ARMÉE.

Quartier général : A l'extérieur, à la Muette; — à l'intérieur, à la place Vendôme.

Dombrowski (Jaroslaw), général commandant, a succombé dans la lutte des rues.

Dereure (Simon), commissaire civil, membre de la Commune, condamné à mort (contumax).

Favy, colonel chef d'état-major, déportation dans une enceinte fortifiée (contumax).

Barilliers (Pierre-Charles), lieutenant-colonel, grand prévôt, condamné à mort (contumax).

Huet (Alfred), chef d'escadron commandant, déportation dans une enceinte fortifiée

Ansart (Eugène-Ernest), chef de bataillon, déportation dans une enceinte fortifiée (contumax).

Caussin (Auguste-Frédéric), sous-intendant militaire, ordonnance de non-lieu.

Courtillier (Charles-Edme), médecin principal, inspecteur d'ambulances, 2 mois de prison.

1re SUBDIVISION DE LA 1re ARMÉE

(Saint-Ouen et Clichy jusqu'à Asnières).

Commandants de la 1re subdivision.

Okolowiez, général du 7 au 27 avril, déportation dans une enceinte fortifiée.

Durassier, colonel du 27 avril au 5 mai, décédé le 29 mai 1871 à l'ambulance du Cours la Reine.

Dombrowski, colonel du 6 au 19 mai, déportation dans une enceinte fortifiée (contumax).

J. Vaillant, colonel du 19 mai jusqu'à l'arrivée des troupes, déportation dans une enceinte fortifiée (contumax).

État-major.

Pin (Alphonse), chef d'escadron d'état-major, déportation dans une enceinte fortifiée.

Gontier (Napoléon), chef d'escadron d'artillerie, déportation simple.

Pignolet, sous-intendant, déportation dans une enceinte fortifiée (contumax).

EFFECTIF DE LA 1re SUBDIVISION DE LA 1re ARMÉE.

10 bataillons de garde nationale fédérée : 213 officiers, 4303 troupe; — total : 4511.

3 batteries 1/2 d'artillerie : 12 officiers, 469 troupe; — total : 481; — 57 pièces d'artillerie.

5 compagnies du génie : 20 officiers, 540 troupe; — total : 560.

Train des équipages : 1 officier, 30 troupe; — total : 3.

Total général : 246 officiers, 5342 troupe, 57 pièces d'artillerie.

EMPLACEMENT DES TROUPES FÉDÉRÉES DE LA 1re SUBDIVISION DE LA 1re ARMÉE.

A Saint-Ouen, 5 bataillons : 100 officiers, 2 117 troupe.

A Clichy et à Asnières, 5 bataillons : 113 officiers, 2 186 troupe.

EMPLACEMENT ET ARMEMENT DES BATTERIES D'ARTILLERIE DE LA 1re SUBDIVISION DE LA 1re ARMÉE.

A Saint-Ouen ; 3 pièces de 12.

A Clichy :

Pont de Neuilly : 1 pièce de 7, 2 pièces de 12, 4 pièces de 24, 4 mortiers de 32 ;

Amidonnerie : 1 pièce de 4, 1 pièce de 7.

Imprimerie Dupont : 2 pièces de 7, 1 pièce de 12, 1 obusier de 15 ;

Chemin de fer de l'Ouest : 4 pièces de 7, 4 pièces de 12.

A Asnières :

Parc : 8 pièces de 4, 2 pièces de 7, 1 pièce de 12 longue, 2 obusiers de 15, 3 mitrailleuses Gadeline ;

Parc Bérenger : pièce de 12, 3 pièces de 24 ;

Tête de Pont : 3 pièces de 7, 1 pièce de 12, 2 mortiers de 22.

Total général : 9 pièces de 4, 13 pièces de 7, 12 pièces de 12, 1 pièce de 12 longue, 7 pièces de 24, 2 mortiers de 22, 4 mortiers de 32, 3 obusiers de 15, 3 mitrailleuses Gradeline.

Wagon blindé contenant : 1 pièce rayée de marine de 24, 1 pièce de 16, 1 mitrailleuse Gadeline.

2e SUBDIVISION DE LA 1re ARMÉE

(Levallois-Perret, Neuilly, la Muette jusqu'au Point-du-Jour).

Commandants supérieurs.

Mathieu (Auguste-Jean), colonel, déportation dans une enceinte fortifiée (contumax).

Martin (François-Amable), lieutenant-colonel, déportation simple.

EFFECTIF DE LA 2ᵉ SUBDIVISION DE LA 1ʳᵉ ARMÉE.

39 bataillons de la garde nationale fédérée : 712 officiers, 15 007 troupe; — total : 15 723.

4 batteries d'artillerie : 24 officiers, 702 troupe; — total 731.

2 compagnies du génie : 8 officiers, 219 troupe; — total : 237.

1 section de dynamiteurs : 1 officier, 25 troupe; — total : 26.

Cavalerie : 1 officier, 30 troupe; — total : 31.

Total général : 750 officiers, 15 998 troupe.

EMPLACEMENT DES TROUPES FÉDÉRÉES DE LA 2ᵉ SUBDIVISION DE LA 1ʳᵉ ARMÉE.

1° A Levallois-Perret :
3 bataillons de garde nationale fédérée : 57 officiers, 1202 troupe; — total : 1259.

1 batterie d'artillerie : 3 officiers, 96 troupe; — total : 96.
Total général : 1355.

2° A Neuilly :
17 bataillons de garde nationale fédérée : 317 officiers, 6764 hommes; — total : 7081.

3 batteries d'artillerie : 21 officiers, 614 troupe; — total : 635.

1 compagnie du génie : 4 officiers, 110 troupe; — total : 114.

Total général : 7830.

3° Passy, Auteuil, Point-du-Jour :
19 bataillons de garde nationale fédérée : 342 officiers, 7041 troupe; — total : 7383.

1 compagnie du génie : 4 officiers, 109 troupe; — total : 113.

1 section de dynamiteurs : 1 officier, 25 troupe; — total : 26.
Cavalerie : 1 officier, 30 troupe; — total : 31.

Total général : 7553.

EFFECTIF GÉNÉRAL DE LA 1ʳᵉ ARMÉE.

1ʳᵉ *subdivision.*

Saint-Ouen : infanterie, 100 officiers, 2 117 troupe; artillerie, 1 officier, 34 troupe; génie, 8 officiers, 216 troupe; — effectif général : 2476; 3 pièces d'artillerie.

Clichy-Asnières : infanterie, 113 officiers, 2186 troupe; artillerie, 11 officiers, 435 troupe; génie, 12 officiers, 324 troupe; train, 1 officier, 30 troupe; — effectif général : 3112 troupe, 54 pièces d'artillerie.

2ᵉ *subdivision.*

Levallois : 57 officiers, 1202 troupe; artillerie, 3 officiers, 93 troupe; — effectif général : 1355 troupe ; 4 pièces d'artillerie.

Neuilly : infanterie, 317 officiers, 6764 troupe; artillerie, 21 officiers, 614 troupe; génie, 4 officiers, 110 troupe; — effectif général, 7830 troupe; 12 pièces d'artillerie.

Passy : infanterie, 342 officiers, 7041 troupe; cavalerie, 1 officier, 30 troupe; génie, 4 officiers, 109 troupe; dynamiteurs, 1 officier, 25 troupe; — effectif général : 7553 troupe ; 38 pièces d'artillerie.

Total général : 996 officiers, 21 330 troupe; — en tout : 22 326 troupe; 111 pièces d'artillerie.

2ᵉ ARMÉE.

Quartier général à l'extérieur. — Au Petit-Vanves, puis à la porte de Châtillon.

Quartier général à l'intérieur. — A l'École militaire.

Général commandant : La Cécilia (Napoléon), condamné à la déportation dans une enceinte fortifiée (contumax).

Commissaire civil, membre de la Commune : Johannard (François), condamné à mort (contumax).

Colonel d'état-major : Rohard, condamné à la déportation dans une enceinte fortifiée (contumax).

Brigade Brunel, à Issy.

Brunel, général-commandant, condamné à mort (contumax).

Effectif.

19 bataillons de garde nationale : 337 officiers, 7280 troupe; total : 7617.

2 batteries d'artillerie : 4 officiers, 261 troupe; — total : 265.

Total général : 341 officiers, 7 541 troupe; — en tout : 7 882.

Brigade Lisbonne, au Petit-Vanves et à Montrouge.

Lisbonne, colonel de la 10e légion, commandant, condamné à mort (présent), — peine commuée en travaux forcés à perpétuité.

Puesch, capitaine d'état-major aide de camp, condamné à la déportation dans une enceinte fortifiée (contumax).

Effectif.

Au Petit-Vanves, 14 bataillons de garde nationale : 209 officiers, 5262 troupe; — total : 5471.

A Montrouge, 2 bataillons de garde nationale : 48 officiers, 714 troupe; — total : 762.

Total général : 257 officiers, 5 976 troupe; — en tout : 6 233.

COMMANDEMENT DES FORTS DU SUD
(Quartier général : la Légion d'honneur.)

Eudes (Émile), général commandant, condamné à mort (contumax).

Hugot (Claude-François), capitaine d'état-major, condamné à la déportation simple (en Calédonie).

Annoy (François-Louis), lieutenant (ex-sergent au 1er régiment de ligne), condamné à mort, — peine commuée en travaux forcés à perpétuité (présent).

Colette (Jules-Eugène), colonel d'état-major, chef d'état-major, condamné à mort (contumax).

Goullé (Albert), chef d'escadron, sous-chef d'état-major, condamné à la déportation dans une enceinte fortifiée (contumax).

FORT D'ISSY.

Gouverneurs :

1° Mégy, colonel d'état-major, condamné à mort (contumax);

2° Larroque, colonel d'état-major, condamné à la déportation simple (en Calédonie).

Commandant du fort : Mascaux, chef de bataillon du génie, condamné à la déportation simple (en Calédonie).

Commandant de place : Redon, major de place, condamné à la déportation dans une enceinte fortifiée (contumax).

Garnison.

Infanterie de la garde nationale : 76 officiers, 1019 troupe; — total : 1095.

Artillerie : 3 officiers, 72 troupe; — total : 175.

Génie : 6 officiers, 160 troupe; — total : 166.

Total général : 85 officiers, 1351 troupe; — en tout : 1436.

Armement.

Pièces de 7 rayées, 10; pièces de 7 se chargeant par la culasse, 10; pièces de 12 lisses, 10; pièces de 12 rayées, 2; pièces de 24 rayées, 13; pièces de 30 marine, 6; pièce de 36, 1; — total : 52 pièces.

Mitrailleuse, 1.

FORT DE VANVES.

Gouverneurs :

1° Ledrux, colonel d'état-major, condamné à la déportation dans une enceinte fortifiée (contumax);

2° Durassier, colonel d'état-major, décédé le 29 mai 1871, à l'ambulance du Cours-la-Reine.

Commandant du fort : Mathey, colonel, condamné à la déportation dans une enceinte fortifiée (contumax).

Commandant de place : Petit, major de place (suspension de poursuites).

Garnison.

Infanterie de la garde nationale : 45 officiers, 1036 troupe ; — total : 1081.

Artillerie : 4 officiers, 86 troupe ; — total : 90.

Génie : 3 officiers, 60 troupe ; — total : 63.

Total général : 52 officiers, 1182 troupe ; — en tout : 1234.

Armement.

Pièce de 4 lisse, 1 ; pièces de 7 rayées, 7 ; pièces de 7 se chargeant par la culasse, 7 ; pièces de 12 lisses, 2 ; pièces de 12 rayées, 3 ; — total : 20 pièces.

Mitrailleuses, 4.

FORT DE MONTROUGE.

Commandant du fort : Gillard, chef de bataillon du génie, condamné à la déportation dans une enceinte fortifiée (en Calédonie).

Garnison.

Infanterie de la garde nationale : 43 officiers, 670 troupe ; — total : 713.

Artillerie : 2 officiers, 68 troupe ; — total : 70.

Génie : 4 officiers, 104 troupe ; — total : 108.

Total général : 49 officiers, 842 troupe ; — en tout : 891.

Armement.

Pièce de 4 rayée, 1 pièce en batterie ;

Pièces de 7 rayées, 7 pièces en batterie ;

Pièces de 8 lisses, 40 pièces à l'arsenal du fort ;

Pièces de 12 lisses, 4 pièces en batterie ;

Pièces de 12 rayées, 3 pièces en batterie, 2 pièces à l'arsenal du fort ;

Mortiers de 15, 31 mortiers à l'arsenal du fort ;

Mortiers de 22, 7 mortiers à l'arsenal du fort ;

Obusiers de 15, 10 obusiers à l'arsenal du fort ;

Obusiers de 16, 4 obusiers en batterie.

Total général : 19 pièces en batterie, 90 à l'arsenal du fort.

EFFECTIF GÉNÉRAL DE LA 2ᵉ ARMÉE.

Brigade Brunel, au village d'Issy : infanterie, 337 officiers, 7280 troupe; artillerie, 4 officiers, 261 troupe; — effectif général : 7882; — pièces d'artillerie de tout calibre : 12.

Brigade Lisbonne, au petit Vanves : infanterie, 257 officiers, 5976 troupe; — effectif général : 6233.

Fort d'Issy : infanterie, 76 officiers, 1019 troupe; artillerie, 3 officiers, 172 troupe; génie, 6 officiers, 160 troupe; — effectif général : 1436; — pièces d'artillerie de tout calibre : 53.

Fort de Vanves : infanterie, 45 officiers, 1036 troupe; artillerie, 4 officiers, 86 troupe; génie, 3 officiers, 60 troupe; — effectif général : 1234; — pièces d'artillerie de tout calibre : 24.

Fort de Montrouge : infanterie, 43 officiers, 670 troupe; artillerie, 2 officiers, 68 troupe; génie, 4 officiers, 104 troupe; — effectif général : 891; — pièces d'artillerie de tout calibre : 19.

Total : 784 officiers, 16 892 troupe.

Effectif général : 17 676; — pièces d'artillerie de tout calibre : 108.

3ᵉ ARMÉE.

Quartier général : A l'extérieur, Gentilly. — A l'intérieur, l'Élysée.

Général commandant : Wroblewski, condamné à mort (contumax).

Commissaire civil, membre de la Commune : Léo Meillet, condamné à mort (contumax).

Chef d'escadron d'état-major : Moreau, condamné à mort (contumax).

Colonel du génie, chef d'état-major : Rozwadowski, condamné à la déportation dans une enceinte fortifiée (contumax).

EFFECTIF DES TROUPES DU QUARTIER GÉNÉRAL.

A Gentilly : 8 bataillons, 173 officiers, 3724 troupe; — total : 3 897;

1 escadron de cavalerie, 6 officiers, 163 troupe; — total : 169;

1 batterie (12 pièces), 3 officiers, 123 troupe; — total : 126.

A Cachan : 3 bataillons, 43 officiers, 885 troupe; — total : 928.

Total général : 225 officiers, 4895 troupe; — en tout : 5120.

FORT DE BICÊTRE.

Gouverneur : Léo Meillet, membre de la Commune, condamné à mort (contumax).

Commandant du fort : Vichard, colonel d'état-major, condamné à la déportation dans une enceinte fortifiée (contumax).

Commandant de place : Denis, major de place, condamné à la déportation dans une enceinte fortifiée (contumax).

Garnison.

Infanterie de la garde nationale : 20 officiers, 433 troupe; — total : 453.

Artillerie : 2 officiers, 68 troupe; — total : 68.

Génie : 1 officier, 37 troupe; — total : 38.

Train : 3 officiers, 122 troupe; — total : 125.

Total général : 26 officiers, 660 troupe; — en tout : 686.

Armement.

Obusiers de 4, 2; de 7, 4; de 12, 4; de 15, 12.

Mortiers de 15, 4.

Canon revolver, 1.

Mitrailleuse, 1.

Total : 28.

REDOUTE DES HAUTES-BRUYÈRES.

Commandant de la redoute : Bougault, chef de bataillon, décédé à Paris, le 1er décembre 1873.

Garnison.

Infanterie de la garde nationale : 31 officiers, 875 troupe; total : 906.

Artillerie : 2 officiers, 60 troupe ; — total : 62.

Total général : 33 officiers, 935 troupe ; — en tout : 968.

Armement.

Pièces de 7, 7 ; de 12, 10 ; de 12 allongées, 2 ; de 24, 2.
Mortiers de 27, 2.
Mitrailleuse, 1.
Total : 24.

REDOUTE DU MOULIN-SAQUET.

Commandant de la redoute : Kamiewski, chef de bataillon, condamné à la déportation dans une enceinte fortifiée (contumax).

Garnison.

Infanterie de la garde nationale : 31 officiers, 771 troupe ; — total : 802.

Artillerie : 2 officiers, 40 troupe ; — total : 42.

Total général : 33 officiers, 811 troupe ; — en tout : 844.

Armement.

Pièces de 7, 3 ; de 12, 6.
Obusiers de 4, 1 ; de 15, 4.
Total : 14.

REDOUTE DE VILLEJUIF.

Commandant de la redoute : Landry, chef de bataillon, condamné aux travaux forcés à perpétuité (présent).

Garnison.

Infanterie de la garde nationale : 15 officiers, 398 troupe ; — total : 413.

Artillerie : 1 officier, 76 troupe ; — total : 77.

Total général : 16 officiers, 474 troupe ; — en tout : 490.

Armement.

Obusiers de 7, 1 ; de 12, 1 ; de 15, 2.
Total : 4.

FORT D'IVRY ET DÉPENDANCES (Ivry et Vitry).

Gouverneur : Rogowski, colonel, condamné à mort (contumax).

Commandant de place : Evraud, capitaine, condamné à mort (présent), — peine commuée en travaux forcés à perpétuité.

Artillerie : Genty, chef d'escadron, condamné à mort (contumax).

Génie : Rouillier, chef de bataillon, condamné à 20 ans de détention (contumax).

État-major du fort : Thomaszewski, chef d'escadron de cavalerie, condamné à mort (contumax).

Robichon, capitaine d'état-major, condamné à mort (présent), — peine commuée en travaux forcés à perpétuité.

Garnison.

Infanterie de la garde nationale : 106 officiers, 2063 troupe; — total : 2169.

Artillerie : 5 officiers, 148 troupe; — total : 153.

Génie : 1 officier, 18 troupe; — total : 19.

Total général : 112 officiers, 2229 troupe; — en tout : 2341.

Armement.

Pièces de 7, 7; de 12, 17; de 24, 1.
Mortiers, 3.
Obusiers, 3.
Mitrailleuses, 9.
Total : 40.

EFFECTIF GÉNÉRAL DE LA 3ᵉ ARMÉE.

Gentilly : infanterie, 173 officiers, 3724 troupe; cavalerie, 6 officiers, 163 troupe; artillerie, 3 officiers, 123 troupe; — effectif général : 4 192 ; — pièces d'artillerie de tout calibre : 12.

Cachan : infanterie, 43 officiers, 885 troupe; — effectif général : 928.

Fort de Bicêtre : infanterie, 20 officiers, 433 troupe; artillerie, 2 officiers, 68 troupe; génie, 1 officier, 37 troupe; train,

3 officiers, 122 troupe; — effectif général : 686; — pièces d'artillerie de tout calibre : 28.

Redoutes :

Hautes-Bruyères : infanterie, 31 officiers, 875 troupe; artillerie, 2 officiers, 60 troupe; — effectif général : 968; — pièces d'artillerie de tout calibre : 24.

Moulin-Saquet : infanterie, 31 officiers, 771 troupe; artillerie, 2 officiers, 40 troupe; — effectif général : 844 : — pièces d'artillerie de tout calibre : 14.

Villejuif : infanterie, 15 officiers, 398 troupe; artillerie, 1 officier, 76 troupe; — effectif général : 490; — pièces d'artillerie de tout calibre : 4.

Fort d'Ivry et dépendances : infanterie, 106 officiers, 2 063 troupe; artillerie, 5 officiers, 148 troupe; génie, 1 officier, 18 troupe; — effectif général : 2341 ; — pièces d'artillerie de tout calibre : 40.

Total général : 445 officiers, 10 004 troupe; — en tout : 10 449; — 122 pièces d'artillerie de tout calibre.

EFFECTIF GÉNÉRAL DES ARMÉES DE LA COMMUNE.
Défense extérieure.

1re armée : infanterie, 929 officiers, 19 310 troupe; cavalerie, 1 officier, 30 troupe; artillerie, 36 officiers, 1176 troupe; génie, 28 officiers, 759 troupe; dynamiteurs, 1 officier, 25 troupe; train, 1 officier, 20 troupe; — effectif général : 22 326; — pièces d'artillerie de tout calibre : 111.

2e armée : infanterie, 758 officiers, 15 981 troupe; artillerie, 13 officiers, 587 troupe; génie, 13 officiers, 324 troupe; — effectif général : 17 676; — pièces d'artillerie de tout calibre : 108.

3e armée : infanterie, 419 officiers, 9 149 troupe; cavalerie, 6 officiers, 163 troupe; artillerie, 15 officiers, 515 troupe; génie, 2 officiers, 55 troupe; train, 3 officiers, 122 troupe; — effectif général : 10 449; — pièces d'artillerie de tout calibre : 122.

Total général : 2 225 officiers, 48 226 troupe; — en tout : 50 451 [1]; — 341 pièces d'artillerie de tout calibre.

1. Effectif moyen établi d'après les situations de prises d'armes du 1er au 30 mars.

DÉFENSE EXTÉRIEURE.

Commandement militaire de l'Hôtel de ville.

Pindy (Jean), membre de la Commune, colonel d'état-major, gouverneur, condamné à mort (contumax).

Assi (Adolphe), membre de la Commune, gouverneur, condamné à la déportation dans une enceinte fortifiée (en Calédonie).

Valigranne (Louis), colonel d'état-major, condamné à la déportation dans une enceinte fortifiée (en Calédonie).

Spinoy (Adolphe), colonel commandant la 3e légion, chef d'état-major, condamné à la déportation dans une enceinte fortifiée (contumax).

Parc de l'Hôtel de ville.

Matériel :

Pièces de 12, 2; de campagne de 4, 4.
Canons lisses de 12, 5; rayés de 7, 9; lisses de 8, 2.
Obusiers de 15, 12.
Mitrailleuses, 14.
Total : 48.

Parc des Tuileries.

Matériel au 20 mai :

Canons de 7, 10; de 8, 6.
Obusier de 16, 1.
Total : 17.
Forges de campagne, 7.

Commandement militaire des Tuileries et du Louvre.

Dardelle (Alexis), colonel de cavalerie, commandant militaire, gouverneur, condamné à mort (contumax).

Martin (Jean-Baptiste), colonel d'état-major, gouverneur, condamné aux travaux forcés à perpétuité (présent).

Lacaille (Charles-Georges), chef du 70e bataillon, gouverneur, condamné à 20 ans de travaux forcés (présent).

Madeuf, chef d'escadron d'état-major, chef d'état-major, condamné à mort (contumax).

Boudin (Étienne), capitaine adjudant-major, condamné à mort (exécuté).

Wernert (Antoine), capitaine régisseur des palais, condamné à 10 ans de travaux forcés (présent).

COMMANDANT DE L'ÉCOLE MILITAIRE.

Razoua, lieutenant-colonel d'état-major commandant, condamné à mort (contumax).

Guaitella, major de place, condamné à la déportation dans une enceinte fortifiée (contumax).

PARC DE L'ÉCOLE MILITAIRE.

Canonniers dynamiteurs.

Effectif : officiers, 5, canonniers, 26.

Note. — Ce parc a renfermé, du 1er au 20 mai, un chiffre moyen de 200 pièces d'artillerie.

COMMANDEMENT MILITAIRE DU CHAMP DE MARS.

Commandant : Vinot, colonel d'état-major, major du Champ de Mars, condamné à 20 ans de travaux forcés (présent).

Note. — Les bataillons destinés à marcher étaient concentrés au Champ de Mars, et de là dirigés par les soins de Vinot, d'après les ordres du délégué à la guerre, sur les divers points de la défense.

Les troupes qui y étaient réunies formaient une réserve qui n'avait pas d'effectif déterminé.

Du 17 avril au 20 mai, il a passé par le Champ de Mars 90 bataillons de la garde nationale, représentant ensemble un effectif, présent sous les armes, de 1378 officiers et 28 060 hommes de troupe.

COMMANDEMENT MILITAIRE DU 18e ARRONDISSEMENT (MONTMARTRE).

Note. — La seule des trois citadelles de l'insurrection qui fût un peu organisée.

Général commandant supérieur des forces de Montmartre : Ganier d'Abin, condamné à la déportation dans une enceinte fortifiée (contumax).

Lieutenant-colonel d'état-major, chef d'état-major : Bourgeois, condamné à la déportation dans une enceinte fortifiée (contumax).

Chef de bataillon du génie, commandant la butte Montmartre : Gyorock, condamné à la déportation dans une enceinte fortifiée (contumax).

EFFECTIF DES TROUPES ACTIVES A MONTMARTRE.

Infanterie de la garde nationale : 262 officiers, 4113 troupe.
Artillerie : 21 officiers, 349 troupe.
Dynamiteurs [1] : 1 officier, 25 troupe.
Total : 284 officiers, 4487 troupe.

ARMEMENT DU 18ᵉ ARRONDISSEMENT.

La Galette (buttes Montmartre) : pièces de 4 de campagne, 4 ; se chargeant par la culasse, 1 ; acier, 1 ; de 7, 62 ; de 12 rayées, 11 ; mortiers de 15, 22 ; de 22, 4 ; obusiers de 14, 13 ; mitrailleuses, 19 ; — total : 137.

Batterie basse (place Saint-Pierre) : pièces de 4 de campagne, 1 ; de 7, 17 ; de 12 rayées, 2 ; lisse, 1 ; mortiers de 15, 4 ; obusiers de 12, 5 ; mitrailleuses, 6 ; — total : 36.

Mairie de Montmartre : pièces de 4 en acier, 1 ; de 7, 5 ; de 12 rayées, 2 ; obusiers de 12, 2 ; de 14, 2 ; — total : 12.

Place de Clichy : pièces de 4 se chargeant par la culasse, 1 ; de 12 de siége, 2 ; mortiers de 15, 5 ; obusiers de 14, 3 ; — total : 11.

Avenue de Clichy : pièces de 7, 4 ; mortiers de 15, 5 ; — total : 9.

Boulevard Ornano : pièce de 4 de campagne, 1 ; obusier de 14, 1 ; — total : 2.

Rue de la Chapelle : obusiers de 14, 2 ; — total : 2.

---

1. Ces dynamiteurs sont les mêmes qui étaient à la 1ʳᵉ armée avec Dombrowski et qui, ayant été refoulés dans la ville, se trouvaient, le 23 mai 1871, à Montmartre.

Rue Rochechouart : obusiers de 14, 2 ; — total : 2.

Rue des Martyrs : pièces de 4 de campagne, 2 ; mitrailleuse, 1, — total : 3.

Rue Lepic : mortier de 15, 1 ; — mitrailleuse, 1 ; — total : 2.

Rue Germain-Pilon : 1 pièce de 7.

Total général : pièces de 4 de campagne, 8 ; se chargeant par la culasse, 2 ; en acier, 2 ; de 7, 89 ; de 12 rayées, 15 ; lisse, 1 ; de siège, 2 ; mortiers de 15, 37 ; de 22, 4 ; obusiers de 12, 7 ; de 14, 23 ; mitrailleuses, 27 ; — en tout : 217.

BATAILLON DES BARRICADES
(10 compagnies).

Gaillard (père), commandant du bataillon, directeur général de la défense intérieure, condamné à la déportation dans une enceinte fortifiée (contumax).

Cortès dit Gaillard (Auguste), capitaine adjudant-major, secrétaire général, condamné à la déportation dans une enceinte fortifiée (contumax).

EFFECTIF.

Officiers, 40 ; troupe, 800. — Effectif moyen des ouvriers employés à la construction des barricades.

Note. — Ce bataillon, formé par Gaillard père, était chargé de la construction des barricades à l'intérieur de la ville ; il était composé d'ouvriers terrassiers ne faisant pas partie de la garde nationale. Il a été dissous le 15 mai.

EMPLACEMENT DES PRINCIPALES BARRICADES CONSTRUITES PAR CE BATAILLON.

Avenue Uhrich.
Porte Maillot.
Trocadéro.
Arc de Triomphe.
Avenue Friedland.
Avenue du Phare (de l'Empereur).
Rues Saint-Honoré et de Rivoli, à leur débouché sur la place de la Concorde.
Rue Royale.

Place Vendôme, rue de Castiglione et rue de la Paix.

Hôtel de ville.

Rue Clignancourt, à son débouché sur le boulevard Rochechouart.

Boulevard Ornano.

Porte de Vaugirard.

Rue Lecourbe.

Boulevard Beaumarchais, à son débouché sur la place de la Bastille.

FORT DE VINCENNES.

Note. — Le Comité central s'empara du fort à la suite du mouvement révolutionnaire du 18 mars, et un arrêté du délégué à la guerre, du 26 mars, en confia spécialement l'administration au ministère de la guerre.

La Commune envoya, le 4 avril, au fort de Vincennes, des troupes fédérées tirées du 11e arrondissement (Popincourt), parce que les bataillons de l'extérieur (Vincennes et Saint-Mandé) lui inspiraient peu de confiance. Le fort est resté, par sa situation, en dehors de l'action; mais son personnel, installé d'ailleurs par le gouvernement révolutionnaire, a prêté un concours très-actif à la Commune.

Le fort de Vincennes a été occupé, le 29 mai, par les troupes régulières, et tout son personnel fut mis en état d'arrestation.

Faltot (Nicolas), colonel d'état-major, gouverneur, condamné à la déportation dans une enceinte fortifiée (en Calédonie).

Martin (Aimable), major de place, condamné à la déportation simple (en Calédonie).

Ledanté (Nicolas), capitaine commandant, condamné à la déportation dans une enceinte fortifiée (contumax).

Gerber (Jules), chef de bataillon du génie, décédé à Strasbourg le 27 octobre 1871.

FORT DE VINCENNES.
Garnison.

Troupes de toutes armes : officiers, 54; troupe, 1023; — chevaux, 304.

Matériel.

Canons rayés de 7, 7; de 12, 13; de 4 de campagne, 23; canons lisses de 12, 31.

Obusiers de 16, 11; de 22, 7.

Mortiers de 22, 5; de 27, 3; de 32, 2.

Obusiers de 7, 4; de 8, 1.

Total : 132.

TABLE

Préface.. 1

PREMIÈRE PARTIE.

Les origines et les débuts de la Commune 1

CHAPITRE I.

L'Internationale. — Tentatives insurrectionnelles du 31 octobre et du 22 janvier. — Origine du Comité central. — Participation de l'Internationale au dix-huit mars... 3

CHAPITRE II.

Attitude de la population parisienne et du Gouvernement en face de ces menées insurrectionnelles. — Forces respectives des combattants..... 23

CHAPITRE III.

Journée du 18 mars... 38

CHAPITRE IV.

But et caractère de la Révolution du 18 mars. — Sa forme communale. — Ce qu'il y avait de légitime et de pernicieux dans ses revendications... 66

CHAPITRE V.

Intervention des maires. — Premiers actes d'opposition de la part des Parisiens. — Manifestation de la place Vendôme. — Concessions du Gouvernement et de l'Assemblée.. 86

CHAPITRE VI.

Organisation militaire et civile du Comité central. — Ses principaux actes.. 108

CHAPITRE VII.

Élection et installation des membres de la Commune. — Discours d'ouverture. — Organisation et premiers actes du nouveau Gouvernement. Insignes et drapeau.. 113

CHAPITRE VIII.

Les hommes de la Commune.................................... 133

CHAPITRE IX.

Causes de la Révolution du 18 mars............................. 156

DEUXIÈME PARTIE.

Règne de la Commune.. 176

CHAPITRE I.

Éléments des troupes communales. — Premières opérations militaires. — Décret des otages................................ 178

CHAPITRE II.

Arrestation de l'Archevêque et d'un grand nombre de prêtres. — Pillage et fermeture des églises. — Persécution dirigée contre les Communautés. — Raison de la persécution religieuse sous la Commune......... 198

CHAPITRE III.

Attentats contre la liberté individuelle. — Garanties dérisoires données aux détenus. — Raison du despotisme de la Commune............... 251

CHAPITRE IV.

Les prisons sous la Commune. — Sérénité des prisonniers............. 266

CHAPITRE V.

Négociations et démarches en faveur des prisonniers................. 289

CHAPITRE VI.

Attentats contre la propriété, la patrie, la famille..................... 305

CHAPITRE VII.

Physionomie de Paris. — Courageuse attitude des journalistes. — Suppression de tous les journaux anticommuneux. — Les feuilles de la Commune... 318

CHAPITRE VIII.

Œuvre de régénération tentée par la Commune : l'instruction communale. — Les clubs.. 335

CHAPITRE IX.

Réorganisation des forces de la Commune et reconstitution de celles de Versailles. — Leur répartition. — Progrès de l'armée française....... 352

CHAPITRE X.

Nouvelles tentatives de conciliation. — Complots contre la Commune.... 375

CHAPITRE XI.

En pleine terreur... 392

CHAPITRE XII.

Causes de la durée de l'Insurrection : Complicité de la population parisienne. — Fausses nouvelles. — Fausses doctrines. — Excitation des journaux de la Commune.. 412

TROISIÈME PARTIE.

CHUTE DE LA COMMUNE.. 430

CHAPITRE I.

La bataille des sept jours....................................... 432

CHAPITRE II.

Épisodes de la bataille... 454

CHAPITRE III.

Incendie de la capitale. — Attitude des Prussiens pendant ce désastre. — Les églises miraculeusement préservées. — Dieu a parlé à Paris par le feu... 466

CHAPITRE IV.

Massacres des otages.. 496

CHAPITRE V.

Mort courageuse de quelques chefs de la Commune. — Lâcheté de la plupart. — Répression judiciaire................................... 559

CHAPITRE VI.

Causes de la chute de la Commune.................................... 582

CHAPITRE VII.

Du retour de la Commune. — Ce qui en résulterait pour les ouvriers. — Moyens de le prévenir... 594
Conclusion.. 622
Tableaux relatifs au commandement et à l'effectif de l'armée fédérée.... 624

FIN DE LA TABLE.

PARIS. — TYPOGRAPHIE LAHURE
Rue de Fleurus, 9.

www.ingramcontent.com/pod-product-compliance
Lightning Source LLC
Chambersburg PA
CBHW050317240426
43673CB00042B/1442